普通高等教育"十一五"国家级规划教材

国家高等教育精品教材

·新闻与传播系列教材·

全球新闻传播史

（公元1500—2000年）（第二版）

李 彬 著

清华大学出版社
北京

内 容 简 介

本书采用史论结合、夹叙夹议的笔法,总述公元1500年以来全球化背景下的新闻传播大历史,专注新闻之际,亦兼及历史、哲学、科技、文化和社会生活等领域。所以,既可做专业教材,也可当普通读物。

版权所有,侵权必究。举报:010-62782989,beiqinquan@tup.tsinghua.edu.cn。

图书在版编目(CIP)数据

全球新闻传播史:公元1500—2000年/李彬著.—2版.—北京:清华大学出版社,2009.5(2025.2重印)
(新闻与传播系列教材)
ISBN 978-7-302-19602-0

Ⅰ.全… Ⅱ.李… Ⅲ.新闻事业史-世界-1500—2000-教材 Ⅳ.G219.19

中国版本图书馆CIP数据核字(2009)第021722号

责任编辑:纪海虹
封面设计:傅瑞学
责任校对:王凤芝
责任印制:宋　林

出版发行:清华大学出版社
网　　址:https://www.tup.com.cn,https://www.wqxuetang.com
地　　址:北京清华大学学研大厦A座　　　　　邮　编:100084
社 总 机:010-83470000　　　　　　　　　　邮　购:010-62786544
投稿与读者服务:010-62776969,c-service@tup.tsinghua.edu.cn
质量反馈:010-62772015,zhiliang@tup.tsinghua.edu.cn

印 装 者:三河市龙大印装有限公司
经　　销:全国新华书店
开　　本:185mm×235mm　　印　张:26.5　　字　数:512千字
版　　次:2009年5月第2版　　　　　　　　　印　次:2025年2月第18次印刷
定　　价:69.80元

产品编号:031905-03

序

　　李彬的《全球新闻传播史》经过多年的经营,终于杀青问世了。这是新闻传播史研究的一项新的成果,可欣可慰。

　　随着全球一体化进程的加速,"全球化"越来越成为诸多学科关注的历史情景与学术话题,新闻传播学也不例外。特别是新世纪以来,国内外新闻传播学界有关全球化与全球传播的探究及其成果,不仅构成新闻传播学科的重要研究内容,而且也在研究视角或范式上产生广泛影响。

　　不过,由于时间仓促,积累有限,加之涉及广泛,论题繁杂,新闻传播学界对全球化与全球传播的研究虽然时有精彩篇章,但是总体看来多为就事论事,既缺乏理论上的深入思考,又缺少学术上的细致考察。换言之,基础理论方面的研究还非常欠缺,特别是对全球新闻传播的历史分析几乎付之阙如。

　　当然,过去与现在都不乏冠以"外国新闻史"、"世界新闻史"乃至"全球新闻史"的教材,其中有些内容属于全球新闻传播史的研究，也为这方面的教学和科研提供了必要的基础。比如，大陆的张隆栋教授、梁洪浩教授、张允若教授、李良荣教授、陈力丹教授、张昆教授、程曼丽教授、明安香教授和台湾的李瞻教授等，都有堪称典范的著述。

不过，既有的许多教科书往往存在两个问题。一是史学理论以及新闻史观的不足，而且经常不自觉地体现着萨义德所说的"东方学"意识。二是内容体系、篇章架构、材料使用等方面往往形同"一盘散沙"，既缺乏内在的思想逻辑，又忽略外在的历史关联，好似国别新闻史或地区新闻史的集成或集纳。

另外，国外的一些相关研究及其动态，也存在类似问题，虽然总体的学术水准有时略高一筹。如美国学者叶海亚·R. 伽摩利珀的《全球传播》（清华大学出版社，2003）、罗伯特·福特纳的《国际传播：全球都市的历史、冲突及控制》（华夏出版社，2000）、法国学者阿芒·马特拉的《世界传播与文化霸权：思想与战略的历史》（中央编译出版社，2001）、英国学者达雅·屠苏的《国际传播：延续与变革》（新华出版社，2004）、日本学者左藤卓己的《现代传媒史》（北京大学出版社，2004）等。不过，这些新作虽然各有千秋，参差不齐，但都体现着越来越显明的"全球传播"视野和视角，都将全球范围的新闻传播纳入一种整体的、系统的、联系的研究框架。

李彬这部《全球新闻传播史》在前人的研究基础上，力图以马克思、恩格斯在《共产党宣言》等经典著作里揭示的一系列"全球化"命题为指导，同时吸取 20 世纪以来"新史学"的理论，特别是 James Harvey Robinson 的"新史学"，Marc Bloch、Fernand Braudel 等的"年鉴学派"，Hayden White 的叙事理论，Immanuel Wallerstein 的"世界体系"等，针对全球新闻传播的历史演化、社会动因、专业背景、内在逻辑及发展趋势等，展开全面系统而不失深入细致的分析，点面结合、史论结合、历史与逻辑结合，以期勾画一幅有机的而非机械的、整体的而非割裂的、联系的而非分离的全球新闻传播史，从而既为新闻传播学研究提供必要的学术支撑，又为我国新闻传播界积极应对全球化的挑战和机遇提供科学的历史参照。

另外，为了突破此类著述往往"养在深闺人未识"的窘境，本书在叙事环节、行文特征及表述风格上进行了改进，以期达到深入浅出，雅俗共赏。其实，前辈大家在这方面有着深厚而良好的传统，我们应该发扬光大。比如，翦伯赞先生的《中国史纲》、张荫麟先生的《中国史纲》、陈旭麓先生的《近代中国社会的新陈代谢》、费孝通等先生翻译的《世界史纲》等，都将学术性、思想性和通俗性（或可读性）有机地融为一体，读来不仅开眼界，长见识，受启发，而且文采斐然，轻松有趣。

我和李彬相知相识近20年,有过在一起共同砥砺和切磋的经历。他焚膏继晷,兀兀穷年,淹博多识,好学深思,不仅有深厚的中外文史根底,坚实的新闻传播学和相关学科的基础,也有广阔的学术视野。这部专著是他穷20年心血的又一部新作。我乐观厥成,并乐于向关注全球新闻传播史的学者和从事这方面学习的学子们推荐。

是为序。

方汉奇
2005年7月于中国人民大学

凡例

1. 本书采用史论结合、夹叙夹议的笔法,总述公元 1500 年以来的新闻传播大历史;专注新闻之际,亦兼及历史、哲学、科技、文化、社会生活等领域。所以,既可做专业教材,也可当普通读物。

2. 全书共 9 章,各章前均有"本章内容细目",以为阅读提示,后面则有"建议参考资料"与"本章思考题目"等,以为学生复习、巩固及提高之用。

3. 作为教材,本书适用于新闻学、广播电视新闻学、传播学、媒介经济学等专业的本科生,也可作为相关专业的研究生参考书。

4. 本书写作连绵廿载,其间涉猎的各类文献不下千种,重点参阅的专业书籍也超过百种。对此书中没有一一开列,而是采取两种简便方式予以标记。一是注释,二是各章所列"建议参考资料"。对所有参考文献及其作者,不管本书是否直接采用,在此都表示敬意与谢忱。

5. 本书所谓"全球",既指一种视野,更指一种视角。视野上的"全球"新闻传播问题,由于才力、能力与精力所限,本书目前还无法全面顾及,而只是更多地着眼于"西方"一隅。著者期待将来有机会能将视野真正拓展到全球范围。

凡例

目录

序 …………………………………………………… 方汉奇　I
凡例 ………………………………………………………… V

第一章　现代传播探源：从洪荒时代到文艺复兴 ……… 1
　　第一节　历史与新闻史 ………………………………… 2
　　第二节　新闻事业 ……………………………………… 3
　　第三节　口头传播时期：从口语到文字 ……………… 6
　　　　一、语言与社会 …………………………………… 7
　　　　二、口头传播 ……………………………………… 9
　　　　三、非语言传播 …………………………………… 10
　　第四节　文字传播时期：从文字到印刷 ……………… 13
　　　　一、文字的发明 …………………………………… 14
　　　　二、手抄新闻 ……………………………………… 16
　　建议参考资料 …………………………………………… 20
　　本章思考题目 …………………………………………… 21

第二章　17 世纪：新闻事业的"创世纪" ……………… 23
　　第一节　印刷与印刷新闻 ……………………………… 24

一、纸张与印刷机 …………………………………………………… 25
　　二、文艺复兴与宗教改革 …………………………………………… 30
　第二节　新闻事业的萌芽 ……………………………………………… 34
　　一、荷兰 ……………………………………………………………… 36
　　二、德国 ……………………………………………………………… 37
　　三、英国 ……………………………………………………………… 40
　　四、法国 ……………………………………………………………… 41
　　五、杂志的出现 ……………………………………………………… 43
　第三节　新闻事业的第一次"狂飙突进" …………………………… 45
　　一、历史背景 ………………………………………………………… 46
　　二、如火如荼的报业 ………………………………………………… 49
　　三、弥尔顿与《论出版自由》 ……………………………………… 51
　　四、《牛津公报》：第一张"新闻纸" …………………………… 54
　建议参考资料 …………………………………………………………… 56
　本章思考题目 …………………………………………………………… 57

第三章　18世纪：革命烽火与新闻传播 …………………………… 59

　第一节　英国的日报与杂志 …………………………………………… 62
　　一、《每日新闻》(1702) ………………………………………… 62
　　二、杂志的勃兴 ……………………………………………………… 63
　　　1. 笛福的《评论》(1704) ……………………………………… 63
　　　2. 斯威夫特的《检查者》(1710) ……………………………… 64
　　　3.《闲谈者》(1709)与《旁观者》(1711) …………………… 65
　　　4.《绅士杂志》(1731) ………………………………………… 68
　　三、管制报业的新措施 ……………………………………………… 69
　　　1. 印花税(Stamp Tax) …………………………………………… 69
　　　2. 津贴制(bribery) ……………………………………………… 69
　　　3. 法律制裁(prosecution) ……………………………………… 70
　第二节　美国报业：起源与发展 ……………………………………… 70
　　一、殖民地时期的报业(1690—1765) …………………………… 70
　　　1.《海内外公共事件报》(1690) ……………………………… 71
　　　2.《波士顿新闻信》(1704) …………………………………… 72

3. 詹姆斯·富兰克林(James Franklin)和
     本杰明·富兰克林(Benjamin Franklin) …………………………… 75
    4. 曾格案件 ………………………………………………………… 78
  二、独立战争时期的报业(1765—1783) ………………………………… 79
    1. 印花税风潮 ……………………………………………………… 80
    2. 保皇派的喉舌——《保皇公报》(1773) ……………………… 81
    3. 爱国派的报刊与报人 …………………………………………… 81
    4. "独立战争的笔"——托马斯·潘恩(Thomas Paine) ………… 85
 第三节 法国大革命年代的报业(1789—1794) …………………………… 90
  一、基本情况 …………………………………………………………… 92
    1. 革命前 …………………………………………………………… 92
    2. 革命后 …………………………………………………………… 94
  二、马拉及其《人民之友报》(1789) ………………………………… 98
  三、《人权宣言》第十一条 ……………………………………………… 100
 第四节 18 世纪的"高级报纸" ………………………………………………… 104
  一、高级报纸与大众报纸 ……………………………………………… 105
  二、《贝林时报》(1749) ………………………………………………… 106
  三、《新苏黎世报》(1780) ……………………………………………… 107
 建议参考资料 …………………………………………………………………… 108
 本章思考题目 …………………………………………………………………… 108

第四章 19 世纪(上)：从政党报刊到商业报刊 ……………………………… 109

 第一节 美国政党报刊及其"黑暗时期" ……………………………………… 110
  一、联邦党的报刊与报人 ……………………………………………… 112
    1. 约翰·芬诺和《美国公报》(1789) …………………………… 112
    2. 威廉·科贝特和《箭猪公报》(1797) ………………………… 112
    3. 亚历山大·汉弥尔顿和《纽约晚邮报》(1801) ……………… 113
  二、共和党的报刊与报人 ……………………………………………… 115
    1. 菲利普·弗雷诺和《国民公报》(1791) ……………………… 115
    2. 本杰明·富兰克林·贝奇与《曙光报》(1790) ……………… 116
    3. 杰斐逊与《国民通讯员报》(1800) …………………………… 117
  三、小结 ………………………………………………………………… 118

1. 政论多,新闻少 ……………………………………………… 118
　　2. 党派性强,可信性差 …………………………………………… 118
　　3. 读者少,销量低 ………………………………………………… 118
　　4. 造谣诽谤,谩骂攻讦 …………………………………………… 118
　第二节　别开生面的商业报刊 ………………………………………… 120
　　一、美国三大便士报 ……………………………………………… 120
　　　1. 本杰明·戴和《纽约太阳报》(1833) ……………………… 120
　　　2. 詹姆斯·戈登·贝内特和《纽约先驱报》(1835) ………… 123
　　　3. 霍勒斯·格里利和《纽约论坛报》(1841) ………………… 126
　　　4. 查尔斯·达纳和亨利·雷蒙德 ……………………………… 128
　　二、英国的《泰晤士报》 ………………………………………… 131
　　　1. 非独立时期(沃尔特第一的阶段) …………………………… 132
　　　2. 独立时期(沃尔特第二以后阶段) …………………………… 132
　　　3. 声震英伦的"朱庇特"——托马斯·巴恩斯(1785—1841) … 133
　　　4. 大器早成的约翰·德莱恩(1817—1879) …………………… 134
　　　5. 第一个战地记者——威廉·霍华德·拉塞尔(1820—1907) … 136
　　三、法国的三大廉价报纸 ………………………………………… 138
　　　1. 吉拉丹与《新闻报》(1836) ………………………………… 139
　　　2. 迪塔克与《世纪报》(1836) ………………………………… 140
　　　3. 威尔梅森与《费加罗报》(1826) …………………………… 141
　　四、小结 …………………………………………………………… 142
　　　1. 三大特征 ……………………………………………………… 142
　　　2. 三点说明 ……………………………………………………… 144
　第三节　商业报刊背景透视 …………………………………………… 146
　　一、社会背景 ……………………………………………………… 146
　　二、思潮背景 ……………………………………………………… 150
　　　1. 约翰·洛克——自由思想的先驱 …………………………… 150
　　　2. 托马斯·杰斐逊——自由思想的化身 ……………………… 153
　　　3. 约翰·密尔——自由思想的集大成者 ……………………… 156
　　　4. 总结与反思 …………………………………………………… 158
建议参考资料 ……………………………………………………………… 162
本章思考题目 ……………………………………………………………… 162

第五章　19世纪(中)：通讯社的兴起与发展 …… 163

第一节　通讯社概述 …… 164
- 一、通讯社的成因 …… 164
- 二、通讯社的种类 …… 165

第二节　法新社(AFP) …… 171
- 一、哈瓦斯与哈瓦斯社 …… 171
- 二、《通讯社条约》(1870) …… 174

第三节　路透社(Reuters) …… 177
- 一、路透与路透社 …… 177
- 二、三点说明 …… 180

第四节　美联社(AP) …… 183
- 一、形成时期(1848—1900) …… 184
  1. 电报的发明与电讯的意味 …… 184
  2. 港口新闻联合社 …… 186
- 二、发展时期(1900年以来) …… 188
- 三、美联社与客观性法则 …… 190
  1. 由来 …… 190
  2. 剖析 …… 192

建议参考资料 …… 198
本章思考题目 …… 198

第六章　19世纪(下)：大众社会与大众报刊 …… 201

第一节　大众报刊的历史土壤 …… 202
- 一、政治民主,舆论自由 …… 202
- 二、经济发展,贸易繁荣 …… 203
- 三、教育普及,读者大增 …… 204
- 四、科技进步,传讯加速 …… 205
- 五、城市兴起,人口集中 …… 208
- 六、大众社会,大众文化 …… 209

第二节　普利策：大众报刊的代表 …… 212
- 一、早年经历 …… 213

二、办报生涯 · 215
　　　　1.《圣路易快邮报》(St. Louis Post Dispatch) · 215
　　　　2.《纽约世界报》(New York World) · 216
　　三、新闻遗产 · 219
　　　　1. 办报思想 · 219
　　　　2. 哥伦比亚大学新闻学院 · 221
　　　　3. 普利策新闻奖 · 222
　第三节　赫斯特与黄色新闻 · 222
　　一、黄色新闻与煽情主义 · 223
　　二、"黄色新闻大王"——赫斯特 · 227
　　三、黄色新闻导火索——黄孩子(Yellow Kid) · 229
　　四、黄色新闻高潮——美西战争(1898) · 230
　　五、黄色新闻发展——"小型报"(tabloid) · 235
　建议参考资料 · 238
　本章思考题目 · 238

第七章　20世纪（上）：电子媒介之广播篇 · 241

　第一节　广播的基础——电子技术 · 242
　　一、无线电现象及其研究 · 243
　　　　1. 无线电科学家——麦克斯韦与赫兹 · 243
　　　　2. 无线电发明家——波波夫和马可尼 · 244
　　二、声电转换技术及其探索 · 247
　　　　1. 广播的先驱——费森登(Reginald A. Fessenden) · 247
　　　　2."广播之父"——德福雷斯特(Lee De Forest) · 248
　第二节　广播事业的形成：20世纪20年代 · 250
　　一、早期电台 · 250
　　　　1. KDKA电台 · 250
　　　　2."联邦通讯委员会"(FCC) · 251
　　　　3. 三大广播体制 · 252
　　二、美国三大广播公司 · 253
　　　　1. 全国广播公司(NBC) · 254
　　　　2. 哥伦比亚广播公司(CBS) · 256

3. 美国广播公司(ABC) ·· 258

　第三节　广播的黄金时代：20世纪30—40年代 ··· 258

　　一、综述 ··· 258

　　　1. 规模上 ··· 259

　　　2. 经济上 ··· 260

　　　3. 节目上 ··· 260

　　二、"大萧条"和"新政" ·· 262

　　　1. "火星人入侵" ·· 263

　　　2. "炉边谈话" ·· 266

　　三、广播与第二次世界大战 ··· 268

　　　1. 国际广播 ·· 269

　　　2. 英国广播公司(BBC) ·· 271

　　　3. 美国之音(VOA) ··· 273

　第四节　爱德华·默罗：美国广播记者的一代宗师 ··· 279

　建议参考资料 ··· 285

　本章思考题目 ··· 285

第八章　20世纪(中)：电子媒介之电视篇 ··· 287

　第一节　技术视野的电视 ·· 288

　　一、试验阶段(19世纪末至20世纪30年代) ·· 288

　　　1. 电视先驱——尼普科夫(1860—1940) ··· 288

　　　2. 电视之父——约翰·贝尔德(1888—1946) ··· 289

　　　3. 电子扫描与兹沃尔金(1889—1982) ·· 290

　　二、草创阶段(20世纪30—40年代) ··· 291

　第二节　社会视野的电视 ·· 292

　　一、重新起飞(1945—1962) ·· 293

　　　1. 娱乐节目一马当先 ·· 293

　　　2. 电视新闻初试锋芒 ·· 295

　　　3. "电视总统"——肯尼迪 ·· 297

　　二、走向繁荣(20世纪60—80年代) ··· 299

　　　1. 电视新闻大显身手 ·· 299

　　　2. 节目主持人(anchorman) ··· 301

    3. 沃尔特·克朗凯特 …………………………………… 307
    4. 收视率与主持人 ……………………………………… 310
  三、突飞猛进(20 世纪 80 年代以来) ……………………… 313
    1. CNN 的崛起 …………………………………………… 314
    2. 媒体聚合 ……………………………………………… 317
    3. 富媒体与穷民主 ……………………………………… 322
 第三节 批判视野的电视 …………………………………………… 327
  一、乐天派与悲观派 ………………………………………… 327
  二、大众文化 ………………………………………………… 331
  三、电视与一体化 …………………………………………… 333
  四、电视与平庸化 …………………………………………… 334
  五、电视与极权化 …………………………………………… 336
 建议参考资料 …………………………………………………… 339
 本章思考题目 …………………………………………………… 339

第九章 20 世纪(下)：电子媒介之网络篇 …………………… 341

 第一节 星火燎原话网络 …………………………………………… 342
  一、科学实验阶段(20 世纪 90 年代以前) ………………… 343
    1. 第一代计算机与"ENIAC" …………………………… 343
    2. "中央控制式网络" …………………………………… 345
    3. "分布式网络" ………………………………………… 346
    4. 阿帕网之父——拉里·罗伯茨 ……………………… 347
    5. 互联网之父——文顿·瑟夫 ………………………… 349
  二、普及应用阶段(20 世纪 90 年代以来) ………………… 350
    1. "军转民" ……………………………………………… 350
    2. "伊妹儿"效应 ………………………………………… 351
    3. 网上实时交流 ………………………………………… 352
    4. WWW 的美丽新世界 ………………………………… 353
    5. "搜索引擎" …………………………………………… 355
 第二节 第四媒体与网络新闻 ……………………………………… 356
  一、传统媒体抢滩互联网 …………………………………… 356
    1. 纸质媒体 ……………………………………………… 356

  2. 电子媒体 …… 358
 二、"网络原生媒体" …… 359
  1. 概览 …… 359
  2. 博客 …… 360
  3.《德拉吉报道》 …… 361
 三、网络时代的新闻传播 …… 362
  1. 新闻采编 …… 363
  2. 网络管理 …… 364
  3. 新闻教育 …… 365
 四、"跨媒体" …… 366
第三节 电子媒介：社会·历史·文化 …… 367
 一、麦克卢汉及其媒介观 …… 368
  1. "电子时代的先知" …… 368
  2. "媒介即讯息" …… 371
  3. 社会历史观 …… 373
 二、尼尔·波兹曼及其媒介观 …… 375
  1. 名师高徒 …… 375
  2. 躲躲猫（Peek-a-Boo） …… 376
 三、鲍德里亚及其媒介观 …… 380
  1. "法国的麦克卢汉" …… 380
  2. 媒介：信使·指南·娱乐 …… 383
建议参考资料 …… 385
本章思考题目 …… 385

后记 …… 387

附录 新闻传播学基础阅读推荐书目（100种） …… 391

第一章 现代传播探源：从洪荒时代到文艺复兴

第一节　历史与新闻史

第二节　新闻事业

第三节　口头传播时期：从口语到文字

　一、语言与社会

　二、口头传播

　三、非语言传播

第四节　文字传播时期：从文字到印刷

　一、文字的发明

　二、手抄新闻

建议参考资料

本章思考题目

第一节 历史与新闻史

  九曲黄河万里沙,浪淘风簸自天涯。

  物换星移,沧海桑田,人类的传播交流经过千百万年的演化,如今已达到以电子计算机为标志的高度发达阶段,"千里眼"、"顺风耳"之类的幻想,早已成为不足为奇的传播景观。站在21世纪回首人类的传播历程,恰似站在一条大河的入海口眺望它的源流,只见一条如丝的细带从邈远的天际飘然而下,千曲百折,奔流万里,最终以浩浩荡荡,横无际涯的雄浑气魄扑入汪洋大海的怀抱!

  这是一种渐进兼突变的进程,这是一种习焉不察的变迁。其中蕴含着许多发人深思的哲理,其中流传着无数可歌可泣的传说。极而言之,不参透传播衍变的奥秘,便难以把握人类历史的脉搏;不缕清这张无形网络的经纬,就无法揭示它所维系的社会。遗憾的是,对此深切参悟者不多,而透辟阐述者寥寥。虽然当今有关新闻史的论著泛滥几乎成灾,但滔滔皮相之论于世何补?尼采在其《不合时宜的考察》第二部(1874)中,区分了三种历史学:即纪念碑的、尚古的与批判的历史学。就新闻史研究而论,大抵囿于纪念碑的历史学,鲜有进抵批判的境界。

  在许多人看来,所谓新闻史就是关于新闻的历史,这仿佛是个自明的概念。然而细加分析便会发现,这个看似清晰的术语,实际上还是一本糊涂账!首先,新闻史指的究竟是新闻事件本身的发生发展呢,还是指人们对这类事件的记述呢?其次,新闻史所关涉的到底是新闻媒介对某些有新闻价值事件的报道呢,还是媒介自身的演进呢?如果新闻史把新闻事件作为考察的重点,那么它同一般的社会史又有什么区别呢?假如新闻史只关心媒介自身的生成发展,那么某时某地创刊某张报纸又有多大意义呢?那种婆婆妈妈式的新闻史,难道不是沉闷得令稍有思想者无不感到窒息吗?

  实际上,一切历史都是对人类的精神、生命和社会活动的感性体察与理性审视,是最宏伟、最深奥、最有趣的学科。意大利哲学家克罗齐曾指出,历史与哲学乃是同一的,真正的历史学家必须对所研究的事件进行理解和估价,而他这样做的时候就成为哲学家。新闻史自然也不例外,虽则它所探讨的仅是人类社会的某个领域。如果新闻史不能透过自己那扇小小的天窗,展现更为广袤的历史空间,不能揭示人类新闻活动的深层底蕴,不能勾画传播行为与文明发展的深切关系,特别是如果不能用哲学的眼力透过历史的进程,挖掘精神活动在信息交流中的意义,那么,借用克罗齐的话说,"这个被人撵到末席的所谓历史并不是真正的历史,而是以肤浅考虑和本着风闻传播写成的编年纪事和搜索记载"。

  一方面为了避免蹈袭当今新闻传播史研究的故辙;另一方面也为了探索一条通达真知的新径,我们在阐述全球新闻传播的起源、发展及意义时,将遵循伏尔泰撰写《路易十四时代》所奉行的宗旨,"撇开浩如烟海的细枝末叶,对这些剧烈变革的主要特征进行描述,让人只看到重大事件,并且在可能的情况下,看到导致这些事件的精神"。也就是说,我们将把新闻传播史置于广博的历史背景下考察,并力图揭示新闻传播活动与社会变迁的关联。不言而喻,这是一项庞大的系统工程,而这里所做的充其量只是勾勒草图,但愿这张草图能有助于进一步的思考与研究。

既然我们描绘的是森林而不是树木,既然我们关心的是这片森林与周围环境的相互关系,那么在我们看来,所谓历史的精确性便成为无足轻重的事项了(当然这并不是说对具体的历史事实可以满不在乎)。且不说精确性的相对意义,正如菲利普·巴格比在《文化:历史的投影》一书中写的,"不管历史学家作了多少最富有智慧的努力,他显然被判定只有部分的,近似的精确性"[1];即使精确性具有绝对的意义,也并不能说明什么问题。最早的日报究竟诞生在英国还是法国实在无关宏旨,关键问题不在于日报诞生这一事实本身,而在于这个事实的前因后果与来龙去脉。用历史哲学家斯宾格勒的话来说:"我们关心的并不是某时某地出现的历史事实本身是什么,而是它们的出现有什么意义,表示什么。"(《西方的没落》导言)

总之,历史包括新闻传播史的意义及价值,既在于西塞罗所说的"如果你不了解在你出生以前发生的事情,你始终只能是个孩子",又在于司马迁所说的"究天人之际,通古今之变,成一家之言"。

第二节 新闻事业

本书虽然广泛涉及全球新闻传播的历史沿革,但核心还是新闻事业的发生与发展,特别是西方发达国家的新闻事业及其演化历程。为此,首先应当弄清楚新闻事业是什么,这样才能去探究其"兴旺之因,衰落之原,失没之由,变迁之迹"(培根语),才能描述它的表现形式,揭示它和人类历史、社会生活、精神文化、心灵才智的关系。

如同"新闻史"一样,新闻事业(journalism)也是一个看似自明而实则歧义丛生的概念。由于我们的目的并不在于确定这个概念的含义,而仅在于以之限定我们的研究范围与向度,所以我们就没必要把梳盲人摸象般的是是非非,而只需依照通行的解释行事。下面就来看看对新闻事业的两家权威解释。一是《不列颠百科全书》(Britannica),一是《中国大百科全书·新闻出版》卷:

所谓新闻事业,就是通过诸如小册子、新闻信、报纸、杂志、广播、电影、电视和书

---

[1] [美]菲利普·巴格比:《文化:历史的投影》,夏克等译,42页,上海,上海人民出版社,1987。

籍等媒介,对新闻以及相关的评论和特稿材料进行采集(collection)、编写(preparation)与播发(distribution)。①

新闻机构及其各项业务活动的总称。新闻事业区别于人际新闻传播活动,有以下特征:(1)有合法的新闻传播机构;(2)采用各种新闻传播手段;(3)拥有以传播新闻为职业的专业人员;(4)面向社会,具有广泛的社会影响。②

这两家的解释尽管表述不同,但基本意思是一致的,即新闻事业是一种有组织、有规模、有目的的新闻传播活动。换言之,新闻事业是人类传播交流活动中的特定项目,是社会生活达到一定水平时的产物。新闻事业的突出标志就是媒介组织,包括人和物两个方面,比如记者与报纸。新闻事业首先体现为媒介组织的运作,离开媒介组织便无新闻事业可言。举例来说,同为海湾战争的信息,既有通过美国有线电视新闻网(CNN)公开传播的,又有通过情报部门秘密搜集的,前者属新闻事业而后者则不是。因为前者借助于媒介组织,正是媒介组织使新闻传播活动构成新闻事业。换言之,新闻事业就是在媒介组织的舞台上演出的传播活剧,或者说是以媒介组织为渠道的信息扩散。

从时间上讲,新闻事业是伴随现代文明的生成而兴起的,用未来学家阿尔温·托夫勒的话讲,它是"第二次浪潮"的弄潮儿(《第三次浪潮》)。具体说来,新闻事业最早在文艺复兴时代的意大利显露晨曦,随后在工业化进程中日趋兴旺,最终在现代文明的浪潮席卷天下之际,新闻事业也成为当代世界不可或缺的一大系统。所以,不妨把新闻事业视为现代文明的一个表征。古人评价北宋词人柳永时曾说,"凡有井水处,即能咏柳词",套用此话可以说,如今凡遭现代文明浸润处,即可见新闻事业的身影。

作为有组织、有规模、有目的的新闻传播活动,新闻事业至今不过五百余年的历史(从最早的萌芽状态算起),但是新闻事业所附着的人类传播活动,却同整个人类历史一样悠远而古老。正像联合国教科文组织在那份关于世界传播现状的著名报告中写道的:

在整个历史进程中,人类一直在设法改进其对于周围事物的消息情报的接受能力和吸收能力,同时又设法提高自己本身传播消息情报的速度、清晰度,并使方法多样化。这种努力之所以必要,首先是为了创造条件对在他面前可能潜伏的种种危险心中有数,然后也为了能和大家一起看到共同对付这些危险的可能性。③

英国作家丽贝卡·韦斯特夫人(Dame Rebecca West),也曾就此打过一个形象而精确的比喻。她说,社会之需要传播就像人之需要眼睛一样,社会在迈步之前同样也需要先看

---

① *The New Encyclopedia Britannica*,15th EDITION,1986,Volume 6,p.627.
② 《中国大百科全书·新闻出版》,408 页,北京,中国大百科全书出版社,1990。
③ [爱]肖恩·麦克布赖德等:《多种声音,一个世界》,4 页,北京,中国对外翻译出版公司,1981。

清脚下的道路,做到心中有数。① 一个社会不管其规模如何,也不论其形态如何,都无一例外地离不开传播。传播是人类得以组成社会的黏合剂,抽象地看犹如一张无形的巨网将分散异处、各行其是的个体联合成统一的整体。在英语里,"传播"(communication)一词同"社会"(community)一词具有相同的词根,并非巧合。

正如人类社会不断由原始走向文明,人类传播也是不断由简单趋于繁复,即手段日趋复杂、形态日趋丰富、功能日趋强大、影响日趋广泛、地位日趋重要等,其中媒介的变迁与进化更带有至关重要不容忽略的意义。马歇尔·麦克卢汉的名言"媒介即信息",正是以极端的口吻强调了这种意义,突出了这种意义。尽管人们对麦克卢汉的传播观褒贬悬殊,但在麦克卢汉的"奇谈怪论"之后,谁若还忽略媒介在文明进程中的地位,那就恰似桃花源中人——"不知有汉,无论魏晋"了。

仅从媒介变迁的角度看,人类的传播历程大致可分为四个前后相继的阶段:口头传播阶段、手写传播阶段、印刷传播阶段和电子传播阶段。从语言的产生到文字的发明这一漫长时期(几万年乃至几十万年),人类的传播活动主要依靠口头语言进行,故有口头传播之称;从文字的发明到印刷的问世,书写的东西在口耳相传之外,又开辟出一条重要的传播渠道,使传播活动得以不受空间与时间的限制,所谓书写传播正为突出这一点;从印刷问世到广播的兴起,印刷媒介日益显示一枝独秀的传播优势,令口头传播与手写传播相形见绌,所以用印刷传播概括这一阶段的特征;至于电子传播则指广播兴起以来的情形,因为这一阶段电子媒介(广播、电视、网络等)异军突起,显示出越来越强的传播威力,成为后来居上、无与伦比的媒介劲旅。

严格地说,把人类的传播历程,硬性分成这样四个递相衔接的阶段未必准确。因为,它把一个有机变化的历史过程简单化了,而且容易造成一种错觉,仿佛四种媒介在历史的长河中此起彼落、前赴后继似的,就像上古结束是中古、中古之后是近代一样。事实上,这四种媒介虽然依次出现,但它们的关系并不是互相排斥而是互相补充,并不是前后相继而是前后相叠。比如,当代虽被冠以电子传播阶段,但印刷传播依然发挥着重要作用,而手写传播也未曾淘汰,至于口头传播更是占据主导地位。而且这些媒介及其功能,越来越互相兼容,彼此融合,如手机的未来发展趋势,就是将说、写、读、看等媒介功能融为一体。

这里之所以采用"口头——书写——印刷——电子"这种四分法,仅仅是由于它显得比较

人类传播示意图

————————
① *The New Encyclopedia Britannica*,15th EDITION,1986,Volume 26,p.473.

简单明了，便于说明不同历史阶段的传播特色而已。但需特别强调的是，在说到这四个传播阶段的时候，切莫将它们视为上图所示的直线过程，而应看作上图所示的叠加状态。也就是说，每个传播阶段都是从开始一直延续到现在。比如口头传播阶段即从语言的产生一直到现在，而不是结束在文字的发明。总之，上述四种传播就像四则运算。加减乘除虽然是被人们依次发明的，但它们自出现之日起，始终都是必不可少的运算方式，人们并未由于掌握乘除而摈弃加减。同样，后一传播阶段（如手写）的开始，也并未排斥前一传播阶段（如口头）的延续。

从"口头—书写—印刷—电子"的四分法上看，新闻事业始于印刷传播阶段，或者说包括印刷与电子两个传播阶段。前已指出，新闻事业源于西方，是现代文明的一个表征。既然西方的印刷传播阶段始于15世纪中叶古登堡发明金属活字印刷法，那么新闻事业的历史也就由此算起，而事实上新闻事业的幼芽大致就萌发于16世纪初。本书重点即在探讨这五百余年间，全球新闻传播的演化及其意义。这里所谓"全球"，一方面固然指全球范围或全球视野，另一方面更标明一种全球视角，即以马克思恩格斯在《共产党宣言》中所揭示的全球化景观，来审视其间新闻传播的演进脉络。这里，让我们冒昧地引用斯宾格勒在其名著《西方的没落》导言中所写的一段话，作为本节的结语：

> 我知道，这本书有着初次尝试的一切缺点，不完全，其中自相矛盾的地方一定在所难免。但我相信，书中形成了一个无可争辩的观点，它一旦清楚地说出来了，它就会（我重复一次）没有争议地被接受。①

第三节 口头传播时期：从口语到文字

如前所述，新闻事业无非是印刷媒介出现后，形成的一种独特的人类传播现象。从上节那个阶梯状的示意图上可以看到，印刷传播前的口头传播与手写传播既是它的先导，又是它的基础。这一点不难理解，比如报纸虽说是一种印刷媒介，但其内容却是由文字表现的，而其信息来源则是通过语言获取的。既然如此，考察新闻事业的发生发展之前，先探究一下它的这两大历史先声与现实基础，即口头传播与手写传播，就显得十分必要。这就好像长江虽在金沙江与岷江于宜宾汇流后才称长江，但介绍长江并不能只从宜宾谈起，而是要沿金沙江、通天河、沱沱河一路上溯到它的涓涓源头。同样，传播之河虽然流到近代才开始出现新闻事业，但在谈新闻事业时也不能割断它的绵绵历史纽带，也不能不追根溯源，深入远古的重重雾霭，去探寻其幽远而迷蒙的演化轨迹。

本节就先谈谈口头传播时期的情形。

---

① ［德］奥斯瓦尔德·斯宾格勒：《西方的没落》上册，81页，北京，商务印书馆，1963。

一、语言与社会

从语言的产生到文字的发明这一漫长时段,人类传播的特征可以概括为口头传播,这一时期的主要媒介或者说唯一媒介就是语言。

诚如列宁所言,语言是"人类最重要的交际工具"(换成现代的说法,就是最重要的传播媒介)。实际上,语言是唯一可独立使用的传播工具(媒介),至于其他传播媒介,无论是文字还是印刷,也无论是广播电视还是计算机网络,其实无不借助于语言,都始终根基于语言。换言之,它们都不具有独立性。比如,文字看起来好像是一套独立自主的体系,事实上它乃是语言的代表,或曰"符号的符号"。语言学家萨丕尔说得好,"语言是商品,文字是货币,文字不依附于语言,也就一文不值"。

既然口头传播阶段开始于语言的产生,那么语言又是什么时候出现的呢?关于这个问题,迄今为止没有一个明确的答案,事实上也不可能有明确答案。20世纪德国哲学家加达默尔,曾将这个问题比附为"孩子是何时首次认出自己的母亲"①。对此,亚里士多德的比喻同样精妙。他说,追问语言的起源,就像追问一支兵败如山倒的大军,在一路狂奔之后怎么慢慢停下来一样:

> 一支正在溃逃的部队是如何停住的呢?显然不是由于第一个士兵停住了或是第二个、第三个士兵停住了。也不能说相当数目正在逃跑的士兵停住时这支队伍就停住了,显然也不能说部队是在最后一个士兵收住脚步时停住了。因为部队并不是在最后一个士兵停住时才开始停止前进。从开始停止到完全停止是一段很长的时间。这支部队是怎样开始停步,这种停步的行动怎样扩展,最后直到整个部队完全停步……关于一般知识的情况也正是如此。②

与此相似,我们也不可能把语言的起源,追溯到某个人或某些人的开口说话。因为,这个问题同样涉及加达默尔所说的"普遍性何时产生的问题"。西方的"历史之父"、古希腊的希罗多德,曾经记述了这样一个故事:

> 普撒美提科斯成为埃及人的国王的时候……把普通人的两个新生的婴儿在一生下时交给一个牧羊人,叫他把他们放在羊群当中哺育,哺育的办法是命令不许任何人在他们面前讲任何一句话……这样命令的目的,是要知道在婴儿的不清楚的呀呀学语的时期过去以后,他们第一次说出来的话是什么。……一天当他打开他们屋里的门进去时,两个孩子都伸出双手向着他跑来,嘴里发着倍科斯……普撒美提科

---

① [德]加达默尔:《哲学解释学》,夏镇平等译,14页,上海,上海译文出版社,1994。
② [德]加达默尔:《哲学解释学》,夏镇平等译,63~64页,上海,上海译文出版社,1994。

斯于是便亲自听到了他们说的这个词,并着手研究什么民族把什么东西称为倍科斯。结果他发现倍科斯在普里吉亚人那里是面包的意思……①

这样探究语言的起源,显然是不足为凭的。不过,这个故事也说明,很早以前人们就已对语言的起源问题发生兴趣。其实,追问语言的起源,也就是追问传播的起源。对此,虽然人们的看法很不一致,但有一点是公认的:传播与社会或者说语言与社会是同时出现的。因为,归根结底,语言的需要来源于交流的需要,而交流的需要正是群体互助的需要。当人类还处在各行其是的状态中,当他们还是分散的个体时,语言就是多余的。只有当他们需要组成社会群体,以共同应付各种自然与社会问题的时候,才需要一种共通的媒介,这就是语言出现的现实基础。总之,语言(传播)与社会的关系就像影子与实体一样,须臾不可分割,有体而无影或者有影而无体,即设想没有语言的社会或者设想没有社会的语言,同样显得不可思议。

既然语言(传播)与社会具有如此密切的关系,那么社会又是何时形成的呢?社会的形成同人类的出现是同步的,社会的形成之日就是人之为人之时,马克思说得好,在其现实性上,人是各种社会关系的总和。没有组成社会的人,其实并不是真正意义的人,而只是动物界的一员,或者不妨说是一种野兽。一般说来,从"野兽"到人类的转变,大约发生在35 000年以前。美国当代史学家斯塔夫里阿诺斯,在颇受好评的《全球通史》里就写道:

> 人类祖先在距今约35 000年时终于完成了自己的整个进化过程,而转变为人类——"能进行思维的人类"。从各方面看,这一转变可视作地球上事态发展的第二个大转折点;而生命从无机物中脱胎而出则是第一个大转折点。②

在这个转变过程中,尼安德特人最为突出。所谓尼安德特人(Neanderthals),出自1856年在德国杜塞尔多夫附近尼安德特河谷发现的一种古人化石。"但是最后约在二万五千年至五万年以前,当第四冰期气候逐渐转暖的时候,另一种类型的人在欧洲出现了,看来就是这种人把尼安德特人消灭了。"③人种学者将他们统称为智人(Homo sapiens),其中在欧洲遗留的骨骸有两种,一是克罗马努种族,一是格里马耳底种族。据不同学科的研究,这些"人类"都已经开始出现语言。比如,

> 一批美国语言学家和人类学家,通过研究得出了一个结论。他们认为,尽管典型的尼人(即尼安德特人的简称——引者注)不具备现代人的那种分节言语的能力,但是他们的言语器官已得到一定程度的发展,这就保证他们有一定的语言交际水

---

① [古希腊]希罗多德:《希罗多德历史》上册,王以铸译,109~110页,北京,商务印书馆,1959。
② [美]斯塔夫里阿诺斯:《全球通史——1500年以前的世界》,吴象婴等译,66页,上海,上海社会科学院出版社,1988。
③ [英]赫·乔·韦尔斯:《世界史纲》,吴文藻等译,91页,北京,人民出版社,1982。

平。显而易见,古人在发展言语的发音器官方面,已走完了一段很长的进化路程。这种论断是在对典型的尼人的发音能力跟他的假定祖先(南方古猿和类人猿)进行比较的基础上得出的。①

总之,正如联合国教科文组织的著名报告《多种声音,一个世界》指出的:"人类之所以超越于一切动物之上者,却是因为产生了语言这个重要的手段……"②换言之,人脱离动物界的标志就在于凭借语言组成社会,语言的起点或传播的起点就是人类的起点。亚里士多德甚至把人定义为"一种具有语言的生物"③。德国哲学家、语言学家赫德尔与威廉·冯·洪堡,也都认为语言本质上属于人类,人类本质上属于语言生物。④ 美国语言学家爱德华·萨丕尔,在《语言论》一书中归结道:

> 我们不得不相信语言是人类极古老的遗产,不管一切语言形式在历史上是否都是从一个单一的根本形式萌芽的。人类的其他文化遗产,即便是钻木取火或打制石器的技艺,是不是比语言更古老些,值得怀疑。我倒是相信,语言甚至比物质文化的最低级发展还早;在语言这种表达意义的工具形成以前,那些文化发展事实上不见得是一定可能的。⑤

二、口头传播

语言的产生标志着口头传播阶段的开始,这一阶段一直延续到文字的发明。从时间上看,口头传播阶段几乎涵盖人类的整个传播历程,与之相比手写阶段以及印刷与电子阶段都显得微不足道,甚至可略而不计。比如,《传播革命》一书的作者弗里德里克·威廉斯,绘制了一个传播史表盘,十分清楚地说明了这一点(见右图)。

这个传播史表盘,反映的其实是西方的传播历史。刻度上的24个小时,代表着从西方晚期智人克罗马努人到现在的360个世纪,即36 000年,故称"一天等于360世纪"。口头传播在一天的开始便出现了;手写阶段则在20时才姗姗来迟;印刷阶段的出现已经到了22时38分,距一天的结束只有不足一个半小时;而电子传播阶段只剩少得可怜的

传播史表盘

---

① [苏]叶·潘诺夫:《信号·符号·语言》,王仲宣等译,76页,北京,三联书店,1991。
② [爱]肖恩·麦克布赖德等:《多种声音,一个世界》,4页,北京,中国对外翻译出版公司,1981。
③ [德]加达默尔:《哲学解释学》,夏镇平等译,60页,上海,上海译文出版社,1994。
④ [德]加达默尔:《哲学解释学》,夏镇平等译,60页,上海,上海译文出版社,1994。
⑤ [美]爱德华·萨丕尔:《语言论》,陆卓元译,20页,北京,商务印书馆,1985。

三分钟。口头传播阶段的时间优势在这个表盘上一目了然,毋庸赘言。这里只需补充两点。一是采用这个表盘虽然有利于直观地说明问题,但并不意味着其具体"刻度"具有绝对与普遍的意义。如就中国情形而言,印刷出现的时间还要提前,而不是在22时38分。二是口语传播阶段实际上占据全部24小时,而不是仅仅止于20时。换句话说,口语传播的历史也就是人类传播的历史,正如教科文组织的报告所写道的:

> 这种个人与个人之间的交流时刻发生、延续不断,其重要性是无与伦比的,在一个小小的社会单位内尤其如此。在过去,这种交流无疑有助于加强相互之间的友爱合作关系,以抗衡由于受制于外来势力而形成的分散局面。不管怎样,它总是起着一种社会化的作用:鼓励人们工作、协调群体生活、团结一致来和大自然作斗争,并促进作出集体性的决定。它今天仍然是人类交流中无以取代的一个方面。①

口头传播的性质注定它不易传之广远,而这一点却是近代新闻事业(横跨印刷传播与电子传播)的优势之所在。当然,这只是表面上的区别,丝毫也不意味着口语传播的笨拙与落后,许多迷信现代科技的人正是从这个表面区别上得出一些荒谬而可笑的结论。其实,传播不仅只是一个孤零零的信息传导过程,就像一片落叶顺流而下似的,它是一个涉及许多方面、包含许多因素的有机行为。由此观之,口语传播不仅毫不逊色,相反更洋溢着无可比拟的活力与生气。处在口语传播阶段的人,他们的传播机能相对来说更为健全,而处在其他传播阶段的人则由于有所凭借而使某种机能日趋退化,正如有空调暖气的人远不如自然环境中的人强健一样。当今电视屏幕上连篇累牍、俗不可耐的肥皂剧,同口耳相传、含蕴深广的史诗之相差霄壤,就是颇具象征意味的例证。

三、非语言传播

结绳记事

在漫长的口头传播阶段,除了语言媒介,人们还经常使用一些非语言手段。所谓非语言手段,其实还是以语言为基础,是语言的延伸形式或辅助方式。非语言手段归纳起来,大致包括结绳、篝火、鼓声、口哨、原始绘画、象征符号等类型。在符号学看来,所有非语言手段,同前面说的语言和后面要说的文字一样,统统都被归为一种类型——"传播符号"。

非语言传播手段中,最典型的莫过于实物传播,如结绳记事。《易·系辞下》云:"上古结绳而治,后世圣人易之以书契。"由此可知,结绳在我国古代传播活动中的重要作

---

① [爱]肖恩·麦克布赖德等:《多种声音,一个世界》,6页,北京,中国对外翻译出版公司,1981。

用。事实上,文字发明前,结绳发挥着类似文字的功能,至今有些尚无文字的民族依然使用这种方法保存信息,传播信息。在历史上,印加古国曾发明出一套相当复杂的结绳方法,体现着这个被西方殖民者所摧残的古老文明的智慧。当时,印加帝国的大小城镇都设有专职的结绳官,他们掌握着一套结绳的规则与技巧,就像现代报务员精通电码一样。他们日复一日地将军国大事通过结绳记载下来,同时根据需要向人们宣布和解释有关情况。令人痛惜的是,这一珍贵的文化传统在血与火中永远消失了!

希罗多德记载的一个故事,为我们提供了一个古代实物传播的有趣例子。据说,波斯国王大流士率军征讨黑海一带的斯奇提亚人时,收到对方送来的一份奇特"礼物",其中有一只鸟、一只鼠、一只蛙与五根箭。这是什么意思呢?波斯人议论纷纷,看法不一:

> 大流士认为这是斯奇提亚人自己带着土和水向他投降的,他的理由是:老鼠是土里的东西,他和人吃着同样的东西,青蛙是水里的东西,而鸟和马则是很相像的。他又说,箭是表示斯奇提亚人献出了他们的武力。这是大流士所发表的意见;但是杀死玛哥斯僧的七人之一的戈布里亚斯的意见和大流士的意见恰恰相反。他推论这些礼物的意义是:"波斯人,除非你们变成鸟并高飞到天上去,或是变成老鼠隐身在泥土当中,或是变成青蛙跳到湖里去,你们都将会被这些箭射死,永不会回到家里去。"①

事实证明后者的解释才符合斯奇提亚人的原意。在这一事例中,鼠蛙鸟箭都已失去本源的意义,而成为传递特定信息的符号,被赋予传播的功能。

篝火或烽火也是古代一种常见的非语言传播手段。比如,古希腊的游吟诗人荷马,在公元前700年左右的《伊利亚特》里就说道:

> 这样,在某个遥远的、四面楚歌的岛屿上,战士们终日固守城墙,孤注一掷,杀得昏天黑地;但太阳一落山,一串烽火的火焰升起,射入云霄,以向邻近的岛民报警,使援军乘船赶来。②

燃起烽火自然是为了尽快传播信息。不过,这种方式不到十万火急,一般不会使用。所以,通常情况下,古人传播信息的最快方式就是驿马及驿使了。比如,古代波斯的居鲁士大帝,曾经建立了一套迅捷的驿马传讯系统,每个驿站配备40匹驿马和骑手,信件每天可以传递50～100英里:

烽　火

---

① [古希腊]希罗多德:《希罗多德历史》上册,王以铸译,316页,北京,商务印书馆,1959。
② [美]叶海亚·R.伽摩利珀:《全球传播》,尹宏毅主译,9页,北京,清华大学出版社,2003。

（居鲁士）进行了实验，以弄清一匹马在使劲骑的时候一天能够跑多远而不会累垮，然后他在恰好这样长的距离上建立了一个个驿站，配备了马匹和照料它们的人员；在每个驿站，他都任命了专门的官员来接收送到的信件，然后继续转发，照料筋疲力尽的马匹和骑手，并派出新的人马继续前进。①

以上这些传播方式，都是比较常见的。除此之外，还有许多独特的非语言传播手段。比如，美国有位语言学家科文长期研究印第安人的生活习惯，他就描写过这样一件有趣的事情：

一次他来到一个名叫艾谢毕奥的印第安人家里。他的房子建在一个陡峭的山坡上。正当宾主见礼的时候，山坡下出现了一个矮小的人影，肩上扛着一个口袋。艾谢毕奥打了一声口哨，山下的人停了下来，朝坡上看了看，回了一声口哨。这是一次奇特的口哨对话。最后，扛口袋的男人改变了方向，朝山坡上的小屋攀登了。当他走近小屋时，放下口袋，解开袋口。艾谢毕奥朝口袋里看了看，没有作声，转身走进屋里。他很快拿出钱来，付给了来人。来人点清了钱，一声不响地回去了。

科文向艾谢毕奥详细地询问之后，记录下了这段奇异的口哨对话。"你拿的是什么？"主人朝山下打着口哨。"一袋玉米。""带到哪里去？""去泰南科。""想卖吗？""是的。""要多少钱？卖给我吧。""两块伍。""两块两角伍行吗？""那边答应给三块。""但你还得把玉米扛到那边去，路可不近呀！""好吧！就给你吧。""来吧，你会得到钱的！"②

与此相似，英国有位语言学家卡灵顿，对刚果的各种语言进行了多年研究，发现当地人利用木鼓、铃铛、木哨、骨哨等方式，能把口头消息传向远方：

木鼓的种类虽然很多，但其制造原理基本相同。把一根两米长的粗圆木纵向开一条缝隙，掏出木心，结果形成一个一侧壁薄、一侧壁厚的圆筒……人们把薄壁的一侧称为"妈妈"——敲击时发出的音调高，另一侧称为"爸爸"，敲击时发出的声音比较低沉。……各村的木鼓发出的声音都独具特色，想要制出两个发音相同的木鼓也是不可能的。敲鼓的技艺经过了年复一年的研究，一般各个居民点都有一、两名技艺高超的"报务员"，而且各有各的呼号。如果一名报务员首次"播音"，邻村的木鼓必须在"播音"过程中保持沉默……那么木鼓到底是怎样传递消息的呢？据卡灵顿对凯莱族民俗的研究，木鼓语言共有一百七十个句子，分成六个主要类别：物体和动物的名称；通告村寨生活的重大事件（召集人来跳舞、参加体育比赛、宣布举行成年仪式、婴儿降生——特别是双胞胎的落生、马驹的出生、死亡、传染病的流行等）；要求人们提高警惕、注意防范；村名；人名；在暴风雨前召集人们返回村寨等。……例如，凯

---

① ［美］叶海亚·R.伽摩利珀：《全球传播》，尹宏毅主译，9页，北京，清华大学出版社，2003。
② ［苏］叶·潘诺夫：《信号·符号·语言》，王仲宣等译，108页，北京，三联书店，1991。

莱人传播"新闻"这个词时使用两个词——"姆勃利、圣戈",意思是"新闻、新闻"。①

非语言手段中的各类图形,可以说是一种原始文字,又称图画文字。在没有文字的原始部族中,这种图画文字十分常见。普列汉诺夫在《没有地址的信》中,用大量人类学事实证明,原始绘画的意义首先在于传播,而不在于欣赏。右面这幅美洲印第安人的绘画就是一例。

这是一幅典型的文字性图画,画中最上面的那个半圆形代表地平线上初升的朝阳,意谓清晨;三个简略的人形代表三位印第安猎手;接下来的图形是说明他们离开湖边的棚屋去打鹿,棚屋旁有串脚印,标明他们的去向,湖泊则标示他们的居住方位;最下面那个小人肚子上画有一道线,表示饥肠辘辘,所以去打猎。将这幅画的文字连贯起来就是:"清晨,三位印第安猎手离开湖边的棚屋去打鹿,因为他们肚子饿了。"

上述这些非语言传播手段,仿佛独立于语言,成为同语言分庭抗礼的传播媒介,而实际上它们都不过是语言的衍生物,都必须依托语言而存在。比如,斯奇提亚人那份"礼物"的含义,就是由语言赋予,并由语言提取的。所以,美国语言学家萨丕尔断言:

印第安人的"绘画"
资料来源:Shanghai Students' Post, No. 106 June 16, 1987。

> 我们可以毫不犹豫地做出这样的结论:除了正常言语之外,其他一切自主地传达观念的方式,总是从口到耳的典型语言符号的直接或间接的转移,或至少也要用真正的语言符号做媒介。②

第四节 文字传播时期:从文字到印刷

语言的产生开辟了口头传播的纪元,文字的发明拉开了手写传播的帷幕。

如果说语言使人由动物变成人类,那么文字则使人类由原始人变成文明人。正如巴勒克拉夫主编的《泰晤士世界历史地图集》所言:

> 公元前3000年左右的文字发明,是文明发展中的根本性的重大事件。它使人们能够把行政文献保存下来,把消息传递到遥远的地方,也就使中央政府能够把大

---

① [苏]叶·潘诺夫:《信号·符号·语言》,王仲宣等译,112~116页,北京,三联书店,1991。
② [美]爱德华·萨丕尔:《语言论》,陆卓元译,19页,北京,商务印书馆,1985。

量的人口组织起来。它还提供了记载知识并使之世代相传的手段。①

换言之,没有语言,人类就始终是动物界的一员;而没有文字,人类就不可能创造高度发达的文明。

一、文字的发明

文字起源于绘画,在各大文明发祥地,最初的文字都是图画式的,在有真正的文字以前往往都是先有"象形文字"。以人类最早的文字即楔形文字为例,它一开始就是由图形符号组成的。倘说产生语言的动机在于人们传播信息的需要,则文字的创立一开始并非迫切急需的传播愿望所致,毋宁说文字先被人们出于其他目的发明出来,然后才作为一种新的媒介而用于传播活动,即《泰晤士世界历史地图集》里所论述的:

> 文明古国不同于它们的邻人(北方的游牧人以及欧洲的温带森林或中印半岛的热带林莽中的农业人群)之处就在于经济的集中。在这些早期的城市社会中,货物是在一种实施再分配的制度之下集散的。要保持这些货流运转的轨道,就需要有某种永久性的记载,于是,发达的文字体系就成了这种社会的一个重要特征。最早的文字记载,通常不过是些仓库储货的清单而已;可是一旦人们发明了一种易于适用的文字体系,这种文字就会被用来记录神话、传说和诗歌,还用于行政管理。②

楔形文字

美国当代史学家斯塔夫里阿诺斯在其力著《全球通史》里,针对楔形文字的发明,也作了详细阐发:

> 经营地产时需要记账,如:从佣耕的农人那里收到的地租,牧群的头数,牲畜所需的饲料的量,下次播种所需的种子的量,以及关于灌溉设施和灌溉计划的一切复杂的细节,都得上账或记录。管理事项和账目,是用削成三角尖头的芦苇杆当笔,刻写在泥板上;然后将泥板烘干,以便于保存。这种最早的文字形式称为楔形文字,显然不是为了智力活动才发明的;确切地说,这是经营管理时的一种工具。正如一位

---

① [英]杰弗里·巴勒克拉夫:《泰晤士世界历史地图集》,中文版,53页,北京,三联书店,1985。
② [英]杰弗里·巴勒克拉夫:《泰晤士世界历史地图集》,中文版,53页,北京,三联书店,1985。

著名学者所说的,"文字不是一种深思熟虑后的发明物,而是伴随对私有财产的强烈意识而产生的一种副产品……"①

这就是说,文字最初只是作为社会经济生活中的一种运行手段,而不是作为一种传播媒介。当然,文字一旦用做媒介,则使人类传播发生革命性变革。从传播的角度看,文字媒介的显著功能有两点,这就是使信息在空间上传之广远和在时间上传之久远,从而弥补了口语媒介的两大缺陷。才学渊博的思想家斯宾格勒,曾在其皇皇巨著《西方的没落》中写道:

> 书写是有关远方的重大象征,所谓远方不仅指扩张距离,而首先地是指持续、未来和追求永恒的意志。说话和听话只发生在近处和现在,但通过文字则一个人可以向他从来没有见过的人,甚至还没有生出来的人说话。一个人的声音在他死后数世纪还可以被人听到。②

另外,语言是事物的直接符号,而文字则是事物的间接符号,即所谓符号的符号。瑞士语言学家索绪尔说过:"语言和文字是两种不同的符号系统,后者唯一的存在理由是在于表现前者。"(《普通语言学教程》)由于文字所涉及的仅是间接的现实,它"所包含的不是事物的符号而是其他符号的符号"(斯宾格勒),文字便仿佛构筑起一个同实性世界相对应的虚性世界。意大利当代哲学家、符号学家艾柯(Umberto Eco),曾经引述了一则颇堪回味的故事:

> 书写的艺术在其最初被发明时是多么的奇妙,我们可以在新近发现的美洲人身上看到这种奇妙。这些美洲人惊奇地发现:"人"可以与"书"进行交谈,甚至"纸"也会说话……
>
> 我下面要讲的故事是关于一位印第安仆人的。这位仆人受到主人的吩咐去送一篮无花果和一封信,但在半路上却将篮子里的东西吃掉一大半,将剩下的送到了该送到的那个人手中。这个人读了信,发现无花果的数目与信上所说的不符,于是就责问仆人为何将果子偷吃了,并且告诉了他信上是怎样说的。然而这位印第安仆人却矢口否认有此事(尽管证据确凿),并且不断诅咒那张"纸",认为这张纸是在说谎。
>
> 之后不久,这位仆人又被支使送同样的东西到同一个地方——同样的一篮果子以及说出了果子确切数目的信。他又故伎重演,在路上吃掉大部分果子;但这一次,为了防止受到上次同样的指责,他在吃果子之前首先将那封信拿出来藏到了一块大石头下面。他相信,如果这封信没有看到他吃果子的话,它就不可能出卖他。然而这一次他又失算了,他受到了比上一次更加严厉的指责;他不得不老实坦白自

---

① [美]斯塔夫里阿诺斯:《全球通史——1500年以前的世界》,吴象婴等译,120~122页,上海,上海社会科学院出版社,1988。
② [德]奥斯瓦尔德·斯宾格勒:《西方的没落》上册,齐世荣等译,280页,北京,商务印书馆,1963。

己的错误,对纸所具有的"神性"赞叹不已。从此以后,他在执行主人的命令时,再也不敢耍任何滑头了。①

起初,文字所构建的虚性世界还只是现实的一个影像,但久而久之竟然仿佛成为现实本身,而现实倒似乎成为其副本。正如柏拉图那个著名的洞穴比喻所昭示的:火光(文字)将物体投射到洞壁上,人们感知的其实是物体的影像,并且习惯于这种感知,而对物体本身反倒浑然不晓。于是,就出现了韦尔斯所描绘的这番情景:

> 在中国,文字造就了一个特殊的读书人阶级,也就是官吏。他们也就是统治和官僚阶级。他们的注意力必须集中于文字和古典文学格式,胜过集中于思想和现象;尽管中国相当太平,它的人民的个人智慧很高,但它的社会和经济发展,看来却因此受到了很大的阻碍。中国之所以在许多世纪中一直是个勤劳的、但缺乏进取心的广袤地区,而不是世界上首屈一指的强国,大概就是由于它的语言和文字的复杂,而不是由于任何别的可以想象到的原因。②

其实韦尔斯所说的这种注意文字胜过注意现实的情形,并不仅限于中国,而是具有普遍性的。

二、手抄新闻

虽然最初的文字并非为了传播信息,但文字一旦发明之后,人们在用它记录各种事项以免遗忘的同时,把一些重大的消息写下来,递送到遥远的地方便成为顺理成章的事情了:"账本、信札、处方、名单和旅程记录:这些都是最早的书面文件。后来,随着书法和阅读技艺的传播,便产生了一种古怪的愿望,一种那样普遍存在于人类中的可怜的愿望,希望把某件奇闻、自己知道的某件秘密或一些奇怪的想法,甚至把自己的名字写下来,去使某些住在远方的不相识的人感到惊异,并希望在自己死后很久,这些记载也会使其他读者感到触目惊心。"③这类通过文字递传的新闻,可以通称为手抄新闻或书写新闻。现在所知的最早、也最著名的手抄新闻,就是古罗马时代的"每日纪闻"(Acta Diurna)。《中国大百科全书·新闻出版》卷,对"每日纪闻"作了如下简要介绍:

> 罗马帝国执政官于公元前1世纪下令颁布官报"每日纪闻"。它是一种手抄布告,公布于罗马和各省公共场所,内容为公民投票、官吏任命、政府命令、条约、战争

---

① [意]艾柯等:《诠释与过度诠释》,王宇根译,51~52页,北京,三联书店,1997。
② [英]赫·乔·韦尔斯:《世界史纲》,吴文藻等译,213页,北京,人民出版社,1982。
③ [英]赫·乔·韦尔斯:《世界史纲》,吴文藻等译,216页,北京,人民出版社,1982。

和宗教新闻等。公元476年西罗马灭亡,"每日纪闻"随之终刊。①

除"每日纪闻"之外,古罗马时代流行的新闻信(newsletter),也是颇有影响的手抄新闻。如果说"每日纪闻"是"历史上第一份官方的报纸"(科瓦略夫),那么新闻信就是最早的民间"报纸"。新闻信不同于一般的书信,它主要用于向各行省的达官贵人通报罗马的情况,所以它是把地方与中央联为一体的信息纽带。美国新闻学者阿特休尔就此曾写道:

> 古罗马时代,人们是以信的形式徒步传递新闻的。驻扎在省里的罗马权贵委派一个或几个私人记者去首都,目的是让他以书面报告的形式汇报那里的日常活动情况,特别是对省里生活有影响的商业和政治活动情况。这些"记者"常常是些聪明的奴隶,他们较早地识文断字,他们知道可以将这些信件送往驻扎在其他省份的官员那儿,以捞取外快。他们通过新闻采写赚钱,有时是用来赎回他们的人身自由。②

古罗马文明的光辉随着帝国的崩溃而隐没于中世纪的漫漫长夜,直至文艺复兴时代才重放异彩。对此漫漫千年的传播图景,媒介生态学的创始人尼尔·波兹曼,在论述电子媒介的名著《童年的消逝》里概括道:

> 无论是什么原因,社会识字文化消逝了近1000年,这是不容置疑的。没有任何解释能比一个中世纪读者劳心劳力地阅读一个文本这样的图景更能表达文字消逝的含义。除极少数例外,中世纪的读者,无论年龄大小,都不会、也不能像我们一样的阅读。假如中世纪的人有机会看到现代读者迅速翻阅一本书的情景:悄然无声,眼球快速地转动,嘴唇完全不动,他也许会把这看作魔术表演。典型的中世纪读者阅读时跟那些倔强的一年级学生不相上下:逐字逐句,喃喃自语,高声朗诵,用手指点着每个字,并不考虑弄懂这些字的含义。而且,这里我指的还是中世纪的学者,因为大多数人是根本不读书的文盲。
>
> 这表明,当时所有重要的社会交往都是通过口头的方式、面对面地进行的。在中世纪,巴巴拉·塔奇曼告诉我们:"一般人主要通过耳朵来获得知识。他们聆听公开的布道,观看神秘剧,听人们朗诵叙事诗、唱民谣和讲故事。"因此,欧洲人回到了一种人类交流的"自然"状态,一种以谈话为主、通过歌唱来强化的状态。③

同样,古典时代的手抄新闻传统断裂一千年之后,才被罗马人的后裔首先继承下来,并发扬光大,这就是文艺复兴时代兴起于威尼斯,流行于欧洲大陆的"手抄新闻"

---

① 《中国大百科全书·新闻出版》,"世界报业史"条,270页,北京,中国大百科全书出版社,1990。
② [美]J.赫伯特·阿特休尔:《权力的媒介》,黄煜等译,5页,北京,华夏出版社,1989。
③ [美]尼尔·波兹曼:《童年的消逝》,吴燕莛译,17~18页,桂林,广西师范大学出版社,2004。

(written-newssheets)。

那些有创业精神的威尼斯人像古罗马的同仁一样,发现采集、传播和交换新闻的活动有利可图,于是,到16世纪中叶,一个真正的"手抄新闻"行会在威尼斯发展起来。他们在横贯大运河的里亚尔托桥上出售新闻纸,任何过路人只要掏钱就能够购到新闻,其内容有船只的启航抵达、海盗歹徒的肆虐危害、贸易商情以及至关现政权生死存亡的政治事变的消息。①

威尼斯是近代商业资本主义的中心,莎士比亚笔下的"威尼斯商人"就是一个典型。作为商贸中心,威尼斯以及其他意大利商贸城市在文艺复兴时代都曾风光一时,就像现在的纽约一样。近代早期的"手抄新闻",即在这种"天时、地利、人和"的背景下,发端于意大利的地中海城市,其中威尼斯尤为突出。德国当代思想家哈贝马斯,在论述"公共领域"的名作《公共领域的结构转型》里写道:

随着贸易的广泛开展,眼睛紧盯着市场的商人在核算时越来越需要准确地了解远方发生的事情。因此,从14世纪开始,古代商人间的信件来往已经演变成为了一种带有职业性质的沟通系统。……当然,商人们所需要的是一个能够保守商业秘密的信息系统,而市政管理机构和宫廷需要的则是一种能够保守统治秘诀的信息系统。两者都无意于把信息公之于众。他们更感兴趣的是"书写的报纸",是信息商汇集起来的私人信件,信息商这样做纯粹是出于职业动机。②

《东西洋考每月统记传》

14世纪左右,意大利已有所谓menati组织,向宫廷与商人等提供"手抄新闻"。1563年,当威尼斯与土耳其交战期间,威尼斯政府又定期发布一种新闻公报,这就是新闻史上有名的《威尼斯公报》——一种在公共场合朗读的newssheet。由于获取这种新闻,需付一枚当时的硬币——gezzeta,于是这个词后来就演变为报纸、公报等意思,并且常常作为报刊的刊名用字而广为使用。比如,中国作家协会的机关报《文艺报》,就以 Literature Gezette 作为英文刊名。在中国本土出版的第一份中文近代刊物、由普鲁士传教士郭士立创办的《东西洋考每月统记传》(1833),曾经登载过一篇《新闻纸略论》,其中也提到由威尼斯这种硬币演化而来的gazette(报纸、公报):

---

① [美]J.赫伯特·阿特休尔:《权力的媒介》,黄煜等译,8页,北京,华夏出版社,1989。
② [德]哈贝马斯:《公共领域的结构转型》,曹卫东等译,15页,上海,学林出版社,1999。

在西方各国有最奇之事，乃系新闻纸篇也。此样书纸乃先三百年初，出于义大里亚国。因每张的价是小铜钱一文，小钱一文西方语说加西打（即 Gazette——引注），故以新闻纸名为加西打，即因此意也。后各国照样成此篇纸，至今到处都有之甚多也。

无独有偶，意大利人不仅继承了以《每日纪闻》为代表的古罗马官方新闻的传统，而且也使古罗马时代的新闻信重新复活。尽管新闻信再度流行之前印刷术已经开始普及，但这种古老的传播手段依然延续了二百年，即从 16 世纪一直到 18 世纪。美国学者阿特休尔说道，"16、17 直至 18 世纪，新闻信传递的现象不仅在整个欧洲而且也在美洲殖民地相当普遍。"① 法国新闻史学者彼·阿尔贝等，也明确指出："在整个十七世纪和十八世纪，手抄新闻日趋盛行，它们的编写者也与早期小报的编辑并驾齐驱，是当时最主要的新闻提供者。至少迟至 1789 年，手抄新闻编写者构成的新闻网，仍然有效地弥补着印刷报业的空白点。他们曾经发挥了不容忽视的重要政治作用。"② 这里有一篇出自"文艺复兴之父"、意大利著名诗人彼特拉克之手的新闻信，它记述的是 1364 年威尼斯海军的凯旋盛况，其中写道：

> 总督（Doge）带来许多同伴，坐在门口上方，面向圣马可教堂的正对面。总督就从大理石的凉廊，观赏眼下所举办的种种庆祝节目。
>
> 那里正有四头涂金的青铜骏马，抬头挺胸地站在那里。这些骏马是卓越的古代艺术品，栩栩如生，就像要跃上天空一样。夏日艳阳西倾，为使夕阳不至于耀眼，回廊缀满五彩缤纷的丝带。我被邀请到那里，坐在总督右边。广场、教堂、塔、屋顶、柱廊，处处都是人山人海，乍见之下，活像人头的镶嵌工艺一般。圣马可教堂旁边，设有威尼斯贵妇人专用的观赏席，有大约四百名美女，使庆典活动显得特别热闹。③

这封新闻信犹如现代记者写的一篇"印象性报道"，那隆重热烈的场面和喜气洋洋的情形，都被描绘得具体生动，读来仿佛历历在目。

过去一般论家都把文艺复兴时代风起于意大利的"手抄新闻"当作新闻事业的萌芽，从而将它们与同时兴起的印刷新闻混为一谈，均作为新闻事业的早期形态看待。这种看法值得推敲。新闻事业归根结底乃是大机器时代的传播方式，它本身也是按工业化机械化的程序运作的。倘若将手抄新闻归入新闻事业的范畴，那么不亚于说中世纪的手工作坊是现代工业文明的先驱。其实，"手抄新闻"与其说是新的传播生态的萌芽，不如说是旧

---

① ［美］J.赫伯特·阿特休尔：《权力的媒介》，黄煜等译，8 页，北京，华夏出版社，1989。
② ［法］彼·阿尔贝等：《世界新闻简史》，许崇山等译，7 页，北京，中国新闻出版社，1985。
③ 林立树：《世界文明史》，第 10 卷，66 页，台北，五南图书出版股份有限公司，2002。

的传播阶段即手写传播的尾声。事实上,"手抄新闻"、新闻信等都是西方书写传播历史终结之际奏出的终止音符。这里最明显不过的证据,就是"手抄新闻"的背景为走向衰落的旧文明中心——地中海地区,与此相反,新闻事业的早期活动则集中在即将崛起的新文明渊薮——大西洋地区。

黄河远上白云间,一片孤城万仞山。人类从远古至近代之前的传播活动恰似云遮雾绕的万仞群山,辽廓而沉默,苍远而迷茫,其中有幸铸入永恒,为人评点谈论的只有"一片孤城"。以上我们粗略地考察了新闻事业兴起之前的传播历史,即口头传播与手写传播这两个阶段。这两个阶段在世界历史的一般分期上大致相当于"上古"与"中古",同样印刷传播与电子传播正好相当于"近代"与"现代"。关于这一漫长时期的新闻传播活动,法国新闻史学者彼·阿尔贝和弗·泰鲁,在其合著的《世界新闻简史》里做过简要概括,我们就以此作为本章的结束语:

> 新闻乃是任何社会生活的基本需要之一。在印刷术发明之前的各国古代文化中,我们都能找到与现代新闻业相似的社会现象。从古希腊的行吟诗人,到中世纪非洲的行吟艺人,人类的好奇心曾经造就了无数讲述历史故事的职业艺人。他们担负着人类交流的重任,往往还负有传播新闻的使命。从荷马到中世纪末叶的编年史家,从希罗多德到马可·波罗,人类为了记述重大历史事件,使之传之后世,也为了描述异国风情,曾经撰写了大量的著作,有些著作类似今天的通讯报道。为了治理国家,古代和中世纪的大大小小的王朝曾经建立过许多收集、传播新闻的网络,由信使们传递口信或者书信,把消息带给人们。那时,消息传播的方式多种多样,从当众宣读到张贴告示,并由此决定了消息传播的范围。历史上所有使用文字的文明社会,除了"官方"新闻网之外,都存在着私人通信联系,这些通信为社会组织、商人以及统治阶级成员提供了不定期的消息来源,它们的内容远远超过了私人交往或者同业交往的狭窄范围。①

建议参考资料

1. [美]斯塔夫里阿诺斯:《全球通史——1500年以前的世界》,上海,上海社会科学院出版社,1988。
2. [苏]叶·潘诺夫:《信号·符号·语言》,北京,三联书店,1991。
3. [加]哈罗德·伊尼斯:《传播的偏向》,北京,中国人民大学出版社,2003。
4. [瑞士]雅各布·布克哈特:《意大利文艺复兴时期的文化》,北京,商务印书馆,1979。
5. [法]彼·阿尔贝等:《世界新闻简史》,许崇山等译,北京,中国新闻出版社,1985。

---

① [法]彼·阿尔贝等:《世界新闻简史》,许崇山等译,3~4页,北京,中国新闻出版社,1985。

本章思考题目

1. 什么是新闻传播？什么是新闻事业？新闻传播与新闻事业是什么关系？
2. 口头传播、文字传播、印刷传播和电子传播四个阶段，是依据什么划分的？这种划分是否合理，为什么？
3. 在所有传播媒介中，为什么说语言媒介是最基础的？语言对人类社会具有什么意义？
4. 文字是为什么发明的？其传播优势主要体现在什么地方？
5. "每日纪闻"是什么媒介？在西方新闻传播史上为什么具有突出地位？
6. 什么是新闻信？它起源于什么时候，盛行于什么时候，消亡于什么时候？

第二章 17世纪：新闻事业的"创世纪"

第一节　印刷与印刷新闻

　　一、纸张与印刷机
　　二、文艺复兴与宗教改革

第二节　新闻事业的萌芽

　　一、荷兰
　　二、德国
　　三、英国
　　四、法国

　　五、杂志的出现

第三节　新闻事业的第一次"狂飙突进"

　　一、历史背景
　　二、如火如荼的报业
　　三、弥尔顿与《论出版自由》
　　四、《牛津公报》：第一张"新闻纸"

建议参考资料

本章思考题目

第一节 印刷与印刷新闻

在人类新闻传播活动的演化过程中,印刷传播是继口头传播与手写传播的第三个发展阶段。从全球范围看,印刷传播同现代历史几乎是同步发展的。① 中国虽然早在唐代就已发明印刷术,但直至明清之际现代生产关系初露嫩芽时,印刷传播才出现活跃的迹象,尤其是在鸦片战争后随着现代文明的浪潮带着血腥气息汹涌而来时,印刷传播才日渐成为占主导地位的传播形态。就新闻事业的摇篮——欧洲而言,印刷传播大约始于15世纪后半叶,大致相当于现代历史的车轮启动之际。

人类的传播之河流到印刷传播阶段,又发生一次革命性的飞跃,新闻事业就在这场巨大变革中脱颖而出。前面说过,新闻事业的特征集中体现于媒介组织,它是"在媒介组织的舞台上演出的传播活剧,或者说是以媒介组织为渠道的信息扩散"。从媒介的本意讲,第一个组织化、规模化和专业化的传播媒介,就是以印刷技术为核心的一整套运行机制。尽管语言和文字也常被习惯性地称为媒介,但严格地说并不确切。因为,语言与传播本为一体,语言的运作就是传播,传播的过程就展开在语言之中。比如,并不是我先有一个想法,然后再通过语言这个"媒介"把它传播给他人,而是这个想法本身就是由语言直接构成的,离开语言,这个想法就压根不存在。文字也是如此。乍一看,文字确像一种媒介,我有一个想法可以通过文字告知别人,文字岂不是沟通我与他人的媒介吗?其实,文字同语言一样,不是外在于传播的媒介,而是内在于传播的质料。一篇报道可以离开报纸等媒介而不传,但无法离开文字而犹在。一句话,语言和文字都是传播内容的本体而不是传播的中介或媒介。

至于印刷系统则完全不同。它在传播活动中正是起着牵线搭桥的作用,它使传播者与受传者建立起十分广泛的联系,从而使信息得以从一个点扩散到一个面。也就是说,它同信息的内容无关,而仅同信息的传播有关,离开它信息照样存在,只是传播方式不同罢了。虽说印刷系统在整个传播活动中只是一条信息流通的渠道,或者说只是一种媒介,但这绝不意味着它无足轻重。恰恰相反,正是由于印刷技术的发明,由于这一媒介系统的出现,人类的传播活动才产生意义重大的飞跃。这种情形类似于二极管由于加入一个小小的基极而成为三极管,于是整个无线电世界由此诞生。没有三极管的发明,便没有改变

---

① 本书说的现代、现代史、现代文明等,同一般教科书有所不同。教科书通常将哥伦布发现新大陆作为近代史的开端,将第一次世界大战作为现代史的开端,将第二次世界大战结束作为当代史的开端等。这样的断代方式固然有教学上的便利,但深究起来问题很多。所以,我们基本不以这种思路看问题,而是以"传统"与"现代"作为分析框架,尽管这种框架存在更深刻的理论危机。如此一来,教科书所谓的近代、现代与当代,统统属于我们说的现代。而所谓现代、现代史、现代文明等,也就是"全球化"的运动过程。

20世纪科技面貌的无线电技术;同样,没有印刷媒介的出现,也就没有左右现代文明趋向的新闻事业。三极管的发明者,被誉为"无线电之父"的德福雷斯特(L. De Forest),曾把三极管喻为无线电世界的心脏,我们也不妨说印刷媒介是新闻事业的中枢,即阿特休尔所论述的:

> 正是印刷术的发明(而不是别的)使历史从中世纪发展到近代;这期间,能够阅读的大众日益增多导致了思想的广泛传播,思想的广泛传播又推动了哲学与科技的变革。这些变革最终推翻了教士和贵族的统治,从而产生崭新的政治、经济、社会、文化和宗教制度。在这个发展过程中,新闻事业从未与之分离,始终是这些发展的有机组成部分。遗忘了这一简单的道理,就不可能理解新闻事业。①

概而言之,印刷媒介的诞生使新闻传播活动产生意义重大的飞跃,从此人类的新闻传播便开始从无序走上有序,其中占据主导地位的就是新闻事业——组织化、规模化、专业化的新闻传播。

从技术上讲,印刷媒介是两种发明的综合产物,这两种发明就是纸张与印刷机。

一、纸张与印刷机

就新闻事业的摇篮——欧洲的情形而言,纸张与活字印刷法几乎是同时出现的:前者在14世纪,后者在15世纪。英国科学史权威丹皮尔说过:

蔡 伦

> 大约在公元一世纪末,中国已经发明了纸,据说这是蔡伦的功绩,而木版印刷则出现于八世纪。造纸的技术随着后期十字军输入欧洲,约一百年后活字版的发明就使旧式模板印刷变成了实际而有用的技术,因而代替了在羊皮纸上抄写的笨拙方法,使书籍得以广泛流传。②

纸张普及以前,西方曾经长期用莎草纸和羊皮纸作为主要的书写材料。远在公元前3000年,古埃及人就发明了加工莎草纸的技术。莎草纸(papyrus),是一种生长在尼罗河三角洲的水生植物,古埃及人用它的茎制成光滑平展、易于书写的"纸",这种纸一直沿用到中世纪初。其制作工艺是:

> 把新鲜的草秆切成需要的长度,剥去绿皮,然后把其削成片,平展开,互相略微交叠,摊在吸水布上,吸水布上再铺一层莎草片,上面又盖一张吸水布,如此等等。

---

① [美]J.赫伯特·阿特休尔:《权力的媒介》,黄煜等译,4页,北京,华夏出版社,1989。
② [英]W.C.丹皮尔:《科学史》,李珩译,158页,北京,商务印书馆,1975。

然后捶击大约两个小时,使莎草片凝成一张薄纸,最后是把纸压平、晾干。这些纸可以连在一起做成纸卷,纸卷可以很长。①

《荷马史诗》以及欧几里得、希罗多德、柏拉图、西塞罗等古希腊罗马经典作家的传世之作,无不写在莎草纸上。由于古希腊人用的莎草纸大都经由比布鲁斯(Byblos,即黎巴嫩沿海城市朱拜勒的古称)转运,于是他们就用比布鲁斯作为莎草纸的代称,英语里的书籍(book)、圣经(Bible)等词汇,即由比布鲁斯一词转化而来。至于英语里的纸张一词,则显然更是源自莎草纸。另外,由于莎草纸写的书需要卷起来,所以书被称为"卷"——源于拉丁文"volvere"。据说,《伊利亚特》和《奥德赛》就需要36卷。② 公元前一场大火将埃及亚历山大图书馆化为灰烬时,馆内藏书达几十万卷。不言而喻,阅读这样的书卷,得不断地展开,不断地卷起,既不方便,又容易磨损。

公元4世纪左右,莎草纸渐被中东地区的羊皮纸所取代。按照加拿大传播学者哈罗德·英尼斯的说法,"伊斯兰教的传播使埃及出口的莎草纸锐减。此前,莎草纸出口到波尔多和马赛,供学校和官僚行政使用。然而,公元659年至679年的墨洛温王朝时期,莎草纸却被羊皮纸取代。公元716年之后,莎草纸已经荡然无存。"③羊皮纸的制作工艺是:

> 牛羊生皮放进石灰水泡,浸透,去毛,在架子上晾干。然后用水和浮石打磨,直至平滑。最后,成品按照标准的薄木版切割成块,上面打蜡,用苇管笔书写。希腊和罗马都通用这种笔。羊皮纸对折,毛面对毛面,制订成册。④

《解放宣言》

在中国发明的纸张传到西方以前,羊皮纸一直作为书面文字的主要载体而广为沿用。在完成于16世纪末的《亨利六世》(中篇)一剧里,莎士比亚就提到羊皮纸:

狄克　第一件该做的事,是把所有的律师全都杀光。

凯德　对,这是我一定要做到的。他们把无辜的小羊宰了,用它的皮做成羊皮纸,这是多么岂有此理? 在羊皮纸上乱七八糟地写上一大堆字,就能把一个人害得走投无路,那又是多么混账?⑤

甚至在纸张普及之后,羊皮纸也并未完全淘汰,美国的《独立宣言》、林肯的《解放宣言》等,都是写在羊皮纸上保存于博物馆中的,戴高乐将军的处女作《剑刃》有一本也曾专门写在羊皮纸上,题献给他

---

① [加]哈罗德·伊尼斯:《帝国与传播》,何道宽译,13页,北京,中国人民大学出版社,2003。
② [美]丹尼尔·J.布尔斯廷:《发现者》,戴子钦等译,749页,上海,上海译文出版社,1995。
③ [加]哈罗德·伊尼斯:《帝国与传播》,何道宽译,125页,北京,中国人民大学出版社,2003。
④ [加]哈罗德·伊尼斯:《帝国与传播》,何道宽译,109页,北京,中国人民大学出版社,2003。
⑤ 《莎士比亚全集》(6),184页,北京,人民文学出版社,1978。

的恩师贝当元帅。

若从"印刷"的角度讲,羊皮纸显然既不经济又不实用。比如,仅仅一部《圣经》就需三百张羊皮。不过,就书籍的质地看,细心抄写、精工制作的羊皮纸书籍,字体优雅,装潢美观,就像一件精美的艺术品,赏心悦目。难怪印刷书籍刚出现在文艺复兴的摇篮意大利时,曾被视为粗鄙下等的玩意儿。当时意大利的羊皮纸书籍,用深红色的天鹅绒作封面,而且带有白银的搭扣,外观豪华,气度高雅,原始的印刷书籍与之相比简直就像乞丐与王子之别。布克哈特在《意大利文艺复兴时期的文化》一书中,记述过这样的故事:

> 当贝萨利昂枢机主教的使者们第一次在康士坦丁·拉斯卡利斯的家里看到一本印本书时,他们曾经对于"在某一德国城市的野蛮人中间的"发现(此系指西方活字印刷发明者约翰·古登堡的发明,因为古登堡是德国美因兹人——引者注)加以讪笑,而马尔比诺的菲德利哥"也一定会以有一本印本书而耻辱"①。

能够用于印刷的纸张是中国古代的一大发明,是华夏民族对人类文明的一大贡献。中国造纸术的西传始于隋唐时期。当时欧亚大陆,有两个辉煌夺目的文明:一是东方的大唐帝国,一是西方的阿拉伯帝国。天宝十载即公元751年,中国西北边境的石国太子引大食(古阿拉伯帝国)袭击唐朝边境,安西节度使高仙芝将兵三十万出征。大诗人岑参曾为此写过一首有名的七绝《武威送刘判官赴碛西行军》,其中"角声一动胡天晓"一句尤其漂亮,最为人所乐道。可惜此次出师不利,唐军被阿拉伯人击败,被俘两万余人。在这批俘虏中间,有一些人精通造纸技术,于是阿拉伯人就令他们在中亚地区的撒马尔罕建立造纸作坊。造纸术由此传入阿拉伯帝国,时值8世纪中叶。越300年至11世纪中,阿拉伯人又把中国的造纸术,带到了阿拉伯治下的西班牙,也就是说此时造纸术已到达欧洲的边缘地带。后来,它就以西班牙为中心逐渐向欧洲各地扩散。到14、15世纪,中国发明的纸张,终于取代沿用近千年的羊皮纸。②

纸张普及的意义并不在于以一种新型的书写材料取代一种旧式的书写材料(如羊皮),而在于它为印刷活动的开展提供了必不可少的条件。没有纸张,就不可能有印刷。因为印刷乃是一种大规模的复制,它首先就要求有大量的、充足的纸张,否则即便发明了印刷术,印刷机照样无法开动。尽管纸张并不因印刷而出现,但却因印刷而显示其价值。正因如此,造纸术与印刷术往往相提并论。

虽说造纸术与印刷术最早都诞生在中国,但同造纸术不同的是,中国印刷术似未对西方产生直接影响。不但中国印刷术未能作用西方(详见《不列颠百科全书》"出版"条),甚

---

① [瑞士]雅各布·布克哈特:《意大利文艺复兴时期的文化》,何新译,190页,北京,商务印书馆,1979。
② 参见项翔《近代西欧印刷媒介研究——从古腾堡到启蒙运动》,22~23页,上海,华东师范大学出版社,2001。

至中国现代所用的印刷术,也是从西方引进的。这种现代印刷技术,源于15世纪中叶的德国,它的发明者就是西方的毕昇——约翰·古登堡(Johannes Gutenberg)。他是德国美因兹的一位工匠,1428年离开家乡,到斯特拉斯堡度过近20年。其间,大约在1440年至1450年间,他经过一系列的实验,发明了一套包括铸字盒、冲压字模、铅活字、油墨、木制印刷机等工艺的金属活字印刷法。按照《不列颠百科全书》的说法:

古 登 堡

古登堡的活字印刷机

印刷术被称为德国对文明的伟大贡献;在它发明的初期曾以德国技艺(the German Art)而著称。它在由美因兹的一位金匠约翰·古登堡于1440—1450年之间发明后,便伴随着传教热情以及精明的商业意识传播开来,其间主要是由德国人并且主要是沿德国商人的贸易路线传播。古登堡本人则以其印行的四十二行版《圣经》(1456)、三十六行版《圣经》以及一部畅销的百科全书而享有盛名。①

这里,我们不必责怪撰写人把印刷术说成是德国而不是中国对文明的伟大贡献。事实上,直接影响现代文明发展的印刷体系不是来自中国的毕昇,而是来自德国的约翰·古登堡。不错,最早发明活字印刷术从而使印刷活动具有广阔应用前景的是毕昇,但他毕竟只是做出一项非凡的发明,而并未使之成为推动社会变革的杠杆,正如希罗(Hero)早在希腊罗马时代晚期就曾发明蒸汽机,却未能像后来瓦特的同样发明引起一场扭转乾坤的工业革命一样。其间除个人的天赋与才能,还有不可忽略的天时与地利,也就是所谓社会历史条件。如果不具备这样的条件,那么,即使个人有所发明,有所创造,也同样一无所用。比如,希罗发明的蒸汽机,只能用来开关金字塔沉重的墓门。

在整个人类传播史上,古登堡的发明是语言和文字之后的第三块里程碑,标志着大众

---

① *The New Encyclopedia Britannica*, 15th EDITION, 1986, Volume 26, p.462.

传播时代的来临:"世人的知识生活进入了一个新的和远为活泼有力的时期。它不再是从一个头脑到另一个头脑的涓涓细流;它变成了一股滔滔洪流,不久就有数以千万计的头脑加入了这一洪流。"①当然,古登堡本人当年绝没有料到他的发明所具有的重大意义,正如瓦特被水壶的蒸汽触动灵感时,没有意识到这将带来一场革命。印刷问世前,书籍都是靠手抄本流传,抄写一本《圣经》差不多得一年工夫,所以十分珍贵,得来不易。13 世纪时,有人曾出过相当于现在 3 000 美元的高价,搞到一本薄薄的手抄书,然后作为生日礼物敬献给法国公主,而如今 10 套《不列颠百科全书》才值这么多的钱。无怪乎中世纪教堂(当时西方的文化都集中在教会),要把珍贵的书用铁链锁住,不敢有丝毫疏忽,正如苏联学者 B. A. 伊斯特休所描绘的:

> 由于羊皮纸造价高,加之手抄本抄写复杂,耗时很多,所以中世纪的书十分昂贵。书价昂贵,使得许多图书馆用锁把书锁在书架上;书的主人往往在遗嘱中除了房屋、土地或者手工艺品之外还要指定唯一的一本书的占有人。②

所以,印刷术发明的直接作用,就在于使文字信息的批量复制成为可能。根据可靠的估计,"在古登堡之前,欧洲的手抄本书籍仍可以千计。当时欧洲的人口大概不满 1 亿,大多数人不识字。到 1500 年,除了还在增多的手抄本书籍之外,印本书籍大概有 1 000 万本左右在流通(有些学者提出这个数字的一倍)"。③ 另外,许多学者也都从更深的历史意味上指出,印刷术的出现还导致一种新的文化传统,一种不同于口语或书写文化的传统。比如,加拿大传播学者哈罗德·英尼斯和马歇尔·麦克卢汉都认为,印刷书刊创造了一种全新的思维方式,即所谓线性思维,就如同一行一行、一页一页地阅读印刷书刊一样。再如,媒介生态学的创始人尼尔·波兹曼,在其经典之作《童年的消逝》里论述道:

> 在印刷激发起作家日益强烈且无须掩饰的自我意识的同时,它也在读者中创造出类似的态度。因为在印刷术发明之前,一切人际交流都发生在一定的社会环境下。甚至连阅读所采用的也是口语模式,一个读者大声朗读,其他人随后跟上。但自从有了印刷的书籍之后,另一种传统便开始了:孤立的读者和他自己的眼睛。口腔无须再发声音,读者及其反应跟社会环境脱离开来,读者退回到自己的心灵世界。从 16 世纪至今,大多数读者对别人只有一个要求:希望他们不在旁边;若不行,则请他们保持安静。整个阅读的过程,作者和读者仿佛达成共谋,对抗社会参与和社会意识。简而言之,阅读成为反社会的行为。④

---

① [英]赫·乔·韦尔斯:《世界史纲》,吴文藻等译,809 页,北京,人民出版社,1982。
② [苏]B. A. 伊斯特休:《文字的产生和发展》,左少兴译,396 页,北京,北京大学出版社,1987。
③ [美]丹尼尔·J. 布尔斯廷:《发现者》,戴子钦等译,762 页,上海,上海译文出版社,1995。
④ [美]尼尔·波兹曼:《童年的消逝》,吴燕莛译,40 页,桂林,广西师范大学出版社,2004。

诗人拜伦曾把历史喻为驿使,把日期比作驿站,历史在每一站都要换马,然后再继续驰奔。在人类传播活动的进程中,古登堡发明金属活字印刷法的15世纪中叶就是一个新的驿站,传播史就在这里换上一匹昂首奋蹄的骏马,踏上新的路程。

二、文艺复兴与宗教改革

以大历史的眼光看,印刷术绝非一项偶然的技术发明,而是社会运动的结果与时代精神的结晶。

印刷术诞生在一个曙光初露,新春在即的年代——文艺复兴。其时,中世纪的漫漫长夜正在隐退,万象更新的文明即将崛起。这是一个意气飞扬的时代,这是一个生机勃勃的时代!沉寂已久的创造精神仿佛火山喷发,骤然而出,又如江河决口,一泻千里!这一点在莎士比亚那骋才使气、浩浩荡荡的雄论中可略见一斑:"人类是一件多么了不起的杰作!多么高贵的理性!多么伟大的力量!多么优美的仪表!多么文雅的举动!在行为上多么像一个天使!在智慧上多么像一个天神!宇宙的精华!万物的灵长!"(《哈姆雷特》)在这种生意盎然的时代氛围中,在那种昂扬奋发的精神感召下,达·芬奇画出蒙娜丽莎的"永恒的微笑";哥白尼发起彻底改变人类宇宙观念的"哥白尼革命";托马斯·莫尔在《乌托邦》中描绘出一幅春光明媚,鸟语花香的理想世界;哥伦布扬起风帆,驶向茫茫无际的大洋……

同样,也正是在这个如火如荼的伟大年代,人们渴望知识、研究科学、探寻真理的热情极度高涨,普及文化知识、提高教育水平也成为迫切的时代需要"知识即力量"正是这一趋势的集中体现。以研究文艺复兴而著称的瑞士历史学者雅各布·布克哈特说过,书籍和建筑是"文艺复兴时期人们最感兴趣的两件东西"。当教皇尼古拉五世还只是普通教士时就常说:假我以资财,当成就两桩事业,即书籍和建筑(这里的书籍还是昂贵的手抄书,故有假以资财之说)。这种对书籍弥漫甚广的浓厚兴趣,无疑是刺激印刷术普及的一大因素。

如果说文艺复兴为印刷术提供了一个充满生机与活力的时代氛围,那么宗教改革则为它开辟出一片广阔的生长沃土。换言之,前者只是一种时代的需要,而后者才构成现实的可能。否则便无法解释印刷术何以不诞生于文艺复兴的大本营意大利,而首先出现在宗教改革的策源地德意志。

宗教改革是一场声势浩大、影响广远的思想解放运动,其宗旨乃在破除罗马教廷对人们精神的专横统治,把宗教的权威从罗马转向《圣经》。正如 W.C. 丹皮尔在《科学史及其与哲学和宗教的关系》里所做的概括:

> 宗教改革家有三个主要目标。第一,整顿由于有人滥用罗马会议,由于许多僧侣们生活放荡而遭到破坏的教律。第二,按照先前遭到镇压的某些运动的方针改革

教义,并返回原始的质朴状态。第三,放松教义控制,准许个人在一定程度上可以自由地根据圣经作出自己的判断。①

宗教改革的先驱和领袖马丁·路德在《一个基督教徒的自白》一文中,主张每个基督徒都有同上帝直接对话的权利,而不必像先前那样通过中间人即牧师作为人与上帝沟通的媒介。在他看来,如果每个家庭的餐桌上都有上帝的文字,基督徒就不需要教皇来为他们解释教义了。"印刷使得上帝的信息跑到了每家每户的厨房桌上,而且用的是一种人人都明白的语言。上帝的信息既然如此唾手可得,基督徒就不再需要各界神职人员为他们诠释教义了。"②为此,每个人就需要直接阅读《圣经》,而以前阅读并解释《圣经》只是少数教会人士的特权。这种《圣经》至上的主张,直接导致《圣经》需求量的增加。在这种情况下,过去那种手抄本显然供不应求,而必须发明一种新的、大量复制书籍的技术,以满足宗教改革运动的迫切之需——印刷术的出现已是势在必然。这里有一个很能说明问题的例子,就是金属活字印刷法的发明者古登堡,正是以印行《圣经》而知名的,而且早期印刷物的四分之三差不多都是《圣经》。

《圣　　经》

印刷术在德国诞生后不到半个世纪,就几乎传遍西方世界:1466 年传入罗马,1473 年传入匈牙利,1476 年传入英国,1502 年传入美洲新大陆。它的传播路线恰似以德国为光源而向周遭辐射的光线。用项翔博士在其博士论文中的描述来说:"这是一个商业传播与文化传播并举的过程。来自德国的手工匠以其令人惊异和敬佩的商业进取心和冒险精神,负携着简单的设备在欧洲大陆游牧般地四处谋生。就是这一小群人把改变人类文明进程的伟大技艺传遍了欧洲,并广及全球。"③不过,最早将印刷术引进英国的,却是一位英国人威廉·卡克斯顿(William Caxton)。他在德国科隆掌握了这门新兴技术,然后于 1476 年在伦敦办起英伦三岛的第一家印刷所,于是他便成为英国的第一位印刷商。卡克斯顿的历史功绩主要还不在于创办英国的第一家印刷所,而在于最早使用英语而非拉丁语印刷书籍。因为,在"上帝之城"凌驾"人间之城"的中世纪,罗马教廷作为上帝在尘世的代表,拥有至高无上的权威,连一国之尊的国王都得受制于罗马的权威。当时教会用的都是拉丁语,这种语言作为书面语中的"世界语"而通用于西方各国。正如罗素在《西方哲学史》里写道:

---

① [英]W.C.丹皮尔:《科学史》,李珩译,169 页,北京,商务印书馆,1975。
② [美]尼尔·波兹曼:《童年的消逝》,吴燕莛译,49～50 页,桂林,广西师范大学出版社,2004。
③ 项翔:《近代西欧印刷媒介研究——从古腾堡到启蒙运动》,52～53 页,上海,华东师范大学出版社,2001。

那时候拉丁语是独一无二的国际用语;巴黎大学的学生来自西欧各地,说不定常常遇上这种事:两个学生能用来进行交谈的语言只有拉丁语。①

然而,拉丁语只为少数人所掌握,普通民众则与之无缘,正如中国古代士大夫阶层的文言文在百姓看来犹如天书。显而易见,拉丁语作为一种精英化的语言,不利于文化知识的广泛传播。这个问题在印刷发明前尚不突出,因为得来不易、为数不多的手抄书籍本来就是少数僧侣贵族的专利品。但是,印刷术问世之后,拉丁语就变得不合时宜了。倡导宗教改革的路德在宣传《圣经》至上、信仰得救的同时,也把《圣经》从拉丁语译成德语,为德语的统一,进而为德国文化的发展作出重大贡献。与此相似,卡克斯顿摒弃拉丁语,改用大众化的英语印刷书籍,也为文化的真正普及铺平道路,其影响不亚于五四时期之废除文言改用白话。

另外,印刷术的普及也使以往欧洲各国的方言土语日趋规范化,并最终形成标准的民族语言。正如尼尔·波兹曼所言:"实际上,语言沙文主义恰好跟印刷的发展同时发生:'母语'的观念是排版的产物。"②印刷术发明以前,各地方言土语多如牛毛,仅仅是现在仍在使用的欧洲语言或方言大约就有3 000种。于是,这样的情况也就在所难免:"12世纪时有个诺曼底的学生来到巴黎大学,他听不懂来自马赛的学生所说的话,因为那时尚无一种标准法语。同样的问题也使进入海德堡大学、波伦亚大学、萨拉曼卡大学或牛津大学的学生感到苦恼,因为当时尚无标准的德语、意大利语、西班牙语或英语。"③卡克斯顿也曾记述了这样一件趣事,一个伦敦商人说的英语,在肯特郡的家庭主妇听来简直跟法语一样:

> 有个商人名叫谢菲尔德,走进一家人家要求一点食物,特别提出要些鸡蛋(eggys);那家主妇回答说,她不懂法国话。那个商人恼火了,因为他也是不会说法国话的,只是想要几个"鸡蛋"(eggys),而那主妇不懂他的意思。最后一个人出来说,他要的是"eyren",于是那主妇说,她懂得这个人说的话了。④

所以,美国历史学家丹尼尔·J.布尔斯廷说,威廉·卡克斯顿为英语规范化所做的努力,"不亚于莎士比亚之前的任何人"。⑤ 项翔博士也认为,"从印刷的技术角度来说他并不算伟大,但在英国出版史和文学史上他无疑是最伟大的人物之一"。⑥ 由此说来,我们

---

① [英]罗素:《西方哲学史》下卷,马元德译,34页,北京,商务印书馆,1976。
② [美]尼尔·波兹曼:《童年的消逝》,吴燕莛译,48页,桂林,广西师范大学出版社,2004。
③ [美]丹尼尔·J.布尔斯廷:《发现者》,戴子钦等译,737页,上海,上海译文出版社,1995。
④ [美]丹尼尔·J.布尔斯廷:《发现者》,戴子钦等译,744页,上海,上海译文出版社,1995。
⑤ [美]丹尼尔·J.布尔斯廷:《发现者》,戴子钦等译,744页,上海,上海译文出版社,1995。
⑥ 项翔:《近代西欧印刷媒介研究——从古腾堡到启蒙运动》,59页,上海,华东师范大学出版社,2001。

也就不难理解：

> 凭借印刷，上帝变成了英国人，或德国人，或法国人，这完全取决于用什么样的方言来表现上帝的信息。这样的结果是加强了国家民族主义，同时削弱了经文的神圣权威。从18世纪到现在，人们对国家的爱取代了对上帝的爱，这完全可以说是印刷带来的一个结果。例如，在过去的两个世纪里，基督徒受鼓动发动的战争，完全是以捍卫国家利益的名义；上帝只好自己照料自己了。①

随着印刷术的发明与普及，新闻事业的原始形态也便开始孕育、萌芽、滋生。15世纪下半叶已有印刷的新闻传单流行，如1482年奥格斯堡发行的《土耳其侵犯欧洲新闻》，1493年西班牙发行的《哥伦布发现新大陆记》，1485年巴黎印行的《卡尔五世侵犯里昂记》（李瞻《世界新闻史》）。不用说，新闻传单都十分简陋，一张传单往往只报道一件新闻。但它毕竟同以往的新闻传播方式有所不同了。从理论上讲，一期传单借助印刷技术已能成千上万份地大量印行，从而使信息得以迅速而广泛地传播。这里只需对比一下新闻传单与同时期在意大利最先出现的"手抄新闻"，对此就会看得更加清楚。

16世纪后，又开始出现印刷的小册子（pamphlet）和新闻书（news-book）。它们比原始的传单又进了一步，不但信息的容量增加，而且逐渐趋于定期发行。仅在1590年至1610年这短短20年间，英国就印行了450份新闻小册子，几乎平均一月一份。这个时期，新闻传播活动比较活跃的，还数当时的商贸中心意大利。按照尼尔·波兹曼的描述，在16世纪初的意大利：

> 印刷开创了第一个记者职业、第一个文学敲诈者、第一个色情作品的批量生产者，这三种身份全部集中在皮特罗·阿伦提诺（Pietro Arentino）一人身上。阿伦提诺出身低微，没有受过教育。但他本能地懂得印刷是让人出名的工具，也就是说，他发明了报纸。……阿伦提诺从未接受过任何人的教诲（因为此前根本不存在这样的人），而抢先印出一连串的反教权主义的淫秽作品、诽谤性的故事、公开的指责和个人观点。所有这一切已经成为新闻传统的一部分，直到今天依然盛行不衰。他发明的"黄色"新闻和与此相应的表现风格，使他名利双收。当时他以"王公贵族的祸患"著称，是那个时代的"公民凯恩"（以美国黄色新闻大王赫斯特为原型——引者注）。②

除这些简易的印刷新闻物之外，在新闻事业的初期还能见到以月刊、半年刊及年鉴形式出现的印刷品。比如，有名的《法比信使》（Mercurius Gello-Belgicus），就是每年才出一

---

① [美]尼尔·波兹曼：《童年的消逝》，吴燕莛译，50页，桂林，广西师范大学出版社，2004。
② [美]尼尔·波兹曼：《童年的消逝》，吴燕莛译，37~38页，桂林，广西师范大学出版社，2004。

期。在新闻事业的发展史上,《法比信使》是第一份以"信使"(Mercury)作为刊名的出版物。Mercury 原为罗马神话中的墨丘利(墨丘利即 Mercury 的音译),在希腊神话中称赫耳墨斯。由于墨丘利是众神的使者,于是他的名字便演义为"信使",如同维纳斯演义为窈窕淑女、阿波罗演义为翩翩少年一样。自从《法比信使》以墨丘利作为刊名之后,许多后继者群起效仿,流风延绵,至今不断。比如,当代美国的《信使和新闻》(*Mercury & News*)、英国的《信使》(*Mercury*)、澳大利亚的《信使报》(*The Mercury*)等,还都带有这种古风。再如,民国年间上海的一份英文报纸《大美晚报》,在其刊名中也带有 Mercury 一词,全称为 *Shanghai Evening Post and Mercury*。

第二节 新闻事业的萌芽

虽然在印刷技术普及开来的 15 世纪与 16 世纪之交,作为人类文明史上"新生事物"的新闻事业已经开始孕育,但直到 17 世纪初它才显现比较完整的形态。如果说北大西洋地区是新闻事业的空间摇篮,那么 17 世纪就是它的时间温床。

以历史形态学的眼光看,新闻事业无疑属于近 500 年兴起,如今已席卷全球的文明范畴。它既是这种新文明的一种表征,又是一种构成。而这种主宰现代历史潮流的新文明,经过 14—16 世纪的文艺复兴以及宗教改革运动,到 17 世纪也逐渐显露其磅礴于世的征候。以英国为例,17 世纪的第一年即 1600 年,东印度公司在伦敦成立。这是一个旨在发展资本主义全球贸易、在英国海外扩张事业上将充当急先锋的机构。它的成立本身就具有耐人寻味的象征意义,不妨说这件起初并不起眼之举为英国 17 世纪的历史调了音,定了调。此后,小雪球便越滚越大,到 17 世纪中叶终于引发一场山崩地裂的大雪崩,这就是震动西方世界的英国清教徒革命。历史学家甚至以这场革命作为世界现代史的开端,尽管英国资产阶级革命并不彻底,但它毕竟为新兴的现代文明开启了第一盏绿灯。所以,17 世纪结束之际的 1698 年,伦敦证券交易所这个世界第一家证券交易所的成立,也就成为合乎历史逻辑的发展了。

17 世纪不仅是现代文明萌发的世纪,而且也是现代世界观成形的世纪。假如可以把古典文明粗略地视为"精神文明",把中古文明视为"道德文明",那么现代文明则属"机器文明"或"技术文明"。与之相应的现代世界观本质上也体现着冷峻刻板的机械特征。在它看来,"地球是一个堆满各种零件的五金仓库,我们的任务就是把这些零件装配成一部能够运转的机器"①。于是,精密、准确、速度、效益、标准等一系列准则,便构成现代文明的核心价值。为这种机械论世界观描绘蓝图的一大批思想家,比如,霍布斯(1588—

---

① [美]杰里米·里夫金等:《熵:一种新的世界观》,吕明等译,13 页,上海,上海译文出版社,1987。

1679)、洛克(1632—1704)、培根(1561—1626)、牛顿(1642—1727)、笛卡儿(1596—1650)等,大都生活在17世纪,就不完全是一种巧合。另外,现代科学的一系列奠基性成就,也大都完成于17世纪。比如牛顿的经典物理学以及万有引力定律,开普勒的行星运动定律,伽利略的天文学和动力学等,都是里程碑式的重大发现。这些哲人在为现代文明奠定思想根基之际,还从不同侧面为之提供具体方略:培根的《新工具》(1620)提出一套认识世界的新方法即所谓科学方法;洛克的分权主张经由法国启蒙思想家孟德斯鸠的发展,成为西方政治制度的蓝本;至于牛顿的《自然哲学的数学原理》(1687)更被视为

牛　顿

"科学史上的最大事件"(W.C.丹皮尔),成为现代世界开发自然、利用自然的锁钥。对17世纪及其精神,英国思想家罗素这样概括道:

> 近代世界与先前各世纪的区别,几乎每一点都能归源于科学,科学在十七世纪收到了极奇伟壮丽的成功。……按思想见解讲,近代从十七世纪开始。文艺复兴时期的意大利人,没有一个会让柏拉图或亚里士多德感觉不可解;路德会吓坏托马斯·阿奎那(中世纪著名基督教神学家——引者注),但是阿奎那要理解路德总不是难事。论十七世纪,那就不同了:柏拉图和亚里士多德、阿奎那和奥卡姆(中世纪经院哲学家,以"奥卡姆剃刀"闻名——引者注),对牛顿会根本摸不着头脑。
>
> ……
>
> 1700年的时候,有学识的人思想见解完全近代化了;在1600年,除开极少数人以外,思想见解大体上还是中古式的。[①]

总之,17世纪是现代文明从历史地平线冉冉升起的黎明时光。作为新文明之征候与构成的新闻事业,也从此时崭露头角,作为演绎现代文明的主角之一而登上历史舞台。

新闻事业卓然亮相的第一个标志,就是17世纪初定期报刊的兴起。定期报刊与早期的新闻媒介如新闻信相比,逐渐呈现三点差异:一者私下传播而一者公开发行,一者信息单一而一者内容博杂,一者随机传布而一者定期出版。第一点差异即公开与否,按照德国当代思想家哈贝马斯的说法,代表着资产阶级公共领域出现,"只有当信息定期公开发送,也就是说能为大众所知晓的情况下,才有真正意义上的新闻可言"。[②] 而第二点差异,显然体现着现代社会信息骤增的趋势。至于第三点差异即定期性,则更凝聚着现代文明的精神特质。因为,定期性归根结底乃是与信用、精确、效益、规律等相关,而这些正是现代

---

① [英]罗素:《西方哲学史》下卷,马元德译,43~56页,北京,商务印书馆,1976。
② [德]哈贝马斯:《公共领域的结构转型》,曹卫东等译,16页,上海,学林出版社,1999。

文明所注重的价值谱系。从培根到牛顿的机械式世界观,其实都在力图消除大千世界的杂乱无章,都在力图把世界安排得井然有序,使一切都精确可靠。用笛卡儿的话讲,"任何事物,都有一个度量的问题"。对现代报刊来说,"度量"问题不仅关系到拥有多少读者、产生多少利润、发挥多大影响等,而且首先就体现在间隔多长时间的周期上,没有定期观念的报刊是同现代文明的需求格格不入的。从这个角度可以说,定期性是现代报刊的一大基本要素与基本特征。事实上,定期性也是衡量现代报刊与古代报刊(如果古代真有所谓报刊的话)最主要尺度,或者说定期性作为传播史上的一道分水岭,隔开古代与现代的新闻传播活动,而这道分水岭就耸立在17世纪初。阿特休尔教授在其《权力的媒介》一书中写道:"定期刊物在17世纪前期,几乎同时出现于欧洲各地。"①另外,使定期报刊得以出现的现实条件之一,是现代邮政系统于17世纪初在欧洲大陆的建立。由于最初的邮件每隔一周送达,所以最初的定期报刊多为周刊。从17世纪中叶开始,邮件逐渐改为每天递送,于是日报得以问世。

一、荷兰

最早的一批定期报刊兴起于欧洲西北部的尼德兰(约当现在荷兰、比利时、卢森堡)与德国,继而由此扩散开来。荷兰于17世纪初摆脱西班牙的统治,赢得独立,建立起人类历史上第一个资产阶级共和国。此后荷兰的国力一天天强盛,经济一天天发达,不久便拥有一支全球最庞大的商船队——1600年拥有一万艘,吨位总数为整个欧洲的四分之一,号称"海上马车夫"。我国宝岛台湾就是此时被荷兰侵占,直到17世纪中叶方被郑成功收复。"世界体系"(World System)理论的代表人物、意大利的乔万尼·阿瑞吉(Giovanni Arrighi),在论述现代世界体系的变迁时,就将荷兰、英国和美国列为三大递相崛起的世界霸权。②

在荷兰的国力声势日趋强盛的同时,荷兰的文化也大放异彩。在当时的欧洲大陆,荷兰的政治气候十分宽松,学术环境也很自由。当时一位旅居荷兰的意大利商人,在其《尼德兰志》一书中就写道:"外国人在安特卫普所享的自由,比在世界上所有其他国境内所享的都更多,而且在尼德兰各地到处都是一样。"③于是,许多在其他国家被查禁的书刊在荷兰可以照样出版。比如,法国作家大仲马在《三个火枪手》的序言中,就曾提到一部虚构的《达达尼昂回忆录》。他写道,这部记述17世纪上半叶法国历史的书,就是在荷兰首都阿姆斯特丹排印的。他还说:"当年法国大多数作家设若要暴露真相,而又不愿被人送进巴士底狱去住一个或长或短的时期,总是在国外发行自己的著作。"17世纪时,"大多数法

---

① [美]J.赫伯特·阿特休尔:《权力的媒介》,黄煜等译,10页,北京,华夏出版社,1989。
② 参见阿瑞吉等《现代世界体系的混沌与治理》,王宇洁译,北京,三联书店,2003。
③ 郭守田主编:《世界通史资料选辑》中古部分,394~395页,北京,商务印书馆,1981。

国报纸都是在荷兰印刷的,在那里,它们享有当地报刊所没有的自由权利。这一类报纸被统称为'荷兰的报纸'"。① 与此同时,许多在其他国家受到宗教与政治迫害的学者,也纷纷避难荷兰。法国哲学家笛卡儿即为荷兰的这种社会氛围所吸引,于1629年定居荷兰,并且他的大部分著作也都完成于荷兰。罗素曾论述道:

> 十七世纪时荷兰是唯一有思想自由的国度,它的重要性不可胜述。霍布士(名著《利维坦》的作者——引者注)只好拿他的书在荷兰刊印;洛克在1688年前英国最险恶的五年反动时期到荷兰避难;贝勒(《辞典》著者)也迫于必要在荷兰居住;斯宾诺莎假若在任何旁的国家,恐怕早不许他从事著述了。②

此外,荷兰这个时期还涌现出一批享有国际声望的文化名人,像国际法奠基人格劳秀斯、哲学家斯宾诺莎等,荷兰有史以来最伟大的画家伦勃朗也活跃在17世纪上半叶。这真是荷兰历史上最鼎盛、最荣耀、最辉煌的时刻,人们的创造活力在此时此地又一次像火山爆发般迸发出来。无怪乎人们说,"17世纪对荷兰来说,将是'黄金世纪'"。③

处在这种时代背景之下的荷兰新闻事业,也呈现欣欣向荣的勃勃生机,而定期报刊首先在荷兰诞生便不足为奇。1980年版《不列颠百科全书》里就写道:

> 被当作第一批真正的报纸(the first true newspapers)而看待的出版物,出现于1605—1610年。它把博杂的报道内容同有规律地定期出版这二者结合起来。其中最早的一份或许是荷兰的《新闻报》(Nieuwe Tijdinghen)。该报由亚伯拉罕·费尔赫芬(Abraham Verhoeven)于1605年在安特卫普出版,尽管目前所见的最早一份《新闻报》的时间是1621年。④

当时的荷兰报纸不仅畅销国内,而且还被译成外文远销海外。如最早的英文报纸、1620年出版的一份"科兰特"(coranto),就是由荷兰印刷商Pieter Van Den Keere在阿姆斯特丹创办的。新闻史家一般都把它视为第一份英国报纸,其实它不过是荷兰报纸的英文版而已。

二、德国

除荷兰外,17世纪初的另一个新闻事业策源地当数德国。世界上最早的周刊,就是德国那份有名的《观察周刊》(Avisa,后来改为Aviso)。它创办于1590年。起初,它还像

---

① [法]彼·阿尔贝等:《世界新闻简史》,许崇山等译,21页,北京,中国新闻出版社,1985。
② [英]罗素:《西方哲学史》下卷,马元德译,81页,北京,商务印书馆,1976。
③ [美]斯塔夫里阿诺斯:《全球通史——1500年以后的世界》,吴象婴等译,164页,上海,上海社会科学院出版社,1992。
④ *The New Encyclope dia Britannica*, 15th EDITION, 1986, Volume 26, p.474.

当时的其他新闻出版物一样不定期发行,到 1609 年才改为每周发行一次。不过这份周刊一期只报道一条新闻,同新闻传单相差无几。直到 1615 年,由"德国报业之父"艾莫尔(Egenolph Emmel)创办的周刊《法兰克福新闻》,才开始在一期报纸上同时刊登数条新闻。另外,1626 年德国出版的周刊《马格德堡新闻》,曾是世界上出版时间最长的报纸,到 1955 年停刊,前后总计 329 年。

这时期德国新闻事业的繁荣诚然与其印刷业起步最早,因而具有较为雄厚的技术实力有关。但是,根本原因还在于资本主义经济的发展与全球贸易的活跃。单就后者而论,新大陆的发现与新航线的开辟,使欧洲的贸易中心从地中海转移到大西洋,原先地中海一带的繁华都市如威尼斯日趋没落,而濒临大西洋的国家则从 17 世纪开始崛起,逐渐垄断西方的主要贸易活动。同时,这种文明中心的转移,也同印刷媒介的发生与发达有关。对此,尼尔·波兹曼作了精彩的论述:

> 到 16 世纪中叶,天主教徒开始打退堂鼓,不再鼓励人们识字,感到阅读是一个分裂的动原,最后甚至禁止阅读各种方言版的《圣经》,包括像伊拉斯谟这样的作家的作品。阅读跟异端邪说画上了等号,后来出现禁书目录也是很自然的事。新教徒显然偏爱离经叛道,此外,还寄托希望于识字阅读有助于破除迷信。因此,他们继续发掘印刷的各种资源,并把这种态度带到了新世界。……
>
> 天主教背离印刷而新教与之形成联盟的一个结果,是欧洲的文化知识版图出现了惊人的颠倒。在中世纪,地中海沿岸的国家在文化修养和情感修养方面要远远高于北欧各国。可是,到了 17 世纪末,这种局面完全反了过来,天主教保持了一种形象上的宗教。它继续偶像崇拜且变本加厉,过分注意经营教堂和仪式服务的各种细节。基督教新教则发展成了一种书籍的宗教,结果是阻止偶像崇拜,走向了一个禁欲的符号体系。①

对新兴的新闻事业来讲,17 世纪上半叶那场席卷欧洲旷日持久的宗教大战不能不特别提及。这场战争从 1618 年断断续续地打到 1648 年,前后整整三十年,所以史称"三十年战争"。这场几乎波及全欧的大战与 19 世纪的拿破仑战争,一同构成现代史上的两场范围广大的欧洲大战,而且同两次世界大战一样,都深刻影响了西方的社会生活、精神面貌及历史进程。三十年战争最直接、最明显的结果,就是确立了欧洲现代民族国家的基本格局,而民族国家的纵横捭阖、此消彼长,几乎成为现代西方政治外交活动的主要内容。另外,这场旷日持久的战争,也在客观上推动了新闻事业的发展,特别是对德国的新闻事业影响尤为显著,因为三十年战争的主战场就在德国。这里有一则报道德国战况的消息,或许有助于我们了解当时德国新闻事业的实际状况。

---

① [美]尼尔·波兹曼:《童年的消逝》,吴燕莛译,56~57 页,桂林,广西师范大学出版社,2004。

这则消息的内容是著名的吕岑战役,无论从新闻意识还是从表达形式看,它都足以同当今记者的战地报道相媲美。吕岑,位于莱比锡的东南方,1813年拿破仑也曾在此大战俄普联军。所以,历史上有过两次著名的吕岑战役。三十年战争中的吕岑战役,发生在1632年11月16日,对阵的双方是华伦斯坦率领的德国军队和瑞典国王古斯塔夫斯统帅的瑞典军队。华伦斯坦与古斯塔夫斯都是战绩卓著、赫赫有名的军事家,德国诗人席勒写过一出广为流传的戏剧《华伦斯坦》,拿破仑甚至将古斯塔夫斯与亚历山大、汉尼拔、恺撒等古代名将相提并论。由这样两位出类拔萃的军事天才在吕岑交手,真可谓棋逢对手,将遇良才,这场大战之紧张激烈惊心动魄也就可想而知了。下面就是报道这场大战的消息全文:

> 1632年11月18日来自杜克斯的消息。
> 前天梅克伦堡公爵阁下(华伦斯坦)与瑞典国王之间的大战发生于一年前在来比锡附近冲突过的那些壁垒所在处。战争从上午10时进行到黑夜以后。双方死在战场的足有一万五千人,国王也战死。陆军中将霍尔卡大人获得他的印章指环和一对踢马刺,而且一名枪兵获得他的指挥刀。我方军官多人负伤。伯爵哈本海姆大人死于初次猛攻时。敌人夺得我方军旗五或六面,但我们夺得他们的军旗约三十面。所以敌人的损失比我们重得多,并已向瑙姆堡方向退却,而(华伦斯坦)阁下则向来比锡前进。详情待续。①

这则消息写得紧凑、凝练,简明扼要。开头第一句便把时间(前天)、人物(华伦斯坦与瑞典国王)、事件(两军交战)、地点(莱比锡附近的吕岑)等新闻要素都交代得一清二楚,用新闻学术语说,这是一个典型的"晒衣绳"式的导语,也就是将所有的新闻要素一起挂在导语上。接着是消息的正文,同样以简略的笔墨勾画出吕岑战役的大致情形及经过。最后点明战役的结局,即瑞军退却,德军向莱比锡挺进。通篇报道条理清晰,简洁顺畅。尤其令人叹赏的是,这则消息是在吕岑战役结束的第二天,从距战场200公里之遥的杜克斯(Dux)发出的,报道之迅速简直有点不可思议!

然而,遗憾的是这条新闻,竟属严重失实的报道。在这场吕岑大战中,瑞典国王古斯塔夫斯固然战死,但瑞军士气不减,顽强拼杀,终将德军全线击溃,最后退却的不是瑞军而是德军,华伦斯坦并非向莱比锡"挺进"而是向那里败退。如此背离事实的报道并非出自讹传,而显然是由作者的主观立场所致。因为,从通篇报道的字里行间不难发现作者的倾向所在,如称德军为"我方",称瑞军为"敌人"等。毫无疑问,正是这种鲜明的倾向性,使得作者自觉不自觉地背离客观事实,触犯新闻报道之大忌。这使人在称道其报道迅速、形式完美的之际,又不能不为此扼腕。由此看来,新闻报道的客观真实性与主观倾向性这对基本矛盾,早在新闻事业成形阶段就已暴露出来了。

---

① 郭守田主编:《世界通史资料选辑》中古部分,425页,北京,商务印书馆,1981。

三、英国

在新闻事业的成形过程中，17世纪初的荷兰与德国犹如一次地震的震中，最先感受地震波的自然是邻近地区，其中尤以英法两国最为明显。美国新闻史学者埃默里父子，在其合著的《美国新闻史——报业与政治、经济和社会潮流的关系》一书中写道：

> 十七世纪初期，新闻对英国人民开始显得十分重要起来，宗教纠纷、英国作为一支海上力量的兴起、国王与议会间的斗争、社会形势的变化等，使公众对当地范围以外的事件越来越感兴趣。民谣歌手和单张印刷品小贩已不能满足人们的需要。马普雷莱特的传单取得成功的经验虽然证明了散文小册子要有效得多，但是这种出版物仍不够经常。那些新闻信札的作者，即被称作"报信者"的手抄印刷品的出版商们，固然是熟练的新闻工作者，但他们的产品售价太高，一般人负担不起。出现一种新型出版物的时机已见成熟。①

这种"新型出版物"，就是最早的英文报纸"科兰特"（coranto）。需要注意的是，这份发行于1620年的原始报纸，既不是在英国出版，也不是由英国人编印的，而是由荷兰印刷商在阿姆斯特丹创办，然后运往英国销售的。这正像第一份中文现代报刊《察世俗每月统记传》，不是由中国人自己在本土出版，而是由英国传教士创刊于马六甲一样。

导致"科兰特"问世的直接原因在于三十年战争。三十年战争的导火索，是所谓"掷出窗外事件"，战争由此爆发，并进入第一阶段即捷克-普法尔茨阶段（1618—1624）。当时就任捷克国王的德意志新教联盟首领、普法尔茨（巴拉丁）选帝侯腓特烈五世，不仅深得大陆与英国新教徒的拥戴，而且他的妻子就是备受英国人喜爱的伊丽莎白公主。由于这层关系，英国人对战争的强烈关注便可想而知了。于是，正如埃默里父子所写的，"荷兰的印刷商们见有机可乘，立即迎合人们的兴趣，出版了至少二十五份英文版的'科兰特'，报道战争新闻。差不多所有这些单页报纸都是由乔治·继塞勒和布罗厄·琼森在阿姆斯特丹出版的，现存于不列颠博物馆，上面注明的日期是1620年12月2日至1621年9月18日。"②这就是最早的英文报纸"科兰特"的由来。科兰特一词，来自荷兰语的Krant，意为currents of news。所谓"科兰特"并非某一特定报刊的名称，而是对那种以刊载新闻为主的印刷出版物的一种通称，同现在所说的"报纸"、"期刊"的意思相近。此外，在英国还有一些类似的叫法，如"故事"（relation）、"每周新闻"（weekly news）、"周刊"（aviso）——显然来自德国早期那份有名的《观察周刊》（Aviso），等等。

"科兰特"虽不是英国最早的报纸，但直接促成了英国早期报刊的问世，而且，早期的

---

① [美]埃默里等：《美国新闻史》，苏金琥等译，11页，北京，新华出版社，1980。
② [美]埃默里等：《美国新闻史》，苏金琥等译，12页，北京，新华出版社，1980。

英国报刊除模仿科兰特的样式,甚至连内容都直接译自荷兰文的科兰特。英国人自己创办的第一份科兰特发行于1621年。据当时一些私人信件记述,它由出版商托马斯·阿切尔(Thomas Archer)编印,由于事先没有得到出版许可,结果阿切尔为此受到监禁。与此同时,另一位伦敦出版商纳撒尼尔·巴特(Nathaniel Butter),则取得发行科兰特的许可证,但其内容还是"忠实地译自荷兰报纸",因为当时英国严禁报道国内新闻。巴特这份科兰特冠有一个冗长的名称——《科兰特,或意德匈西法新闻》(Corante, or News from Italy, Germany, Hungarie, Spaine and France)。这样的名称当时非常普遍,许多出版物的名称与其说是名称,不如说是内容提要。比如,伦敦曾出版过这么一部书《论意大利人伟大的狡猾及惊人的聪明,他们由此控制了基督教国家的大部分,并且毫无遗漏地从人们的荷包里扒出金钱,了解他们将如何行动以及防范他们一切策略的应有手段》。这同现代书刊取名力求精练恰成鲜明对比。1625年,巴特又出版了另一份报纸《英国信使》(Mercurius Britanicus),它被视为英国第一份有正式刊名的报纸,这一刊名大概是模仿德国的《法比信使》(Mercurius Gallo-Belgicus)。从1621年第一份英国报刊问世到1640年英国资产阶级革命爆发,这20年可以算是英国新闻事业起步的阶段,其间阿切尔、巴特与尼古拉斯·伯恩(Nicholas Bourne),是三位最负盛名的报人,被誉为英国的"三大报业先驱"。

科兰特的功能虽然已类似于现在的报纸,但其外观却依然是书本形式,开本不大,有封面,有书脊等。所以,科兰特又称"新闻书"(news-book)。事实上,各国早期的所谓报刊一般都是新闻书。从新闻书到新闻纸(newspaper)是报刊发展的共同趋势。与此相关,在新闻事业的早期阶段,并没有一个独立于书籍之外的"报刊"观念。在当时人们眼里,所有的印刷出版物其实都是书,不同的是有的书谈哲学,有的书谈神学,有的书探讨科学,有的书则是实在的新闻报道——而这类书在当时称为新闻书或小册子。一句话,早期的报刊只是书中的一类,它与其他书的区别只在于其内容是新闻,仅此而已。同样,当时也没有现代意义上的报人,经营新闻书的都是书商和出版商,即英文所称的"文具商"(stationer)。英国的三大报业先驱——阿切尔、巴特与伯恩,实际身份都是文具商。

以三大报业先驱为代表的英国早期报人,固然为推进英国的新闻事业作出比较突出的贡献,但究其实质他们无非还是荷兰报界在英国的代理商,荷兰犹如梵蒂冈,他们恰似在英国布道的教士或牧师。英国新闻事业的这种附庸局面,直到17世纪40年代资产阶级大革命爆发时才得以根本扭转。

四、法国

与西方其他国家相比,法国报业的文艺与政治色彩历来十分鲜明。这一文艺与政治并重的特色,早在其新闻事业发轫时期即已显露端倪。16世纪亨利三世在位期间,法国

的《新闻纪事》(可能是一种类似于德国《法比信使》的出版物)上,就曾刊登过这样一首政治歌谣:

> 穷人忍受一切,
> 军队掠夺一切,
> 神圣的教会得利于一切,
> 宠臣们强求一切,
> 和善的国王让与一切,
> 法务院批准一切,
> 掌玺大臣签署一切,
> 王太后管理一切,
> 教皇对他们宽恕一切,
> 唯有希科嘲笑一切,
> 魔鬼终将获得一切。①

这种以文艺形式表达政治内容的报刊歌谣,可以说是法国报业那种文艺与政治色彩兼浓并烈之传统的滥觞。

《法国公报》

17世纪上半叶,正当三十年战争的狂风暴雨横扫欧陆之际,法国出现一位颇具雄才大略的政治家,这就是法国现代史上有名的红衣主教黎塞留。他曾长期担任法国国王路易十三的首相,自认一生有两大杰出政绩:用他的话说,一是"使国王崇高",即加强封建王朝的专制权威;二是"使王国荣耀",即提高法国的国际地位和影响。这位精明的政治家对新兴的新闻事业及其潜在力量十分重视,他煞费苦心地将法国报业纳入封建王朝的统治体系之中,使之成为专制制度的御用工具。1631年,在他的授意与庇护下,雷诺多特(Théophraste Renaudot,1586—1653),在巴黎创办法国第一家报纸——《法国公报》(初名 La Gazette,后为 Gazette dé France),由此被誉为"法国报业之父"。《法国公报》,"是一份四页、开本23×15厘米的周刊,发行300到800份"。② 它自觉以维护王朝利益为己任,同时在报道新闻之际,还不时刊载"伯也执殳,为王前驱"一类的政论,首相黎塞留以及国王路易十三也都为之撰稿。于是,《法

---

① 郭守田主编:《世界通史资料选辑》中古部分,359页,北京,商务印书馆,1981。
② [法]彼·阿尔贝等:《世界新闻简史》,许崇山等译,10页,北京,中国新闻出版社,1985。

国公报》不仅成为法国最早的报纸,而且也成为世界上最早的政论性报纸,从而为法国报业的政论色彩涂下浓重的一笔。

在早期的报人中间,雷诺多特是位颇具现代新闻意识的先行者,他的一些有关新闻的论述充满新时代的气息,不乏真知灼见。例如:

> 我希望权贵和国家不必徒劳无益地想方设法堵塞新闻流通的渠道,因为……新闻的本性又如同瀑布一样,阻力越大,激起的水花也越高……①

这番形象而深刻的议论令人不由想起《国语·召公谏弥谤》中那段著名文字:"防民之口甚于防川。川壅而溃,伤人必多,民亦如之。是故为川者,决之使导;为民者,宣之使言。"这两段话在说明钳制言论、堵塞言路之无效与危害上有异曲同工之妙。再如,雷诺多特所说的"报纸只要故意编造一个谎言,就会令人望而生厌"等观点,②在今天看来也许不足为奇,但在三四百年前却不失为精辟之论。因为当时人们都把报纸上刊登道听途说乃至胡编乱造的"新闻"视为正常现象,并不引以为怪。所谓"真事"(true relation),常常是真真假假,虚虚实实。正如伏尔泰在描述17世纪的社会风尚时所言:"把虚构故事、无稽之谈充作确切无疑的事实,这在当时屡见不鲜;今天(指18世纪前半叶——引者注)仍然如此……真实的东西被淹没于小册子的汪洋大海之中。"③这种亦真亦幻、虚实不分的情形,同流行观念里尚未将书籍和报刊区分开来关系很大。既然看报犹如读书,而书上的东西并不需要都那么真实可靠,确凿无疑,如文艺作品那般,那么,看报不大在乎真实性,办报不大顾及真实性也就十分自然,合情合理。在这种时代背景下,雷诺多特反对编造新闻的主张,便显得非同一般了。

一部影片的成败决定于导演,一支队伍的优劣决定于统帅。同样,一张报纸的好坏决定于报人。唯有非凡的报人,方有非凡的报纸,这在雷诺多特及其《法国公报》上第一次得到验证。在17世纪上半叶的欧洲,雷诺多特是最出色的报人,他的眼光见识及经营之道无不出类拔萃。所以,《法国公报》成为当时最有影响的报纸,不仅在国内广为人知,而且畅销国外,最高发行量曾达到12 000份。当其他报纸多在几百份的销数上徘徊时,这无疑是个令人咋舌的天文数字。④ 仅此一点,已足以显示《法国公报》的显赫声望。

五、杂志的出现

至此为止,我们提及的报刊包括《法国公报》,差不多都是周报。大致说来,17世纪属于周报的世纪。日报一般在18世纪才逐渐兴起。不过,最早的一份日报,却诞生于17世

---

① [法]彼·阿尔贝等:《世界新闻简史》,许崇山等译,11页,北京,中国新闻出版社,1985。
② [法]彼·阿尔贝等:《世界新闻简史》,许崇山等译,11页,北京,中国新闻出版社,1985。
③ [法]伏尔泰:《路易十四时代》,吴模信等译,269页,北京,商务印书馆,1982。
④ [法]彼·阿尔贝等:《世界新闻简史》,许崇山等译,18页,北京,中国新闻出版社,1985。

纪中叶,这就是 1660 年创刊于德国的《莱比锡新闻》(Leipzig Zeitung)。Zeitung 一词在德语中意为"新闻",它比英语的"新闻"(news)一词出现得要早,据说 zeitung 系由旅行一词转化而来,最初是指商人、旅客等传播的消息,15 世纪以后才演化为新闻,即所谓"在时间上绝对新颖的事情"。由此可见时间性从一开始,就被当作新闻价值的首要因素。

在新闻事业的孕育与萌芽时期(大约纵贯 16—17 世纪),德国始终位居前列。从最早的新闻传单到不定期的原始报纸(《法比信使》等),从第一份周报到第一份日报,德国无不一马当先,占尽风光。如果把新闻事业的发展也分为三次浪潮,那么,第一次浪潮无疑以德国的为象征,第二次浪潮与第三次浪潮则分别以英国和美国的为标志。新闻事业的第一次浪潮到《莱比锡新闻》创刊时已是强弩之末,势消力衰。换言之,《莱比锡新闻》虽然号称世界上的第一张日报,但它不过是第一次浪潮的回光返照,它的诞生之日即是第一次浪潮的消退之时,可谓"夕阳无限好,只是近黄昏"。不久,第二次浪潮就将以更加汹涌澎湃的势头呼啸而来,作为其先兆之一就是世界上第二张日报于 18 世纪初在英国伦敦创刊,这张日报将远比《莱比锡新闻》更有影响。

《学者杂志》

几乎就在日报诞生的同时,杂志也开始问世。如果说日报显示着信息的时效性,那么杂志则体现着信息的广博性。杂志最初兴起于法国。英语的"杂志"(magazine)一词,就是来自法语的 magsin。这个词的原意是"仓库",用仓库来指代杂志倒是既形象又准确,杂志的内容不正像无所不有的仓库吗?毫不奇怪,世界上的第一份杂志还是创刊于德国,这份名为《教诲月刊》(Erbauliche Monaths-Unterredungen)的杂志,是由汉堡的一位神学家与诗人约翰·里斯特(Johann Rist)出版于 1663 年。不久,法国的《学者杂志》(Journal des Scavans),也由作家德尼·德-萨洛(Denis de Sallo)于 1665 年创刊发行,这是一份学术性杂志。同年,另一份更著名的学术杂志,英国皇家学会的《哲学学报》(Philosophical Transactions)在伦敦出版。[①] 此后,各国都相继创办这类高层次的文化学术杂志。

既有阳春白雪,必有下里巴人。继学人杂志之后,轻松有趣的消遣娱乐杂志,也当仁不让地出现在新闻传播领域。1672 年法国作家让-唐纳-德维泽(Jean Donnean de Vizé)创办了有名的《法国信使》(Mercure de France),其内容包括宫廷秘闻、轶闻趣事、诗歌韵文、猜谜游艺等。这份杂志后来成为一家地位崇高的文艺杂志,深得同行的青睐,同前述

---

① *The New Encyclopedia Britannica*, 15th EDITION, 1986, Volume 26, p. 483.

的《法国公报》和《学者杂志》一道,被视为17世纪法国新闻界的三大报刊。① 甚至到20世纪,奥地利作家茨威格在其回忆录中还提到它:

> 在一家较好的维也纳咖啡馆里,摆着维也纳所有的报纸,不仅有维也纳本地的报纸,而且还有全德国的报纸,以及法国的、英国的、意大利的、美国的报纸;再加上全世界最重要的文学艺术杂志,如《法国信使报》(Mercure de France)、《新观察》(Neue Rundschau)、《创作室》(Studio)、《伯林顿杂志》(Burlington Magazine),所以,我们可以从第一手材料——从每一册新出版的书、从每一场演出中知道世界上发生的一切,并且把各种报纸上的评论进行比较。②

《法国信使》

由于迎合公众的趣味,《法国信使》十分畅销,许多人纷纷效法,于是这类杂志很快便形成报刊的主要类型之一。比如,1688年由国际法专家克里斯蒂安·托马修斯,在莱比锡创办的德国第一份大众化杂志,其冗长的刊名已经明确表达了这类杂志的宗旨:《关于各种有趣有益之书籍和事物的轻松而又严肃、深刻而又易懂的观点》。再如,1690年创刊于伦敦的《雅典公报》(Athenian Gazette),也属轻松有趣的杂志,这份后来以《雅典信使》(Athenian Mercury)著称的周刊,旨在解决所谓"一切最有益最有趣的问题"。

早期的杂志同书籍与报纸的区别还不明显,但很快它就显示出非书籍与报纸所能比的特点:出版快于书籍,内容广于报纸;既没有书籍之专精难啃,又免于报纸之蜻蜓点水。总之,杂志一方面集合了书籍与报纸的长处,另一方面又避开了它们的短处,在书与报之间的结合处,开辟出一片广阔的新天地,并最终发展成同书籍和报纸鼎足而立、蔚为壮观的一类印刷出版物。如今,新版《不列颠百科全书》在"出版"(Publishing)条目下,就分列了三个小题目:书籍出版、报纸出版与杂志出版。

第三节 新闻事业的第一次"狂飙突进"

17世纪40年代,正当李自成起义大军席卷东土之际,欧亚大陆西端也爆发了一场"铁骑突出刀枪鸣"的内战,这就是为世界现代史拉开帷幕的英国资产阶级革命。这个划时代的事件,标志着人类社会开始从封建时代向资本主义时代、从农业文明向工业文明的

---

① [法]彼·阿尔贝等:《世界新闻简史》,许崇山等译,18页,北京,中国新闻出版社,1985。
② [奥]斯蒂芬·茨威格:《昨日的世界——一个欧洲人的回忆》,舒善昌等译,43页,北京,三联书店,1991。

转化。因此,"英国革命的意义远远超过大不列颠及爱尔兰岛的范围,这场革命犹如一块巨石投进水中,激起了千重浪涛,波纹远达欧洲大陆、美洲及全世界"。①

在轰轰烈烈的革命高潮中,英国的新闻事业也骤然大放异彩,获得前所未有的迅猛发展,展示出空前的传播威力,在世界新闻事业史上写下"狂飙突进"的第一章。

一、历史背景

英国作家 H.G. 韦尔斯在论及英国革命时写道:"大多数的革命,正如这次英国革命那样,是由统治者的极端行为及其企图超越法律范围使用压力和硬干而促成的。"②要理解新闻事业这次"狂飙突进"的影响及意义,首先需从"统治者的极端行为"谈起。

我们知道,中国的封建社会一开始就建立起高度的中央集权制,而西方的封建社会则到后期才开始出现君主专制。英国的封建专制时代始于都铎王朝,在它"统治期间厉行封建专制主义:设置星室法庭(即星法院——引者注),惩治不顺从的贵族;建立枢密院,加强中央机构;确立英国国教,作为王权的工具……统治末期,限制资本主义牧场的发展,镇压清教徒活动,竭力维护封建专制制度,招致日益壮大的资产阶级和新贵族的不满"。③具体到新闻传播方面,包括英国在内的欧洲专制王朝,无不对印刷出版实施严格的管制。其间,常见的措施有三种:许可制(License)、检查制(Censorship)、惩处制(Punishment)。

都铎王朝的建立,正值威廉·卡克斯顿(William Caxton)将大陆的印刷技术引进英国(1476)。这个强大的专制王朝对这种新兴的传播媒介及其潜在的影响非常敏感,始终保持高度警觉。因为,印刷书刊的广泛发行,势必培育大众的民主意识,即英国 19 世纪思想家 T. 卡莱尔所说的:"发明了印刷,民主就是不可避免的。"④为了控制印刷出版活动,都铎王朝采取一系列严厉峻刻的措施。比如,开列"禁书目录",建立许可证制度,逮捕、法办乃至处决出版商。其中,1557 年成立的"文具商公司"(Stationer's Company)尤为突出。这家公司实为御用出版垄断组织,它使专制王朝对新闻出版事业的管制更趋严格。美国新闻史学家埃默里父子写道:"有了它,对那些既非贵族集团的成员、亦非贵族集团认可的想要造反的印刷商,当局追查起来就容易多了。……直到 17 世纪中叶的大动荡时期,文具商公司对出版印刷业实行的控制一直是世界历史上最强有力的控制之一。"⑤

在迫害那些敢于触犯天条的印刷出版商方面,声名狼藉的星法院一向令人生畏。

---

① [法]F. 基佐:《一六四零年英国革命史》,伍光建译,中文版前言,北京,商务印书馆,1985。
② [英]H.G. 韦尔斯:《世界史纲》,吴文藻等译,880 页,北京,人民出版社,1982。
③ 《世界历史辞典》,523 页,上海,上海辞书出版社,1985。
④ [英]卡莱尔:《英雄与英雄崇拜——卡莱尔讲演集》,张峰等译,269 页,上海,上海三联书店,1988。
⑤ [美]埃默里等:《美国新闻史》,苏金琥等译,9 页,北京,新华出版社,1980。

星 法 院

星法院(Star Chamber)成立于1487年,由于位于西敏寺一个屋顶有星型装饰的大厅,所以称为星法院。它同枢密院、高等法院等构成英国封建王朝最重要的专制机器,特别是在惩治印刷出版商上一直充当急先锋,"成为英国报纸出现以前一长段历史中禁止自由发表意见的又一障碍"(埃默里父子)。英国许多报业先驱都曾受到这个暴力机构的传讯、折磨与监禁。到大革命爆发前夕,星法院更成为赤裸裸的镇压工具,对政治犯严刑拷打,无所不用其极。在星法院暴戾恣睢的恐怖年代,报人噤若寒蝉,报业举步维艰,它恰似一柄悬在人们头顶的"达摩克利斯剑",成为英国专制制度的象征。

今天看来,上述行径未免极端,而在集权主义思想甚嚣尘上的西方封建社会末期则名正言顺,天经地义。这股弥漫的思潮发端于文艺复兴时代的意大利,其代表人物就是以《君主论》一书名闻天下的马基雅维利。如果说先秦时代的《韩非子》为我国封建时代的中央集权奠定了思想基础,那么《君主论》则为西方封建王朝的专制统治提供了理论依据,其核心思想无非是《韩非子》所论的"法"、"术"、"势"。在马基雅维利看来,为了维护统治,君主应该撇开道德上的考虑,甚至可以不择手段,为所欲为。他说:

> 君主为了使自己的臣民团结一致和同心同德,对于残酷这个恶名就不应有所介意……

> 被人畏惧比被人爱戴是完全得多……人们爱戴君主,是基于他们自己的意志,而感到畏惧则是基于君主的意志,因此一位明智的君主应当立足在自己的意志之上,而不是立足在他人的意志之上。

> 一位君主总是不乏正当的理由为其背信弃义涂脂抹粉。

如果可能的话,他还是不要背离善良之道,但是如果必需的话,他就要懂得怎样走上为非作恶之途。

……①

他的"霸术"思想,最鲜明、最集中的体现在那个有名的狮子与狐狸的比喻中,即君主应该像狮子般凶残、像狐狸般狡猾:

君主既然必需懂得善于运用野兽的方法,他就应当同时效法狐狸与狮子。由于狮子不能够防止自己落入陷阱,而狐狸则不能够抵御豺狼。因此,君主必须是一头狐狸以便认识陷阱,同时又必须是一头狮子,以便使豺狼惊骇。②

在他为专制君主精心拟定的这套治国方略中,隐含着这样的思想,即人们只能在君主允许的范围内议论国是,而绝不能随心所欲言所欲言,人们只能在君主愿意的时候而不是在自己愿意的时候发表意见,提出忠告。

正是在以马基雅维利为代表的集权主义思潮漫天横流的时代背景下,形成一套所谓"报刊集权主义理论"(the authoritarian theory of the press)。封建专制王朝正是以此为依据,对萌芽状态的新闻事业实施控制,加以管制。根据这套理论,国家安全高于一切,凡是有碍于此的言论都必须杜绝。在英国革命中被砍掉脑袋的英王查理一世之父詹姆斯一世就曾宣称,"议论上帝……是渎神;议论君主……是叛乱。我不允许议论我的政权"。17世纪英国思想家霍布斯,在列举"按约建立的主权者的权利"时明确写道:

决定哪些学说和意见有害于和平,哪些有利于和平;决定对人民大众讲话时什么人在什么情况下和什么程度内应受到信任;以及决定在一切书籍出版前,其中的学说应当由谁来审查等都属于主权范围。因为人们的行动来自意见,为了他们的和平和协调起见,良好地管理人民的意见就是良好地管理人们的行为。……因之,主权者便有权审定意见和学说,或任命全体审定人,把这事当成和平所必需的事,像这样来防止纠纷和内战。③

好雨知时节,当春乃发生。封建专制王朝的高压政策能有效扼制新闻事业的生长,但却不能扼杀它。因为,新闻事业乃是生机盎然的新文明的表征,即使备受压抑仍然具有顽强的生命力,尤其是在革命爆发前的舆论准备阶段,新闻事业更是生机勃勃,充满活力。正像F.基佐在《一六四零年英国革命史》里描述的:"英格兰在1636年间,小册子满天飞,它们反对宠信天主教徒,反对宫廷的一片混乱,特别是反对劳德与主教们的独裁苛政。星

---

① [意]尼科洛·马基雅维里:《君主论》,潘汉典译,79、80~82、84、85页,北京,商务印书馆,1985。
② [意]尼科洛·马基雅维里:《君主论》,潘汉典译,83~84页,北京,商务印书馆,1985。
③ [英]霍布斯:《利维坦》,黎思复等译,137页,北京,商务印书馆,1985。

法院严惩这样小册子的出版已经不止一次,可是现在小册子比以前任何时代都多,都是十分激烈,传播得十分广泛,人们又还急于先睹为快。"①

山雨欲来风满楼,英国革命前骤然出现的铺天盖地的小册子、新闻书,正是一场疾风暴雨的先兆。英国的新闻事业在文具商公司的严厉监视下,在星法院暴虐的威慑下,正蓄积着喷薄欲出的力量,并将在惊天动地的革命年代中爆发出来,形成一次摧枯拉朽的狂飙突进。

二、如火如荼的报业

历时约半个世纪的英国革命以1660年的王政复辟为界,大致分为前后两个阶段:革命时期与复辟时期。前一个阶段(1640—1660)革命势力日渐高涨,最后以建立共和国、判处英国国王的死刑而达到高潮;后一个阶段(1660—1688)封建势力卷土重来,白色恐怖日甚一日,最后以封建势力与革命势力的妥协而告结束。与此相应,这半个世纪的英国新闻事业也呈大起大落之势,所谓狂飙突进主要是针对革命时期而言的。

大革命为新闻事业带来的一项直接成果,就是一整套专制机构的土崩瓦解,其中星法院的废除更是砸开了束缚报业发展的一大枷锁。于是一时间,新闻书纷纷创刊,广为发行,"各式各样的小册子享受充分的自由,可以随便流通"(基佐),报业呈现出一片前所未有的繁盛局面。按照劳伦斯·斯通(Lawrence Stone),在《英国的识字与教育(1640—1900)》(*Literacy and Education*,1640—1900)一书里的统计,"下面这些数字都是确凿无疑的:1642年出版了2 000多份小册子。1645年发行了700多份报纸。在1640年到1660年之间,小册子和报纸加起来一共是2.2万份"②。大革命促成的另一项发展,就是报刊中开始大量刊登国内新闻。过去,根据封建专制王朝的禁令,英国报刊只能转译国外报刊(主要是荷兰报刊)的新闻,而不能报道国内新闻。仅此一项就足以限制新闻事业的长足发展。而大革命一爆发,情况大为改观,正如英国报业史学者哈罗德·赫德,在《新闻事业历程》(*The March of Journalism*)中写道的:"1641年星法院废除后,报业获得出版自由——但只是暂时的,此时新一代报人成批涌现,不准刊登国内新闻之禁令的取消大大刺激了他们的热情,从而为新闻书的写作带来新的活力。"

不难理解这期间的国内新闻多为国会活动的报道。因为国会是这场革命的核心,是火山的喷发口,它的一举一动自然成为"众目睽睽"的焦点。因此,国会新闻便构成当时国内新闻的主要内容。第一份正式刊登国内新闻的报刊,就是《国会纪闻》(*The Heads of Serverall Proceedings in this Present*),由印刷商约翰·托马斯于星法院取消后不久的

---

① [法]F.基佐:《一六四零年英国革命史》,伍光建译,83页,北京,商务印书馆,1985。
② [美]尼尔·波兹曼:《童年的消逝》,吴燕莛译,60页,桂林,广西师范大学出版社,2004。

1641年11月出版。随后,这类报刊便大量涌现,盛极一时。对此,基佐曾做过详尽的描述:

> 英格兰这个时期刊行了许多小册子,有的是公家刊行的,亦有不是的,它们风行于全国各地。其中的言论,有大刀阔斧的,也有小心翼翼的,有一片真诚的,也有心存伪善的。……小册子,定期和不定期的杂志,在伦敦与约克以及所有大城镇成倍地增长,无远弗届。其中关于政治、宗教、历史问题、新闻、宗教经论无所不谈,此外还有计划、建议,还有骂人的文章,应有尽有,包罗万象。无论什么问题都有人提出来讨论。有许多人自愿在各处叫卖,有的在法庭前,在集日市场里,或在教堂的门口叫卖,人们争先恐后地买来阅读。①

在这一片看似乱糟糟的舆论混战中,人们不难发现两股针锋相对的声浪:革命派与保王派。这对不共戴天的冤家不仅在战场上殊死拼杀,而且在报刊上口诛笔伐,"他们决不肯允许敌人方面占有上风"(基佐)。在保王党的舆论阵容里,《宫廷信使》(*Mercurius Aulicus*)最引人注目。这固然由于它是保王党的第一份报刊——1643年创刊于保王党的大本营牛津,但更主要的还在于它的立场鲜明、内容详备、编辑精良、论述完美。因此,《宫廷信使》深得保王党人的信赖,在同革命党人的舆论较量中一直充当主力。这里有一段《宫廷信使》发刊词中的话,鲜明道出保王党人的办报宗旨:

> 世界被虚伪糟蹋得太久了。每周发布的谎言(当时尚无日报,只有周报,故言——引者注)培育了人们的不轨言行,使他们为谎言所诱惑。我们将向天下昭示,宫廷的新闻并不像想象的那样稀少,宫廷的事务也不像那些小册子所描绘的那样糟糕。我们认为,最好是让人们了解真相,以使他们不能再假装无知,或使他们不会再被假象所蒙骗。我们现在就开始从事这一工作,我们将本着完全客观、绝对公正的态度来行事。②

革命时期最惊心动魄、最令人难忘的事件,莫过于处死英王查理一世。这是一个史无前例的壮举,各国宫廷无不为之震骇,目瞪口呆!因为,以往只有国王对人民的杀戮或王室内部的自相残杀,而这一次则由人民站起来宣判一个国王的死刑,这在各国宫廷看来简直是一桩违反自然法则的罪行,"好像是丛林里的一群鹿抓住并弄死了一只老虎"(韦尔斯《世界史纲》)。下面这则新闻报道,详细记述了这一震撼欧洲宫廷的历史事件:

> 元月三十日星期二。今天国王在白厅的宴会厅对面被砍掉脑袋。临刑之前他已接到死刑判决书。上午十时许,他从圣詹姆斯宫被带出,随着飘扬的旗帜与隆隆

---

① [法]F. 基佐:《一六四零年英国革命史》,伍光建译,173~174页,北京,商务印书馆,1985。
② H. Herd, *The March of Journalism*, London, 1952, p. 19.

的鼓声在一队士兵监护下走过花园,前往白厅。……断头台竖在白厅大门与那个由圣詹姆斯宫通往长廊的大门之间,上面蒙着黑布,地下也铺着黑布,斧子与砧板处在断头台的中部。断头台四周有许多步兵与骑兵把守,如海的人群涌来观看。……在其他一些程序完成后,国王便弯下身,把脖子放在砧板上,略一停顿又把手伸展,于是刽子手手起斧落,顿时使他身首异处。①

这篇报道的全文显得拖沓冗杂,疏于剪裁,但却真实详尽地记载了一个重大事件的全过程,为历史留下一份珍贵的资料。从新闻史的角度看,其中那些不厌其烦的血淋淋描写,实际已开后世"黄色新闻"(黄色新闻不等于色情新闻)之先河。换言之,那些追求刺激、耸动的描写,正是黄色新闻的源头。

新闻事业的这次"狂飙突进",不仅使报刊数量激增,影响扩大,还导致现代报刊的诸多要件,如社论、特稿、标题、插图、广告等纷纷问世,从而使报刊逐渐从初始形态向现代形态过渡。在这一过程中,《公共广告人》(Public Advertiser)的创刊尤其值得关注。因为它是第一份纯登广告的报纸,昭示着新闻事业的商业化趋势。该报创办于1657年,在创刊号上除有一些买卖房屋、寻找职业、饮食住宿、车船交通等简单启事外,还有这么一条周详的广告:"在女王之颅小巷的毕晓普斯伽特街上(Bishopsgate Street, in Queen's Head Alley),每天早上及下午三点,供应两次名为咖啡的西印度饮料(伦敦的第一家咖啡店,于1652年开业——引者注)。这种饮料有益于身体健康,具有颇神奇之功效:它能封住胃里的小孔,增加体内热度;它能帮助消化,并使身心舒畅;它还对眼痛、咳嗽、感冒、肺病、头疼、浮肿、疯癫、坏血病、大脖子以及其他疾病具有良好之预防作用。"18世纪英国文坛泰斗约翰逊博士曾说过:"许诺,许大诺,是广告的灵魂。"这一"灵魂",在早期的广告中不也显露端倪吗?

三、弥尔顿与《论出版自由》

在英国资产阶级革命年代,有一声炸响的霹雳穿过时空至今仍在隆隆回荡,这就是约翰·弥尔顿饱含激情的篇章——《论出版自由》(1644)。如果说"报刊的集权主义理论"是专制政体钳制新闻事业的依据,那么出版自由的思想就是现代新闻事业顺畅发展的根基,而弥尔顿的《论出版自由》便是为此根基奠下的第一块基石。

英国思想家T.卡莱尔,在著名的演讲集《英雄和英雄崇拜》里说过:"无数的人曾以无声的模糊的惊奇之情,在这个世界上

约翰·弥尔顿

---

① H. Herd, *The March of Journalism*, London, 1952, p. 18.

《论出版自由》

匆匆走过,就像动物感觉到的那样;也有人以一种痛苦的、探索而无功的惊奇匆匆而过,这是只有人才感觉到的;直到伟大的思想家,有创见的人,先知产生出来,形成了说出来的思想,把所有人沉睡着的潜能唤醒成思想。这就是思想家、精神英雄的做法。他说的话,是所有人远不曾说出而又渴望说出的东西。围绕着他的思想,一切思想都从痛苦的麻痹的酣睡中觉醒,作为对他的思想的回音。……思想一旦被唤醒就不再沉睡,它自身扩展成一个思想体系,一个人接一个人,一代人接一代人地成长起来,直到达到它的丰满状态。"①卡莱尔的这段精彩论述,仿佛专门针对弥尔顿及其《论出版自由》。弥尔顿正是那种"有创见的"先知、思想家、精神英雄,他发出的正是当时人们渴望发出而又不曾发出的呐喊——"让我凭良知自由地认识、自由地发言、自由地讨论吧,这种自由高踞于一切自由之上。"更为重要的是,他的呐喊唤醒了沉睡中的思想,此后的法国启蒙思想家、北美独立战争年代的"爱国者"以及许多革命的志士仁人,正是围绕着这一思想铺陈扬厉、发扬光大,使之逐渐"扩展成为一个思想体系","直到达到它的丰满状态"。如今,言论自由、出版自由已成为毋庸置疑、不证自明的公理,成为不可剥夺、不容侵犯的人权。尽管对它的解释众说纷纭,但其核心思想与基本原则乃是举世公认的。

约翰·弥尔顿(1608—1647),是一位热情似火、才气如虹的大诗人,在英国诗人中的名望仅次于莎士比亚。除诗歌外,弥尔顿还写过一些大气磅礴、义正词严的政论,其中最著名的就是《论出版自由》。这部小册子奠定了他在人类思想史上的显赫地位。不过,它的问世也带有一点偶然,甚至滑稽的缘由。他一生曾三次结婚。第一位太太小他17岁,第二位太太小他20岁,第三位太太小他30岁。老夫少妻,自然免不了磕磕绊绊。于是,他就不停地写一些论述离婚的小册子。1644年,因为发表这类小册子,而再次被国会招去质询,恼怒之际,慷慨陈词,遂产生新闻传播史上这篇里程碑的文献——《论出版自由》(1644)。当然,其真正的历史因缘,还得从当时的社会背景中进行考察。

1643年,国会中代表大资产阶级和上层新贵族利益的长老会派,出于对日益高涨的革命热潮的恐惧,为巩固已到手的权力,也下令实行书刊的预先检查制度,禁止出版带有民主意识的书刊杂志。这等于剥夺了人们刚刚赢得的言论、出版自由的权利,事实上同专制王朝的所为已无二致。其实,当时主宰社会潮流、支配历史进程的还是集权主义,问题仅仅在于这个权应集于谁之手。正如英国史学家杰弗里·巴勒克拉夫所言:"造反者当中没有人怀疑需要一个强有力的政府,问题只在于这种强权归谁所有。一位英国的共和

---

① [英]卡莱尔:《英雄和英雄崇拜——卡莱尔讲演集》,张峰等译,34~35页,上海,上海三联书店,1988。

主义者在1653年写道：'问题根本不在于我们究竟是否应当接受专制权力的统治，而在于这种权力应当掌握在谁的手中。'"①所以，国会的新禁令当时看来并不算出格。但是，作为一个历史的先知和革命的斗士，弥尔顿对此却痛心疾首、倍感愤懑，当他面向未来从而窥见即将呼啸而来的新文明浪潮时，对此"陈规陋习"就更难容忍了。于是，1644年，当他由于一本论离婚的小册子触犯禁令，受到国会质询之际，弥尔顿便怀着满腔激情，以淋漓酣畅的笔墨挥毫写下《论出版自由》（Areopagitica：A Speech for the Liberty of Unlicensed Printing）。②

《论出版自由》的核心主张，一言以蔽之就是："让我凭着良知自由地认识、自由地发言、自由地讨论吧。"(Give me liberty to know, to utter, and to argue freely according to conscience)。在这部篇幅不大的名作中，弥尔顿猛烈抨击了对言论出版的限制，矛头直指报刊集权主义理论的核心。他认为，只有通过自由讨论，各抒己见，人类才能不断获取真理。他写道：

> 虽然各种学说流派可以随便在大地上传播，然而真理却已经亲自上阵；我们如果怀疑她的力量而实行许可制和查禁制，那就是伤害了她。让她和虚伪交手吧。谁又看见过真理在放胆地交手时吃过败仗呢(Let her and falsehood grapple; who ever knew truth put to the worse, in a free and open encounter)？……
>
> 谁都知道，除开全能的主以外就要数真理最强了。她根本不需要策略、计谋或者许可制来取得胜利。这些都是错误本身用来防卫自己、对抗真理的花招。③

他的这些主张，实际上以两点公设为前提：其一，人是有理性的动物，人凭自己的理性能够辨别真假正误；其二，自由地持有主张、自由地抒发己见，乃是人类与生俱来的"权力和特权"，同生命一样神圣不可剥夺。所以，限制言论出版自由，既是对理性的藐视，又是对人权的践踏。他说："杀人只是杀死了一个理性的动物，破坏了一个上帝的像；而禁止好书则是扼杀了理性本身，破坏了瞳仁中的上帝圣像。"④

他认为，言论出版自由有时不可避免会带来有害的毒素，但健康的心灵完全能够抵御它，再说只有让真理与谬误进行"自由而公正"的较量，人们才会不断增强辨别力、免疫力与鉴赏力：

> 只要心灵纯洁，知识是不可能使人腐化的，书籍当然也不可能使人腐化。书籍

---

① [英]杰弗里·巴勒克拉夫：《泰晤士世界历史地图集》，中文版，184页，北京，三联书店，1985。
② Areopagitica，源于Areopagus——古希腊雅典的一座山名，由于古希腊城邦的最高法院位于此山，故成为最高法院的代名词。
③ [英]密尔顿：《论出版自由》，吴之椿译，46～47页，北京，商务印书馆，1958。
④ [英]密尔顿：《论出版自由》，吴之椿译，5页，北京，商务印书馆，1958。

就像酒和肉一样,有些是好的,有些是坏的。但上帝在那个不容置疑的异像中始终说:"彼得,起来,宰了吃。"至于选择问题就随各人判断了。对坏的胃口来说,好肉也和坏肉一样有损害。最好的书在一个愚顽的人心中也并非不能用来作恶。固然,坏肉纵使用最合卫生的烹调法也不能产生什么好的营养,但坏的书籍在这一点上却有所不同;它对一个谨慎而明智的人来说,在很多方面都可以帮助他善于发现、驳斥、预防和解释。……我认为上帝从前普遍扩充人类肉体的食物时,始终没有用节制的原则,因此,正和以前一样,关于我们心灵的食粮和消化问题,他也任人选择。①

当然,弥尔顿的思想打着鲜明的阶级烙印和时代烙印,他其实是站在新兴资产阶级的立场上鼓吹呐喊的。至于他所倡导的出版自由虽然陈义甚高,但由于脱离社会实践,未免显得空洞抽象,事实上也不可能为绝大多数民众所享用。比如,印刷书刊起码得有印刷机,这就不是一般人都能做到的。另外,"同样是这个米尔顿(即弥尔顿——引者注),一方面对书报实行检查嗤之以鼻;另一方面,他本人就是一名书报检查官,对那些发表他不能容忍的主张的人进行镇压"。② 不过,在反对封建专制的时代背景下,弥尔顿及其《论出版自由》无疑具有进步与开明的意味。列宁指出:"出版自由这个口号,从中世纪末到十九世纪,在全世界成了伟大的口号。为什么呢?因为它反映了资产阶级的进步性,即反映了资产阶级反对僧侣、国王、封建主和地主的斗争。"③

四、《牛津公报》:第一张"新闻纸"

查理二世

1660年,"作为暴君、叛徒、杀人犯及国家的敌人"而被斩首的英王之子查理二世,在保王党人的拥戴下重新登上王位,由此开始的复辟时期一直延续到1688年的所谓"光荣革命"。在这场宫廷政变式的革命中,产生出一个革命势力与反动势力相互妥协的君主立宪制。恩格斯曾对英国历史上这段正反和的辩证过程作过这样的评论:"在这种过分的革命活动之后,必然接着到来一个不可避免的反动,这个反动又超出了它能继续下去的那个限度。经过多次动荡之后,新的重心重新确立了,并且成了新的出发点。"④

查理二世一上台便大肆反攻倒算,全面恢复专制统治。他

---

① [英]密尔顿:《论出版自由》,吴之椿译,15页,北京,商务印书馆,1958。
② [美]J.赫伯特·阿特休尔:《权力的媒介》,黄煜等译,14页,北京,华夏出版社,1989。
③ 《列宁全集》,第2版,第42卷,85页,北京,人民出版社,1987。
④ 《马克思恩格斯选集》,第3卷,392页,北京,人民出版社,1972。

对革命党人实施血腥的屠杀和疯狂的报复,弥尔顿等一大批革命年代的风云人物纷纷遭到监禁与迫害,非凡的革命领袖克伦威尔的尸首,甚至被残忍地从坟墓中掘出,受到鞭尸的惩罚后,又被枭首示众。在腥风血雨的白色恐怖下,人人自危,万马齐喑,与革命年代"忽如一夜春风来,千树万树梨花开"的繁盛局面相比,新闻事业陷入一片死寂。王政复辟不到一个月,国会便颁布新的禁令,规定任何人未经许可和授权,不得印行任何报道国会消息的出版物。于是,许多此类报刊就不得不停刊。1662年,国会通过法令,重新恢复专制时代盛行的许可证制度,对新闻事业的管制更趋严厉。这一系列倒行逆施,一度扼杀了英国的报业,使得人们不得不再度采用已被淘汰的传播手段,如新闻信——"古老的手抄新闻信札一度曾是唯一的自由传递消息的方法"(埃默里父子)。

不过,复辟时期有一项发展,在新闻事业的演进过程中却具有重大的影响和意义,这就是第一张真正的报纸《牛津公报》的创刊。所谓真正的报纸,就是现代型的报纸。一般认为,现代型的报纸应该具备下列条件:至少每星期出版一次;机械手段生产(有别于手写的新闻信等);不论什么人,只要付钱即能得到;刊登公众所感兴趣的事情(有别于专业的出版物);对普通文化水平的读者有吸引力;具有稳定性,等等。① 另外,还有一点就是版式上是"纸"而不是"册"(有别于书刊)。以此衡量,历史上第一份符合或基本符合这些条件的报纸,就是《牛津公报》。

《牛津公报》

---

① [美]埃默里等:《美国新闻史》,苏金琥等译,5页,北京,新华出版社,1982。

1665年，伦敦爆发鼠疫，宫廷仓皇迁往牛津。牛津地处偏僻，消息闭塞，于是政府便决定创办一份官方报纸，这就是《牛津公报》(Oxford Gazette)——出版到24期，又随宫廷迁回伦敦，改名《伦敦公报》(London Gazette)，至今仍在发行。在新闻事业史上，《牛津公报》是一块鲜明的里程碑。因为，在它之前的所谓报纸，实际上都还是装订成册的书本形状，故有新闻书(newsbook)或小册子(pamphlet)之称。而《牛津公报》则是单张散页形式，头版上方有报头，每版分为两栏(这种版式直到19世纪初廉价报纸兴起前，始终被当作典范)，外观同今天报纸相比已经没有什么根本差异。总之，《牛津公报》是历史上第一张名副其实的"新闻纸"(newspaper)，也就是报纸。它的创刊标志着报纸开始脱离书刊家族，从此将不再是报道新闻的"书"或"刊"，而成为一种从内容到形式都迥异于书刊的出版物。它将以迅捷灵便的优势而日渐专注于以时效为生命、以真实为灵魂的新闻，同时人们也日渐摆脱以往那种读报如读书的心态即真假虚实均无不可，而培养起一种全新的读报心态即求真求实不容掺假。

英国资产阶级革命是世界近代史上第一个意义重大的事件，它用血与火为新时代、新文明剪了彩。革命年代蓬勃兴旺的报刊活动，更成为新闻事业史上的第一次"狂飙突进"(《牛津公报》实为大浪之后的余波)，不仅把英国的新闻事业推进一大步，也为别国的新闻事业树立了样板，注入了生机。斯蒂芬·茨威格在论及英国时曾写道，"几个世纪以来世界是沿着这个国家的轨道向前运转，如果不了解这个国家，怎么能够理解我们这个世界和通过它的各种人员评价这个世界呢？"事实正是如此，对新闻事业而言就更是如此。不了解发生在英国的这场"狂飙突进"，就不可能把握现代新闻事业的来龙去脉。别的且不说，仅从这支作为整个资产阶级革命年代战斗报业的序曲中，不是可以清楚地听到激荡在北美独立战争和法国大革命岁月里那振聋发聩辉煌壮丽的主题音响吗？

在新闻事业五百余年的发展里程上，17世纪是个继往开来、承前启后的重要时期。15世纪中叶金属活字印刷法在德国问世之际，新闻事业即开始孕育，后来历经一百多年的风风雨雨，到17世纪终于破土而出，长出嫩芽。尽管这株幼芽起初还貌不惊人，弱不禁风，但此后那株枝繁叶茂的参天大树却由此生成。换言之，17世纪之前新闻事业犹如胎儿，到17世纪它从母体中呱呱坠地，此后便栉风沐雨，发育成长，如今终于长成一个虎虎有生气的健儿。所以，在现代新闻事业的历史沿革中，17世纪可谓一个开启鸿蒙的"创世纪"。

<h2 style="text-align:center">建议参考资料</h2>

1. ［美］斯塔夫里阿诺斯：《全球通史——1500年以后的世界》，上海，上海社会科学院出版社，1992。
2. ［美］J.赫伯特·阿特休尔：《权力的媒介》，北京，华夏出版社，1989。

3. *The New Encyclopaedia Britannica*,15th EDITION,1986,Volume 26,"*Publishing*",pp.457～492.
4. [法]F.基佐:《一六四〇年英国革命史》,北京,商务印书馆,1985。
5. [英]密尔顿:《论出版自由》,北京,商务印书馆,1958。

本章思考题目

1. 古登堡的发明具有什么意义?
2. 定期报刊出现于何时?怎么看待它的出现?
3. "科兰特"是什么意思?"新闻书"是怎么回事?
4. 雷诺多特为什么被称为"法国报业之父"?
5. 英国大革命时期的报业有哪些重大发展?
6. 弥尔顿及其《论出版自由》的历史地位怎么评价?

第三章 18世纪：革命烽火与新闻传播

第一节 英国的日报与杂志

一、《每日新闻》(1702)
二、杂志的勃兴
　1. 笛福的《评论》(1704)
　2. 斯威夫特的《检查者》(1710)
　3.《闲谈者》(1709)与《旁观者》(1711)
　4.《绅士杂志》(1731)
三、管制报业的新措施
　1. 印花税(Stamp Tax)
　2. 津贴制(bribery)
　3. 法律制裁(prosecution)

第二节 美国报业：起源与发展

一、殖民地时期的报业(1690—1765)
　1.《海内外公共事件报》(1690)
　2.《波士顿新闻信》(1704)
　3. 詹姆斯·富兰克林(James Franklin)和本杰明·富兰克林(Benjamin Franklin)
　4. 曾格案件
二、独立战争时期的报业(1765—1783)
　1. 印花税风潮
　2. 保皇派的喉舌——《保皇公报》(1773)
　3. 爱国派的报刊与报人
　4. "独立战争的笔"——托马斯·潘恩(Thomas Paine)

第三节 法国大革命年代的报业(1789—1794)

一、基本情况
　1. 革命前
　2. 革命后
二、马拉及其《人民之友报》(1789)
三、《人权宣言》第十一条

第四节 18世纪的"高级报纸"

一、高级报纸与大众报纸
二、《贝林时报》(1749)
三、《新苏黎世报》(1780)

建议参考资料

本章思考题目

一般说来,18世纪是个高张理性的启蒙时代。以卢梭、狄德罗、伏尔泰、孟德斯鸠等为代表的一批"哲人"①,成为这个时代的象征。顾名思义,启蒙就是将人从蒙昧状态中唤醒。实际上,启蒙的宗旨在于为整个世界"祛魅",即剥去以往神秘、幻想及迷信的种种面纱,以使一切事物都服从一加一等于二的科学规律或人类理性。美国独立战争的启蒙思想家托马斯·潘恩,在其名作《理性时代》(*Age of Reason*)里写道:"所有的教堂,不论是犹太教、基督教或土耳其教,在我看来都只不过是人的发明,是为了吓唬和奴役人类、垄断权利和利益而建立的。"②对于启蒙与理性的利弊得失,斯塔夫里阿诺斯做了简明通透的阐释:

卢 梭

17世纪英国发生大变动以后,欧洲政治革命的第二阶段是在1789年法国革命之前的一个世纪中出现的所谓的启蒙运动。启蒙运动一词源自以下事实:这一运动的领袖们认为他们生活在一个启蒙时代。他们将过去基本上看做是一个迷信和无知的时代,认为只是到了他们时代,人类才终于从黑暗进入阳光。因而,启蒙运动的一个基本特点是有了"进步"这种一直持续到20世纪的观念。……

这种不断的进步是如何保持住的呢?回答简单而又令人信服:通过利用人类的理性力量。这种对理性的信任是启蒙运动的另一个基本特点。实际上,两个关键的概念就是进步和理性。而这些概念的倡导者是通称为哲人的一批表达力很强的人。……

这些哲人受万有引力定律的影响很大,相信存在着不仅像牛顿所证实的那样控制物质世界、也控制人类社会的自然法则。按照这一设想,他们开始将理性应用于所有领域,以便发现种种有效的自然法则。他们使一切事物——所有的人、所有的制度、所有的传统——受到理性的检验。……更重要的是,他们发展起一系列革命的原则,打算通过这些原则实现大规模的社会改革。③

如果仅止于此,那么我们对18世纪的认识还不免片面。因为,就在高张理性、弘扬启蒙的同时,还有一股同样强劲的社会思潮冲扬激荡,对历史与文明产生巨大的影响,这就是标举感性、推崇精神的浪漫主义:"从十八世纪后期到今天,艺术、文学和哲学,甚至于

---

① 法语中的"philosophe"一词,有时特指18世纪的法国"启蒙思想家",与英语里的"philosopher"(哲学家)涵义不尽相同。
② [美]尼尔·波兹曼:《娱乐至死》,章艳译,70页,桂林,广西师范大学出版社,2004。
③ [美]斯塔夫里阿诺斯:《全球通史——1500年以后的世界》,吴象婴等译,331~332页,上海,上海社会科学院出版社,1992。

政治,都受到了广义上所谓的浪漫主义运动特有的一种情感方式积极的或消极的影响。"①浪漫主义在思想上的代表人物是法国哲人卢梭,在精神上的代表人物是贝多芬——特别是"英雄"、"命运"、"田园"、"合唱"等交响乐,简直就是浪漫主义的典型写照。浪漫主义总是同轰轰烈烈的革命运动相通的,法国大革命的许多领袖差不多都是浪漫主义的信徒,如"罗兰夫人和丹敦(又译丹东——引者注)是浪漫主义者,死时伴随有华美的辞句"②——"自由啊,多少罪恶假汝之名以行!"(罗兰夫人)罗素甚至将浪漫主义的特征,归结为"用审美的标准代替功利的标准"。③他说:

> 浪漫主义运动在艺术上、在文学上以及在政治上,都是和这种对人采取主观主义的判断方式相联系着的,亦即不把人作为集体的一个成员而是作为一种美感上的愉悦的观照对象。猛虎比绵羊更美丽,但是我们宁愿把它关在笼子里。典型的浪漫派却要把笼子打开来,欣赏猛虎消灭绵羊时那幕壮丽的纵身一跳。④

表面看,启蒙运动与浪漫主义似乎完全相反,一个仿佛工于算计的商人,一事当前总是讲究理性,而另一个好似激情澎湃的诗人,一事当前总是推崇感性。然而,实际上,二者相反相成地共同构成统一的现代精神或现代性,借用《孙子兵法》的术语,前者为"正",后者为"奇"——"奇正之变,不可胜穷也"(《孙子兵法·卷五》)。具体说,理性与感性其实都将人的"个性"置于首位,相信人的智力、能力、才力能够驾驭一切,包括自然、社会与个体。从启蒙运动以来,世界历史的总体趋势就源于一种人为的设计意识,即按照个人认为是"真、善、美"的计划或蓝图,对社会的方方面面进行规划和构想,然后付诸实施。斯塔夫里阿诺斯所说的近代三大革命——"科学革命、工业革命和政治革命",归根结底都可追溯到这一人为设计的历史观,一种迥异于既往文明的历史观。

从这个角度看,就不难理解西方18世纪以后越来越频繁的各种革命,其中社会革命自然尤其引人注目,如北美的独立战争和法国的大革命。而在这样一个观念变迁、天地鼎革的时代,新兴的新闻事业也越来越显示出巨大的传播能量,越来越发挥着突出的舆论功能。事实上,18世纪西方报业的崛起既可以说是启蒙的需要,又可以说是启蒙的成果。⑤美国传播学者施拉姆在其《传播学概论》中就写道:

> 书籍和报刊同18世纪欧洲启蒙运动是联系在一起的。报纸和政治小册子参与

---

① [英]罗素:《西方哲学史》下卷,马元德译,213页,北京,商务印书馆,1976。
② [英]罗素:《西方哲学史》下卷,马元德译,215页,北京,商务印书馆,1976。
③ [英]罗素:《西方哲学史》下卷,马元德译,216页,北京,商务印书馆,1976。
④ [英]罗素:《西方哲学史》上卷,何兆武、李约瑟译,21~22页,北京,商务印书馆,1963。
⑤ 参见项翔的博士论文《近代西欧印刷媒介研究——从古腾堡到启蒙运动》,第六章"17世纪和启蒙运动时期的印刷媒介",上海,华东师范大学出版社,2001。

了17世纪和18世纪所有的政治运动和人民革命。正当人们越来越渴求知识的时候,教科书使得举办大规模的公共教育成为可能。正当人们对权利分配普遍感到不满的时候,先是报纸,后来是电子媒介使普通平民有可能了解政治和参与政府。①

于是,假如说新闻事业在17世纪尚处于"草色遥看近却无"的萌芽状态,那么18世纪以后,新闻事业就已是一派"接天莲叶无穷碧"的欣荣景象了。以美国为例,"在1730年之前,有7种报纸定期在4个殖民地出版,1800年前,报纸的数目上升到180种"。②

第一节　英国的日报与杂志

对英国新闻事业的发展而言,18世纪的第一个里程碑是日报的出现。这里只着重介绍一份日报,即英国的第一张日报《每日新闻》。

《每日新闻》

一、《每日新闻》(1702)

英国清教徒革命的复辟时期,英国议会曾于1662年制定一项约束新闻事业的《许可证法》(Licensing Act),即所谓《印刷管理法》(Regulation of Printing Act)。这项法令几经反复,终于在"光荣革命"后的1694年终止,从而解除了新闻事业的一大桎梏。此后一段时期,英国报业重又焕发革命年代的勃勃生机。一时间,创办报纸、编辑期刊蔚然成风。另外,作为所谓"公共领域"(哈贝马斯)两大场所之一的咖啡馆(另外一大场所是沙龙),也在这个时期兴盛起来。18世纪初,仅伦敦就有2 000家咖啡馆。③ 这些场所成为当时各种社会信息的主要集散地,而它们的顾客也自然成为早期报刊的主要读者。如17世纪80年代后期开张的"劳埃德"咖啡馆,就是一个从事海外商贸活动者聚集的地方,创刊于1696年的《劳埃德新闻》(Lloyd's News),主要刊登各种海事船舶信息。后来,随着大英帝国海外扩张,"劳埃德"逐渐发展成一个国际性的船舶保险公司。与此相

---

① [美]施拉姆等:《传播学概论》,周立方等译,18页,北京,新华出版社,1985。
② [美]尼尔·波兹曼:《娱乐至死》,章艳译,47页,桂林,广西师范大学出版社,2004。
③ [日]佐藤卓己:《现代传媒史》,诸葛蔚东译,26页,北京,北京大学出版社,2004。

似,同时期创刊的《每日新闻》(*The Daily Courant*),也是以咖啡馆顾客为读者对象的。①

《每日新闻》是英国的第一张日报,1702年在伦敦创刊。这里的"Courant"一词,就是前面讲过的最早英文报刊的通称"科兰特",故《每日新闻》又译《每日科兰特》。"像当时发行的其他许多报纸一样,创办初期,《每日新闻》只有一页纸,而且只印一面。"②除此之外,其报道也都译自国外报刊,没有本国消息,在它的创刊号上已写明:

  本报创办的目的,在于迅速、正确而公正地报道国外新闻,不加评论。而且相信读者的智慧,对刊登消息的确切含义,一定会有正确判断。

《每日新闻》的创办人是E.马利特(E. Mallet),但使《每日新闻》崭露头角的是塞缪尔·巴克利(Samuel Buckley)。巴克利从马利特手中接办《每日新闻》后,对报道内容和版面形式均作出重大改进,如将原来的单面印刷改为双面印刷,并用地图、表格、数据以使报道内容更加明确易懂等,《每日新闻》的面貌由此焕然一新。为此,巴克利与"英国报业之父"笛福,便成为当时英国报坛上两颗耀眼的彗星。

二、杂志的勃兴

除了日报,18世纪初英国的杂志也获得迅猛发展,其规模及影响远远超过报纸,不妨说这一时期英国报业的主流是杂志。据英国财政部1711年的统计,当时英国杂志的每周销量为44 000份,全年则达2 250 000份,差不多平均每十人一份杂志。下面就介绍几份当时较有影响的杂志及其编辑。

1. 笛福的《评论》(1704)

笛福是英国著名的小说家,他的代表作《鲁滨孙漂流记》(1719),是世界上第一部报刊连载小说,几百年来深受各国读者的喜爱,被德国一位评论家誉为一部"世界性的书"。所以,在今天人们的心目中,笛福是位杰出的小说家。但在当时人们眼里,笛福主要是位政治家和报人,他甚至被称为"英国报业之父"——由此可见他在新闻事业方面的地位和贡献。

笛福早年曾在欧洲经商,后来经商失败,负债累累,不得不用各种方式谋生,比如他为英国政府当过间谍,有关英国谍报史的著作还论及于此。1703年,笛福发表了一本反对宗教迫害的小册子,结果受到惩罚,锒铛入狱,还被戴枷示众三天。戴枷示众是当时常用的一种刑罚,有点类似我国的游街示众、游乡示众等。戴枷示众时,犯人带上木枷,被置于

---

① [日]佐藤卓己:《现代传媒史》,诸葛蔚东译,26页,北京,北京大学出版社,2004。
② [法]彼·阿贝等:《世界新闻简史》,许崇山等译,15页,北京,中国新闻出版社,1985。

公共场所丢人现眼,过往之人,可以恣意羞辱,如朝脸上、身上吐唾沫、扔瓜果皮屑等。所以,这种刑罚对人的伤害主要不在肉体,而在心灵,"士可杀而不可侮"嘛。不过,笛福戴枷示众三天,非但没有遭到羞辱,相反人们纷纷向他献花、祝酒,还当街出售他的诗作,一时间他仿佛成了一位英雄。这是为什么呢?因为笛福反对宗教迫害的小册子,表达的正是当时大多数人的共同心愿。

1688年"光荣革命"后,英国政界逐步形成两大对立党派,即托利党(Tory)和辉格党(Whig)。简单点说,托利党倾向保守,代表高级教士和土地贵族的利益;而辉格党偏向激进,代表资产阶级和资产阶级化的贵族利益。直到今天,一些西方国家,还常用托利指代保守派政党,而用辉格指代自由派政党。笛福在政治上属于辉格党,由于辉格党的帮助才得到释放。出狱后,笛福便为辉格党创办了一份杂志,这就是名噪一时的《评论》(Review)。所以,《评论》可以看作是辉格党的喉舌。另外,从1704年《评论》创刊到1714年停刊,笛福每年都从辉格党那里接受400镑的津贴。

《评论》上的文章如其刊名所示,全是各种各样的评论。因此,严格说来,笛福应该算是英国的"评论之父"、"杂志之父"。另外,由于《评论》以及笛福文章的影响,现在西方报章杂志还常用"Review"一词标示评论栏目。

2. 斯威夫特的《检查者》(1710)

提到斯威夫特,人们可能比较陌生,但一说"大人国"、"小人国"的故事,大概无人不知,无人不晓,这些故事就出自斯威夫特的小说《格列佛游记》(1726)。英国作家乔治·奥威尔(George Orwell)说过,如果人类的一切都将毁灭,而允许他列出六部可以保留的书籍,那么他将毫不迟疑地将《格列佛游记》列入其中。在英国文学史上,斯威夫特与笛福齐名,也是位杰出的小说家,同时也是著名的政论家。不过,论社会地位,两人迥然不同。当时社会分为三个等级:第一等级是神职人员,包括牧师、神父、主教、大主教等;第二等级才轮到国王和封建贵族;第三等级则包括新兴资产阶级和广大民众。斯威夫特曾获牛津大学的硕士学位,后来又得神学博士学位,并当上牧师。所以,从社会地位上看,他处在社会等级金字塔的上层,而身为商人的笛福则居于它的底部。

上面提到英国当时的两大对立党派——托利党和辉格党。笛福倾向于自由的辉格党,斯威夫特依附于保守的托利党。托利党代表土地贵族的利益,而辉格党代表工商业资产者的利益。当时两党经常论战,互相攻击。他们除了发表演说、出版宣传材料外,还利用报刊作为论战武器,于是这种报刊便被称为"政党报刊"(partisan press)。所谓政党报刊,就是受党派意见左右、为党派利益服务的报刊。西方国家大都经历过一段政党报刊时期,我国民国初年的报界也一度处于这种时期。政党报刊的主要特点是:鲜明的党派色彩,强烈的论战气味,呼朋引类,党同伐异,而客观真实的新闻报道几乎荡然无存。

英国的政党报刊时期拉开帷幕之际,辉格党的喉舌是笛福的《评论》,而托利党的阵地就是这份 1710 年创刊的《检查者》(Examiner)。斯威夫特就是这份杂志的第一任主编,直到 1714 年。

除了笛福与斯威夫特这两位小说家,当时英国还有许多文学家也都从事过新闻工作。比如,被司各特称为"英国小说之父"的菲尔丁,第一部英文词典的编纂人约翰逊博士以及散文家艾迪生、斯梯尔等。尤其是艾迪生和斯梯尔,他们的文学成就与他们的新闻实践水乳交融,密不可分,他俩创办的两份文化生活杂志,不仅在英国开一代文风,而且远播海外,影响四方。下面就来介绍这两份杂志。

3.《闲谈者》(1709)与《旁观者》(1711)

笛福的《评论》与斯威夫特的《检查者》,都属于新闻时政类杂志,而《闲谈者》与《旁观者》,则属于文化生活类杂志。它们的发行人,是英国 18 世纪著名的散文家艾迪生(Joseph Addison)和斯梯尔(Richard Steele)。

他俩在文学史上往往相提并论,在新闻史上也可谓双峰并峙。巧的是,他们是同一年出生,同一年进入同一所中学,后来又一同在牛津大学求学。不过,斯梯尔沉浮官场,很不得志;而艾迪生则春风得意,历任高官。在文学史上,艾迪生的成就大于斯梯尔,他的文章至今仍是研习英美文学的范文,正如"意识流"文学先驱、英国作家和散文家维吉尼亚·伍尔夫,在其《艾迪生》一文中所称道的:"他那流畅、优美的散文,像潮水一般,那光滑的表面潜伏着小小的洄流、携带着小小的瀑布,具有千变万化之趣。"[①]而在新闻史上,斯梯尔的功绩则大于艾迪生,他具有现代报人的眼光,在新闻事业的处女地上,开垦出一片生机勃勃、清新宜人的绿洲。不过,在政治见解上,他俩都倾向于辉格党。

斯梯尔曾经被执政的辉格党任命为官报的主编,积累了一些新闻工作经验。当个人办报纸、编杂志蔚然成风时,他便在 1709 年创办了《闲谈者》(The Talker)。"这个刊物每周三期,内容分为社交娱乐、诗歌、学术、新闻、随感录五项,把时事、闲谈、随笔文章巧妙地糅合在一起,富有文学趣味,面向伦敦的中、上层市民。斯梯尔说明:'本报的目的在于揭穿生活中的骗术,扯下狡诈、虚荣和矫情的伪装,在我们的衣着、谈话和行为中提倡一种质朴无华的作风。'"[②]《闲谈者》发行到第 18 期时,艾迪生开始参与杂志的编辑与写作。由于艾迪生的文章别具一格,优美动人,所以人们争相传阅,成为俱乐部和咖啡馆里不可缺少的读物。比如,下面这段《伦敦的叫卖声》一文中的有趣文字:

我们伦敦的叫卖声还有一个大毛病,就是吆喝起来不顾时间,也不讲分寸。譬

---

① 刘炳善:《刘炳善译文集》Ⅲ,"书和画像",67 页,郑州,河南人民出版社,2002。
② [英]阿狄生等著:《伦敦的叫卖声》,刘炳善译,2 页,北京,三联书店,1997。

如说，新闻自应以快速公布为是，因为这种商品是经不起久放的。但是，卖报的时候也不必那样风是风火是火，跟闹了火灾似的。然而，这却是通常现象。一眨眼工夫，一场血战的消息就从伦敦这一头吆喝到那一头，弄得全城哄动。法国人有一点点动向（历史上，英法两国经常开战——引者注），总是急匆匆登出来，让人觉得好像已经兵临城下似的。此种弊端，本人自当负责予以纠正。在卖报声中，对于胜利消息、行军消息、野营消息，以及荷兰、葡萄牙和西班牙各国邮件中所传来的消息，务必有所区别。①

《闲谈者》因政治原因于1711年停刊。停刊两个月后，他俩又合办了《旁观者》(The Spectator)。这份杂志每天出刊，每期一篇文章，从1711年3月1日创刊，到1712年12月6日停刊，一共是五百余期。其中，艾迪生和斯梯尔各写了二百余篇文章，其他作者写了一小部分。英国文学专家刘炳善先生认为："《旁观者报》比《闲话报》办得更精彩。刊物号称是由一位'旁观者先生'和他的俱乐部主办的。第一期（艾迪生执笔）登出旁观者的自我介绍……第二期（斯梯尔执笔）介绍了'旁观者俱乐部'的六位成员，其中包括一个爱好戏剧的见习律师、一个牧师、一个军人、一个城市交际场老手，另有一个老乡绅罗杰·德·考福来爵士——代表旧贵族，还有一个伦敦富商——代表新兴的资产者。……它那五六百篇文章中，有很大篇幅是描写旁观者俱乐部这六七个成员的日常活动，从伦敦各界写到乡绅田庄，形成了一组以考福来爵士为中心的人物特写、散记，反映出当时英国上层社会各种代表人物的生活、思想、风貌。"②比如，斯梯尔笔下的这位令人捧腹的花花公子：

> 为了不让别人把我们这些人看成是一批对于当代声色之乐、风流韵事一窍不通的冬烘怪物，我们团体里吸收了一位时髦绅士威尔·亨尼康。这位先生按岁数说也该算垂垂老矣，但他身体保养得好，家道也还富裕，所以年岁对他影响甚微，额头上皱纹不多，脑子也还清楚。他长得高高大大，一表人才。凡是男人们为了讨女人欢心而常说的那一套甜言蜜语，他嘴巴上说得极熟。他一辈子衣冠楚楚，对于种种时装记得最清，正如别人专记熟人名字一样……一言以蔽之，他口之所言、平生所学都不离闺闱之事。别人到了他这把年纪，来找你谈话，说的都是某某大臣在某某场合发表了什么高见；而他一开口，说的却是某年蒙马斯公爵（查理二世的私生子——引者注）在宫中跳舞，某女士为之一见钟情，等等。他一边谈诸如此类的要闻，在座的某位著名美人儿，即现今某贵族阁下的妈妈，往往要向他投一个温柔的飞眼，或者拿扇子头敲他一下。如果你提到某位年轻下议员在议院发表了什么精彩演说，他就会

---

① ［英］阿狄生等著：《伦敦的叫卖声》，刘炳善译，26～27页，北京，三联书店，1997。
② ［英］阿狄生等著：《伦敦的叫卖声》，刘炳善译，3～4页，北京，三联书店，1997。

惊叫起来:"那可是个好种,汤姆·米拉博下的崽子嘛!那个坏蛋把我骗得好苦。哼,小家伙的妈妈也厉害,把我折腾得连个狗都不如——我追过的女人谁也不敢那样!"①

在《旁观者》第10期上,艾迪生以风雅、轻松、诙谐的笔调申述了《旁观者》的宗旨,其中有段话写道:"有人说,苏格拉底把哲学从天上带到了人间。我不自量力,愿意让人说我把哲学从私室、书库、课堂、学府带进了俱乐部、会议厅、茶桌、咖啡馆之中。"②为此,他们以一篇篇机智、幽默而隽永的文字,谈天说地,纵论古今,把世间万象用和风细雨的方式娓娓道出,就像邓拓的《燕山夜话》一样。其中,不仅涉及世态时尚、道德修养、文学评论、欣赏趣味等内容,具有一定的启蒙意义,而且营造了一个哈贝马斯所说的"公共领域",在当时产生了比较广泛的影响。仅仅是其常年订户一般都在3 000余③,最高时曾经达到20 000。④ 关于《旁观者》风格及影响,美国的开国元勋本杰明·富兰克林在其有名的自传中,也有一段记述:

> 我自小特别喜欢看书,……这种爱书嗜好终于使父亲让我当名印刷工,……当时我还只有12岁。……大约此时,我偶尔发现一卷残缺不全的《旁观者》报,……我把它买来,读了一遍又一遍,真是趣味盎然。我认为文章写得十分精彩,如有可能,真想模仿一下。有了这种念头,我就挑出几篇文章,逐句写出大意,暂时搁置一边。几天之后,不看原作,只按摘句大意,充分展开,使用心中想到的合适词语,尽可能充分表达原意,重新完成这篇文章。然后,我就把自己写的"旁观者"同原作加以比较,从中发现不足,加以改正。……拿我的文章同原著比较,我发现了种种毛病,作了改正。但有时我也颇为自得地感到,在一些不关紧要的细节上,我能偶尔胜过原作的词序和语言,这对我不啻是种激励,使我感到,有朝一日我可能成为一个差强人意的英语作家。(《本杰明·富兰克林自传》,河北人民出版社,1985)

后来富兰克林果然成为一名绝非"差强人意"的英语作家,而他在文学上的启蒙老师就是艾迪生和斯梯尔及其《旁观者》杂志。由于《旁观者》具有如此广泛的影响,所以它的发行量创下当时最高纪录,一度曾达到两万份。要知道,当时报刊的发行量往往在千份以内。另外,他们这种随笔文体及其风格,也对日后的报刊文章与现代文学起了示范作用。比如,我国20世纪三四十年代,以林语堂、梁实秋、周作人等为代表的一批闲适文人身上,就不无艾迪生和斯梯尔的影子。

以上杂志都是一期一文,一文一题,跟戊戌变法时期梁启超的《时务报》相似,所以又称

---

① [英]阿狄生等著:《伦敦的叫卖声》,刘炳善译,16~17页,北京,三联书店,1997。
② [英]阿狄生等著:《伦敦的叫卖声》,刘炳善译,20页,北京,三联书店,1997。
③ *The New Encyclopedia Britannica*,15th EDITION,1986,Volume 26,p.474.
④ [法]彼·阿尔贝等:《世界新闻简史》,许崇山等译,16页,北京,中国新闻出版社,1985。

"文章期刊"(essay periodicals)。另外,上述杂志寿命很短,其中最长的《评论》不足十年,最短的《闲谈者》才三年。下面我们介绍一份出版时间较长的综合性杂志——《绅士杂志》。

4.《绅士杂志》(1731)

《绅士杂志》(The Gentleman's Magazine)创刊于1731年,一直发行到第一次世界大战爆发的1914年,历时约两个世纪。它是英国第一份综合性杂志,"杂志"(magazine)一词泛指期刊,就是由于此刊的名望所致。"这是一份月刊,每期四十二页,内容广泛,从文学到政治无所不及。"①

《绅士杂志》

《绅士杂志》的创办人,是印刷商爱德华·凯夫(Edward Cave)。当时国会开会时禁止外人进出,更不准透露会议情况。凯夫为了搞到国会新闻,便同门卫套近乎,拉关系。国会开会时,他悄悄溜进会议厅,坐在一旁偷听。回来后,他先把会议议题、辩论要点等告诉记者,再由记者加工修改,写成报道,然后在《绅士杂志》上发表。在当时禁止透露国会议程的情况下,这些有关国会的报道自然成为独家新闻,受到读者关注,《绅士杂志》由此声名大振。

在《绅士杂志》的记者和撰稿人中,有一位名叫塞缪尔·约翰逊的,他常被称为约翰逊博士(Dr. Johnson)。约翰逊博士和笛福、斯威夫特、艾迪生、斯梯尔一样,都是18世纪英国著名作家。英国19世纪思想家托马斯·卡莱尔,称他是"全英格兰最伟大的灵魂"。约翰逊博士是位奇才,也是位怪人。他28岁时与一位比他大20岁的发福夫人结婚,让家人和朋友大吃一惊。而他认为那位夫人美丽非凡,并深深为她所倾倒。据说,他不喜欢伦敦

---

① [法]彼·阿尔贝等:《世界新闻简史》,许崇山等译,15页,北京,中国新闻出版社,1985。

的几条街道,甚至不惜为此多走几里路,绕道回家。沿街步行时,每过一根灯柱,他都要摸一下。如果错过了哪一根,即使走远了,也要回来再摸一遍,这样才感到舒服。约翰逊博士最杰出的贡献,是编纂了第一部英文字典。这部字典对现代英语的规范化起了重要作用。他从1738年开始,为《绅士杂志》撰稿。这些稿子加上他为其他报刊撰写的文章,共计三百余篇。《绅士杂志》所获得的令誉,与他的这些文章不无关系。

三、管制报业的新措施

同封建专制王朝相似,英国资产阶级革命后的王国政府,也主要采用三种手段来制约报业,即印花税、津贴制和法律制裁。

1. 印花税(Stamp Tax)

1712年,英国议会通过第一个《印花税法》(Stamp Act),开始征收印花税,征税对象主要是报刊和纸张。由于纳税的报刊和纸张都贴一枚印花,就像付过邮资的信封贴有邮票一样,故有印花税之称。在历史上,印花税还被讥为"知识税"(Tax on Knowledge)。"知识税包括印花税、广告税、纸张税,以及后来增加的报纸副刊税等等。政府通过不断完善这种税收政策,既增加了财政收入,又达到了控制报刊的目的。"①对报业来说,印花税不啻为一项沉重的负担,许多报刊承受不起,不得不停刊关门。据统计,印花税法案实施不到半年,英国的报刊总数锐减一半,其中包括著名的《旁观者》、《观察者》等。艾迪生曾在《旁观者》上写道:"印花税实行的日子,就是作家发表作品的末日了。"

印花税从1712年开征,以后又几经调整、提高税率,直到19世纪中叶才渐渐废除("1853年广告税被废除,1855年印花税被废除,1861年最后一项知识税、纸张税被废除"②),历时将近一个半世纪。这期间,英国的报业犹如小脚女人蹒跚而行,直到印花税废除后,才开始大踏步地前进。因此,可以说印花税是继许可证制之后,束缚英国新闻事业的最大桎梏。

2. 津贴制(bribery)

如果说印花税直接妨碍了报业的成长,那么津贴制则间接限制了报业的发展。所谓津贴制,就是由政府或政党出资,补贴某些报刊与报人。俗话说,"吃人家的嘴软,拿人家的手短",既然拿了人家的银子,还能不替人家说话吗?前面曾提到,笛福每年都领取400镑的津贴,而艾迪生和斯梯尔每人每年也都领取300镑的津贴。此外,斯威夫特、约翰逊

---

① 陈力丹:《世界新闻传播史》,32页,上海,上海交通大学出版社,2002。
② 陈力丹:《世界新闻传播史》,32页,上海,上海交通大学出版社,2002。

博士等也不同程度地接受政府津贴,撰写支持官方立场的文章。

需要说明的是,印花税和津贴制这两种管制报业的新措施,并不仅见于英国,西方其他国家也都推行过类似的措施。

3. 法律制裁(prosecution)

这种手段与封建专制王朝的惩处制并无本质区别,尽管像"星法院"那类恐怖机构已不复存在。恩格斯就曾指出:"诽谤法、叛国法和渎神法,都沉重地压在出版事业身上……英国的出版自由一百年来苟延残喘,完全靠政府当局的恩典。"

总之,英国报业在一系列新的层层禁锢中,种数少、报价高、销量低。

第二节　美国报业:起源与发展

美国作为一个主权国家,是在18世纪的独立战争中诞生的。在此之前,美国只是13块互不相属的英国殖民地。众所周知,美国的国旗星条旗上,有50颗星和13条杠,其中的50颗星代表现在的50个州,而13条杠就代表独立前的13块殖民地。这一节将分两部分,分别介绍北美殖民地时期和独立战争时期的新闻事业。

一、殖民地时期的报业(1690—1765)

1638年,即德国的约翰·古登堡发明金属活字印刷法之后约两个世纪,美国的第一部印刷机出现于哈佛大学(当时叫哈佛学院)。此后,北美的印刷业逐渐普及。不过,最早的印刷品多为宗教典籍和识字课本。

美国版图的东北角,有块地区叫"新英格兰"(New England)。这个地区是美利坚合众国的摇篮,也是孕育美国文明的温床,正像黄河流域之于中华文明。新英格兰地区同古代黄河流域一样,气候条件与自然环境都比较恶劣,而正是这种恶劣环境,反倒激发了人们的生命力与创造力,从而创造了光耀一时的大河文明和当今席卷全球的美国文明。这是"当代最伟大的历史学家"汤因比的所谓"挑战—应战理论"——"挑战愈强,刺激就愈大"。① 也就是说,在文明的起源中,挑战与应战的交互作用,乃是超乎其他因素的关键所在。在汤因比看来,第一代文明大都起源于对自然环境的挑战所进行的成功应战。考察世界历史上许多文明及其起源,都可以用汤因比的这一理论进行解释。比如,玛雅文明起源于热带森林的挑战;安第斯文明起源于荒凉高原的挑战;米诺斯文明起源于海洋的挑

---

① [英]汤因比:《历史研究》上,曹未风等译,174页,上海,上海人民出版社,1966。

战;古代印度文明起源于恒河流域潮湿的热带森林的挑战,等等。再如:

> 如果我们再研究一下黄河下游的古代中国文明的起源,我们发现人类在这里所要应付的自然环境的挑战要比两河流域和尼罗河的挑战严重得多。人们把它变成古代中国文明摇篮地方的这一片原野,除了有沼泽、丛林和洪水的灾难之外,还有更大得多的气候上的灾难,它不断地在夏季的酷热和冬季的严寒之间变换。古代中国文明的祖先们,从种族上看来,好像同南方和西南方广大地区上的居民——从黄河到雅鲁藏布江之间,从西藏高原到东海和南海——没有什么差别。如果说在这样一片广大的人群当中,有一部分人创造了文明,而其余人却在文化上毫无所有,我想这个理由也许是他们虽然全有潜伏的创造才能,可是由于某些人遇到了一种挑战,而其余人等却没有遇到的缘故。①

按照汤因比的这个理论,新英格兰地区恶劣的自然环境和气候条件,也为早期移民提供了一个绝好的应战机会。正如汤因比在其巨著《历史研究》中所写道的:

> 北美洲的所有殖民者都遇到了极严重的自然环境方面的挑战。……然而,把一切都考虑在内——土壤、气候、运输条件和其他——还是不能否认新英格兰人原来居住的地方是最困难的。这样,北美洲的历史就证明这样一种说法:困难愈大,刺激就愈大。②

而正是通过这种挑战与应战的交互作用,美国文明即所谓工商文明,在新英格兰地区孕育生成,逐渐发展,并最终席卷美洲大陆以及全世界。与此同时,一个独立自主、精明果敢的工商阶层,也崛起于新英格兰地区。他们比其他阶层与人群更渴望报纸和新闻,因为他们通过报纸和新闻一方面借以沟通各种信息,一方面借以刊登工商广告。因此,早期美国的报纸常常冠以"广告报"(Advertiser)的名称,而且多在工商业的中心出版。总之,北美新闻事业的催化剂是资本主义工商业。

1.《海内外公共事件报》(1690)

《海内外公共事件报》(*Public Occurrences, Both Foreign and Domestic*),是美国最早的一份印刷报纸,1690年9月25日创刊于波士顿。波士顿位于新英格兰地区,是北美殖民地时期最大的工商城市和文化中心,至今仍被誉为"美国的雅典",著名的哈佛大学、麻省理工学院等都在这里。美国作家马克·吐温打过一个有趣的比喻:在波士顿,人们问你懂多少;在纽约,人们问你挣多少;在华盛顿,人们问你父母亲是什么人。也就是说波

---

① [英]汤因比:《历史研究》上,曹未风等译,92~93页,上海,上海人民出版社,1966。
② [英]汤因比:《历史研究》上,曹未风等译,122页,上海,上海人民出版社,1966。

士顿是个文化城,纽约是个商业城,而华盛顿则是官府衙门所在地。美国的第一份印刷报纸《海内外公共事件报》,就诞生在这一历史文化名城,当时这里有近7 000人。

这份报纸共有四版,但只印三版,第四版空白,为的是让读者在传阅中,把自己知道的独家新闻写在上面。该报的创办人本杰明·哈里斯(Benjamin Harris),原是伦敦的书商和出版商,生性傲慢,处世卤莽,1679年因触犯官府,被捕入狱,坐了两年牢。1686年为了躲避官府搜逮,他又携全家逃到北美殖民地,在波士顿开办了一家兼营书籍的咖啡馆。不久,他便创办了北美的第一张印刷报纸《海内外公共事件报》。埃默里父子在其《美国新闻史》一书里,曾这样评价哈里斯及其报纸:

> 它不但看上去像一份报纸,读起来像一份报纸,而且也是把它当作一份长期的新闻刊物办的。哈里斯是他那个时代的一位能干的记者。他的写作风格是简明扼要——就是现代编辑所说的"有力"。……例如,在第一版外侧一栏的下方有这样一段:
>
> "天花以罕见之规模在波士顿猖獗一时后,目前势头已大为减弱。据悉,此次染疾者比起十二年前该魔以同样方式造访此地时人数大增,然而这回袭击却不如前番那样致命,约三百二十人死亡,不及上回此天祸降临时的半数……"①

可惜,该报的创刊号也就是它的停刊号,它仅出版一期就寿终正寝了。为什么呢?因为,当时英国殖民当局对北美殖民地的印刷出版业实行比本土更严格的管制,其中就规定任何人不经许可不得印行任何出版物。而《海内外公共事件报》事先没有获得出版许可,于是只出一期就立即被殖民地总督查封了。总督为此发布公告说:

> 查最近有人未向当局呈报,亦未得批准,擅自印刷并向国内外分发一种小册子,题名为《海内外公共事件报》,1690年9月25日星期四于波士顿,本总督与行政会检阅该项小册子后,发现其中有极其偏激的言论以及各种可疑与不妥的报道。本总督与行政会对于该刊甚为愤怒,宣告不被允许印行,兹令该刊停刊。并严禁今后任何人不先取得政府所指派的人员的批准,并得许可证而印刷任何印刷品。

这是美国第一份印刷报纸的短命历史。下面介绍美国第一份连续出版的报纸——《波士顿新闻信》。

2.《波士顿新闻信》(1704)

1704年创刊的《波士顿新闻信》(*Boston News-Letter*),是美国第一份连续出版的报纸——接下来的第二份是1719年创刊的《波士顿公报》(*The Boston Gazette*),第三份是

---

① [美]埃默里等:《美国新闻史》,苏金琥等译,31~32页,北京,新华出版社,1982。

同年创办于费城的《美洲信使周刊》(The American Weekly Mercury),第四份是后面即将介绍的《新英格兰报》(The New England Courant)。

《波士顿新闻信》的创办人,是波士顿邮政局长约翰·坎贝尔(John Campbell)。殖民地时期有不少报人都身兼邮政局长,因为他们可以利用职务之便投寄报刊。对此,B. 安德森在论述民族主义的名著《想象的共同体》里也做过专门论述:

《波士顿新闻信》

> 印刷品很早就流传新西班牙(New Spain),但在长达2个世纪的时间里,一直受到国王和教会的严密控制。到了17世纪末,只有墨西哥市和利马两地有印刷机,而他们所印行的几乎清一色是教会的出版物。在新教的北美洲,那时印刷术根本尚未出现。然而18世纪时,发生了一个实质的革命。在1691年到1820年间,总共有不下2 120种的"报纸"出版,而其中又有461种报纸的存续时间超过十年。……"等到印刷业者在18世纪中发现了一个新的财源——报纸——之后,印刷术才在北美真正发展起来。"印刷业者在启用新的印刷机时总会同时发行一份报纸,而事实上报纸往往是这些印刷机所生产的最主要甚至是唯一的产品。因此,印刷商兼记者(printer-journalist)最初基本上是北美洲一地的现象。由于印刷商兼记者所面临的主要问题是如何接触到读者,他们因此和邮局局长发展出一种非常密切的结盟关系,密切到了印刷商兼记者经常就变成了邮局局长,或者邮局局长变成了印刷商兼记者的地步。①

1700年,坎贝尔就任波士顿邮政局长后,曾向各殖民地供应手抄的新闻信。由于波士顿是殖民地时代最大的工商城市和文化中心,所以坎贝尔的新闻信受到各地读者的重视。后来随着订户逐渐增多,单靠手抄实在供不应求。于是1704年,坎贝尔便将他的新闻信印刷出版,这就是《波士顿新闻信》。其报名本身已表明,这是他1700年以来一直发行的新闻信的延续。

该报注明是"官方发行"(Published by Authority),所以可以看作一份官报或半官报,

---

① [美]本尼迪克特·安德森:《想象的共同体:民族主义的起源与散布》,吴叡人译,70页,上海,上海人民出版社,2003。

而它的发行人坎贝尔也是一位政府官员。有一回,该报由于资金周转不足陷入困境,幸得政府资助才免于倒闭。不过,该报内容枯燥乏味,公众对它兴趣不大,正如埃默里父子所说,它是一张不受官方检查而几乎无人阅读的报纸(《美国新闻史》)。因此,它的发行量一般不超过 300 份,也从未由此赚过钱。

《波士顿新闻信》的内容有三分之二是英国以及欧洲大陆的新闻,这些新闻远涉重洋到达美洲已时隔数月,加上《波士顿新闻信》的版面有限,结果许多新闻往往拖延几个月乃至一年才能见报。在今天看来,这些内容与其说是新闻,不如说是历史了。其实,在当时人们看来,新闻与历史也并无多大区别。现在人们都认为新闻理所当然是新近发生的事实,而在新闻事业的早期,人们只把新闻看作事实,至于事实是新近发生还是以前发生则无关紧要。这是因为当时社会生活节奏缓慢,人们头脑中并没有现代所强调的"时间即金钱"的观念。就连兵贵神速这一古老的战争法则在当时也遭到轻略,取而代之的是优哉游哉的用兵之道。比如,法国 16 世纪的那位庇隆元帅(即阿芒·德·龚多男爵,1524—1592年)在围攻鲁昂时,他的儿子献计说,两天之内即可破城,结果遭到庇隆的嘲笑:"怎么,难道你急于回家种菜吗?"

除了三分之二的海外新闻,其余的三分之一主要是本地消息,诸如船舶到达、官员任命、海盗抢劫、刑事诉讼、意外灾害等。例如:

  波士顿,四月十八日。西尔船长从牙买加抵达,行程约四周,说那里疾病仍很流行。
  纳撒尼尔·奥利弗先生,本地首屈一指之商人,四月十五日逝世,四月十八日安葬,享年五十三岁……①

在这些新闻中,还有一些属于道听途说的谣传。前面我们曾提到,在早期人们的观念中,报纸刊登道听途说、胡编乱造的玩意儿被视为理所当然,不足为怪。甚至这种真假混杂的余波,直到今天也并未完全平息。比如,美国三大报之一的《华盛顿邮报》上有一个闲话专栏,专门刊登未经证实的新闻,其实就是谣传,专栏的名称叫《道听途说》。1981 年,里根与卡特角逐白宫宝座获胜,当选下届总统,就职前暂时下榻在国宾馆"布莱尔宾馆"。这时,《华盛顿邮报》在《道听途说》专栏中发表了一则"正在流传"的谣传,说是卡特在里根住的宾馆里安装了窃听器,从而得知里根夫妇希望卡特一家尽早搬出白宫,以便使里根夫人能将白宫住房重新装饰。这则传闻一见报,立即在华盛顿引起轩然大波。卡特总统自然非常气愤,坚决要求《华盛顿邮报》赔礼道歉,否则将诉诸法律。最后,《华盛顿邮报》迫于压力,不得不在一期的头版上发表文章,向卡特赔罪。

除了一般的新闻,《波士顿新闻信》还第一次出现了付费广告。当时一共刊登的三个广告,无论话语内容还是话语形式,都与今天的报刊广告相去甚远。比如,下面这则广告

---

① [美]埃默里等:《美国新闻史》,苏金琥等译,35 页,北京,新华出版社,1982。

就与今天《纽约时报》上的房地产广告颇异其趣:

> 在纽约长岛的牡蛎湾,有一个很好的漂洗作坊,可供出租或出售。此处亦可作为农场,有一新造的砖石房屋,旁边有另一房子可作厨房和作坊,有粮仓、马厩、果园和20亩空地。作坊可以单独出让或和农场一起出让。有意者可向纽约的威廉姆·布赖德福特·普林特询问详情。①

下面我们要介绍两位殖民地时期的著名报人,他们是一对同父异母的兄弟。

3. 詹姆斯·富兰克林(James Franklin)和本杰明·富兰克林(Benjamin Franklin)

这对同父异母兄弟的父亲娶过两个妻子:前妻生了七个孩子,后妻生了十个孩子。詹姆斯是哥哥,本杰明是弟弟;詹姆斯性情暴躁,本杰明为人宽厚;詹姆斯默默无闻,本杰明则是历史闻人。不过,两人有一点是共同的,即他们都当过印刷工,都办过报纸,而且都是出色的报纸。

1721年,詹姆斯在波士顿创办了《新英格兰报》(The New England Courant)。《新英格兰报》与《波士顿新闻信》之类的官报不同。官报都以《伦敦公报》为模式,内容沉闷,形式呆板。而《新英格兰报》则效法艾迪生、斯梯尔的《闲谈者》、《旁观者》等,办得生动有趣,活泼可爱。詹姆斯是个很有学问的人,拥有波士顿第一流的藏书。所以,他的文章往往才气横溢,妙语连珠,颇受读者喜爱。早年,他曾在伦敦学习印刷技

本杰明·富兰克林

术,当时就很欣赏《闲谈者》与《旁观者》杂志上的随笔小品,深为艾迪生与斯梯尔隽永俊爽的文笔所倾倒。那时北美殖民地供大众阅读的优秀读物还很少,绝大多数的作品都充斥着迂腐的道德说教和干瘪的宗教训条。《新英格兰报》则把艾迪生等人的随笔小品引入殖民地,就像吹来一阵清新的春风,使殖民地的读者感到格外新鲜。《新英格兰报》与《波士顿新闻信》之类官报的不同还在于,它未经官方许可而发行。这本身已经犯禁,加上詹姆斯还经常抨击殖民地当局,愈发使官府恼羞成怒。于是,1722年詹姆斯遭到殖民地法庭传讯,最后被判有罪,坐了一个月的牢,同时还被禁止继续出版《新英格兰报》。詹姆斯的办报活动虽然一时受挫,但他的行为却破除了当时殖民地遵行的未经许可不得办报的陈规。从此,殖民地的报纸便如雨后春笋不断出现,对此殖民地当局只好睁只眼闭只眼了。

这是哥哥詹姆斯·富兰克林,接下来再说说弟弟本杰明·富兰克林。18世纪的美洲

---

① [美]尼尔·波兹曼:《娱乐至死》,章艳译,77~78页,桂林,广西师范大学出版社,2004。

有两位最孚众望的人物,一位是美国的国父乔治·华盛顿,另一位便是本杰明·富兰克林。本杰明·富兰克林同达·芬奇、罗吉尔·培根等一样,都是历史上的"稀有金属",即罕见的全知全能人物。他既是政治家、外交家,又是作家、科学家、发明家,同时也是一位出色的报人。他的《自传》是一部流传甚广的名著,美国一位学者说过:"如果有人要知道美国人是什么样子,他们的民族抱负是什么,他只消读富兰克林的《自传》就够了。"① 其中,有的名言已植根于当代人的观念之中,如"时间即金钱"。他在创建美利坚合众国的革命中,同样发挥举足轻重的作用,著名的《独立宣言》就是由他和杰斐逊等五人共同草拟的。他提出的夏时制设想、发明的避雷针等,都被广泛沿用。特别是他不畏风险,勇于探索,用风筝检验雷电的故事,至今仍为人所乐道。"富兰克林之所以鼎鼎大名,主要是因为他通过实验成功地证明电闪是一种放电现象。"② 在他之前,人们搞不清闪电究竟是不是电。为了证实这个问题,他便在一个雷电交加的日子放起风筝进行试验。如果闪电真是电的话,那么击中风筝后,电流就会沿着被雨水打湿的风筝线传到放风筝的人手上。结果证明闪电果然是电,幸亏那一击的电力很弱,否则他早被打成灰烬了。由于这个实验的启发,后来他发明了用避雷针来保护房屋、教堂及船舶等。康德对这一震动世界的试验给予高度评价,称他是"从天上偷窃火种的第二个普罗米修斯"。法国一位经济学家则用两句话,概括了本杰明·富兰克林的一生:"他从天空抓到雷电,从专制统治者手中夺回权力。"所以,他是一位深得美国人民爱戴的民族英雄,被誉为"伟大的公民"。

除此之外,本杰明·富兰克林还是一位出色的报人,"富兰克林对美国新闻事业的最大贡献,就是使它成为受人尊重的行业。富兰克林表明,一位优秀的新闻工作者兼商人是可以在出版界赚钱发财的——这过去曾是、现在仍然是使任何行业受人尊敬的有效办法"。③ 本杰明·富兰克林从事新闻工作的经历,大致可分为前后两个阶段:前一阶段在波士顿,后一阶段在费城。

在波士顿,他12岁便进入哥哥詹姆斯的印刷所当学徒。其间,他偶然发现一份《旁观者》杂志,深深为之吸引,并摹仿艾迪生等人文笔,试着写一些随笔小品。有一次,他将自己写的东西署上假名——"无名好汉"(Silence Dogood),乘着天黑偷偷塞进哥哥的印刷所房门内。第二天,詹姆斯看见后不胜欣赏,立刻在报上刊登出来。这时候,本杰明·富兰克林才16岁。这些随笔小品在《新英格兰报》上连载半年多以后,詹姆斯才发现原来这些漂亮的文章都出自弟弟之手,不由气急败坏,从此停止刊登本杰明的文章。詹姆斯是个脾气暴躁、气量狭隘的人,对弟弟本杰明更是粗暴得不近人情,他从不把本杰明当亲兄弟对待,而只把他看作一名普通的学徒,而且常常是"拳脚相加"。本杰明在自传中,每提及此

---

① [美]柯恩编:《美国划时代作品评论集》,朱立民等译,41页,北京,三联书店,1988。
② [英]亚·沃尔夫:《十八世纪科学、技术和哲学史》,周昌忠等译,258页,北京,商务印书馆,1991。
③ [美]埃默里等:《美国新闻史》,展江等译,37页,北京,新华出版社,2001。

事便伤感不已。他写道:"我想,我哥哥对我的粗暴专横的态度,也许是使我在以后一生中对独断专横的权力起强烈反感的原因之一。"

1726年,17岁的本杰明·富兰克林来到费城,于1729年接办了费城一家行将倒闭的报纸《宾夕法尼亚公报》(The Pennsylvania Gazette)。宾夕法尼亚是美国宣布独立时的十三州之一,美国独立后,本杰明·富兰克林连续当过三届该州的州长。费城就在宾夕法尼亚州,它是当时殖民地中仅次于波士顿的第二大城市,北美十三州的代表就在这里发表《独立宣言》,宣布美利坚合众国的诞生。本杰明·富兰克林接办这家报纸后,很快就使它起死回生,并成为当时发行量最大、广告收入最高、影响最广的一份报纸,而他也由穷小子成为大阔佬。

《宾夕法尼亚公报》上曾刊登过一幅本杰明·富兰克林画的政治漫画,这幅漫画不仅成为新闻史上的传世之作,而且也是历史上的著名作品。这幅报刊漫画画的是一条蛇,被断成几截,每一截都标明当时一个殖民地的简称。其寓意就是各殖民地应该联合起来,否则就是死路一条。所以漫画的标题,就叫"不联合,即死亡"(Join, or Die)。这幅"蛇的漫画"(Snake Cartoon),刊登在1754年5月9日的《宾夕法尼亚公报》上,它那简洁凝练、触目惊心的形象,有效地激发了殖民地人民的团结意识。后来,当殖民地掀起抵制印花税的风潮以及独立战争爆发时,这幅漫画都一再被转载,产生了无法估量的社会影响。

除了办报,本杰明·富兰克林还是北美杂志业的先驱之一。他在1741年创办的《万有杂志》(General Magazine),仅比安德鲁·布拉德福德(Andrew Bradford)的第一份北美杂志——《美洲杂志》(American Magazine)晚出版三天。它们均在费城出版,但时间都不长:《美洲杂志》三个月,《万有杂志》六个月。截止到18世纪末,美国大约出版了100份杂志,其中较重要的就包括下面即将介绍的托马斯·潘恩参与编辑的《费城杂志》(Pennsylvania Magazine)。

关于富兰克林兄弟在美国新闻历史上的地位,阿特休尔曾做过这样的比较:"在美国历史上,詹姆斯·富兰克林起的作用并不大,但是美国新闻事业的记载总是设法在报业名人祠里给他安排一个小小的适当位置……本杰明·富兰克林不同于他的兄长,他在新闻名人祠里占据了第一等的英雄地位。"①

谈到美国殖民地时期的报业,不能不涉及有名的"曾格案件"。因为这个案件不仅是这个时期美国报界发生的一件大事,而且对美国乃至整个西方新闻事业都产生持久的影响。

---

① [美]J.赫伯特·阿特休尔:《权力的媒介》,黄煜等译,27页,北京,华夏出版社,1989。

4. 曾格案件

曾格(John Peter Zenger),是纽约的一个贫苦印刷商。1733年,他在纽约创办了一份报纸《纽约周报》(New York Weekly Journal)。纽约与波士顿、费城,并为殖民地时期的三大城市。曾格和一批民主自由人士,经常在该报上发表文章,揭露和抨击纽约殖民地总督的种种倒行逆施。结果一年之后,总督便以所谓"煽动性诽谤罪"将曾格逮捕系狱,听候审判。

曾格审判案

当时对诽谤罪的解释不同于今天。依照当时惯例,只要发表有损于当局的言论,就构成诽谤,至于这些言论是基于事实还是凭空捏造都无关紧要,法庭甚至把"越是事实,就越是诽谤"作为通则。由此看来,曾格显然在劫难逃,尽管他对总督的抨击都有事实依据。逮捕曾格的纽约总督是个横行不法的暴君,在他的淫威之下,纽约的律师没有谁敢为曾格出庭辩护。这时,费城有位华发苍颜的律师风尘仆仆赶到纽约,主动要求做曾格的辩护律师。他就是当时殖民地大名鼎鼎的律师安德鲁·汉弥尔顿(Andrew Hamilton)。他出庭辩护,自然有场好戏可看。所以,开庭审理曾格案件的那一天,法院内外挤满听众,他们既为曾格的命运担忧,也想一瞻年逾花甲的汉弥尔顿的风采。

汉弥尔顿首先承认原告对曾格的指控属实,即曾格的确在报上发表过抨击总督及殖民当局的言论。但他接着便指出,陈述无可非议的真相乃是每一个生来自由的人所享有的神圣权力。只要不违背事实,就不能算作诽谤,只有"虚假的、恶意的和煽动性的"谎言才构成诽谤。这样一来,便从根本上推翻了殖民地法庭对诽谤的解释,颠覆了"越是事实,就越是诽谤"的说法。其实,汉弥尔顿所表述的乃是一个不证自明的公理,就连殖民地的宗主国,即英国的一位法学家后来也承认,汉弥尔顿的辩护词"虽不是法律,实优于法律,实应成为法律,而且在任何正义伸张之处,一定永为法律"。

审判进行到最后,白发苍苍的汉弥尔顿站起来,情绪激昂,声音洪亮,面对陪审团和听众义正辞严地慷慨陈词:

> 总之,此刻摆在法院和陪审团诸位先生面前的,不是一件微不足道的私事;它不是你们正在处理的、仅仅事关一个穷印刷商或是纽约一地的事。不,绝对不是!它最后可能会影响英国政府统治下生活在美洲大陆的每一个自由人。它是一个最崇高的事业。它是一个自由的事业。我深信无疑,你们今天正直的行为,不仅会使你们赢得同胞的爱戴和信任,而且每一位热爱自由、反对奴隶制的人都会祝福和敬仰你们——挫败暴政的企图,并以一个公正无私的裁决为我们自己、我们的子孙后代,以及我们的左邻右舍享有自然与国家赋予的权利——以言说和书写真理来揭露和反对(至少是世界上这些地区的)专制霸权的自由——奠定了宝贵的基础。①

汉弥尔顿的雄辩演说,博得全场听众的欢呼。陪审团作出无罪裁决,曾格获得自由。从此,曾格和汉弥尔顿便成为反暴政、争自由的英雄,直到今天人们还常以"精明得像费城律师"(as smart as Philadelphia lawyer)夸奖人,而这句成语就出自曾格案件。同时,这个案件也就成为北美殖民地争取新闻自由的第一个里程碑,它所确立的新闻自由原则一直备受美国学者推崇。

曾格案件实际上已经显露独立战争时期的报业风貌,不妨说它是爱国派报人的先声。

二、独立战争时期的报业(1765—1783)

美国的独立战争不仅是一场争取民族独立的解放战争,也是一次争取自由民主的资产阶级革命。在这场翻江倒海的革命运动中,报业发挥了无与伦比的启蒙、宣传和鼓舞人心的作用,充分显示了其形成舆论、引导舆论的强大威力。因而,从一定意义上可以说,没

---

① [美]J.艾捷尔编:《美国赖以立国的文本》,赵一凡等译,131~132页,海口,海南出版社,2000。

有报业,就不会有独立战争,自然也就不会有"星条旗永远飘扬"的国家。正如法国大革命年代的政治家布里索所言,"假如没有那些早期报刊,美国的革命就不会发生"。① 同样,独立战争年代的革命家、宣传家亚当斯也认为,"重要的美国革命——人民心意中的革命——实际发生在1776年以前,在英军与革命军交锋之前"。②

这里,我们先简单回顾一下独立战争的大致经过。1765年,英国在美洲殖民地开征印花税,结果遭到普遍抵制,殖民地的独立意识由此萌发。1775年4月19日,在波士顿近郊的列克星敦,殖民地民军同英国殖民军交火,打响了"震撼世界的枪声",独立战争正式爆发。1776年7月4日,北美十三州的代表在费城发布著名的《独立宣言》,庄严宣告美洲殖民地永远脱离英国而独立,后来7月4日这一天便被定为美国的国庆节。1781年,在法国出兵援助下,华盛顿将军指挥的大陆军在约克敦大败英军主力,5 000余名装备精良的英国正规军向衣衫褴褛的殖民地民军缴械投降,这就是决定独立战争最后胜利的关键一仗"约克敦大捷"。这次战役之后,独立战争实际上已经结束,此后英美两国开始谈判,1783年双方签署《巴黎条约》,英国正式承认美国独立,独立战争至此胜利结束。

1. 印花税风潮

1765年,英国为解决财政危机,在美洲殖民地颁布《印花税条例》,开征印花税。征税范围涉及报纸、书刊、商业和法律文件、毕业文凭、扑克牌、入场券等。《印花税条例》一公布,立即引起殖民地人民的强烈不满。因为,这个征税法案是英国议会背着殖民地单方面通过的。如果说以前当殖民地势单力薄而不得不仰仗母国的时候,这种做法还能行得通;那么,当殖民地已经成长壮大,经济上和政治上都具有同母国抗衡的实力时,这种目中无人的傲慢行径就令人难以忍受了。所以,未经殖民地同意而开征的印花税,遭到普遍抵制,抗议风潮四处蔓延。人们捣毁税务局,焚烧印花税券,还把英王委任的收税官员揪出来,用羽毛粘在他们的脸上身上,然后游街示众。殖民地提出"无代表,不纳税"的口号,作为抵制印花税的根据。所谓"无代表",是指英国议会中没有美洲殖民地的代表,所以殖民地没有义务履行这个议会所通过的征税条例。

《印花税条例》的颁行,受冲击最严重的自然要算报刊出版业。为此,许多报刊都以停刊表示抗议。《宾夕法尼亚期刊与广告周刊》(*Pennsylvania Journal and Weekly Advertiser*)在印花税开征前的最后一期,别出心裁地将版面设计成墓碑形状,并在各栏之间加上黑线,以示印花税对报业的戕害。还有的报纸公开拒绝缴纳印花税,而有的则在报上注明"本报买不到印花"——这也是实情,因为激愤的殖民地民众已封死了印花的出售

---

① 中国人民大学新闻系新闻事业史教研室编:《外国新闻事业史参考资料》,80页,北京,中国人民大学出版社,1989。

② [美]柯恩编:《美国划时代作品评论集》,朱立民等译,28页,北京,三联书店,1988。

途径。于是到头来没有几家报刊缴纳印花税,不得人心的《印花税条例》只实施短短四个月便一命呜呼。

在殖民地与宗主国之间由来已久的不断冲突中,印花税风潮虽然只是一段插曲,但却是一个重要的转折点。在此之前,北美十三州一向都以英王的臣民自居,一致公认美洲殖民地属于英国的版图。本杰明·富兰克林,把他 1776 年以前的几次英国之行都看作是回家。而印花税风潮之后,殖民地的独立意识便开始萌发了。

这种独立意识通过爱国派报刊的启蒙、催发、激扬,通过爱国派报刊与保皇派报刊的激烈论战而蔓延滋长,最后终于蔚为席卷新大陆的燎原之火!

2. 保皇派的喉舌——《保皇公报》(1773)

独立战争前夕,美国共有 37 种报纸,其中三分之二属于爱国派,三分之一属于保皇派。两派报刊在独立战争前各自大造舆论,在独立战争中竞相鼓动宣传。

保皇派最著名的报人是詹姆斯·里文顿(James Rivington),他的《保皇公报》(*Royal Gazette*)是保皇派的主要喉舌。里文顿生于富贵之家,其父是伦敦的大出版商,他到美洲后也发了大财,成为美洲第一家连锁书店的老板,在殖民地的三大城市即波士顿、费城和纽约都设有分号。显而易见,像他这种阶层自然是希望"保持殖民地社会的基本结构。他们希望凭借着财产、门第、地位及传统——这些看起来是贵族的属性——来继续实行统治"。①

于是 1773 年,也就是在独立战争爆发的前两年,里文顿在纽约创办了一份保皇派报纸——《里文顿纽约公报》。该报由于编辑仔细,印刷精美,成为一份发行量很大的报纸,卓有成效地扩大了保皇派的影响,同时也引起爱国派的反感。独立战争爆发后,英军一度占领纽约,里文顿继续出版他的保皇派报纸,并正式打出《保皇公报》的旗号。由于该报歪曲新闻,杜撰报道,常常充斥对爱国派领袖凭空捏造的谎言和肆无忌惮的诽谤,因而在独立战争期间最为人们所痛恨,被爱国派称为"里文顿的扯谎公报"。他们曾两次袭击里文顿的报馆,第二次袭击时把印刷机上的铅字都捣毁了,从而迫使《保皇公报》一度停刊。独立战争胜利结束的 1783 年新年前夕,爱国派又找到里文顿门上,永远封闭了他的报馆。

3. 爱国派的报刊与报人

独立战争年代的报刊,具有一个显著特征:即鲜明的宣传色彩、激昂的论战精神和强烈的鼓动气势。这一特征在爱国派的报刊中体现得尤为明显。当时担任大陆军总司令的华盛顿将军,就十分重视报刊的宣传鼓励作用。他曾下令搜集旧军毯,以供造纸之用。他

---

① [美]埃默里等:《美国新闻史》,展江等译,52 页,北京,新华出版社,2001。

还为报纸写过报道,下面这则短讯就出自他的手笔,它报道的是独立战争最后取胜的"约克敦大捷":

永世铭记

　　一七八一年十月十七日,查尔斯·厄尔·康沃利斯中将(英军统帅——引者注),率五千英军(在弗吉尼亚的约克敦——引者注)作为战俘,向法美联军总司令乔治·华盛顿将军阁下投降。①

　　今天人们读到这则短讯,八成不会有什么强烈反应。但是,当年那些处于绝对劣势(如殖民地的人口只及宗主国的十分之一),浴血奋战达六年之久,而且其间多次陷入绝境、濒临失败的殖民地人民,第一次看到华盛顿将军的这篇胜利喜报,该是怎样欣喜若狂,欢呼雀跃!

　　英雄造时势,时势造英雄,伟大的时代总伴随着一批伟大的人物。在轰轰烈烈的独立战争年代,爱国派就涌现出许多名标史册的伟人。其中,不少都是能文能武,智勇双全。他们经常利用爱国派的报刊大力宣扬自由民主等进步思想,揭露抨击英国殖民统治的罪恶,激励鼓舞殖民地人民的斗志。这些爱国派的报刊中,《波士顿公报》(*Boston Gazette*)和《马萨诸塞侦探报》(*Massachusetts Spy*)最为突出。这两家报纸均在革命策源地之一的波士顿出版。马萨诸塞是北美的十三个殖民地之一,波士顿即在马萨诸塞州。这两家报纸还分别与两位出色的爱国派新闻工作者有关,正是他们使得两报声名大振。下面就分别介绍这两份爱国派报纸和这两位新闻工作者。先谈《波士顿公报》和塞缪尔·亚当斯(Samuel Adams)。

塞缪尔·亚当斯

　　塞缪尔·亚当斯,是华盛顿之后第二位美国总统约翰·亚当斯的堂哥,兄弟俩都生长于波士顿,并都毕业于哈佛大学。他们俩以及聚集在他们周围的一批波士顿爱国者,如《波士顿公报》的发行人、《马萨诸塞侦探报》的发行人、《独立宣言》的第一个签名者约翰·汉考克(John Hanckok)等,都属于独立战争中最激进、最坚强的中坚分子。抵制印花税运动以及有名的波士顿倾茶事件等,都与他们直接有关。

　　塞缪尔·亚当斯被公认为当时最有创造力、最雄辩的新闻记者,而他主要是为《波士顿公报》撰稿。正是由于他的文章,《波士顿公报》才得以名扬四方。每当深夜,波士顿街道上的过往行人总不免抬头望一眼他窗前彻夜通明的灯光。他的一支生花妙笔,为《波士顿公报》写下大量火辣辣的战斗檄文。为

---

① [美]埃默里等:《美国新闻史》,苏金琥等译,91页,北京,新华出版社,1982。

此,他被誉为"宣传的先驱"。约翰·米勒(John. C. Miller)为他写过一部传记,书名就叫《塞缪尔·亚当斯:宣传的先驱》(Sam Adams: Pioneer in Propaganda)。

这里,着重谈谈由他发起组建的"通信委员会"(Committees of Correspondence),因为这个组织在新闻史上占有一席特殊地位,我们把它看作后来通讯社的前身。1771年,塞缪尔·亚当斯在《波士顿公报》上提出"通信委员会"的设想,希望通过这个组织来联络协调各殖民地的反英斗争。于是,在他的倡议下,1772年波士顿和其他一些城市相继成立"通信委员会"。这个组织对促进各殖民地联合以及召集第一届大陆会议,都起了重要作用。因而若从一般历史的角度看待通信委员会,我们不妨说,通信委员会是后来大陆会议的前身。

若从新闻史的角度考察,通信委员会则可视为后来通讯社的雏形。为什么呢?这得从通信委员会的组织结构和活动方式说起。亚当斯经常派出人员去各地了解情况,采访新闻。这些人能很快把重要情况发到各地的通信委员会。在那里,重要新闻经过编辑加工后,又迅速传往各地。这一过程概括起来就是:先采集新闻,再集中到通信委员会进行选择、甄别、加工、处理,最后由通信委员会向各地传播。显而易见,这一过程与现代通讯社采集新闻、供应新闻的流程十分相似。所以,我们把通信委员会视为通讯社的雏形。

虽然我们不敢断言,早期通讯社的创办者从通信委员会受到启发,但这种可能性也毋庸置疑。因为,世界上第一家通讯社就诞生于法国,而法国从独立战争以来一直都是美国的友邦,关系始终很密切。独立战争年代盛行的一系列思想,大都来自法国启蒙思想家;独立战争的胜利,也归因于法国出兵援助,用美国历史学家芭芭拉·塔奇曼的话说,"没有法国的帮助,也许我们永远都不会成功";①美国立国所依据的"三权分离"原则,则是由法国政治哲学家孟德斯鸠所提出;而最能标明法美之间联系的,当数巍峨矗立在纽约港口的自由女神像,这个象征美利坚合众国的巨大雕像,就是独立战争胜利一百周年之际,法国送给美国的一件罕见礼物。《独立宣言》的执笔、美国第三位总统托马斯·杰斐逊,甚至认为每个人都有两个祖国,一个是其母国,另一个就是法国。有鉴于此,我们说早期美国的通信委员会与后来法国的全球第一家通讯社之间,具有某种一脉相承的关系,就不能说是无稽之谈吧。

下面我们再来谈谈爱国派的第二份报纸《马萨诸塞侦探报》及其发行人艾赛亚·托马斯(Isaiah Thomas)。

如果说塞缪尔·亚当斯是爱国派最出色的记者,那么艾赛亚·托马斯就是爱国派最杰出的报人。托马斯与本杰明·富兰克林一样,也是从小(六岁)就做印刷学徒,也是通过自学而成为饱学之士。1770年,年轻的托马斯与自己的师傅一起,在波士顿创办了《马萨

---

① [美]比尔·莫耶斯:《美国心灵:关于这个国家的对话》,王宝泉等译,4页,北京,三联书店,2004。

诸塞侦探报》。由于他善于经营,该报不久就成为殖民地最受欢迎的报纸之一,发行量仅次于里文顿的《保皇公报》,托马斯也因此发了大财,这时他才二十来岁。《马萨诸塞侦探报》大量报道殖民地人民的反抗斗争消息,经常刊登鼓吹革命的政论,因而被视为最富煽动性、最激进、最革命的爱国派喉舌。下面这篇刊登在《马萨诸塞侦探报》上的报道,向世人详细叙述了独立战争的第一仗——列克星敦之战。

波士顿西北部有两个小镇,一个是列克星敦,一个是康科德。别看这两个镇子小,在美国却是家喻户晓、妇孺皆知,因为独立战争的第一枪就是在这里打响的。因此,列克星敦与康科德,便被誉为"美洲自由的发祥地"。这一枪在历史上以"震撼世界的枪声"(The Shot Heard Round the World)著称,而"震撼世界的枪声"这句响亮的名言,就出自艾赛亚·托马斯的手笔。下面就是这篇报道的节选:

列克星敦的战斗
艾赛亚·托马斯
《马萨诸塞侦探报》1775年5月3日

美国人!永远铭记列克星敦之战吧!——在这儿,没有受到侵扰,没有遭到挑衅的英国军队,竟残暴地、惨无人道地枪杀我们的同胞,然后,洗劫并焚毁他们的房屋!他们不顾毫无抵抗力的女人们的眼泪——她们当中某些人正承受着分娩的痛苦;也不顾无助的婴儿的哭喊,老人的祷告和卧床的病人,只想满足其杀戮的欲望!……

列克星敦的枪声

四月十八日夜十点前后,波士顿英兵被发现正以极秘密之方式开始行动,他们正在科芒河尽头登船(这些船只是英兵在天黑以后秘密运到该处的)。于是,快马通讯员立即出发,向全国发出警报,以使人们警惕起来。快马通讯员过了列克星敦约一英里,被大约十四名骑在马上的军官挡住了去路。这些军官是当天下午从波士顿出来的,有人曾见他们潜伏于乡间僻静之处直至天黑。一名快马通讯员(他很可能是塞缪尔·普雷斯科特医生),被一名军官紧追不舍有两英里,当该军官追上他时,拔枪大呼曰,再不停下,即格杀勿论。但通讯员仍催马急驰,直到一所房舍前,突然勒马骤停,马扬前蹄,把他摔了下来,但他头脑清醒,向房里人大喊:

"快来啊,快来啊,我捉住他们一个。"那军官立即后退,像他追赶时一样快。另一名通讯员保罗·里维尔(里维尔是独立战争年代的一位传奇式人物,他的英雄事迹曾被美国诗人朗费罗谱成长诗《保罗·里维尔星夜疾驰》——引者注)被严格盘查,后也设法摆脱了。

与此同时,在中校史密斯指挥下的英军主力已渡过科芒河,于菲普农庄上岸后,一千之众立即悄悄向列克星敦进发,该地距康科德约六英里。(波士顿的英军此次偷袭列克星敦与康科德,目的是要收缴这两处殖民地民军的武器。不料,他们的行动被事先发觉,等他们到达列克星敦时民军已严阵以待。于是,双方开始交火。后来,英国继续前进,但在康科德遭到更顽强的回击。最后英军不得不仓皇败退,狼狈逃回波士顿。当英军溃逃时,紧追不舍的民军唱起了一首当初英军用以嘲弄民军的歌曲,以表现胜利的喜悦和对英军的嘲弄。这首歌曲便是如今广为传唱,几乎被当作美国第二国歌的 *Yankee Doodle* 即《扬基歌》,美国之音的开始曲选用的就是它的曲调——引者注)一连民军,约八十人,集合于会议所附近,英军在日出前进入他们的视野;民军看到英军后便开始向四处疏散开来。英军于是四处追赶,一边大声叫喊,一边冲了上来,距离越来越近,相去只有几杆远了,一名指挥官对民军喊着类似这样的话:

"散开,你们这些该死的反贼——他妈的,散开!"

英军闻言,再一次发起冲锋,有一二名军官即刻开了手枪,瞬间,又有四五个士兵开了火,接着好像整个英军都开了枪。我们的人有八名死亡,九人负伤……①

北美独立战争由此拉开序幕。这篇报道写得倒是有声有色,活灵活现,成为记录独立战争第一仗的最出色报道,而《马萨诸塞侦探报》也由于大量类似的报道,被公认为首屈一指的革命喉舌。当然,这篇报道中也有一些夸大不实之词,如对英军残暴行为的渲染。有意思的是,这些渲染的情节倒是可以用到现在的美国大兵身上,如他们在伊拉克的战争暴行。

4. "独立战争的笔"——托马斯·潘恩(Thomas Paine)

潘恩(又译佩因),是独立战争中著名的资产阶级启蒙家、宣传家和政论家。人们常把华盛顿将军比做"独立战争的剑",而把潘恩比做"独立战争的笔"(也有人将《独立宣言》的

---

① 中国人民大学新闻系新闻事业史教研室编:《外国新闻事业史参考资料》,68~70页,北京,中国人民大学出版社,1989。

托马斯·潘恩

执笔人杰斐逊誉为"独立战争的笔")。

在新闻史上,潘恩的主要贡献表现在小册子上。小册子曾是报刊的孪生姐妹,尤其在资产阶级革命年代——无论是英国革命,还是法国革命,抑或现在所论的北美独立战争,小册子与报刊之间的联系更是难解难分。1786年,本杰明·富兰克林还曾说道,美国人醉心于报纸和小册子,以至于没有时间来看书。①确实,那时的小册子与报刊除样式不同,其他如功能、特性甚至内容都并无二致,它们往往是以政论为主的宣传工具。独立战争结束半个世纪后,法国思想家托克维尔在《论美国的民主》(1835)中还写道:"在美国,各党派不是通过写书来反驳对方的观点,而是通过散发小册子,这些小册子以惊人的速度在一天之内迅速传播,而后消失。"②同样,我国晚清时节,伴随变法维新与革命运动,小册子也同现代报刊一起风起云涌,形影相伴,成为舆论宣传的一支劲旅或偏师,如邹容的《革命军》、陈天华的《猛回头》等。总之,小册子是早期报业的重要组成部分,而潘恩就是独立战争中最著名的小册子作者,用美国历史学家贝林的话说:"除了马克思,潘恩是有史以来最好斗的一位小册子作家。"③

1737年1月29日,潘恩生于英国的一个穷苦人家。1937年,潘恩诞辰两百周年的时候,伦敦的《泰晤士报》曾发表纪念文章,把潘恩誉为"英国的伏尔泰"。然而,潘恩生前对英国并无好感,英国对他也无"善待",正如叔本华说的:"世界上许多国家,无不以其大文豪及大艺术家为荣,但在他们生前,却遭到虐待……"为此,潘恩曾一度将自己的名字Paine(潘恩)改为Pain(痛苦)。由于家境贫寒,潘恩早年没有受过多少正规教育。他13岁辍学,当过裁缝、店员、教师等,最后得到一个税务员的工作,但不久由于组织请愿而被解雇。

潘恩丢了税务员的饭碗后,生活无着,走投无路。正在这个时候,他遇到北美殖民地派驻伦敦的代表本杰明·富兰克林。富兰克林觉得潘恩是个人才,便推荐他前往费城投奔自己的女婿,还给潘恩写了一封推荐信,称赞他是一位"有智慧的、值得尊敬的青年"。④就这样,潘恩怀揣着富兰克林的推荐信,于1774年来到美洲新大陆,在费城经富兰克林女婿介绍,到《宾夕法尼亚杂志》当了一名编辑。

第二年,随着"震撼世界的枪声",反英武装斗争的熊熊烈火迅速燃遍北美大陆。不过

---

① [美]尼尔·波兹曼:《娱乐至死》,章艳译,48页,桂林,广西师范大学出版社,2004。
② [美]尼尔·波兹曼:《娱乐至死》,章艳译,48页,桂林,广西师范大学出版社,2004。
③ 转引自朱学勤《风声·雨声·读书声》,190页,北京,三联书店,1994。
④ [美]罗伯特·唐斯:《影响世界历史的16本书》,缪军编译,8页,上海,上海文化出版社,1986。

第三章　18世纪：革命烽火与新闻传播

这场斗争的最终目的究竟是什么,当时许多人包括最激进的爱国者也还稀里糊涂。尽管他们有人已经喊出"不自由,毋宁死"(Give me liberty, or give me death)的口号,但"国王仁慈,议会暴虐"的观念依然盛行。第一次大陆会议召开时,各殖民地还都把英国当成自己的母国。战争打响后召开的第二次大陆会议,虽然组建大陆军,任命华盛顿为总司令,宣布对英国"必须采取武力",但"独立"这个字眼依然为人们所忌讳。甚至华盛顿、富兰克林等也不曾提出独立的主张,也不曾想到与母国脱离关系。这种畏缩、犹疑的心境,其实也不难体谅。因为,这绝不仅仅是个叛国杀头的问题,更重要的还在于人们的感情深处所面临的痛苦抉择——能否背叛自己世代相依的母国?这种痛苦煎熬,同儿子要背离母亲的心情相差无几。于是,"这时的北美大陆只有战争,没有革命"。①

正是在这样一个何去何从的十字路口,潘恩响亮地吹起了"独立"号角,为殖民地的武装斗争指出明确方向。他在一本详细论证殖民地除非独立别无他途的小册子中写道:

> 美洲人民被暴虐统治者惨杀的已经够多了,他们殷红的鲜血洒遍在大自然里,发出呜咽的声调,仿佛在控诉、在号召:现在应是采取独立行动的时候了! 热爱人类的人们,敢于反对暴政和暴君的人们,请站到前面来!②

这本以《常识》闻名的小册子写成后,潘恩去拜会后来执笔起草《独立宣言》的杰斐逊。杰斐逊听了后大受启发,忙问潘恩这小册子叫什么名字。潘恩说:"我想叫它常识,因为争取独立不过是人人应该知道的常识而已。"不仅如此,潘恩还第一次明确提出废除君主制,建立共和制。在他看来,战争的目标是独立,而独立的目标是共和。他指出,在君主制下,国王便是法律;而在共和制下,法律便是国王。为此,有的学者甚至认为,潘恩的历史贡献不仅在于鼓吹独立,而且更在于倡导共和:

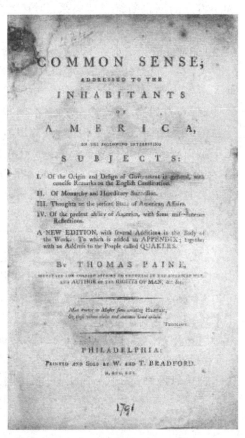

《常　　识》

---

① 朱学勤:《风声·雨声·读书声》,137 页,北京,三联书店,1994。
② [美]罗伯特·唐斯:《影响世界历史的 16 本书》,缪军编译,10 页,上海,上海文化出版社,1986。

潘恩把独立和共和联系在一起,把一个民族的斗争和全人类政治制度史的共和时代联系在一起,使得北美事件摆脱一国局限,成了共和政体的一次"辉煌日出",傲视当时旧大陆上星罗棋布的大小宫廷——这一历史功绩是同时代任何思想家都难以企及的。以往对《常识》的评价往往局限于它的呼吁独立的现实影响,却忽视了它呼吁共和的划时代意义。①

1776年1月,潘恩的名著《常识》(Common Sense)问世。它以激昂愤激的情绪、酣畅淋漓的笔调,控诉了英国的统治,破除了殖民地人民对"母国"与国王的迷恋,第一次响当当地喊出了独立的口号。正在前线指挥作战的华盛顿将军,读到《常识》后激动地说:"自由的精神在我们的心里沸腾起来,我们不能屈服做奴隶……我们决心和这样一个不公正和不道德的国家断绝一切关系。"②富兰克林读后也是非常激动,称之为"天才之作",并且立即让人买了100本,寄给自己的朋友。一时之间,爱国派报刊纷纷转载《常识》,第一版20万册的《常识》小册子,三个月内就被抢购一空。后来又几次再版,总数达50万册。③一位美国学者提供了一组《常识》发行两个月的数字,给人印象尤为深刻:"没有人知道到底印了多少册,最保守的数字是30万册,也有人说是50万册。如果说当时300万人口需要印刷40万册书,那么今天的一本书需要卖掉2 400万册才能比得上。"④北美殖民地的民众从前线到后方,无不争相传阅《常识》,华盛顿的大陆军官兵更是几乎人手一册。一家英国报纸惊呼:"《常识》无人不读,而且凡读过这本书的人都改变了态度,哪怕在一小时之前,他还是个顽固反对独立的人。"英军统帅气急败坏嚷道:"我一定要把潘恩逮住绞死!"据说当时英国人还命令鞋匠剪出托马斯·潘恩的名字缩写TM,然后钉在皮鞋后跟上,以便行走时能将象征潘恩的记号踩在泥土中。

《常识》问世半年后,也就是1776年7月4日,大陆会议便一致通过了著名的《独立宣言》。宣言公布之前,主要起草人杰斐逊把其中的一段念给潘恩,说这些话是从你的《常识》中引用来的。《独立宣言》中正式采用的"美利坚合众国"这个国名(The United States of America),也是《常识》所首创的。华盛顿将军曾说过,《常识》使包括他在内的人,心理上起了"巨大的变化"。当时许多爱国者也都说道,"《常识》像一声春雷在人们的心头炸开","《常识》激起的独立洪流每天从四面八方向我们滔滔地涌来"。⑤ 在《常识》的精神感召下,殖民地人民下定决心,义无反顾,誓为独立自由与民主共和而战斗到底!所以,乔治·特里维廉在《美国革命史》一书中写道:"很难再能找到一本像《常识》那样对革命进程

---

① 朱学勤:《风声·雨声·读书声》,182~183页,北京,三联书店,1994。
② [美]罗伯特·唐斯:《影响世界历史的16本书》,缨军编译,11页,上海,上海文化出版社,1986。
③ [美]罗伯特·唐斯:《影响世界历史的16本书》,缨军编译,9页,上海,上海文化出版社,1986。
④ [美]尼尔·波兹曼:《娱乐至死》,章艳译,44页,桂林,广西师范大学出版社,2004。
⑤ [美]罗伯特·唐斯:《影响世界历史的16本书》,缨军编译,11页,上海,上海文化出版社,1986。

产生如此直接、广泛、持久影响的著作。"①曾任美国图书馆协会主席的罗伯特·唐斯,将《常识》列入 16 部"影响世界历史的书"之中,同马克思的《资本论》以及哥白尼的《天体运行论》、马基雅维利的《君主论》、马尔萨斯的《人口论》、爱因斯坦的《相对论》等名著相提并论。②

后来,潘恩又参加了大陆军,亲自投身于反英斗争的战斗行列。这时,独立战争进入困难时期。1776 年年底,大陆军连连失利,缺衣少食,那年冬天又异常寒冷,一些士兵精神动摇,甚至开了小差。在这危机关头,潘恩受华盛顿委托,利用行军间歇,又写下一篇荡气回肠的小册子——《危机》(Crisis)。下面就是《危机》开篇中的一段著名文字:

> 此时此刻,正是考验人的灵魂的时候。在夏天的时候来当兵,在阳光明媚的时候才爱国的人,在这场危机中固然会把为国效忠视为畏途;但是在现在面对危机、挺身而出的人,却值得男女同胞的敬爱和感激。暴政,像地狱一样,是不会轻易地被征服的;然而我们有一点可以使自己感到欣慰:战斗愈是艰苦,胜利就愈是辉煌。我们得来太便宜的东西,我们就会等闲视之——任何事物惟其昂贵,才有价值。③

这番话具有《圣经》一般的精神感召力,犹如强心针,使那些拖着疲惫的双腿、浑身冻得发麻的大陆军官兵,士气为之一振。就在《危机》写成后一周,曾经垂头丧气、萎靡不振的大陆军将士,便在华盛顿的指挥下,打了一个漂亮的大胜仗,这就是扭转独立战争战局的著名战役——特伦顿之战(the Battle of Trenton)。特伦顿之战打响前,华盛顿特意请人把《危机》念给整装待发的将士们听。所以,当时人们就已经评论道:没有《常识》,就不可能有美利坚合众国;没有《危机》,我们就不可能度过那段艰难的时光。后来潘恩又陆续写了 12 篇题为《危机》的文章,加上刚才介绍的一篇总共为 13 篇。这些战斗檄文和《常识》一样,都成为广为传诵的名篇佳作,鼓舞着许多为正义而战的人们。比如,在第二次世界大战那些凄风苦雨、长夜漫漫的艰难岁月里,英国广播公司就曾向遭受法西斯蹂躏而感到前途渺茫的占领区人民播放《危机》,从而在人们的心头点燃希望之光,坚定他们同法西斯战斗到底的信心和必胜

特伦顿之战

---

① [美]罗伯特·唐斯:《影响世界历史的 16 本书》,缪军编译,13~14 页,上海,上海文化出版社,1986。
② [美]罗伯特·唐斯:《影响世界历史的 16 本书》,缪军编译,上海文化出版社,1986。
③ [美]埃默里等:《美国新闻史》,苏金琥等译,89 页,北京,新华出版社,1982。

的信念。

潘恩曾经满怀激情和自信地说过:"给我七年时间,我就会为欧洲每一个国家写一部《常识》。"①独立战争胜利后,为了实现这一抱负,他离开美国回到欧洲,往来于英法之间,还参加过法国大革命,不仅继续以笔为旗,写下《人权论》(1791)、《理性时代》(1794)等名著,而且还参与起草了法国的《人权宣言》和1793年宪法。晚年,潘恩定居美国,不料竟遭冷遇,在贫困潦倒、屈辱怨懑中度过余生。1809年,这位民主革命的先驱与先哲,在孤寂中与世长辞,简朴的墓碑上刻着他生前亲手写下的墓志铭:《常识》的作者托马斯·潘恩之墓。据他的法国房东太太回忆:

> 下葬时的萧条场面让人揪心:"当棺木落地,墓土撒上时,我站在墓穴的东端,让我的小儿子站在西端。环顾周围寥寥的旁观者,我说:'啊,潘恩先生:我的儿子站在那儿,代表美国向您致谢。而我,则代表全体法兰西人民!'"莽莽旷野,只有一妇一孺在代表美法两国向这位合众国的取名人和《人权宣言》的起草者致哀——日后想起,美法两国必定觉得这是它们百年难洗的共同耻辱。②

美国的独立战争诚如列宁所说,是"一次伟大的、真正解放的、真正革命的战争"。在这场战争中,涌现出一大批杰出的报人和宣传家。他们为独立战争的胜利做出不可磨灭的贡献,也为新闻传播的历史增添一页辉煌绚烂的篇章。

第三节 法国大革命年代的报业(1789—1794)

1789年的法国大革命,是有史以来最伟大的一次资产阶级革命,用恩格斯的话来说,它"第一次真正把斗争进行到底,直到交战的一方即贵族被消灭而另一方即资产阶级获得完全胜利"。同时,法国大革命又是人类文明史上最重大的一次社会变革,它第一次使大写的人民升起在世界历史的星空之上,第一次使"自由、平等、博爱"的人道主义之光普照全球!从此,人类便开始从神的世界、帝王的世界而逐步进入人民的世界。雨果说得好,法国革命"替人民加了冠冕"。所以,这场大革命对人类文明的进程,产生了广泛而深远的影响。无怪乎雨果那样热情赞颂法国大革命,他说:"法兰西革命是自从基督出世以来人类向前走得最得力的一步。……法兰西革命是人类无上的光荣。"③

就新闻事业而言,法国大革命犹如一场积蓄已久而突如其来的暴风骤雨,彻底涤荡了一切束缚报业的陈规旧习。如果把封建专制王朝对报业的种种钳制比做"野火",而把摧

---

① [美]罗伯特·唐斯:《影响世界历史的16本书》,缨军编译,12页,上海,上海文化出版社,1986。
② 朱学勤:《风声·雨声·读书声》,159页,北京,三联书店,1994。
③ [法]雨果:《悲惨世界》,李丹译,51页,北京,人民文学出版社,1958。

枯拉朽、发聋振聩的大革命比做"春风",那么正可谓"野火烧不尽,春风吹又生"。而法国大革命对新闻事业最重大的贡献,就在于第一次正式确立了"出版自由"(或新闻自由)的原则。这一原则早在一个半世纪以前已由大诗人弥尔顿在英国革命中提出,如今历经坎坷终于变成现实,又可谓"青山遮不住,毕竟东流去"。

巴士底监狱

攻占巴士底监狱

下面先简单回顾一下法国大革命的大致经过。1789年7月14日,巴黎人民攻陷法国封建专制王朝的象征——巴士底监狱,法国大革命正式爆发。后来7月14日这一天,就被定为法国的国庆节。革命爆发时,领导权掌握在君主立宪派手中,他们主张效法英国革命,建立一个保留国王的君主立宪政体。于是,他们掌控下的立宪会议于1791年通过《九一年宪法》,确定法国实行君主立宪制。1792年,巴黎人民再次发动武装起义,废黜国王,结束了延续几百年的封建专制,同时也宣告君主立宪的终结,革命领导权从君主立宪派手中,转到代表工商业资产阶级利益的吉伦特派手中。吉伦特派的成员大多来自法国工商业比较发达的吉伦特郡,所以被称为吉伦特派。不久,法兰西第一共和国宣告成立(现在的法国为法兰西第五共和国),并将国王路易十六送上断头台。1793年,巴黎人民第三次起义,又把吉伦特派赶下台,雅各宾派上台,建立雅各宾专政。雅各宾派是法国大革命中最激进、最革命的政治派别,他们经常在巴黎的雅各宾修道院聚会,故称雅各宾俱乐部。1794年7月,大资产阶级策划政变,雅各宾专政被颠覆,法国大革命告一段落。因为7月在第一共和国的历法上是所谓热月,所以这次政变就叫"热月政变"。法国大革命的这段历史尽管头绪纷繁,错综复杂,但有一条历史主线自始至终贯穿其间,这就是革命不断发展,不断深入,而领导革命的派别一个比一个激进,一个比一个革命。马克思在《路易·波拿巴的雾月十八日》这篇文章里,对此做出这样的概括:

> 在第一次法国革命中,立宪派以后的统治是吉伦特派的统治;吉伦特派统治以后是雅各宾派的统治。这些党派中的每一个党派,都是以更先进的党派为依靠。每当某一个党派把革命推进得很远,以致它既不能跟上,更不能领导的时候,这个党派就要被站在它后面的更勇敢的同盟者推开并且送上断头台。革命就这样沿着上升的路线前进。①

这一节我们将分三个部分来谈:第一部分谈谈大革命前后法国报业的基本情况,第二部分介绍一份大革命年代声名卓著的报纸——马拉的《人民之友报》,第三部分讨论涉及言论出版自由原则的《人权宣言》第十一条。

一、基本情况

1. 革命前

18世纪的欧洲,除了英国与荷兰两个完成资产阶级革命的国家外,其余大部分地区还都处在封建统治之下,而法国是当时最强大、最发达的封建专制国家。在专制王朝的严厉管制下,法国的书刊出版不仅事先必须经过许可,而且出版物的内容都得受到检查。当时,法国设有专职书报检查官,诞生于法国的全球第一家通讯社的创办人哈瓦斯,其父就做过书报检查官。18世纪的法国作家博马舍,在著名的讽刺喜剧《费加罗的婚礼》中,就对当时吹毛求疵的检查制度进行了嘲讽:

> 只要我的写作不谈当局,不谈宗教,不谈政治,不谈道德,不谈当权人物,不谈有声望的团体,不谈歌剧院,不谈别的戏园子,不谈任何一个有点小小地位的人,经过两三位检查员的审查,我可以自由付印一切作品。我因为想利用这个可爱的自由,所以宣布,要出版一种定期刊物。我给这个刊物起的名字是"废报"……②

此外,对于所谓的违法行为,办报人将受到监禁和流放,印刷者则要处以船役(让犯人在帆桨战船上划船的刑罚,1791年废除)。总之,大革命前法国的封建专制王朝管制新闻出版的严厉程度,在欧洲只有沙皇俄国和以宗教裁判所闻名的西班牙或可相比。在这种森严的气氛中,法国的报业要么噤若寒蝉,战战兢兢;要么替专制王朝歌功颂德,粉饰太平,就像《法国公报》和《法国信使》那样。对这些报刊,没有什么值得多说的。18世纪的

---

① 《马克思恩格斯选集》,第1卷,625页,北京,人民出版社,1972。
② [法]博马舍:《费加罗的婚礼》,吴达元译,高芮森编《外国著名喜剧选》(一),416页,郑州,河南人民出版社,1987。

法国启蒙思想家,对此类封建王朝的御用喉舌无不嗤之以鼻。卢梭在1755年曾以讥讽的语气说道:"什么是一份期刊?期刊就是昙花一现,没有价值,没有用处的作品,有文化的人不屑理睬它,蔑视它,只能给没有文化的女人和笨蛋一种虚荣,早晨放在梳妆台上,晚上就扔进衣柜里去了。"①百科全书派领袖狄德罗,在卷帙浩繁的《百科全书》中也做过类似评论:

> 所有这些报刊文章,对于无知者犹如食粮;对于只愿谈论而不愿读书的人犹如锦囊;而对于劳动者,则犹如灾祸和令人生厌的东西。它们从来没有为有才华的人说过半句好话,也从来没有阻止过蹩脚的作家发表坏作品。②

在当时声望最高的启蒙思想家伏尔泰看来,这些御用报刊无非是"一些鸡毛蒜皮的琐事的记叙"。③ 以文艺性的杂志《法国信使》为例,前面曾讲过它创办的初衷,就是为了取娱王公贵族,尤其是上流社会的贵妇人,它除了发表一些"蹩脚作家"的蹩脚作品外,还大量报道一些宫中宴饮、斗鸡走马的事情,也就是伏尔泰说的"鸡毛蒜皮的琐事"。下面不妨看一则当时流传的"八卦新闻",说的是路易十五与其情妇迪巴里夫人的闺闱之事:

> 一些侍臣小心翼翼地传着这样的消息,证实迪巴里夫人并非像有些人怀疑的那样失去了国王的宠爱。陛下喜欢自己煮咖啡,企图通过这种轻松的消遣来摆脱一些沉重的政务活动所造成的负担。几天前,陛下因其他事情分心而把咖啡煮溢了。他漂亮的宠妾叫道:"喂,弗朗斯!小心,你的咖啡要溢出来了!"我们听说"弗朗斯"是这位夫人私下在小房间里使用的亲昵的表达方式。这样的细节是不应在外流传的,但由于侍臣居心叵测,最终还是传了出去。④

由于法国封建势力异常强大,直到大革命前夕法国才诞生第一张日报,这就是1777年在巴黎创刊的《巴黎新闻》(Le Journal de Paris)。它比英国的第一张日报晚了75年,比世界的第一张日报则晚了117年。这份日报的创办人,是大革命中吉伦特派(通常又称布里索派)的领袖布里索(Jacques-Pierre Brissot)。1789年大革命爆发后,布里索将《法国新闻》改名为《法兰西爱国者》(Le Patriote Francais),使之成为吉伦特派的主要喉舌。

---

① [法]贝尔纳·瓦耶纳:《当代新闻学》,丁雪英等译,301页,北京,新华出版社,1986。
② [法]彼·阿尔贝等:《世界新闻简史》,许崇山等译,13页,北京,中国新闻出版社,1985。
③ [法]彼·阿尔贝等:《世界新闻简史》,许崇山等译,13页,北京,中国新闻出版社,1985。
④ 罗伯特·达恩顿:《18世纪法国的畅销书和流言蜚语传播者》,原载UNESCO《信使》1997年第9期,现收入张穗华主编《媒介的变迁》(《信使》精华丛书),144~145页,北京,中国对外翻译出版公司,2002。

《巴黎新闻》

2. 革命后

1789年风狂雨骤的大革命爆发后,专制王朝钳制报业的一切桎梏土崩瓦解,马克思说得好:大革命就好比"施法术一样把全部封建遗迹从法国地面上一扫而光"。与此同时,大革命时代无数惊天动地的事件,也激起民众的强烈兴趣,从而大大刺激了报业的繁荣。"大革命前的1788年,仅有4家报纸在巴黎登记出版,然而到1790年,报纸的数目一下子增加到355家!"[①]而到1800年,法国新创办的报刊更是达到1 350多种。[②]

资产阶级利用这些报刊以及传单、小册子等印刷品,大力宣传自由、平等、博爱的理想,猛烈抨击封建专制,形成强大的社会舆论,对启发人民的革命意识、鼓舞人民的革命热情作出巨大贡献。当时有一本广为流传、影响颇大的小册子,名叫《什么是第三等级》,作者是大革命年代的著名政治活动家西哀士(Emmanuel Joseph Sieyès)。他原是一位神职人员,曾做过修道院院长。大革命期间,他参加三级会议,起草《网球场誓言》,1792年入

[①] [美]J.赫伯特·阿特休尔:《权力的媒介》,黄煜等译,17页,北京,华夏出版社,1989。
[②] [法]彼·阿尔贝等:《世界新闻简史》,许崇山等译,25页,北京,中国新闻出版社,1985。

选国民公会,1799年与拿破仑策划雾月政变,使拿破仑上台。他在1789年发表的这本《什么是第三等级》,可与北美独立战争期间潘恩的小册子《常识》媲美。所谓"第三等级",是指农民、小商人、手工业者、城市平民以及资产阶级等,总之属于社会中下层的广大民众。而第一等级和第二等级,则是指享受封建特权的上层僧侣与贵族,他们只占总人口的2%,却拥有35%的耕地。① 在这本小册子中,西哀士揭露和抨击了第一与第二等级,为第三等级大唱赞歌,我们不妨听听其中的一段:

法国国民的三个等级

> 什么是第三等级?第三等级就是全体国民。假使我们废除了特权等级,国民并不缺少什么,反而会多得些什么。那么,第三等级是什么?是一切,然而是受束缚、受压迫的一切。没有等级,它又会是什么呢?仍然是一切,但是,是自由昌盛的一切。没有第三等级什么也不行;没有其他等级一切会变得更好。

这些掷地有声的言论,反映了资产阶级要求废除等级特权和取得政权的强烈愿望,像一团烈火,点燃了千百万被压迫者的革命热情。

革命期间,资产阶级的不同派别或集团,都十分重视利用报刊、小册子等来宣传各自的政治主张。下面简单介绍其中几个政治派别及其主要报刊。

保守的共和派——吉伦特派的喉舌,是该派领袖布里索创办的《法兰西爱国者》,其发刊词写道:

> 应该找到有别于小册子的另一种宣传方式来教育全法国人。这种宣传方式就是创办一份连续出版、价格低廉、形式轻松的政治性报纸。对于一个人口众多,不惯于读书但又设法摆脱无知和被奴役状态的民族来说,创办这样一份报纸是对国民进行宣传教育的理想方式。假如没有那些早期报纸,美国的革命就不会发生……正是这些报纸维持着英国仅存的那点自由。②

激进的雅各宾派,又分为左、中、右三个集团。其中左翼的机关报,是1790年创刊的《杜歇老爹报》(Le Père Duchesne)。"杜歇老爹"是法国民间流传的一个滑稽角色,跟阿凡提

---

① [美]斯塔夫里阿诺斯:《全球通史——1500年以后的世界》,吴象婴等译,345页,上海,上海社会科学院出版社,1992。

② [法]彼·阿尔贝等:《世界新闻简史》,许崇山等译,26页,北京,中国新闻出版社,1985。

一样充满智慧,但又装出一副傻乎乎的样子。在法国人心目中,杜歇老爹是个疾恶如仇、主持正义的人物形象,是人民智慧的化身,因而深得大众喜爱。《杜歇老爹报》的创办人是埃贝尔(Jacques-René Hébert)。他是一位"政治记者"(《不列颠百科全书》),雅各宾派左翼的领袖,巴黎"无套裤汉"的主要代言人,其追随者称埃贝尔派。埃贝尔派极力要求建立一个实际上是社会主义的政府,因此拒斥吉伦特派以及其他温和派。埃贝尔创办的《杜歇老爹报》,就以其坚定的革命立场和战斗主张而赢得下层民众的推崇,其大胆泼辣的报道、嬉笑怒骂的评论以及完全口语化并大量使用俗语的文字风格,则更使它拥有成千上万的平民读者,成为"法国大革命中最大众化的报纸"(人大版《外国新闻事业史简编》)。下面这段《杜歇老爹报》上的文字,一面痛斥法国国王路易十六的叛逃行为,一面表达慷慨赴国难的英雄豪情,仿佛一曲文字版的《马赛曲》:

> 是的,见鬼,我要出发了,再见我的火炉,再见我的文章,一切都不要了。当祖国处于危难之中,可不能围着锅台做饭玩!见鬼!成千上万勇敢的伙计们都跑到前线打仗去了,我杜宣(即杜歇——引者注)老爹难道还能在这火炉旁坐得住?不,见鬼,快走吧,递给我大刀、手枪和步枪,嘿,快点,见鬼!再快些,还有行囊,子弹盒,别忘了我的烟斗和嚼烟……我发誓要用长矛挑回孔代、达尔杜阿或是布耶的脑袋。……不,见鬼,不要国王,尤其不要卡佩,不要叛徒路易。(1791年7月12日)①

德 穆 兰

雅各宾派右翼的机关报先是《法兰西和布拉班特革命报》(1789),后是《老科德利埃报》(1793)。这两份报刊,均由德穆兰创办。德穆兰(Camille Desmoulins),是"法国大革命时期最有影响的新闻记者"(《不列颠百科全书》),他与当时最有影响的革命领袖之一丹东共为雅各宾派右翼首领,而其主要对手就是左翼埃贝尔派。德穆兰革命前是个律师,按说律师,应有一副呱呱叫的口才,然而他却由于口吃不能顺利工作。令人费解的是,这位说话口吃的律师,在大革命爆发后突然变成口若悬河的演说家。1789年7月12日,在皇宫花园的人群中,有个记者喊了一句:"准备战斗!"于是,轰轰烈烈的大革命就由这简简单单的一句话所触发,两天之后巴士底监狱即被攻破。而"准备战斗"这句载诸史册的名句,就出自德穆兰之口。德穆兰先是创办《法兰西

---

① 中国人民大学新闻系新闻事业史教研室编:《外国新闻事业史参考资料》,83页,北京,中国人民大学出版社,1989。

和布拉班特革命报》。布拉班特是比利时的一个省，滑铁卢战场就在该省。1830年比利时独立时，在布拉班特省产生的一支歌曲，后来成为比利时的国歌。德穆兰认为法国革命不仅是法国一国的革命，而且是整个欧洲革命的一部分，法国的革命烈火必将燃遍欧洲大陆，焚毁一切封建王朝。所以，该报一方面报道法国革命的进程，另一方面还广泛讨论比利时以及其他国家的革命问题。后来，德穆兰又创办了《老科德利埃报》。在风起云涌的法国大革命年代，出现了许多以俱乐部为名的政治派别，其中有一个叫科德利埃俱乐部，因为这个俱乐部的成员经常在巴黎的科德利埃修道院聚会，故有科德利埃俱乐部之称。它的宗旨，是阻止滥用暴力和防止侵犯人权，其正式名称就叫"人权和公民权利之友社"。这个俱乐部的领袖之一，正是德穆兰的好友丹东。后来丹东将该俱乐部的领导权交给左翼的埃贝尔派，从此科德利埃俱乐部的调子就越来越激进，逐渐背离了其最初的宗旨。德穆兰创办《老科德利埃报》，意在恢复和遵循原科德利埃俱乐部的传统，即反对滥施暴力和防止侵犯人权。德穆兰还不断在《老科德利埃报》上撰文，抨击掌握着科德利埃俱乐部领导权的埃贝尔派，掀起了一场反埃贝尔运动。他的这些文章流传甚广，以至人们往往互相询问："你有没有读过《老科德利埃报》?"①

　　上面分别讲了雅各宾派左翼与右翼的报纸，最后再提一下雅各宾阵营里的中间派喉舌——《宪法保卫者报》。该报是由罗伯斯庇尔创办的。罗伯斯庇尔与英国资产阶级革命的领袖克伦威尔十分相似：他俩都是大权在握的铁腕人物，后来又都推行独裁与恐怖统治。罗伯斯庇尔不仅把保守的吉伦特派领袖布里索、罗兰夫人等送上断头台，而且还把雅各宾俱乐部的丹东、德穆兰、埃贝尔等也都毫不留情地送上断头台。德穆兰赴刑场时，还对自己被判死刑表示不解，他说："请看，这是对自由的最忠诚的信徒的报偿！"②丹东在断头台前，动情地喊道："噢，亲爱的，我的爱妻，我要永远看不到你了。"③法国大革命中的风云人物、"吉伦特党的灵魂"（米涅）罗兰夫人，临刑前曾满腔悲愤地控诉："自由呵，多少罪恶假汝之名以行！"后来，罗伯斯庇尔果然也被敌对党派送上了断头台，从而印证了丹东临终时的一句诅咒："罗伯斯庇尔就要跟着我死去。"④

　　对法国大革命中的各个革命派别的功过是非，对这些派别的喉舌报刊的优劣利弊，有许多剪不断理还乱的"爱恨情仇"，人们见仁见智，往往莫衷一是。不过，对马拉及其《人民之友报》的评价，一般的看法都比较一致。

---

① ［法］米涅：《法国革命史》，北京编译社译，221页，北京，商务印书馆，1977。
② ［法］米涅：《法国革命史》，北京编译社译，228页，北京，商务印书馆，1977。
③ ［法］米涅：《法国革命史》，北京编译社译，228页，北京，商务印书馆，1977。
④ ［法］米涅：《法国革命史》，北京编译社译，228页，北京，商务印书馆，1977。

二、马拉及其《人民之友报》(1789)

马拉(Jean-Paul Marat),是位杰出的资产阶级革命家、政论家和名记者。1743 生于瑞士,后到法国。他曾获医学博士学位,是位出色的医生,在光学、电学上也颇有造诣,本杰明·富兰克林对他的研究就很感兴趣。大革命前,他曾不断著书,抨击封建专制制度。1789 年 7 月 14 日巴黎人民攻陷巴士底监狱后,他又以满腔的热情投入革命的洪流,与丹东和罗伯斯庇尔并为雅各宾俱乐部的"三巨头"。

马　拉

《人民之友报》创办于大革命爆发后不久。在泥沙俱下、鱼龙混杂的革命高潮中,《人民之友报》最富革命性与斗争性,办得最出色,影响最广泛。正如《18 世纪末法国资产阶级革命》一书所评论的:《人民之友报》从其出版的第一天起,就成了革命民主派的战斗机关报,广大平民都把马拉看作自己利益的保护者。马拉自己也曾说过:能够完成革命的,只有社会的下层阶级,如工人、手工业者、小商人、农民等,一言以蔽之,就是被称为恶汉的那些下层人民。由于马拉一向为人民代言立论,与人民同甘共苦,所以马拉赢得人民的衷心爱戴,被誉为"人民之友"。

他在主编《人民之友报》期间,撰写了大量尖锐泼辣、生动有力的政论。这些政论抨击了封建势力及其种种罪恶,揭露了大资产阶级的动摇与叛变倾向,大力鼓吹革命专政的思想,为后来的雅各宾专政奠定了理论基础。下面一段文字,选自 1789 年 9 月 21 日发表的《揭露麻痹人民和阻挠制订宪法的阴谋》,从中可以约略感受马拉的思想倾向、斗争精神及论战特点:

　　……如果这些牺牲是由慈善精神主使而做出的话,那么就应该承认:这种善心已经未免得晚了一点。怎么!他们只是在看到自己被烧毁的宅第的火花时,才表现出伟大精神,放弃了要把拿起武器争回了本身自由的人保持在锁链之中的特权!他们只是在看到那些巧夺豪取者、横征暴敛者和专制主义的仆从走狗被处死刑时,才表现出慷慨大度,放弃了领主的什一税,而对那些几乎无以糊口的不幸者不再有所强求!他们只是在听到那些被驱逐者的名字,并且看到等待着这些人的命运究竟如何时,才对我们大发恩典废除了兔围权,才允许我们免于被野兽吞噬。①

可以想象,他的这些文章及言论在革命人民中能够引起怎样的反响,《人民之友报》成为他们最爱读的报纸也就不足为奇,这从下面几个小小事例上也可略见一斑:

---

① 蒋相泽主编:《世界通史资料选辑》近代部分,上册,121～122 页,北京,商务印书馆,1964。

一位23岁的厨娘,在被警察问到读什么报纸时,她回答是马拉的《人民之友报》;

一位工人被逮后,从他身上搜出的一份报纸,是马拉的《人民之友报》;

一位鞋匠说,他是看了马拉的《人民之友报》,才开始形成自己的意见;

一位小贩也声称,他的革命观点完全来自马拉的《人民之友报》……

由此可见,最下层的平民百姓是如何信赖和依仗马拉及其《人民之友报》的。而在宣传、动员和组织民众方面,马拉及其《人民之友报》确实成就卓著,名声显赫,成为大革命年代一支响遏行云的战斗号角。

尽管马拉及其《人民之友报》深得劳苦大众的拥戴,但马拉却不断遭到形形色色的迫害,《人民之友报》也屡屡陷入困境。这是因为马拉经常发表激烈的革命言论,每每触及保王派、君主立宪派以及吉伦特派的痛处。于是,他们都对马拉及其《人民之友报》深怀怨愤和不满,先后多次通缉马拉,查封《人民之友报》,捣毁马拉的印刷所。为了躲避追捕,马拉曾两次逃往英国。在《人民之友报》被迫转入地下后,马拉只好东藏西躲地继续办报,有时甚至不得不呆在巴黎的下水道里夜以继日地工作。巴黎的下水道举世闻名,电影《悲惨世界》里有不少它的镜头。那里面像个地下"迷宫",倒是个绝好的藏身之处。不过,长期呆在阴暗潮湿的下水道里,则恰似马拉所说的是一种"地狱的生活"。由于马拉常在下水道里办报,加上"通宵不寐,忍饥挨饿",最后他就得了一种奇怪的皮肤病。这种病一发作,又痛又痒,难以忍受。为此,马拉只有坐在澡盆里,用热水浸泡着,才能减轻一点痛苦,也才能集中精力写作。后来,马拉就是坐在澡盆里办公时,遇刺身亡的。

1793年,是法国大革命年代的多事之秋。雨果的文学名作《九三年》,艺术地再现了当时法国所面临的内忧外患、动荡不安的险恶处境。就在这一年,马拉参与领导了巴黎人民起义,推翻了软弱无能的吉伦特派大资产阶级统治,建立了雅各宾专政,把法国大革命推向高潮。也就在这一年,这位深得人民爱戴的"人民之友",为人民的事业流尽最后一滴血。1793年7月13日,法国国庆节的前一天,一个吉伦特派分子,年仅25岁的女刺客夏洛特·科黛,巧言混进马拉的房间,乘马拉不备,掏出匕首刺杀了正坐在澡盆里接见她的马拉。①

马拉之死,使法国人民失去了一位"人民之友",使法国革命失去了一位出类拔萃的宣传家,一时间举国上下陷入巨大的悲痛之中。各地举行隆重的追悼会,到处回响着为马拉复仇的怒吼,国民公会给予他进入先贤祠的荣誉。马拉的好友、法国古典画派的最后一位大师大卫,得知马拉被刺的消息后,立即赶到现场,怀着悲痛之情完成了《马拉之死》这幅世界名画。画面上的马拉坐在澡盆中,地上有一把刺客扔下的匕首,他的前胸刀口正滴着殷红的鲜血,把澡盆中的水都染红了。他的左手拿着一张纸条,垂地的右手握着一支当时

---

① [法]米涅:《法国革命史》,北京编译社译,203页,北京,商务印书馆,1977。

通用的鹅毛笔,表明马拉被刺时正在办公。在这幅世界名画上,古典画派一向注重的均衡、对称、典雅的艺术特色已不明显,整个画面都弥漫着一种悲剧性色调。

马拉虽然牺牲了,但《人民之友报》的传统却得到继承与发扬。就在马拉遇刺身亡的第三天,巴黎就出现一张新报——《人民之友马拉荫庇下的法兰西共和国政论家》。恩格斯在《马克思和〈新莱茵报〉》一文中,给马拉以如下评价:

> 当我后来读到布日尔论马拉的一本书时,我便发觉,我们在许多方面都不自觉地仅仅是模仿了真正的(不是保皇党人伪造的)《人民之友》的伟大榜样;一切的怒叫,以及使人们在几乎一百年中只知道马拉的完全被歪曲了的形象的那种全部历史捏造,只不过是由于,马拉无情地扯下了当时那些偶像——拉斐德、巴伊等人的假面具,揭露了他们已经成了十足的革命叛徒的面目,还由于,他也像我们一样不认为革命已经结束,而想使革命被宣布为不断的革命。①

三、《人权宣言》第十一条

马克思说过,世界上第一个人权宣言,是北美独立战争中问世的《独立宣言》。这个宣言开宗明义宣称:人人生而平等,生而享有不可剥夺的生命权、自由权和追求幸福之权。《独立宣言》中提到的自由还比较笼统而抽象,而法国大革命年代诞生的《人权宣言》则全面而具体地确立了一系列自由、平等和博爱的原则及其法律规范,在历史上第一次把人权置于法律体系的保护之下。在这一点上,也体现了恩格斯的论断——"美国革命所开始的事情由法国革命来完成"。

《人权宣言》诞生于大革命爆发的 1789 年,具体说是在专制王朝的象征巴士底监狱被攻陷一个多月后的 8 月 26 日。《人权宣言》的全称是《人权与公民权宣言》,共计 17 条。其核心精神,其实就是资产阶级的自由、平等与博爱的思想。比如,第一条"在权利方面,人们生来是而且始终是自由平等的",第六条"在法律面前,所有的公民都是平等的"等。其中,第十一条涉及言论自由、出版自由问题,全文如下:

> 自由传达思想和意见是人类最宝贵的权利之一;因此,各个公民都有言论、著述和出版的自由,但在法律所规定的情况下,应对滥用此项自由负担责任。②

这一条的基本意思有两点:第一要有言论出版自由,第二要为此担负责任。这两点互为补充,缺一不可。如果仅仅强调第一点,而不顾及第二点,那么则如"绝对的权力绝对导致腐败"一样,也势必酿成一系列社会问题。美国一位大法官霍姆斯,在 1919 年审理一

---

① 《马克思恩格斯选集》,第 4 卷,182 页,北京,人民出版社,1972。
② 蒋相泽主编:《世界通史资料选辑》近代部分,上册,124 页,北京,商务印书馆,1964。

《人权与公民权宣言》

个案件时说过,宪法中的言论出版自由不是绝对的,它绝不能保护诸如在剧场中无事生非地大喊"着火了"的那种自由。为了保护自由,同时也为了防止滥用自由,霍姆斯提出一个原则——"明显而现实的危险"(clear and present danger)。假如传播行为具有这一危险,比如,在剧场里无事生非地大喊"着火了",结果引发一场混乱,甚至造成人员伤亡,那就越出言论自由的界限,触犯了公共利益,就得承担相应的法律责任,更不用说相应的社会责任与道德责任。

《人权宣言》第十一条以及整部《人权宣言》,实际上均以英国的洛克、霍布斯,法国的孟德斯鸠、卢梭等启蒙思想家的政治学说为理论依据,集中体现了他们的政治理想,可以说是启蒙运动的概括和总结。以法国的启蒙思想家为例,他们都对限制言论出版自由的专制体制做过猛烈的抨击和批判,他们都一致认为言论自由是人类社会走向文明与进步的必由之路。18世纪法国启蒙思想家伏尔泰说的一句话,更是言简意赅,充满哲理,成为人们经常引用的名言:我不赞成你说的话,但我誓死捍卫你说话的权利(据说他并未讲过这句话,而是后人对他有关言论的概括提炼)。大革命初期的出色演说家和政治家米拉波,1789年向三级会议发表演说时,更大声呼吁出版自由:"让你们法律的第一条永远奉献给出版自由,使它踞于神圣的地位。在所有的自由中,它最不能触犯,最不受限制。假如丧失了它,其他自由便永远得不到保障。"①米拉波深受弥尔顿的影响,他曾将《论出版自由》译成法文广为传播。马克思也给予米拉波很高评价:"法国革命时最伟大的演说家米拉波的永远响亮的声音直到现在还在轰鸣;他是一头狮子,你想要和人们一起叫一声'吼得好,狮子!',就必须亲自倾听一下这头狮子的吼声。"②由于资产阶级启蒙思想的广泛传播,深入人心,到大革命前夕,言论自由、出版自由的主张已经成为普遍的社会诉求。于是,大革命爆发后仅一个多月,包括出版自由条款在内的《人权宣言》便庄严诞生。

当国民议会在讨论《人权宣言》第十一条时,对如何精确表达言论出版自由的原则还进行过一番辩论。罗伯斯庇尔主张绝对自由,毫不限制,遭到许多代表的反对。接着,拉法耶特又提出一份草案。拉法耶特(La Fayette),又译拉斐德,是君主立宪派的领袖人物之一,参加过北美独立战争,与华盛顿友谊笃深——其子就取名乔治·华盛顿·拉法耶特,巴士底监狱攻陷后任新组建的巴黎革命自卫军总司令,受命当天即下令拆毁巴士底监狱,所以被誉为"两个世界的英雄"。拉法耶特提出的草案如下:任何人生来享有不可剥夺、不受时效约束的权利:发表一切言论的自由。这份草案明显受到《独立宣言》的影响,乃至句式都带有《独立宣言》的痕迹。它虽然明确提出言论自由属"天赋人权",不可剥夺,但未涉及滥用自由的问题,所以在讨论中也被否决。

随后,著名小册子《什么是第三等级》的作者西哀士又提出第二份草案:任何人均有权发表言论或保持缄默,不得禁止任何人以任何方式表达思想及情感,尤其每个人均有权自由地写书、印刷或通过他人印刷自己认为合适的文字,唯一的先决条件是不得损害他人的权利。最后,任何作家均可以散发或通过他人散发自己的作品,可以自由地通过邮局或其他途径传播其作品。西哀士的这份草案固然比较完备,弥补了拉法耶特草案的不足,明确规定了言论出版自由的界限,即"不得损害他人的权利"。可惜,作为原则性的条款,其内容不免过于具体,表达又显得过于繁琐,因此同样未被采用。

几经反复,最后由拉罗什富科-利昂库尔公爵(La Rochefoucauld-Liancourt)提出的草案终于被采纳,这就是正式发表的《人权宣言》第十一条。显而易见,这是一份比较成熟的修正案,它不仅完整表述了"自由"与"责任"两项原则,而且文字精练,措辞准确,具有高度

---

① [美]J.赫伯特·阿特休尔:《权力的媒介》,黄煜等译,17页,北京,华夏出版社,1989。
② 《马克思恩格斯全集》第一卷,148页,北京,人民出版社,1995。

的概括性。所以,只经过几处文字润饰,国民议会便很快通过了这一提案。

后来,《人权宣言》成为法国《九一年宪法》的序言,它的第十一条则为法国1881年的新闻自由法奠定了理论和法律基础,并陆续为许多国家的宪法或宣言所借鉴。1948年,联合国大会通过了《世界人权宣言》(Universal Declaration of Human Rights),其中第十九条也带有《人权宣言》第十一条的烙印:

> 人人有权享有持有主张和发表意见的自由;此项权利包括持有主张而不受干涉的自由;通过任何传播媒介和不论国界去寻求、接受和传递信息与思想的自由(Everyone has the right to freedom of opinion and expression; this right includes freedom to hold opinions without interference and to seek, receive and impart information and ideas through any media and regardless of frontiers)。

《人权宣言》不仅包含着法国大革命的基本要旨,同时也是人类历史上一个富有象征意味的重大事件。"用一位法国历史学家的话来说,它相当于旧制度的死亡证书。宣言被印成许许多多的传单、小册子、书籍并被翻译成其他语言,使'自由、平等、博爱'的革命口号传播到整个欧洲,最后传播到整个世界。"①另外,不言而喻,《人权宣言》第十一条在新闻传播史上,也是一座意义重大的里程碑。它不仅第一次确立了出版自由的基本原则和核心内涵,而且表明经过几百年的反复较量,资产阶级终于在意识形态领域战胜封建势力,为19世纪以来的自由报业打开了思想通道。正如法国新闻史学者所论述的:"在整个19世纪中,这些原则成为全世界新闻工作者倾心追求的目标。"②

法国大革命年代的报业就讲到这里。到此为止,我们已经分别讲述了英国、美国和法国三国资产阶级革命时期的报业。英美法三国的革命犹如一部主题连贯的奏鸣曲。最早的英国革命好比奏鸣曲的呈示部,将奏鸣曲的主题即推翻封建专制、建立民主共和,完整地呈现出来。接下来,北美独立战争恰似奏鸣曲的展开部,又将这一主题做了淋漓尽致地发挥和发展。最后,法国大革命则构成这部奏鸣曲的再现部,并以辉煌热烈、激动人心的高潮收束了全曲。考察这三次资产阶级革命,不难发现革命报业所具有的一些共同特征:

第一,它是资产阶级革命的一条生死攸关的战线。换言之,资产阶级与封建势力在这条战线上进行着殊死的搏斗,在这里受挫就意味着整个革命事业的失利,而在这里获胜就预示着整个革命事业的成功。正是基于这一点,埃默里父子在他们合著的《美国新闻史》一书中写下这样一番话:

> 其实,如果以思想作为衡量的标准,甚至可以说在一七七五年革命就已经完成,

---

① [美]斯塔夫里阿诺斯:《全球通史——1500年以后的世界》,吴象婴等译,349页,上海,上海社会科学院出版社,1992。
② [法]彼·阿尔贝等:《世界新闻简史》,许崇山等译,24页,北京,中国新闻出版社,1985。

而战争只是捍卫这些思想的手段,使其不致被那些不肯接受新思想的人所扼杀。①

第二,在宣传鼓动方面,报业释放出巨大的能量,为大革命营造了必不可少的思想基础和舆论氛围,对激发广大民众的斗争热情,促使他们将革命进行到底,也发挥了无与伦比的作用。法兰西第一共和国成立后,曾用共和历取代基督教历。新历法把一年分为十二个月,每月三十天,另有五天放在一年之末,属于全年,称为"无套裤日"。这五天分别为"才艺节"、"劳动节"、"行动节"、"报偿节"、"舆论节"。② 专门定下一天为舆论节,也说明舆论在革命运动中的显著作用。也正因如此,世间才流传一句据说是拿破仑的名言——记者一支笔,胜过三千毛瑟枪。此话不知出自何处,不过据做过驻法大使的奥地利政治家梅特涅记述,拿破仑确实表露过类似的看法:

> 在拿破仑看来,报纸相当于一支三十万人的军队;一支三十万人的军队在安邦定国、对外威慑方面所起的作用,还比不上半打受雇的蹩脚的记者。③

第三,革命报业都将出版自由、言论自由当成首要任务之一。英国革命中,大诗人弥尔顿第一次提出出版自由的口号,向钳制言论的痼疾宣战;北美独立战争年代,殖民地人民以抵制印花税的行为表达对出版自由的渴求;法国大革命爆发后,《人权与公民权宣言》庄严诞生,更向全世界正式宣告言论出版自由的神圣不可侵犯。尽管这时的言论出版自由还只限于理念,与付诸实践尚有距离,但是比起封建专制时代的践踏人权、钳制言论,毕竟是历史上的一大进步。所以,列宁说道:

> "出版自由"这个口号,从中世纪末到19世纪,在全世界成了伟大的口号。为什么呢?因为它反映了资产阶级的进步性,即反映了资产阶级反对僧侣、国王、封建主和地主的斗争。④

第四节 18世纪的"高级报纸"

1703年,俄国最早的印刷报纸《新闻报》,在莫斯科出版。其全称是《莫斯科王国和邻国发生的值得知道和记载的军事和其他事件的新闻报》,这大概是世界上名称最长的一家报纸了。该报由彼得大帝下令创办。彼得大帝,是俄国历史上一位著名的改革家。他从执政之日起,便立志改革,变法图新,对封闭的俄罗斯社会进行了一系列大刀阔斧的改革。

---

① [美]埃默里等:《美国新闻史》,苏金琥等译,68页,北京,新华出版社,1982。
② [法]米涅:《法国革命史》,北京编译社译,216页,北京,商务印书馆,1977。
③ [法]彼·阿贝等:《世界新闻简史》,许崇山等译,32页,北京,中国新闻出版社,1985。
④ 《列宁全集》,第二版,第42卷,85页,北京,人民出版社,1987。

他不仅引进外国的先进科技,而且推行外国的进步制度,同时还大胆倡导外国的优秀文化,革除俄罗斯一些落后的习俗。比如,他曾下令禁止再穿俄罗斯的旧式长袍,只准穿西装,这与赵武灵王的"胡服骑射"颇为相像。再如,当时俄国人都留有大胡须,既不卫生,也不雅观。于是,彼得大帝下令剃除胡须,他还亲手用剪刀剪掉一个贵族的大胡子。当时,许多贵族老爷剃除胡须后,就像清末遗老遗少被革命党剪去辫子一样,如丧考妣,痛不欲生。正是在彼得大帝这样一位开明君主领导下,古老的俄罗斯开始

彼得大帝

从封闭的躯壳中苏醒,并且跃入欧洲列强之列。历代沙皇的首都,也是十月革命的摇篮圣彼得堡,就是以彼得大帝的名字命名的。而俄国的第一张报纸《新闻报》,也是他推行新政的一大成果。时隔半个世纪,俄国的第一份私人创办的杂志《勤蜂》于1759年问世。这是一份类似英国《旁观者》的期刊,上面刊登的一些文章就译自《旁观者》。

另外,《新闻报》创刊的同一年,奥地利的第一份报纸——《维也纳日报》(*Vienna Zeitung*)创刊。这份报纸除希特勒占领期间外,一直到现在仍在出版,是世界上历史最悠久的报纸之一。该报现为奥地利政府机关报,每天有一版专门刊登政府公报。

1752年,加拿大的第一份报纸——《哈利法克斯公报》创刊。哈利法克斯是加拿大新斯科舍省的省会。

1763年,挪威的第一份报纸——《基督教消息报》创刊。

1794年,印度第一份报纸——《印度世界报》在加尔各答创刊。

1800年,也就是18世纪的最后一年,澳洲的第一份报纸——《澳大利亚公报》在悉尼创刊。

……

18世纪创刊发行的所有报刊中,最有生命力的还是英国的《泰晤士报》、丹麦的《贝林时报》和瑞士的《新苏黎世报》。这三份报纸至今依然声名卓著,广受重视。

一、高级报纸与大众报纸

古往今来的报刊虽然浩如烟海,品种繁多,但大致说来可分为两类:一类是"高级报纸"(elite, great, standard, serious, quality 等),一类是"大众报纸"(popular, mass, sensational, quantity 等)。高级报纸着重刊登国内外重大新闻和严肃评论,其读者多属有权势、有声望、有知识、有教养的社会"精英"阶层,如《泰晤士报》、《纽约时报》、《南华早报》(香港)等。大众报纸主要刊登有趣有用的各种社会新闻,以及大量体育、影视、游玩等娱

乐性内容，同时也免不了耸人听闻的黄色新闻，对国内外的重大事件则往往以简短通俗的形式加以报道，读者一般多为社会大众。比如《太阳报》（英国）、《纽约每日新闻》、《东方日报》（香港）等。

1965年，美国新闻学者约翰·梅里尔（John C. Merrill）做过一项研究。他从世界各国的众多报刊中，遴选出100份高级报纸（据联合国教科文组织统计，目前全球计有18万种报纸，其中日报8 220种），然后将它们分成高低四组。第一组有10份，包括《人民日报》、《真理报》（苏联）、《泰晤士报》、《纽约时报》等；第二组有20份，包括《华盛顿邮报》、《朝日新闻》（日本）、《消息报》（苏联）等；第三组有30份，包括《华尔街日报》、《洛杉矶时报》等；第四组有40份，包括《金字塔报》（埃及）、《大公报》（香港）等。他将这100份高级报纸，按这样四个等级排成一个金字塔——"梅里尔高级报纸金字塔"（MERRILL ELITE PRESS PYRAMID）。在这项研究的基础上，梅里尔又完成一部专著——《高级报纸》（*The Elite Press*），对这100份高级报纸的历史、现状及特征分别进行了论述。

上面提到的18世纪三份生命力最强的报纸——《泰晤士报》、《新苏黎世报》和《贝林时报》，均被梅里尔教授选入其高级报纸金字塔，并且《泰晤士报》与《新苏黎世报》都在第一组，《贝林时报》仅低一级在第二组，由此可见这三份报纸在全球报业中的地位和影响。《泰晤士报》将在以后重点介绍，这里先谈谈《贝林时报》与《新苏黎世报》。

二、《贝林时报》(1749)

《贝林时报》（*Berlingske Tidende*），是丹麦最负盛名的高级报纸，创刊于1749年。创办该报的是位德国人，名字就叫"贝林"。《贝林时报》刚创刊时，还是采用早期报刊大多沿用的小册子形式，也就是所谓的新闻书。贝林创办《贝林时报》仅一年就去世了。此后，《贝林时报》一直由贝林的子孙们继续经营，至今已是贝林的第九代了。现在的贝林家族家大业大，是丹麦首屈一指的报业垄断集团，控制了丹麦全国日报总发行量的四分之一。1961年，美国密苏里新闻学院授予《贝林时报》以该院的"荣誉奖章"（Honor Medal），我国的《大公报》解放前也曾获此"殊荣"。

除了经营《贝林时报》，贝林家族又在1916年创办《贝林晚报》（*Berlingske Aftenavis*）。这是一种小型报（tabloid）。所谓小型报，就是内容上追求轰动刺激，形式上讲究多图片、大标题的黄色小报，是最典型的大众报纸。正像《贝林时报》是丹麦最著名的高级报纸，《贝林晚报》则是丹麦最流行的大众报纸。同一报人却发行两份截然不同的报纸，在国外新闻界并不罕见。比如英国的高级报纸《泰晤士报》与黄色小报《太阳报》，现在就属同一主人——鲁铂特·默多克。

三、《新苏黎世报》(1780)

《新苏黎世报》(*New Zurich Daily*),既是瑞士首屈一指的大报,也是世界屈指可数的高级报纸。它被梅里尔教授排在"高级报纸金字塔"的第一组,并且名列10份报纸的第二位。梅里尔认为它是最有个性、最严肃、最负责、最具有世界性的报纸。美国锡拉丘兹大学的七位新闻学教授,甚至将它评为世界最佳报纸。

《新苏黎世报》创办于1780年,当时叫《苏黎世报》。苏黎世是瑞士第一大城,全国的工商金融中心,著名的苏黎世大学也在其附近。《苏黎世报》创刊之初,德国作家哥德正在苏黎世。当该报发行人请哥德为该报推荐一个主编时,发生了一件有趣的事情。在《苏黎世报》原来的报头上有一幅画,画着一个送信的驿使,吹着号,骑着马,从左向右驰奔。当哥德推荐新主编后,报头上的驿使和他的马便改变方向,成为从右向左奔跑了。以后这便成为一种惯例,每当更换主编时,报头上的驿使及其驿马便调换前进方向,而该报读者据此就可知道主编是否换人。1820年,《苏黎世报》的销量下降到不足五百份,不得不停刊整顿。从此,报头上会改变方向的奔马,就被永远关入马棚,那个乐于助人的驿使也一去不返了。

1821年,《苏黎世报》改名《新苏黎世报》重新发行。《新苏黎世报》在一位经验丰富的记者指导下,很快就以其精彩的国外报道以及开明的政治观点而赢得读者的瞩目。直到今天,《新苏黎世报》的国际新闻仍被公认为是最出色的。这一点仅从它的驻外记者绝大多数具有博士学位,就可略知一二。1894年起,《新苏黎世报》开始发行早中晚三版。为此,有位作家称它是"每天三次的时事百科全书"。《新苏黎世报》用的是德文。因为,瑞士受德国文化的影响很深。在瑞士,三分之二的人说德语,三分之二的报刊用德文。为满足英语读者,《新苏黎世报》在1957年又创办一份英文月刊,名为《瑞士国际问题评论》,其内容主要摘译自《新苏黎世报》。

在西方报界,《新苏黎世报》以其异世独立的报道风格独树一帜。众所周知,西方新闻界一向标举客观报道,新闻中严禁羼杂个人的主观见解,新闻与言论严加区分。为此,西方报刊除了新闻版之外,再辟专发评论的评论版。我国唯一的英文大报《中国日报》上,每天都有一个评论版(Opinion),发表各方的见解以及报纸的社论。美国之音在每次新闻节目之后,再单另播放一篇所谓"代表美国政府立场的社论",新闻与评论分得一清二楚。而《新苏黎世报》却完全不同,其新闻与言论常常一锅煮,不做区分。在《新苏黎世报》看来,"事实本身无关紧要,要紧的是怎样看待新闻"。也就是说,单纯地、客观地报道新闻事实意义不大,关键是用特定的观点解释新闻。《新苏黎世报》的一位主编就认为,记者的首要任务在于解释新闻。所以,《新苏黎世报》既是一份新闻纸,又是一份观点纸,既对事实进行报道,同时又对事实加以阐释——这是它的一大特色。

建议参考资料

1. [美]雅克·巴尔赞:《从黎明到衰落——西方文化生活五百年》,北京,世界知识出版社,2002。
2. [英]约瑟夫·阿狄生:《伦敦的叫卖声》,北京,三联书店,1997。
3. [法]米涅:《法国革命史》,北京,商务印书馆,1977。
4. 朱学勤:《两个世界的英雄——托马斯·潘恩》,见《风声·雨声·读书声》,北京,三联书店,1994。
5. 项翔:《近代西欧印刷媒介研究——从古腾堡到启蒙运动》,上海,华东师范大学出版社,2001。

本章思考题目

1. 18世纪初,英国有哪些主要的杂志?其内容与风格有何不同?
2. 为什么说《波士顿新闻信》是美国第一张连续出版的报纸?为什么叫"新闻信"?
3. 什么是"蛇的漫画"?
4. 曾格案件是怎么回事?
5. 独立战争年代的"通信委员会"是个什么组织?
6. 托马斯·潘恩是何许人?《常识》与《危机》的主要内容是什么?
7. 英国的第一张日报是什么时候创刊的?法国的第一张日报是什么时候创刊的?
8. 法国大革命期间有哪些重要的政治派别及其报刊?
9. 如何看待马拉及其《人民之友报》?
10. 《人权宣言》是怎么回事?其中第十一条的核心思想是什么?
11. 高级报纸与大众报纸有什么区别?
12. 《新苏黎世报》在报道上有什么特点?

第四章 19世纪（上）：从政党报刊到商业报刊

第一节　美国政党报刊及其"黑暗时期"

一、联邦党的报刊与报人

1. 约翰·芬诺和《美国公报》(1789)
2. 威廉·科贝特和《箭猪公报》(1797)
3. 亚历山大·汉弥尔顿和《纽约晚邮报》(1801)

二、共和党的报刊与报人

1. 菲利普·弗雷诺和《国民公报》(1791)
2. 本杰明·富兰克林·贝奇与《曙光报》(1790)
3. 杰斐逊与《国民通讯员报》(1800)

三、小结

1. 政论多，新闻少
2. 党派性强，可信性差
3. 读者少，销量低
4. 造谣诽谤，谩骂攻讦

第二节　别开生面的商业报刊

一、美国三大便士报

1. 本杰明·戴和《纽约太阳报》(1833)
2. 詹姆斯·戈登·贝内特和《纽约先驱报》(1835)
3. 霍勒斯·格里利和《纽约论坛报》(1841)
4. 查尔斯·达纳和亨利·雷蒙德

二、英国的《泰晤士报》

1. 非独立时期（沃尔特第一的阶段）
2. 独立时期（沃尔特第二以后阶段）
3. 声震英伦的"朱庇特"——托马斯·巴恩斯(1785—1841)
4. 大器早成的约翰·德莱恩(1817—1879)
5. 第一个战地记者——威廉·霍华德·拉塞尔(1820—1907)

三、法国的三大廉价报纸

1. 吉拉丹与《新闻报》(1836)
2. 迪塔克与《世纪报》(1836)
3. 威尔梅森与《费加罗报》(1826)

四、小结

1. 三大特征
2. 三点说明

第三节　商业报刊背景透视

一、社会背景

二、思潮背景

1. 约翰·洛克——自由思想的先驱
2. 托马斯·杰斐逊——自由思想的化身
3. 约翰·密尔——自由思想的集大成者
4. 总结与反思

建议参考资料

本章思考题目

在现代历史进程中,19世纪仿佛是个辉煌灿烂、异彩纷呈的世纪。著名翻译家傅雷先生,在《贝多芬的作品及其精神》一文里曾这样激情洋溢地赞颂19世纪:

> 法国大革命,展开了人类史上最惊心动魄的一页:19世纪!多悲壮、多灿烂!仿佛所有的天才都降生在一时期……从拿破仑到俾斯麦,从康德到尼采,从哥德到左拉,从达维特(法国新古典主义的画家Jacques-Louis David,名画《马拉之死》的作者——引者注)到塞尚纳(印象派画家Paul Cézanne,被誉为"现代艺术之父"——引者注),从贝多芬到俄国五大家(俄罗斯民族乐派的五位音乐家:居伊、巴拉基列夫、穆索尔斯基、鲍罗丁和里姆斯基-柯萨可夫——引者注);北欧多了一个德意志,南欧多了一个意大利,民主与专制的搏斗方终,社会主义的殉难生活已经开始:人类几曾在一百年中走过这么长的路!①

傅雷先生这番"溢美之辞",无异于为西方19世纪的社会历程,勾勒了一条粗略的历史线索,尤其是为其中的精神世界描绘了一张写意图——若加一句"从法拉第到达尔文"可能更加完整。

也正是从19世纪起,新闻事业开始进入迅速发展与空前繁荣的时期。犹如万里长江从源头的涓涓细流,经过上游千曲百折的狭窄河道,如今终于冲出三峡,正以磅礴的气势,浩浩荡荡,直奔东海。又如早期的忽隐忽现、若明若暗的星星之火,如今终于冲天而起,蔚为燎原之势,席卷天下!比如,当今许多颇负盛名的大报,都是从19世纪发展起来的,如《泰晤士报》《纽约时报》《新苏黎世报》等。再如,19世纪的一些新闻人,已成为新闻史上空前绝后的巨人——路透的声名通过路透社深入千家万户,普利策设立的普利策新闻奖几乎被视为报业的诺贝尔奖等。至于诞生于19世纪的法新社、路透社和美联社,如今都稳居世界几大通讯社之列。另外,19世纪人类在自然科学,特别是电磁学上获得的突破性进展,又为20世纪电子媒介的兴起,为广播、电视、网络的登台亮相提供了必要的发展平台,奠定了坚实的科技基础。总之,19世纪对全球新闻事业来说,确实是一个承前启后、继往开来的重要时期。

大致说来,新闻事业在19世纪有过三次飞跃:第一次是商业报刊的出现,第二次是通讯社的产生,第三次是大众报业的崛起。下面,我们将用三章分别介绍这三次飞跃。

第一节 美国政党报刊及其"黑暗时期"

按照西方报业的功能及特征,可将其新闻事业的进程分为四个阶段:官报、政论报刊、政党报刊和商业报刊。所谓官报,是针对早期专制王朝钳制报业、垄断舆论的情况而

---

① 傅雷:《贝多芬的作品及其精神》,见《傅译传记五种》,197页,北京,三联书店,1983。

言的,那时的报业大都附属于封建国家,成为实际上的官报,故称官报。所谓政论报刊,是指资产阶级革命年代的报业,如英国清教徒革命、法国大革命、北美独立战争年代的报刊。这个时期,社会及报业都形成相互对立的两大阵线:革命阵线与反革命阵线。敌对双方不仅在战场上兵戎相向,而且在报刊上唇枪舌剑、互相挞伐,展开激烈的论战,所以,这种报刊就被称为政论报刊。所谓政党报刊(partisan press),大致是从资产阶级革命成功到19世纪中叶工业革命基本完成这一历史阶段,这期间的报刊大都直接听命于某个资产阶级政党,成为不同政党的喉舌,故有政党报刊之称。至于商业报刊(commercial press),则指19世纪以后独立经营的市场化报刊。

若从"新闻专业主义"的角度看,这四个阶段实际上分属两个时期:前三个阶段即官报、政论报刊与政党报刊为一个时期,其时报刊上的内容主要是政论,即使新闻也大都带有比较明显的倾向性或偏见,而读者则主要局限于社会的中上层——这个时期识文断字的主要是这些阶层。第四个阶段即商业报刊为第二个时期,这个时期报刊的内容才由政论为主转向新闻为主,读者也由以往的中上层转向社会大众——这个时期国民教育也开始普及。

为了真切了解商业报刊及其来龙去脉,需要先对此前的政党报刊进行考察。政党报刊的一些特征,在笛福主编《评论》杂志的18世纪初已经显露端倪。独立战争胜利后,政党报刊在美国进一步发展,达到登峰造极的地步,其种种特征也都表露得淋漓尽致。所以,我们就以这一时期的美国为典型,具体解剖一下西方的政党报刊。

美国新闻史权威、曾任密苏里新闻学院院长的F.莫特(Frank Luther Mott),将1783年到1833年的整整半个世纪,称为美国新闻史上的"黑暗时期"。1783年是独立战争正式结束的时间,而1833年则是美国第一份廉价报纸《太阳报》创刊发行的时间——它的出现也标志着美国商业报刊的诞生。在这半个世纪的时间里,美国的许多报刊都充当了当时两大政党的喉舌,并且声嘶力竭地为所属党派摇旗呐喊,起哄助威,最后发展到谩骂攻讦,造谣诽谤的程度,甚至不同政见的报人在大庭广众下大打出手,真可谓斯文扫地!所以,莫特把这半个世纪称作美国新闻史上的"黑暗时期"。

我们知道,今天的美国由两大政党轮流执政。这种两党制的政治传统,早在美国建国初期就已形成。当时,美国政坛围绕联邦宪法,曾经展开了一番激烈的论战,并由此形成两大政党——联邦党和共和党。不过,这个共和党可不是今天的共和党,恰恰相反,它在一定意义上是今天民主党的前身。联邦党的领袖人物,是华盛顿内阁的美国第一任财政部长亚历山大·汉弥尔顿,而共和党的领袖人物,就是《独立宣言》的执笔人、美国第一任国务卿托马斯·杰斐逊。关于他们的一系列政治分歧以及孰是孰非,历史学家一直众说纷纭。大致说来,汉弥尔顿比较赞成一个强大的中央政府,而杰斐逊则力主地方分权;汉弥尔顿倡导工业文明,而杰斐逊则倾心农业社会;外交方面,汉弥尔顿赞成同英国交好,而杰斐逊则希望同法国结盟;个人秉性上,汉弥尔顿带有更多贵族的派头,而杰斐逊则具有更强的民主意识。

下面先分别谈谈联邦党和共和党的报刊及其报人,然后再对政党报刊做个总结。

一、联邦党的报刊与报人

1. 约翰·芬诺和《美国公报》(1789)

《美国公报》

《美国公报》(*Gazette of the United States*),可以看作联邦党的机关报。它得到联邦党一些头面人物,包括汉弥尔顿的资助,并由约翰·芬诺(John Fenno)编辑。芬诺是个教员,1789年为了及时报道合众国第一任总统华盛顿的就职典礼,便在当时的首都创办了这份《美国公报》。美国建国之初的首都在纽约,1791年迁都费城,直到1800年才定都华盛顿。《美国公报》经常刊登联邦党骨干的文章,所以一直保持较高的水平。不过,它的发行量从未超过1 400份,在今天看少得可怜。

华盛顿总统迁都费城后,芬诺也将其《美国公报》迁到费城。1798年,费城开始流行一场可怕的疾病"黄热病"——因为患者伴有高烧和肝部黄疸,故名。黄热病曾是世界上最严重的急性传染病,危害程度不亚于鼠疫、霍乱、麻风病等,过去200年里多次肆虐,反复流行,每一次都使成千上万的人丧生,弄得人心惶惶,社会陷于瘫痪。1798年费城流行的这场黄热病也是如此,不少居民染病,幸存者纷纷逃离费城。而《美国公报》的发行人芬诺,也死于这场可怕的瘟疫。

2. 威廉·科贝特和《箭猪公报》(1797)

《美国公报》是在第一任总统就职前半个月,创刊于当时的首都纽约,而《箭猪公报》是在第二任总统亚当斯宣誓就职的当天,创办于当时的首都费城。《箭猪公报》(*Porcupine's Gazette*)——全称是《箭猪公报与广告日报》(*Porcupine's Gazette and Daily Advertiser*),也得到联邦党的资助,并由威廉·科贝特(William Cobbett)编辑。

科贝特和芬诺一样也是教员,他创办的《箭猪公报》自始至终都是一份言辞激烈的联邦党报刊,他在创刊号上就曾宣称:我将不作公正不倚地陈述,那将毫无用处,而且毫无意义。他对共和党及其领袖杰斐逊肆无忌惮地攻击谩骂,让联邦党人都觉得过分。比如,他在诋毁本杰明·富兰克林的后代时,连本杰明·富兰克林这位深受美国人民爱戴的开国元勋也一同加以贬损。后来,有人干脆把科贝特比做"箭猪"——一种类似于刺猬,浑身上下长满坚硬毛刺的动物。然而,科贝特不仅不在乎,反而就用"彼得·箭猪"(Peter Porcupine)做自己的笔名。埃默里父子的《美国新闻史》一书写道,历史上很少有几位报刊编辑,在持续不懈地辱骂方面能超过"彼得·箭猪"那支尖刻恶毒的笔了。

3. 亚历山大·汉弥尔顿和《纽约晚邮报》(1801)

如前所述,汉弥尔顿(Alexander Hamilton)是联邦党的领袖人物。他在扭转独立战争战局的特伦顿战役中,表现英勇,第一次显露其军事才华。后来,华盛顿将军便请他做了自己的副官。合众国成立后,华盛顿总统又请他担任财政部长,从而使他成为美国的第一任财政部长。《不列颠百科全书》称他是"美国的一位行政天才",一位"伟大的爱国者","他的经济、政治、军事和外交纲领,都有一个明确的目标,即建立强大的美利坚合众国"。①

汉弥尔顿不仅是著名的律师和政治活动家,同时也是位出色的新闻工作者,被誉为"美国社论之父"。他大力资助芬诺等人的联邦党报刊,并经常为之撰稿。当联邦党报人受到起诉时,他又亲自出庭进行辩护。除此而外,他还参与创办了一份大名鼎鼎的报纸——《纽约晚邮报》(*New York Evening Post*)。②

1800年,共和党领袖杰斐逊当选美国的第三任总统。从此,联邦党便一蹶不振,日趋没落。其中的原因之一在于,杰斐逊的两位前任——第一任总统华盛顿和第二任总统约翰·亚当斯,实际上都属于或倾向于联邦党。为了扭转联邦党的颓局,汉弥尔顿便邀请威廉·科尔曼(William Coleman),于1801年杰斐逊就职之前创办了《纽约晚邮报》,科尔曼成为该报的第一任主编。在此后的30年中,《纽约晚邮报》一直都是联邦党的主要喉舌。

1804年,汉弥尔顿死于一场决斗。在此之前,他始终担任《纽约晚邮报》的社论起草人。他经常在夜间会晤主编科尔曼,口述社论,然后由科尔曼速记下来,第二天见报。这

---

① 《不列颠百科全书》国际中文版,第7卷,421页,北京,中国大百科全书出版社,1999。
② 开始,报头上的"纽约"二字之间,有一横线——New-York,后来才逐渐取消。

些社论还被许多联邦党报刊转载,产生广泛影响。汉弥尔顿的传记作者说过:

> 他是一位天生的新闻工作者和小册子作者——美国报纸社论之父之一。他的敏锐的判断力、深刻的洞察力、高度抽象集中的能力以及文字表达的清晰简练等,是第一流社论作家所具备的品质……笔,就是他的权杖和利剑。①

顺便说一下,1934年,《纽约晚邮报》改名为《纽约邮报》(*New York Post*),1942年成为煽情性的小型报(tabloid),直到今天仍在出版,是美国历史上连续出版时间最长的报纸。2001年,该报还隆重庆祝创刊200周年。20世纪末,由于经营困难,该报几经倒手,最后终于为报业巨头鲁铂特·默多克所据有。现在《纽约邮报》所在的大楼,就设在默多克在美国的新闻集团及其所属福克斯广播公司的总部。另外,在其两百余年的历史上,《纽约邮报》也涌现了一批批出类拔萃的记者,留下一篇篇令人难忘的报道。这里,我们不妨举一篇独出心裁的"讣闻"。

我们知道,罗斯福是美国历史上一位伟大的总统,也是第二次世界大战的英雄人物。在他的领导下,美国人民万众一心,众志成城,度过大战中最艰难的岁月,一步一步走向胜利。为此,他赢得美国人民以及盟国人民的爱戴,正如《纽约时报》所说:"别国人民对他也以'总统'相称,仿佛他是全世界的总统。"所以,罗斯福的去世,自然使人们陷入巨大的悲痛之中。纽约交响乐团取消在卡内基音乐厅举行的音乐会,这是自林肯总统逝世以来的第一次。英国皇家的《宫廷通报》,破天荒地第一次登出一个外国元首而非皇家成员的讣闻。就连美国当时的敌国日本,也出人意料地广播了日本首相的悼词。而在所有悼念活动中,最感人、最难忘的还数《纽约邮报》发表的一则简短的讣闻。它刊登在《纽约邮报》的每日伤亡栏前面(大战期间,《纽约邮报》每天都在固定栏目中刊登阵亡将士名单):

> 华盛顿4月16日电:最近一批部队死亡名单及其近亲的姓名:
> 陆军-海军阵亡
> 富兰克林·德·罗斯福,总司令。妻子:安娜·埃莉诺·罗斯福,地址:白宫。②

这则短讯简略到极点,似乎也平淡到极点。可是,不难发现就在其波澜不惊的表层下面,却寄托着多少汹涌不已的哀思,寥寥数语却包含了多少长歌当哭的情意。正如美国一位名记者所说的,罗斯福在天有灵,也会深为这则短讯所感动。③

---

① [美]埃默里等:《美国新闻史》,苏金琥等译,100页,北京,新华出版社,1982。
② [美]威廉·曼彻斯特:《光荣与梦想》,第2册,广州外国语学院美英问题研究室翻译组合译,509页,北京,商务印书馆,1979。
③ [美]威廉·曼彻斯特:《光荣与梦想》,第2册,广州外国语学院美英问题研究室翻译组合译,509页,北京,商务印书馆,1979。

二、共和党的报刊与报人

1. 菲利普·弗雷诺和《国民公报》(1791)

正如《美国公报》是联邦党的机关报一样,《国民公报》是共和党的主要喉舌。《国民公报》(National Gazette),由菲利普·弗雷诺(Philip Freneau)主编。他是当时美国一位著名的诗人,本杰明·富兰克林逝世后,他还写过一首悼念的诗,最后一节写道:

> 帝王们垮了一批换一批,
> 寻找继承者很容易;
> 举世无双的富兰克林啊!
> 很少人能指望比得上您;
> 您横扫了暴君的威风,
> 使九天的怒雷回避!
> （姚善友译,钱钟书、杨绛过目修改）

弗雷诺毕业于普林斯顿大学,与美国第四任总统、美国"宪法之父"麦迪逊是同学,而麦迪逊又是杰斐逊的挚友。"由于同班同学麦迪逊的引荐,这个人微言轻的叛逆引起了杰斐逊的注意。麦迪逊告诉这位反联邦党人领袖(即杰斐逊——引者注)说,弗雷诺正是与芬诺和拉塞尔之类斗士在新闻方面展开较量的人选。杰斐逊对麦迪逊的主张一向是考虑的,这位蒙蒂塞罗庄园的主人把麦迪逊当儿子一样看待。杰斐逊提出,如果弗雷诺肯办一份反联邦派的报纸,他就给弗雷诺一笔津贴,让他作为一名译员在国务院供职。"①于是,在麦迪逊的引荐下,1791年弗雷诺来到当时首都费城,开始在国务卿杰斐逊手下工作,同年即创办《国民公报》。为此,汉弥尔顿曾发表文章指责说:

> 一位政府官员竟然创办了一家报纸,而且竟然用自己掌握的公款定期津贴那家报纸的编辑……政府一个主要部门的首脑杰斐逊先生成了以诽谤政府及其措施为明显宗旨的一家报纸的保护人,这难道不是太荒唐了吗?

其实,汉弥尔顿不也以财政部长的身份资助、保护联邦党的报刊吗?这难道就不"荒唐"了吗?问题的关键在于,弗雷诺那支犀利无比的笔触到了汉弥尔顿的痛处,比如弗雷诺直言不讳地说,汉弥尔顿是个君主政体的拥护者。除了抨击汉弥尔顿及其联邦党的政纲外,弗雷诺还把矛头直指华盛顿总统,因为华盛顿倾向联邦党,对汉弥尔顿更像养子一

---

① [美]埃默里等:《美国新闻史》,展江等译,81页,北京,新华出版社,2001。

般对待。威仪如山的华盛顿被弗雷诺的不敬言辞搞得狼狈不堪,愤而称其为"无赖弗雷诺"。①

1793年,费城又爆发黄热病,人们纷纷逃走避难,《国民公报》被迫停刊。美国新闻史学者埃默里父子评价说:"他的报纸只出版了两年,但很难说当时是否还有别的出版物取得过如此巨大的成功。报纸的停刊差不多也是弗雷诺报人生涯的结束。"②此后,共和党机关报的位置就由《曙光报》接替了。

2. 本杰明·富兰克林·贝奇与《曙光报》(1790)

与《国民公报》相比,《曙光报》的言辞更为偏激,赤裸裸的人身攻击更为常见。《曙光报》的发行人本杰明·富兰克林·贝奇(Benjamin Franklin Bache),是本杰明·富兰克林的外孙。1790年,21岁的贝奇创办了一份《费城综合广告报》(*Philadelphia General Advertiser*),而其另一名称《曙光报》(*Aurora*)影响更大。

由于"贝奇小时候生活在法国和瑞士,是由对他百依百顺的外祖父带大的。因此从他踏入报界起,年轻的贝奇就对法国人的事业寄予了同情。当华盛顿总统开始支持以汉弥尔顿等人为首的反法政党时,贝奇的态度使他站到了这位独立战争的老英雄的对立面"。③如他曾这样污蔑华盛顿总统的人格:

> 如果曾经有一个人使一个国家堕落了,美国就是被华盛顿堕落了。如果曾经有一个国家遭到了一个人的不正当影响,美国就是遭受了华盛顿的不正当影响。如果一个国家曾经被一个人所欺骗,美国就是被华盛顿欺骗了。我们当以他的行为作为前车之鉴。它的教训就是任何人都不能愚昧无知。④

如此放肆的言论自然遭到联邦党人的强烈反感与报复,贝奇的报馆被砸,本人也一再受到殴打。比如,《美国公报》的发行人芬诺就曾在大街上,当着众人的面鞭打过贝奇。科贝特则在他的《箭猪公报》上这样丑化贝奇:

> 这个穷凶极恶的无耻小人(无愧是老本杰明的子孙)懂得:凡是有点见识的人都对他嗤之以鼻,把他看作信口雌黄的说谎者,一个工具,一个被人收买的走狗……他是一个面目狰狞的魔鬼。他的目光从不逾过你的膝盖。他一脸菜色,双颊凹陷,双目呆滞,而且他给人的总印象是:恰如在示众架上呆了一个星期或十天的那么一个

---

① [美]埃默里等:《美国新闻史》,展江等译,81页,北京,新华出版社,2001。
② [美]埃默里等:《美国新闻史》,展江等译,82页,北京,新华出版社,2001。
③ [美]埃默里等:《美国新闻史》,展江等译,82页,北京,新华出版社,2001。
④ 张隆栋、傅显明主编:《外国新闻事业史简编》,51页,北京,中国人民大学出版社,1988。

家伙。①

这种放开胸胆、无所顾忌的攻讦诋毁,简直像是一场泼妇骂街,不堪入耳。《美国新闻史》一书写道:"即使是在革命期间(指独立战争——引者注)在托利党人(指保皇派——引者注)与爱国派互相撕扯扭打的时候,也从未听到过令人如此毛骨悚然的嚎叫。"②

贝奇与《美国公报》的发行人芬诺一样,也是死于1798年肆虐费城的黄热病。谈起历史人们往往爱从政治、经济、军事、外交等大处着眼,常常自觉不自觉地忽略一些看似寻常的领域,而这些领域对历史进程有时起着不容忽略的作用。就拿疾病来说,《人口论》作者马尔萨斯,为什么要将疾病作为与战争、饥荒、灾害等相提并论的减少人口的手段?因为疾病在历史上,曾经一再扮演最大的杀人犯、刽子手的角色。泛滥于中世纪的鼠疫,就往往使得"千村薜荔人遗矢,万户萧疏鬼唱歌"。爆发于1438年的一场鼠疫,甚至使欧洲人口锐减三分之一。20世纪以前,战争中死亡的主要因素不是战斗而是疾病,如墨西哥战争中美军死于战场的不过1 600人,而死于疾病的却达到11 000人。1918年,第一次世界大战结束时,爆发了一场世界范围的流感,结果死于这场流感的人比大战中阵亡者的总和还要多。这里,我们所讲的美国政党报刊最后走向没落的一个不容忽略的原因,就是当时一再流行的黄热病。

3. 杰斐逊与《国民通讯员报》(1800)

美国新闻史权威F.莫特说过,在报纸对个人的攻击上,杰斐逊并非唯一的受害者,但却是最严重的受害者。他在屡遭报纸攻击、幻想破灭时曾抱怨说:"从来不看报纸的人比看报纸的人更了解情况,正如什么也不知道的人比满脑子谬误邪念的人更接近真理。"③ 1807年,他又写道:"如今报纸上的东西,没有一样是可以相信的。"④这里举一家报纸对他的攻击为例,它在杰斐逊竞选总统时写道:如果异教徒杰斐逊当选总统,死亡的征兆就将降临到我们神圣的宗教,教堂将遭毁灭,而一些无耻的娼妇,将以理性女神的名义僭据上帝的圣殿。

在美国,抓住宗教问题展开攻势最易置人于死地。因为,美国是个宗教传统根深蒂固的国家,被称为"圣经共和国"。据说,早期的拓荒者每到一地总要先办两件事:一是盖教堂,二是建法庭。直到肯尼迪竞选总统时,他的宗教信仰还曾引发全国性的论战。所以,在美国说谁是"异教徒"就等于在名誉上宣告其死刑,实属非同小可。于是,上述攻击性言

---

① [美]埃默里等:《美国新闻史》,苏金琥等译,110页,北京,新华出版社,1982。
② [美]埃默里等:《美国新闻史》,苏金琥等译,113页,北京,新华出版社,1982。
③ [美]梅尔文·L.德弗勒、埃弗雷特·E.丹尼斯:《大众传播通论》,颜建军等译,87页,北京,华夏出版社,1989。
④ [加]哈罗德·伊尼斯:《传播的偏向》,何道宽译,135页,北京,中国人民大学出版社,2003。

论一传开,许多虔诚的信徒都赶忙把《圣经》藏起来,有的藏到了井底下,因为他们害怕杰斐逊当选总统后将下令没收《圣经》。

然而,有位作家说得好,谣言就像搁浅在海滩上的一条大鱼,起初乱蹦乱跳,挺吓人的,但不用理它,过一阵儿它就自己停顿下来,然后一点点死去。尽管杰斐逊遭到强大的攻击,但他还是在1800年当选为美国第三任总统。当时他身兼由富兰克林创办的"美国哲学学会"会长。就在当选总统的这一年,他邀请该会一位年轻秘书,从费城赶到新都华盛顿,创办了《国民通讯员报》(National Intelligencer)。这份报纸,实际上是杰斐逊政府的半官方喉舌,与汉弥尔顿参与创办并起草社论的《纽约晚邮报》一起,构成这一时期共和党与联邦党的两大舆论壁垒,两报的影响一直延续到美国政党报刊式微的19世纪30年代。

三、小结

上边分别介绍了联邦党与共和党的报刊,最后再对美国的政党报刊做个小结。美国政党报刊具有如下四个特征。

1. 政论多,新闻少

美国政党报刊时期的出版物,无论是联邦党的还是共和党的,都自觉自愿地充当政治斗争、党派倾轧的工具,因而充满连篇累牍的政论,而新闻报道的内容则很少。

2. 党派性强,可信性差

政党报刊无论属于哪一党,都可谓"立场坚定,旗帜鲜明",体现出鲜明的党派色彩。这种带有强烈党派色彩的报纸,在报道新闻时充满偏见,甚至不惜捏造事实,信口雌黄。杰斐逊就曾气愤地说过:现在从报上读到的东西,全都不可信。

3. 读者少,销量低

由于政党报刊感兴趣的是党同伐异,而不是客观地报道新闻,因此政党报刊的读者面很窄,销量很低,一般都在1 000份左右,最高的也不超过5 000份。

4. 造谣诽谤,谩骂攻讦

前面三个特征其实是政党报刊的共性,而"造谣诽谤,谩骂攻讦"则是美国政党报刊的特性,用杰斐逊的话说是"世上任何国家闻所未闻,见所未见"的。F.莫特把这时期称作美国新闻史上的"黑暗时期",实在是一点也不过分。美国的开国元勋,像华盛顿、本杰明·富兰克林、杰斐逊、约翰·亚当斯等,几乎都受到政党报刊的人身攻击。比如,谁都知道华盛顿将军是独立战争的英雄,可是攻击他的报刊竟把他说成是"独立战争的秘密叛国者"(a secret traitor in the Revolutionary War),这正像说民族英雄岳飞是个秘密汉奸一样。再如,约翰·亚当斯在竞选连任总统时遭到攻击,说他派自己的竞选伙伴平克尼去英国采办四个女人——两个给亚当斯,两个归平克尼。这样的事情在美国听起来简直像"天方夜谭",所以一向为人严肃的亚当斯根本不加驳斥,只是开玩笑地说:"我正式声明,假使这件事属实,那么平克尼将军把四个女人都归了他自己,因为他也骗去了我那两个。"

美国政党报刊这种"造谣诽谤,谩骂攻讦"的行径,在马克·吐温的短篇小说《竞选州长》(1870)中得到艺术的再现。这篇小说的主人公"我",本来"声望还好"。可自打宣布参加州长竞选起,党派报刊便开始对他展开攻势,不断发表一些造谣、诽谤及人身攻击的报道,将一个好端端的"正派人",一步步地描画成为"伪证犯、小偷、盗尸犯、酒疯子、舞弊分子和讹诈专家",我们不妨看看小说的最后一段描写:

> 第二天早上,又有一个报纸登出一个新的恐怖事件,再度的恶意中伤,严厉地控诉我烧毁了一个疯人院,连里面的所有的病人也给烧死了,为的是它妨碍了我的住宅的视线。这可使我陷入了恐慌的境地。然后又来了一个控诉,说我曾经为了夺取我的叔父的财产而把他毒死了,并提出紧急的要求,要挖开坟墓验尸。这简直吓得我要发疯。这一切还不够,又给加了一个罪名,说我在弃婴收养所当所长的时候,曾经雇用过一些掉光了牙齿的老迈无能的亲戚担任烹饪工作。我开始动摇了——动摇了。最后,党派相争的仇恨所加到我身上的无耻的迫害终于很自然地发展到了一个高潮:九个刚学走路的小孩子,包括各种肤色,带着各种穷形怪相,被教唆着在一个公开集会上闯到讲台上来,抱住我的腿,叫我爸爸!
>
> 我放弃了竞选。我偃旗息鼓,甘拜下风。我够不上纽约州州长竞选所需的条件,于是我提出了退出竞选的声明;并且由于满怀懊恼,信末签署了这样的下款:
>
> "你的忠实的朋友——从前是个正派人,可是现在成了伪证犯、小偷、盗尸犯、酒疯子、舞弊分子和讹诈专家的马克·吐温。"①

这篇小说是马克·吐温的代表作之一,文笔幽默、讥诮,在不动声色的描绘中令人捧腹不已,同时集中展现了美国政党报刊的一系列痼疾,是部流传甚广的文学名著。这部作品虽然问世于19世纪末,却依然让人想起约翰·芬诺的一段愤激之辞:"美国报纸是最下贱、最虚伪、最奴性、最腐败的报纸……"②

总之,政党报刊说到底是一种"观点纸"(viewpoint-paper),而不是现代意义上的"新闻纸"(news-paper)。这种"观点纸"自然不能适应资本主义发展的需要,毋宁说它与资本

---

① [美]马克·吐温:《竞选州长》,张友松译,7~8页,北京,人民文学出版社,1979。
② [加]哈罗德·伊尼斯:《帝国与传播》,何道宽译,169页,北京,中国人民大学出版社,2003。

主义是背道而驰的。因此,随着资本主义的发展,随着工业文明的兴起,这种"观点纸"势必走向衰亡,势必要被一种全新的报纸所取代。这种全新的报纸,就是以刊登新闻、扩大销路、赚取利润为要务的商业报刊。对此,德国当代思想家哈贝马斯曾予以总括性的论述:

> 随着资产阶级法治国家的建立和具有政治功能的公共领域在法律上得到认可,具有意识批判的报刊业才能摆脱意识形态的压力;这时,它就能够抛弃论战立场,而真正从事商业活动,争取赢利。大概在同一个时期(19世纪30年代)内,英国、法国和美国为这种传播信念的报刊业向商业报刊业的转变铺平了道路。广告业在一个新的基础上进行核算。在每份定价大大降低、购买者数倍增加的情况下,发行人就会指望着出售自己的报纸上相应扩大的广告版面。①

第二节 别开生面的商业报刊

在这一节中,我们先分别介绍美、英、法三国的商业报刊,最后再对它做个小结。下面先来看看美国的情况。

一、美国三大便士报

1. 本杰明·戴和《纽约太阳报》(1833)

美国政党报刊的"黑暗时期",到 1833 年《纽约太阳报》(*New York Sun*)创刊之际而告结束。《纽约太阳报》的零售价是一分钱或一便士(penny),故称"便士报",又称"廉价报纸"。"当时的纽约报纸都卖 6 便士一份——一个相当可观的收费,当时美国非农业工人每天的平均工资约 75 美分。"②这种廉价的报纸,其实就是商业报刊的最早代表。

这份由本杰明·戴(Benjamin H. Day)创办的报纸,并不是美国的第一份便士报,在它之前已有三家同类报纸,不过寿命都不长。一般之所以把《纽约太阳报》视为美国商业报刊诞生的标志,是因为它是第一张获得成功的"廉价报纸"或"便士报"。《纽约太阳报》的成功,从新闻业务上看大致归因于两点:第一,改进报道内容;第二,革新发行方式。

先谈第一点。《纽约太阳报》一扫政党报刊死气沉沉、长篇大论的作派,而改为大量刊登富有人情味的社会新闻、公众关心的本地新闻以及耸人听闻的黑幕新闻。本杰明·戴在《纽约太阳报》的创刊号上宣称:本报的宗旨,"是在每个人都能支付的价钱下,将一天

---

① [德]哈贝马斯:《公共领域的结构转型》,曹卫东等译,221 页,上海,学林出版社,1999。
② [美]罗杰·菲德勒:《媒介形态变化》,明安香译,56 页,北京,华夏出版社,2000。

中发生的所有的新闻奉献在公众面前,同时也给刊登广告提供一个便利的工具"。① 为了加强耸人听闻的内容,本杰明·戴还特意聘请了一位擅长报道黑幕的英国记者乔治·威斯纳(George Wisner),并在报上辟出一个专栏——"警察局",专门发表一些凶杀、犯罪、审讯等方面的消息:

> 威斯纳文笔犀利,生动活泼,他笔下的世界是用街巷土话、犯罪和闲言组成的世界。威斯纳大胆指责旧式报刊见长唠叨,枯燥无味,并公然拒绝去迎合那些文化精英们的兴趣爱好,于是,旧的商业报刊编辑纷纷对《太阳报》冷嘲热讽,斥之为粗俗、堕落。但时隔不久,这些编辑也认可了这些粗俗化的东西,并且加以采用。②

下面我们解剖一期《纽约太阳报》,具体看看它的报道内容。这一期共四版。头版是一篇长篇报道,大讲一对郎才女貌的青年男女如何相爱,又如何受到家庭干涉,最后又如何私奔的故事,这篇"爱情故事"占了整整一个版。第二版先是一篇"惊人事故"的报道,说一个年仅19岁的小伙子,在矿井塌方时被活活埋在地底深处,而这个小伙子本来再过一个星期就要举行婚礼,正陶醉在幸福的憧憬之中。这真是一篇充满人情味的报道,而这类报道正是《纽约太阳报》赚人眼泪的"常规武器"。第二版上除了这篇令人心痛的东西外,还有一些轻松幽默的内容。比如,有则消息说监狱值勤夜间听到可疑声响,以为犯人要越狱,赶忙拉响警报。当警察们手忙脚乱地赶来时,结果发现却是一场虚惊,原来可疑的声响是由笼子里的松鼠发出来的。第三版、第四版主要都刊登广告。《纽约太阳报》的收入就是靠大量的广告。从这些报道内容看,《纽约太阳报》的取材多为人间琐事,由于注重人情味、趣味性和幽默感,自然远比政党报刊具有吸引力,所以十分畅销。刚创刊的时候,它的发行量只有1 000份,半年后就达到8 000份,到1839年则为5万份。戴创办《纽约太阳报》之际年仅22岁,不名一文,而到1838年他将报纸盘给内弟时,售价则达4万美元,"他是大大小小依靠办报发财致富者中的第一人"(阿特休尔)。③

为了吸引读者,刺激销量,《纽约太阳报》还不惜编造假报道。比如,1835年,本杰明·戴聘用了一位作家里查德·洛克(Richard A. Locke),即英国那位哲人约翰·洛克的旁系后代:

> 这位作家说什么南非有位教授正在建造世界上最大的望远镜。《太阳报》报道说,这台望远镜功率极大,能使人看月亮表面像近在咫尺。有关这台望远镜建造工作进展的定期报道引起了读者的极大兴趣。最后,《太阳报》报道说这一工程已完成。有关首次观测结果的报道提到了奇异的植物。接着,这位教授宣布他能看到月球上人的足印。到这时,一家敌对报纸揭露出整个报道是一个骗局。

---

① [美]J.赫伯特·阿特休尔:《权力的媒介》,黄煜等译,53页,北京,华夏出版社,1989。
② [美]J.赫伯特·阿特休尔:《权力的媒介》,黄煜等译,54页,北京,华夏出版社,1989。
③ [美]J.赫伯特·阿特休尔:《权力的媒介》,黄煜等译,53页,北京,华夏出版社,1989。

这一持续一周的连续报道,被称为"月球骗局",《纽约太阳报》由此一跃成为销量最大的报纸,每天印十小时仍供不应求,许多读者甚至伫立街头等待报纸。这场月球骗局被揭穿后,公众并不愤恨,反倒觉得有趣。这件事已开商业报刊制造假新闻招揽读者的风气,危害深远,流恶无穷。

便士报虽以软新闻为主,但这并不意味着它们只关心风花雪月,不操心国计民生。相反,在一些重大的"政治"问题上,它们一样立场坚定,旗帜鲜明。比如墨西哥战争期间,《纽约太阳报》就发表了一篇赤裸裸的沙文主义社论。这篇刊载于1847年10月22日的社论,宣扬美国扩张时代的所谓"命定论",认为墨西哥人的种族"完全习惯于被征服,倘若他们十分清楚我们星条旗的出现会使他们受益匪浅的话,那我们教给他们唯一的新东西就是:我们的胜利将给被征服者带来自由、安全和繁荣。一切为了解放,为了尊严,而不是奴役和屈辱——这就是我们的使命。"①显然,这样的言论十分投合当时美国国内的民族主义意识和情绪。

上面是《纽约太阳报》获得成功的第一点原因,即改进报道内容。下面再来看看成功的第二点原因,即革新发行方式。以往的报刊多靠订阅,往往一订一年,订费昂贵,普通人大都负担不起。而《纽约太阳报》则首创街头零售的方式,而且零售价只有一分钱,低得无法再低。试想一下,面对这样一份别开生面、轻松有趣的报纸,再窘迫的读者也不至于为一分钱而踌躇吧,相反趋之若鹜、争相抢购的现象则是自然而然的。另外,本杰明·戴还采用折扣的办法来刺激报贩的积极性。他卖给报贩100份报纸,只收67分钱,也就是说,报贩每卖掉100份《纽约太阳报》,自己就可赚得33分钱,卖得越多自然也就赚得越多。这样一来,报贩们怎不使出浑身解数,扯着嗓子拼命叫卖?发行方式的革新,还导致报纸版面的改进。因为靠订阅发行的报纸,自然不大关心版面的美观问题,这就像父母包办的婚姻,只要订了婚,美不美到时都得娶进门。而现在实行街头零售,就不能不考虑版面的吸引力了,这就像自由恋爱,只有新颖美观的版面,才会使读者"一见钟情",解囊争购。

总之,《纽约太阳报》的创刊及其成功,是西方新闻传播史上的一场革命性变革,它带来的一系列新的新闻理念、新的报道方式、新的经营之道等,都对新闻传播事业产生深远影响。F.莫特曾用"太阳东升",一语双关地说明其历史地位:一方面指《纽约太阳报》的创刊本身,另一方面也指它驱散美国政党报刊的"黑暗"。阿特休尔甚至把《纽约太阳报》创刊的1833年9月3日,确定为大众媒介的起始之日。②他在论及此事时写道:

  查理(指法国国王查理十世,1830年巴黎爆发革命后逊位——引者注)倒台的三年之后,大西洋那边的纽约市发生了一件大事,它的悄然来临促使新闻媒介在社会

---

① [美]J.赫伯特·阿特休尔:《权力的媒介》,黄煜等译,47页,北京,华夏出版社,1989。
② [美]J.赫伯特·阿特休尔:《权力的媒介》,黄煜等译,41页,北京,华夏出版社,1989。

事务中占据了主要的地位,它的冲击力非同小可,远远超过了下院代表或革命巴黎之街的戏剧性场面。这一事件就是:首次出现了一份售价低廉的报纸,使全体人民实际上都能购买,它预示着"大众媒介"时代的诞生,并使有关新闻媒介的信念遍布世界天涯海角。①

本杰明·戴曾将一个慕名前来投效的人拒之门外,没料到这个人后来自己创办了一张一分钱报纸,而且办得也很成功。这个人就是美国第二大便士报《纽约先驱报》的发行人詹姆斯·戈登·贝内特。

2. 詹姆斯·戈登·贝内特和《纽约先驱报》(1835)

在新闻史上,詹姆斯·戈登·贝内特(James Gordon Bennett),常被看成魔鬼式的人物,而他自己则喜欢把自己比作报界的拿破仑。他的一句名言流传甚广,几乎成为西方记者的座右铭:记者一半是外交家,一半是侦探。

詹姆斯·戈登·贝内特

《纽约先驱报》

贝内特原是英国人,后来受《富兰克林自传》的影响而移居美国。他曾多次办报,但都以失败告终。最后于1835年创办的这份《纽约先驱报》(*The New York Herald*),终于获

---

① [美]J.赫伯特·阿特休尔:《权力的媒介》,黄煜等译,40页,北京,华夏出版社,1989。

得成功。其成功之道无非是仿效《纽约太阳报》的耸人听闻做派,并在低级趣味上变本加厉,最后使得他的报纸成为当时"世界上最耸人听闻、最黄色和刺激性最强的报纸"[1],以至于许多人买到《纽约先驱报》都不敢带回家去看。比如,贝内特曾倾注全力报道一件轰动一时的谋杀案——一个臭名昭著的花花公子杀了一名美貌动人的妓女,这类货色无疑很吸引公众的眼球。结果开庭审理这起谋杀案时,好奇的公众拥挤在法庭内外,弄得秩序大乱,而这时《纽约先驱报》又"坐山观虎斗",津津有味地报道这场由它引发的骚乱:

> 市长——法警,全都出动恢复秩序——结果全都无济于事。室外暴雨如注——室内暴民逞凶;法官们和其他官员们当即离庭;鲁宾逊(即花花公子——引者注)也被带下法庭。这期号外付印之时,当局正试图清除法庭上的暴民。
> ……
> 我们将进一步提供最后一刻的情况……这场血淋淋的戏剧的神秘性仍在增加——增加——增加——。[2]

凭着这类报道,《纽约先驱报》的发行量也一再地增加,后来超过《纽约太阳报》,成为"一张最典型最成功的便士报"(阿特休尔)。[3]

由于《纽约先驱报》大量报道庸俗无聊的社会新闻,甚至肆意侮谩宗教人士,于是引起人们的强烈反感。1840年,纽约的几家报纸就联手对贝内特及其《纽约先驱报》展开一场所谓"道德战争"。参战者包括政坛要人、财界大亨、报纸主编、宗教人士以及其他一些社会名流,大家一致斥责贝内特是报界的败类。起初,贝内特对这一运动还满不在乎。比如,有人说他是个小贩时,他就用调侃的语气回击说:"我现在是而且过去也是小贩,我承认这一点;不过,不是兜售针头线脑的小贩,而是贩卖思想、感情、崇高原则和学术真理的小贩。"后来,这场持续数月的道德战争使《纽约先驱报》的销量锐减三分之一,弄得许多广告客户都不愿在该报上继续刊登广告,贝内特这才感到众怒难犯,而不得不对以前的煽情手法略加收敛。

另一方面,贝内特又不只是一个可憎的"魔鬼"。其实,按照新闻专业主义的眼光,他对新闻事业的发展还是颇多建树的:

> 班内特(即贝内特——引者注)第一个宣称"客观性"是他的办报目标。他告诉读者说:"我们将竭力提供所有与公众有关以及内容适宜的事实,摈弃冗长啰嗦和添油加醋的东西。"他反对附庸风雅或装腔作势的文风,"决不矫揉造作"是他的座右铭……正是《先驱报》采用了现代新闻事业的一套标准做法,班内特首创了记者"报

---

[1] [美]约翰·霍恩伯格:《西方新闻界的竞争》,魏国强等译,34页,北京,新华出版社,1985。
[2] [美]埃默里等:《美国新闻史》,苏金琥等译,167页,北京,新华出版社,1982。
[3] [美]J.赫伯特·阿特休尔:《权力的媒介》,黄煜等译,61页,北京,华夏出版社,1989。

道独家新闻"的做法,他派记者到华尔街去报道有关国家金融机构的"内幕",设立了报纸编辑部并且调遣记者奔赴远方城市采写新闻……他指出:

  书籍有它的全盛时期,戏剧有它的全盛时期,宗教的教堂也有它的全盛时期,然而,在伟大的人类思想与人类文明运动中,报纸能够凌驾于这一切之上。①

  所以,他的一位传记作者称他是美国第一个真正的记者,人们一致认为,他"创造了一种观点——报纸主要是新闻,而不是评论意见的供给者"。

  贝内特刚创办《纽约先驱报》时条件非常简陋:编辑部是租来的一间地下室,办公桌是两个油桶上搭的木板,开业资金仅五百元,全部工作人员就他一个光杆司令。而到他去世时,他已是腰缠万贯的富翁了。贝内特死后,他的儿子小贝内特接班成为《纽约先驱报》的主人。小贝内特是个挥霍无度、行为怪诞、狂妄傲慢的人。有一次,他请人列出一份《纽约先驱报》骨干分子的名单,而他拿到这份名单后便将上面的人员悉数解雇。他自己长年逗留巴黎,为此常常将纽约的编辑召到巴黎议事。有时候,编辑们奉命千里迢迢赶到巴黎,他却一面不见又将人家打发回去。② 更令人不可思议的是,他在巴黎创办的《纽约先驱报》的姊妹报《巴黎先驱报》,从1899年12月27日起,每天坚持在社论版上刊登一封署名"费城老太太"的来信,一直到1918年5月16日,即小贝内特刚刚过完77岁生日的第六天和去世后的第三天——他同老贝内特一样都是享年77岁。这封重复刊登6 718遍的读者来信很短:

《巴黎先驱报》主编:

  我迫切希望弄明白怎样能把摄氏温度度数换算成华氏度数,以及怎样把华氏度数换算成摄氏度数。换句话说,我要知道,当看到温度计上的摄氏度数时,怎样才能在华氏温度计上找到它的度数。

一位费城老太太
一八九九年十二月二十四日于巴黎③

  在这一怪人统治下,《纽约先驱报》日趋没落,到1918年小贝内特去世时已是奄奄一息。不过,小贝内特成功地组织过几次轰动性的报道,给世人留下深刻的印象,其中最著名的是斯坦利深入非洲腹地寻找利文斯通的报道。亨利·M.斯坦利(Henry M. Stanley),是当时一位杰出的自由撰稿人,被小贝内特聘为《纽约先驱报》的国外巡回记者。戴维·利文斯通(David Livinstone)是英国的一位传教士,在非洲从事探险和传教活动,后来神秘失踪。他的失踪引起西方各国普遍关注,有关他的传闻不断涌现。小贝内特

---

① [美]J. 赫伯特·阿特休尔:《权力的媒介》,黄煜等译,61~62页,北京,华夏出版社,1989。
② 详见约翰·霍恩伯格:《西方新闻界的竞争》,魏国强等译,131~132页,北京,新华出版社,1985。
③ [美]约翰·霍恩伯格:《西方新闻界的竞争》,魏国强等译,369页,北京,新华出版社,1985。

觉得这是个绝好机会,便在巴黎召见斯坦利,命令他不惜一切代价去探明利文斯通的踪迹。当斯坦利面有难色地告诉他,这可能会耗费一大笔金钱,而且可能一无所获时,挥金如土的小贝内特不耐烦地说:"现在就去取出一千英镑。花完这些钱后,再去取一千英镑,这笔钱花完后,再取出一千英镑,花完这笔钱后,再取一千英镑,以后花完再取。但是必须找到利文斯通!"①

就这样,斯坦利开始了他的艰难旅程。其间,斯坦利不断地发回有关报道,《纽约先驱报》上频繁出现斯坦利和利文斯通的名字。所以,当他历经千辛万苦,经过两年多搜寻,最后终于在非洲的一个原始部落中找到若无其事、安然自得的利文斯通时,自然引起轰动。他的报道简直成为一条爆炸性的新闻,许多人将信将疑,有的甚至嘲笑说:"也许是利文斯通找到了斯坦利吧。"直到《纽约先驱报》登出利文斯通给小贝内特的一封亲笔信,人们才打消疑虑。这件事情在新闻史上非常有名,不妨说它是商业化报刊不择手段"制造新闻"的一个最早、也最典型的事例,同时它也开了系列报道的先例。

3. 霍勒斯·格里利和《纽约论坛报》(1841)

《纽约论坛报》(New York Tribune),与上面两份报纸完全不同:如果说《纽约太阳报》和《纽约先驱报》属于大众报纸,那么《纽约论坛报》则属于高级报纸。换言之,《纽约太阳报》和《纽约先驱报》都致力于报道的刺激和轰动,而《纽约论坛报》则一向以内容严肃、

霍勒斯·格里利

格调纯正著称。其创办人霍勒斯·格里利(Horace Greeley)曾经告诫《纽约论坛报》的记者:"不要描写性的胡说八道!对这种东西我厌恶极了!"他还在《纽约论坛报》上公开指责《纽约太阳报》和《纽约先驱报》等廉价报纸的庸俗堕落,他写道:

《便士报》热衷于对蛰伏在社会内部恶魔般的欲望煽风点火。它们也许不会被指责犯有谋杀罪,但是,它们的的确确是犯了制造谋杀者这种更恶劣的罪行。②

他创办的《纽约论坛报》,旨在"增进人民的利益,提高他们的道德良知、政治素养和社会福利水平"。③他在论及《纽约论坛报》的创刊宗旨时写道:

它将摒弃许多著名便士报上的不道德的、下流的警察局新闻、广告和一些其他材料。我们将尽瘁心力把报纸办成赢得善良的、有教养的人们嘉许的、受欢迎的家

---

① [美]约翰·霍恩伯格:《西方新闻界的竞争》,魏国强等译,128页,北京,新华出版社,1985。
② [美]梅尔文·德弗勒:《大众传播通论》,颜建军等译,285页,北京,华夏出版社,1989。
③ [美]J.赫伯特·阿特休尔:《权力的媒介》,黄煜等译,60页,北京,华夏出版社,1989。

庭常客。①

《纽约论坛报》的成功,第一次雄辩证明:不用耸人听闻、庸俗低级的煽情手法,照样可以办出一张世人倾心的报纸,一张据说是"仅次于圣经"的报纸!

格里利出身贫寒,天赋过人,年仅五岁就通读《圣经》。成年后,又投身政坛,青云直上,成为纽约辉格党的三巨头之一。1841年,在辉格党总统哈里森宣誓就职前不久,格里利受到几位辉格党朋友的鼓励,创办了《纽约论坛报》,不久又出版了《论坛周刊》——《纽约论坛报》的精华汇编。《纽约论坛报》的销量虽然始终赶不上《纽约太阳报》和《纽约先驱报》,但《论坛周刊》却创下20万份的空前纪录,使得格里利的名字家喻户晓。在美国开发西部的热潮中,《纽约论坛报》提出的一句响亮口号,让许多做着发财梦的美国人激奋不已——"小伙子,到西部去!"在这种口号的感召之下,在福斯特的名曲《苏珊娜》的伴随声中,开发西部的洪流向着太平洋浩浩荡荡一路涌动。无怪乎人们认为,《纽约论坛报》具有"美国过去没有的,以后也没有的一种权威"。

《纽约论坛报》的最大特点在于"论",其威信与影响主要来自评论,格里利的办报旨趣也在于评论,美国报刊上的"评论版"就是由他首创的。格里利是个社会改良主义者,信奉傅立叶的空想社会主义。他希望用改良的方式医治资本主义的弊端,以实现他所向往的"慈善的资本主义"。为此,格里利撰写过许多社论,解释空想社会主义理论。从1852年到1862年,他还聘请马克思担任《纽约论坛报》的英国通讯记者,在此期间马克思和恩格斯为《纽约论坛报》撰稿多达五百余篇:

>   马克思驾驭文字的能力无比高超,在政论家里,很少有人能同他媲美。
>   ……
>   他和他的朋友兼助手弗里德里希·恩格斯在伦敦为霍勒士·格里利的《纽约论坛报》撰写了十年的稿件。此举不仅给美国读者提供了具有远见卓识的有关世界政治事务的文章,而且也在生活中帮助马克思解了燃眉之急,为流亡到英国伦敦的马克思和马克思全家提供了生计……在1852年至1862年间,马克思和恩格斯共为《论坛报》写了487篇文章,每篇稿酬为一英镑(约合当时的5美元)……他的所有文章均用英语写成,其中绝大部分是对欧洲政治事务的分析……他的这些报道林立于分析性新闻年代最佳作品之行列。②

马克思也在1848年称赞《纽约论坛报》为"民主社会主义的报纸"。③ 格里利除了宣传改良主义思想外,还身体力行地把《纽约论坛报》源源赚来的钱,除给自己留下很小一部

---

① 张隆栋、傅显明主编:《外国新闻事业史简编》,69页,北京,中国人民大学出版社,1989。
② [美]J.赫伯特·阿特休尔:《权力的媒介》,黄煜等译,104~110页,北京,华夏出版社,1989。
③ 《马克思恩格斯全集》,第5卷,596页。

分,全部分给其雇员。所以,人们亲切地称他"霍勒斯大叔"。

这里需要说明,《纽约论坛报》虽以评论为特色,但它同政党报刊毕竟不同。首先,政党报刊是政党的机关报,而《纽约论坛报》则是一份独立经营的报纸,所以尽管他本人属于辉格党,但正如其自传所述:"记者对于他信奉的政党可以公开地、真诚地宣扬它的原则和评论它的措施,但是对于特定问题应能坦率地表示不同意见,对于该党的不胜任或(更坏的)无独立性的候选人甚至可以加以谴责。"其次,在内容上,政党报刊主要是发表观点,而《纽约论坛报》除了评论外,还大量报道各类新闻,甚至刊登流俗的犯罪新闻,"格里利除了提供大量政治性消息外,也刊登犯罪报道和闲言琐闻"。①

前面曾说到小贝内特派斯坦利寻找利文斯通的故事,此事过去几年后,1887年长住巴黎的小贝内特就创办了一份《巴黎先驱报》(Paris Herald)。1920年,小贝内特去世后,美国的百万富翁弗兰克·芒西(Frank A. Munsey),购入《纽约先驱报》及其子报《巴黎先驱报》。1924年,他又想将《纽约论坛报》买下,与《纽约先驱报》合并,结果没有成功。于是,他干脆把《纽约先驱报》及《巴黎先驱报》转让给《纽约论坛报》,从而使这一合并得以实现,新的报纸名为《纽约先驱论坛报》(New York Herald-Tribune),同时,《巴黎先驱报》相应改为《巴黎先驱论坛报》(Paris Herald-Tribune)。《纽约先驱论坛报》曾是20世纪最有影响的大报之一,但因经济困难于1966年9月12日停刊,《纽约先驱报》和《纽约论坛报》一百多年的显赫历史由此告终。与此同时,《巴黎先驱论坛报》由于得到《纽约时报》、《华盛顿邮报》等媒体的投资,最终保留下来,但改名为《国际先驱论坛报》(International Herald-Tribune)。这份报纸仍在出版,是当今著名的世界性大报,在180多个国家设有分部,号称"世界日报"。

格里利曾经任用和培养了一批优秀的编辑、记者和报人,其中最著名、最有成就的当数查尔斯·达纳和亨利·雷蒙德。

4. 查尔斯·达纳和亨利·雷蒙德

提到查尔斯·达纳(Charles A. Dana),学过新闻的人就会想起那句名言:狗咬人不是新闻,人咬狗才是新闻。因为,人们都把这句话当成达纳说的,并因此称之为"达氏新闻定义"(the Definition of Charles Dana News)。其实,这句话不是达纳本人说的,而是他在主编《纽约太阳报》时手下一位编辑说的,这位编辑名叫约翰·博加特。他的原话是:"狗咬人不是新闻,因为这种事太常见了,但人咬狗就是新闻了。"②博加特这句话不过是一种比喻,意思是说正常事件不算新闻,只有反常事件才构成新闻。比如,"飞机准时起飞不是

---

① [美]J. 赫伯特·阿特休尔:《权力的媒介》,黄煜等译,60页,北京,华夏出版社,1989。
② [美]梅尔文·L. 德弗勒、埃弗雷特·E. 丹尼斯:《大众传播通论》,颜建军等译,443页,北京,华夏出版社,1989。

新闻。如果飞机坠毁,很遗憾,这就是新闻了"(戴维·布林克利)。① 不料,大千世界无奇不有,人间还真有"人咬狗"的事情发生,比如下面这则载诸报端的消息:

> 最近一个时期,土耳其西部的气温高达 50 摄氏度! 人们被难忍的高温弄得烦躁不安,然而动物的痛苦似乎也不亚于人类,一条狗被热得在大街上不停地狂叫,为这本来就炽热的空气又增添了几分噪音。一名男子终于忍受不了这酷热和狗叫声,便发疯似地向那条狗扑过去,死死地咬住他,狗拼命地挣脱后,又被这名男子追上,狠狠地咬住,最后这条狗被男子咬伤多处,直至狗的主人闻讯赶来,才制止了这名男子。(载 1987 年《郑州晚报》)

这篇报道的标题就叫《天热人咬狗》,而这种反常的新闻也正是"达氏新闻定义"所心仪的。

查尔斯·达纳

亨利·雷蒙德

达纳早年和格里利一样,信奉空想社会主义,他就是在一个农场搞所谓社会主义试验时遇到格里利,随后成为《纽约论坛报》的编辑。1848 年,他去欧洲采访,在伦敦结识马克思,回国后便征得格里利赞同,聘请马克思为《纽约论坛报》驻伦敦的通讯员,前后达十一年。马克思还称他是自己的"老朋友"。② 不过,在这个事情上,达纳以及格里利其实都是基于一种误解,"误以为马克思是一位傅立叶或曾在印第安纳的新哈玛内创办公社的英国企业家罗伯特·欧文式的空想社会主义者。因为当时几乎没有什么美国人能够分辨清纷繁复杂的欧洲社会主义派别"。③ 南北战争爆发后,达纳由于同格里利意见分歧而辞职,不久被林肯任命为陆军部部长助理。南北战争结束后,达纳又重返报坛,于 1868 年买下

---

① [美]梅尔文·L. 德弗勒、埃弗雷特·E. 丹尼斯:《大众传播通论》,颜建军等译,443 页,北京,华夏出版社,1989。
② 《马克思恩格斯全集》第 17 卷,433 页。
③ [美]J. 赫伯特·阿特休尔:《权力的媒介》,黄煜等译,109 页,北京,华夏出版社,1989。

《纽约太阳报》,直到去世。《纽约太阳报》真正成为一家影响广泛的大报,是在达纳时期:

> 内战结束三年之后,达纳开始主管《太阳报》,并努力摆脱威纳斯(应为威斯纳——引者注)倡导的粗俗化的写作格调,将新闻写作提高到一个较高的水平,诚如达纳所说,将之提高到"文学的小姐妹"的地位上来。达纳的《太阳报》确实达到了很高的写作标准,诸如马克·吐温和欧内斯特·海明威这样一些著名的写作能手也为《太阳报》撰文写稿。①

另一位出自格里利门下的报人亨利·雷蒙德(Henry J. Raymond),是《纽约时报》的鼻祖。《纽约时报》(*New York Times*)的历史,大致可分为两个阶段。第一阶段从 1851 年创刊到 1896 年阿道夫·奥克斯接办,第二阶段从奥克斯接办一直到现在。第一阶段,《纽约时报》换过几个主人,第二阶段则一直由奥克斯家族经营。第一阶段,《纽约时报》还不甚突出,当奥克斯接办时几乎濒临倒闭,第二阶段才日渐获得国际性的声望,并以"刊载一切适宜的新闻"(All the News That's Fit to Print)而著称(这句名言一直登在头版的报眼位置)。另外,《纽约时报》创办之初叫《纽约每日时报》(*New York Daily Times*),到 1857 年才改为《纽约时报》。

雷蒙德上大学时,就曾为格里利的报刊投稿,毕业后即成为格里利的首席助手,后来同格里利发生冲突,便离开《纽约论坛报》,另图发展。1851 年,雷蒙德分析纽约报界的情况后发现:《纽约太阳报》、《纽约先驱报》和《纽约论坛报》虽然都获得成功,但《纽约太阳报》和《纽约先驱报》的新闻过于刺激,而《纽约论坛报》的评论又过于偏激。于是,他想如果另辟蹊径,创办一份新闻纯正、议论平和的报纸,一定会受到欢迎。就这样,《纽约时报》从创刊之日起,就以严肃庄重著称,正如查尔斯·达纳所说,雷蒙德是想在《纽约论坛报》的感情冲动和《纽约先驱报》的道德沉沦两个极端之间,走一条中间道路。在雷蒙德这一办报思想指导下,《纽约时报》在新闻上力求报道客观,在社论上尽量议论持平,给人一种不卑不亢、庄重大方的印象。借用埃默里父子的概括:

> 雷蒙德的贡献在于,他培养了在公众事务报道方面的一种相当正派的态度。《时报》极少刊登人身攻击的文章,也很少以格里利所欣赏的黑白分明的形式提出问题。《时报》在笔调上,甚至在内容上都一贯保持公正,在发展仔细认真的报道技巧方面也无人能及。它还以准确取代了想当然,即使在雷蒙德热衷于政治时也不例外。②

雷蒙德去世后,《纽约时报》的发行人由乔治·琼斯(George Jones)接替。琼斯是雷

---

① [美]J. 赫伯特·阿特休尔:《权力的媒介》,黄煜等译,61 页,北京,华夏出版社,1989。
② [美]埃默里等:《美国新闻史》,展江等译,128 页,北京,新华出版社,2001。

蒙德的挚友,曾一同在《纽约论坛报》共事,后来又一同创办《纽约时报》。在他主持《纽约时报》时,办成一件轰动一时的大事,从而把《纽约时报》第一阶段的事业推向高潮。这就是《纽约时报》揭露坦慕尼协会巨额贪污案。

坦慕尼协会是民主党在纽约的组织,当时其头目是威廉·特威德(William M. Tweed)。他和手下的人,利用各种手段贪污了两亿美元。当《纽约时报》开始揭发这一骇人听闻的丑闻时,纽约绝大多数报刊都被特威德一伙收买,噤若寒蝉。格里利的《纽约论坛报》甚至指责琼斯的行为是"政治报复"。特威德为了封住琼斯的口,曾托人送给琼斯五百万美元,但被琼斯拒绝。最后,不知怎么感动了上帝,一位知情人把一包坦慕尼贪污的罪证悄悄拿给琼斯,从而使得这个丑闻终于大白于天下。结果特威德受到起诉,被逮入狱,死在狱中,而琼斯和《纽约时报》也声名鹊起,赢得敬重。

在揭露特威德的问题上,著名漫画家托马斯·纳斯特(Thomas Nast)的功绩不能略而不谈,因为他所起的作用不在琼斯之下。纳斯特是美国19世纪最著名的漫画家,共和党的标志"象"和民主党的标志"驴"就出自他的手笔。当时,他是历史悠久、颇负盛名的《哈泼斯周刊》(*Harper's Weekly*)记者,他用大量漫画把特威德及其同伙的嘴脸暴露在公众面前,引起社会各界的广泛注意。特威德曾忿忿地说道:"我并不介意报纸上骂我些什么,因为我的拥护者并不识字;但是他们能看懂漫画,真该死!"后来,特威德被逮后,一度越狱逃往欧洲,不料在西班牙被当地警察认出,又落入法网。而认出特威德的警察,也是由于看过纳斯特的漫画。这个小插曲至今仍为报刊漫画家津津乐道。

揭露坦慕尼协会巨额贪污案在美国历史上是一件大事,在新闻史上也是一个奇迹。它不仅显示了报业的巨大能量,同时也为后来美国报界的揭丑报道拉开帷幕,甚至20世纪60年代的"五角大楼文件"、70年代的"水门事件"以及2004年的"情报门事件"等,都可以从中看到其明显烙印。

托马斯·纳斯特与《哈泼斯周刊》

二、英国的《泰晤士报》

关于美国的商业报刊,我们介绍了纽约的三大便士报,至于英国的商业报刊,我们只重点介绍一家,即闻名遐迩的《泰晤士报》。因为,它的创刊不仅标志着英国商业报刊的诞生,而且它的影响与威望更使它成为英国商业报刊无可争辩的象征。

同当时的许多报刊一样,《泰晤士报》刚问世时,每年还接受政府的300英镑津贴。而依照西方的新闻观,报纸只要接受政府或政党的津贴,就不属于"独立"的商业报刊。只有经济上独立自主的报纸,才是商业报刊。所以,商业报刊有时又称"独立报业"。下面,我们就按照这种标准,把《泰晤士报》历史分成两个时期:前一个是非独立时期,后一个是独立时期。我们先简单谈谈非独立时期,然后再重点介绍独立时期。

1. 非独立时期(沃尔特第一的阶段)

《泰晤士报》的创办人是约翰·沃尔特(John Walter,Ⅰ),又称沃尔特第一,其子孙相继为沃尔特第二(John Walter,Ⅱ)、沃尔特第三(John Walter,Ⅲ)、沃尔特第四(John Walter,Ⅳ)等。沃尔特第四以后,《泰晤士报》便转入20世纪英国报业大王北岩爵士,即诺斯克利夫子爵(Northcliffe of Saint Peter)手中——时在1906年,到1967年又被加拿大报业巨子汤姆森爵士(Ray Herbert Thomson)拥有,最后则于1981年落入当今世界报阀默多克(Rupert Murdoch)的掌心。2004年11月11日,《泰晤士报》改为小报出版,截止到同年9月其发行量为620 870份。①

沃尔特第一,原是伦敦的一个煤炭商和保险商,因为业务失利转而从事印刷出版,做过一些小打小闹的图书买卖。1785年,他创办了《泰晤士报》。这一年是北美独立战争正式结束后的第二年,英美两国就在这一年建立外交关系。所以,1985年,英国首相撒切尔夫人在英美建交200周年的盛大宴会上,还对美国总统里根说道:"我也愿意说1985年是英国著名的《泰晤士报》出版200周年。"

《泰晤士报》创刊时叫《每日环球纪事报》(Daily Universal Register),1788年元旦改名为《泰晤士报》(The Times)。这里的"泰晤士"是英语"times"一词的音译,而times就是"时代"的意思。沃尔特第一认为报纸应是时代的记录,所以就将报纸改名为"泰晤士报",也就是"时代报"。这里附带说一下,《泰晤士报》与泰晤士河(Thames)风马牛不相干,尽管二者的汉译都是"泰晤士"。②

早期《泰晤士报》只是一张四版的揭丑小报,与其他报纸相比并无什么突出之处,而与现在《泰晤士报》洋洋洒洒的几十版相比更显寒酸。直到沃尔特第二时,《泰晤士报》才开始崭露头角,逐渐成为一张所谓的独立报刊(Independent Journal),并被《不列颠百科全书》誉为世界"第一报纸"。

2. 独立时期(沃尔特第二以后阶段)

沃尔特第二是沃尔特第一的次子,毕业于牛津大学。1803年,他从父兄手中接掌《泰

---

① 《〈泰晤士报〉改小报》,载《中华读书报》2004年11月3日4版。
② 参见刘优:《外国地名探源》,"泰晤士河"与"泰晤士报",498~500页,北京,星球地图出版社,1998。

晤士报》。一上任,他便打出"独立于党派之外"的旗号,停止接受政府的津贴。从此,《泰晤士报》开始一扫早期的小家习气而日渐具有大家风范,由一张平庸的小报而上升为出色的大报,就像一只丑小鸭变成了白天鹅。

《泰晤士报》的"旧貌换新颜",具有深刻的社会历史背景。客观上看,英国当时正经历工业革命,国力上升,如日中天。随着英国资本主义的繁荣,英国社会中开始出现一个新兴的中产阶层,他们的势力与影响不断扩大,最后几乎成为支配英国的主流阶层,而面貌一新的《泰晤士报》就生逢其时地充当了这个新兴阶层的代言人。另外,国际方面随着大英帝国的崛起,《泰晤士报》又不失时机地争取到帝国喉舌的地位。这种国内与国外的态势,就构成《泰晤士报》长足发展的客观因素。而主观上讲,沃尔特第二经营有方,则是《泰晤士报》得以脱颖而出的主要因素,正如第二次世界大战的欧洲战场虽为军事家们提供了施展才华的舞台,但若没有艾森豪威尔、巴顿、隆美尔等出色将领,同样不可能演出有声有色的战争活剧。

沃尔特第二的经营之道,概括起来主要有两手。第一手是不断更新生产技术,不断采用先进的传播手段。其实,无论何时何地,这都是任何媒体得以发展的不二法门,《泰晤士报》不过表现得尤为突出而已。比如,在采用先进技术更新印刷设备方面,《泰晤士报》始终一马当先:1814年首先使用蒸汽印刷机,1847年又首先使用轮转印刷机,使工效提高十倍等。这些技术上的不断更新,使《泰晤士报》在同其他报纸的竞争中一直占据有利位势。20世纪70年代末,《泰晤士报》因为又要采用更加先进的生产技术以节省人力,结果引发一场举世瞩目的劳资纠纷,致使《泰晤士报》停刊长达将近一年,这在《泰晤士报》二百多年的历史上还是第一次。另外,在采用先进的传播手段上,《泰晤士报》也不甘示弱,先后以信使、信鸽、轮渡、电报等当时最便捷的方式加快传讯速度,从而在报道许多重大新闻时常常捷足先登。这是沃尔特第二经营之道的第一手。

第二手就是延揽人才,重用人才。正因为有一流的办报人才,一流的编辑,一流的记者,《泰晤士报》才有可能办成世界一流的报纸。得到沃尔特第二重用的人才中,最有成就的当属巴恩斯和德莱恩。他俩号称《泰晤士报》的"两大主编",先后主编《泰晤士报》达六十余年,而这六十余年被誉为《泰晤士报》的"黄金时代"。下面就分别介绍这两大主编。

3. 声震英伦的"朱庇特"——托马斯·巴恩斯(1785—1841)

托马斯·巴恩斯(Thomas Barnes),与《泰晤士报》同年诞生,即1785年。他毕业于剑桥大学,1817年受命担任《泰晤士报》主编,直到1841年去世,共计24年。在他任主编之前,报纸老板往往一身二任——既是老板又是主编,既管报刊发行,又管采写编评。而现在主编有专人担任,自然有利于提高报纸的业务水平。

托马斯·巴恩斯的主要业绩,是把《泰晤士报》办成英国首屈一指的权威报纸。综观古往今来声名卓著的主流媒体,重要的不仅在于新闻的可靠可信、事关重大,而且更在于言论的威望与影响。巴恩斯一向非常重视社论,他认为社论既能领导舆论,又能反映舆论。为此,他经常撰写社论,并且还鼓励读者来信,畅所欲言。久而久之,英国人便形成习惯,遇有什么重要的事情,总要先看看《泰晤士报》怎么说,然后再决定自己的看法。

另外,他的一大成就是大大提高了新闻人的社会地位。今天的记者在人们眼里似乎神气活现,神通广大,甚至被尊为"无冕之王"。然而,新闻人并非一开始就这样吃香,这样走红的。恰恰相反,早期的新闻人大都处于社会的"下九流"。比如,英国17世纪的报业先驱巴特,就是"贫困而死"的。到资产阶级革命年代,新闻人的地位算是由下九流升到"中九流",进入中产阶层了。不过,上流社会对新闻人的态度,依然常常满含轻蔑与鄙视。1829年,一位英国爵士还劝他的朋友说:"你同任何报纸发生联系都是耻辱和堕落。"直到托马斯·巴恩斯主编《泰晤士报》后,新闻人才终于从芸芸众生中脱颖而出,成为声名赫赫的"无冕之王",成为所谓"第四等级"(the forth estate)。什么是"第四等级"呢?前面提到过,在英国历史上,国会新闻曾被长期禁止报道。英国新闻界为此进行了旷日持久的斗争,直到1771年才终于获准报道国会新闻。从此,国会便专门设了一个记者席。有一次,英国政治家爱德蒙特·伯克(Edmund Burke),在国会发言时说道:国会中有三个等级,但是在记者席上坐着一个第四等级,它比那三个等级都重要。从此,"第四等级"便流传开来,成为新闻界的代名词。美国有本很有影响的新闻业务杂志,名为《编者与出版者》(*Editor & Publisher*),每期它的封面上就印有一行小字——"第四等级"。

巴恩斯堪称第四等级的典型,也可以说是第一个声名赫赫的无冕之王,当时可谓威风八面,声震英伦。1834年,大法官林德赫斯特勋爵(Lord Chancellor Lyndhurst),就称他是"国内最有权势的人"(the most powerful man in the country)。英国首相也曾半是疑惑半是妒忌地惊呼:"为什么巴恩斯是国内最有权势的人!"在巴恩斯统帅下,《泰晤士报》迅速崛起,成为英国首屈一指的权威报纸。尤其是它的社论更是一言九鼎,它能决定官员的升迁,决定政党选举的成败,甚至能使其他国家的内阁倒台,正如有人所说:"假如《泰晤士报》给一个内阁宣判死刑的话,那么很快就会执行的。"为此,巴恩斯被人称为"朱庇特"(the Thunderer)。这是罗马神话里的众神之王,即希腊神话里的宙斯,常用来象征威严有力的事物。

4. 大器早成的约翰·德莱恩(1817—1879)

约翰·德莱恩(John Thadeus Delane),是沃尔特第二的校友,他们都毕业于牛津大学。他与托马斯·巴恩斯并称为《泰晤士报》的两大主编,而他俩的生辰似乎带有某种神秘的巧合:巴恩斯恰巧是在《泰晤士报》问世的那年出生的,德莱恩又恰巧是在巴恩斯担任主编的那一年诞生的。巴恩斯担任主编24年,死后即由德莱恩接替主编职务。所以,德莱恩当《泰晤士报》主编时,刚好 24 岁。

当德莱恩得知自己授命担任主编后,真是欣喜若狂,难以自持,他激动得跳进自己的房间,独自一人大声嚷道:"啊!约翰,你知道发生了什么事情吗?……我已经做了《泰晤士报》的主编了!"那种狂喜之情、得意之状,真如范进中举。这种欣喜若狂的表现,也不难理解。因为,受过良好教育的英国青年知识分子,历来把做《泰晤士报》主编和伊顿公学校长,视为个人奋斗的两大理想和人生追求的两大顶峰。英国的所谓"公学"(public school),实际是私立中学,主要接受上流阶层的子女,是典型的英国绅士的摇篮。英国历史上许多名人,包括新闻史上的弥尔顿、艾迪生、斯梯尔等,都毕业于英国的九大公学。而在九大公学中,伊顿(Eton)公学又是出类拔萃的佼佼者。那位在滑铁卢打败拿破仑的惠灵顿公爵说过:"滑铁卢之战,是在伊顿公学运动场上打赢的。"所以,做伊顿公学的校长和《泰晤士报》的主编,成为许多英国青年的理想。而德莱恩年仅 24 岁便任《泰晤士报》主编,他能不惊喜交加,近乎失态吗?

约翰·德莱恩

德莱恩从 1841 年上任,直到 1877 年自觉精力不济而告退,执掌《泰晤士报》长达 36 年。假如说巴恩斯使《泰晤士报》声震英伦,那么德莱恩则使《泰晤士报》享誉环球。换句话说,巴恩斯使《泰晤士报》成为英国的"第一报纸",而德莱恩则使它成为世界的"第一报纸"。1861 年,林肯总统在接见《泰晤士报》的名记者拉塞尔时说道:"伦敦《泰晤士报》是世界上最强大的力量之一,而事实上,除了密西西比河以外,我也不知道还有什么东西的力量能比它大。"①巴恩斯担任主编时,《泰晤士报》在国内建立了通讯员与记者网;而到德莱恩担任主编时,它又在国外建立了类似的网络。当然,《泰晤士报》由英国第一报纸成为世界第一报纸,归根到底还在于当时英国气吞八荒、飞扬万里的综合国力。德莱恩主编《泰晤士报》的 30 余年,正值维多利亚女王当政。维多利亚女王是英国历史上一位武则天式的人物,她在位期间(1837—1901),英国完成了工业革命,经济飞快发展,国力迅速增强。与此同时,大肆向外扩张,建立了一个比英国本土大 150 倍的空前殖民帝国,即所谓大英帝国。由于大英帝国的领土遍及全球,所以号称"日不落的国家"。"溥天之下,莫非王土,率土之滨,莫非王臣"(《诗·小雅·北山》)的帝王梦,在人类历史上只有维多利亚女王才第一次真正得以体验。所以,她在位期间被称为英国历史上的"黄金时代"。而英国的这个"黄金时代"与《泰晤士报》的"黄金时代"在时间上基本吻合,绝非巧合,它恰好说明

---

① [美]约翰·霍恩伯格:《西方新闻界的竞争》,魏国强等译,91 页,北京,新华出版社,1985。

《泰晤士报》与大英帝国血肉相连的密切关系。关于这一点,维多利亚时代两度出任英国首相的作家迪斯累利早已点明。他说:英国派往各国首都的大使有两名,一名是女王派的,一名是《泰晤士报》派的。所以《泰晤士报》的驻外记者被称做"第二大使"。1883年,一位身兼《泰晤士报》记者的英国领事,在喀土穆给英国的母亲写的信,为此提供了一个具体的物证:

> 我作为英国领事和《泰晤士报》的记者对当地的影响之大一定会使你惊讶。这里的老百姓高度评价《泰晤士报》的权力,他们说:"是《泰晤士报》而不是欧洲罢免了伊斯梅尔帕夏(这点确实说对了)。"他们还说:"如果这家报纸能够更换一位埃及总督,为什么不可以更换另一个呢?"①

总之,正如美国哥伦比亚大学新闻研究生院的霍恩伯格教授所概括的:"在维多利亚时代中期,《泰晤士报》的影响正接近顶峰。它是当时世界上势力最大的报纸,是短暂的新闻独立史上的一部无与伦比的宣传机器。"②

《泰晤士报》的赫赫声威、"无冕之王"和"第四等级"的回天之力及《泰晤士报》为大英帝国海外扩张充当急先锋的作为,都在《泰晤士报》的名记者拉塞尔采访报道克里米亚战争中得到最充分的展现。

5. 第一个战地记者——威廉·霍华德·拉塞尔(1820—1907)

威廉·霍华德·拉塞尔

威廉·霍华德·拉塞尔(William Howard Russell),是第一个著名的战地记者,实际上也就是第一个著名的专职记者。他的出现及作为,在历史上象征着一个转折。在他之前的所谓记者,其实都是一些业余人士,往往无名无姓,如新闻信的作者、旅行家、探险家、信使、文人、报人等。而拉塞尔不仅是专职记者,其工作就是采集新闻,报道新闻,而且由于表现出色,作用突出,成为声名远扬的闻人,记者的社会地位由此也得到相应提高。"记者作为某种民间英雄开始出现,他们以民主的名义,在事发现场无所畏惧地发掘事实真相,这一神话可以说就源于这个时期。"③也就是从这个时候开始,新闻的竞争日趋激烈,抢夺所谓"独家新闻"(scoop),仿佛也就成为西方记者的最高职责或者使命。

---

① [美]约翰·霍恩伯格:《西方新闻界的竞争》,魏国强等译,175页,北京,新华出版社,1985。
② [美]约翰·霍恩伯格:《西方新闻界的竞争》,魏国强等译,67页,北京,新华出版社,1985。
③ *The New Encyclopedia Britannica*,15th EDITION,1986,Volume 26,p. 477。

拉塞尔一生主要以采访军事新闻著称。他在克里米亚战争中崭露头角，赢得声望，后来又相继采访报道过许多著名战争，如南北战争、普法战争等。在采访南北战争期间，还受到林肯总统的接见。所以，如果把拉塞尔一生的军事记者生涯比作一个作家的全部作品，那么其成名作及代表作就是克里米亚战争。克里米亚战争是19世纪中叶，欧洲列强在黑海的克里米亚半岛进行的一场扩张争霸之战。交战双方是英法与沙俄，最后以俄国战败告终。这场不义之战还同一位巾帼有关，她就是护士之祖南丁格尔（Florence Nightingale）。南丁格尔是英国人，创办了世界上第一所护士学校，对现代护理学的建立与发展作出首屈一指的贡献。为此，她的生日5月12日，便被定为"国际护士节"。而南丁格尔，就是在克里米亚战争中崭露头角的。当时她出于人道主义精神，组建了一支志愿护士队，在战地医院服务，成绩非常出色。从此，南丁格尔便开始其一生的护士生涯，成为现代护理工作的创始人，并且赢得与红十字会创始人杜楠同等的国际威望。这些都是人所熟知的，但是恐怕很少有人知道促使她奔赴克里米亚前线，从而拉开她一生事业序幕的，正是《泰晤士报》，正是《泰晤士报》著名战地记者拉塞尔的报道。

克里米亚战争爆发时，英国远征军由于医护条件恶劣，许多伤病员得不到及时治疗和妥善护理，甚至"病人照料病人，生命垂危的人照料生命垂危的人"。① 再加上部队给养不足，天气恶劣，英军士兵饥寒交迫，真是苦不堪言。作为《泰晤士报》的随军记者，拉塞尔及时发回一系列报道，披露了这些触目惊心的严酷事实。他在一篇报道里，禁不住愤愤不平地写道：

> 现在大雨飘泼——天色像墨水一样黑——大风在摇摇欲倒的帐篷上呼啸——战壕变成了排水沟——帐篷里的水时而达到一英尺深——我们的士兵既没有保暖的服装，也没有防水的衣服，——他们陷入冬季战役的不可避免的苦难之中——然而似乎没有一个人去关心他们的冷暖，甚至他们的生命。虽然这些都是冷酷无情的事实真相，但是英国人民应当听到这些情况。他们应当知道，据国内当局得意扬扬地向我们做的保证，在这里为祖国作战的英国士兵是欧洲最优秀的部队；但是与他们相比，成天在风雨中流浪于伦敦街头的可怜的乞丐过的却是王子的生活。②

与英国远征军的士兵相比，狄更斯笔下的"雾都孤儿"过的都是王子的生活——这是何等鲜明的对照！这些令人震惊的报道在《泰晤士报》上一刊出，英国朝野为之哗然。南丁格尔就是在读到它们，尤其是看了拉塞尔所写的，"在我们中间难道就没有肯献身的妇女能够并且乐于站出来帮助那些有病痛、苦难缠身的士兵吗"这样一些情辞恳切、富于感召的话后，才毅然组建起一支有38名妇女参加的志愿护士队，奔赴克里米亚前线的。

---

① ［美］约翰·霍恩伯格：《西方新闻界的竞争》，魏国强等译，74页，北京，新华出版社，1985。
② ［美］约翰·霍恩伯格：《西方新闻界的竞争》，魏国强等译，78页，北京，新华出版社，1985。

除了报道远征军的悲惨境况外,拉塞尔还揭露了英军统帅的无能和失误,以及由此造成的不必要伤亡的内幕。比如,他曾报道了英军统帅不顾一切,驱使部队发起的一场无异于自杀的攻势。拉塞尔报道说,这次进攻开始后,敌人使用密集的炮火死死封锁了一片英军必经的开阔地。当英军这支由轻骑兵组成的进攻部队第一队人马在开阔地上被打垮后,英军统帅又命令第二队接着上,第二队被消灭后第三队再继续冲。就这样,硬是前赴后继,直到全军阵亡。拉塞尔悲愤交加地写道,虽然战士们的表现无比英勇,但这种攻势简直比堂·吉诃德袭击风车还要鲁莽和轻率。拉塞尔的这篇报道使英国举国沉浸于悲痛和愤慨之中,内阁大为尴尬,国防大臣甚至希望远征军用私刑处死拉塞尔。

配合拉塞尔的这些报道,主编德莱恩也调动社论,猛烈轰击政府。在《泰晤士报》这一系列左右开弓、咄咄逼人的舆论攻势下,最后议会成立了一个"特别委员会",对政府在克里米亚战争中的失职行为展开调查。不久,内阁宣布倒台,远征军总司令也撤职换人,从而避免了英军的失败。为此,拉塞尔被誉为"拯救了一支队伍的英雄"。这一事件第一次显示了"无冕之王"敢把皇帝拉下马的威力,标志着"第四等级"的崛起和壮大。

克里米亚战争结束后,拉塞尔与南丁格尔一样都获得了巨大荣誉。他回国时,首相与他共进早餐,他的母校授予他名誉法学博士学位。一天深夜,他突然从睡梦中惊醒,对身旁的妻子大声喊道:"快起床,快起床,部队出击了!"原来,他还沉浸在克里米亚战争的紧张气氛中。后来拉塞尔由于报道出色、功绩卓著,成为英国第一个被封为骑士的记者。在他接受皇家维多利亚勋章时,国王叫着他的爱称,轻轻地说道:"你不要下跪了,就鞠个躬吧!"

三、法国的三大廉价报纸

"19世纪的前三分之二时间里,新闻业明显进步:报纸的数量越来越多,同时,又分为许多类型,发行量大大增加。在法国,1803至1870年,巴黎的日报发行量从36 000份猛增至1 000 000份。"[1]另外,法国每千人的日报拥有量,也从1832年的3份,上升到1870年36份。[2]

与英美相比,法国报刊具有两大特色:如果说英美报刊比较追求新闻性与商业性,那么法国报刊则比较突出政论性与文艺性。法国的第一张报纸《法国公报》,就是世界上最早的一份政论报纸,至于风起云涌的法国大革命年代报刊几乎全是政论性的,如布里索的《法兰西爱国者》、马拉的《人民之友报》、埃贝尔的《杜歇老爹报》等。英雄一世的拿破仑,竟认为敌对的报纸胜过三千毛瑟枪,可见法国政论报刊的威力何等巨大。到政党报刊时

---

[1] [法]彼·阿尔贝等:《世界新闻简史》,许崇山等译,35页,北京,中国新闻出版社,1985。
[2] [法]彼·阿尔贝等:《世界新闻简史》,许崇山等译,35页,北京,中国新闻出版社,1985。

期,法国报刊的政论传统更被发扬光大,这一点非常典型地体现在当时的许多刊名上,像什么《论争报》、《不妥协报》、《指责者报》,等等,看上去无不剑拔弩张,咄咄逼人。这种充满火药味的刊名,在英美的报刊上几乎很少见到。由于政论传统源远流长、根深蒂固,法国的商业报刊虽然不再倚赖政党或政府的津贴,但内容并未像英美的商业报刊完全由政论转向新闻。相反,法国的许多商业报刊依旧以政论为主,比如下面即将介绍的法国三大廉价报之一《费加罗报》。

另外,法国报刊的文艺性传统也是由来已久。比如,法国诞生了世界第一份文艺性刊物《法国信使》,而法国许多商业报刊也往往将文艺作为吸引读者的法宝,一些著名报刊正是通过刊登巴尔扎克、雨果、大仲马等人的作品而赢得读者喜欢的,比如下面即将介绍的法国三大廉价报纸之一《世纪报》。法国报业的这一特色或许与法兰西民族的性格有关。法国人一向以性情浪漫、怜香惜玉著称。

法国报业这一政论与文艺并重的传统,乍一看似乎不大协调,甚至互相冲突:一方面是刀光剑影,杀气腾腾,而另一方面却又是轻歌曼舞,谈情说爱。其实二者相辅相成,正体现着法兰西骑士风度。不过,法国商业报刊与英美商业报刊在一点上又是相同的,即它们最先均以廉价报纸面目出现。法国廉价报纸中,最著名的有三份:《新闻报》、《世纪报》和《费加罗报》,不妨称之为"法国的三大廉价报纸"。关于这种新型报刊及其缘起,法国新闻学者贝尔纳·瓦耶纳,在其《当代新闻学》一书里做了简明扼要的概括:

> 从1828年到1881年,工业革命顺利地通过了各个阶段,终于在第一份日报诞生一个世纪以后,使报刊成了真正的新闻报刊,内容丰富,价格低廉,消息灵通,形式也相对多样化。这个新阶段的实现,有赖于以下四个缺一不可的有利因素:技术的因素使这样的报刊成为可能;经济的因素使它有利可图;社会的因素使它拥有读者;最后,政治障碍的解除使报刊有了不受束缚、自由发展的可能,这显然是最重要的条件,但光有它也是不够的。①

1. 吉拉丹与《新闻报》(1836)

《新闻报》(*La Presse*),是法国的第一份廉价报纸,1836年创刊,与美国的第一份廉价报纸、1833年创刊的《纽约太阳报》类似。其创办人吉拉丹(Émile de Girardin),由于在报界的显赫地位而被称为"报界拿破仑"。他是A.德·吉拉丹伯爵的私生子,1828年创办了平生的第一份报刊《猎鹰》(*Le Voleur*)——一份有关科学

吉 拉 丹

---

① [法]贝尔纳·瓦耶纳:《当代新闻学》,丁雪英等译,104页,北京,新华出版社,1986。

与艺术的月刊。这份杂志的售价,大约相当于当时普通报刊售价的十分之一。因此,发行量创下 13 万份的空前纪录,成为当时轰动一时的奇迹。吉拉丹由此一跃成为法国社交界的重要人物,1834 年进入国民议会。

1836 年,吉拉丹以其出版廉价刊物的成功经验又创办了一份廉价报纸,这就是法国的第一份廉价报纸《新闻报》。"当时一份报纸订购一年的价钱为八十法郎",而《新闻报》只及它的一半,即四十法郎。① 于是,这份报纸同样大获成功,销量直线上升。为此,妒恨参半的《民族报》(Nationale)发行人阿芒·卡雷尔(Armand Carrel),还对吉拉丹及其报刊进行攻击,并要求与吉拉丹决斗。结果,吉拉丹在决斗中获胜,将其击毙。法国一位新闻史学者甚至把这场决斗,看作商业报刊战胜政党报刊的象征,②这未免言过其实。不过《新闻报》的巨大成功,的确为法国报业带来革命性的转机。

吉拉丹主张,报纸应是超党派的。《新闻报》创刊号宣称,该报无意阐发某种学说,它是不偏不倚的独立报纸,旨在为民造福,等等。所以,《新闻报》一方面大量缩减政党报刊所注重的政治新闻与言论,一方面大量刊登民众所关注的、富有趣味的社会新闻,以及有关衣食住行方面的知识性稿件。此外,《新闻报》还经常请作家为其撰稿,巴尔扎克的小说《老处女》最早就是在《新闻报》上连载的。这类文学名著提高了《新闻报》的声誉,使它在知识界也受到重视,拥有大批读者。

吉拉丹在大力改进报纸内容的同时,也颇重视经营管理,特别在广告方面用力甚勤。"法国报业主动地、大规模地经营广告,始自《新闻报》。"③法国新闻史学者贝尔纳·瓦耶纳也认为:"如果说勒诺多(即《法国公报》的创办人雷诺多特——引者注)是法国报业之父的话,那么,吉拉尔丹(即吉拉丹——引者注)无可争议地是这方面的革新者……他凭借刊登广告,增加收入的办法,降低报纸的售价,从而扩大了发行量。"④

2. 迪塔克与《世纪报》(1836)

迪塔克曾与吉拉丹合作办过杂志。1836 年在吉拉丹的《新闻报》问世的同一天,迪塔克也创办了一份廉价报纸,即《世纪报》。所以,《世纪报》与《新闻报》是一对不分先后的双胞胎,都可以说是法国的第一份廉价报纸。不过,由于吉拉丹更有名望,其《新闻报》更有影响,所以一般都把《新闻报》视为第一。

迪塔克的《世纪报》比起吉拉丹的《新闻报》更富于"煽情性",就是说在内容上更着重耸人听闻,在文字上更强调通俗生动,所以《世纪报》在社会中下层里拥有广大读者,它的

---

① [法]彼·阿尔贝等:《世界新闻简史》,许崇山等译,46 页,北京,中国新闻出版社,1985。
② [法]彼·阿尔贝等:《世界新闻简史》,许崇山等译,46 页,北京,中国新闻出版社,1985。
③ 张隆栋、傅显明主编:《外国新闻事业史简编》,81 页,北京,中国人民大学出版社,1988。
④ [法]贝尔纳·瓦耶纳:《当代新闻学》,丁雪英等译,104 页,北京,新华出版社,1986。

销量也一直领先于内容比较干净的《新闻报》。

《世纪报》首创刊登小说的先例,大仲马的《三剑客》就是在《世纪报》上连载登出的。正是受到《世纪报》这一做法的启发,《新闻报》才开始连载巴尔扎克、雨果等大家的名著,并且也受到读者欢迎。再往后许多报纸也都群起效法,纷纷刊登名家名著,一时间作家与报人仿佛成为一对难兄难弟,彼此都难分难舍:报人要靠作家去招徕读者,作家要靠报人来扩大声望。

在法国的三大廉价报纸中,至今仍在发行并且卓有影响的是《费加罗报》。

3. 威尔梅森与《费加罗报》(1826)

《费加罗报》

《费加罗报》(*Le Figaro*),是当今法国数一数二的大报,也是全球屈指可数的名报之一。以前我们曾讲过约翰·梅里尔教授的"高级报纸金字塔"。这座金字塔分为四层,由世界上100份著名的高级报纸所组成。《费加罗报》被列入第二层,与美国《华盛顿邮报》、苏联《消息报》等平起平坐,仅次于《人民日报》、《泰晤士报》、《纽约时报》、《真理报》等"一流"的高级报纸。由于《费加罗报》的读者以文化水平较高的商界人士和高级职员为主,所以又被称为"法国中上阶层的圣经"。

《费加罗报》创办于1826年，原名《油灯报》，是一张刊载艺术小品和逸闻趣事的讽刺小报。直到1854年亨利·德·威尔梅森（Henri de Villemesant）在此基础上，创办《费加罗报》，才逐渐使之成为一张"高级报纸"。威尔梅森很懂办报艺术，他一方面在版面编排上进行改进。他认为，报纸内容如同商店货架上的商品，商品只有摆放得井然有序，才便于顾客选购，同样，报纸内容只有编排得有条有理，才便于读者阅读。所以，威尔梅森将报纸版面分成新闻、社论、特写、广告等固定栏目，然后按部就班地把各类内容编排进去，显得条理整齐，一目了然。另一方面，威尔梅森在报道内容上，又大力加强耸人听闻的报道和趣味性强的新闻。他曾说过，报纸"每天要把一块石头投入池塘"，就是说报纸每天都要刊登具有轰动性和刺激性的东西。他的这句话很形象，因此流传很广，成为廉价报纸的座右铭。

威尔梅森经营下的《费加罗报》，集法国报业的两大传统于一身，即文艺性与政论性并重。他除了邀请大仲马、象征派诗人波德莱尔等投寄作品外，还加强政治报道与政论，使《费加罗报》成为法国一家主要的政论报纸。这种文艺与政论并重的特色，集中体现在《费加罗报》的刊名上。法国大革命年代有位著名的剧作家博马舍，他写过两部有名的喜剧——《塞维利亚的理发师》和《费加罗的婚礼》。与博马舍同时代的作曲家罗西尼的歌剧《塞维利亚的理发师》和莫扎特的歌剧《费加罗的婚礼》，就取材于博马舍的同名喜剧。这些戏剧中的主人公都是费加罗。他是个足智多谋，富于强烈喜剧色彩的人物形象。他使用巧妙的、令人捧腹的办法，尽情捉弄上流社会的贵族老爷，所以在民间很受欢迎。所以，"费加罗"这个符号既具有批判性，又具有艺术性，以此作为刊名集中体现了《费加罗报》的特色，即文艺性与政论性并重。

四、小结

上面我们以美、英、法三国为切片，解剖了一下商业报刊。现在，我们再对商业报刊做一总括性的透视。

1. 三大特征

第一，标榜独立。本杰明·戴在创办《纽约太阳报》时宣称：我们决定创办一个独立的报纸，我们采取独立的方针。詹姆斯·戈登·贝内特在创办《纽约先驱报》时也宣称：我们将不支持任何政党，不做任何集团的机关报……我们将致力于发表事实……发表公正无私的评论。一次，美国财政部给《纽约先驱报》送去一些广告，结果被贝内特断然拒绝。《纽约先驱报》为此还专门发表一篇社论，其中写道："我们没有必要为财政部或政府的其他部门做任何广告。我们不但现在而且将永远公开宣布，我们将不和来自政府各部门的出版物或广告发生任何关系。"①此外,英国、法国等国的商业报刊也无不纷纷挑起"独立"的旗帜,尤其是《泰晤士报》更以"力拔山兮气盖世"的威仪,确立了商业报刊的一系列新闻观,如报纸应对公众负责而不对政党或政府负责。1852年,《泰晤士报》的主编约翰·德莱恩明确表示:

> 我们不能承认,报纸的目的应分担治国者的工作,也不能承认报纸受到同王国政府的部长们一样限制、一样职责和一样义务的约束。这两种权力的目的和职责永远是互不关联的,一般是独立的,有时截然相反的。新闻出版界一旦接受从属地位,其尊严和自由就会受到遏制。为了完全独立地履行其职责,从而也符合公众最大的利益,新闻出版界决不可与当代政治家结成密切的或有约束力的联盟。②

第二,注重新闻。本杰明·戴在《纽约太阳报》的发刊词里写道:《太阳报》的宗旨"是在每个人都能支付的价钱下,将一天中发生的所有的新闻奉献在公众面前,同时也给刊登广告提供一个便利的工具。"③这句看似寻常的话,实际上点出了现代商业报刊的两个基本要务——发布新闻与赚取利润。利润当然是商业报刊的命根子,为了保住这个根本、强化这个根本,就必须用大量的、吸引读者的新闻占领市场。只有拥有一定市场份额的报纸,才能招揽广告,才能赚钱。如此看来,商业报刊上的新闻仿佛只是手段,而广告则成为其鹄的。

不过,就新闻传播事业而言,商业报刊"注重新闻"的努力,毕竟是一项功德无量的发展。它奠定了现代媒体以提供信息为主的模式,从而对新闻事业的长足发展,对新闻专业队伍的成长壮大,以及对新闻教育与新闻研究的形成与完善,都影响深远,意义重大。试想一下,假如不是商业报刊将重心从政论转向新闻,那么现在人们从报上看到的恐怕还是连篇累牍的高谈阔论,因而也就不需要众多的、懂得新闻传播规律的专业人员,同时也就不需要开办什么新闻专业,开展什么新闻学研究了。当然,这只是一种假设,但通过这种假设可以更清楚地看到注重新闻这一转向的意义所在。

第三,企业化经营。商业报刊的所谓"独立",首先体现于经济上的独立,而经济上的独立又体现为企业化经营。在商业报刊的先驱者看来,报业其实是一种以生产新闻为职能的企业,它与其他类型的企业一样,可以生财赢利,可以发家致富,而与其他企业的唯一不同之处,只在于其产品是刊登新闻的报纸。商业报刊正是以经济上的独立,来维护其报道上的独立。《伦敦泰晤士报史》在叙述19世纪该报的发展历程时写道:只是由于有了大量的广告收入,才使报纸得以不依赖政党、政府的津贴而维持光荣的独立。

---

① [美]约翰·霍恩伯格:《西方新闻界的竞争》,魏国强等译,39～40页,北京,新华出版社,1985。
② [爱]肖恩·麦克布赖德等:《多种声音,一个世界》,13页,北京,中国对外翻译出版公司,1981。
③ [美]J.赫伯特·阿特休尔:《权力的媒介》,黄煜等译,53页,北京,华夏出版社,1989。

当然，关于报纸的企业化、商业化及营利问题，人们一直啧有烦言，多有批评。巴尔扎克在其长篇小说《幻灭》(1843)中，就曾对此做过淋漓尽致的批判：

> 报纸是用说话做商品的铺子，专拣群众爱听的话向群众推销。要是有一份给驼背看的报纸，准会从早到晚说驼背怎么美，怎么善，怎么必要。报纸的作用不再是指导舆论，而是讨好舆论。过了相当时期，所有的报纸都要变成无耻，虚伪，下流，都要撒谎，甚至于行凶；扼杀思想，制度，人物；而且靠着这种行为一天天的发达。……报纸尽可干出最残酷的事，没有一个人觉得自己沾着血腥。①

比如，就在贝内特堂而皇之地宣称"独立"，义正词严地拒斥政府的广告之际，其《纽约先驱报》却在为"江湖医生"的"大力丸"大做广告，等庸医的广告撤出后，他又大骂其招摇撞骗、厚颜无耻云云。② 总之，正如美国学者所论述的：

> 传播媒介因为是营利企业，都具有两个重要特点。第一，它们都受"多数法则"的支配。这就是说，不管什么内容，只要能吸引最大量的顾客并赚取最多的广告收入，就是要提倡的内容。能够吸引大批顾客的内容将把不能吸引大量顾客的内容挤掉。艺术知识趣味不高的人远远多于趣味高雅的人，这并不是秘密。……第二个特点是所有权越来越集中，越来越多的传播媒介掌握在越来越少的人手中。由于传播媒介成本的上涨，越来越多的情况是大公司成为媒介的所有者。某家报纸、杂志、电视网或电影制片厂可能不是独自经营，而是某大公司或联营企业的一部分。③

这些问题归根结底，还在于资本主义制度的天生痼疾与基本矛盾，即私有化与社会化的冲突。

2. 三点说明

第一，商业报刊不等于大众报业。

国内外新闻学论著一般都把商业报刊与大众报业混为一谈。其实，二者多有区别。首先，从销量上看，商业报刊兴起之际，大众报业所必备的一些基本条件，如教育普及等还远未成熟，于是商业报刊的发行量虽然大大高于以往的政党报刊，但与后来动辄百万甚至几百万的大众报业相比，实在是小巫见大巫。其次，从时间上看，商业报刊大致出现于工业革命开始时，而大众报业则兴起于工业革命完成后。从英、美、法三国的情况看，商业报刊出现于19世纪初，而大众报业则兴起于19世纪末。最后，最重要的还在于，商业报刊

---

① [法]巴尔扎克：《幻灭》，傅雷译，330～331页，北京，人民文学出版社，1989。
② [美]本·巴格迪坎：《传播媒介的垄断》，林珊等译，164～165页，北京，新华出版社，1986。
③ [美]梅尔文·L.德弗勒、埃弗雷特·E.丹尼斯：《大众传播通论》，颜建军等译，71～72页，北京，华夏出版社，1989。

对新闻事业的主要贡献是将报纸的重心由政论转向新闻,而大众报业的主要贡献则是把报纸变成名副其实的大众媒介。正是基于这些区别,我们才将商业报刊与大众报业,看作19世纪报业的两次突变,并分两章分别加以介绍。

第二,商业报刊之兴不等于政党报刊之亡。

商业报刊的兴起虽然敲响政党报刊的丧钟,但政党报刊并未就此断气,一命归天。相反,在大众报业兴起之际,政党报刊仍然称霸报坛,声势蔚为壮观,用哈贝马斯的话说,"19世纪中叶,党派报刊还占据主导地位"。① 当时的报界不妨说呈现着政党报刊与商业报刊分庭抗礼、平分秋色的局面,正如青尼罗河与白尼罗河在喀土穆汇流后的景象一样。青白尼罗河的汇流是世界著名景观之一,晶莹似玉的白尼罗河水与湛蓝碧绿的青尼罗河水汇合后,依然大路朝天,各走半边,一川河水蓝白分明,景致奇异而壮观,人们用一句充满诗意的话来形容它,说这是"历史上最长的接吻"。而这种景象,恰似19世纪政党报刊与商业报刊同时并存的局面。

第三,商业报刊的独立性不等于绝对独立。

关于这一点,其实不必多说,因为稍微了解新闻学和新闻史的人都知道,绝对的独立在中外古今的新闻传播活动中,都是天方夜谭的神话或自欺欺人的鬼话。李普曼在其名著《舆论学》中就曾断言:"在这个世界里,完全的独立简直是不可想象的事。"② 比如,法国的《世纪报》虽然独立经营,在政治上却是共和党的坚定支持者。《纽约时报》的鼻祖雷蒙德虽然也说报纸"必须是超党派的",而且《纽约时报》也的确力求报道客观,议论持平,可雷蒙德本人却是个老资格的共和党人,被称为共和党的"教父",还曾协助共和党总统林肯起草过施政大纲。具有这样政治背景的人,他的报纸怎么可能绝对独立呢?《纽约论坛报》的发行人格里利,在谈到该报创刊的情况时说得更明确:我创办报纸的指导思想是一方面不当政党的奴仆,另一方面也不伪装中立。《泰晤士报》的名记者拉塞尔,之所以在采访南北战争时被美国政府驱逐出境,就因为《泰晤士报》公然支持南方叛乱,脱离联邦。而且,正如哥伦比亚大学新闻研究生院的霍恩伯格教授所言,有些报道如果"发表在普通的报纸上,人们可以把它们看作是记者的臆想,但当它们登在《泰晤士报》上时,人们就绝对无法搞清这究竟是不是政府的政策。"③

总之,正如阿特休尔一针见血指出的:"在美国,人们说新闻媒介超脱政治时,其意思常常是说新闻媒介超脱了党派政治。"④ 商业报刊喋喋不休地鼓吹所谓独立,说到底不过是不以资产阶级中一党一派的利益为重,而是以整个资产阶级的利益为重——这才是商

---

① [德]哈贝马斯:《公共领域的结构转型》,曹卫东等译,222页,上海,学林出版社,1999。
② [美]沃尔特·李普曼:《舆论学》,林珊译,148~149页,北京,华夏出版社,1989。
③ [美]约翰·霍恩伯格:《西方新闻界的竞争》,魏国强等译,217页,北京,新华出版社,1985。
④ [美]J.赫伯特·阿特休尔:《权力的媒介》,黄煜等译,322页,北京,华夏出版社,1989。

业报刊的实质。换句话说,商业报刊虽然可以独立于某个具体的资产阶级政党或政府,但绝不可能独立于整个资产阶级:"这种不受政府干涉的独立性,虽然确立了新闻出版界本身成为一种力量,但是它往往并不带来同时也能摆脱控制新闻出版界的私人势力的同等独立性。"①别看第四等级常常不服这个政党那个政府,摆出一副高傲的独立派头,但它与这些政党政府的大方向却是一致的,即为整个资产阶级效劳。所以,第四等级、政党政府及整个资产阶级这三者的关系,实际上恰似"一主(资产阶级)二仆(政府与报界)"。

第三节 商业报刊背景透视

看待商业报刊及其兴盛,不能只是就事论事地谈论其自身的演变与发展,还应该结合特定的社会历史背景进行全面而深入的考察,庶几方可把握新闻传播的变迁之迹。

如前所述,19世纪新闻事业获得迅猛发展,而商业报刊的兴起更是象征着现代报业的创生。那么,为什么偏偏在这个时期出现这样的报刊呢?单纯从新闻传播的角度讲,我们可以说它是对以往政党报刊的反拨,是物极必反的结果。然而,如果我们进一步放开视野,联系当时种种政治、经济、文化及社会心理等因素,就不难发现商业报刊的出现,实在具有深刻而复杂的历史根源。下面,我们就对此进行一些描述与论述,以期为商业报刊以及19世纪以来的现代新闻事业勾画一幅"大历史"的背景。

一、社会背景

19世纪以后的世界图景,虽然错综复杂,变化万千,但西方的崛起及其全球扩张,却构成一条鲜明的历史主线。不管人们在思想感情上,对这种"西方中心论"或"欧洲中心论"如何啧有烦言,都不能不承认这一基本事实。那么,西方世界为什么能够崛起为世界的"中心"呢?对此,各种理论学说可谓汗牛充栋,莫衷一是。大略说来,存在两种解释或解释取向。一种解释或解释取向认为,西方的强盛在于一整套先进的政治架构、科学发明、文化传统等,如三权分立的政治体制、穷根究源的探求精神、古希腊罗马以来的思想体系与精神遗产等。另一种解释或解释取向,将西方的崛起置于整个世界历史的动态过程中进行观照,从一种系统的、互相影响和制约的关系中进行分析,认为"西方"(the West)并不比"其他"(the rest)特殊,而仅仅是由于长时段的历史演化,恰好在特定时空为其崛起提供了夤缘际会的契机而已。前者可以称为"西方优异论",后者可以称为"世界体系论"。

---

① [爱]肖恩·麦克布赖德等:《多种声音,一个世界》,13页,北京,中国对外翻译出版公司,1981。

不管按照哪套理论都不能不承认，19世纪"欧洲之所以能进行这种前所未有的扩张，是因为三大革命——科学革命、工业革命和政治革命——给了欧洲以不可阻挡的推动力和力量"。① 而这些革命的源头虽然可以上溯到16、17世纪，但是它们的"世界性影响都是直到19世纪才被充分地感受到"。② 比如，用一位作者的描绘来说：

> 我们发觉自己处于这样一个世界中：在这世界里，有着迅速的运动和不平稳的退却；在这世界里，前所未有地挤满了人——人们在巨大城市的人行道上互相推挤，人们不自在地隐居在高大公寓的小房间内沉思或空想；在这世界里，充满了流线型汽车、有轨电车和飞机；这世界受到了来自传声筒的喧声的干扰，遭到了新闻标题以及电影和电视中的不断变化的镜头的攻击。这世界是有史以来唯一的一种经济统治——工业文明的统治——的一部分；它不但为西欧诸民族所分享，也为俄国人、美国人和日本人所分享，甚至还在某种程度上为中国人和印度人所分享。③

这三大革命及其所引发的一系列社会变革、文化嬗替与心理转型，都对新闻事业产生直接与间接的推动。比如，民族国家以及与之相关的民族主义的崛起，就与新闻事业具有千丝万缕的联系。什么是民族国家（nation-state）？民族国家是个特定概念，简单说是一种遵循启蒙理性的国家形态和政权组织，其突出特征在于确定的疆域、独立的主权和强烈的认同感："民族国家的一个重要的特点，是要求在固定的疆域内享有至高无上的主权，建立一个可以把政令有效地贯彻至国境内各个角落和社会各个阶层的行政体系，并且要求国民对国家整体必须有忠贞不渝的认同感。"④

按照目的论和进化论的历史叙述模式，这种不同于既往的国家形态，是伴随现代文明而出现的。大家知道，自1492年哥伦布发现新大陆以来，整个世界历史似乎都在朝着一个方向发展，那就是所谓现代化或全球化。美国学者斯塔夫里阿诺斯在那部颇受好评的《全球通史》中，就以哥伦布发现新大陆的时间为界，将人类历史分为1500年以前的世界和1500年以后的世界。1500年以后的世界有什么不同呢？如果用启蒙理性的语言表述，就是现代性、现代化与现代主义的三位一体。而这个三位一体的现实化身，就是民族国家及其发展历史。不言而喻，最早的民族国家出现在欧洲。"一部欧洲近代史，可归结为民族国家与民族主义发展的历史。作为现代社会标志的商业活动的扩张与技术工业的

---

① ［美］斯塔夫里阿诺斯：《全球通史——1500年以后的世界》，吴象婴等译，243页，上海，上海社会科学院出版社，1992。
② ［美］斯塔夫里阿诺斯：《全球通史——1500年以后的世界》，吴象婴等译，243～244页，上海，上海社会科学院出版社，1992。
③ ［美］斯塔夫里阿诺斯：《全球通史——1500年以后的世界》，吴象婴等译，275页，上海，上海社会科学院出版社，1992。
④ 李杨：《"救亡压倒启蒙"？——对八十年代一种历史"元叙事"的解构分析》，载《书屋》2002(5)。

发展,都可视为民族国家这一世俗政治建构的后果。"① 具体地说,从 1618 年到 1648 年,欧洲爆发了一场旷日持久的战争,兵连炮接,牵连广泛,史称"三十年战争"。战后各方订立了一项协议,即有名的《威斯特伐里亚条约》。这项协议实际上就是现代欧洲各国,如英国、法国、德国等建立各自民族国家的蓝图,它不仅确立了现代欧洲的国家版图,而且奠定了现代国际关系的基本准则。从此之后,民族国家间的纵横捭阖,就构成现代历史的主要景观。亨廷顿在论述其"文明的冲突"理论时,曾谈到现代世界的四种冲突形态。一是最早的君王之间的冲突,这种冲突在三十年战争后的一个半世纪里,占据了西方历史的核心地位。此后,从法国大革命开始,君王的冲突就演变为民族国家的冲突,这种冲突以 19 世纪列强瓜分世界为代表。十月革命的爆发以及苏联社会主义的胜利,又使这种冲突让位于社会主义与资本主义两大阵营的冲突,即意识形态的冲突。等到 20 世纪末苏东解体之后,意识形态的冲突就变成所谓"文明的冲突"。② 其实,民族国家的冲突一直是现代历史的主线,并贯穿整个 20 世纪,所谓意识形态的冲突和文明的冲突,只是使民族国家的冲突更趋复杂化,而并没有取代民族国家的明争暗斗,现代世界的基本格局还是受制于民族国家,诸如联合国等国际组织都是民族国家的联合体。

关于民族国家的起源与发展,B. 安德森在其名著《想象的共同体》一书中做了经典的论述。B. 安德森与小他两岁的弟弟 P. 安德森,都是世界知名学者——后者曾长期担任国际学术重镇《新左翼》(*New Left Review*)的主编。顺便说一下,兄弟俩都出生于抗战时期的昆明。1983 年,B. 安德森以一部篇幅不大的著作——《想象的共同体:民族主义的起源与扩散》(*Imagined Communities: Reflections on the Origin and Spread of Nationalism*)一举成名。这部影响广泛的著作,主要探讨民族国家以及民族主义问题。按照《想象的共同体》一书中的说法,现代意义上的民族,"是一种想象的政治共同体——并且,它是被想象为本质上有限的(limited),同时也享有主权的共同体"。③ 为什么说是"想象的"呢?"因为即使是最小的民族的成员,也不可能认识他们大多数的同胞,和他们相遇,或者甚至听说过他们,然而,他们相互连结的意象却活在每一位成员的心中"。④

那么,这种想象又是如何成为可能的呢?在 B. 安德森看来,现代印刷媒介的普及与发展,为这种民族国家的想象提供了可能,正是由于报纸、杂志、书籍以及随后的广播、电视等媒介的发达,人们才可能将互不相识的人想象为声气相通的"同胞"。按照黑格尔的形象说法,读报就像现代人的晨祷(或晚祷)。虽然读报(或听广播、看电视、上网浏览等)

---

① 李杨:《"救亡压倒启蒙"?——对八十年代一种历史"元叙事"的解构分析》,载《书屋》2002(5)。
② Huntington, Samuel P., *The Clash of Civilizations and the Remaking of World Order*, SIMON & SCHUSTER, 2003, pp. 52~53.
③ [美]本尼迪克特·安德森:《想象的共同体》,吴叡人译,5 页,上海,上海人民出版社,2003。
④ [美]本尼迪克特·安德森:《想象的共同体》,吴叡人译,5~6 页,上海,上海人民出版社,2003。

是个人行为,是默不作声的,但是每个人的内心都清楚地知道,这个仪式在同一时间正被数以千万计的、素昧平生的人所共同参与。从现代历史看,民族主义和民族国家的兴起过程,恰好是同现代媒介的发展相同步的,比如:

> 民族主义直到18世纪西欧资产阶级开始分享或获得全部权力时,才呈现其近代的形式。……民族主义的这种近代的形式在法国革命和拿破仑时期中得到了最大的促进。革命的领袖们为了从欧洲旧政权的猛攻中逃生,不得不动员国民军队——由乐于并渴望为祖国而战的、有政治觉悟的公民组成的军队。法国革命还以其他几种方式促进了民族主义的发展。它要求所有法国公民都说法语即"中央的或国家的语言",来代替许多地区方言。它建立了公立小学网,来教授法语和灌输对国家的热爱。法国革命也促进了报纸、小册子和期刊的出版;这些读物写得粗浅、通俗,因而给全国人民留下了深刻的印象。此外,法国革命还创立了像国旗、国歌和国家节日那样的民族主义仪式和象征。①

再如,中国晚清以降的历史,实际上也被纳入这种全球范围的民族国家与民族主义的生成轨道,就像斯塔夫里阿诺斯所说的:"20世纪以前,殖民地诸民族一直保持着西欧人在18世纪以前所具有的宗教和地区方面的忠诚。只是20世纪时,他们才开始具有民族意识,这一方面是对西方统治的一种反应,另一方面是由于欧洲民族主义思想意识的传播,再一方面是因为特别易受这种思想意识影响的土著中产阶级的兴起。"②在这一嬗变过程中,当时以印刷媒介为代表的新闻事业,发挥了无可替代、同时也无可估量的巨大作用。正是随着越来越多的印刷报刊的风行,以往邻里相望而老死不相往来的中国人,才可能将自己想象成一个声气相通、血脉相连的"中华民族"。

仅从以上民族国家及民族主义的角度看,我们就知道现代新闻事业绝不仅仅只是报道新闻、赚取利润而已,它实际上与国家强盛、民族兴旺及现代化事业都是息息相关的。人们常说西方的强大是得力于它的科技进步、思想先进、制度创新等。这些看法固然不错,但是最核心、最实际、最直接的因素还在于民族国家。以鸦片战争为例,就不是所谓"落后挨打论"所能解释的。依据国际工合组织的报告分析,1820年的中国人均产值还占世界首位。"就说英国炮舰吧,仍然是工业革命前的桅帆船,因为当时富尔顿汽船还不能用于实战,英舰队仅有两艘只充通讯工具。从吨位、装备、速率等综合性能看,这时的英舰未必胜过三百年前郑和指挥的战船。况且当时还没有苏伊士运河,没有无线电技术,没有现代化的补给、医疗等手段……"(朱维铮)③出生于鸦片战争那一年的近代闻人马相伯,

---

① [美]斯塔夫里阿诺斯:《世界通史》,吴象婴等译,355页,上海,上海社会科学院出版社,1992。
② [美]斯塔夫里阿诺斯:《世界通史》,吴象婴等译,358页,上海,上海社会科学院出版社,1992。
③ 朱维铮、龙应台编著:《维新旧梦录》,45页,北京,三联书店,2000。

12岁进法国人办的徐汇公学,一次被外国老师带去参观黄浦江上停泊的英国战舰,结果吃惊地发现,所谓"船坚炮利"竟是船也旧,炮也差。然而,就是这样无足称道的军事力量,居然硬是逼使泱泱上国订立了城下之盟,原因到底何在呢? 其实,就在于英国以及随后蜂拥而来的列强都已是民族国家,而中国还是一个联系松散的所谓"文化国家"。同这种文化国家以及各种文化共同体相比,按照民族国家体制建构的西方列强,不仅"具有其他政治组织方式所不具有的加强国家凝聚力、动员和集中社会资源、提高政治效率的能力"(李杨)①,能够将整个社会的人力、物力和财力充分有效地加以组织和利用,而且更为重要的是可以形成一种同仇敌忾的民族意志,这种意志在法国大革命中的《马赛曲》中得到淋漓尽致的表现。这首歌曲后来顺理成章地成为法国的国歌,而国歌、国徽、国旗等正是民族国家的鲜明标志。由此说来也就不难理解,"大英帝国"的崛起同《泰晤士报》以及后面将要讨论的路透社等现代媒体之关系何以"剪不断,理还乱"了。

二、思潮背景

商业报刊的兴起除了特定的社会背景,还有特定的思想渊源。对此,西方学者将它概括为一套"报刊的自由主义理论"(the libertarian theory of the press)。

如同以前说的"报刊的集权主义理论","报刊的自由主义理论"也不是一个孤零零的思想体系。从历史全景看,它属于17、18世纪席卷西方的启蒙思潮,是新兴资产阶级所追求的自由民主事业的重要一环。当时,资产阶级为了发展资本主义,在政治上要求推翻封建专制制度,建立自由民主的共和国;在经济上要求废除一切羁绊,展开自由竞争;在思想意识上则要求尊重信仰自由、言论自由与出版自由等。总之,比起封建时代的专制传统,资本主义带来了一股追求自由的风气。正是在这股强劲的风气下,正是在启蒙运动的声浪中,形成了这么一套"报刊的自由主义理论"。

如果说"报刊的集权主义理论"是封建专制王朝钳制报业的思想基础,那么"报刊的自由主义理论"则是资本主义商业报刊的思想基础,同时也是商业报刊兴起以来西方现代媒介的思想基础。同"报刊的集权主义理论"一样,"报刊的自由主义理论"也不是一套系统完备的学说,而是由许多繁杂纷纭的观点、看法和主张所融会的体系,而其中最基本、最核心的内容大都来自约翰·洛克、约翰·弥尔顿、托马斯·杰斐逊和约翰·密尔等人。下面就先来看看这些人的有关思想。

1. 约翰·洛克——自由思想的先驱

约翰·洛克,是英国17世纪的著名思想家。他是英国皇家学会最早的会员之一,与

---

① 李杨:《"救亡压倒启蒙"?——对八十年代一种历史"元叙事"的解构分析》,载《书屋》2002年(5)。

另一位会员、大科学家牛顿是好朋友。同约翰·弥尔顿一样,他也参加过17世纪中叶的清教徒革命,还担任过贸易大臣、殖民事务大臣等职。在整个人类的思想史上,他是资产阶级意识形态的先驱,"是哲学上的自由主义的始祖"①,他的思想不仅影响了英国的资产阶级革命,而且也为后来各国的资产阶级革命提供了理论依据,美国的《独立宣言》、法国的《人权宣言》等其实都导源于洛克的思想。用罗素的话说,"他的政治学说,加上孟德斯鸠的发展,深深地留在美国宪法中"。②

大致说来,洛克的政治学说可以用两个熟语来概括,即"天赋人权"(natural rights)与"社会契约"(social contract)。所谓天赋人权或自然权利,就是人所具有的、与生俱来的东西,包括生命权(Life)、自由权(Liberty)和财产权(Estate)。在他看来,这些东西是人一出生就具备的,是谁也不可剥夺的,故曰天赋人权,也就是大自然赐予人的神圣权利。洛克在他的代表作《政府论》(1690)中就指出,人有权在自然法的范围内,按照自己认为的方法,决定其行动,处理其人身和财产。这是洛克政治学说的第一个基本点,讲的是权利问题(right),是自然状态。

第二个基本点"社会契约"讲的是权力问题(power),是社会状态。所谓"社会契约",即指初民经过协商所达成的公共契约。在达成这个契约之际,每人都放弃一部分自然权利,将它交给那个按社会契约组成的政府。正如胡克尔所言:"要摆脱那些伴随自然状态中的人类而存在的争吵、侵害和损害,没有别的途径,只有通过在他们中间进行和解和协议来组成公共政府,使自己受制于那些享有他们所授予的统治权的人们,由他们来获得和平、安宁和其他美满的生活状况。"③洛克在其《政府论》中说得更清楚:

> 任何人放弃其自然自由并受制于公民社会的种种限制的唯一办法,是同其他人协议联合组成为一个共同体,以谋他们彼此间的舒适、安全和和平的生活,以便安稳地享受他们的财产并且有更大的保障来防止共同体以外任何人的侵犯。
>
> ……
>
> 凡是脱离自然状态而联合成为一个共同体的人们,必须被认为他们把联合成共同体这一目的所必需的一切权力都交给这个共同体的大多数……④

需要说明的是,洛克的社会契约论,只是他对国家与政府起源的一种理论解释,并不表明历史事实就是如此。依据马克思主义理论,国家是阶级利益不可调和时的产物,而不是人们彬彬有礼地坐在一起,好商好量地达成一项什么契约。不过,社会契约论的解释,

---

① [英]罗素:《西方哲学史》下卷,马元德译,134页,北京,商务印书馆,1986。
② [英]罗素:《西方哲学史》下卷,马元德译,134页,北京,商务印书馆,1986。
③ [英]洛克:《政府论》下篇,56页,北京,商务印书馆,1981。
④ [英]洛克:《政府论》下篇,59~61页,北京,商务印书馆。

毕竟不同于封建时代的"君权神授论"。所以，洛克的这套政治学说，成为资产阶级推翻封建专制、建立共和国的理论先声，为整个资产阶级革命奠下思想基石。比如，洛克说的"政治社会的创始是以那些要加入和建立一个社会的个人的同意为依据的"，"政权的一切和平起源都是基于人民的同意"等观点，后来就被法国启蒙思想家卢梭系统地表述为"人民主权"，并对法国大革命的酝酿与爆发起了直接作用。卢梭还专门写过一部《社会契约论》（1762），其中有段论述揭示了社会契约的核心内涵：

"要寻找出一种结合的形式，使它能以全部共同的力量来卫护和保障每个结合者的人身和财富，并且由于这一结合而使每一个与全体相联合的个人又只不过是在服从自己本人，并且仍然像以往一样地自由。"这就是社会契约论所要解决的根本问题。①

洛克是位哲学家，他没有对新闻传播问题进行专门探讨。但是，他提出的一系列思想原则，却构成报刊自由主义理论的基本骨架。比如：

洛克明显认为社会出于自然，国家则属人为。人性由理性之人承认他人与自己同样拥有的自然权利构成，社会从而自动出现。由此推知，社会在逻辑与历史两方面都先于国家而生，故应该是由社会决定要什么样的国家，而非由国家来决定社会应该是何模样。社会分立于国家，以及社会优先于国家这两项坚持，后来成为自由主义的骨干。②

而这些看法，显然也就成为西方报业所遵奉的媒体独立、舆论监督等思想的依据。再如，他对"理性"的论述与强调，也构成"报刊的自由主义理论"的立论前提。约翰·弥尔顿的新闻观，实际上就是围绕理性展开的。这位与洛克同时代的诗人，一向被奉为出版自由的鼻祖，其代表作《论出版自由》是人类历史上争取出版自由的第一声呐喊。弥尔顿的有关论述，以前在讲英国资产阶级革命年代的报业时已经谈过，这里再简单强调两点。第一，弥尔顿主张人是有理性的动物，人凭理性便可分辨真假正误。而在他看来，出版又是理性的结晶，所以他说杀死一个人，只是杀死一个理性的动物，而不准好书出版，乃是毁灭理性的本身。第二，弥尔顿认为真理只有在同谬误的斗争中，才能获得生存，才能不断发展。这一主张后来演化为报刊自由主义理论的两大观念，即"自我修正"（Self-Righting）和"观点的自由市场"（Free Marketplace of Ideas）。"观点的自由市场"一词，出自美国最高法院一位大法官奥利弗·温德尔·霍姆斯（Oliver Wendell Holmes, Jr.），时当 1919 年。他指出：

---

① [法]卢梭：《社会契约论》，何兆武译，23 页，北京，商务印书馆，1980。
② [英]约翰·麦克里兰：《西方政治思想史》，彭淮栋译，269 页，海口，海南出版社，2003。

当人们认识到岁月已经搅乱了许多互相抗争的信仰时,他们可能更加相信我们行为的基础,即最好通过思想自由交易的途径,实现自己最理想的愿望——检验真理最好的办法,是让思想的力量在市场公开竞争中自动获取承认。真理是唯一的根基。在此之上人们才能有把握地去实现自己的理想。①

17世纪的洛克与弥尔顿就谈到这里,下面再来看看18世纪的托马斯·杰斐逊。

2. 托马斯·杰斐逊——自由思想的化身

提到托马斯·杰斐逊,人们自然就想起《独立宣言》。这部杰出的历史文献,是他在33岁那年执笔起草的。② 对此,人们自然比较熟悉,但很少有人知道他是美国建国后的第一任国务卿和第三任总统,至于他在总统任期内使美国版图一下扩大一倍多的情况就更鲜为人知了。我们知道,美国刚独立时的领土就是东海岸十三块狭窄的英国殖民地。当时美国中西部有一大片法国的殖民地,叫"路易斯安那"。拿破仑上台后战事频繁,财政吃紧。所以,当杰斐逊政府向拿破仑提出,购买路易斯安那的一个港口城市时,拿破仑居然干脆把整块路易斯安那殖民地都卖给了美国。这笔交易在历史上被称为"路易斯安那购买",正是这一购买使美国版图

托马斯·杰斐逊

扩大了一倍多。今天,美国首都华盛顿有三座纪念性的总统建筑物,即华盛顿纪念塔、林肯纪念堂和杰斐逊纪念碑。在杰斐逊纪念碑上镌刻着一句他的名言:我已在上帝的圣坛前发过誓,永远反对笼罩着人类心灵的任何形式的暴政。巧的是,杰斐逊逝世那天刚好为《独立宣言》发表整整50周年的日子,而更巧的是《独立宣言》五人起草小组的成员之一、美国第二任总统约翰·亚当斯也在同一天辞世。

在近代自由主义的发展历程中,杰斐逊之所以备受推崇,一方面固然是因为其政治经历,另一方面也是因为其政治思想。他在后人心目中,是一位出色的启蒙思想家,一位自由与民主的化身。而其政治思想主要受英法启蒙思想家的影响,带有洛克、卢梭等人的鲜明烙印。他和卢梭一样,坚信"人民主权",认为政府是由人民设立的,必须受人民的监督。为此,他十分重视报纸启发民智、监督政府的作用。1787年,他在一封致友人的书信里曾写道:"如果要我来决定究竟是有政府而没有报纸,还是有报纸而没有政府,我会毫不迟

---

① [美]J.赫伯特·阿特休尔:《权力的媒介》,黄煜等译,23页,北京,华夏出版社,1989。
② 据美国历史学者芭芭拉·塔奇曼的说法,其实早在美国《独立宣言》问世前的200百年,荷兰人已经表达了同样的思想:"荷兰人在他们宣布脱离西班牙的统治时也曾发出了同样的声音。在比我们美国的《独立宣言》几乎早两百年的《独立宣言》中,差不多包含了与美国的《独立宣言》同样的内容。"见比尔·莫耶斯《美国心灵:关于这个国家的对话》,王宝泉等译,5页,北京,三联书店,2004。

疑地选择后者（Were it left to me to decide whether we should have government without newspaper or newspaper without a government, I should not hesitate a moment to prefer the latter）。"这段话被西方新闻学奉为经典，广为征引，几乎成为格言，知名度不亚于"狗咬人不是新闻，人咬狗才是新闻"。杰斐逊临终前，还在给法国友人的信里说道：自由报业是开化人类的心灵，促进人类成为理性、道德与社会动物的最佳工具。为此，他一向将言论出版自由看得高于一切。他甚至认为：新闻自由是人类一切自由的基石，没有新闻自由，其他自由便成为无本之木。

　　杰斐逊不仅在理论上一贯倡导新闻自由的原则，而且在实践上也身体力行，力求贯彻这些原则。当时许多联邦党报刊集中火力，对他进行攻击。对此，他虽然恼火，甚至指责报上的东西全不可信，但他对新闻自由的信念并未动摇。他在任总统时，也未动用行政手段压制对立报刊，相反依然主张：人是可以由理性和真理来治理的，所以我们的第一个目标就是给人打开所有通往真理的途径，而迄今为止我们所发现的最有效的途径就是新闻自由。按照他的这一思路，似乎弥补民主弊端的唯一办法就是实行更多的民主，同样疗救自由弊病的唯一手段就是推行更多的自由。他说过："报业应予自由，自由发表真理与谎言，最后真理一定获胜。我确信人民的智慧，经得起新闻自由的滥用，此证明人民在真理与谎言之间，可以清楚地分辨出来。而且表示人们可以充分信任，去听任何新闻与意见，包括'真实'与'虚妄'。他们在两者之间，自会有正确的判断。"不难发现，他的看法与17世纪的约翰·弥尔顿何其相似。

　　有一回，一位外国科学家去白宫拜访杰斐逊，结果在总统办公桌上见到一份攻击他的报刊。他问杰斐逊为什么不查封这种报纸，不监禁这种报纸的编辑。杰斐逊笑着回答说：你把那张报纸装进口袋，当听到有谁对我国自由状况提出疑问时，就把它拿来，然后告诉他你是在什么地方见到它的。1804年，当他在联邦党报刊的攻击之下，仍以压倒多数的优势再次当选总统时，他对新闻自由的信念更加坚定。他说："我心甘情愿地让自己成为一次伟大试验的对象，要通过试验来证明一个正派的、得到共同谅解的政府是打不倒的，就连放肆的报刊造谣也打不倒，因而更不会被遵守合法而健康的真理界限的报刊所打倒，世界需要这次试验来证明所谓出版自由同有秩序的政府不相容这种借口是完全没有根据的，所以我对于一些人那样花力气来散布成千上万条诽谤，甚至于不去答辩。"

　　除此之外，杰斐逊对美国的新闻自由还作出一项贡献，这就是促成《人权法案》的诞生，从而第一次把新闻自由写进国家的宪法，使之第一次获得国家根本大法的保护。

　　1987年9月17日，是美国宪法诞生200周年的大庆。特别是9月17日这一天，美国朝野更是一片欢腾喜庆的节日气氛。然而，两百年前的1787年9月17日美国宪法正式问世之日，局面却完全两样，当时大多数美国人是以怀疑，甚至敌视的目光看待这部宪法的。这是怎么回事呢？今天的美国宪法分为两部分：一部分是宪法正文，一共7条；另一部分是宪法修正案,宪法修正案从宪法制定以来不断增加,现已增至 26 条。这 26 条宪法修正案与 7 条宪法正文在法律地位上平起平坐,一同构成美国宪法的整体。所谓 1787 年 9 月 17 日问世的美国宪法,实际上是宪法的 7 条正文,而这 7 条正文中没有一条是保障公民人身自由与安全的人权条款。所以,7 条宪法正文一公布,自然遭到普遍的抵制和反对。

杰斐逊更是奔走疾呼,要求在宪法中增加包括信仰自由、出版自由、陪审制度等人权条款。他的主张与其一贯立场相同,即国家一切法令法规都应用于保护个人的"生命权、自由权和追求幸福之权"(《独立宣言》)。于是,经过反复抗争,最后美国国会终于在 7 条正文问世后两年,即 1789 年又通过了宪法的前 10 条修正案,这就是著名的《人权法案》(*Bill of Rights*)。《人权法案》的第 1 条,也就是美国宪法第 1 条修正案涉及宗教信仰、出版自由及和平请愿等内容,其中关于出版自由的表述如下:

> 国会不得制定关于下列事项之法律:⋯⋯;剥夺言论自由或出版自由;⋯⋯
> (Congress shall make no law respecting an establishment of religion, or prohibiting the free exercise thereof; or abridging the freedom of speech, or of the press; or the right of the people peaceably to assemble, and to petition the government for a redress grievance)。

这条规定犹如美国新闻自由的基石,美国媒体所享有的一切自由追根溯源都来自这条规定。在美国,凡涉及言论、新闻、出版等诉讼,往往都会搬出宪法第 1 条修正案,它几乎成为美国媒体屡试不爽的护身法宝和每战必胜的锐利武器。用阿特休尔的话说,"美国对第一修正案思想的信仰犹如宗教那样根深蒂固,不可动摇,以至于美国人民把它颂扬为'美国生活方式'的主要内容。"① 而杰斐逊不仅为《人权法案》,即美国宪法前 10 条修正案的出台作出巨大努力,而且《人权法案》的许多内容,包括言论出版自由等也都来自他制定的《弗吉尼亚宗教自由法令》。弗吉尼亚是美国的一个州,杰斐逊当过弗吉尼亚州州长。杰斐逊认为自己一生中,有三件骄人的业绩:一是起草《独立宣言》,二是制定《弗吉尼亚宗教自由法令》,三是创建弗吉尼亚大学。他的墓碑上,就刻着他选定的碑文:"这里埋葬着托马斯·杰斐逊。他是《独立宣言》的起草人、《弗吉尼亚宗教自由法令》的制定者和弗吉尼亚大学之父。"

今天,《独立宣言》、《美国宪法》、《人权法案》并称"美国的三大历史文献",它们都程度不同地凝聚着杰斐逊的思想与心血,用一位历史学家的话说:他为美国革命和《人权法案》所开创的美国民主制度奠定了基础。

最后,我们来谈谈 19 世纪的约翰·密尔。

---

① [美] J. 赫伯特·阿特休尔:《权力的媒介》,黄煜等译,19 页,北京,华夏出版社,1989。

3. 约翰·密尔——自由思想的集大成者

约翰·密尔

约翰·密尔（John Stuart Mill），又译米尔、穆勒（严复译）等，是19世纪英国哲学家、经济学家，他的父亲也是一位哲学家、经济学家。密尔天资聪慧，是个名副其实的神童。他8岁就读伊索寓言、色诺芬远征记等古希腊原著，同时学习大学有关课程，10岁便能领会柏拉图的著作，12岁专攻亚里士多德，13岁开始钻研亚当·斯密、大卫·李嘉图等人的古典经济学，14岁学习高等数学，并精通法文，15岁进而研究心理学和罗马法。中国有句古语说"小时了了，大未必佳"，而密尔不仅小时了了，出类拔萃，而且长大后也像其父一样，成为一代哲学家和经济学家。

在西方思想史上，密尔以功利主义闻名。所谓功利主义，就是把追求个人利益、满足个人幸福，奉为人生的最终目的和行为的最高准则。用功利主义先驱边沁的话说，就是最大多数人的最大幸福或快乐："功利主义原则是指这样一种原则：它按照看来势必增大或减少利益相关者的快乐的倾向，亦即促进或妨碍此种快乐的倾向来赞成或非难任何一项行动。"① 在功利主义看来，个人利益才是唯一的现实利益，而社会利益只是一个抽象的概念，是个人利益的总和。所以，有利于个人的，也就有利于社会，就像塞万提斯那句名言说的："人人为自己，上帝为大家（Everyman for himself and God for us all）。"

从功利主义的立场出发，密尔自然推重个人主义和自由主义。假如要给他的学说贴个标签的话，那么不妨用个人主义和自由主义，而两者实际上是相通的。主张个人主义必然提倡自由主义，而宣扬自由主义又必然高张个人主义。正如密尔所说的，唯一名副其实的自由就是"按照我们自己的道路去追求我们自己的好处的自由"。所以，他强调个人价值，力主个性自由，认为完全的个人自由和充分的个性发展不仅是个人幸福之所系，而且是社会进步之所在。需要说明，个人主义不等于利己主义。利己主义以损人利己为宗旨，自不足取。然而，个人主义则另当别论。在宗教一统天下的中世纪，个人被消解于那种只见神不见人的世界。而到专制王朝君临一切的时代，个人又被纳入大一统的社会格局。直到资产阶级革命年代，个人才开始获得应有的关注，个人价值、个人利益等才第一次受到尊重与承认，于是个人主义随之形成、壮大、蔓延，并且成为推动资本主义文明的强劲动力。

密尔对西方自由主义思潮影响甚广，尤其是其名著《论自由》（On Liberty），更被誉为

---

① ［美］苏珊·李·安德森：《密尔》，崔庆节等译，41页，北京，商务印书馆，2003。

自由主义的集大成之作,同时也与弥尔顿的《论出版自由》一道,被视为报刊自由主义理论的经典文献。这部论著的要义可以概括为:只要不涉及他人的利害,个人就有完全的行动自由,其他人与社会都不得干涉;只有当自己的言行危害他人利益时,个人才应接受社会的强制性惩罚。这就是密尔所划定的个人与社会之间的权力界限。所以,1903年当严复第一次把《论自由》译介到中国时,书名就定为《群己权界论》。《论自由》的第二章专门探讨了言论自由问题,标题就叫《论思想自由和讨论自由》,而这部分论述对报刊自由主义理论的影响最大。其中有段论述犹如伏尔泰的那句名言——我不赞同你说的话,但我誓死捍卫你说话的权利,常常为人征引:假定全人类都坚持一种意见,而只有一个人持有相反的意见,那么,全人类要使这个人沉默,并不比这个人如果有力量而使全人类沉默更加正当合理。① 这让人不禁想起西方的一句格言:"多数"往往意味着多数的傻瓜站在了同一边。

根据密尔的分析,任何言论不外三种:全部真实(true),部分真实(part true)与全部虚假(false)。对第一种言论即全部真实的言论,当然不应压制,应该允许它自由地传播。对第二种言论即部分真实的言论,也不应该压制,因为它含有部分真理。他说:

> 在人类心灵方面,片面性永远是规律,而多面性则是例外……通常也是真理的这一部分落下去而那一部分升起来……大部分也只是由一个偏而不全的真理去代替另一个偏而不全的真理……所以我们就应当珍视凡为通行意见所略去而本身却多少体现部分真理的一切意见,不论其真理当中可能交织着多少错误和混乱。②

也就是说,真理通过各种片面性的意见,即部分真实的意见互相交流、自由讨论,才能不断发展,不断完善。至于对第三种言论即全部虚假的言论,同样不应该压制,而应该任其自由发表。理由在于:第一,从真理与错误的冲突中,才能产生对于真理更加清楚的认识和更加生动的印象,如果不允许虚假的言论存在,那么,真实的言论又何以界定,何以体现呢?这就好比只有高山没有低谷,高山又怎么成其为高山呢?法国新闻学者贝尔纳·瓦耶纳说过:"如果没有谎言,真理就不会值千金。"③第二,让虚假言论自由发表的理由还在于:人们往往无法断定一种虚假的言论,就是绝对的虚假。密尔举苏格拉底和耶稣为例,他们都因言论虚假荒谬而被处死,可现在却被尊崇为圣人或先知。这种例子还很多,如布鲁诺不是被烧死在罗马的鲜花广场吗?哥白尼不也险些遭此厄运吗?可是,现在还有谁怀疑他们当时所坚持的主张呢?

大致说来,真理的发展有两种形式:一是渐进形式,一是突变形式。渐进形式中,各

---

① [英]约翰·密尔:《论自由》,许宝骙译,19页,北京,商务印书馆,1959。
② [英]约翰·密尔:《论自由》,许宝骙译,54页,北京,商务印书馆,1959。
③ [法]贝尔纳·瓦耶纳:《当代新闻学》,丁雪英等译,318页,北京,新华出版社,1986。

种言论互相撞击,互相补充,互相砥砺,从而使真理一步步臻于完善。而在突变形式中,一种全新的理论横空出世,而且振聋发聩,骇世惊俗,使大多数人都难于接受,甚至以为它是荒谬的,比如达尔文的进化论、爱因斯坦的相对论等起初都是如此。以"测不准原理"著称的科学家海森伯,第一次提出基本粒子统一理论时,他的老师玻尔就说过:"不容置疑,一种疯狂的理论摆在我们面前。问题在于,要成为正确的理论,它是否足够疯狂。"当这种"疯狂的理论"被普遍接受后,真理则又进入渐进形式,直到下一次被另一种"疯狂的理论"重新颠覆。不管怎样,虚假的言论——无论绝对虚假还是部分虚假,都是必不可少的,否则真理就不可能发展。所以,密尔认为压制言论是对整个人类的掠夺,对当代人或后代人、对赞成者或反对者都是一种掠夺。他说:

> 假如那意见是对的,那么他们是被剥夺了以错误换真理的机会;假如那意见是错误的,那么他们是失掉了一个差不多同样大的利益,那就是从真理与错误冲突中产生出来的对于真理的更加清楚的认识和更加生动的印象。
>
> ……我们永远不能确信我们所力图窒息的意见是一个谬误的意见;假如我们确信,要窒息它也仍然是一个罪恶。[1]

4. 总结与反思

总括起来,所谓"报刊的自由主义理论",是对19世纪以来西方新闻传播思想与新闻传播体制的总结和描绘,大致说来包含如下内容。

第一,"报刊的自由主义理论"起源于英国、美国等资本主义比较发达、比较完备的国家,19世纪商业报刊兴起后,一直是新闻传播活动的思想指南、制度安排和法律规范。

第二,它的思想传统属于自由主义,而自由主义的"兴起与资产阶级的崛起有密切关系……实质上仍是一种中产阶级的运动"。[2] 拿密尔的《论自由》来说,它既代表着密尔的自由主义思想,又体现了英国资产阶级或中产阶级的阶级诉求:

> 那时英国的资产阶级在政治上已经取得政权并已巩固了自己的统治;在经济上,资本主义已经发展到成熟阶段,并开始向垄断资本主义过渡。在国内,资产阶级要求进一步扫除封建势力的残余,扩大统治权;在国外,一方面要求保持前几个世纪夺取到手的广大殖民地,另一方面还要求无限制地向外扩张,以便开拓更多的殖民地,攫取并垄断世界的原料和市场。总之,当时英国资产阶级的主要思潮是在自由主义的口号下,要求破除一切障碍,实行自由竞争,自由贸易,以便无所忌惮地追求

---

[1] [英]约翰·密尔:《论自由》,许宝骙译,17页,北京,商务印书馆,1959。
[2] [美]斯塔夫里阿诺斯:《世界通史》,吴象婴等译,358页,上海,上海社会科学院出版社,1992。

利润。密尔的"论自由",恰恰就是这种追求利润的狂热的呼声。①

第三,它的哲学基础来自启蒙时代的理性主义。理性主义相信,人类是具有理性的动物,人们凭自己的理性就能明辨是非,发现真理,而不需要任何权威的干预,不管这种权威是主教与国王,还是书报检查官。

第四,任何新闻思想都具有政治思想的内涵,"报刊的自由主义理论"也不例外。其政治思想源于分权制衡,即当权者一旦失去制衡,总是难免为非作歹,所以需要予以分权,加以监督,而一个自由独立的新闻媒体及其舆论监督,可以有效地发挥社会监督作用。

第五,它的专业主张,可以归结为三个自由:言论自由、出版自由和新闻自由,具体说来就是要求不受任何约束的采访权、报道权和发表权。

第六,自由传播总是同民主政体联系在一起的。不管"民选"的背后实际上有多少操控的因素,进行选举总是需要掌握信息,了解意见,所以媒体应该尽量提供充足的信息与意见,以便公众进行考虑、甄别与选择。英国政治学学者约翰·麦克里兰说得言简意赅:"自由主义者认为政府的基础是意见,而不是'力'。……使人民效忠的不可能是军队、民兵或警察,因为任何国家的统治部分比起被统治者,都那么微少。……如果意见,而非强制力,是政府的基础,则政府的性质一定深受一个社会里流行的那些意见影响。"②

第七,19世纪末以来,"报刊的自由主义理论"及其指导下的报业,越来越暴露出一些固有的弊端,黄色新闻的泛滥就是典型(第七章将专门探讨)。19世纪中叶,英国作家狄更斯造访美国时,已发现美国的报纸"是一架毒害社会的可怕机器"③,他在《旅美札记》里写道:

> 报刊用恶眼窥视每一户人家,用黑手干涉上至总统下至邮差的国家的每一项任务;下流无耻的诽谤成为这个行业唯一的资本;于是,这种报纸成了广大群众的标准文学,他们要么只能读这些东西,要么一无所读;长此以往,它必将激起全国百姓的同声愤慨,它所干的勾当也必将在共和国昭然若揭。④

比狄更斯略早去美国考察,并且写下《论美国民主》这部名著的法国学者托克维尔也认为:

> 美国记者的特点就是公开而粗劣地迎和其读者的激情;他把指责个人的品性、追踪他们的隐私、揭露他们所有的弱点与恶行等职责拱手垂让。⑤

---

① [英]约翰·密尔:《论自由》,许宝骙译,"重印'论自由'序言",1 页,北京,商务印书馆,1959。
② [英]约翰·麦克里兰:《西方政治思想史》,彭淮栋译,476 页,海口,海南出版社,2003。
③ [美]J.赫伯特·阿特休尔:《权力的媒介》,黄煜等译,57 页,北京,华夏出版社,1989。
④ [美]J.赫伯特·阿特休尔:《权力的媒介》,黄煜等译,58 页,北京,华夏出版社,1989。
⑤ [美]J.赫伯特·阿特休尔:《权力的媒介》,黄煜等译,58 页,北京,华夏出版社,1989。

1854年,美国诗哲梭罗(Henry David Thoreau),在其名著《沃尔登》(Walden)里,更以感同身受的体验对此作了批评:

> 我肯定,我从未在报上读过任何令人难忘的新闻。如果我们读到某人被抢劫、遭暗杀或死于事故的新闻,读到某座房屋起火、某艘船只遇难、某只汽船爆炸的消息,读到一头牛被压死在西部铁路(Western Railroad)、一只疯狗被打死、冬天里一群蝗虫的报道——那么我们就再也不用读其他新闻了。一个足矣。如果你熟悉了原理,你还会关心难以数计的事例和应用吗?对哲学家来说,所有新闻正如它所称呼的都是流言蜚语,编辑和阅读新闻的人都是一边喝茶一边闲聊的碎嘴婆子。①

报刊的社会责任理论 针对报刊自由主义理论的弊端,1947年以芝加哥大学校长哈钦斯(Robert Hutchins)为首的"新闻自由委员会"(Commission on Freedom of the Press)——又名"哈钦斯委员会",经过两年多深入细致的艰苦研究,提出一份著名的"哈钦斯报告",即《自由与负责的新闻业》(A Free and Responsible Press)。为了这项研究:

> 委员会对美国新闻自由的现状作了一番"认真的、学术性的调查研究",对当时的报纸、广播、电影、杂志及书籍进行了系统的考察。他们查阅了多种资料,并选派精干的研究人员,采访新闻业及社会文化界人士对美国大众传播业的意见,并举行听证会。他们前后听取过58家报纸、杂志、广播电台、电影界人士的证词,收集了225人的意见。在撰写报告之前,他们提出并准备了176份文件和分析资料,召开过17次委员会全体会议。经过如此精细的调查研究,1947年3月2日,委员会发表了第一期报告《自由与负责的新闻业》。②

这份著名的报告,一方面是对报刊自由主义理论的反思与批判,另一方面是对"报刊的社会责任理论"(the social responsibility theory of the press)的论述与倡导。"自由主义理论与社会责任学说的主要区别在于,自由主义理论主张新闻媒介应完全自由,不受任何约束,而社会责任论则认识到不受限制的自由会带来危险性"。③ 报告开宗明义就指出:

> 新闻自由委员会认为,新闻自由处于危险之中。其原因有三点:第一,随着新闻业的发展,大众传播作为一种工具,对于人们更加重要了。但是,作为大众传播的工具,其发展却极大地降低了那些依赖报业表达意见和思想的人的比例。第二,那些将新闻机器当作大众传播工具使用的少数人,不能满足社会的需要。第三,那些掌管新闻机构的人,时常参与为社会所谴责的活动。如果这种状况持续下去,社会将

---

① Thoreau, Henry David, *Walden*, Ⅱ.
② 徐耀魁主编:《西方新闻理论评析》,222页,北京,新华出版社,1998。
③ [美]J.赫伯特·阿特休尔:《权力的媒介》,黄煜等译,211页,北京,华夏出版社,1989。

不可避免地要采取限制或控制措施。①

为此,新闻媒介应该主动承担应有的社会责任,应该进行自我约束。由此一来,就形成了一套新的理论——报刊的社会责任理论。1980年代,社会责任论研究还提出了五种操作性的模式:市场模式(The Marketplace Model)、自愿模式(The Voluntary Model)、自律模式(The Self-Regulation Model)、信用模式(The Fiduciary Model)和法律模式(The Judicial Model)。② 可惜,半个多世纪以来,这种带有理想化的理论在资本主义现行体制下,还只能停留于纸上谈兵。对此,中国社会科学院新闻与传播研究所的王怡红研究员论述得剀切而精当:

> 资本主义社会总的目标是满足个人的自由和个人的需要。个人主义崇拜是支配资本主义社会有效运转的中心原则。当代资本主义对17世纪出现的个人主义的具体解释已转向个人自由和个人选择。然而,责任这个概念的本质是约束,它特别强调对个人行为的约束。同时,责任与资本主义社会追求的目标是相互矛盾的。从西方国家责任论的发展方向上看,要么是向自由主义回归,要么走向虚无。无论选择哪条道路,责任论者都会不可避免地陷入困境。也许,寂寞是责任论的归途。责任尚在不可企及的彼岸。③

其实,历来的所谓"新闻自由"不过是报纸发行人的特权,与一般民众的基本人权并无太大关系。哈钦斯委员会就曾指出:新闻自由对于一个不能掌握新闻媒体的人来说,是相当空洞的权利。美国新闻传播学的批判学者阿特休尔,甚至把美国宪法第一修正案的45个英文词称作"多余的45字"。④ 总之,报刊自由主义理论的关键症结在于,一方面未能区分享受自由与滥用自由的界限,同时未能提供一套防止滥用自由的原则、准则及法则;另一方面,又未能将新闻自由与社会平等、大众民主与人民幸福真正联系起来,结果所谓自由往往成为利益集团折冲樽俎的利器。于是,说起来俨然义正词严、听起来仿佛头头是道的报刊自由主义理论,就成为一句法国谚语的注脚:"通往地狱的道路,往往由良好的动机所铺砌。"

第四章的内容至此全部讲完。这一章讲的是19世纪新闻事业的第一次飞跃,即商业报刊的兴起。我们考察了商业报刊诞生的历史背景,探讨了其社会根源与思想基础,即所谓"报刊的自由主义理论",并通过美、英、法三国商业报刊的发展,具体解析了其特征及其

---

① 徐耀魁主编:《西方新闻理论评析》,223页,北京,新华出版社,1998。
② 徐耀魁主编:《西方新闻理论评析》,244~245页,北京,新华出版社,1998。
③ 徐耀魁主编:《西方新闻理论评析》,248页,北京,新华出版社,1998。
④ [美]J.赫伯特·阿特休尔:《权力的媒介》,黄煜等译,29页,北京,华夏出版社,1989。

对新闻事业的贡献。下一章我们将介绍19世纪新闻事业的第二次飞跃——通讯社的兴起与发展。

建议参考资料

1. 中国人民大学新闻系新闻事业史教研室编：《外国新闻事业史参考资料》，北京，中国人民大学出版社，1989。
2. ［美］埃默里等：《美国新闻史》，北京，新华出版社，2001。
3. ［美］约翰·霍恩伯格：《西方新闻界的竞争》，北京，新华出版社，1985。
4. ［美］施拉姆等：《报刊的四种理论》，北京，新华出版社，1980。
5. 徐耀魁主编：《西方新闻理论评析》，北京，新华出版社，1998。

本章思考题目

1. 什么是政党报刊？政党报刊有哪些特征？
2. 什么是商业报刊？商业报刊有哪些特征？
3. 便士报是什么意思？
4. 《泰晤士报》与泰晤士河有没有关系？
5. 《泰晤士报》崛起的历史背景是什么？
6. 《费加罗报》是怎么得名的？
7. 什么是民族国家？民族国家与现代新闻事业有什么关系？
8. 什么是"报刊的自由主义理论"？它具有哪些内容？
9. 自由报业有哪些利弊得失？
10. 什么是"报刊的社会责任理论"？

第五章 19世纪(中)：通讯社的兴起与发展

第一节　通讯社概述

　　一、通讯社的成因
　　二、通讯社的种类

第二节　法新社（AFP）

　　一、哈瓦斯与哈瓦斯社
　　二、《通讯社条约》(1870)

第三节　路透社（Reuters）

　　一、路透与路透社
　　二、三点说明

第四节　美联社（AP）

　　一、形成时期(1848—1900)
　　　　1. 电报的发明与电讯的意味
　　　　2. 港口新闻联合社
　　二、发展时期(1900年以来)
　　三、美联社与客观性法则
　　　　1. 由来
　　　　2. 剖析

建议参考资料

本章思考题目

这一章我们先谈谈有关通讯社的基本事项,包括通讯社的起因、通讯社的种类等。然后,再分别介绍法新社、路透社和美联社的发展情况,这三家通讯社都创建于 19 世纪,并且至今仍名列世界几大通讯社。

第一节 通讯社概述

一、通讯社的成因

通讯社,是一种以批量采集与批量供应新闻信息以及相关信息为主要职能的媒体。美国传播学者梅尔文·L.德弗勒与埃弗雷特·E.丹尼斯指出:"通讯社基本上有两种作用:收集、分发消息与解释性材料。"①

通讯社诞生于 19 世纪初的欧洲。它和商业报刊一样,都是工业革命的产物,都是适应资本主义的发展应运而生的。实际上,通讯社和商业报刊是一对历史的孪生儿,二者相辅相成,互为因果,即联合国教科文组织的著名报告所说的:"通讯社的创办既有助于办起大宗发行的日报,同时也是继办起这种日报之后而出现的。"②不难理解,一方面正因为商业报刊的崛起,报纸重心由政论转向新闻,对新闻的需求量大大增加,而各报又不可能、也没必要各派一套人马,奔赴世界各地采集新闻,于是就为通讯社的出现提供了必要的生存条件和广阔的发展天地。另一方面,也正因为通讯社的出现,为报业提供了丰富的新闻,从而使以新闻为主的商业报刊获得长足发展。尤其是世界性通讯社的拓展,才使全球新闻传播开始真正形成。

如果进一步从宏观的历史角度进行考量,那么通讯社又可以说是阿尔温·托夫勒所说的"第二次浪潮"的必然产物,或者说是工业文明的必然产物。托夫勒出身记者,曾任《幸福》杂志副主编。1988 年 9 月,他偕夫人来华参加国际未来学研讨会,还曾受到当时中共中央总书记的接见。作为未来学家,托夫勒以《未来的冲击》(1970)、《第三次浪潮》(1980)和《力量的转移》(1990)等三部曲闻名,而《第三次浪潮》(*The Third Wave*)影响尤大。在这部书中,托夫勒把人类文明的进程划分为三个阶段,即他所说的"三次浪潮":第一次浪潮是农业文明,第二次浪潮是工业文明,第三次浪潮就是当今人们所面临的信息社会的冲击与挑战。按照托夫勒的观点,农业文明与工业文明的分界,在于生产与消费的分合:农业文明时代,生产与消费合二为一,比如人们耕田织布,主要就是为了自己享有,自

---

① [美]梅尔文·L.德弗勒、埃弗雷特·E.丹尼斯:《大众传播通论》,颜建军等译,251 页,北京,华夏出版社,1989。
② [爱]肖恩·麦克布赖德等:《多种声音,一个世界》,12 页,北京,中国对外翻译出版公司,1981。

己消费；而工业文明时代，生产与消费分离，比如农民种粮食主要不是为了自己吃，工人造机器更不是为了自己用，生产的目的由原先的自我消费，变成现在的互相交换——生产与消费发生分离。在托夫勒看来，这一分离意义重大，非比寻常，简直犹如一次惊天动地的巨大地震，彻底摧毁了农业文明的根基，永远埋葬了自给自足的法则。他说道：第二次浪潮在全世界所掀起的巨浪，以雷霆万钧之势，冲垮了一切故有的制度，改变了千百万人的生活方式。

与此同时，它也同样改变了整个人类的传播方式。在农业文明时代，新闻传播领域同样受制于自然经济的自给自足法则，生产与消费往往也是合二为一。比如，新闻信、传单、小册子、报刊等"媒体"，无不是独自采写新闻，独自报道新闻，独自评说新闻，而且当时从采写到编辑，甚至从印刷到发行差不多都是一人承担，所谓记者、编辑、主编等其实都是同一个人。而当第一次浪潮日渐消退，第二次浪潮汹涌而来之际，这种自给自足的传播模式便无法满足社会对信息的巨量需要，从而开始被一种全新的结构所取代。这种全新结构的基本格局，就是工业文明的"产消"分离。具体说来，就是通讯社一类的媒体专门负责"生产"，即采集新闻、供应新闻等，而报刊等媒体则主要致力"消费"，即购买新闻、刊登新闻等。当然，这些媒体并不纯属"消费者"，它也拥有自己独立的生产部门，即采写新闻的记者。但是，就整个新闻传播的大格局、大趋势而言，通讯社毕竟是以纯粹的生产者出现的，而报刊等媒体一旦与通讯社发生联系，在新闻生产上就不再是纯粹的自给自足了。于是，新闻传播领域的生产与消费，也开始呈现彼此分离的趋势。

另外，伴随整个社会生活的同步化、标准化、一律化等趋势，新闻传播也告别小农时代的各行其是，而越来越趋于统一一律的专业化操作，这就是工业革命以来日渐盛行的所谓"新闻专业主义"(professionalism)，其中包括一系列专业理念、职业操守、行业技能等。同标准化的大工业生产一样，标准化的新闻专业主义也有助于生产效率的提高，有助于大批量的产品制作。总之，把握工业文明的一系列历史大背景，则对通讯社的成因及其职责就会看得更加清楚。

二、通讯社的种类

联合国教科文组织（UNESCO）将通讯社分为三类。第一类，是国际通讯社。比如，过去的美联社、合众国际社、路透社、法新社等所谓四大通讯社。第二类，是国家通讯社。比如，新华社、德新社、安莎社、共同社等。第三类，是专业通讯社。专业通讯社一般鲜为人知，这里特别介绍一下。

辛迪加

专业通讯社中最典型的，当数美国的"辛迪加"——又称为"特稿辛迪加"、"报业辛迪加"等。辛迪加是英文 syndicate 的音译。所谓 syndicate，是指向若干媒体同时出售特稿供同时发表的组织。它与一般通讯社的最大区别在于：辛迪加主要提供各种各样、五花八门的特稿(feature)，故有"特稿辛迪加"(feature syndicate)之称；而一般通讯社的主要产品是新闻，以及新闻类材料如背景分析、人物专访、新闻评论等。美国学者察佩克(Abe-čapek)，在《美国新闻界》一书里指出："如果通讯社所发布的是社论性的专题材料而非新闻，则那些通讯社便被称为辛迪加。"①辛迪加的特稿多属专题性材料，这些材料"专"到何种程度呢？1954年，美国《编者与出版者》杂志曾列举了41种辛迪加的专题材料，由此可见一斑：

1. 占星术——占字术
2. 汽车(关于汽车和驾驶的特写)
3. 航空
4. 美容(专供妇女读的各种如何使自己美化的特写，这些特写大大增加化妆品制造商的利润)
5. 书籍(包括书评、对作者的评价和在报纸上发表的长篇连载的书)
6. 桥牌(纸牌游戏)
7. 商业——金融(各种经济的文章、调查，以及为商人和一般读者所作的解释与预测)
8. 漫画及木版画(政治漫画和滑稽连环画两种都有)
9. 象棋——跳棋
10. 儿童(关于抚养儿童的文章和为儿童编写的特别读物)
11. 专栏(政治评论、闲话专栏、军事分析、宗教专栏等等)
12. 连环画
13. 社论(本文)(由著名记者和政治人物署名的政治评论以及现成的社论)
14. 社论性漫画
15. 时装
16. 小说(短篇小说、爱情小说、冒险小说和供报纸连载的长篇小说节本)
17. 补白(政治性的和幽默性的短的杂录)
18. 食品(烹调法和建议的食谱)
19. 园艺——耕作
20. 健康
21. 历史(包括新闻人物的传记、新闻中的列国志、历史上的纪念日等)
22. 家务(关于如何在家庭中修整东西、室内装饰、家庭工艺等各种特写)
23. 地图
24. 电影(对好莱坞电影明星颂扬、电影工业和影评)

---

① [美]阿贝·察佩克：《美国新闻界》，彭道真译，41页，北京，世界知识出版社，1957。

25. 音乐(包括对于新唱片的评论)
26. 自然
27. 样子(供家庭缝纫用的附有缝纫说明的样子)
28. 照相术(供照片爱好者和业余照相者阅读的特写)
29. 难题——解谜
30. 广播和电视(关于广播和电视明星与节目的特写)
31. 宗教(关于宗教的各种材料)
32. 研究(包括国会议员投票记录、盖洛普民意测验等)
33. 科学
34. 连载(供报纸发表的各种类型连载的材料)
35. 短篇故事
36. 特别专页(包括犯罪故事、图片版、冒险故事材料等)
37. 体育
38. 集邮
39. 旅行
40. 退伍军人(为美国武装部队退伍军人特写的材料)
41. 妇女专页①

从以上这些辛迪加的特稿中可以看出,专业通讯社主要提供娱乐性或服务性材料,这与一般通讯社主要提供新闻性信息颇异其趣。

下面简单谈谈辛迪加的起源。南北战争期间,有个叫安塞尔·凯洛格(Ansel N. Kellogg)的人,在威斯康星州出版了一份周报。由于人手少,每周版面很难凑齐,于是凯洛格便与《威斯康星日报》协商,由该报向凯洛格的周报每期提供两页编好的现成版面,凯洛格则向该报付费若干。后来,凯洛格看到向报纸提供现成版面的买卖很有前途,便放弃办报,到芝加哥专门出售报纸的"半成品",即一半印好而另一半空白的报纸,然后卖给那些人手不够的小报,这些小报只需在空白部分加上本地新闻便可出版了,这就是辛迪加的起源。现在的辛迪加早已不再出售预制的版面,而是同知名的评论家、作家、艺术家、摄影家以及某一方面的专家签订合同,购买他们的作品,然后推销给各家新闻媒体。比如,《洛杉矶时报》辛迪加,就曾长期订购李普曼的专栏文章,然后将这些文章卖给国内外的250多家报章杂志。可见,辛迪加其实就是大众传播领域的一个掮客,而其大致的工作流程如下:

首先,辛迪加必须获得材料。为获得材料,它们与作家、艺术家、设计师等人保

---

① [美]阿贝·察佩克:《美国新闻界》,彭道真译,43~45页,北京,世界知识出版社,1957。

持定期联系。取得材料的过程非常复杂,而且是秘密进行的。……获得材料之后,辛迪加把材料进行编辑(指书写材料和连环漫画),然后送去制作。制作人员将稿子准备就绪,发送各媒介机构。某些辛迪加雇推销员亲自走访报社和杂志社,劝说他们开辟新专栏或刊用新漫画。辛迪加像任何制造产品的企业一样,必须自己管理和销售货物(特稿)。……辛迪加要协调的因素很多,包括特稿作者之间与辛迪加之间签订的合同以及辛迪加与订购特稿的报社之间的合同。它们也处理报纸向辛迪加付费和辛迪加给作者、画家付稿酬等问题。此外,它们还通过登门造访、登广告和其他途径推销自己的产品。因此,辛迪加是联系各种各样创作能力和潜在销路的多方面组织。①

由于众多报刊同时采用通讯社的新闻报道和辛迪加的特稿材料,于是就不可避免地造成媒体面目雷同、内容千篇一律的现象。美国一位作家说过:"一个佛罗里达州的日报和一个缅因州的日报区别只在天气报告栏中所报道的温度上,在其他主要方面则无区别。"②美国新闻学者阿贝·察佩克也写道:

> 如果你从纽约市搭上长途火车到加利福尼亚州去,在路上每停一站就买一份报纸,你对于美国报纸的标准化达到了多么高的程度,就会得到一种迅速而难忘的印象。这些报纸的名称、地方新闻和第一版编排形式会有所不同,可是除此以外,你会发现,不但一般所刊载的是从通讯社来的同样的新闻故事,而且是同样的评论,同样的连环漫画和"人类兴趣"的特写。③

这种千篇一律的雷同现象,是通讯社与生俱来的问题。早在世界上第一家通讯社,即法国的哈瓦斯通讯社创建之初,大文豪巴尔扎克就已在其主编的《巴黎杂志》上撰文说:一般人都认为巴黎有好多家报纸,但是说老实话,严格点说,全巴黎只有一家报纸,那就是"哈瓦斯通讯社"编发的新闻稿。其实,这种千篇一律的雷同现象不足为怪,因为它正是工业文明的一个普遍趋势,托夫勒称之为标准化、同步化等。工业社会的许多领域,往往都体现着这一趋势。比如,标准化的劳动程序,标准化的生产产品等。再如,标准化的入学条件,标准化的课程,标准化的考试等。与此相似,新闻报道除了标准化的内容,甚至连形式也趋于标准化,像五个 W 和一个 H、倒金字塔等新闻写作手法,都是标准化的结果。另外,同步化现象在工业文明时代也十分常见。比如同时上班下班,同时上课下课,同一时间发车,同一时间到站,等等。总之,千篇一律可谓第二次浪潮的一大社会生活趋势。所

---

① [美]梅尔文·L.德弗勒、埃弗雷特·E.丹尼斯:《大众传播通论》,颜建军等译,266~267 页,北京,华夏出版社,1989。
② [美]阿贝·察佩克:《美国新闻界》,彭道真译,40~41 页,北京,世界知识出版社,1957。
③ [美]阿贝·察佩克:《美国新闻界》,彭道真译,40 页,北京,世界知识出版社,1957。

以，作为第二次浪潮必然产物的通讯社，带来新闻传播的千篇一律问题也就不足为怪了。与第二次浪潮的千篇一律相对，托夫勒指出第三次浪潮的特征在于注重个性。比如，第三次浪潮即信息社会的新闻事业，将不再是大一统的、无差别的、千篇一律的，而越来越呈现出托夫勒所谓的"非群体化"。其间，专业报刊日益增多，专业化程度日益精细；电视录像机、有线电视等，也日益使电视观众大大分散而日益非群体化。他甚至宣称：强大而集中的电视广播网一统天下的日子已经一去不复返了。

谈到专业通讯社，不能不谈专栏作家。因为，一般通讯社主要依赖新闻记者，而专业通讯社主要仰仗专栏作家。

专栏作家(columnist)

专栏作家既可以是作家、艺术家、画家、摄影家，也可以是政治家、外交家或某一领域的专家。同辛迪加的特稿一样，专栏作家也是三教九流，五花八门。可以说有多少种辛迪加的特稿，就有多少种专栏作家。不过，专栏作家基本上可以分为两大类：一类姑且称之为"精英型"(elite)，另一类姑且称之为"大众型"(mass)。精英型的专栏作家，以沃尔特·李普曼(Walter Lippman)、詹姆斯·赖斯顿(James Reston)等为代表。李普曼是美国新闻史上最负盛名的政治专栏作家，其专栏《今日与明日》(*Today and Tomorrow*)，曾是许多国家政要和外交官的案头阅读材料，对美国以及国际政局颇有影响。罗纳德·斯蒂尔(Ronald Steel)，在《李普曼与美国世纪》一书里表明：

沃尔特·李普曼

> 李普曼的特别之处，不在于他对世界事件的报道或预言方面是正确的或特别敏锐的(他不是这样)，而在于，他从一个"局内人"(这个名词是他用的)的立场反映出美国在除越南以外毫无障碍的对全球的支配；在于他认为，他作为博学者的任务是帮助他的同胞们"适应现实"。这个现实就是美国在全世界范围内无与伦比的力量。他借助不远离公共舆论力量的技巧，来强调美国力量的道德感、现实性和利他主义，把这种力量变得更为人所接受。①

赖斯顿的名望仅次于李普曼。1953年，他的专栏刚开始登在《纽约时报》上时，当时美国总统艾森豪威尔还不屑地问道：这个家伙是什么人？他哪有资格告诉我该怎样治理国家？后来，恐怕没有谁再敢这样藐视他了，事实上几届总统每天早上看的材料中，就包括他的专栏文章。他说的一句话，在新闻界广为流传：19世纪是小说家的黄金时代，20世纪是新闻记者的黄金时代。

---

① [美]爱德华·W.萨义德：《文化与帝国主义》，李琨译，406页，北京，三联书店，2003。

如果说精英型专栏作家的主题是忧国忧民，纵论天下，那么大众型专栏作家的基调就是服务、娱乐及消遣。借用古人比较苏东坡与柳永的妙喻，精英型专栏作家就像关西大汉，执铜琵琶，铁绰板，放声高歌"大江东去，浪淘尽千古风流人物"——"宏大叙事"；而大众型专栏作家则如二八女郎，捻红牙板，杨柳琴，浅吟低唱"杨柳岸，晓风残月"——"私人叙事"。下面就介绍一位大众型的专栏作家 E. P. 莱德勒。

莱德勒是一位颇有魅力与人缘的大众顾问专栏作家，她的专栏曾经通过辛迪加，刊登在美国国内与国外 1 000 多种报刊上。她有个孪生妹妹。小时候，姊妹俩总爱穿相似的衣服，总是与男伴一同出游。后来，姊妹俩又一起上同一所大学，一起举行婚礼。莱德勒做专栏作家后，她的这位孪生妹妹也主持了一个专栏，与她分庭抗礼，唱起对台戏。为此，姊妹俩好多年都跟乌眼鸡似的，谁也不理谁。

莱德勒专栏的名称，叫做《通天晓顾问安·兰德斯》（Ann Landers），就像李普曼的专栏名称叫《今日与明日》一样。1955 年，当《通天晓顾问安·兰德斯》专栏的原作者去世后，报名竞选新兰德斯的人有 22 个，其中包括一位从未出门工作，也从未发表片言只字的中年妇女，她就是莱德勒。乍一看，她的条件显然不理想。然而，她却力挫群雄，如爆出的黑马成为新的兰德斯。她成功的秘诀何在呢？原来她的撒手锏，就是遇到疑难问题直接向最高权威求教。比如，考试中出了一道有关法律的问题，当时其他应试者都只顾闷着头苦思冥想，而莱德勒却一个电话打到最高法院，请美国大法官们给予解答。考场评判员对此非常赏识，后来莱德勒的专栏获得成功的一个主要原因，正在于她坚持不懈地向专家讨教。

莱德勒一开始主持《通天晓顾问安·兰德斯》专栏，便决定把服务放在首位，以此作为专栏的宗旨。她备有美国各种服务机构的有关资料，随时可以向来信请求帮助的读者释疑解难。她的专栏文章，一年 365 天从不间断，几十年来为读者解答了数不胜数的疑难问题，与此同时莱德勒也成为一位家喻户晓的知心朋友，赢得百姓的广泛信赖。权威的《美国医学会杂志》的一位编辑说过：有许多人向她询问一些永不会向医生提出的保健问题。莱德勒解答问题，不仅具有说服力，令人信服，而且措辞精辟，言简意赅，还不乏机智与幽默。有一次，一个年方十五的少女给她来信抱怨说：

> 我最大的问题是母亲。她从早到晚唠叨个不停，老是说："关电视。做功课。洗脖子。直起身子站。清理你自己的房间。"我怎样才能让她住口？

那么，怎样解决这位少女的最大问题，怎样才能使她的母亲不再唠叨呢？莱德勒为她提供了一条锦囊妙计，简直可以让她一劳永逸："关电视。做功课。洗脖子。直起身子站。清理你自己的房间。"还有一次，一位署名"困惑人"的读者来信问："亲爱的安·兰德斯：将近三十年来，你是世界上影响力最大的顾问。你那些精妙的答案究竟从何而来？"

兰德斯专栏对这一问题的回答,真是一语破的,妙不可言:"亲爱的困惑人:答案来自莱德勒。"

由于兰德斯专栏面向社会,服务大众,赢得广泛声誉,所以对她提的意见,人们都乐意采纳。举例来说,1971年美国国会讨论一笔开展癌症研究的拨款时,她写了一篇专栏文章予以支持,文章最后劝告读者说:"请在本栏签名,寄交你的参议员。"文章一刊出,各州寄给自己参议员的信件顿如洪水一般涌入华盛顿,总数达100多万封。有位参议员为此写了张纸条给兰德斯专栏,上面只有一句话:"弹劾安·兰德斯。"鉴于兰德斯专栏具有如此巨大的号召力,里根总统曾经给兰德斯专栏去信,最后一段开玩笑地写道:"安·兰德斯,自第二次世界大战以来,我们已曾多次劝苏联和我们一起减少甚至取消核武器,但没有成功。也许你的读者可以把你的专栏寄给勃列日涅夫。罗纳德·里根谨启。"

需要说明的是,像李普曼、莱德勒这样红得发紫的专栏作家并不多见,大多数专栏作家都是默默无闻的,正如曾任美国之音台长的约翰·钱塞勒和曾任美联社华盛顿分社社长的沃尔特·米尔斯在其合著的《记者生涯》一书中所说的:"作为专栏作家,多数人的收入刚够糊口;只有少数人发迹。每一个大专栏作家都有几十个小的作陪衬。"[①]

下面开始分别介绍三家诞生于19世纪,并且至今仍然位居世界几大通讯社之列的法新社、路透社和美联社。

第二节　法新社(AFP)

法新社的前身,是"哈瓦斯通讯社"(Agence Havas)。而哈瓦斯通讯社,是全球第一家通讯社,其创办人就是法国人哈瓦斯(Charles Havas)。

一、哈瓦斯与哈瓦斯社

哈瓦斯诞生于北美独立战争结束的1783年。其父曾任路易十六的书报检查官,1789年大革命爆发后丢官卸职。哈瓦斯的青少年时代,在动荡不安的大革命岁月中度过。他二十来岁时,利用拿破仑对英国实行大陆封锁之机,钻空子发了一笔财,摇身一变成为巴黎金融界的巨头。而拿破仑垮台后,哈瓦斯一夜之间又从富翁沦为穷汉,因为他手中拥有一大笔应由拿破仑政府偿还的债券,这些债券随着拿破仑的下野自然全部作废。哈瓦斯破产

哈　瓦　斯

---

① [美]约翰·钱塞勒、沃尔特·米尔斯:《记者生涯》,史文新译,80页,北京,世界知识出版社,1985。

后,穷困潦倒,狼狈不堪。当时,他上有高堂,下有幼子,侧有娇妻,一家老小眼巴巴地望着他,嗷嗷待哺。他在给友人的一封信中诉苦说:"眼下家中的日子实在难熬。吃了上顿没下顿……这还不算。我还有一笔二百法郎的欠款,因为无力偿还险些吃官司,多亏一位朋友出于哥们义气挺身而出,才使我们摆脱了困境。"

为了养家糊口,1825年哈瓦斯在巴黎创办了一家新闻社。其业务就是从外国报刊上选出法国人感兴趣的报道,然后译成法文,卖给巴黎的各家报刊。所以,它实际上是个新闻编译社。由于哈瓦斯既有新闻敏感,又有外语能力,所以他编译的稿件比较受欢迎,他的新闻社也就日益兴旺。哥伦比亚大学新闻研究生院教授约翰·霍恩伯格,在《西方新闻界的竞争》一书里写道:

> 为了建立一个能为他设在巴黎的新闻机构服务的记者网,他早在1825年就游历了欧洲;他还雇佣了一些翻译、信使和职员。他的新闻的第一批订户是金融家、商人及外交官之类的人。他专门传播股票行情和金融界感兴趣的其他新闻。①

1835年,哈瓦斯吞并几家新闻社之后,正式亮出"哈瓦斯通讯社"的招牌。于是,哈瓦斯通讯社便成为全球第一家名正言顺的通讯社,哈瓦斯也成为通讯社鼻祖。如今,通讯社一词 agence(英语 agency),已成为全球通用语,如新华通讯社(Xinhua News Agency),而最先将这个词用作通讯社的就是哈瓦斯。

哈瓦斯通讯社问世的19世纪30年代,正当法国商业报刊兴起之际,可谓生逢其时。由于商业报刊以新闻为重心,从而为新闻通讯社开辟了广阔的发展天地和生存空间。当时许多廉价报纸如《世纪报》、《新闻报》等,都是哈瓦斯社的主顾,其中《新闻报》的发行人吉拉丹还是哈瓦斯的老朋友。为了安身立命,哈瓦斯社一开始就把"速度"奉为根本:"国际通讯社之所以成长壮大,是因为它们服务于对高速通讯的需求。"②哈瓦斯创办通讯社的动因之一,就在于拿破仑逝世的消息过了两个月,才从流放地圣赫那拿岛传到巴黎。不过,哈瓦斯社创办之初,世界上既无铁路,又无电台,当时的所谓快讯,还得依靠驿马传递。为了尽快获取与传递新闻,哈瓦斯还用过信鸽,开辟了布鲁塞尔到巴黎、伦敦到巴黎等信鸽传讯线路。通过这种方式,哈瓦斯社当天就可获得比利时与英国的新闻,比邮局传递快得多。哈瓦斯社发展成19世纪的一大通讯社,信鸽立下头功。以后,哈瓦斯社又相继利用电报、火车等新科技,进一步加快新闻的传递速度。对此,巴尔扎克也说过,"世界各地的报纸都会很快地到哈瓦斯手里","哈瓦斯先生比巴黎的任何人,都最先获知世界各地的消息"。同时,巴尔扎克还写道:

---

① [美]约翰·霍恩伯格:《西方新闻界的竞争》,魏国强等译,18页,北京,新华出版社,1985。
② [美]叶海亚·R.伽摩利珀:《全球传播》,尹宏毅主译,15页,北京,清华大学出版社,2003。

> 除了外交机密之外,哈瓦斯无所不知,无所不晓。……从收到的报刊杂志中,哈瓦斯挑选出一些重要的文章或消息,然后编译成法文稿件。这些新闻稿件每天都要送到首相官邸供首相早起后阅读。不仅如此,巴黎的各个报社也都加入了哈瓦斯通讯社的供稿系统,因为各地去编译外国的新闻不如购买哈瓦斯的消息更能节约开支……由此诸位便可以明白,虽然你们是在不同的报纸上看到了国外的信息,其实来源都是出于同一处。……极而言之,可以说全巴黎只有一份报纸。

巴尔扎克的这段话说明两个问题:第一,哈瓦斯社当时还是一家外国新闻的编译社;第二,哈瓦斯社的稿件已经开始使巴黎的报纸趋于千篇一律,面目雷同。

哈瓦斯社的事业,从1848年开始获得显著进展。因为,1848年一场声势浩大的资产阶级民族民主革命席卷了欧洲大陆。巴黎也爆发了二月革命,推翻了复辟王朝的封建统治,又一次建立了共和国,这就是法兰西第二共和国。法兰西第二共和国,废除了复辟时代对言论出版的种种限制,一时间许多报纸纷纷创刊。据统计,第二共和国存在的短短三年间,法国新创办的报纸达1 000余家。大批新创办的报纸竞相同哈瓦斯社签订合同,订购新闻,从而使哈瓦斯社顾客猛增,应接不暇。此外,哈瓦斯社也开始联系国外订户,积极向海外发展。比如,沙皇俄国的宫廷就订购了哈瓦斯社的新闻稿。到19世纪60年代,哈瓦斯社已漂洋过海,将触角伸到拉丁美洲。

也就是在1848年,哈瓦斯录用了两名德国流亡者。当时,由于革命而从德国流亡巴黎的人,总计达到8万多,其中包括马克思和海涅。被哈瓦斯录用的两名德国流亡者,后来都另立门户,各自成立通讯社,成为哈瓦斯的两大竞争对手,三方展开激烈的角逐。这对哈瓦斯来说,无异于搬起石头砸自己的脚,真是始料未及。这两个先与哈瓦斯同舟共济,后与哈瓦斯分庭抗礼的德国流亡者,一个叫沃尔夫(Bernhard Wolff),另一个叫路透(Reuter)。沃尔夫创办的德国沃尔夫通讯社与路透创办的英国路透社,同其师傅哈瓦斯的哈瓦斯社鼎足而立,构成19世纪最有势力的三大通讯社。

1849年,柏林至亚琛的电报线路开通,交付使用。哈瓦斯想包下这条电报线路,以便拓展自己的业务。可是,等到他着手去办这件事的时候,这条有利可图的线路已被人抢先占据,哈瓦斯吃了一惊。原来抢了他生意的不是别人,正是他以前的徒弟,后来几乎同时"失踪"的沃尔夫和路透。沃尔夫占据了这条电报线路的柏林一端,路透则占据了亚琛一端。对此,《路透其人和路透社》一书,用了一个生动的比喻,说哈瓦斯得知当年的弟子抢了自己的买卖后,非但不气恼,相反心中充满了"在腕力比赛中初次被儿子赢了的父亲才会有的那种以输为荣、心里很爽快的失败感"。其实,这件事实际上已经拉开19世纪三大通讯社激烈竞争的历史帷幕。不过,当时乃至以后相当一段时间,它们的竞争首先并不在于综合新闻方面,而在于商业资讯领域:"商业新闻、证券交易、市场行情等,构成这些通讯社开张之际的主要业务,正如其早期的新闻信同伴——如富格家族(the Fuggers)的新闻信。"①

二、《通讯社条约》(1870)

古典小说《三国演义》开篇写道:"话说天下大势,分久必合,合久必分。"19世纪英国的一位外交官也说道:"国家没有永远的敌人,国家也没有永远的朋友,国家只有永远的利益。"这两句中外名言,十分精确地概括了19世纪三大通讯社的分分合合,恩恩怨怨。哈瓦斯社、沃尔夫社与路透社的竞争,就构成通讯社历史的一部"三国演义"。而这部三国演义的高潮,是1870年的一组《通讯社条约》(Agency Treaties)。这组条约,实际上是一张瓜分世界新闻市场的路线图。根据这项条约,三大通讯社在全世界划分了各自采集新闻与发布新闻的势力范围,在他们的势力范围内,三大通讯社都拥有新闻传播的垄断权。《通讯社条约》的出台,既标志着19世纪三大通讯社的"三国演义"达到高潮,也体现着19世纪欧洲列强争霸世界的一个侧面。当时法国、德国与英国,是列强中势力最大、争夺最烈的三个大国,配合三大列强的纵横捭阖,你争我夺,法国的哈瓦斯社、德国的沃尔夫社和英国的路透社,在全球新闻市场上也展开激烈争夺,而三大通讯社瓜分全球新闻市场的行径,与列强划分势力范围的做法如出一辙。对此,阿特休尔在《权力的媒介》一书中做了具体论述:

> 通讯社是19世纪由法国的查尔斯·哈瓦斯、英国的保尔·朱利叶斯·路透和德国的伯恩哈德·沃尔夫创建的,当时纯粹是商业手段,就像报道古罗马竞技场情况的当地记者一样。哈瓦斯、路透和沃尔夫手下的记者们在殖民地到处奔波,以满足企业商人为发财致富而对新闻的欲望。当时欧洲政府之间的利害关系至关重大。英国、法国、德国为了防止殊死般的竞争,按照1869年(应为1870年——引者注)签署的《通讯社联盟条约》,在世界上划分势力范围,路透社的势力范围是大英帝国下属的国家和东亚地区;哈瓦斯社负责西班牙、法国、意大利和葡萄牙帝国所属地区;而沃尔夫社则拥有奥地利、德国、斯堪的纳维亚国家和俄国的地域范围。②

19世纪的这个《通讯社条约》,对全球新闻传播格局的形成与演化,特别是对国际通讯社的竞争与发展,都产生显而易见的深远影响,直到20世纪,甚至21世纪都可在国际新闻领域发现其历史身影。美国哥伦比亚大学新闻研究生院的约翰·霍恩伯格教授,在《西方新闻界的竞争》一书里就写道:

> 这个契约延续了半个世纪,对世界舆论的形成起了深刻的影响,对20世纪的新

---

① *The New Encyclopedia Britannica*,15thEDITION,1986,Volume 26,p.477.
② [美]J.赫伯特·阿特休尔:《权力的媒介》,黄煜等译,250~251页,北京,华夏出版社,1989.

闻事业产生了决定性影响。正如肯特·库珀（美联社总经理——引者注）后来写道的那样："路透社和哈瓦斯通讯社不让报联社（即美联社前身'纽约报纸联合会'——引者注）在国外发布新闻有三个目的：(1)它们不让报联社参加竞争；(2)如果它们想报道有关美国的新闻，它们可以随意以蔑视的态度向美国报道这种新闻；(3)它们可以采用最有利的方式报道本国新闻而不会遭到批驳。它们自己的国家总是受到颂扬。它们这样做的方法是，报道英国和法国国内的文明所取得的伟大进步。当然，这种进步所带来的好处将为整个世界所共享。"路透社和哈瓦斯社曾形象地报道说，"因为有印第安人，在美国旅行是不安全的。"①

这里看起来在说19世纪的事情，实际上也同样适用于今天的情况，即不平衡、不平等的新闻传播秩序，以及这种秩序的利弊与本质等，只不过当年的"被压迫者"，如今得势之后早已成为当年它所抨击的"压迫者"了。

第一次世界大战后，19世纪的《通讯社条约》体系便名存实亡，其原因主要有两个。第一，一战后国际政局发生了重大变化。挑起战端的德国成为战败国，原属德国沃尔夫社势力范围的俄国爆发十月革命，成为第一个社会主义国家，而美国由于在大战中坐收渔利，一跃成为头号强国。随着国际政局的这种变化，德国的沃尔夫社自然一蹶不振，势力锐减，而美国的美联社、合众社等脱颖而出，迅速崛起。第一次世界大战胜利结束的消息，就是由美国的合众社最先报道的。不过，合众社这一次"先"得有点过头了。第一次大战是在11月11日上午11时结束的，而合众社提前四天即11月7日就急急忙忙地发出报道，宣布大战结束：

> （合众社巴黎十一月七日电）战争已经结束，今日上午十一时，德国与协约国签订了停战协定，三小时后停止了战争行动。据悉，福煦元帅的条件中包括预防恢复战争行动的条款，因此，有史以来最大战争已告结束。②

当时，许多美国人听到这个消息，不禁奔走相告，纵情庆贺，后来发现原来是空喜欢一场，战争还在继续。为此，合众社背了多年黑锅，一直抬不起头。有人开玩笑说："合众社提前四天，结束了第一次世界大战。"

一战后《通讯社条约》体系名存实亡的第二个原因，在于无线通信取代有线通信。瓜分世界新闻市场的做法，只在有线通信的时代才有可能，因为大通讯社可以凭借强大的经济实力控制国际有线通信网络，而中小通讯社没有力量参与这种竞争。当无线通信取代有线通信后，各家通讯社不论大小都可以迅速而便捷地将新闻传往任何地区，不必再受电报线路的限制。于是，即使19世纪三大通讯社没有发生什么变化，若想在无线通信的时

---

① [美]约翰·霍恩伯格：《西方新闻界的竞争》，魏国强等译，48页，北京，新华出版社，1985。
② [美]约翰·霍恩伯格：《西方新闻界的竞争》，魏国强等译，350页，北京，新华出版社，1985。

代继续维持其垄断地位也是不可能的。因此,1934年,世界各通讯社在里加开会(里加时属苏联,现为拉脱维亚首都),宣布正式废除《通讯社条约》以及其他所有垄断性的协定。19世纪三大通讯社三分天下的局面至此宣告结束,三大通讯社的"三国演义"至此落下帷幕。

下面再接着谈谈哈瓦斯社的发展情况。通讯社兴起的时期,正当有线电报问世,并且获得广泛应用。1837年,美国画家莫尔斯最先发明有线电报,1850年欧洲各国已普遍建立有线电报网络。1866年,第一条大西洋海底电缆铺设成功,又把美洲与欧洲的电报线路连为一体。随着有线电报的飞快发展,哈瓦斯通讯社的事业也迅速发展,在提供新闻的同时,又开始经营广告业务。它的做法是用新闻交换各报的广告版面,然后再将这些版面卖给广告客户。第一次世界大战结束后,哈瓦斯社已控制法国80%的报业广告,成为法国最大的广告垄断组织。1930年,法国一位记者在普林斯顿大学召开的报业会议上发言说道:"对一家报纸来说,疏远哈瓦斯通讯社实际上意味着丧失其全部的广告收入。"①

哈瓦斯通讯社创办之初是家民营机构,后来逐渐演变成为法国政府的半官方喉舌,其大部分经费都来自政府的变相补贴和津贴。"尽管历届法国政府在政治和个性上各有差异,他们都把得到哈瓦斯通讯社的善意与合作看作是无价之宝。当然,这给双方都带来了好处。其结果是,政府以各种形式对哈瓦斯通讯社进行补贴,最终达到每年三千万法郎之多。"②1912年,美联社企图打入自己认为属于美国势力范围的拉丁美洲,结果被垄断拉美新闻市场的哈瓦斯社所拒绝。对此,曾为美联社的崛起立下汗马功劳的肯特·库珀(Kent Cooper),几年后回忆起来还耿耿于怀:"哈瓦斯社,一个小小的由政府资助的法国通讯社居然能够阻止庞大的美联社向南美发稿,这一事实实在糟糕透顶。"③事实上,这时的哈瓦斯通讯社是全球数一数二的大通讯社,无论在国际还是在国内都具有翻手为云、覆手为雨的传播能量,而不是一个小小的通讯社。第二次世界大战前,《巴黎晚报》一位主编就说道:

> 哈瓦斯通讯社只消发一条消息,就足以在巴黎证券交易所引起一场惊乱,或在议会发动一场可能导致政府下台的运动,引起动乱,甚至于发动战争。然而,又有谁敢于谴责这类佞言呢?谁又能够谴责这类佞言呢?在所有毒化法国公众舆论的那些佞言中,哈瓦斯通讯社的佞言危害性最大。而且,哈瓦斯通讯社的佞言往往被信以为真。④

---

① [美]约翰·霍恩伯格:《西方新闻界的竞争》,魏国强等译,423页,北京,新华出版社,1985。
② [美]约翰·霍恩伯格:《西方新闻界的竞争》,魏国强等译,231页,北京,新华出版社,1985。
③ [美]J.赫伯特·阿特休尔:《权力的媒介》,黄煜等译,251~252页,北京,华夏出版社,1989。
④ [美]约翰·霍恩伯格:《西方新闻界的竞争》,魏国强等译,424页,北京,新华出版社,1985。

1940年,德军占领巴黎,哈瓦斯社瓦解分裂,不复存在。1944年,巴黎光复后,在原哈瓦斯社的基础上组建了一家新的通讯社,这就是今天的法国通讯社——法新社。

第三节 路透社(Reuters)

路透社的创办人,就是新闻史上的奇人路透(Paul Julius Reuter)。路透社的崛起与路透传奇的一生水乳交融,密不可分。所以,谈及路透社,势必说到路透其人。

一、路透与路透社

路透生于1816年,比哈瓦斯小33岁。他的诞生地,是美丽的格林童话的故乡。路透的双亲都是犹太人。他早年并不叫路透,路透这个名字是他28岁那年在柏林放弃犹太教,改奉基督教时重新起的。1848年,路透随大批德国流亡者来到巴黎。当时路透身无分文、举目无亲,他找到哈瓦斯,想在哈瓦斯社谋个差事。哈瓦斯对路透通英语、法语和德语三种文字比较赏识,他正需要这种人,因为哈瓦斯社当时主要以编译外国新闻为主。于是,哈瓦斯就收下路透做翻译,与此同时,哈瓦斯又录用了另一位德国流亡者沃尔夫。1849年,羽毛未丰的路透迫不及待地自立门户,同师傅哈瓦斯唱起对台戏。这时路透才33岁,而哈瓦斯已是66岁。结果,路透虽然年轻气盛,初生牛犊不怕虎,但毕竟不是老家伙哈瓦斯的对手,几个回合下来,便招架不住,最后洗手不干,从巴黎"失踪"了。时隔不久,沃尔夫也去向不明。

路 透

路透离开巴黎后,到什么地方去了?去干什么了?我们先按下不表。且说德国西部与比利时交界处,有座历史古城,名叫亚琛。神圣罗马帝国的历代皇帝,都是在亚琛举行加冕典礼。亚琛还有一家举世闻名的报刊博物馆,创建于200余年前,收藏有世界各国的10万余种报刊。就在路透从巴黎"失踪"的这一年10月1日,亚琛到柏林的有线电报线路开通了,并交付使用。当哈瓦斯得知这个情况,准备利用这条电报线路时,发现有人已经捷足先登,占据了这条线路。而抢了哈瓦斯生意的不是别人,正是他以前的徒弟沃尔夫和路透:沃尔夫占了这条线路的柏林一端,创办了德国最早的通讯社——沃尔夫通讯社(Wolff Telegraphen Bureau),而路透占了亚琛一端。原来路透从巴黎"失踪"后,跑到亚琛办起这家电报事务所,收集各地的股票行情、证券交易之类的商业金融信息,然后提供给银行家、商人、投资者等。当时,巴黎到布鲁塞尔已通电报,但布鲁塞尔到亚琛还有一段电信空白。这样一来,路透占据的亚琛便成为一个连接巴黎与柏林的通信中继站,地位非常重要。为了加快传讯速度,路透也照搬哈瓦斯的老办法,用信鸽来填补亚琛到布鲁塞尔之间的电信空白。如今,在路透当年电报事务所旁边,立有一块路透纪念碑,碑上用德语写着:

> 保尔·朱利叶斯·路透。1816—1899。
> 路透通讯社的创始者。1850年,他曾在此接收用信鸽从布鲁塞尔送到这里的消息。
> 这是他毕生从事的国际新闻事业工作的开端。

可惜,路透在亚琛的好景不长,他的事务所开张仅一年,亚琛到布鲁塞尔之间也通了电报。这就意味着柏林的沃尔夫社和巴黎的哈瓦斯社,不再需要路透设在亚琛的中继站,而可以直接联系了。路透不得不再一次放弃他的事业,这一回,他败在哈瓦斯与沃尔夫的夹击之下。恰好这个时候,路透偶尔得知英吉利海峡正在铺设海底电缆。这项工程竣工后,伦敦到巴黎、布鲁塞尔、柏林之间的电报线路就可连为一体。有人劝他到伦敦去经营电讯业务,于是在亚琛经营失利的路透不由动了心。1851年,路透告别亚琛,来到英国,在伦敦办起一家门面不大的"电报办事处",正式亮出"路透通讯社"的招牌,路透社的历史一般就从这一年算起。

同《泰晤士报》的崛起一样,路透社的成长与壮大,其实也同样得力于所谓"天时、地利、人和"。因为,正是凭借大英帝国的赫赫声威,路透社的触角才得以伸展到世界许多角落。而路透社的兴旺发达,进一步促使伦敦成为"世界新闻的中心",从而巩固了大英帝国的霸权地位。正如一位美国学者所指出的,"欧洲帝国政府最关心的是,殖民地的新闻能否畅行无阻地传至殖民帝国的首都,因为这些新闻可以帮助殖民帝国维系其政策,并强化帝国之形象,同时也可独立地判断殖民地政府的管理效率,判断是否需要给予军事援助和经济援助等。"[①]当然,在这个过程中,路透本人的精明干练与经营有方,也是不可小觑的因素。

一开始,路透社的发展并不太顺利。路透社成立后一个月,英吉利海峡的海底电缆就开通了。路透借助这条电缆,接收欧洲大陆的金融信息,然后编成"路透社快讯",出售给银行、交易所、贸易公司、投资公司等。也就是说,路透社最初的业务和在亚琛时期相似,主要是提供商情,客户也主要限于商业金融界。从1851年路透社创办到1858年的七年间,英国没有一家报纸同路透社打交道,对新闻界来说,路透社仿佛并不存在。1858年,路透为了打破这种冷冷清清、凄凄惨惨的孤立局面,首先向伦敦的《广告晨报》展开攻势。路透找到该报门上,主动要求免费提供两个星期的各类消息。如果两星期后客户感到满意,那么双方再正式签订供稿合同,如果不满意,那么《广告晨报》也不损分文。这样的美

---

① [美]罗伯特·福特纳:《国际传播:全球都市的历史、冲突及控制》,刘利群译,76页,北京,华夏出版社,2000。

事,何妨一试?结果表明,路透提供的新闻确实多快好省,非常令人满意。从此,不但《广告晨报》成为路透社的正式客户,而且其他报刊也相继与路透社签订合同,最后就连态度顽固的《泰晤士报》也不得不向路透社就范。起初,《泰晤士报》是死活不肯同路透社打交道。后来,《泰晤士报》看到各报纷纷成为路透社的客户,而且采用路透社的稿件的确既方便又划算,如果自己再执迷不悟,那么在同其他报纸的竞争中势必处于不利地位。这样,《泰晤士报》才算无可奈何地与路透社签了合同,成为路透社的客户之一。不过,死要面子活受罪的《泰晤士报》,签了合同还不肯放下架子,它宁肯多掏一倍的钱,也不愿在《泰晤士报》上刊登的路透社新闻稿上注明"路透社"。也就是说,《泰晤士报》虽然订购路透社的稿件,但刊登时却不注明路透社供稿。为此,《泰晤士报》宁愿比别人多付一倍的钱。后来,《泰晤士报》看到同样的稿件,在其他报纸上都注明路透社供稿,自己的做法只能自欺而不能欺人,还白白多花一倍的钱,实在冤枉,这时《泰晤士报》才不得不彻底随大流了。

攻下《泰晤士报》这座重镇后,路透社开始获得长足发展。从客观方面讲,束缚报业的印花税恰在此时全部废除,许多新报创刊,其中不少是地方的中小报刊。这些众多的中小报刊,无力负担昂贵的国外新闻采访费用,据说当时发一个字的电报价钱,就足够在高级餐厅酒足饭饱美餐一顿。所以,它们只能仰仗路透社提供国外新闻,从而为路透社的发展提供了有利的现实环境。从主观方面看,路透社始终奉行"迅速、准确、客观、公正"的座右铭,建立了良好的信誉。比如,美国南北战争爆发后,路透社派出一位经验丰富、精明强干的记者詹姆斯·麦克莱恩前往采访。当时大西洋两岸还不通电报,欧美两地的联系全靠邮船。林肯总统被刺身亡的第二天,麦克莱恩采访到林肯的私人秘书,并写出报道,可是当天的邮船已经起航。这时,其他记者都心安理得地等候下一班的邮船,而麦克莱恩则不顾一切,飞快赶到码头,雇了一艘快船,出海追赶邮船。苍天不负有心人,后来居然让他追上了。麦克莱恩就把装有报道的盒子,扔上邮船的甲板。结果,路透社提前两天发布了林肯遇刺的详尽报道。诸如此类的故事还有很多,久而久之路透社的名声就传遍天下,甚至"只有王冠和英国国旗能够超过它"。① 由此说来,路透社确有资格吹嘘:"英国的贸易、早期的英国电报公司事业和路透社的丰富的消息来源和声誉共同使伦敦成为世界新闻的中心。"

路透社创办的第七个年头攻下《泰晤士报》,开始获得长足发展。又过了七年,到1865年,路透的私人通讯社扩充为股份有限公司,路透当上公司的第一任经理。1871年,路透社创办20周年之际,路透的出生地德国封他为男爵。到路透社创办40周年时,大英帝国的维多利亚女王又准许路透世袭这一爵位。至此,路透的声望与地位已远远超过哈瓦斯与沃尔夫。这位曾经被哈瓦斯和沃尔夫挤得无处安身的小个子犹太人,如今终于扬

---

① [美]约翰·霍恩伯格:《西方新闻界的竞争》,魏国强等译,22页,北京,新华出版社,1985。

眉吐气了。1899年,新世纪开始之前,路透在法国尼斯的私人公馆中去世,享年83岁。

路透去世前十余年,路透社已由路透的独子负责经营。路透的儿子与乃父不同,他对新闻不感兴趣,只是为了继承家业,才不情愿地干起新闻。在他看来,"这个庞大的通讯社既是一个家庭事业,也是一个家庭责任"。① 而他自己的爱好是音乐,他一心想当音乐家,甚至做了路透社总经理后,每次上班还都带着乐谱。大概因为他是这么一位酷爱音乐、感情丰富的艺术家型人物,所以1915年当他心爱的妻子去世后,63岁的男爵就在夫人入殓下葬的当天,用手枪结束了自己的生命,演出一场轰动一时的梁祝式爱情悲剧。他自杀前留下的遗书令人动容,其中写道:请把我葬在我亲爱的妻子的坟墓中去……死不能把我们分离……我们两个的爱的结合是永恒的。这段话让我们不由想起《长恨歌》的结语:"在天愿做比翼鸟,在地愿为连理枝。天长地久有时尽,此恨绵绵无绝期。"

路透唯一的孙子比起路透的儿子来,更不愿意从事新闻工作,这对路透来说真是家门不幸啊。路透的儿子酷爱德国古典音乐,路透的孙子则钟情德国古典哲学。德意志民族对人类文明最突出的贡献一是音乐,一是哲学。有鉴于此,具有德国血统的路透,其后代一个酷爱音乐,一个热衷哲学,也就不足为怪了。路透的孙子在第一次世界大战中应征入伍,当了一名士兵。就在乃父自杀身亡的第二年,他在战场上牺牲。作为独子,他没有留下后代。因此路透家族的烟火至此中断,这一年恰好是路透出生100周年。

二、三点说明

关于路透社,还需说明三点。

第一,路透社首先是商业资讯社,其次才是新闻通讯社。路透早在亚琛经营电讯业务的时候,他所提供的就是商业金融方面的信息。到伦敦创办路透社后,一开始他也主要是收集和发布商情信息,当时其订户全是英国和欧洲的银行家、经纪人、商人等,与他打交道的都是银行、交易所、贸易公司等。路透社刚创办时,就设在伦敦的股票交易所。后来,路透社虽然从伦敦的金融中心搬到报业中心舰队街,与各家新闻机构为邻,并增加政治、军事、外交方面的报道,但商业金融方面的信息,依然是路透社的主要业务。曾任美联社副社长兼华盛顿分社社长的沃尔特·米尔斯在与美国之音前台长约翰·钱塞勒合著的《记者生涯》(*The News Business*)一书里也指出,今天路透社最强的业务领域依然是在"国际金融报道方面"。② 国际传播研究领域的印裔英国学者达雅·屠苏(Daya Kishan Thussu),在《国际传播:延续与变革》里也曾就此写道:

截至1999年,路透社是世界上最大的多媒体公司之一,主要从事买卖新闻信息

---

① [美]约翰·霍恩伯格:《西方新闻界的竞争》,魏国强等译,225页,北京,新华出版社,1985。
② [美]约翰·钱塞勒、沃尔特·米尔斯:《记者生涯》,史文新译,4页,北京,世界知识出版社,1985。

的生意,它为全球的金融市场和新闻媒体提供关于新产品的信息,包括"第一手的金融数据和投资数据,数据的、文本的、历史的、图表的数据库系统,外加上新闻、图表、新闻录像和新闻图片"。在1989年前的五年时间里,路透社的金融信息产品的收入占了总数的64%,而媒介产品收入则占了总数的不到7%(Reuters Annual Report,1999)。

……路透社在20世纪末成为一个世界上最大的金融数据和新闻信息的提供者,同时还拥有近2 000名记者,并在157个国家设有183个办事处。每天都有超过300万字数的新闻在全球用23种语言出版,这些新闻的采集和编辑既服务于商业集团,又服务于媒体单位。①

这种商情为主新闻为辅的现象,其实在西方新闻界屡见不鲜。比如,《华尔街日报》就是一份纯粹的商情报纸,主要刊登市场行情、股票价格等,同时辅以其他新闻。再如,哈瓦斯社和沃尔夫社,也都是从为工商界供应金融经济资讯的通讯社,发展为向新闻界供应综合信息的新闻通讯社,而且哈瓦斯本人原来就是一位银行家。这一现象的根源,自然还在于西方社会的商业化。在西方国家,商业是一切活动的核心,正如马克思所言,一切都商品化了。形形色色、大大小小的政治、军事与外交活动,实际上都能找到其直接和间接的商业动机,都不可避免地服从或服务于商业这个核心。所以,商业情报在西方至关重要,一条消息使人发财,一则新闻使人破产,早知一分钟便可赢利,晚悉一分钟就得亏损的事情,实在数不胜数。拿破仑战争期间,一个英国银行家就因为提前获得滑铁卢失败的消息,在股票市场上略施手脚,便使许多人转眼之间倾家荡产,而他本人摇身一变成为腰缠万贯的富翁。第二次大战后日本经济飞速发展的一个原因,也在于它的商业情报搞得好。如今日本企业界、商业界派驻国外的情报人员,远远超过报社和通讯社的驻外记者。认识商情在西方社会的重要地位,对路透社的主要业务是提供商情而不是新闻,也就容易理解了。

第二,路透社是个纯粹的国际通讯社。也就是说,它只从事国际新闻的采访报道,至于英国的国内新闻,则由另外一个专门的国内通讯社负责,这就是"报纸联合社",简称报联社(PA)。报联社成立于1868年,由英国各地的报刊联合创办。报联社与路透社曾达成协议,一个专管国内新闻,一个专管国际新闻,然后彼此交换。后来路透社的大部分股票都卖给报联社,报联社便成为路透社的最大股东。如今,路透社与报联社都在同一座楼上,即有名的舰队街85号。

舰队街(Fleet Street),是伦敦的一条街道。"提起所谓'舰队街',在中国(在别国没有!)可以说是大名鼎鼎了。30年代即已常常见诸报端。因为它是英国报业中心——几家深有影响的英国大报报馆都设在这条街上。……很多情况下甚至与唐宁街与白金汉宫

---

① [英]达雅·屠苏:《国际传播:延续与变革》,董关鹏主译,30~31页,北京,新华出版社,2004。

所谓"舰队街"

齐名。"① 可是，根据外国地名研究专家刘伉先生的考证，流传甚广的这个"舰队街"，乃是一个误译——Fleet Street 与"舰队"风马牛不相及。② 为什么呢？原来：

  古条顿语中有 fleutan 一词，意为"水湾"，演变到后来，也写成了 fleet，就是"小溪"、"小河"的意思。两者形同而实异（这种情况，在汉语中也不乏其例）。对此，大一点的英语辞典都有所交代；国内出版的汉英词典向来也都分别列条。然因作"小河"解的 fleet，仅用于英国极个别地区，仿佛成了方言词，在我国更少有人注意及之，而它偏偏就是 Fleet Street 得名的本来含义。

  其次，从实际地理情况看，也能证明这里的 fleet，原指"小溪"、"小河"，与"舰队"毫无关系。

  按伦敦的老城，即所谓"City"……有座西门叫卢德门（Ludgate），门外有一条小河自南而北流向泰晤士河。它又窄又浅，自古以来没有专门名字，人们只简单地称之为"the Fleet"，用汉语说，很有几分"小水沟"的味道。为了通往市西，河上架有一座小桥，即叫 Fleet Bridge；过桥是一条略微有点歪斜的东西街，也顺势叫 Fleet Street。由此可见，街以桥名，桥以河名，与"舰队"云云，就根本挨不上边了。后来随着市政建设的发展，人们把它全部掩盖起来，改造成下水道。这么一来，桥名、街名的来历也变得无影无踪了。

  ……至于它的汉译，本着外国地名一般予以音译的通例，可译为弗利特街；如果定要意译，不妨作"小溪街"或"小河街"。但无论从哪个方面着眼，都与"舰队"连扯不上，绝不能译成"舰队街"。其实即使如实意译为"小溪街"之类，也并不足取，因为命名的根据——河流不复存在，据此意译已名不副实，难免令人莫名其妙，而且容易误解，以为这儿有小溪，或街道是小溪填平后改建的（比如《国际时事辞典》的释文中

---

① 刘伉：《外国地名探源》，507 页，北京，星球地图出版社，1998。
② 刘伉：《外国地名探源》，507 页，北京，星球地图出版社，1998。

就有"伦敦一条河滨马路"的字样,其实它与原来的 Fleet 河成直角相交,何来"滨"河?现在更是与河无缘了)。何况它虽然不长(和北京东交民巷差不多,约1公里左右),但百余年来都是伦敦市中心一条交通干线,如此意译,与它的车水马龙气派太不相称了。所以说来说去,仍以音译为佳:叫作"弗利特街"。①

18世纪以后,"弗利特街"逐渐成为英国的新闻出版业中心,英国许多著名的新闻媒体都设在这条街上,其中包括《泰晤士报》、路透社、英国广播公司等。因此,弗利特街便成为英国新闻界的代名词,就像唐宁街10号成为英国首相官邸的代名词一样。

第三,同《泰晤士报》一样,路透社的崛起与大英帝国的命运血肉相连,密不可分。19世纪是英国的鼎盛时期,其海外殖民地遍布全球,号称"日不落帝国"。这个庞大帝国,为路透社提供了纵横驰骋的广阔天地,而路透社的海外信息网络,又为大英帝国建立了迅速而高效的神经传导系统。正如联合国教科文组织的交流报告中所指出的:

> 通讯社对贸易和商业的进一步打开局面,把世界大大地缩小,起到了通讯社所独有的作用。但同时,由于当时是殖民主义的全盛时期,通讯社助长了殖民国家的利益,帮助了维持当时的政治和经济秩序,并且扩大了宗主国的商业和政治利益。②

所以,路透社虽说是私人企业,但实际上充当着英国海外扩张的舆论先驱,其国际新闻始终配合着英国的全球战略与外交政策。在美联社的元老肯特·库珀眼里,路透社实际上一直利用新闻报道,"把大英帝国的附属国完全投入宗主国怀抱","在这方面,路透社比一度驾驭海洋的英国强大的海军为英国做得更多,也比曾经领导世界商业潮流的英国船只做得更多"。③ 第一次世界大战期间,有一艘英国海军修理舰,奉命去修复被德军潜艇切断的海底电缆。当英国水兵把电缆的断头拉出海面以后,发现上面绑着一个小瓶子,瓶内装有一张纸条,上面写着:"我们是U-25号军舰。路透社散布流言蜚语进行反德宣传罪孽深重,上帝一定会惩罚你们!"1918年,第一次世界大战结束前,德国的《柏林日报》也写道:"路透社比英国海军和陆军更强大,而且更危险。"

第四节 美联社(AP)

关于美联社(Associated Press),19世纪的美国作家马克·吐温曾经说过一句颇为夸张的名言:"给地球的各个角落带来光明的来源只有两个:天上的太阳和地下的美联社。"

---

① 刘伉:《外国地名探源》,508页,北京,星球地图出版社,1998。
② [爱]肖恩·麦克布赖德等:《多种声音,一个世界》,12页,北京,中国对外翻译出版公司,1981。
③ [美]J.赫伯特·阿特休尔:《权力的媒介》,黄煜等译,252页,北京,华夏出版社,1989。

当年,圣雄甘地也对美联社记者吉姆·米尔斯说过一句令美联社不无得意的话:"我猜想,当我死后站在天堂之门的时候,碰到的第一个人会是一名美联社记者。"①

当今美联社的组织机构及其名称,到 1900 年才固定下来。在此之前的半个世纪,美联社经历了几次较大的变动。所以,下面就以 1900 年为界,把美联社的发展历史分成两个时期予以介绍。

一、形成时期(1848—1900)

1. 电报的发明与电讯的意味

1844 年 5 月 24 日,是人类传播史上一个值得纪念的日子。这一天,出身画家的美国科学家莫尔斯(Samuel F. B. Morse)在首都华盛顿,当着众多名流的面,演示了自己发明的有线电报传输装置。当参观者到齐后,他在一只电键上摁出一串嘀嘀嗒嗒的电码,等候在巴尔的摩城的人把这串电码翻译出来,就变成这样一句话:"上帝创造了何等奇迹!"(What God hath wrounght!)刹那间,围观人群,一片欢呼。因为,这是有史以来拍发的第一份电报,从此人类的传播活动又揭开一页崭新的篇章。"电报则一笔勾销了人类交流过程中时间和空间之间的障碍,使信息从时空中脱离出来,远远超过了书写和印刷文字的传播能力。因为电子的速度并不是人类感官的延伸,而是完全脱离了人类的感官。它把我们带入一个同时性和瞬间性的世界,这是人类历史上从没有经历过的。"②不仅如此,电报的问世也对人类社会发生全面而深远的影响,极而言之甚至改变了人类历史的发展方向。对此,加拿大传播思想家马歇尔·麦克卢汉曾经论述道:

莫 尔 斯

当人生活在电子的环境中,他的本性改变了,他的私人属性融入了社团整体。他变成了一个"大众人"(Mass Man)。大众人是在电子速度下产生的一个现象,不是有形的量的现象。大众人最初是在无线电时代被注意到的一个现象,但是,随着电报的出现,它在不引人注意的情况下悄悄诞生了。③

---

① [美]杰里·施瓦茨:《如何成为顶级记者——美联社新闻报道手册》,曹俊等译,3 页,北京,中央编译出版社,2003。
② [美]尼尔·波兹曼:《童年的消逝》,吴燕莛译,101 页,桂林,广西师范大学出版社,2004。
③ [美]尼尔·波兹曼:《童年的消逝》,吴燕莛译,101 页,桂林,广西师范大学出版社,2004。

关于这些方面的情形及论述,我们将在以后的章节里,特别是在电子媒介部分进行比较深入的讨论,这里就不再展开了。

在新闻传播与新闻事业的发展历程上,莫尔斯发明的电报同400年前古登堡发明的金属活字印刷法一样,都具有开天辟地的里程碑意义。吴伯凡先生说得好:"在人类发明电报之前,'通信'问题基本上等同于交通问题。"① 比如,当时最快的传讯方式就是驿马快递,所谓"校尉羽书飞瀚海,单于烈火照狼山"、"一骑红尘妃子笑,无人知是荔枝来"等,都形象地再现了驿马快递的情景。而由于电报的出现,时空的距离被大幅度压缩,人们的生活世界以及人们对这个世界的感知与感知方式,随之发生巨大的、潜移默化的变化。比如,过去占据报纸中心的本地新闻,逐渐被遥远的外地新闻所取代。再如,以往没有多少时效意识的新闻,被越来越"晚近"(late)的"电讯"所取代,"截稿时间"、"第一时间"的观念,也越来越成为制约新闻的首要因素:"报纸的财富不再取决于新闻的质量和用途,而是取决于这些新闻来源地的遥远程度和获取的速度。"②

对于这一变化以及相应的一系列社会历史"转型",美国著名的媒介文化学者尼尔·波兹曼,从其首创的媒介生态学角度做了富于哲理意味的阐述。在他看来,电报的出现不仅仅意味着一种新的信息传播方式,而且更深层的意味还在于它彻底改变信息所负载的内容,从而最终改变了人们对世界的体认。举例来说,与印刷术完全相反,"电报只适合于传播转瞬即逝的信息,因为会有更多更新的信息很快取代它们。这些信息后浪推前浪地进出于人们的意识,不需要也不容你稍加思索"。③ 于是,"久而久之,经电报描绘过的世界开始变得无法控制,甚至无法解释了。报纸上一行行有序而连贯的文字逐渐失去了帮助我们获得知识和了解这个世界的能力。'了解'事实开始有了新的意义,因为'了解'并不意味着人们能够'理解'事实的言下之意、背景知识和与其他事实的关联。电报式话语不允许人们进行历史的回顾,也不鼓励深入的分析。对于电报来说,智力就是知道很多事情,而不是理解它们。"④ 另外,由于电报生产了大量同一般人的生活毫无关系的信息,结果导致了他所谓的"信息-行动比"的变化。在此之前,即在口头文化与印刷文化中,信息的重要性在于它可能促成某种行动。但是,由于电报的发明以及其他技术的发展,"在人类历史上,人们第一次面对信息过剩的问题,这意味着与此同时人们将面对丧失社会和政治活动能力的问题"。⑤ 比如,

问问自己下面这一系列的问题,你可能就会更明白上文的意思了:对于解决中

---

① 吴伯凡著:《孤独的狂欢——数字时代的交往》,212页,北京,中国人民大学出版社,1998。
② [美]尼尔·波兹曼:《娱乐至死》,章艳译,89页,桂林,广西师范大学出版社,2004。
③ [美]尼尔·波兹曼:《娱乐至死》,章艳译,93页,桂林,广西师范大学出版社,2004。
④ [美]尼尔·波兹曼:《娱乐至死》,章艳译,93~94页,桂林,广西师范大学出版社,2004。
⑤ [美]尼尔·波兹曼:《娱乐至死》,章艳译,91页,桂林,广西师范大学出版社,2004。

东的冲突你准备采取什么行动？对于解决通货膨胀、犯罪和失业问题你有何高见？对于保护环境或降低核战争危险你有什么计划？对于北大西洋公约组织、石油输出国组织、美国中央情报局、反歧视行动计划和伊朗巴哈派教徒遭受的残暴行径,你准备采取什么行动？我可以大胆地帮你回答：你什么也不打算做。①

总之,"在电报创造的信息世界里,人们失去了行动的能力,因为整个世界都变成了新闻存在的语境。"②也正是在这样一种全新的社会历史与新闻传播的"语境"中,通讯社应运而生："1844年5月24日,莫尔斯开辟全国第一条电报线路4年后,美联社成立了,从此,来路不明、读者对象不定的新闻开始横扫整个国家。战争、犯罪、交通事故、火灾和水灾……开始成为所谓'今日新闻'的主要内容。"③

2. 港口新闻联合社

如果说商业报刊的崛起,为通讯社的问世提供了必要性,那么电报的发明,就为通讯社的发展提供了可能性。通讯社正是在历史必要性与现实可能性的双重驱动下,成长壮大起来的,而美联社就是典型。美国商业报刊兴起的19世纪30年代,虽然需要大量提供新闻的通讯社组织,但因为现实条件的限制,通讯社还只是可望而不可及的梦想。直到电报发明后,美联社才得以问世,而且美联社的势力也如19世纪三大通讯社一样,紧随电报网络的伸展而步步扩张。所以,有线通信构成通讯社的现实基础,正如印刷技术构成报刊的现实基础,无线通信构成广播电视的现实基础。

1848年,纽约的6家报纸——《纽约先驱报》、《纽约太阳报》、《纽约论坛报》、《纽约商业日报》、《快报》、《纽约信使及问询报》的代表举行联席会议,"决定在纽约成立两个合作性新闻搜集机构。第一个机构是'港口新闻联合社',它的记者将为各报的利益从进港船只收集新闻。第二个机构是一个甚至并没有真正成立的松散的互助联盟——'纽约报业联合会'。它是第一个地区性报业联合会"。④不过,关于美联社的起源,各种说法比较混乱,一向很不统一。另据埃默里父子《美国新闻史》一书的讲述：

关于在1848年正式组建通讯社一说,并没有资料可以佐证。这个后来发展成为现代美联社的组织正式创办的最确切的日期是1849年1月11日。正是在这一天,上面提到的这6家纽约日报签署了一项协议,组成"港口新闻社"（Habor News Association）。该协议的一份副本于1967年由理查德·A. 施瓦茨洛斯（Richard A.

---

① [美]尼尔·波兹曼：《娱乐至死》,章艳译,91页,桂林,广西师范大学出版社,2004。
② [美]尼尔·波兹曼：《娱乐至死》,章艳译,92页,桂林,广西师范大学出版社,2004。
③ [美]尼尔·波兹曼：《娱乐至死》,章艳译,89～90页,桂林,广西师范大学出版社,2004。
④ [美]约翰·霍恩伯格：《西方新闻界的竞争》,魏国强等译,43页,北京,新华出版社,1985。

Schwarzlose)教授在纽约公共图书馆手稿部所藏亨利·J.雷蒙德的文件中发现。它提供了以往不为人知的细节内容：6个合伙人按规定共用两艘船只，在驶入纽约港的轮船上采集新闻，共同分担费用，向纽约市以外的报纸出售新闻，还要制订成员规章。显然是由于通过电报出售新闻的生意变得越来越重要之故，1851年，该组织签署新的协议，改名为"电讯与综合新闻联合社"（Telegraphic and General News Association）。

"联合新闻社"（Associated Press）的名称直到1860年才得到广泛使用，但是纽约市的这个组织正是现代报业联合会（通讯社）的先驱。①

无论如何，美联社的前身就是纽约市这6家报纸组成的合作机构。它不同于前面介绍的19世纪三大通讯社。三大通讯社都是独家经营的私人企业，而港口新闻联合社则是合作性质的组织，不以赢利为目的，一切费用由各家平均分担。也就是说，三大通讯社是把新闻"出售"给自己的"顾客"，而美联社则是把新闻"提供"给自己的"成员"。所以，要想获得美联社的稿件，就得加入美联社，成为会员，并分摊费用。1856年，港口新闻联合社又改名为"纽约联合新闻社"。

纽约联合新闻社除了为自己的会员服务，也开始向其他地方的报刊供稿。不过，它并不是直接向各地报纸供稿，而是向各地组成的报业团体集体供稿。由于这些团体类似于纽约联合新闻社的二级机构，所以也都冠以"联合新闻社"的名称，比如"费城联合新闻社"、"南部联合新闻社"、"西部联合新闻社"等。其中"西部联合新闻社"的势力最大，构成现代美联社的基础。西部联合新闻社（Western Associated Press），由美国中西部的报纸于1862年组成，总部在美国中西部的中心芝加哥。

1882年，芝加哥又出现一家新的通讯社"合众社"（United Press）——与后来的合众社无关。② 合众社与纽约联合新闻社展开激烈竞争，结果纽约联合新闻社败北，其大多数会员都加入合众社，其余小部分会员则与西部联合新闻社合并，于1892年成立"伊利诺伊联合新闻社"，社址还在芝加哥。伊利诺伊是美国的一个州，芝加哥就在伊利诺伊州。随着纽约联合新闻社的垮台和伊利诺伊联合通讯社的成立，以往纽约联合通讯社与合众社之间的竞争，就变成现在伊利诺伊联合通讯社与合众社之间的竞争了。

伊利诺伊联合通讯社的第一任社长是斯通（M. E. Stone）。他是美联社历史上首屈一指的元勋，由于他在创建与发展现代美联社的突出作为，我们不妨称之为"美联社之父"。斯通主持美联社长达30余年，奠下现代美联社的雄厚基础，使美联社由一家国内通讯社

---

① ［美］埃默里等：《美国新闻史》，展江等译，135～136页，北京，新华出版社，2001。
② 后来的合众社（United Press），是1907年由美国报业巨头E. W. 斯克里普斯（E. W. Scripps）创办的。翌年，美国报业巨头W. R. 赫斯特（William Randolph Hearst）创办了国际新闻社（International News Service）。1958年，两社合并，组成后来的合众国际社（United Press International）。

发展为世界数一数二的大通讯社。他提出的五个 W、一个 H 的报道模式,曾经作为标准的新闻写作手法广为沿用。所谓五个 W、一个 H,是指一篇新闻报道中,特别是其导语中应包含"何人"(who)、"何事"(what)、"何时"(when)、"何处"(where)、"为何"(why)以及"如何"(how)等六个要素。斯通早年当过记者,也办过报纸,芝加哥第一家廉价报纸就是他创办的。他一出任伊利诺伊联合通讯社社长,就马上赶赴欧洲,以巨大代价同当时三大通讯社签订了独家交换新闻的合同①,从而切断合众社的国外新闻来源。1897 年,合众社终于支撑不住,宣告倒闭。另外,按照这项协议,"允许伊利诺伊联合新闻社在美国发布路透社新闻,并与路透社和哈瓦斯社共享墨西哥和中美洲新闻,与路透社共享加拿大和西印度群岛新闻"。②

1898 年,伊利诺伊联合新闻社卷入一场延续两年的官司。当时芝加哥的《洋际报》(Inter Ocean),由于采用别家通讯社的稿件,伊利诺伊联合新闻社便停止向《洋际报》供稿。《洋际报》为此向法院提出控告,经过两年审理,1900 年伊利诺伊州法院做出裁定,伊利诺伊联合新闻社必须将稿件提供给任何客户,不得有所歧视。这桩官司败诉后,为了规避伊利诺伊州的法律,斯通便解散芝加哥的伊利诺伊联合通讯社,同时在纽约成立一家新的通讯社,这就是现在的美联社。美联社的社名 Associated Press(AP),就是在这次重大改组中正式固定下来,并沿用至今。斯通当选为新的美联社社长,直到 1921 年退休。这一年,美联社已有 2 300 家报纸订户,每天传送 5 万字的新闻。

二、发展时期(1900 年以来)

同 1848 年美联社的前身"港口新闻联合社"一样,1900 年成立的美联社还是一家不以赢利为目的合作社。关于这一点,美联社第一任社长斯通,有一次对董事会说得很明确:

> 一个全国性的新闻合作组织是这样一种机构,它属于而且只属于各个报纸。它不出卖新闻,不谋利润,不付股息,仅仅是各报纸的代理人和公仆。参加者应该包括一切党派、宗教界、经济界和社会界的新闻工作者,但他们对新闻事业同样热情积极,所采集的消息应该严谨、准确、公正和完整。这就是我们梦寐以求的美好愿望。③

曾任美联社副董事长兼华盛顿分社社长的沃尔特·米尔斯,也是这样谈及美联社:"1982 年,它总共为美国的 1 350 来家日报和 5 700 多家广播电视台服务。这是个非营利

---

① 按照阿特休尔的说法,"1893 年,美联社加入了欧洲的通讯社联盟,从而获准美联社在美国领土上播发路透社、哈瓦斯社和沃尔夫社的电讯稿。但在美国范围之外,美联社不得另设自己的通讯社。"见 J. 赫伯特·阿特休尔《权力的媒介》,黄煜等译,251 页,北京,华夏出版社,1989。
② [美]埃默里等:《美国新闻界》,展江等译,213 页,北京,新华出版社,2001。
③ [美]约翰·霍恩伯格:《西方新闻界的竞争》,魏国强等译,220 页,北京,新华出版社,1985。

性组织,属于它为之服务的那些报纸所共有。这些报纸并不是用户,而是该通讯社的股东。"①

美联社的真正崛起,始于第一次世界大战前后。一战爆发时,美联社的订户仅有一百来家,到1940年达到1 400家,现在则是15 000家,成为世界公认的第一大通讯社——"美联社的高速机器每天传送约40万字,每24小时播发1 000条消息……在美国各地,美联社共有120多个分社"。② 美联社的崛起与路透社相似,也是以美国的国力提升和全球扩张为背景的,而美国开始在世界上崭露头角正是从第一次世界大战开始的。一战前,美联社已在国外设有采访机构,独自采集新闻。但是,依据1893年美联社与三大通讯社达成的协定,美联社还不能向国外发布新闻。对此,现代美联社的元老肯特·库珀,曾忿忿不平地说道:"令我震惊的是,美联社不能把我国的新闻发布到世界其他地方。我对美联社竟屈从于如此卑劣的新闻压制这一事实,感到痛恨不已。"③ 一战后,三大通讯社一统天下的垄断局面名存实亡,美联社也随星条旗一道向海外迅速拓展。到第二次世界大战结束时,美联社的庞大网络已经遍布全球。

肯特·库珀

1900年新美联社成立以来,涌现许多出类拔萃的记者。《美国记者谈采访工作经验》一书,就是美联社名记者的经验谈。全书20多位作者全是美联社名记者,其中包括美联社的7位"特派记者"。特派记者是美联社授予优秀记者的最高职称。所以,这本书对了解美联社及其名记者颇有益处。特别是书中谈到的许多采访写作方面的实际经验,有不少可资借鉴之处。比如,"一篇报道并不是在你坐到打字机前动手写作时才开始形成的。它的形式和质量,是在你收集将要纳入报道的各个事实的过程中确定的"(唐·怀特黑德),"一篇好的报道并不是写出来的,而是讲出来的"(唐·怀特黑德),"如果你按照自己讲话的方式去写稿的话,那么你就成功了一半"(威尔·格里姆斯利),"写新闻稿件要有类似于欣赏音乐的能力"(威廉·瑞安),"你的作品听起来越是悦耳,它就越有可能使读者爱不释手"(阿瑟·埃弗雷特)等,都是精辟的经验之谈。这里尤需留意的是,许多优秀记者都对文稿的听觉方面非常关注,甚至觉得一篇报道是否能够得到读者的青睐,是否能够吸引读者的阅读兴趣,与其听觉方面的节奏、韵律、声音等因素的自然流畅有着密切关系。比如,曾在合众国际社供职的记者P.斯洛扬,获得美国报纸主编协会1981年

---

① [美]约翰·钱塞勒、沃尔特·米尔斯:《记者生涯》,史文新译,3~4页,北京,世界知识出版社,1985。
② [美]约翰·钱塞勒、沃尔特·米尔斯:《记者生涯》,史文新译,1~3页,北京,世界知识出版社,1985。
③ [美]J.赫伯特·阿特休尔:《权力的媒介》,黄煜等译,252页,北京,华夏出版社,1989。

度最佳限时报道奖后,就专门对其报道的听觉问题同人做过一番对话:

斯(指斯洛扬——引者注):你揭开了我写作的特点。我可以告诉你,我有时自言自语地读,有时甚至还打扰周围的人——你看我多不像话。

克(指访谈者克拉克——引者注):你是在写到纸上之前,有时大声念出来吗?

斯:有时候是这样。有时候是一边写一边在心里默读。有时,我反复默读,读得很着迷,不知不觉就咕哝出声了,或干脆大声地嚷了出来。

克:这对于决定句子长短、语序以及韵律等有帮助吗?

斯:是的,有帮助。我是一个对声响敏感的人。我喜欢听朗诵,喜欢诗歌,朗诵诗是对语言的一种享受。即使你是对自己默念,你也要听听顺不顺耳。①

另外,曾供职美联社纽约总部20年、如今在纽约大学教授新闻学的杰里·施瓦茨,在其《如何成为顶级记者——美联社新闻报道手册》一书里,也对美联社的新闻业务及其相关情况做了生动翔实的论述,值得参考。这里,谈到美联社的新闻业务情况,不能不说说"客观性法则"。因为,美联社是这一法则的奠基者,这个被当代各种新闻媒介视为神圣法则的"铁律",正是由美联社最先发明并大力倡导的。

三、美联社与客观性法则

1. 由来

所谓客观性法则(objectivity),指的是在新闻报道中,力求客观、中立、不带感情色彩、不加主观评判的一套报道原则以及一系列相关手法。正如有的学者所概括的:"作为一种职业意识形态,客观性包括三项承诺:独立(新闻应该不受政治压力的左右);平衡(新闻在表现上应该不偏不倚);客观(新闻应该仅仅陈述事实,其中不能渗透主观判断)。"②还有学者将它归结为如下三项基本内涵:事实与观点分开、不带感情色彩、力求公正平衡。③

一般认为,客观性法则是由美联社最先提出,并大加倡导的:"美联社是后来称之为'客观报道'的先驱。"④刚才介绍美联社时,曾一再提到美联社是个合作性质的组织。正是"合作"这一性质,使美联社不得不打出"客观中立"的招牌。因为,美联社的众多社员分属不同的阶层、不同的党派、不同的地区,利益千差万别,口味各不相同。要解决众口难调的问题,要使美联社的全体会员满意,美联社显然只有一种选择——客观报道。也就是说,它只能客观地报道事实,而不能加入任何观点,即使涉及观点,也得提供正反两面的看

---

① [美]罗·彼·克拉克:《美国优秀新闻写作选》,魏国强等译,249页,北京,新华出版社,1986。
② [美]仙托·艾英戈等:《至关重要的新闻:电视与美国民意》,刘海龙译,187页,北京,新华出版社,2004。
③ [美]梅尔文·L.德弗勒、埃弗雷特·E.丹尼斯:《大众传播通论》,颜建军等译,456页,北京,华夏出版社,1989。
④ [美]梅尔文·L.德弗勒、埃弗雷特·E.丹尼斯:《大众传播通论》,颜建军等译,252页,北京,华夏出版社,1989。

法,力求中立、平衡、超然物外。南北战争期间,美联社派驻华盛顿的第一位记者劳伦斯·格布莱特对此所做的说明,一直被广泛征引:

> 我的工作是报道事实。我得到的指示不允许我对所报道的事实作任何评论。我发的消息是提供给不同政治色彩的报社的。编辑们说,他们能对我所提供的事实作出自己的评论。所以我只限于采发我所认为是正当的新闻。事实证明我不是一个信奉某种学说的政治家,我所要做的是努力保持实事求是和不偏不倚的态度。我发的消息都只是干巴巴的事实和细节。某些具有特殊身份的记者可能是为了适应他们那个机构的口味而写消息的。我则努力排除人物和政治的因素来写消息……①

曾任美联社总经理长达30余年的肯特·库珀,一直到处鼓吹客观性法则。他把客观性法则解释为"真实而公平"的新闻报道,还宣称客观性法则"作为一种至善至新的道德观念,发展于美国,奉献于世界"。② 另一位美联社总经理则将记者的公正无私与法官、律师相提并论:"说记者不能公正无私,同说法官不能执法,或说律师因为讨厌囚犯或当事人而不能为之作出有力的辩护,差不多是一个意思。"③至于"美联社之父"斯通,更是将客观性法则具体化为"5W1H"的导语格式和倒金字塔的新闻结构,而且这些都成为新闻写作的标准模式,风行全球。

由于美联社的大力倡导,在西方新闻界,客观性法则被奉为尊贵神圣的职业理念,恰似救死扶伤成为医疗卫生领域的职业理念。用阿特休尔的话说:"对新闻工作者而言,圣杯应当是客观性法则。如果他缺乏这些东西,其身份就会贬低,结果就可能使其职业遭到毁灭之灾。"④1970年,在美国报纸主编协会会刊的一篇文章中,《华盛顿明星晚报》副主编I.威廉·希尔,甚至模仿林肯《葛底斯堡演讲》的章法,表达对客观性法则的誓词:

> 185年前,我们的先辈在这块大陆上创建了日报,她孕育于客观性之中,奉行人人享有获得公正事实的原则。现在,我们正进行一场关于传播媒介的重大争辩,以考验这种报纸,或者说,以考验孕育于客观性之中并奉行上述原则的传播媒介能否长久生存。⑤

于是,我们看到,"在新闻媒介的交响乐中,乐队指挥挥舞着客观性这根指挥棒指挥整个乐队。"⑥ 然而,事实却往往表明,所谓客观性法则只是一个神话——虽然美丽动人,但

---

① [美]约翰·钱塞勒、沃尔特·米尔斯:《记者生涯》,史文新译,12~13页,北京,世界知识出版社,1985。
② [美]J.赫伯特·阿特休尔:《权力的媒介》,黄煜等译,152页,北京,华夏出版社,1989。
③ [美]杰克·海敦:《怎样当好新闻记者》,伍任译,131页,北京,新华出版社,1980。
④ [美]J.赫伯特·阿特休尔:《权力的媒介》,黄煜等译,153页,北京,华夏出版社,1989。
⑤ [美]J.赫伯特·阿特休尔:《权力的媒介》,黄煜等译,157页,北京,华夏出版社,1989。
⑥ [美]J.赫伯特·阿特休尔:《权力的媒介》,黄煜等译,151页,北京,华夏出版社,1989。

与实际情形却相距甚远。下面我们就对客观性法则进行一下简略的剖析。

2. 剖析

第一,"客观性"是神话——美妙而虚幻

让我们先从李普曼的《舆论学》谈起。在西方古往今来的新闻工作者中,美国记者、政论家李普曼曾对新闻传播做过深刻而持久的思索,可以算作一位新闻哲学家吧。第一次世界大战后,李普曼与同事查尔斯·梅尔茨,对《纽约时报》上发表的有关十月革命的报道进行了一次专项研究,结果发现这些一直被人奉为国际事务方面最权威、最可信的报道,既有偏见,又不准确,许多报道都是记者仅凭道听途说,再加想象而写成的。正如李普曼所说,他们有关苏联的报道,"不是实际所发生的新闻,而是人们期望看到的新闻"。这一发现使李普曼感到意外。后来,他又花了两年时间进行研究和思考,写成一部篇幅不大的著作,这就是他最负盛名的代表作——《舆论学》(*Public Opinion*)。

李普曼在这部新闻传播的名著中,对西方的传统民主理论以及有关报界功能的看法做了深刻剖析,并在此基础上对它们做了全面批判。依照传统的民主理论,理性是人类行为的基础,人们凭借理性可以自行辨别是非。所以,只要让人充分了解事实真相,他就会对公共事务作出明智的判断。为此,新闻媒体的任务,就是客观报道新闻,充分展示事实真相。而李普曼则发现,其实人的意见是很容易被支配的,舆论是很容易被左右的。他说:

> 民主主义者把报纸看成是一种医治他们缺点的万应灵药,然而对新闻的性质和对新闻事业的经济基础的分析似乎都表明报纸必定不可避免地反映出并因而在不同程度上增加了舆论的组成的不完善性。我的结论是,舆论如果是健全的,就必须组织起来为报刊所用,不是像今天这样的情况,由报刊来组织。①

另外,在他看来,事实和真实不同,新闻和真实也是两个根本不同的概念,需要加以明确区分。他写道:"新闻的作用是突出地表明一个事件,而真实的作用是把隐藏的事实显露出来,将它们联系起来构成一幅真实的情景,人们能够根据它来行动。"②换句话说,新闻只是地图,而真实才是疆土。依照他的观点,新闻报道充其量只能引起人们对某一事件的关注,并不能提供全部的"真实"。为说明这一点,他使用了一个生动的比喻。他说,报界就像"探照灯的光束一样,不停地照来照去,把一件又一件事从黑暗处带到人们的视域内"。③

---

① [美]李普曼:《舆论学》,林珊译,20页,北京,华夏出版社,1989。
② [美]李普曼:《舆论学》,林珊译,237页,北京,华夏出版社,1989。
③ [美]李普曼:《舆论学》,林珊译,240页,北京,华夏出版社,1989。

不但新闻不能提供全部的事实真相,有时甚至更糟,它会不由自主地歪曲现实。为什么呢?因为人们对世界的认识都必须经过感情、习惯和偏见这个三棱镜的折射,即必须经过李普曼所说的"刻板印象"的折射。刻板印象一词(stereotype),原为印刷行业的术语,意为浇铸的铅板。李普曼用它来表示人们的思想如同浇铸的铅板,一旦形成,便牢固不变。它深深根植于人的大脑,对各种外界的信息起着类似电脑"格式化"的作用。由于这种刻板印象的作用,人们看到的世界往往不是客观的现实,而是自己心目里想要看到的主观图景。他说:"对于大多数事物,我们是先想象它们,然后经历它们的。"①"对于大部分事物我们并不是先观察而后解释,而是先解释然后观察的。"②所以,即便记者是新闻事件的目击者,他也写不出完全符合客观实际的报道,"他本人带着一些成见到出事地点去,事后他带回来的多半是他想象的、已经真正改观了的一个事件的报道"。③ 确实,当刻板印象已经形成时,人们就会注意那些支撑它的事实,而忽略与之冲突的事实。传播学的大量研究和理论,也都证明这一点,比如选择性接触、选择性理解和选择性记忆的理论。越南战争期间,美国总统肯尼迪曾派了两名特使前往南越考察。两人回来向肯尼迪汇报情况,一个说好得很,一个说糟得很。两人一起去一起回,但看法却如此对立,弄得肯尼迪不知该相信谁的。于是,他沉默半晌,只好风趣地打圆场:你们二位去的究竟是不是同一个国家。

尽管许多新闻工作者不可否认怀有崇高的理想和操守,但他们依旧不能摆脱刻板印象的束缚,照样成为自己那些刻板印象的思想囚徒。另外,读者同样受制于此,用阿特休尔的话说:"人们希望新闻媒介反映的并非是现实世界的真实图像,而是人们心里希望看到的那种图像。"对此,《日瓦戈医生》的作者帕斯捷尔纳克说得更为直率:"任何事实,都有人自己添加的成分,都有人的一定的随意想象和一定的编造成分在内。"④《舆论学》中举的一个有趣例子,颇能说明这一点。

> 在哥廷根曾召开了一次心理学会议,其间有一批据说是训练有素的观察家接受了一次饶有趣味的实验。
>
> 距正在召开会议的大厅不远的地方有一个公共庆典活动,其中还有一个化装舞会。突然,会议厅大门被人撞开,一个小丑冲了进来,一个持枪黑人在后面狂追。他们在大厅中央停下撕打;小丑倒下了,黑人扑上去开枪射击,然后两人一起冲出了大厅。整个事件持续了不到20秒钟。
>
> 会议主席要求在座各位当即写出一篇报告,因为肯定会有一次司法调查。交上

---

① [美]李普曼:《舆论学》,林珊译,57 页,北京,华夏出版社,1989。
② [美]李普曼:《舆论学》,林珊译,52 页,北京,华夏出版社,1989。
③ [美]李普曼:《舆论学》,林珊译,50~51 页,北京,华夏出版社,1989。
④ [苏]帕斯特尔纳克:《日瓦戈医生》,力冈等译,148 页,桂林,漓江出版社,1986。

来的40篇报告中,关于主要事实的错误低于20%的只有1篇,有14篇的错误为20%~40%,有12篇达40%~50%,13篇高达50%以上。而且,有24篇报道纯粹是杜撰了10%的细节描述,有10篇的杜撰率高于10%,低于10%的只有6篇。简言之,有十分之一的报道是虚假报道。

不用说,整个事件是预先安排好的,而且煞是生动逼真。那10篇虚假报道可以归入故事或传奇之类,24篇是半传奇,只有6篇具有接近确凿证据的价值。

这样,40名老练的旁观者针对刚刚发生在眼前的这一事件写出了一篇很负责任的报道,却使大多数人了解到一次并未发生的事件。①

李普曼由此断言,"一种不带偏见的人,一种带着完全中立看法的人,在任何珍视思考的文明世界里,都是那么不可思议的"。②

既然新闻媒介的作用仅仅在于突出某一事件而不在于提供事实真相,那么所谓的公民可以凭借新闻媒介提供的事实真相来辨明是非做出判断的"民主假设理论",也就大可怀疑难以成立了。所以,美国实用主义哲学创始人约翰·杜威,把《舆论学》称为"可能是目前用文字表达的对民主制最有力的起诉"。③

第二,"客观性"是盾牌——维护现状,弃绝异端

如果我们的剖析仅仅局限于客观性是个神话——美妙而虚幻,那么这种剖析只触及问题的表皮,对客观性法则来说并未伤筋动骨。问题的关键还在于,这一法则不仅是个美丽迷人的神话,更重要的在于,它还是一块盾牌,一块现存体制、既定观念的挡箭牌,其意义一在维护现状,二在弃绝异端,即阿特休尔所说的:

> 客观性法则在资本主义世界中为维护其社会制度,为防止背离其意识形态的正统观念增添了力量。仔细观察,你会发现客观性法则绝不是科学的东西,而是视偏见为神圣,捍卫这个制度、反对社会的突变。④

许多批评客观性法则的人都指出,所谓客观报道常常将主流意识形态作为"事实"一次次重复,从而实际上在支持现状,维护现状。例如,"美国的报纸一边在社论版上指责参议员约瑟夫·麦卡锡大搞政治迫害,一边又把他的长篇大论'客观地'登在头版上。"⑤再如,"当美国与他国发生冲突时,就没有必要反映'双方的观点',平等地对待争执双方,如若那样做的话,就属于不爱国了。把菲德尔·卡斯特罗的观点与其敌手相提并论的情形

---

① [美]沃尔特·李普曼:《公众舆论》,阎克文等译,67~68页,上海,上海人民出版社,2002。
② [美]李普曼:《舆论学》,林珊译,78页,北京,华夏出版社,1989。
③ [美]李普曼:《舆论学》,林珊译,"译者前言",4页,北京,华夏出版社,1989。
④ [美]J.赫伯特·阿特休尔:《权力的媒介》,黄煜等译,150页,北京,华夏出版社,1989。
⑤ [美]J.赫伯特·阿特休尔:《权力的媒介》,黄煜等译,150页,北京,华夏出版社,1989。

是极为罕见的。当表述他的立场时,通常用明显的实例来报道他冥顽不化的错误观点。报道有关苏联和中国领导人的观点也与这种情形相仿。"①许多西方新闻媒介正是以客观性为由,把正统的、符合现存体制与观念的东西,作为不言而喻的既定事实一再重复。所以,阿特休尔一针见血地指出,"客观性法则本身就是社会控制的一种途径"。②

传播学的许多研究也都从不同侧面显示,所谓客观性法则的虚妄及其深层动机。举例来说,在新闻传播过程中存在着一种很普遍的现象——"把关"(gatekeeping)。简单说,所谓把关就是处理新闻时的主观判断与选择。比如,记者在纷纭复杂的变化世界中,选择什么事件予以报道属于把关;编辑选择哪篇稿件予以刊登,同样属于把关;一篇报道放在什么位置,是突出,还是淡化,也是把关;甚至受众偏爱哪些媒介,注意哪些报道,以及记住哪些内容等,都是把关。总之,在新闻传播的整个流通过程中,自始至终都存在各种各样的把关环节。新闻过五关斩六将,通过层层把关环节之后,已经同实际的客观事实颇有出入。这里需要强调的是,在商业化媒介中,把关中最常考虑的往往是经济因素,它们"在决定报道什么时,经济上的考虑往往超过了公众兴趣"。③ 这样一来,新闻报道中的世界与现实存在的世界就愈发"阴错阳差"了。比如,就像美国传播学者梅尔文·德弗勒等所揭示的:

林肯·斯蒂芬斯

> 当新闻的制作和传播是为了把观众的注意力吸引到出售女子内衣、除臭剂和啤酒这类信息上时,很难说公民所得到的是可以影响他们生活的那些事件的准确、客观的描述。④

鉴于客观性法则以及客观报道的缺陷与偏差——"一是它假定记者没有情感和不带潜意识的先入之见,二是据称对复杂事件作直截了当的报道常常会忽略大量事实真相"⑤,后来人们进行了一系列新的报道尝试,以求更加准确、全面、深入地反映现实及其变化,如"解释性报道"(Interpretive Reporting)、"调查性报道"(Investigative Reporting)、"倡导式新闻"(Advocacy Journalism)、"精确新闻"(Precision Journalism)、"新式新闻"(New Journalism)等。解释性报道兴起于1930年代,它突破了新闻只讲"是什么"的窠臼,而开始关注新闻背后的"为什么",即强调对新闻背景的交代和

---

① [美]J.赫伯特·阿特休尔:《权力的媒介》,黄煜等译,155页,北京,华夏出版社,1989。
② [美]J.赫伯特·阿特休尔:《权力的媒介》,黄煜等译,156页,北京,华夏出版社,1989。
③ [美]梅尔文·L.德弗勒、埃弗雷特·E.丹尼斯:《大众传播通论》,颜建军等译,343页,北京,华夏出版社,1989。
④ [美]梅尔文·L.德弗勒、埃弗雷特·E.丹尼斯:《大众传播通论》,颜建军等译,410页,北京,华夏出版社,1989。
⑤ [美]埃默里等:《美国新闻史》,展江等译,214页,北京,新华出版社,2001。

来龙去脉的说明。调查性报道始于20世纪初美国报刊的许多"黑幕调查"与"揭丑报道",如"耙粪记者"林肯·斯蒂芬斯(Lincoln Steffens)对当时美国社会严重腐败现象的深入调查与报道。到20世纪60年代和70年代,随着美国国内外一系列触目惊心的丑闻曝光,调查性报道蔚然成风,其中尤以《华盛顿邮报》记者鲍勃·伍德沃德(Bob Woodward)和卡尔·伯恩斯坦(Carl Bernstein)对"水门事件"的报道最为典型。倡导式新闻盛行于20世纪60年代和70年代,它允许记者表达自己的价值判断,在诸如女性主义等问题上将自己的政治信仰写进新闻报道:"在倡导式新闻中,记者可以表明观点,是否赞成某个事业或目的。通过倡导式新闻的实践,记者感到他们可以从旁观者变成参与者。"① 与此同时,精确新闻也开始兴起。所谓精确,其实就是将社会科学的抽样分析、定量统计等方法运用到新闻报道中,以使新闻看上去更加科学,从而避免传统报道的随意性:"精确新闻报道把表格、图片和数据与作为例证的个人访问结合起来。因而精确新闻学能够从总体上更全面、更准确地反映公众的看法。要使用这一技巧,记者必须经过训练,掌握社会科学方法,会做全面调查、实验设计和内容分析。"② 如果说精确新闻把新闻报道推向科学,那么新式新闻则把它推向文学。所谓新式新闻,最早是由19世纪美国报业大王普利策所倡导,20世纪60年代又重新提出。不过,后来的新式新闻同普利策所说的新式新闻不是一回事。普利策说的是一种报业经营理念,而后来的新式新闻则是一种新闻报道模式。新式新闻的代表人物有《华盛顿邮报》记者汤姆·沃尔夫(Tom Wolfe)、《纽约时报》记者和普利策新闻奖评委盖伊·塔利斯(Gay Talese)、20世纪的美国文学重镇诺曼·梅勒(Norman Mailer)及杜鲁门·卡波特(Truman Capote)等。他们主张用小说的手法写新闻,在不背离事实的基础上,突出叙事、对话、情景描写、心理刻画等,从而使报道达到更高层面的真实,即"复活"现实而不仅仅是"复现"现实,所以他们的报道被称为"非虚构性小说"(nonfictional novel)。在纽约大学新闻系遴选的《20世纪美国百佳新闻作品》(*The Top 100 Works of Journalism In the United States in the 20th Century*)中,就有7部新式新闻的代表作入选,包括杜鲁门·卡波特用6年时间完成的《冷血动物》(1965)。

为了真切了解客观性法则以及客观报道的"庐山真面目",最后让我们再来看一篇美联社的报道。这篇报道出自美联社名记者约翰·罗德里克,属于人物专访,写的是中国的"红色资本家"荣毅仁。从新闻写作方面看,这篇专访确为上乘之作,它通过大量鲜活、生动、有趣的事实与细节,展现了荣毅仁的人生经历,同时也折射了新中国的历史风云。然而,熟知中国国情及中美新闻话语差异的人,应该不难从这篇"客观真实"的新闻报道里察

---

① [美]梅尔文·L.德弗勒、埃弗雷特·E.丹尼斯:《大众传播通论》,颜建军等译,136页,北京,华夏出版社,1989。

② [美]梅尔文·L.德弗勒、埃弗雷特·E.丹尼斯:《大众传播通论》,颜建军等译,463~464页,北京,华夏出版社,1989。

觉其春秋笔法,也不难发现隐含于客观事实与中立叙事之中那些刻板印象的蛛丝马迹。

访荣毅仁

美联社北京电(原电无发电日期)(记者:约翰·罗德里克)如果把中国比成斯巴达式的共产主义大湖的话,这个国家的前资本家就像是这个湖里游泳的花里胡哨的热带鱼。今天,他们中有数千人正在为三十年前他们拒绝离开的这个国家服务,为它的现代化贡献自己的才能。

上海有一万多名原资本家,最突出的是实业家、百万富翁荣毅仁。

过去,他领导一个雇佣八万名工人、由纺织厂和面粉厂组成的资本王国。而三十年来,他却为一个发誓消灭资本主义的社会制度服务。

在这三十年中,他先后担任过上海市副市长和纺织工业部副部长,而现在,他领导着一个政府开办的公司,这个机构的宗旨是招徕外国资本和技术人才同中国一道开办合营公司。

现在他手下只有五十人,其中半数是从上海招募的。

在中国共产党领导人看来,荣毅仁开创的事业对于在二十年内使中国现代化的计划,具有举足轻重的意义。

荣毅仁衣饰考究,举止文雅,满头卷曲的花白头发,戴着一副色镜。如同其他原来资本家一样,他过着相当舒适的生活。

他在北京市区有一套现代化的办公室,每天,他乘坐大型的黑色高级红旗轿车上班。下班后,他乘坐这辆轿车返回他那拥有六名仆人的舒适的家。

他的业余爱好是种植玫瑰花和收集昂贵的照相机——这同他的财力相称,据说,他的银行存款达六百万之巨。

然而,他的月工资——相当于部长级——只折合二百六十六美元。

去年,官方正式宣布,包括荣毅仁在内的所有的资本家都已经改造成了自食其力的劳动者。在一个劳动者当家(至少在理论上如此)的社会,这意味着他们再也不会成为政治清洗中的替罪羊。过去,由于这种清洗,前资本家们吃尽了苦头。

同他的许多有钱的朋友一样,在1966到1976年的"文化革命",荣毅仁身心遭受摧残。他挨了打,家被抄,他收藏的艺术品悉数遭到破坏。

他被迫当了一名守门人,以后又接受了为期一年的洗脑。在经受这一切磨难之后,荣毅仁依然悠然自得,乐观开朗。当领导中国的现政权物色一个人来领导中国国际信托投资总公司的时候,这位过去的实业巨子自然成了最理想的人选。

在接受本记者采访时,他说:"我们的国家遭受了巨大的苦难,经历了动乱。但是,我对祖国从来没有丧失信心。现在,我要亲眼看到中国的振兴。"

荣毅仁说,对他建议搞合营企业,外国公司和政府反应热烈,出乎他的意料。

尽管有关规定有待于完善,但是,已经有三十三个国家的三百家公司找上门来。

荣毅仁说，到1980年，可望签订一些合同。

荣毅仁承认，1949年共产党军队胜利进军的时候，他感到担忧。但是，他和另外一些资本家同国民党没有瓜葛，这一点，对共产党颇有吸引力。共产党把他们称为"民族资产阶级"，并决定用赎买的办法争取、团结他们。

新生的人民政府没收了大银行、重工业的大部分和轻工业的一部分，但却没有触动民族资产阶级。

当时共产党的队伍主要由衣衫褴褛的农民和知识分子组成，有管理工业的经验或知识的人少得如凤毛麟角。

那时，民族资产阶级可以相当放手地发展生产。

在此以后，政府成立了公私合营企业。在那些企业中，原资本家担任经理，他们领取高工资，还领取百分之五的股息。

十年之后，"文化革命"开始，政府与民族资产阶级的蜜月随即淹没在冰水之中。在江青唆使下，发了疯的红卫兵向旧世界的象征发动了进攻。他们不仅抄了原资本家的住宅，抢走他们的财产，强迫他们干低贱的活儿，而且没收了他们的存款、公债券和金银珠宝。

去年年初——也就是江青等极端分子被捕后不到两年——政府把钱和个人财物连同利息一道还给原资本家。

在上海，有六百名原资本家集资三千万美元，修建高层公寓，把它们卖给本地和香港居民，所得利润上交国家，支援四化建设。①

建议参考资料

1. [日]仓田保雄：《路透其人和路透社》，北京，新华出版社，1980。
2. [美]约翰·钱塞勒、沃尔特·米尔斯：《记者生涯》，北京，世界知识出版社，1985。
3. [美]杰里·施瓦茨：《如何成为顶级记者——美联社新闻报道手册》，北京，中央编译出版社，2003。
4. [美]阿尔文·托夫勒：《第三次浪潮》，北京，新华出版社，1996。
5. [美]梅尔文·L.德弗勒、埃弗雷特·E.丹尼斯：《大众传播通论》，北京，华夏出版社，1989。

本章思考题目

1. 什么是通讯社？通讯社的主要功能是什么？
2. 通讯社主要有哪些种类？

---

① 黎信等选编：《西方新闻作品选读》，157～160页，北京，中国广播电视出版社，1981。

3. 什么是报业辛迪加？它与通讯社有哪些异同？
4. 什么是专栏作家？它与辛迪加是什么关系？
5. 专栏作家可以大致分为哪些类型？
6. 法新社与哈瓦斯社是什么关系？谁是全球第一家通讯社？
7. 19世纪三大通讯社包括哪些？
8. 《通讯社条约》是怎么回事？
9. 路透社崛起的深层背景是什么？
10. 路透社有哪些特殊的地方？
11. 美联社崛起的深层背景是什么？
12. 什么是客观性法则？它包括哪些基本内容和要求？
13. 客观性法则与美联社有什么关系？
14. 客观性法则形成的历史背景是什么？有什么利弊得失？

第六章 19世纪(下):大众社会与大众报刊

第一节　大众报刊的历史土壤
　　一、政治民主,舆论自由
　　二、经济发展,贸易繁荣
　　三、教育普及,读者大增
　　四、科技进步,传讯加速
　　五、城市兴起,人口集中
　　六、大众社会,大众文化

第二节　普利策:大众报刊的代表
　　一、早年经历
　　二、办报生涯
　　　1.《圣路易快邮报》(*St. Louis Post Dispatch*)
　　　2.《纽约世界报》(*New York World*)
　　三、新闻遗产
　　　1. 办报思想
　　　2. 哥伦比亚大学新闻学院
　　　3. 普利策新闻奖

第三节　赫斯特与黄色新闻
　　一、黄色新闻与煽情主义
　　二、"黄色新闻大王"——赫斯特
　　三、黄色新闻导火索——黄孩子(Yellow Kid)
　　四、黄色新闻高潮——美西战争(1898)
　　五、黄色新闻发展——"小型报"(tabloid)

建议参考资料

本章思考题目

这里说的大众报刊,是指以大批量发行和大规模读者为主要特征的报刊。这种报刊兴起于19世纪末与20世纪初,"19世纪90年代,英国一份报纸的销售量已达到100万份,而法国的报纸也在1900年前后达到这个销售数字"。① 如前所述,大众报刊是19世纪新闻事业三次飞跃的最后一跃。由于这次飞跃,新闻事业才彻底告别传统,走向现代,新闻才第一次真正进入千千万万普通民众的生活——"旧时王谢堂前燕,飞入寻常百姓家"。从此,新闻事业就成为大众传播事业(mass communication),报刊以及随后的广播、电视等也成为大众传播媒介(mass media)。看看美国学者对此前美国报业状况的概述,就约略知道这一变革的范围、影响及意义了:

> 报纸受到了技术、文化不普及和资金体系的严格限制。1790年使用的手动印刷机与15世纪中期古腾博克(即古登堡——引者注)所用印刷机没有太大差别。纸仍是用破布而不是木头制造,既昂贵又短缺。报纸上的新闻不新,而且报纸的读者也有限。许多都是党派报纸,也就是说,报纸内容总是一家之言。当18世纪末政党发展起来时,每个党都控制着几份报纸。有些报纸甚至接受政党的补贴。南北战争以后,商业报纸也发展起来,它们侧重报道海运和国外消息,只迎合商人所好。商业报纸也好,党派报纸也好,都以社会上受过较好教育的那一部分人为对象,而且都很贵。②

第一节 大众报刊的历史土壤

大众报刊是19世纪末一系列社会变革的综合产物,其兴起具有纷繁复杂的历史背景和现实条件。总的看来,"这个时代中,人们在下列各方面取得了显著的发展:如物质力量和财富;工业主义和工业化;技术和科学知识;运输、交通和贸易;人口和人口迁移;中央集权制政府;民主政治;阅读与写作能力和教育;舆论和报刊等。"③具体而言,至少可从下面几个方面考察其兴起之源与演进之迹。

一、政治民主,舆论自由

到19世纪末,西方许多国家都完成了资产阶级民主民族革命,确立了不同类型的资本主义制度。如日本的明治维新、俄国的农奴制改革、德国的统一战争等,都属于这期间

---

① [英]艾瑞克·霍布斯鲍姆:《帝国的年代》,贾士蘅译,55页,南京,江苏人民出版社,1999。
② [美]梅尔文·L.德弗勒、埃弗雷特·E.丹尼斯:《大众传播通论》,颜建军等译,36~37页,北京,华夏出版社,1989。
③ F.H.欣斯利编:《新编剑桥世界近代史》第十一卷,"物质进步与世界范围的问题(1870—1898)",中国社会科学院世界历史研究所组译,1页,北京,中国社会科学出版社,1987。

发生的此类革命。充满扩张进取之势的资本主义,在向世界拓展之际,也在不断调整自身的经济基础与上层建筑,使之适应资本主义的发展。其中,自然包括意识形态领域日渐开放、日渐宽松的"民主自由"新气象。诸如英国知识税的废除、法国新闻法的颁行等,都是这种新气象在新闻事业领域的体现。

当然,这些新气象的形成,并非出于资产阶级的良心萌动,善心大发,而是基于现实情形的促迫而不得不做出的调整。比如,19世纪风起云涌的工人运动、社会主义思潮以及人民武装起义等,均对原始的资本主义制度形成巨大的压力。英国的宪章运动、法国的巴黎公社、"五一国际劳动节"所由来的美国芝加哥工人大罢工等,都是这方面熠熠生辉的历史篇章。正如当代英国左翼史学家霍布斯鲍姆对此所做的概括:"自1870年后,大家也愈来愈清楚地看出:各国政治的民主化已势所难免。不论统治者喜欢不喜欢,民众都会走上政治舞台……19世纪90年代的社会主义骚动以及俄国革命的直接和间接影响,都强化了民主运动;不过,不论民主化是用何种方式进行,在1880—1914年间,绝大多数的西方国家都已顺应了这个不可避免的潮流。"①

随着政治民主化、舆论自由化的进程,普通民众参政议政的热情越来越高,机会也越来越多,如普选权的扩大。与此同时,人们对各种事关社会民生的事务及其信息,自然越来越关注。于是,作为人们了解现实的一种便捷途径,报业就开始向大众化的方向拓展了。

二、经济发展,贸易繁荣

19世纪下半叶,西方许多国家经历了工业革命,经济开始起飞,贸易日趋活跃。以美国为例,从南北战争结束的1865年到19世纪结束时的1900年,35年间国家的财富翻了两番,工业总产量增加了7倍。赫赫有名的钢铁大王卡内基、石油大王洛克菲勒、金融大王摩根等,都纷纷出现在这个时期。"美国的经济在1870年至1900年间起了根本变化,因为这个最大的食品和原料生产国,也变为第一流的工业生产国。……这一新兴的工业社会的主宰者就是那些巨头,就是美国民间政治神话中那些'强盗大王'。他们具有精力充沛的而往往又是冷酷无情的创业精神,替美国的民间传说创造了一些半是英雄、半是恶棍、难以定论的人物:洛克菲勒家族、哈里曼家族、希尔家族、摩根家族、卡内基家族,以及其他一些人。"②

与此同时,国际贸易的范围与规模也急速增加,"最能说明问题的,是国际贸易增长的数字。在19世纪70年代中期以后的30年中,国际贸易的价值以黄金计算,大概翻了一

---

① [英]艾瑞克·霍布斯鲍姆:《帝国的年代》,贾士蘅译,100～102页,南京,江苏人民出版社,1999。
② F. H. 欣斯利编:《新编剑桥世界近代史》第十一卷,"物质进步与世界范围的问题(1870—1898)",中国社会科学院世界历史研究所组译,67页,北京,中国社会科学出版社,1987。

番还多。如果把价格下跌这一因素计算进去,贸易额可能增加了两倍。"①资本主义经济的飞速发展,国际贸易的空前繁荣,大大加强了各个国家、各个民族和各种文化之间的联系与交往,从而越来越将整个世界变成一个麦克卢汉说的"地球村"。对此,《共产党宣言》的论述最称经典:

> 不断开拓产品销路的需要,驱使资产阶级奔走于全球各地。……使一切国家的生产和消费都成为世界性的了。……过去那种地方的和民族的自给自足和闭门自守状态,被各民族的各方面的互相往来和各方面的互相依赖所取代了。物质的生产如此,精神的生产也是如此。

所有这些变化,都在直接间接地推动新闻事业的发展。一方面,全球各地日益密切的经济交往与政治联系,使报业越来越成为不可或缺的重要纽带,成为整个国际社会的神经传导系统,其作用日益显著。另一方面,大工业社会又为新闻事业提供了雄厚的经济实力和强大的经济后盾,使之既获得源源不断的巨额财源,又得以成为大开大阖的经济实体。这里,最引人注目的实例当属广告。在大工业时代,无论是发展经济,还是繁荣贸易,都离不开形形色色的广告,而广告又离不开各种各样的媒介。大众报刊兴起后,媒介广告便以铺天盖地之势日渐增多,最后终于超过新闻的分量。以美国为例,"1880年,平均每家报纸25％的版面是广告;第一次世界大战期间,广告版面占50％,今天(即20世纪末——引者注)已达60％～70％"。② 现在,西方报纸上的广告至少要占整个版面的一半,若少于这一比例,报纸就得赔钱。所以,这种报纸与其说是"新闻纸"(news-paper),不如说是"广告纸"(advertisement-paper)。英国的一位报业大王甚至说过,新闻不过是用来分隔广告的材料而已。

三、教育普及,读者大增

工业革命给整个社会带来的一大必然结果,就是教育普及。因为,大工业生产需要劳动者具备较高的文化水准,在一个文盲或半文盲的社会中是不可能发展工业文明的。举个简单的例子,一个连图纸都看不懂的工人,怎么操纵现代化的仪器呢?所以,最先完成工业革命的英国,从19世纪下半叶起便大力普及国民教育。"据估计,在1850年前,英格兰的识字率是70％,瑞典是90％,法国则是65％,而到了1900年,大约有95％的英国新郎与新娘能够在结婚证书上签字。根据官方的统计数字,到了19世纪结束之前,所有学

---

① F. H. 欣斯利编:《新编剑桥世界近代史》第十一卷,"物质进步与世界范围的问题(1870—1898)",中国社会科学院世界历史研究所组译,72页,北京,中国社会科学出版社,1987。

② [美]梅尔文·L. 德弗勒、埃弗雷特·E. 丹尼斯:《大众传播通论》,颜建军等译,73页,北京,华夏出版社,1989。

龄儿童的识字率已经达到96％以上。"①美国也是如此。19世纪的后40年,美国的中学数目猛增60倍,在校学生超过500万。到新世纪开始前的1900年,美国适龄儿童的入学率已达72％,也就是说每三个儿童就有两个在读书。与此同时,美国的高等教育也获得显著发展。自1862年林肯总统签署《莫里尔法案》,以鼓励各地兴办州立大学后,美国的高等院校便迅速增加。另外,随着一批经济巨头的出现,捐款创办私立大学也蔚然成风。比如,1865年电报业百万富翁康奈尔创办了康奈尔大学,1876年一个大商人创办了约翰·霍普金斯大学,1892年加州的一个铁路商人创办了斯坦福大学,1892年洛克菲勒创办了芝加哥大学等,这些私立大学如今都成为美国卓有影响的名牌学府。大学的增加与大学生的增加自然是同步的,仅在19世纪最后20年,美国大学生的人数就增加了20多倍。

不言而喻,教育的普及客观上也为大众报刊准备了数目可观的读者群。比如,"拿破仑战争爆发之初,每一个英国居民每年大约寄两封信,但是到了19世纪80年代上半期,却增加到42封……1880年时,美国每一个月发行1.86亿份报刊杂志,而1788年时却只发行33万份……"②如果没有成千上万识文断字的读者,那么不管政治多么民主,经济多么发达,贸易多么繁荣,报业依然只能是贵族沙龙里优雅轻柔的室内乐,而不会成为音乐大厅中轰然奏响的交响曲。所以,教育的普及直接关系大众报刊的生命,它是大众报刊赖以诞生并得以生长的重要条件之一。正如法国当代新闻学者贝尔纳·瓦耶纳所论述的:

> 教育事业的发展显然是决定性的因素:自1828年至1846年间,识字的法国人增加了百分之五十以上,后来,普及教育运动不断展开,到十九世纪末,几乎遍及全国。同时,城市化、工业化、交通运输的发展、频繁的商业活动、激烈的社会政治斗争等等,也都促使报刊向大众化的形式演变。③

四、科技进步,传讯加速

从15世纪中叶古登堡发明金属印刷到19世纪中叶,这400年间,西方的印刷工艺几乎没有什么突破性的进展。比如,排版一直用手工,即一个字母一个字母地排,一部《圣经》需要五年才能排完。印刷则一直用手摇印刷机,一天只能印几百到几千份报纸,而现在最先进的印刷机,每小时就可印出300版的报纸10余万份。由于这一整套技术和工艺的制约,即使当时有报业大众化的需要,也没有实现它的技术手段。

随着工业革命的深入开展和科学技术的不断进步,新闻事业的技术条件与生产手段也日新月异。比如,

---

① [英]阿兰·斯威伍德:《大众文化的神话》,冯建三译,141页,北京,三联书店,2003。
② [英]艾瑞克·霍布斯鲍姆:《帝国的年代》,贾士蘅译,23页,南京,江苏人民出版社,1999。
③ [法]贝尔纳·瓦耶纳:《当代新闻学》,丁雪英等译,104页,北京,新华出版社,1986。

对报纸和类似出版物的需求大增,这就要求扩大机械化程度,以便提高生产效率并降低生产成本。在这方面,《泰晤士报》起了带头作用。布鲁斯的铸字机于1850年问世,但是,第一次真正取得成功的这类机器,则是《泰晤士报》的轮转铸字机。这台机器是弗里德里希·威克斯在1881年取得专利的。它每小时可铸六万个铅字,因此印刷完毕后铅字不必拆版再用,只需回炉重铸即可。机械排版则是发明家多年来无法解决的一项难题。在1822年到1890年间,作出了许多设计,但直到行型排铸机问世之前,迄未令人满意。这项美国发明的突出特点是它只需一人操作。它于1890年出现,1900年已经在全世界使用了。①

另外,《泰晤士报》1817年首先使用蒸汽滚筒印刷机,每小时可印出1 000余份报纸,1847年又首先使用轮转印刷机,每小时可印出11 000份报纸,工效整整提高了10倍。后来,美国的印刷机制造商罗伯特·霍伊,又对英国的印刷技术进行改进,到1870年发明霍氏卷筒两面印刷机,每小时已能印出18 000份报纸。又过20年到1890年,使用铸板的卷筒印刷机又取代轮转印刷机,每小时可印出12页的报纸50 000份。总之,"由古腾堡——(即古登堡——引者注)等人所共同开创的欧洲的活字印刷技术,保持了三百年左右的稳定时期,直至18世纪末在工业革命的背景下才开始了较大的技术改进。"②

与此同时,19世纪中叶木浆纸取代碎布纸,也是印刷工艺的又一巨变。过去印刷所用的碎布纸,不仅造价昂贵,而且产量难以提高。而以木材为原料的木浆纸,则使成本大大降低,产量也大大提高(对生态环境的影响则另当别论)。还以美国为例:

到1870年,已经有18座纸浆厂建成,主要分布在纽约州北部和新英格兰地区各州。造纸机的速度,1867年是每秒100英尺,1872年增加到175英尺,到1880年就高达每秒200英尺。1884年,在普罗维登斯引进了亚硫酸盐纸浆的生产工艺。于是,生产现代新闻纸的初级原材料、磨木浆和亚硫酸盐纸浆,都万事俱备了。1890年,美国国内新闻纸的产量达到19.6万吨,1899年增加到59.9万吨。人均消费新闻纸,1890年是8磅,1899年就增加到15磅。与此同时,纸的价格也随之下降。1866年是每吨334美元,1870是每吨246美元,1880年是每吨138美元,1890年降到每吨68美元,1990年再降到美吨36美元。③

批量的、低廉的、源源不断的纸张,为大众报刊提供了充足的新闻用纸。诚如阿特休尔在论及大众报刊时所言:"19世纪80年代后期,从纸浆中制作卷筒纸这项革命性发现

---

① F.H.欣斯利编:《新编剑桥世界近代史》第十一卷,"物质进步与世界范围的问题(1870—1898)",中国社会科学院世界历史研究所组译,133~134页,北京,中国社会科学出版社,1987。
② 项翔:《近代西欧印刷媒介研究——从古腾堡到启蒙运动》,51页,上海,华东师范大学出版社,2001。
③ [加]哈罗德·伊尼斯:《传播的偏向》,何道宽译,145~146页,北京,中国人民大学出版社,2003。

的生产工艺业已完成,于是就能生产出低廉、简便、人们如今称之为新闻纸的那种纸张形式,这样就使追逐巨额发行数成为可能。"① 这些大批量的纸张与通讯社提供的大批量新闻,一旦在同一时期汇流,自然就成为大众报业兴起的专业动因。所以,就像印裔英国学者达雅·屠苏举例所言:

> 印刷业的扩展和通讯社的国际化促成了报纸工业的全球性发展。1838 年创立的《印度时报》(*The Times of India*)是出现在东南亚最早的报纸。《海峡时报》(*The Strait Times*)在 1858 年以日报的形式在新加坡出现。印刷技术的进步意味着非欧洲语言的报纸也得以印刷和发行。截至 1870 年,用印度语发行的报纸多达 140 家。在开罗,诞生于 1875 年报纸《金字塔报》(*Al-Ahram*)定义了其后一个世纪多的阿拉伯新闻。1890 年,日本最有威望的报纸《朝日新闻》(*Asahi Shimbun*,又名 *Morning Sun*)也创立了。1890 年,欧洲的大众媒体的发展是空前的猛烈——法国的《小巴黎人报》(*Le Petit Parisien*)在 1890 年就有 100 万的订阅量,而在英国,1896 年诞生的《每日邮报》(*The Daily Mail*)也重新定义了新闻的范畴,将生意做得很红火。②

此外,工业革命带来的一系列科技进步,尤其是电信技术领域的突破性发展,都为大众报刊奠定了必要的现实基础。比如,1837 年莫尔斯发明有线电报,在通讯技术上引发一场革命,从此信息开始借助神奇的电波,以每秒 30 万公里的速度传播,信使、信鸽、烽火、驿马的时代宣告结束。再如,1875 年美国人贝尔取得电话专利权,又为信息的传递提供了更加迅捷而便利的工具。"1881 年,美国的电话网络有 123 000 部电话。"③ 这里特别值得一提的,就是 1866 年大西洋海底电缆的铺设完成。这是一项宏大的工程,用奥地利作家斯蒂芬·茨威格在其"历史特写"(historische Miniature)里的话说,这项工程是 19 世纪"最煊赫的壮举":"为了说明这项工程的巨大规模,这样的比方是最形象不过了:绕在电缆里的三十六万七千哩长的单股铜铁丝可以绕地球十三圈,如果连成一根线,能把地球和月球连接起来。自从《圣经》上记载有通天塔以来,人类没有敢去想还有比它更宏伟的工程。"④ 而铺设的过程更是一波几折,历尽艰辛,斯蒂芬·茨威格对此做过非常生动的描绘。按照他的说法,这条大西洋海底电缆不仅把古老的欧洲与美洲新大陆联结起来,而且,"从此时此刻起,地球仿佛在用一个心脏跳动;生活在地球上的人类能从地球的这一边同时听到、看到、了解到地球的另一边。"⑤ 当然,上述这些发明与发展,不仅在信息传播方面引发一系列深刻的变化,而且也对新闻传播领域产生广泛的影响。

---

① [美] J. 赫伯特·阿特休尔:《权力的媒介》,黄煜等译,64 页,北京,华夏出版社,1989。
② [英] 达雅·屠苏:《国际传播:延续与变革》,董关鹏主译,31 页,北京,新华出版社,2004。
③ [法] 阿芒·马特拉:《世界传播与文化霸权》,陈卫星译,15 页,北京,中央编译出版社,2001。
④ [奥] 斯蒂芬·茨威格:《人类的群星闪耀时:历史特写》,舒昌善译,225 页,北京,三联书店,1992。
⑤ [奥] 斯蒂芬·茨威格:《人类的群星闪耀时:历史特写》,舒昌善译,243 页,北京,三联书店,1992。

最后,还应提一提铁路运输。因为,四通八达的铁路网不仅密切了各地的交往,而且也加快了报纸的发行速度。"欧洲的主要铁路系统到1870年亦已建成。铁路绕过比利牛斯山脉的两端,穿越了阿尔卑斯山脉。甚至俄国也修筑了一万英里以上的铁路。在随后的二三十年中,这一进程还在继续。"①美国从南北战争爆发时的19世纪60年代开始,铺设第一条横贯北美大陆的铁路。1869年,这条铁路通车后,东部到西部的旅行时间一下从几个星期减少到几天。此后20多年,美国又建成四条贯穿大陆的铁路。这些铁路就像混凝土里的钢筋,把美国连接成一个牢不可破的整体,同时也无异于构成一张全国性的新闻传播网络。

五、城市兴起,人口集中

城市是工业社会的标志和象征,其突出特点就是人口集中。托夫勒在《第三次浪潮》一书中说道,工业社会集中了人口,也集中了劳动,它把大批的农村人赶往城市,把成千上万的劳动力集中到工厂。由14位欧洲史学家合编的《欧洲史》一书也写道:"19世纪的欧洲仍然以农业为主,但城市人口却迅猛增加。到了19世纪末,大不列颠社会成为世上最城市化的社会:10个英国人中有9个住在城市里。"②1790年美国的第一次人口普查显示,当时只有不到3.5%的人居住在城镇里,而到1900年这个比例上升到1/3。特别是到了19世纪下半叶,城市化进程更趋加速。美国历史学家老阿瑟·施莱辛格,曾用"城市的兴起"来概括1878年至1898年这20年间美国历史的特征。美国作家里夫金等人则在《熵:一种新的世界观》一书里,提供了一组更为详尽的历史数字:

> 古代雅典仅有50 000市民;巴比伦则只有100 000稍多一点。几世纪后的文艺复兴时期,城市规模才稍有改观。达·芬奇寓居的佛罗伦萨市拥有50 000居民。米开朗琪罗为西斯廷教堂的天花板作画时,罗马的人口在55 000上下。直到十六世纪,多数欧洲城市的人口还是不足20 000。美国革命时期,殖民地的两大城市波士顿和费城的人口还不到50 000,纽约城则屈居第三。
>
> 随着十九世纪初工业革命的展开,一夜间整个世界变了样。1820年,伦敦成为第一座拥有百万人口的城市。到1900年,已有11座城市的人口超过百万;到1950年,增至75座城市。③

---

① F.H.欣斯利编:《新编剑桥世界近代史》第十一卷,"物质进步与世界范围的问题(1870—1898)",中国社会科学院世界历史研究所组译,67~68页,北京,中国社会科学出版社,1987。
② [法]德尼兹·加亚尔等:《欧洲史》,蔡鸿滨等译,483页,海口,海南出版社,2000。
③ [美]杰里米·里夫金、特德·霍华德:《熵:一种新的世界观》,吕明等译,135页,上海,上海译文出版社,1987。

城市的兴起与人口的集中,一方面为报业提供了一个急需了解各种信息的读者群,一方面也为报业形成了一个相对集中的发行区。另外,大众报刊中最突出的发展是晚报。19世纪最后二十年,美国新增报纸有八分之七是晚报。这固然是因为印刷技术的进步和采编手段的革新,使得当日新闻当日见报,但更重要的还在于城市居民的生活习惯与社会需要。总之,就像阿特休尔在《权力的媒介》一书中所提示的:

> 人们应当牢记大众媒介是与都市中心同步发展的。事实上,它们两者之间难解难分:没有都市中心,大众媒介不可能产生;同样,没有大众媒介,都市中心的发展恐怕也不会成功。①

六、大众社会,大众文化

以上诸多方面的综合作用与发展,最后便凸显了"大众社会"(mass society)以及相应的"大众文化"(mass culture)。关于这些方面的问题,哲学、历史学、社会学、传播研究、文化研究等学科作了大量探讨,有关论述可谓汗牛充栋。这里,简单做点介绍与分析。

大致说来,所谓大众社会就是现代的工业化社会,是相对于传统的农业社会而言的。所以,一般认为大众社会起源于工业革命完成后的19世纪中后期:"探询大众社会这个概念的起源,必须上溯到19世纪后半叶,西欧资本主义所引发的快速工业化过程;当时,工业化带动了社会、政治与意识形态上的诸般条件,有利于现代阶级社会的形成,其社会基础已经不再是'人们'(people),而是'大众'。"②这种新兴的大众社会及其特征,可以从社会与个体两个方面进行观察与分析。从社会方面看,

> 大众社会有哪些理论上的特征呢?不外是随着资本主义分工而后出现的一些状况,诸如大规模的工厂组织模式、商品的生产、都会地区稠密的人口、都市的兴起与扩张、决策过程的集权化、四通八达的复杂交通网络,以及工人阶级有了投票权以后,大众政治运动的风起云涌。③

而从个体方面看,大众社会瓦解了传统社会的联系与认同,将个体变成互不相属的原子式存在,然后抛入大都市的"芸芸众生"中间,从而使他们无论在现实中还是在心理上,都产生前所未有的疏离感与孤独感:

> 随着工业技术的飞速发展和大众传媒的迅速崛起,其结果是整个社会的工业化和都市化,而个人则相应被"原子化"。这是说,在所谓的大众社会中,人与人之间关

---

① [美]J.赫伯特·阿特休尔:《权力的媒介》,黄煜等译,42页,北京,华夏出版社,1989。
② [英]阿兰·斯威伍德:《大众文化的神话》,冯建三译,2~3页,北京,三联书店,2003。
③ [英]阿兰·斯威伍德:《大众文化的神话》,冯建三译,3页,北京,三联书店,2003。

系就像物理和化学结构中的原子,意义和道德作为传统社会的凝聚力,正在消失远去。原子并不孤立,彼此之间有着联系,但这联系肯定不是有机的联系。原子和原子之间相貌无异,色调同一,完全失去了个性特征。大众社会中的人际关系因此也是契约的、疏远的、偶然的。人的创造力似乎是为时代的机械复制特征淹没了。①

按照大众社会理论,此前的传统社会是一个有机的共同体,人们遵守和接受一系列共同的、约定俗成的道德标准与价值体系。然而——用英国大众文化学者多米尼克·斯特里纳蒂的表述来说,"由于工业化和都市化,这种情况改变了。社群和道德崩溃了,个体变成了孤独的、疏远的和失范的,他们可接受的唯一关系就是经济上的和契约性的关系。他们被同化进了一群日益没有个性的大众之中,受一种他们能得到的、替代社群和道德的唯一资源——大众媒介——摆布。"②这里的关键在于区分"大众"(mass)与一般所说的"民众"(public)或"人民"(people)。我们不能望文生义地将"大众"理解为"人民大众",实际上所谓"大众"乃指一盘散沙的"乌合之众"(crowd)。大众与一般所谓民众的根本区别在于:大众之间的联系是无机的,其间既没有血缘与亲情的纽带,也没有传统与道德的约束,每个人都是独立无援的原子,而民众之间的联系则是有机的,如过去的村落、部族、社群等。根据美国大众文化批评家 D. 麦克唐纳(D. MacDonald)的阐释,"大众基本上就是失去人文精神的群氓,彼此之间毫无联系,而只是同某种遥远的、抽象的、非人文的东西发生联系……但是民众不同,民众是一个社团,即由相互联系的个体组成的一个集体,这联系的纽带就在于他们具有共同的利益、工作、传统、价值和悲欢喜怒。"③

随着大众社会的演化,大众文化也开始形成,并逐渐成为一种普遍的、主导性的文化形态。所谓大众文化,又称通俗文化或流行文化(popular culture),并不是指大众化的文化或文化的大众化,而是指适应工业文明与都市社会的一种"现代化"的文化,用法兰克福学派文化批评家沃尔特·本雅明的经典表述,它属于"机械复制时代"的文化。比如,照片就是一种典型的机械复制的东西。另外,电影、书刊、广播、电视、畅销书、流行音乐、体育竞技等等,都可归入大众文化的范畴。人们通常认为,大众文化是一种标准化、模式化、庸俗浅薄、千篇一律的东西,正如流行音乐的节奏单调、旋律乏味、主题一律。D. 麦克唐纳在《一种大众文化的理论》(1944)一文里就指出:"它把一切都掺和拼凑在一起,创造出可以称之为同质化的文化。"④英国的里查德·汉密尔顿(Richard Hamilton),在 1957 年曾经概括了大众文化的 11 种特征:流行、瞬间即逝、唾手可得、成本低廉、大量生产、主要以年轻人为诉求对象、诙谐而带点诘慧、撩拨性欲、玩弄花招而显得俏皮、浮夸、足以带来大

---

① 陆扬、王毅:《大众文化与传媒》,15~16 页,上海,上海三联书店,2000。
② [英]多米尼克·斯特里纳蒂:《通俗文化理论导论》,阎嘉译,15 页,北京,商务印书馆,2001。
③ 陆扬、王毅:《大众文化与传媒》,21 页,上海,上海三联书店,2000。
④ [英]多米尼克·斯特里纳蒂:《通俗文化理论导论》,阎嘉译,22 页,北京,商务印书馆,2001。

笔生意等。①

总括起来，大众文化具有两个基本特征：一是商品化，二是标准化。前者针对的是面向市场、面向消费、面向大众的赢利属性："它是由大批生产的工业技术生产出来的，是为了获利而向大批消费公众销售的……它的成长意味着：任何不能赚钱、不能为大众市场而大批生产的文化，都很少有地位，如艺术和民间文化。"②后者即标准化，则针对的是大众文化的生产模式："在本雅明名之为机械复制时代的工业社会中，物质和文化的产品被认为没有真正的区别，汽车的生产和电影的生产一样是为市场经济的原则所决定。大众文化标准化的、程式化的和机械复制产品，被认为是刻板、琐碎和流水线生产方式的必然产物，是文化商品化以后的必然结果。"③为此，对大众文化第一次展开系统研究与论述的法兰克福学派，干脆将大众文化称为"文化工业"（cultural industry）——即现在国内所称的"文化产业"。

不管是商品化还是标准化，大众文化的本质都体现为对大众精神的操控。这也是人们对大众文化批评最为激烈的地方。事实上，自从大众社会出现以来，文化领域逐渐呈现三分之势，一是面向精神层面的高雅文化，二是面向生活层面的民间文化，三是面向消费层面的大众文化。如果说，高雅文化在于传承人类的精神遗产——即所谓"意识形态"，民间文化在于寄托生命的本真体验——即所谓"意义形态"，那么大众文化则在于操纵民众的现实生活——即现在所谓"意象形态"："大批受众只会让其情感和感受力被大众文化浮华的情绪所操纵，让其需要和愿望被替代的幻想所扭曲和挫败，让其希望和抱负为了消费而被虚假的梦幻所利用。实际上，大众社会使民众受到了大众文化的集体利用。"④对于这个问题，当代德国思想家、法兰克福学派的第二代领袖人物哈贝马斯，在《公共领域的结构转型》中做了精辟的论述。所谓"公共领域"（public sphere），是指国家与社会之间的独立空间。在这个空间里，"市民们"即资产阶级或中产阶级，可以自由讨论，不受国家与社会的干预。其中，新闻媒介就是在这个公共空间运作的。然而，随着商品化、市场化及消费化的历史进程，新闻媒介的公共空间逐渐萎缩，日见变质：

> 在哈贝马斯看来，传媒的民主功能自18世纪以来是在不断下降。18世纪中，新闻业的角色是将个人意见转为公众舆论。如报纸就是一个大众可以参与，影响到公共政策并且可以批评政府的公共领域。公众亲身参与自由讨论，干预政事，利国利民，一举两得。通过公众在报纸上的讨论和争论，传媒加快了民主的政治进程。然垄断资本主义既起，报纸日趋为意识形态操纵，为资产阶级利益控制。同国家合谋

---

① ［英］阿兰·斯威伍德：《大众文化的神话》，"译者导论"注释1，7页，北京，三联书店，2003。
② ［英］多米尼克·斯特里纳蒂：《通俗文化理论导论》，阎嘉译，16页，北京，商务印书馆，2001。
③ 陆扬、王毅：《大众文化与传媒》，20页，上海，上海三联书店，2000。
④ ［英］多米尼克·斯特里纳蒂：《通俗文化理论导论》，阎嘉译，18页，北京，商务印书馆，2001。

的传媒集团,用它们的政治利益理性取代了大众话语,大众被排除在外。公民的民主权利,同样亦被国家和传媒集团的政治和经济利益损害。公共舆论不复是理论话语的讨论过程,而成为传媒操纵的结果。用哈贝马斯本人的话来说,是"社会的对话被管理起来了"。……哈贝马斯公共领域理论的核心是民主政治,其特征为公共领域能够"逃避"国家和市场的制约。然而我们发现资产阶级民主政治下的传媒事实上没有摆脱国家和市场的制约,这恰恰是阻碍了民主政治的运行过程。①

在大众文化的诸多形态中,包括大众报刊以及广播、电视等在内的大众媒介,一向最为人们瞩目,同时对大众也最具影响力,实际上现代社会已经处于这种文化形态与媒介生态之中——"大众文化的势头与大众传媒的势头说到底是同一回事"。② 于是,大众社会、大众文化与大众媒介,便构成同一历史时空下一个彼此勾连的整体:

> 大众文化从它诞生的那一天起,就是与大众传媒携手并进的……大众是通过传媒建构的这类知识和影像来认知世界,来体味他们曾经经历过的现实生活。故无论从质还是从量来看,在资本主义高度发达的20世纪,传媒在文化领域里已经取得了举足轻重的领导地位。这是说,随着现代社会中现实生活日渐分裂而成为支离破碎、互不相干的片段,大众传媒成了原子化、片段化社会生活得以保持一种"整体"感觉的主要途径。③

而在大众社会、大众文化及大众媒介的生成过程中,美国一直被视为重要的源头与主要的蓝本。借用媒介思想家马歇尔·麦克卢汉解释其名言"媒介即讯息"(The medium is the message)时玩弄的文字游戏,我们的确也可以说"媒介即混乱时代"(The medium is the mess-age)、"媒介即大众时代"(The medium is the mass-age)。④ 对此,我们将在后面的章节里,通过具体的历史事实展开进一步的论述。

以上我们从六个环节,探讨了大众报刊兴起的历史土壤。当然,还可以举出其他一些影响大众报刊的因素。比如,通讯社的发展与壮大,既为一些大报提供了丰富的消息来源,也为广大的中小报纸开辟了广阔的"生存空间"。

第二节 普利策:大众报刊的代表

在美国纽约市的自由岛上,矗立着一座高达93米的雕像,这就是举世闻名的自由女神像,它几乎成为美国的象征。女神像的底座上刻着几行诗句,作者是从俄国迁居美国的

---

① 陆扬、王毅:《大众文化与传媒》,96~97页,上海,上海三联书店,2000。
② 吴伯凡:《孤独的狂欢——数字时代的交往》,15页,北京,中国人民大学出版社,1998。
③ 陆扬、王毅:《大众文化与传媒》,16~17页,上海,上海三联书店,2000。
④ [美]保罗·莱文森:《数字麦克卢汉——信息化新纪元指南》,何道宽译,50页,北京,社会科学文献出版社,2001。

女诗人拉扎勒斯(Emma Lazarus)。这几行诗句,是其十四行诗《新巨人》的最后几句——新巨人相对旧巨人而言,而旧巨人指古希腊罗德岛上所建的青铜巨人像,为古代七大奇迹之一:

> 都交给我吧,疲倦的人,穷苦的人,
> 渴望自由的芸芸众生,
> 喧闹海边的可怜虫,
> 都送到这里来,无家可归,风吹雨打的人们。
> 在这里,我高举明灯,
> 照耀着通往自由的金门!

这些都是人所熟知的事情。不过,大概没有多少人知道,这座有史以来最大的雕像得以矗立起来,还有赖于一位有名的报人——美国报业大王约瑟夫·普利策(Joseph Pulitzer)。

普利策是大众报刊的标志性人物。他的《世界报》曾是美国最具影响力的报纸,他捐款设立并以自己名字命名的普利策新闻奖,被视为美国新闻界的奥斯卡奖,他捐款创建的哥伦比亚大学新闻学院,也被看作新闻学科的哈佛、牛津。他论述新闻记者的一段名言,几乎为每个新闻人所耳熟能详:"倘言一个国家是航行在大海上的船只,那么新闻记者就是站在船头的瞭望者。他要在一望无际的海面上观察一切,审视海上的不测风云和浅滩暗礁,及时发出警报。"

约瑟夫·普利策

总之,自新闻事业诞生以来,还没有哪个西方报人具有他那样持久的影响,也没有哪位新闻人享有他那样崇高的声望。如果说洛克菲勒、卡内基、摩根等是工业时代拔地而起的经济巨头,那么普利策恰好就是同时代"顶天立地"的新闻泰坦(Titan)——希腊神话中威力无边的巨人。

一、早年经历

1847年,普利策出生于匈牙利的一个犹太人家。犹太人可谓世界民族之林中的孤臣孽子。以色列立国之前,这个产生《旧约全书》和耶稣基督的民族,没有祖国,没有家园,像吉普赛人一样漂泊于世界各地,流浪于天涯海角,备受歧视,屡遭迫害。人们都知道二战期间,纳粹曾经屠杀了600万犹太人。然而,对犹太人这种种族灭绝性的残杀,在"西方文明史"上其实不知发生过多少次。西班牙作曲家萨拉萨蒂那首蜚声世界的小提琴曲《流浪者之歌》,说是描写吉普赛人的生活,但那如泣如诉、催人泪下的哀婉旋律,不也同样可被看成对犹太人不幸遭遇及其痛苦心声的生动写照吗?整个犹太民族恰似那位神情悲苦、被钉在十字架上的受难耶稣。中国有句古话,叫"哀兵必胜",孟子也说,"生于忧患"。汤因比的"挑战——应战"理论所说的挑战,除了自然环境的刺激,还包括人为因素的压迫。也许,正是这种"孤臣孽子"的境况,反而迫使犹太人具有一种顽强的、不屈不挠的奋斗精神和拼搏意志,从而使犹太民族为人类贡献出许多杰出人物。比如,对现代世界影响巨大的马克思以及弗洛伊德、爱因斯坦等,都是犹太人。被美国诗人W. H. 奥登誉为"当代能与但丁、莎士比亚和歌德相提并论的第一人"——卡夫卡,也是犹太人。被马雅可夫斯基称为"诗人的诗人"、《日瓦戈医生》的作者帕斯捷尔纳克,还是犹太人。此外,20世纪最杰出的小提琴大师海菲茨、钢琴大师霍洛维茨、路透社的创办人路透等,同样都是犹太人。而自由女神像底座上那几句诗的作者拉扎勒斯,还是犹太人。当然,我们不能由此断言,他们的历史作为就取决于他们是犹太人,但犹太民族源远流长、充满神秘色彩的文化传统,无疑对他们产生潜移默化的影响。出身犹太人的普利策也是如此,他在报业领域所取得的建树除了社会历史因素,也应该与其犹太血统不无关系吧。

普利策年轻时,家里开有一爿粮店,算是小康人家。因此,父母可以为他请来优秀的家庭教师。在家教的严格督教下,普利策受到良好的德文与法文训练。后来父亲病故,母亲改嫁。由于同继父关系不和,1864年普利策离家出走,时年17岁。离家时,普利策想投笔从戎,希望像拿破仑那样驰骋沙场,建功立业。他一生崇拜拿破仑,读过多部拿破仑传,功成名就后,家中还挂着三幅拿破仑的画像。虽然,他终未能像拿破仑那样指挥千军万马,但他左右社会舆论同样具有排山倒海的威力。如果说,贝多芬是音乐世界的拿破仑,那么普利策就是新闻领域的拿破仑;如果说,拿破仑是资产阶级革命年代一位扭转乾坤的巨人,那么普利策就是大众传播时代一个叱咤风云的泰坦。

出于对拿破仑英雄业迹的向往,离家出走的普利策便决定去当兵。当时,美国的南北战争正打得难解难分,美国联邦政府除了在国内征召适龄青年入伍,还到欧洲招募志愿兵。于是,普利策前往应征,加入"林肯骑兵队"。可惜,他的个性太强,天生不是当兵的料,动不动顶撞上司,时不时破坏军规。有一次部队集合,他迟到了,而且军容不整。值班军官还没冲他两句,他便勃然发怒,挥拳把军官打个"人仰马翻",让人家当场出丑。

南北战争一结束,普利策便退役了。为了找工作,他在美国四处流浪,最后于1865年来到中西部的一座新兴城市圣路易。当时美国正在进行"西部大开发",成千上万的淘金者和浩浩荡荡的拓荒者,在"小伙子,到西部去"的口号感召下涌向西部。处于中西部的圣路易市便成为一大中继站,为渴望发家致富的人提供了许多发展机会。另外,圣路易有大批德国移民,是德国移民的一大聚集地。由于年轻时受的教育,普利策的德语很好,而此时英语还不过关。于是,普利策便决定在圣路易安顿下来。

也算天赐良缘,他在这里遇上一位有助于他的人——卡尔·舒尔茨(Carl Schurz)。舒尔茨是一位德裔政治家和记者,曾被林肯任命为驻西班牙公使,后来又当过美国的参议员和内政部长。普利策刚到圣路易时,舒尔茨是德文报纸《圣路易西方邮报》(St. Louis Westliche Post)的老板。有一次,舒尔茨在咖啡馆下棋,碰巧普利策也在这里。他站在一旁观战,忍不住指点了一着好棋,并使棋局陡然逆转。这一来,舒尔茨不由对这位年轻人刮目相看,经过交谈,更加赞赏,于是就录用他做了记者。这一年,普利策21岁。从此,他便终生与新闻打交道,最后成为新闻界的拿破仑。

二、办报生涯

1.《圣路易快邮报》(St. Louis Post Dispatch)

1878年,31岁的普利策创办了自己的第一份报纸——《圣路易快邮报》(St. Louis Post Dispatch),从而开始了他的办报生涯。《圣路易快邮报》已经显露普利策的办报风格,其中既有优美动人的旋律,又有刺耳聒噪的不谐和音调,既有辉煌的高潮,又有拙劣的败笔。对此,中国人民大学新闻学院的郑超然教授,曾经做了别有意味的阐发:

> 普利策很了解社会,他知道社会生活兼有"情欲"与"理性"的两方面内容。……有人崇尚"理性",有人喜欢刺激。普利策善于把煽情主义的、刺激性的社会新闻,纳入到他的理性报道的圈圈里去。他认为,关于犯罪、邪恶和灾祸等社会新闻的报道,是为了让人们知道社会存在的问题的严重性,并起来与它进行斗争,而且这样的新闻,比较容易吸引读者。报纸有了读者,报纸的社论也就有人看,社论针对社会存在问题,指出解决问题的办法,自自然然地引导舆论。
>
> 普利策就这样将刺激性与理性有机地结合起来。①

经营《圣路易快邮报》期间,普利策一方面抨击丑恶行为,倡导社会改革。有一次,他连续三周在社论中抨击逃税的豪门大户,惹得这帮阔佬们都取消在普利策报纸上刊登的广告。普利策为此损失惨重,但其斗争勇气丝毫未减。另一方面,普利策也继承了19世纪30年代纽约三大廉价报纸的衣钵,进一步发挥耸人听闻、刺激煽情的报道风格。有一次,一个女子说自己在乡间小路上遇见了鬼。普利策听说后,马上派记者去采访。等记者写出报道后,他嫌不够刺激,又重新改写,最后发出的报道这样开头:"女孩子遇见了鬼。漆黑小路,乌云密布,突然露出一道微弱的目光,她看到一个庞大的黑影……"这种恐怖的渲染和描写,令人直起鸡皮疙瘩。借助这些低级无聊的货色和耸人听闻的报道,加上它在一系列社会问题上的锐气,《圣路易快邮报》创办三年就成为当地发行量最大的报纸。《圣路易快邮报》的这套作风,为普利策后来经营《纽约世界报》所掀起的黄色新闻狂潮开了先河。

---

① 郑超然:《美国新闻史话》(十二),载《国际新闻界》,1989(1)。

2.《纽约世界报》(New York World)

在圣路易站稳脚跟后,普利策便开始谋划向纽约发展。因为,纽约是美国的心脏,拥有一张纽约的报纸,等于拥有一张全国性的报纸。1883年,36岁的普利策买下一家濒临倒闭的报纸《纽约世界报》(New York World)。当时,这份报纸一共8版,售价2美分,销量为1500份。① 此后28年直到去世,普利策始终与该报相依为命,患难与共:他使《纽约世界报》起死回生,声名远扬;而《纽约世界报》则使他威望日隆,家喻户晓。

普利策买下《纽约世界报》的时候,纽约市已经有多家历史悠久的大报,如《纽约太阳报》、《纽约先驱报》、《纽约论坛报》、《纽约时报》等,可谓强手如林,竞争激烈。面对这一敌强我弱的处境,性格刚毅的普利策以咄咄逼人之势,向这些老资格的大报发起进攻。不想当元帅的士兵不是好士兵,这是拿破仑的信条;不想在报界独占鳌头的报人不算好报人,这是普利策矢志不移的心愿。凭着这样一股劲头儿,到1883年年底《纽约世界报》就异军突起,销量已同几家大报并驾齐驱,到第二年又跃居纽约第一,成为报界的新星。对此,《纽约太阳报》的资深编辑查尔斯·达纳都深为折服。那么,《纽约世界报》为什么能在这么短的时间里,取得这么大的业绩呢?说起来也很简单,奥秘无非是普利策把圣路易的办报作风搬到纽约,并且进一步发扬光大:即一方面致力于社会进步事业,另一方面则放开手脚大肆煽情,以致最后酿成黄色新闻的轩然大波。

我们先来谈谈第一方面的情况。普利策在新的《纽约世界报》发刊词中宣布:这家报纸将揭露一切骗局和耻辱,将与一切公开的邪恶与陋习作战,它将诚心诚意地服务于人民,为人民而战。后来,普利策又进而提出《纽约世界报》为之奋斗的十个具体目标,其中包括征收奢侈品税、征收巨额收入税、改革文官制度、惩办贪官污吏、禁止买卖选票等。这个时期即19世纪末到20世纪初,是美国历史上的所谓"镀金时代",资本原始积累引发一系列触目惊心的社会问题与矛盾,童工、黑社会、血汗工厂、假冒伪劣产品、官员贪污腐败等,都是这些问题与矛盾的突出表现。总之,整个社会犹如一个巨大黑洞,吞噬着人们的生命、希望与良知。面对这个黑洞,普利策及其《纽约世界报》进行了不屈不挠地揭露与抗争,从而赢得举目无亲、无依无靠的城市平民即所谓"大众"的信赖。比如,"在1892年匹兹堡附近的霍姆斯特德钢铁厂大罢工中,当一些工人惨遭平克顿侦探社警卫屠杀时,工人们发现《纽约世界报》竭力为他们仗义执言。"② 事实上,不久以后兴起的揭丑报道与揭丑

---

① [美]埃默里等:《美国新闻史》,展江等译,202页,北京,新华出版社,2001。
② [美]埃默里等:《美国新闻史》,展江等译,206页,北京,新华出版社,2001。

记者,即所谓"扒粪运动"与"扒粪记者"也就导源于此。① 这方面著名的事例,可以举出《纽约世界报》为安装自由女神像而发起的一场声势浩大的募捐运动。

自由女神像是法国为庆祝北美独立战争胜利100年而制作的纪念品。女神像的支撑框架,即由巴黎埃菲尔铁塔设计者埃菲尔工程师设计。女神像在1883年独立战争胜利一百周年时就已完成,可美国迟迟拿不出钱来修筑安放女神像的台座。转眼几年,无人过问,"自由女神"一直静静地呆在巴黎。也许是出于商业作秀的动机,也许是基于诚心信奉的信念,反正普利策觉得这是一个大好契机,于是就借助《纽约世界报》大声疾呼,号召大家为此捐款。他在一篇社论中慷慨陈词:

> 法国送了这么美丽的礼物给我们,可是我们竟找不到一块安置它的地方,这对纽约市和全美国的老百姓来说,真是一件不可饶恕的耻辱……如今我们只有一条路可走,我们必须募款。
>
> 《世界报》是属于全体人民的,现在在此呼吁大家捐款。建造自由女神像所花费的二十五万美元是由全体法国人民负担的,因此也让我们美国人有同样的举动吧。不要等着让百万富翁来出这笔钱。这不是法国百万富翁送给美国百万富翁的礼物,而是法国全体人民送给美国人民的礼物。
>
> 大家响应这个运动吧……不管多少,捐一点……让我们静待全美国人民的回响。

《纽约世界报》的呼吁与鼓动感动了广大民众,人们纷纷捐款,总人数达到12万。这么一来,自由女神像才终于在1886年远渡重洋,抵达美国。从此,气宇轩昂的自由女神像就屹立在大西洋之滨,成为美利坚合众国的象征。而普利策及其《纽约世界报》为此也赢得人们的热心拥戴,受到读者的广泛尊敬。总之,《纽约世界报》"之所以非常受人尊敬,是因为它对重大社会问题采取明智而公正的态度,它能结合新闻队伍的报道力量和社论撰稿人的支持,来从事进步的、切中时弊的社会改革运动"。②

接下来再看看普利策及其《纽约世界报》的另一方面,即耸人听闻的煽情作风。

《纽约世界报》不仅将《圣路易快邮报》那套煽情作风全盘照搬,而且还发挥得淋漓尽

---

① 所谓"扒粪"(muckrakes),源于西奥多·罗斯福总统的一次演讲。此次演讲中,罗斯福把20世纪初一批致力于揭丑、暴露、煽情等报道的记者,比做英国作家约翰·班扬小说《天路历程》中的一个反派人物,他从不仰望天空,只是手拿粪耙,埋头打扫地上的秽物。但是,被批评的揭丑记者非但不以为忤,反而欣然接受这个称号,以扒粪为荣。后来,人们就将这种新闻及报道这些新闻的记者和报刊称为扒粪运动、扒粪记者、扒粪报刊等,就像人们将赫斯特报刊的煽情报道称为黄色新闻一样。扒粪运动以《麦克卢尔》(McClure's Magazine)、《世界主义者》(Cosmopolitan)、《柯里尔》(Collier's)等杂志为阵地,以林肯·斯蒂芬斯(Lincoln Steffens)、艾达·M.塔贝尔(Ida M. Torbell)等记者为代表,斯蒂芬斯揭露市政腐败的深度报道《城市之耻》、艾达·M.塔贝尔揭露洛克菲勒家族商业欺诈的调查性报道《美孚石油公司的历史》等,都是扒粪运动的著名篇章。

② [美]埃默里等:《美国新闻史》,展江等译,249页,北京,新华出版社,2001。

致。《纽约世界报》既大量刊登两性消息、犯罪消息、殴斗消息等吸引大众的内容，又大肆渲染，极尽煽情。以普利策接手的第一期《纽约世界报》头版为例，"头条是关于新泽西州发生造成百万美元损失的风暴的报道。另一些头版文章报道了对一名判了刑的杀人凶手的访问记、华尔街的一名跳楼自杀者、匹兹堡的一次绞刑、海地的暴动，以及一名被冤屈的女仆的悲惨状况……第二天，《世界报》成了纽约市民街谈巷议的话题"。[①] 再如，《纽约世界报》经常充斥着这样一些触目惊心的大标题："暴风雨过后死人无数"、"血的洗礼"、"一个母亲的可怕罪行"、"是新娘但不是妻子"、"华尔街的恐怖"等，所以，《纽约世界报》的头版，被人称为"血腥的头版"。在追求耸动煽情方面，最典型的事例莫过于内莉·布莱的环球之旅。

内莉·布莱（Nellie Bly），是《纽约世界报》一位女记者伊丽莎白·科克兰（Elizabeth Cochrane）的笔名。她大胆泼辣，足智多谋，搞出不少轰动性的报道。比如，她曾假扮精神病人，混入纽约的精神病医院，挖出许多触目惊心的问题，写成一篇揭露黑幕的独家新闻，引起社会各界的瞩目。

法国科幻作家儒勒·凡尔纳，写过一部《八十天环游地球》（1873）的作品。大意是讲一位旅行家与人打赌，用 80 天环游地球一周。这 80 天里，他历尽千难万险，尤其最后一天更是险象环生，扣人心弦。最后，当他终于在第 80 天赶回出发地时，却发现日历上的日期比他算的多出一天。正当他为此扼腕不已的时候，突然想到"国际日期变更线"，按规定由西向东穿越这条假想的时间界线，日期就要减去一天，反之，就要增加一天。结果，旅行家还是只用 80 天完成了环球之旅。这部小说是凡尔纳最受欢迎的作品之一，出版后畅销不衰。普利策及其《纽约世界报》便打算利用读者的兴趣，由内莉·布莱搞一次真正的 80 天环游之旅，并且一路发出可与凡尔纳的小说相媲美的报道。

这件事自然引起大众的浓厚兴趣和广泛关注。《纽约世界报》上每天都刊登布莱发回的系列报道，并且还专门开辟一个猜谜比赛专栏，鼓励读者"与内莉·布莱一起环游世界"（Round The World With Nellie Bly）——真是一语双关的主题，既指环游世界，又含环绕"世界报"之意。按照比赛规则，谁能猜到布莱到达某地的时间，谁就可以获奖，结果有近 100 万人参加这项活动。于是，前方的布莱在争分夺秒地赶路，后方的读者在争先恐后地猜谜，真是红红火火，好不热闹！《世界报》的发行量一时猛增，布莱的环球之旅成为街谈巷议的热门话题。

布莱到达法国后，还专程拜访了凡尔纳。不过，凡尔纳对布莱的计划表示怀疑，不相信她能在 80 天完成环球之旅。因为，在当时的条件下，想在这么短的时间环游地球的确不容易。然而，人们都低估了布莱小姐的潜能。她步行、骑马、乘船、坐车，最后终于只用

---

① ［美］埃默里等：《美国新闻史》，展江等译，202 页，北京，新华出版社，2001。

72天便完成25 000英里行程,环绕地球一周。当她重新踏上美国本土时,大家都把她当成班师凯旋的英雄。某地政府甚至使用迎接外国贵宾的隆重礼仪——鸣放礼炮,向她致敬。护送她的列车插上彩旗,一路招展,可把风头出尽了。《纽约世界报》在第一版刊出大标题《后浪推前浪,后人胜前人》,意思是布莱终于胜过凡尔纳小说中的旅行家。

布莱的这次环球旅行及其报道,是《纽约世界报》以耸动刺激的东西招徕读者的突出事例。它与当年《纽约先驱报》小贝内特搞的那个轰动一时的斯坦利寻找里文斯通的活动如出一辙,均属商业化、市场化媒体"制造新闻"的典型案例。《纽约世界报》的这套耸人听闻的作风越演越烈,最后便导致黄色新闻的泛滥。关于黄色新闻,下一节再做详细探讨。这里不妨先听听埃默里父子对普利策及其《纽约世界报》的评价:

> 批评家们认为,普利策还做了一些同他的声望不相称的事。他们说,他恢复了十九世纪三十年代便士报时期第一批大众化报纸上那种危言耸听的手法。虽然这种手法是有报纸以来就有的,但近年来,还没有人像普利策那样广为使用。他的成功引起了模仿。人们认为这在新闻事业是一种灾难性的趋向,使普利策建设性的工作显得白费了。①

概括上述两个方面的情况,可以得出结论:普利策及其《纽约世界报》既干过有益的事情,也干过无益甚至有害的事情。怨不得有人说,普利策"半边脸像慈祥的天使,半边脸像魔鬼撒旦。"其实,这个矛盾也不难理解:"《世界报》以揭露社会弊端,发动改革运动赢得声誉,以煽情新闻刺激销数。"②只要把握普利策办报生涯中相互交织的正负两大基调,那么对普利策本人以及《纽约世界报》的许多混杂而矛盾的现象,也就容易分辨清楚了。

三、新闻遗产

1. 办报思想

作为一代报人,普利策为新闻事业留下许多珍贵的遗产。比如,一般认为,《纽约世界报》具有三大特征:文章富有趣味、文字简洁生动、版面新颖活泼。普利策的新闻人生,始终都在追求一种文字简洁生动、意思明晓畅达的报道风格。早在圣路易的时候,他就以其通俗的文风受到读者喜爱。买下《纽约世界报》以后,他更加强调简练明快的报道风格。他在给编辑的信中写道:"如果你能每天抽出两三个小时的时间,教教那些改稿人员如何精简浓缩,如何避免拼凑,如何挤出水分、废物、渣滓,那么你就完成了一件最重要的工作。"一次,有位编辑由于社论写得简洁生动,收到了普利策一封热情洋溢的表扬信,信中

---

① [美]埃默里等:《美国新闻史》,苏金琥等译,301页,北京,新华出版社,1982。
② 张隆栋、傅显明主编:《外国新闻事业史简编》,212页,北京,中国人民大学出版社,1988。

写道:"太好了,你这篇文章高明极了!谢谢,特别谢谢你将它写得如此简洁,简洁才是真美。"这些思想,让人不禁想到莎士比亚说的:"简洁是智慧的灵魂,冗长是肤浅的藻饰。"另外,《纽约世界报》为使版面新颖活泼也下过很大气力。其中,主要手法有两条,一是改进标题,使之简短、生动、有吸引力,二是大量刊载图片和漫画,后来黄色新闻的直接起因就是《纽约世界报》的一幅漫画。总之,通过改进标题、增加插图等手法,《纽约世界报》的版面具有一种强烈的动感,甚至呈现刺激耸动的格调,从而与报道内容的煽情风格相互吻合。如今,标题的大小相间、参差错落、图片的大量使用、位置突出等,都已成为活跃版面的基本手段,而这些都与《纽约世界报》等报刊的努力有关。

普利策正是通过耸人听闻的报道内容、简洁明快的文字风格及活泼生动的版面设计等途径,使《纽约世界报》的读者日益增多,销量日益扩大,1885年达到创纪录的25万份,1897年突破百万大关。与此同时,《纽约世界报》也迅速成为一家巨型企业,1887年其员工已经达到1 300人,"1890年代中期,它的价值为1 000万美元,每年利润达100万美元"。① 与此同时,报业的经营管理问题也开始提上议事日程。用埃默里父子的话来说:"在广告和销售方面抢占最大优势、广泛的机械革新、投资费用的节节上升、领工资人数的增多以及越来越难办的劳资关系问题和由于销售量激增而产生的新闻纸供应问题——这样那样的问题导致报纸出版业中一支管理队伍的产生,就如同当时美国企业界的经理人员普遍形成一个阶层一样。1887年,美国报纸发行人协会(ANPA)的成立表明日报经营方面的问题日趋重要。"② 19世纪末、20世纪初,是《纽约世界报》鼎盛的时期,其标志就是1890年落成的《纽约世界报》大厦。这座金色圆顶、华丽壮观的大楼,是当时美国最高的建筑之一,耗资250万美元,里面配备着最新式的印刷机。大厦的地皮上原为一座法国旅馆,当年普利策穷困潦倒时曾在这家旅馆受到污辱,自尊心与自信心都很强的普利策暗自发誓,有朝一日一定要买下这座旅馆,然后把它夷为平地。如今,功成名就的普利策终于实现了复仇的夙愿。

然而,这时普利策并未因此感到兴奋与快慰。因为,就在《纽约世界报》的事业蒸蒸日上之际,普利策的身体却每况愈下。普利策工作起来犹如"拼命三郎",他曾说过:"懒人当不了记者。"他的座右铭就是——"工作、工作、工作,思考、思考、思考"。③ 由于劳累过度,他的视力从1888年开始衰退,1890年便完全失明。就在新落成的《纽约世界报》大厦举行揭幕典礼的前一天,双目失明的普利策乘船前往欧洲休养。从此以后,直到他逝世的20余年间,普利策一直遵照医生让他远离工作静心休养的嘱咐,乘着自己的游艇整日在大海上漂荡,就像瓦格纳歌剧《漂泊的荷兰人》中那个受魔鬼惩罚而终生漂泊海上的范德

---

① [美]埃默里等:《美国新闻史》,展江等译,214页,北京,新华出版社,2001。
② [美]埃默里等:《美国新闻史》,展江等译,214~215页,北京,新华出版社,2001。
③ 高志华:《约瑟夫·普利策》,载《新闻界人物》(三),6页,北京,新华出版社,1983。

迪肯。但对普利策这样一个工作起来犹如饿狼扑食的人,一个以报纸为生活支柱的人,还有什么能比再不能工作,再不能看报更痛苦不堪的呢?这种痛苦应该不亚于指挥千军万马的拿破仑被困孤岛,也不亚于贝多芬无法亲耳聆听声震天宇的《欢乐颂》。所以,普利策后来就如同拿破仑、贝多芬的晚年情形,脾气越来越暴躁,有时近乎歇斯底里。到他生命的最后几年,甚至一点微弱的声响都使他难以忍受。1908年,他购买了一艘豪华的快艇"自由号"。为保持绝对宁静,"自由号"的船舱内壁上挂上厚厚的壁毯,并且安上双重门。临终前,他还在喃喃地念叨着:"悄悄地,非常悄悄地……"

2. 哥伦比亚大学新闻学院

普利策去世将近一个世纪了,但在国际新闻界其身影与名望非但没有消退,反而与日俱增,这主要归因于他捐款创立的普利策奖和哥伦比亚大学新闻学院。早在1892年,普利策就已向位于纽约市的哥伦比亚大学提出捐款创立新闻学院的要求,但被婉言拒绝。因为,当时人们还不把新闻看成一门学问,而只把它当成一种技艺。而且,就连许多报纸编辑都嘲笑他的想法。于是,他在一篇刊登于《北美评论》(1904)的文章中答道:创办新闻学院的目的是,"培养更好的新闻记者,让他们办出更好的报纸,以更好地服务于公众……我希望开展一场运动,把新闻提高到一个学术性专业的层次"。① 为了这个目的,他锲而不舍,又与哈佛大学校长 C. W. 埃利奥特探讨此事。"根据他们的讨论,埃利奥特和普利策提出了一套新闻学院的全部课程,即强调社会科学和人文科学方面的课程,辅之以新闻技巧方面的课程。"② 这个设想,同样未能实现。后来,在普利策的一再要求下,哥伦比亚大学最终接受了他的捐赠与计划,"按照约瑟夫·普利策1911年逝世时的遗愿,给大学的赠款总数为200万美元,哥伦比亚大学在这个数目上又增加了50万美元"。③

可惜的是,普利策没有等到学院诞生便已离开人世。哥伦比亚大学新闻学院成立于1912年,如今已经成为美国一家历史悠久、声誉良好的新闻学院,在新闻学界和业界均享有崇高的声望,学院主办的《哥伦比亚新闻学评论》(*Columbia Journalism Review*),也是一份权威的新闻学刊物。1935年,哥伦比亚大学新

普利策新闻奖

---

① [美]E. M. 罗杰斯:《传播学史:一种传记式的方法》,殷晓蓉译,24页,上海,上海译文出版社,2002。
② [美]E. M. 罗杰斯:《传播学史:一种传记式的方法》,殷晓蓉译,23~24页,上海,上海译文出版社,2002。
③ [美]约翰·霍恩贝格:《普利策奖纪事》,赵仲强译,73页,北京,新华出版社,1999。

闻学院又改为新闻研究生院,专门招收大学毕业生以及具有工作经验的新闻从业者,然后进行一年的强化式专业学习。另外,学院还主持评选一年一度的普利策新闻奖。

3. 普利策新闻奖

普利策奖(Pulitzer Prize)从 1917 年开始,每年的 5 月份颁发,现在包括新闻、文学、戏剧、历史与音乐等项目。其中新闻奖刚设立时共有五个奖项,每项只有 500 美元。现在已经增加到十余项,比如公众服务奖、最佳地方报道奖、最佳全国报道奖、最佳国际报道奖、最佳社论奖、最佳漫画奖、最佳新闻照片奖等(《简明不列颠百科全书》第六卷)。除公众服务奖的奖品为一枚金质奖章之外,其余各项均为 3 000 美元。① 在今天的美国新闻界,普利策新闻奖的地位就同奥斯卡金像奖在美国电影界的地位一样,对新闻人来说,能够获得此奖可谓一登龙门,身价百倍。而正是借助普利策新闻奖的声望和哥伦比亚大学新闻学院的声誉,普利策的大名才得以流传不衰。

普利策临终前,在遗嘱中特别写明《纽约世界报》绝对不得出售。但其不肖子孙,却在他死后 20 年的经济大恐慌年月里,把《纽约世界报》卖掉了。为出售《纽约世界报》,普利策的儿子还专门聘请律师,经过一番颇费周折的司法程序,修改了普利策的遗嘱。出卖后的《纽约世界报》,就此从世界新闻舞台上消失,《纽约世界报》办公大厦最后也因修路被拆除。如今只有《圣路易快邮报》还掌握在普利策家族手中,并且依然是美国最有影响的大报之一。多年来,《圣路易快邮报》每天都在社论版上,刊登 1907 年普利策宣布退休时写的一封信:

> 我知道我的退休不会影响办报的基本原则。报纸将永远为争取进步和改革而战斗,决不容忍不义或腐败;永远反对一切党派的煽动宣传,决不从属于任何党派;永远反对特权阶级和公众的掠夺者,决不丧失对穷苦人的同情;永远致力于公共福利,决不满足于仅仅刊登新闻;永远保持严格的独立性,决不害怕同坏事作斗争,不管这些事是掠夺成性的豪门权贵所为,还是贪婪穷人之举。②

第三节 赫斯特与黄色新闻

说起威廉·伦道夫·赫斯特(William Randolph Hearst),往往就会想到黄色新闻(Yellow Journalism),而谈起黄色新闻,又总会提及赫斯特。正如埃默里父子所指出的,

---

① [美]约翰·霍恩伯格:《普利策奖纪事》,赵仲强译,74 页,北京,新华出版社,1999。
② [美]埃默里等:《美国新闻史》,展江等译,201 页,北京,新华出版社,2001。

"他对于揭开黄色新闻的时代比其他任何人都起了更大的作用"。① 因此,赫斯特与黄色新闻,似乎成为一对难兄难弟,变得难解难分了。

一、黄色新闻与煽情主义

人们往往容易将黄色新闻混同于色情新闻,一提"黄色",就仿佛难脱"色迷迷"的玩意儿。其实,新闻学所说的黄色新闻,远远不限于色情一隅,其范围及含义还包括战争、灾祸、失事、犯罪、逸闻趣事、名人活动,甚至体育竞赛等。由此可见,黄色新闻的报道领域几乎涉及新闻传播的所有方面。其实,判断是否黄色新闻的标准不在于写什么,而在于怎么写。同样一个新闻,既可以写成黄色新闻,也可以写成严肃新闻。

那么,究竟什么是黄色新闻呢?简单地说,黄色新闻就是一种以轰动性、刺激性和趣味性为宗旨的新闻报道模式及其风格,其基本特征一言以蔽之就是"耸人听闻"。这么说或许比较抽象,下面来看一篇黄色新闻的经典作品,可能就会对黄色新闻有个直观了解了。这篇黄色新闻的经典作品《玛塔·海丽被枪决》,即出自赫斯特创办的国际通讯社(International News Service)。玛塔·海丽(Mata Hari)是历史上有名的色情间谍,1932年美国拍过一部影片《玛塔·海丽》,主演海丽的是好莱坞的大牌明星葛丽泰·嘉宝。海丽出身富裕之家,受过良好教育,第一次世界大战中,她充当了德军间谍。因其美貌动人,舞姿翩翩,尤其敢当众一丝不挂,所以在巴黎等地趋之者若鹜。其主顾既有部长、首相等高官显宦,又有作家、艺术家等社会名流。凭借广泛的高层关系,她为德军搞到大量情报。1917年,她被捕后由法国军事法庭判处死刑。她的一生充满扑朔迷离的神秘色彩,因而备受世人注意,而其被逮处决在当时更是轰动一时的新闻。

赫 斯 特

玛塔·海丽被枪决(节选)

[国际新闻社巴黎1917年10月19日电]玛塔·海丽——在爪哇语中这是"清晨的明眸"的意思——已经死掉了。她是作为一名间谍在万森军营被一支阿尔及利亚轻步兵行刑队枪决的。她是面对枪口死掉的,她不让别人把她的眼睛蒙上。

……拂晓时分,她被从圣·拉查尔监狱带了出来,送进一辆汽车,旋即被押赴那所军营执行枪决……

……她穿上袜子,是黑色的丝质薄袜子,穿这种袜子似乎同她眼下的处境很不相称。接着她穿上高跟鞋,系好丝质鞋带。

---

① [美]埃默里等:《美国新闻史》,展江等译,224页,北京,新华出版社,2001。

她站立起来,从床头墙上的衣钩上取下一件黑色的天鹅绒斗篷,斗篷的下摆镶着皮毛,背后披着皮毛领子。她把这件斗篷套在厚厚的丝质长袍外面,里面是贴身睡衣。(海丽被枪决后,传闻说她上刑场时赤裸全身,外面只穿一件皮大衣。当被押到行刑队前面时,她突然转过身来,把大衣纽扣全部解开,让一丝不挂的肉体赤条条地暴露在众人面前——引者注)

她那浓秀的黑发打成辫子围在头上。她戴上一顶很大的带耳搭的皮帽,皮帽上镶着黑色丝带。她慢吞吞地、似乎是漫不经心地戴上一双黑色小山羊皮手套,冷静地说:"我准备好了。"

……

行刑队早已集结待命了。组成这支行刑队的十二名阿尔及利亚轻步兵持枪以稍息姿势排成一行,队伍后面站着一名手持出鞘军刀的准尉。

……

玛塔·海丽没有被反绑,眼睛也没有蒙上。……她目光坚定,直视即将处决她的那些人。

行刑队的指挥官像老鹰似的盯着他手下的人,防止他们检查自己的步枪,以便搞清楚是不是自己发射那支装了空包弹的枪(有些国家处决犯人时,为减轻行刑队的心理负担,在行刑前下发的枪支里,故意在一支枪里装上没有弹头的空包弹。据

The Execution of Mata Hari, 1917

Printer Friendly Version >>>

Mata Hari was the stage name Dutch-born Margaretha Zelle took when she became one of Paris' most popular exotic dancers on the eve of World War I. Although details of her past are sketchy, it is believed that she was born in the Netherlands in 1876 and married a Dutch Army officer 21 years her senior when she was 18. She quickly bore him two children and followed him when he was assigned to Java in 1897. The marriage proved rocky and Margaretha returned to the Netherlands with her daughter in 1902 (her other child, a son, had died mysteriously in Java).

Margarthea obtained a divorce and, leaving her daughter with relatives, made her way to Paris where she reinvented herself as an Indian temple dancer thoroughly trained in the erotic dances of the East. She took on the name Mata Hari and was soon luring audiences in the thousands as she performed in Paris, Berlin, Vienna, Madrid and other European capitals. She also attracted a number of highly-placed, aristocratic lovers willing to reward her handsomely for the pleasure of her company.

With the outbreak of World War I, Mata Hari's cross-border liaisons with German political and military figures came to the attention of the French secret police and she was placed under surveillance. Brought in for questioning, the French reportedly induced her to travel to neutral Spain in order to develop relationships with the German naval and army attaches in Madrid and report any intelligence back to Paris. In the murky world of the spy, however, the French suspected her of being a double agent. In February 1917 Mata Hari returned to Paris and immediately arrested; charged with being a German spy. Her trial in July revealed some damning evidence that the dancer was unable to adequately explain. She was convicted and sentenced to death.

Mata Hari

说,这样行刑之后,每个队员都可以认为犯人不是自己打死的,从而获得心理上的安慰——引者注)。

指挥官用尖锐、清脆的嗓音喊了一声口令,排成一行的行刑队啪的一声立正。随着又一声口令,他们举起枪,瞄准目标——那个女人的胸部。

……

(指挥官的)军刀落了下来,……一阵枪声随即响起,每个枪口都喷射出火焰和一小股青烟……

与此同时,玛塔·海丽倒在地上。不过,她并不像话剧演员和电影明星表演的那样死去,既没有高高地扬起手,也没有向前或向后摔倒。

看来她像是摔倒似的。她先是慢慢地、不由自主地跪倒在地,仍然昂着头,表情丝毫没有改变。在那一瞬间,她似乎是跟跟跄跄地跪倒在地,双目紧盯着那些夺去她的生命的人。接着她仰面倒在地上,弯着腰,双腿也蜷缩起来,她躺在那里,面朝青天,纹丝不动。

一名陪同一位中尉在场监刑的军士,从挂在腰上的黑色大枪套里抽出一支左轮枪。他弯下腰去,把枪口几乎顶在间谍的左太阳穴上,接着扳动枪机,子弹随即射穿她的脑袋。

玛塔·海丽确死无疑了。

作为黄色新闻的一篇"名作",这篇报道集中展现了黄色新闻的"庐山真面目",至今仍被西方一些新闻院校当成范文。不难看出,这篇作品既充满刺激血腥的细节与场景,又带有如获至宝、把玩不已的心态与趣味。比如,记者对那些令人腻歪的细节,不厌其详地展开津津有味的描写刻画,就时时流露着一种窥视欲望与低级趣味,显得格调低下,庸俗无聊。据说,记者写这篇报道的目的就在于辟谣,即所谓海丽光着身子上刑场,由此亦见黄色新闻之品位了。

黄色新闻与煽情主义(sensationalism),具有十分密切的关系。英文的煽情主义一词,也译作煽情、煽情新闻、煽情主义新闻等。从字面意思看,英文以 sense(感官、感觉等)为主构成的一系列词语,都与感官、感觉有关,sensationalism 也不例外。按照《新闻学简明辞典》的解释,煽情主义就是:"一种绘声绘色揭露丑闻或渲染色情或描写犯罪细节以刺激感官的报道手法,常被一些黄色报刊所采用。"① 美国新闻学权威弗兰克·莫特也认为,煽情新闻的目的就在于以惊奇、耸动或高度的兴味来刺激读者的情感和情绪。也就是说,只要能引起轰动,刺激感官,引发读者的好奇与兴趣,均属煽情主义新闻。

黄色新闻与煽情新闻,既有联系,又有区别。大致说来,二者的联系在于煽情新闻与

---

① 余家宏等编写:《新闻学简明词典》,174 页,杭州,浙江人民出版社,1984。

黄色新闻都具有轰动性、刺激性和趣味性，或者说都以耸人听闻为宗旨，为要义。至于二者的区别，主要有两点。第一，煽情新闻的意思比较宽泛，而黄色新闻的内涵比较确定。普利策告诉手下的记者，让他们尽量采集那些幽默的、奇妙的、戏剧性的、罗曼蒂克的、动人心魄的、独一无二的、趣味盎然的新闻，而这些形容词等于为煽情新闻做了非常全面的注释。由此看来，煽情新闻既充斥庸俗无聊的琐碎内容，也包含无伤大雅的生活情趣。其实，不少煽情新闻可以增长人们的见识，丰富人们的想象，调剂人们的生活。而且，实际上任何一家媒体都不可能完全摆脱煽情新闻，即使最严肃的报刊也概莫能外，只不过各家的煽情程度有别而已：煽情程度高的就成为大众媒体，煽情程度低的就属于精英媒体。至于黄色新闻一般多指色情、凶杀、恐怖之类肉麻血腥的货色，也就是说只具有消极功能，而不具有积极意义。

黄色新闻与煽情新闻的第二点区别在于：煽情新闻由来已久，而黄色新闻的兴起不过百年。莫特说过，煽情是新闻报道中一个与生俱来、不可或缺的因素。可以说，自有新闻就有煽情。因为，人天生都有一点好奇心，新闻传播有时也是为了在不同程度上满足人的"新闻欲"（news-hunger）。前面讲英国资产阶级革命年代的报业时，介绍的那篇处死国王的血淋淋报道就带有浓烈的煽情色彩。北美殖民地时代的第一张印刷报纸《海内外公共事件报》，之所以仅出一期便被查禁，除了当时英国殖民当局限制报业发展的因素外，还有一个重要原因也在于该报刊登的一些煽情新闻使当时比较正统保守的人难以接受，比如法国国王调戏儿媳妇之类的报道。至于美国19世纪30年代兴起的廉价报纸，差不多都是典型的煽情报纸，走的多是煽情新闻的路子，如《纽约太阳报》、《纽约先驱报》等。而黄色新闻则是到19世纪末、20世纪初大众报刊兴起后，才如火山喷发形成一股滚滚浊流。

总之，可以说煽情新闻是稀释的黄色新闻，而黄色新闻是浓缩的煽情新闻。或者说，煽情新闻是一条源远流长的河流，而黄色新闻则是其中掀起的一股汹涌澎湃的巨浪。关于黄色新闻，埃默里父子在《美国新闻史》一书中，曾用一个十分形象而准确的比喻加以概括。他们说，黄色新闻"是一种没有灵魂"的新闻。"没有灵魂"一语，真是一针见血地戳中了黄色新闻的要害。黄色新闻虽然颇具诱惑力与吸引力，哗众取宠，耸人听闻，但正如被处决的玛塔·海丽一样，看上去美丽动人，实际上却是一具没有灵魂的僵尸。他们写道：

> 黄色新闻从最坏处说，是一种没有灵魂的新式新闻思潮。黄色新闻记者在标榜关心"人民"的同时，却用骇人听闻、华而不实、刺激人心和满不在乎的那种新闻阻塞普通人所依赖的新闻渠道，把人生的重大问题变成了廉价的闹剧，把新闻变成最适合报童大声叫卖的东西。最糟糕的是，黄色新闻不仅起不到有效的领导作用，反而

为犯罪、性和暴力开脱。①

下面我们就结合黄色新闻大王赫斯特的办报生涯，对黄色新闻的来龙去脉加以考察。

二、"黄色新闻大王"——赫斯特

1974年，美国左翼极端组织"共生解放军"（Symbionese Liberation Army），绑架了一名20岁的女大学生。后来，她被迫加入这个组织，并参与了一系列抢劫、勒索等犯罪活动，直到1975年被联邦调查局逮捕。这件事情经过西方媒体，尤其是美国媒体的炒作，轰动一时。此事为什么如此引人注目呢？原来这位女大学生不是别人，正是美国赫赫有名的报业大王赫斯特的孙女，赫斯特报系的继承人帕特里夏·赫斯特（Patricia Hearst）。

威廉·伦道夫·赫斯特生于1863年，死于1951年。他的一生都与黄色新闻结下不解之缘。说到黄色新闻的由来与发展，总要涉及赫斯特其人；而提到赫斯特，又总与黄色新闻连在一起。正如《外国新闻事业史简编》所概括的，"赫斯特被称为黄色新闻大王，他的名字成为黄色新闻的同义语"。

赫斯特的父亲，是西海岸旧金山的百万富翁，办有《考察家报》（The Examiner）。赫斯特天生喜欢新闻，从小就对报纸发生浓厚兴趣。然而，他父亲一来瞧不起报业，二来对自己的这个独生子寄予更大希望，于是就将他送入东部的名牌学府哈佛大学，这一年正是普利策买下《纽约世界报》的1883年。在哈佛就学期间，赫斯特这位豪门衙内，整日不是寻欢作乐，就是惹是生非。大学二年级时，他就因为违反校规被勒令休学。复学之后，他的纨绔习气仍旧不改，不久又因为同教授们恶作剧，终于被哈佛除名，赶出校门。至于说到他的恶作剧，也确实非他那种花花公子不可为，他竟把威廉·詹姆斯等名师硕儒的画像拿来装饰便壶。威廉·詹姆斯是实用主义哲学的代表人物，他弟弟亨利·詹姆斯也是著名文学家，意识流小说的先驱之一。值得一提的是，与赫斯特同时代的名记者李普曼，也上过哈佛大学，也与威廉·詹姆斯打过交道，但是情形却完全两样。李普曼是以卓越的才华，首先赢得詹姆斯的赏识，詹姆斯主动拜访李普曼，并且结下忘年之交。而赫斯特却因侮慢威廉·詹姆斯等师长，被哈佛开除。

赫斯特上大学后，仍未放弃办报的愿望。他在哈佛的时候，曾潜心研究东部报纸的煽情技巧，还在普利策的《纽约世界报》当过一段见习记者。被大学开除后，他又专门在纽约考察了一段报业市场，然后才打道回府。

1887年，赫斯特的父亲当选为美国参议员，这样一来24岁的赫斯特终于得遂夙愿，成为《考察家报》的主编。上班第一天，他大步流星跨进报社办公室，向全体员工宣布：他

---

① ［美］埃默里等：《美国新闻史》，展江等译，223页，北京，新华出版社，2001。

要让世界"发惊、发愕、发呆"。① 当时,《考察家报》正陷于困境,赫斯特应用从《纽约世界报》学来的煽情手法,很快便把这张亏本的报纸办成"旧金山有史以来最大胆,最出色,最动人的报纸"——其实就是最富有煽情色彩的报纸。为强化该报的煽情报道,他雇用曾在贝内特的《纽约先驱报》和普利策的《纽约世界报》供职的萨姆·S.钱伯林(Sam S. Chamberlain)为编辑主任,还聘请了擅长写耸人听闻报道的阿瑟·麦克尤恩(Arthur McEwen)。麦克尤恩给新闻下过一个有名的定义,他说读者看后能够叫一声"哎呀"的就是新闻。显然,这是典型的煽情主义论调,同查尔斯·达纳手下那位编辑说的"狗咬人不是新闻,人咬狗才是新闻"如出一辙。可见,赫斯特在旧金山的办报实践,已为其后来在纽约掀起黄色新闻浪潮开了先河。

不管怎么说,1891年老赫斯特去世时,"他的儿子已把一家亏损的报纸办成平均每年获利35万至50万美元的报纸"。② 经营《考察家报》的成功,使年轻的赫斯特踌躇满志。这时,他忍不住从西海岸翘首东海岸,开始窥探美国最大的报业中心纽约,准备同纽约最大的报纸,即普利策的《纽约世界报》一决雌雄了。有意思的是,普利策这个最大对手,竟是通过购买普利策哥哥的报纸打入纽约新闻界的。赫斯特父亲去世后的第四年即1895年,赫斯特说服母亲,带了750万美元来到纽约,准备大干一番。当年贝内特创办《纽约先驱报》仅有500美元的开业资金,与这笔巨款相比,真有九牛一毛的悬殊,仅此一点也足以显示大众报刊的巨大实力。

赫斯特来到纽约后,便买下普利策哥哥创办的《晨报》(Morning Journal),把它改名为《纽约日报》(New York Journal)。从此,《纽约日报》便成为赫斯特的王牌,恰似《纽约世界报》之于普利策。按照赫斯特的新闻理念与经营理念,《纽约日报》开始大量刊登耸人听闻的新闻和引人入胜的内幕,尤其致力于凶杀暴力方面的报道。有一次,纽约发生一起谋杀案,死者尸体被分解成块,扔在不同地点,其中一块包在一张油布中。这起残忍的谋杀案,经过报纸宣扬,一时震动纽约。赫斯特更是大显身手,他一下派出30多名记者展开调查,并悬赏1 000美元以奖励破获此案的记者。《纽约日报》有一期,还用彩色专页登出那张包裹尸体碎块的油布。最后,当他的记者终于查出凶手时,赫斯特简直得意忘形。他洋洋自得地吹嘘说,他的记者侦探队可同任何城市的刑警队媲美。

除了报道内容的大肆煽情,赫斯特还仗着财大气粗,不惜降低报纸的售价,使一张《纽约日报》只卖一分钱,而《纽约世界报》的售价还是两分。凭着这些手段,《纽约日报》很快便起死回生,发行量直线攀升,不久便成为同《纽约世界报》并驾齐驱的大报,而赫斯特也成为同普利策平起平坐的报王。不过,赫斯特与普利策虽然都是报业巨头,但两人却有许

---

① [英]西蒙·詹金斯:《英国报业大亨内幕》,文贞译,1页,北京,新华出版社,1982。
② [美]埃默里等:《美国新闻史》,展江等译,227页,北京,新华出版社,2001。

多不同之处。普利策到美国时孤苦伶仃，举目无亲，唯一拥有的就是犹太民族顽强不屈的奋争精神，他是外来移民个人奋斗的典型。而赫斯特的发迹则与老爷子有很大关系。另外，就个人品性而论，普利策为人刚直，酷爱读书，他曾说过不读名著同犯罪没有两样。而赫斯特从小养尊处优，一身顽气，不论上学还是办报都如混世魔王。如果把普利策比作报界的拿破仑，那么赫斯特差不多就是其中的希特勒了。虽然赫斯特及其《纽约日报》的煽情做派，直接继承于普利策《纽约世界报》的衣钵，但青出于蓝胜于蓝，前者在煽情方面更上层楼，达到赤裸裸的、前所未有的、无所不用其极的程度，最后终于触发一场黄色新闻的狂潮恶浪。

三、黄色新闻导火索——黄孩子(Yellow Kid)

赫斯特初到纽约时，美国最畅销的报纸是普利策《纽约世界报》的星期刊《星期日世界报》(*Sunday World*)。这份周末发行的报纸除了新闻，还增加了许多娱乐性的内容，比如漫画、插图、体育报道、文学小品、恋爱婚姻特稿等。这些新的发展与趋向，说到底无不适应着大众社会的变迁以及大众群体的口味。比如，从19世纪下半叶工业革命基本完成后，消费、消遣、娱乐、休闲等活动，就越来越成为一种普遍的社会趋势，而这些趋势自然也渗透到新闻传播的每个环节，并且互相影响，彼此作用，愈演愈烈，以至当今英文中甚至出现一个新词"infotainment"——可以译为新闻娱乐化，就是将"信息"(information)与"娱乐"(entertainment)合二为一。由于适应了大众社会的这一变化与需要，"1887年，《星期日世界报》的发行量超过25万份。……不久，其他报纸也都群

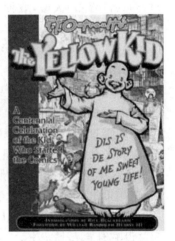

黄 孩 子

起而效仿。到1890年，有250家日报设有星期版，充塞于各个大都会地区，并挤掉了在星期日出版的独立的周报"。① 另外，1893年启用的彩色印刷机，使星期日的彩色增刊可以使用至少5种颜色印刷，从而进一步提高了报纸的美观度与吸引力。《星期日世界报》大为走俏的一个原因，就在于那个颇受欢迎的彩色连环漫画专栏——《霍根小巷》(*Hogan's Alley*)，作者是理查德·F.奥特考尔特(Richard F. Outcault)。《霍根小巷》讲的是一群小孩子的滑稽故事，同后来的《米老鼠和唐老鸭》差不多。其中主人公是个顽皮的男孩儿，叫"黄孩子"(Yellow Kid)，因为他总穿一件黄色睡衣。《霍根小巷》妙趣横生，拥有大批读者，黄孩子也成为家喻户晓的"名人"，恰似当年张乐平笔下的三毛。

---

① [美]埃默里等：《美国新闻史》，展江等译，228页，北京，新华出版社，2001。

为了与《纽约世界报》拼个高下，赫斯特自然把主攻矛头对准《星期日世界报》。他利用自己在普利策《纽约世界报》大厦租用的办公室，私下里出高价收买了《纽约世界报》星期刊的员工，包括连环漫画黄孩子的作者奥特考尔特。结果，一天之内，《纽约世界报》星期刊全班人马集体倒戈，投到赫斯特门下。普利策大吃一惊，忙用赫斯特所出的高价把他们重新请回。不料，赫斯特又出更高的价钱，终于把普利策这批精心挑选的骨干全部挖走。在竞争激烈的商业化社会，奉行的是"有奶便是娘"的哲学，人与人之间就是赤裸裸的金钱关系，谁有钱就替谁干，谁的钱多就为谁卖命，报界当然也不例外。巴尔扎克就说过："报界是一个地狱，干的全是不正当的，骗人的，欺诈的勾当，除非像但丁那样有维吉尔保护，你闯了进去休想清清白白地走出来。"①

面对赫斯特的行径，脾气暴烈的普利策岂能善罢甘休。他先是将赫斯特及其部属赶出《纽约世界报》大厦，收回租给他们的办公室。接着，他又在法院控告《纽约日报》侵犯《纽约世界报》版权。最后，为了与赫斯特较量，争强好胜的普利策又雇用一名画家乔治·B. 卢克斯（George B. Luks），继续主持《星期日世界报》的黄孩子专栏。于是，在纽约就上演了一出黄孩子的"双包案"：赫斯特的《纽约日报》有个黄孩子，由原来的作者奥特考尔特主持；普利策的《纽约世界报》也有个黄孩子，由新来的作者卢克斯主持。为了争夺读者，两家报纸以黄孩子为旗号，展开一场声势浩大的竞赛：两家都争相刊登黄孩子的大幅广告，两报推销员都到处张贴黄孩子的招贴画，甚至戏院里也上演什么黄孩子戏剧。一时间，黄孩子似乎铺天盖地，把纽约闹得乌烟瘴气。结果，由此就产生"黄色新闻"这个词，而黄孩子这个漫画主角也仿佛成为一种象征，象征着赫斯特《纽约日报》与普利策《纽约世界报》竞相追求的那种高度耸人听闻的煽情作风。

从黄色新闻的起源上也可以看出，黄色新闻并不等于色情新闻，相反，最初的黄色新闻并没有什么色情成分，它主要以耸人听闻著称。黄孩子的原作者奥特考尔特，万万没有想到自己笔下那个可爱的漫画主角，居然成为一种丑恶现象的标志。为此，他曾痛心不已地说道：

在我死后，不要佩戴黄色绉纱，不要让他们把黄孩子放在我的墓碑上，也不要让黄孩子参加我的葬礼。让他呆在他所属的纽约东区吧。②

四、黄色新闻高潮——美西战争(1898)

1898年的美西战争，是新兴的美国和老牌的殖民帝国西班牙，为争夺势力范围进行的一场不义之战，它同1900年的布尔战争、1905年的日俄战争一道，被视为最早的三次

---

① ［法］巴尔扎克：《幻灭》，傅雷译，236页，北京，人民文学出版社，1989。
② ［美］埃默里等：《美国新闻史》，展江等译，230页，北京，新华出版社，2001。

帝国主义战争,是自由资本主义进入垄断资本主义即帝国主义阶段的标志。美西战争这场所谓"壮丽的小战争",同时在古巴和菲律宾两地进行,最后美国取胜。结果,西班牙被迫将原属自己的殖民地波多黎各、关岛和菲律宾拱手让给美国,古巴名义上宣布脱离西班牙独立,实际上处于美国的控制之下。

新闻界出于夸大自身能量的本性,总把黄色新闻看成美西战争的始作俑者,甚至认为如果不是黄色新闻作祟,美西战争就根本打不起来。这种看法未免片面。因为,美西战争具有深刻的历史原因和复杂的社会背景,绝不能仅仅归之于黄色新闻的鼓噪。但是,不可否认的是,在美西战争中黄色新闻的确起了煽风点火、推波助澜的作用,而黄色新闻不择手段以求耸人听闻的特征,也在美西战争中表露得淋漓尽致,发挥得登峰造极。所以,将美西战争视为黄色新闻的高潮并不为过。下面,我们继续结合黄色新闻大王赫斯特的所作所为,来看看黄色新闻的这一高潮。

1895年,老牌帝国西班牙的殖民地古巴爆发武装起义,西班牙对起义进行了严酷的镇压。① 当时,美国报刊上几乎每天都有关于古巴的报道,其中也混杂着许多蓄意捏造的虚假新闻。特别是唯恐天下不乱的赫斯特及其《纽约日报》,更是不择手段地大肆渲染西班牙殖民统治的暴行,极尽耸人听闻之能事。比如,他曾倾注全力报道了涉及一位姑娘的事情。这位姑娘名叫西斯内罗斯(Evangelina Cisneros),是古巴起义领袖的外甥女。1897年其舅父因参加起义,被殖民地当局逮捕,送去服苦役,西斯内罗斯志愿陪同前往。服役期间,她曾试图刺杀西班牙军官,结果被判处20年徒刑,关押在哈瓦那条件最恶劣的黑人监狱。嗅觉灵敏的赫斯特看出这一事件的新闻价值,于是他的报纸便用大量篇幅报道此事,把西斯内罗斯描绘成古巴的"圣女贞德"。这些报道捏造情节,添油加醋,用刺激性的描写,富有人情味的叙述,将被刺的西班牙军官描写成好色之徒,企图利诱、威逼、奸污美丽的西斯内罗斯,而西斯内罗斯则奋力自卫云云。他还号召美国妇女向罗马教皇和西班牙王室呼吁。在这番鼓动下,每天有很多读者来信,要求拯救西斯内罗斯。后来,赫斯特又派了一名精明的记者卡尔·德克尔(Karl Decker),前往哈瓦那营救西斯内罗斯。德克尔买通各个关口,让西斯内罗斯女扮男装逃出古巴,来到美国。赫斯特在纽约为她举行盛大的欢迎会,之后又将她送往华盛顿,美国总统还在白宫的草坪上接见她。这件轰动数月的新闻,完全是赫斯特一手策划的,它使赫斯特及其《纽约日报》大出风头。根据事后统计,对此事的报道,以耸人听闻著称的《纽约太阳报》和《纽约先驱报》只用了1栏,《纽约论坛报》用了3栏半,《纽约时报》用了10栏,普利策的《纽约世界报》用了12栏半,而赫斯特

---

① 这次起义中,还有一批中国劳工参战,表现非常英勇,如今,在哈瓦那海滨大道北端,有一座六七米高的圆柱形纪念碑,就是纪念这些中国义军的。在黑色大理石的纪念碑上,刻有西班牙文的题词:"在古巴的中国人无一降卒,在古巴的中国人无一逃兵!"另外,古巴还专门出过一张纪念碑的邮票。

的《纽约日报》竟用到令人咋舌的375栏!① 赫斯特及其报纸的煽情做派与作风,由此可见一斑。这种抓住个别事实肆意揉搓,大加渲染,以求耸人听闻的手法,正是黄色新闻的惯用伎俩。

美西战争爆发前,美国的报刊尤其是赫斯特的《纽约日报》,都带着浓烈的火药味,发疯似的煽动战争狂热,竭尽全力鼓吹对西班牙开战。赫斯特曾公开宣称,为使美西开战,他花费了100万美元用于鼓动宣传。为此,有人将美西战争称为"赫斯特的战争"。据说美西战争前,赫斯特曾派画家弗雷德里克·雷明顿(Frederic Remington),前去古巴采访。雷明顿到古巴以后,发现情况并不像美国报刊宣扬的那样,就给赫斯特拍回一封电报:"一切平静。这里没有动乱。不会发生战争。我想回去了。"赫斯特马上回电,写道:"哈瓦那,雷明顿,请留在古巴。你提供图片,我提供战争。"②虽然这封电报的真实性难以证实,但它确实折射出赫斯特及其《纽约日报》在美西战争期间煽风点火、推波助澜的所作所为。还有一次,著名的战地记者理查德·哈丁·戴维斯,给赫斯特发来一篇报道,其中说到西班牙军官在一艘美国船上搜查三名古巴姑娘的事情。《纽约日报》刊登这篇报道时,加了一个刺眼的标题——我们的国旗保护妇女吗?同时还配发了雷明顿的一幅精美插图,上面画着三个色眼迷离的西班牙人,正在检查一个一丝不挂的古巴少女。戴维斯看到报纸后勃然大怒,公开声明对此概不负责,因为上船进行检查的是一位妇女,由于疏忽大意,他在原稿中没有交代。

历史学家认为,美西战争的直接诱因集中于两件事情。一件事情是美西战争前的两个月,西班牙派驻华盛顿的公使在给哈瓦那一位朋友的信中批评了美国总统。不料这封信被截获,并在报上刊登出来,结果使美西之间本已恶化的关系更趋紧张。另一件事情就是轰动一时的"缅因号事件"。当时,由于古巴局势动荡不安,美国借口保护自己的古巴侨民,派遣战舰缅因号驶抵古巴,停泊在哈瓦那港内。一天深夜,缅因号战舰突然爆炸,顷刻间沉入海底,舰上258名官兵还没明白怎么回事便全部丧生。这就是"缅因号事件"。缅因号爆炸原因始终未能查清,但一经黄色报刊的暗示和渲染,公众都把西班牙看成这起悲剧事件的罪魁祸首。一时间,美国朝野一致要求同西班牙开战。不久,美西战争就正式打响。所以,上述两件事被视为直接引发美西战争的导火索。而在这两件事情上,赫斯特及其《纽约日报》都充分表现了煽风点火、推波助澜的"才华"。西班牙公使的那封批评美国总统的信件,就是由赫斯特搞到手,并由《纽约日报》首先刊登出来的。《纽约日报》还在刊登此信的头版上冠以通栏大标题:

---

① [美]埃默里等:《美国新闻史》,展江等译,233~234页,北京,新华出版社,2001。
② [美]埃默里等:《美国新闻史》,展江等译,233页,北京,新华出版社,2001。

有史以来对美国最大的侮辱

至于对"缅因号事件",赫斯特更是不遗余力,使尽浑身解数。他悬赏50 000美元追查凶手,并且发起所谓"献舰运动",还成立专门委员会负责筹款。《纽约日报》则配以触目惊心的标题,拼命报道"缅因号事件",这些通栏标题一个比一个耸人听闻:

缅因号战舰被敌人可怕的秘密武器拦腰炸断

炸毁战舰缅因号是敌人所为

全国战争狂热

干涉义不容辞刻不容缓

……

有一期《纽约日报》甚至把"必战"排成一行,横贯全页。《纽约日报》这种引人注目的大标题以及丰富多彩的插图照片,产生强烈的感官刺激效果,特别适合美国移民那种粗俗的精神状态和猎奇的欣赏趣味。于是,在黄色新闻甚嚣尘上的时候,美国各报除了在报道内容上竞相追求轰动性与刺激性,还在版面形式上争相仿效《纽约日报》的风格,标题一个比一个大,图片一个比一个多,结果大标题、多图片便成为黄色新闻的一大外在特征,正如耸人听闻是黄色新闻的内在特征。

在黄色新闻耸人听闻的报道和醒目刺激的版面作用下,美国上上下下都仿佛着了战争魔,男男女女都处于誓同西班牙血战到底的歇斯底里状态,就像第二次世界大战前德国和日本的情形一样。因此,美西战争虽说具有深刻的历史原因和复杂的社会背景,但黄色新闻对美西战争也起了十分显著的舆论催化作用,其煽风点火、推波助澜的所作所为,无疑也是美西战争的一大推动因素。其实,早在20世纪30年代,一些学者经过对大量历史文献的审慎研究,已经充分证明美西战争期间狂热的社会舆论与战争心态,是由《纽约日报》、《纽约世界报》、《纽约先驱报》、《纽约太阳报》、《芝加哥论坛报》等报刊的报道及社论一手造成的。①

战争打响后,赫斯特自然得意非凡,欣喜若狂。他急不可耐地租用一条货船,率领二十多名记者驶向古巴海岸。赫斯特还挥舞左轮手枪,俘获了26名西班牙海军官兵。一次冲锋中,他的明星记者詹姆斯·克里尔曼负伤倒地,失去知觉。多年以后,克里尔曼记述了此后的情景:

> 有人跪在我身边的草地上,把手放在我发烫的前额上。我睁开双眼。原来是《纽约日报》的老板赫斯特先生。只见他头戴一顶镶有一圈鲜艳丝带的草帽,腰插一支左轮,手里拿着铅笔和笔记本。这个挑起战争的人亲眼见到了战争的后果,并在发现自己的记者倒下后亲自接替工作。他缓慢地记下了我叙述的战斗经过。清脆

---

① [美]埃默里等:《美国新闻史》,展江等译,231页,北京,新华出版社,2001。

的毛瑟枪声一再打断我们,但赫斯特似乎毫不在乎。无论如何,战斗情况总还是要报道的。

"你负伤了,我很抱歉。但是,"——这时他脸上露出激动的神色——"这难道不是一种光辉的战斗吗?我们一定要抢在世界上所有报纸的前头。"①

赫斯特的《纽约日报》以及其他黄色报刊,为什么肆无忌惮地煽动美西战争呢?其中除了共同的"美国利益",还有一点也是共同的,那就是刺激报纸销量。美西冲突期间,赫斯特的《纽约日报》和普利策的《纽约世界报》乘着天下大乱,浑水摸鱼,乱中取胜,借助耸人听闻的报道使报纸销量不断上升。美西战争前,两报已突破百万大关。战争期间,两报又都达到 150 万的空前纪录。不过,对普利策与赫斯特,似应区别看待。比如,普利策后来曾对《纽约世界报》在美西战争中的煽情做法深表后悔,并且退出了耸人听闻的黄色新闻大战。正如阿特休尔所做的对比评价:

赫斯特至死都是一名黄色报人,而普利策则在他的生命最后十年(1901—1911)清除了煽情主义,使《世界报》或许成为美国新闻史上最受尊崇的一家报纸,内行人称其为"报人之报"。②

至于赫斯特及其《纽约日报》则不仅不加收敛,反而变本加厉地铺张黄色新闻,结果终于酿成 1901 年继林肯之后第二位美国总统麦金利被刺身亡的惨剧。此前,《纽约日报》一直在抨击麦金利政府。1901 年,当肯塔基州长科贝尔被刺杀后,《纽约日报》上居然刊登一首令人吃惊的赞美诗:

枪弹穿过科贝尔的胸膛,
寻遍整个西部不知飞向何方,
它很可能向这里飞来,
击中麦金利把他送进停尸房。

不久,《纽约日报》又在一篇社论中明目张胆地鼓吹:假使要废除坏人和废除不良政府只有用暗杀的话,那么现在应该是采取行动的时候了。于是,时隔不久,有人就真的"采取行动",并且真的将麦金利总统"送进停尸房"。刺杀麦金利总统的凶手,在衣袋里还装有一份抨击他的《纽约日报》。所以,继任总统在首次递交国会的咨文中,就指斥凶手是受到黄色报刊的煽动,而赫斯特辩解说,他是"为人民而奋斗"。这出由黄色新闻一手导致的罕见惨剧,证实了严肃报人埃德温·劳伦斯·戈德金(Edwin Lawrence Codkin),于 1898 年对黄色新闻的抨击:

---

① [美]约翰·霍恩伯格:《西方新闻界的竞争》,魏国强等译,194 页,北京,新华出版社,1985。
② [美]J.赫伯特·阿特休尔:《权力的媒介》,黄煜等译,65~66 页,北京,华夏出版社,1989。

在任何一个基督教国家中，一家黄色报馆在气氛上大概是最像地狱的了。因为没有一个地方能比黄色报馆更适宜把一个青年训练成永远遭人唾骂的人。①

美国电影艺术家奥森·韦尔斯(Orson Welles)，导演并主演过一部经典影片《公民凯恩》(Citizen Kane)，影片主人公凯恩的原型就是赫斯特。影片通过其朋友、对手、妻子及情妇的叙述，展示了他令人唾弃的一生。影片拍成后，赫斯特以影射为由向法院提出起诉，结果被驳回。然后他又企图封杀该片，下令他的100多家报刊拒绝刊登影片广告以及有关消息和评论。他还通过一些影片发行商，争购《公民凯恩》的发行权，然后扣住不发。不料这样一来，反而等于为影片做了广告。《公民凯恩》一公演，立即轰动影坛，成为电影史上的名作，而赫斯特从此恶名远扬。

五、黄色新闻发展——"小型报"(tabloid)

美国的黄色新闻浪潮，到1900年达到顶峰。据统计，当时三分之一的大都市报刊都成为不折不扣的黄色报纸，另外，其他报纸也都程度不同地受到黄色新闻的污染。这股黄色新闻浪潮不仅席卷美国，而且蔓延世界，连一向正统严肃的媒体如路透社，也开始"对失事、火灾、爆炸、惊人的犯罪活动、暗杀以及名人去世进行专门报道，以此作为路透社的业务的一部分"。② 到1920年代，黄色新闻的泛滥在全球达到登峰造极的程度。当时，有人公然鼓吹，"新闻就是三个W，即女人(woman)、财富(wealth)和恶行(wrong-doing)"。还有人说，"一名歌剧女演员加一个银行行长加十万美元等于新闻"，"一个男子加一辆汽车加一支枪加一瓶酒等于新闻"等等。

在这样的时代背景下，又诞生了一种黄色新闻的新产品——"小型报"(tabloid)。小型报一般具有三个特征：第一，篇幅只有普通报纸的一半；第二，大量使用图片，尤其是在头版；第三，内容通俗、庸俗或粗俗，并且极尽煽情，甚至挑逗之能事。小型报源于英国，世界上第一份小型报就是英国的《每日镜报》(Daily Mirror)。该报的创办人，是与普利策年岁相当、名气相埒的英国报业大王诺思克利夫勋爵(Lord Northcliffe)。过去通译"北岩"，即根据其名的字面意思而来。如果说普利策是美国大众报刊的代表，那么北岩就是英国大众报刊的标志。这位"英国现代新闻事业的创始人"(《外国新闻事业史简编》)，有弗利特街(Fleet Street)的拿破仑之称。他的原名叫哈姆斯沃斯(A. C. W. Harmsworth)。1896年，他创办了英国的第一张大众化报纸《每日邮报》(Daily Mail)，大获成功，该报至今仍是英国的大报之一。他的《每日镜报》创刊于1903年。最初，其读者多为妇女，订阅者在收到第一份报纸时，还能得到随报赠送的一面镀金搪瓷小镜子，故有"镜报"之称。

---

① [美]埃默里等：《美国新闻史》，展江等译，235页，北京，新华出版社，2001。
② [美]约翰·霍恩伯格：《西方新闻界的竞争》，魏国强等译，227页，北京，新华出版社，1985。

《每日镜报》是张典型的小型报,它标题醒目,文字通俗,报道内容集中于社会新闻、文体消息、娱乐活动等方面,对重大的国际国内新闻,则以简短的形式加以处理。另外,《每日镜报》还大量采用照片,其头版几乎全为照片占据。于是,到1909年,它的销量已经达到100万份。另外,1908年,北岩又取得对《泰晤士报》的控制权,从而摘得英国新闻界的皇冠。第一次世界大战期间,他担任对敌宣传总指挥,用飞机向德军投掷了数以千万计的宣传品。其间,负责具体工作的是英国著名的科幻作家威尔斯(H. G. Wells)——在后面的"广播"一章里还会提到他。1922年,北岩来华访问,同年去世,他的报纸由其兄弟、英国现代另一位报业大王罗瑟米尔勋爵(Lard Rothermere)继续经营。

接着再说说美国的小型报。普利策曾经邀请北岩以小型报的形式,主编过一期《纽约世界报》。这份于20世纪第一天,即1901年1月1日出版的所谓"20世纪报纸",并没有给人留下什么印象。美国最早也最有影响的小型报,是《纽约每日新闻报》(*New York Daily News*)。它的创办人约瑟夫·M. 帕特森(Joseph M. Patterson),毕业于耶鲁大学,在中国做过战地记者。1919年,他受北岩《每日镜报》的启发,创办了美国的第一份小型报。它像《每日镜报》一样,也大量刊登图片和照片,最初报名就叫《图解每日新闻报》(*Illustrated DailyNews*)。《纽约每日新闻报》大肆报道耸人听闻的色情新闻和犯罪消息,千方百计地迎合大众趣味。其中最典型的一个故事,就是它的摄影记者汤姆·霍华德(Tom Howard),将小型照相机绑在脚踝上,在电刑室里偷拍了一张处决女囚的著名照片:

> 1928年1月14日,《纽约每日新闻报》的第一版整版就是一条简单的标题和一幅一个女人坐在电椅上被处死的照片。一位有胆量的摄影师把照相机偷偷带进了行刑室,就在电流穿过那妇女身体的刹那间按动快门。图片下面是有关那个妇女受刑时令人可怕的反应的细节描述和刑具的图解。①

照片、犯罪、死亡、女人、突出的版面处理、通俗的文字风格等,这些元素综合起来便构成黄色新闻的典型表征。于是,《纽约每日新闻报》在普通市民中赢得广泛读者,销量飞快上升,创办六年突破百万,1940年达到200万,成为美国发行量最大的一份报纸。说起来,美国最畅销的报纸不是《纽约时报》、《华盛顿邮报》等卓有影响的大报,而竟然是一份庸俗低劣的黄色小报,这真不知是报业的悲哀,还是读者的悲哀。帕特森说过,《纽约每日新闻报》的销量是"建筑在大腿上"。② 这句话很形象地概括了该报的追求与特色。前面提到赫斯特的孙女被绑架的事情,当时在报道她受审的消息时,《纽约每日新闻报》的某期头版就冠以这样的通栏标题:

---

① [美]梅尔文·L. 德弗勒、埃弗雷特·E. 丹尼斯:《大众传播通论》,颜建军等译,42页,北京,华夏出版社,1989。

② [美]阿贝·察佩克:《美国新闻界》,彭道真译,42页,北京,世界知识出版社,1957。

帕特在法庭上供述如何在卫生间被奸

具有讽刺意味的是,"前人栽树后人乘凉",老赫斯特肯定没有想到,自己平生大力推行的黄色新闻,到头来竟然也让自家人受用,真是搬起石头砸了自己的脚。对《纽约每日新闻报》,英国的《卫报》编辑吉姆·阿伦森曾毫不留情地评论道,它是"一个肥大的、恶毒的骂街泼妇,它令人吃惊地每天向 200 多万读者传播诲淫的新闻,煽动他们为耶稣基督去杀死一个共产主义信徒"。①

1924 年,赫斯特看到小型报大受欢迎,便以《纽约每日新闻报》为样板,创办了一份小型报《纽约镜报》。在其创刊号上,他提出一句口号——"90%的娱乐,10%的新闻"。② 这句口号道尽了小型报的真谛。一张小型报与其说是一张五彩缤纷的新闻纸,不如说是一个五颜六色的游乐场。它根本无意于为读者呈现真确客观的世界图景,更不屑于将读者引向正经严肃的关注思考,而是着眼于给读者奉献千奇百怪的社会新闻,有滋有味的消遣娱乐,五花八门的无聊谈资,一句话就是"闻着臭,吃着香"的社会"臭豆腐"。赫斯特经营《纽约日报》时,曾出高价收买普利策《纽约世界报》星期刊的雇员,包括大受欢迎的黄孩子作者奥特考尔特,结果触发黄色新闻的大战。《纽约镜报》创刊后,赫斯特故伎重演,又用重金把帕特森《纽约每日新闻报》的主编收买过来。结果在赫斯特与帕特森、《纽约镜报》与《纽约每日新闻报》间,又展开一场紧锣密鼓的黄色新闻竞赛。黄色新闻的色情因素,就从这时开始出现,这从帕特森那句把报纸销量建筑在女人大腿上的话里也得到验证。

不过,早期黄色新闻中的色情货色,比起二战后以《花花公子》为代表的玩意儿,可谓小巫见大巫。《花花公子》(*Playboy*)创办于 1953 年,这时美国正处在二战后繁荣发达的黄金时代。当时,人口不到世界总数 6%的美国,却拥有世界 60%的汽车,58%的电话,45%的收音机。所以,这是美国历史上一个荣华富贵、纸醉金迷的时代,所谓"美国之梦"(American Dream)的时代。应运而生的《花花公子》,正是一份指导人们大做"美国之梦"的杂志。它其实是在告诉人们,如何吃喝玩乐,如何纵情声色。它的创办人曾经说过,以往的报刊大都着眼于户外(out of doors),而《花花公子》则要把人们的兴趣转移到室内(inside),用他的原话来说:我们打算将自己的大部分时间消磨在室内(We plan spending most of our time inside)。

《花花公子》每一期的封面上,都印有一行字"Entertainment For Men",意为"供男人娱乐"。它的 240 多页有一半以上的篇幅,实际上都是女性器官的展览,期期如是,千篇一律。此外,它每期还以巨额报酬,选拔一名美女,拍出全裸照片,登在杂志中间的对折页上,称为"玩伴女郎"(Playmate)。好莱坞的一些影星,也曾上过"玩伴女郎"专栏。这种赤

---

① 肯特·麦克杜格尔:《从我的生涯看美国报纸》,载《国际新闻界》,1989(2)。
② [美]阿贝·察佩克:《美国新闻界》,彭道真译,42 页,北京,世界知识出版社,1957。

裸裸的、刺激人欲的色情内容，在早期的黄色新闻报刊中是想也不敢想的。当然，《花花公子》从不承认自己是家色情刊物。相反，它总是标榜所谓"娱乐性"、"艺术性"，认为自己是"把女性的美，呈现在人们面前"，"让人们满足这种追求美丽的渴望和幻想"。不难理解，《花花公子》的销量一直很高，1970年一度达到700万份。曾因失业领取救济金的里根总统的小儿子，就当过《花花公子》的记者。如今，《花花公子》已形成一个专门经营色情行业的黄色帝国，除了发行《花花公子》杂志，还出版《花花公子丛书》（*Playboy Books*），制作"花花公子电影"(Playboy Films)，灌录"花花公子磁带"(Playboy Records)，同时在世界各地建立花花公子俱乐部(Playboy Club)，经营花花公子旅馆、花花公子服装店、花花公子赌场等。另外，与《花花公子》相对，美国还有一家《浪荡女郎》杂志（*Playgirl*）。

19世纪末最先兴起于美国的黄色新闻浪潮虽然已经潮平浪静，但其余波荡漾，连绵不断，其影响犹如四处弥漫的空气，闻不见，摸不着，可是时时处处都渗透于现代传播与当代世界之中，甚至就连现在小青年一惊一乍的话语方式，其实都带有黄色新闻耸人听闻的风格特征。"虽然大多数报纸后来克服了这种弊病，但是从那时起，现代新闻事业一直受到这个黄色新闻年代遗风的影响。"[①]我国20世纪30年代出现的一批都市小报，也都与此有关，比如成舍我的《立报》就是典型的小型报。当然，应该指出，黄色新闻的某些专业技巧，如通栏标题、彩色图片、通俗化的新闻写作等，如今已被广泛采用，对新闻事业的发展也产生有益的推动作用。至于赫斯特本人，不管怎样评价，他在新闻史上的显赫地位早已确立，而他所掀起的黄色新闻浪潮，不仅对美国而且对各国的新闻传播都构成一个绕不过去的东西。

建议参考资料

1. ［英］西蒙·詹金斯：《英国报业大亨内幕》，北京，新华出版社，1982。
2. ［美］威·安·斯旺伯格：《普利策传》，北京，新华出版社，1999。
3. ［加］哈克特、赵月枝：《维系民主？西方政治与新闻客观性》，北京，清华大学出版社，2006。
4. ［美］沃尔特·李普曼：《公众舆论》，上海，上海人民出版社，2002。
5. ［法］古斯塔夫·勒庞：《乌合之众：大众心理研究》，北京，中央编译出版社，2000。

本章思考题目

1. 何谓大众报刊？其主要特征与意义何在？
2. 大众报刊兴起的历史条件主要有哪些？

---

① ［美］埃默里等：《美国新闻史》，展江等译，224页，北京，新华出版社，2001。

3. 何谓大众社会与大众文化？大众与民众的区别何在？大众文化与民间文化的区别何在？
4. 大众文化的基本特征是什么？大众文化的本质是什么？
5. 为什么说普利策是大众报刊的代表人物？
6. 普利策留下哪些新闻遗产？
7. 什么是黄色新闻？什么是煽情主义？黄色新闻与煽情主义的联系与区别何在？
8. 赫斯特为什么被称为黄色新闻大王？
9. 黄色新闻的来历是什么？
10. 什么是小型报？它有哪些特征？如何看待小型报以及黄色新闻？

第七章 20世纪(上):电子媒介之广播篇

第一节　广播的基础——电子技术

一、无线电现象及其研究
1. 无线电科学家——麦克斯韦与赫兹
2. 无线电发明家——波波夫和马可尼

二、声电转换技术及其探索
1. 广播的先驱——费森登(Reginald A. Fessenden)
2. "广播之父"——德福雷斯特(Lee De Forest)

第二节　广播事业的形成:20世纪20年代

一、早期电台
1. KDKA电台
2. "联邦通讯委员会"(FCC)
3. 三大广播体制

二、美国三大广播公司
1. 全国广播公司(NBC)
2. 哥伦比亚广播公司(CBS)
3. 美国广播公司(ABC)

第三节　广播的黄金时代:20世纪30—40年代

一、综述
1. 规模上
2. 经济上
3. 节目上

二、"大萧条"与"新政"
1. "火星人入侵"
2. "炉边谈话"

三、广播与第二次世界大战
1. 国际广播
2. 英国广播公司(BBC)
3. 美国之音(VOA)

第四节　爱德华·默罗:美国广播记者的一代宗师

建议参考资料

本章思考题目

20世纪是个风云变幻、波涛起伏的世纪。同样,20世纪的新闻事业也是轰轰烈烈,吞吐日月,与之相比,以往的新闻传播历程仿佛都显得黯然失色。站在全球历史的角度看,20世纪影响广泛的突出事件之一,是美国的崛起。意大利著名学者、世界体系理论的代表人物阿瑞吉(Giovanni Arrighi),借用意大利思想家葛兰西的"霸权"思想,将近代以来"支配"和"领导"世界的政治、经济与文化力量分为三次相继崛起的霸权,第一次是17世纪的荷兰,第二次是后来的英国,第三次自然是20世纪的美国。[1] 美国杂志大王、《生活》《时代》等名刊的创办人亨利·卢斯,干脆就把20世纪说成"美国世纪"。无论如何,美国的崛起对20世纪的世界历史确实产生无可比拟的影响。另外,从新闻传播的视角看,20世纪最突出的变化无疑当属电子媒介的勃兴,极而言之,20世纪几乎成为电子媒介一统天下的世纪。中国台湾的何贻谋先生在其《广播与电视》一书中,甚至这样表达常人对此的共同看法:

> 过去的五十年来,我们是生活在所谓的电子传播时代中,承受着广播和电视所给予我们的惊奇、欢愉、便利和满足,也同时承受着所给予我们的警惕、恐惧、盼望和哀伤。……广播和电视,实际上相当于两颗氢弹或中子炸弹,其威力甚且过之。

鉴于20世纪以来的新闻事业头绪繁多,错综复杂,不可能也没必要面面俱到地进行讨论,所以我们就以引人注目的电子媒介为核心和主线,展开20世纪全球范围新闻传播活动的历史画卷。而在讨论电子媒介时,我们又将以美国为重点。因为,美国的电子媒介一直在世界独占鳌头,它的发展代表着电子媒介的历史,而它的未来又体现着电子媒介的前景。我们希望通过重点分析美国的情况,使大家对电子媒介的来龙去脉能有总体性的把握,同时也对20世纪新闻事业的基本图景能有写意性的印象。

我们准备用三章来谈论电子媒介,一章讲20世纪初兴起的广播,一章讲20世纪中期普及的电视,一章讲20世纪末风行的网络。广播一章中,我们又分四节:第一节探讨广播赖以形成的科技基础,第二节讲述广播事业的形成,第三节展示广播事业的繁荣,第四节介绍一位美国广播史上的里程碑人物——爱德华·默罗。

第一节 广播的基础——电子技术

所谓电子媒介,乃有广狭两义。广义的电子媒介,包括所有以电子技术为基础的传播媒介,如电报、电话、广播、电影、电视、网络、手机等。而狭义的电子媒介,则仅指大众传播媒介,即广播、电影、电视以及网络等。比如,现今中国国务院机构组成系列中,就有一个

---

[1] 见[意]乔万尼·阿瑞吉等《现代世界体系的混沌与治理》,王宇洁译,北京,三联书店,2003。

专门分管这方面工作的"广播电影电视总局"。本书所说的电子媒介,当然是狭义的,而且不包括电影,因为电影主要是娱乐媒介,而非新闻媒介。

不言而喻,报刊的问世,是以印刷技术的发明与完善为基础的;同样,广播的诞生,是以电子技术的进展与发达为前提的。所以,在谈及广播事业之前,我们首先得对电子技术领域的一系列科学探索进行一番粗略的浏览。

一、无线电现象及其研究

电子媒介的兴起同人类在电磁学领域的不懈探求密不可分,而这种探求又源远流长。比如,中国古人最早发现磁力,从而发明指南针。后来,英国16世纪科学家、科尔切斯特的吉尔伯特(William Gilbert of Colchester),使用实验方法研究了磁石之间的吸引力,并且在这个过程中,"吉尔伯特还研究了有些物体如琥珀摩擦时所产生的力。他根据希腊词(琥珀)创立了 electricity(电)这个名称"。①

不过,电磁学的理论与应用两方面均取得重大进展,还是在19世纪以后。比如,如今最常见的三个电工计量单位,即电流安、电压伏和电阻欧等,就是用以纪念19世纪三位卓越的电学科学家安培、伏特和欧姆。随着电磁学理论的不断深化,电气技术领域的发明与创造也就层出不穷。比如,电报、电话、电灯、电车、留声机、直流电、交流电等,都先后在19世纪问世。电磁学上的这些研究与应用,最终导致第二次工业革命,使人类历史由蒸汽时代进入电气时代。

吉尔伯特

正是在这一科技进步的大背景下,人们又开始从事无线电的理论研究和技术开发。仅在19世纪的欧洲,就有许多科学家和发明家,投身于这个新奇而迷人的领域,为无线电的宏伟大厦奠下坚实基础。在群星闪耀的无线电探索者中,有两位科学家和两位发明家,贡献最为突出,也最为人所称道。这两位科学家就是无线电理论的奠基人麦克斯韦和赫兹,两位发明家就是同膺"无线电之父"的波波夫和马可尼。

1. 无线电科学家——麦克斯韦与赫兹

麦克斯韦是电磁学理论的集大成者。他出生于电磁学理论奠基人法拉第提出电磁感应定律的1831年,后来又与法拉第结为忘年之交,共同构筑了电磁学理论的科学体系。他的科学理论具有划时代的意义。因为,牛顿的经典力学打开了机械时代的大门,而麦克

---

① [英]W.C.丹皮尔:《科学史》,李珩译,190页,北京,商务印书馆,1975。

斯韦的电磁学理论则为电气时代奠下了基石。所以,麦克斯韦被誉为牛顿之后世界上最伟大的科学家,正如爱因斯坦成为麦克斯韦之后最伟大的科学家一样。1931年,爱因斯坦在麦克斯韦百年诞辰的纪念会上,评价其建树"是牛顿以来,物理学最深刻和最富有成果的工作"。

麦克斯韦的学说中,值得在此一提的就是电磁波理论。今天看来,电磁波已是不足为奇的常识。但对早期人们来说,它却是不可思议的玩意儿。试想,在冥冥之中,居然会有一种看不见摸不着的东西,像波浪似的传播,速度快得惊人——每秒钟可达30万公里。这在当时看来,简直无异于痴人说梦。而1873年,麦克斯韦在其名著《电磁论》一书中,对电磁波进行了严密的逻辑推导,第一次从理论上证实了电磁波的存在,并且预言不久的将来,在相距遥远的两地,建立一种瞬时可达的通讯联络将不再是一种梦想。

当然,理论的推导还有待于现实的证明。第一次通过实验证实电磁波确实存在的,是19世纪另一位杰出科学家赫兹。1887年,即麦克斯韦去世后8年,赫兹发明了一套产生、发射和接收电磁波的方法,从而使麦克斯韦的电磁波理论获得无可争辩的科学依据。由于赫兹的这一重大贡献,电磁波后来就被称为"赫兹波"(Hertzian Waves),而且电磁波的计量单位"赫",也是以他的名字命名的。1965年以前,电磁波的计量单位一直都是用周波(Cycle),比如500周波的频率就写作500C。1965年,国际无线电协会通过一项决议,决定将电磁波的计量单位由周波改为赫,500C的频率改称500赫,写作500Hz,而这一改变就是为了纪念赫兹在电磁波方面的发明创造。

电磁波理论的提出及其证实,是一件非同小可的科学创举。因为整个无线电世界,从无线电报到无线广播,从收音机到电视机,从雷达到卫星等,无不建筑在电磁波之上。对于无线电世界来说,电磁波就像英国诗人勃朗宁夫人咏叹爱情的十四行诗所言,"犹如维持生命的食粮,每天都不能间断"。

不过,电磁波的重要意义开始并未得到充分认识。一次科学报告会上,有人大声问赫兹:"你那玄妙的电磁波理论对我们有什么用呢?"赫兹答道:"你知道新生婴儿会有什么用吗?"事实表明,不用很久电磁波理论便产生重大的应用成果,继莫尔斯发明电报之后,在通讯领域又引发一场革命性变革,而其中的领军人物就是无线电发明家波波夫和马可尼。

2. 无线电发明家——波波夫和马可尼

1895年5月7日,在俄国首都彼得堡举行的一次物理学年会上,一位40多岁的中年男子走上讲台,当众表演自己发明的无线电接收装置。他就是俄国的物理学家波波夫。表演在会议大厅举行,旁观者多为物理学界的专家权威,他们的目光里流露着紧张、怀疑,甚至一丝不屑的轻蔑。对这一切,波波夫仿佛都没有注意,他只是专心致志、有条不紊地在大厅讲台上安装所谓的"无线电接收机"。等一切就绪后,他向大厅另一头的助手做个手势,示意表演开始。于是,助手按动身边的电钮,奇迹发生了!电钮刚一按下,讲台上的电铃便立刻响起;而助手一断开电源,铃声又马上停止。再重复一遍,依然如此。

马可尼

"哗……"全场响起一片掌声,许多人拥上讲台,向波波夫表示祝贺,祝贺他在无线电信号的接收实验中取得重大突破。后来,苏联政府就把5月7日这一天定为"无线电发明日"。他的实验及其发明,在无线电技术的应用开发上是个里程碑。因为,当时莫尔斯发明的有线电报已经普及,而如何使莫尔斯电码去掉累赘的线路,插上电波的轻盈翅膀飞速传递,则成为许多无线电先驱者致力实现的目标,而波波夫向这个目标迈出了关键的一步。当其近距离传输无线电信号的实验获得成功时,他曾充满信心地说道:"我的仪器在进一步改良之后,就能凭借迅速的电振荡进行长距离的通信。"

其实,他的预言已经接近实现。就在波波夫发明无线电接收装置的1895年,意大利一位二十来岁的年轻人,就已经成功地把无线电信号传出一英里。他就是被人称为"无线电之父"的马可尼。

1874年,马可尼生于意大利一户殷实人家。他母亲是英国人,他在无线电方面的发明创造以及市场开发,也多在英国完成。马可尼年轻时就对电磁学很感兴趣,如饥似渴地阅读了大量有关读物,包括不少科学期刊。当得知许多科学家都在进行实验,设法将赫兹波即无线电波用于远距离通信时,他也着魔似的投入这一试验。为此,马可尼常常废寝忘食,有时母亲只好把饭端上楼,放在他的门前。起初,他父亲大为恼火,认为儿子不误正业,浪费光阴,后来才转变看法,并给意大利邮电大臣写了一封信,推荐儿子的发明。可惜,他们得到的答复却颇为扫兴:意大利政府对此不感兴趣。他母亲见到这封回信,当即决定带儿子去英国。当时,横跨全球的大英帝国,只有借助轮船和海底电缆进行联系。所以,马可尼的无线电通信实验,对大英帝国的殖民统治无疑具有吸引力:"当时,英国正是海上势力最强大的时期,无论是军事还是商业都迫切需要马可尼所承诺的无线电通讯。"[1]

1896年,22岁的马可尼把自己发明的无线电通信装置装进一只黑箱子,随母亲离开意大利,前往英国。在英国海关,还发生了一段小插曲。入关检查时,他带的黑箱子引起海关人员的警觉。因为两年前,法国总统就遭到一名意大利人的行刺。而这只黑箱子装

---

[1] [美]罗伯特·福特纳:《国际传播:全球都市的历史、冲突及控制》,刘利群译,81页,北京,华夏出版社,2000。

的全是电线、电池和古里古怪的管子,怎不令人生疑。不管马可尼怎么解释,海关人员就不放行。最后,无奈之下,马可尼只好忍痛将全部发明装置扔进大海。不过,幸运的是,马可尼一到英国,就通过母亲的亲属,结识了英国邮政总局的总工程师威廉·普利斯爵士(Sir Willam Preece)。普利斯爵士是位电器工程的权威人士,也在进行赫兹波的实验。他对马可尼的发明十分赏识。在他的支持下,马可尼的实验进展迅速,研究成果引起普遍关注。到达英国的当年6月,他就获得无线电的第一项专利——无线电报机。第二年,他又在伦敦成立了一家经营无线电通信业务的公司,这就是后来闻名全球的马可尼公司。

无线电技术挤入通信领域时,正是有线通信一统天下的鼎盛时期,陆地上遍布着四通八达的有线电报网络,根本没有无线通信的立锥之地。所以,早期的无线电技术主要用于海上通信,军用和民用船只首先装上无线电接收机。此外,许多国家也陆续建起海岸电台,用于同海上船舶进行联系。1899年,马可尼成功地进行了跨越英吉利海峡的无线电信号传送实验,1901年又进行了跨越大西洋的同类实验,从而显示了无线通讯取代有线通讯的前景。

1901年冬天,马可尼和他的助手,从英国千里迢迢来到加拿大东部的纽芬兰岛,准备进行一项新的试验——接收3 000公里外的英格兰发出的无线电讯号。当地渔民听说后,又是吃惊,又是好奇。因为发电报得有电线,这是当时尽人皆知的常识。可在一旁观望的渔民们既不见电线,也不见电缆,只看到马可尼一干人放在空中的一只孤零零的风筝。风筝拖着400英尺的铜线,在白茫茫的雪地里,迎着呼啸的北极风飘来荡去。

一天中午,马可尼突然跳将起来,激动得满脸涨红。他把耳机递给助手听,随后递给面带惊异神气的渔民。耳机里的声音很微弱,但很清晰。

"听见了吗?"他不停地问道:"听见了吗?"马可尼欣喜若狂!因为,他终于实现了跨越大西洋的无线电通信,这是他几年研究心血的结晶呵!

对人类的信息传播技术来说,这次实验是又一次重大突破,是继1844年莫尔斯实现有线通信后的又一次历史飞跃。从此,人类开始进入无线通信时代。

由于马可尼在无线电通信领域所做的卓越贡献,1909年,他荣膺诺贝尔物理学奖,1930年,又当选为意大利皇家学院院长。1933年,年近花甲的马可尼来我国访问,受到热烈欢迎。上海交通大学为纪念他的到访,还在校园里建起一根铜柱,取名"马可尼铜柱"。1937年,马可尼去世,意大利为他举行国葬,罗马有成千上万的人参加送葬。英国本土所有邮局的无线电报,都静默两分钟,以示哀悼。

综上所述,关于无线电的理论研究与科学实验,丹皮尔在权威的《科学史》一书里作了简要概括:

　　电磁波的理论应归功于麦克斯韦(1870),电磁波的第一次发现归功于赫兹(1887)。电磁波在无线电报与电话上的使用靠了两种发明:(1)马可尼(Marconi)将天线用于发播和收集信号,并使足够的能量发生作用;(2)上述热离子管研究成果的应用。①

二、声电转换技术及其探索

马可尼以及其他无线电技术的先驱者,一直关注的是无线电通讯问题,是如何使无线电讯号的传输日臻完善。至于如何将声音转化为电讯号,并实现远距离传递,一时还顾及不到,而声电的转换及传递却是无线电广播的核心技术。

就在马可尼的无线通讯技术开始通行于世之际,一些无线电爱好者已在从事有声广播的探索,他们希望实现声音的远距离传递,而不仅仅是传递一些嘀嘀嗒嗒的莫尔斯电码。当时,贝尔发明的有线电话已经相当普及,正如无线电报诞生前,有线电报十分盛行一样。而广播同电话的关系,就像无线电报与有线电报的关系一样密不可分:当人们设想不用导线直接传递电报代码时,便导致无线电报的诞生;而当人们想到不用导线直接传递电话上的人声时,便自然促成无线电广播的问世。不过,早期无线电广播的探索者,并没有料到日后广播居然成为改变20世纪面貌的一大电子媒介,他们当初进行实验的目的,只是为了把电话的导线去掉,实现人声的远距离传递而已。

在进行声电转换及其传递的实验上,有两位无线电爱好者的名字常被提及,这就是费森登和德福雷斯特。

1. 广播的先驱——费森登(Reginald A. Fessenden)

1906年圣诞节前夕,即12月24日"平安夜",八点左右,美国东北部海域几艘轮船上的无线电报务员,突然从耳机中听到一个男子的说话声音。这些平时听惯了嘀嘀嗒嗒电码的报务员,此刻真像听到冥冥之中传来的上帝声音,不由大吃一惊。耳机中的男子先朗诵了一节《圣经·路加福音》,接着用留声机播放了一曲亨德尔的《广板》,最后向大家祝贺圣诞快乐。几分钟后,声音消失了,耳机中重又响起莫尔斯电码的嘀嗒声。这就是世界上的第一次无线电广播。这次历史性的播音,就是费森登从其实验室播出的。

费森登是位加拿大出生的美国发明家。他曾被美国发明家爱迪生聘为爱迪生实验室的技术员,后来又在美国著名的西屋电气公司担任电气工程师。1900年,他开始为美国气象局工作,试验将无线电技术用于天气预报。长期以来,他一直在设想如何把人的声音加到电磁波上传送出去。1902年,由两位匹兹堡金融家赞助,他在美国东北部的马萨诸塞州建起一个实验室,开始从事这方面的研究与实验。他埋头苦干了四年,终于在1906

---

① [英]W. C. 丹皮尔:《科学史》,李珩译,537页,北京,商务印书馆,1975。

年圣诞节前夕,第一次实现了声电转换及其无线传播。

这次广播虽然时间很短,听众极少,但它同波波夫在物理年会上的试验一样,意义十分重大。1895年的5月7日,波波夫第一次实现了无线电讯号的远距离传播,从而拉开了无线电通讯的时代帷幕。时隔11年的1906年圣诞节前夕,费森登又第一次实现了声音讯号的远距离传播,从而开辟了无线电广播的历史纪元。

不过,正如波波夫在无线通信上的声名不及马可尼,费森登在无线电广播上的影响也不及德福雷斯特。

2. "广播之父"——德福雷斯特(Lee De Forest)

美国新闻史学者埃默里父子,对德福雷斯特的评价可谓恰如其分:他和无线电广播之间的关系,如同马可尼和无线电报之间的关系。① 虽然德福雷斯特没有得过诺贝尔奖,也没有获得马可尼那样显赫的名望,但其科学贡献与历史功绩并不在马可尼之下。

就在费森登进行第一次无线电广播的同一年即1906年,美国纽约地方法院正在审理一桩所谓的离奇案件。开庭那天,起诉人手举一只装有金属网的玻璃管,慷慨激昂地说:"女士们,先生们:被告犯有行骗罪,他曾公开用这种稀奇古怪的玩意进行欺骗。"听到这番起诉,人们都不由将目光投向被告。他有30多岁,身穿一件破旧的外衣,脸上带着疲惫的神情,但两眼却炯炯有神。只见他从容不迫地答道:"大家不要小看这个玻璃管,它可以把很小的电磁波信号,放大到连听力不好的人都可以听见的程度。正如许多伟大的发明,开始都曾遭人误解一样,历史必将证明,我发明了无线电的心脏。"

这位慷慨陈词的被告,就是被誉为"广播之父"的德福雷斯特,而所谓"无线电的心脏",就是改变20世纪面貌的重大发明——三极管。

1873年,也就是马可尼出生的前一年,德福雷斯特生于美国中西部的伊利诺伊州。他同许多富有创建的天才一样,从小学习并不怎么出色,成绩常常排在班里的倒数几名。上中学后,依然被老师看成班里毫无疑问的几个蠢孩子之一。他也承认,自己学识既不丰富,文笔和口才又比较笨拙。后来,他有幸进入名校耶鲁大学,开始对电磁学发生浓厚兴趣。1899年,他获得物理学博士学位,进入芝加哥的西屋电气公司,成为一名研究人员。这时,有件事改变了他的兴趣和研究方向。1898年,马可尼用无线电成功地报道了一场帆船比赛,赢得世界性声誉。1899年,《纽约先驱报》便邀请马可尼来美国,为当年的美国杯帆船比赛进行报道。这一次,马可尼在一艘船上,5个多小时里向海岸电台拍发了4 000多字的消息,为此,《纽约先驱报》的小贝内特付给他5 000美元的酬金。这次报道同样引起轰动,在场观看马可尼表演的人无不惊叹无线电的神奇魅力,情景大概就像现在

---

① [美]埃默里等:《美国新闻史》,展江等译,312页,北京,新华出版社,2001。

的人被网络所吸引一样。德福雷斯特也在现场,表演结束后,他围着马可尼的无线电收发报机仔细观看,并同马可尼进行了一番交谈。这番谈话深刻影响了德福雷斯特的一生,从此他立志投身无线电的科学研究。

于是,马可尼离开美国不久,他便辞去西屋电气公司的工作,来到纽约,租了一间破旧的房子,买来一些简陋的器材,开始进行无线电的科学研究。冬去春来,几度寒暑,最后终于研制出"无线电的心脏"——三极管。三极管的诞生,是人类科技史上一个划时代的事件。因为,现代电子工业,正是围绕三极管而逐渐形成并发展壮大起来的。对此,我们只需随手翻翻电路图就一目了然了。在每张电路图上,三极管都处在众星拱月的位置,而其电路符号,在电路图上猛一看也颇像人体解剖图上的心脏。所以,德福雷斯特骄傲地宣布他发明了"无线电的心脏",确实既符合实际,又准确生动。《不列颠百科全书》就指出:"三极管是无线电电路中的基本原件,它的发明对技术、社会、文化各方面带来深刻的影响,实际上改变了20世纪生活的特性。"①

可叹的是,他的发明起初不但得不到承认,他本人还被指控"公开行骗",受到法律审判。经过抗争,1907年德福雷斯特才获得三极管的发明专利。在研制三极管的过程中,他也开始关注人声的远距离传播。他曾说过:"在不知不觉中,我发现了一个看不见的空中帝国。"德福雷斯特是个音乐爱好者,1908年,他从巴黎的埃菲尔铁塔上进行实验性广播,播出了几张音乐唱片。1910年,他又从纽约的大都会歌剧院,实况转播著名男高音歌唱家卡鲁索的演出,引起广泛注意。

20世纪的最初10年,无线电广播已经取得决定性进展,作为一项传播技术,广播已经初具形态。不过,此时人们还只是把这种技术当成一种有趣的玩意儿,并没有认识到它的社会价值。加之开始时广播技术也不完善,不但发射功率小,而且接收机十分简陋,所以被人当作雕虫小技也就不足为奇。从1906年费森登进行首次广播,到1918年第一次世界大战结束,10余年间鼓捣广播、摆弄接收机的,只有少数无线电业余爱好者。他们戴着耳机,欣赏自编自播的节目。甚至就连这种小规模、小范围的试验性广播,在1914到1918年的第一次世界大战期间,也完全陷入停顿,正如后来的电视事业在第二次世界大战期间陷入停顿一样:"直到1919年,广播被认为是战争武器,禁止成立私营电台。"②

无线电广播成为一项社会事业,是在一战结束后的20世纪20年代才开始兴起的,这又同二战后电视事业突飞猛进的情形相似。

---

① 中文版《简明不列颠百科全书》,第二卷,486页。
② [法]阿芒·马特拉:《世界传播与文化霸权》,陈卫星译,61~62页,北京,中央编译出版社,2001。

第二节 广播事业的形成：20 世纪 20 年代

一、早期电台

1. KDKA 电台

美国有家历史悠久的电气公司，名叫威斯汀豪斯公司，总部设在匹兹堡，其创办人就是威斯汀豪斯。威斯汀豪斯（George Westinghouse），是一位同爱迪生同时代的发明家和实业家。由于他的大力倡导，美国才最终废弃直流电，而改用交流电，为此他还同爱迪生进行了激烈论战，因为爱迪生一直坚持用直流电。威斯汀豪斯的英文名字，含有"西"和"屋"两个词，所以威斯汀豪斯电气公司又译"西屋电气公司"。西屋电气公司对无线电广播一直比较重视，对美国广播事业更是鼎力推动。比如，广播的先驱费森登、德福雷斯特等，都曾是西屋电气公司的雇员。20 世纪 20 年代，西屋电气公司的另一位电气工程师，又为无线电广播事业正式拉开历史帷幕。这位里程碑式的广播名人，就是弗兰克·康拉德（Frank Conrad）。

威斯汀豪斯

前面讲过，无线电广播最初只是一些业余爱好者热衷的"玩意儿"。他们组装所谓"接收机"（receiving set）——当时还没有"收音机"（radio）一词，建立业余电台，播放音乐、新闻、天气预报、市场行情等，而康拉德就是这些业余爱好者中的一员。1919 年，康拉德在西屋公司总部所在的匹兹堡开办了一家试验电台，结果数以百计的无线电爱好者给他来信，向他表示敬意。他根据来信所提的要求，在特定时间播发"听众"喜爱的音乐，这大概算是最早的点播吧。后来要求"点播"的信件越来越多，实在无法一一满足，于是康拉德干脆宣布星期三和星期六晚上固定播出两小时的音乐节目。到 1920 年的夏末，收听康拉德音乐电台的听众越来越多，他的节目也就改为每晚播出。

1920 年 9 月 29 日，《匹兹堡太阳报》为当地一家百货商店刊登的一则广告，引起西屋电气公司副总经理戴维斯的注意。广告上说，愿听康拉德电台广播的听众，只需花 10 美元便可在这家商店买到一部"接收机"。戴维斯心想，康拉德电台的听众都是自己组装接收机的业余爱好者，如果西屋公司将组装完好、操作简便的"收音机"供应市场，然后再开办一家定时播音的正规电台，那么不就会使收音机的销量激增，从而为公司带来大宗买卖吗？至于生产收音机对公司并非难事，因为第一次世界大战期间，西屋公司已为军方生产过类似的接收机，用于战场的通讯联络，现在要做的无非是把军用改为民用而已。想到这里,戴维斯马上找到康拉德,请他在匹兹堡为西屋公司建一座正式的广播电台,并且要求在11月2日开播。因为,1920年是总统大选年,11月2日是大选结果揭晓的日子,戴维斯想利用这个时机广播大选结果,争取一炮打响。康拉德受命后,立即紧张地进行电台的安装与调试。与此同时,西屋公司为这家电台申请到第一张营业执照,电台的名称定为 KDKA。

11月2日,KDKA电台如期开播。这次广播,及时报道了哈定赢得总统大选的消息。以后 KDKA 电台每天都在固定时间播音,成为全球第一家正式的广播电台。说其"正式",是因为在 KDKA 电台之前,已有不少实验电台在定时或不定时播音,比如 KDKA 电台开播当年的8月31日,德福雷斯特也在汽车城底特律开办了一家电台,每天播音一次。不过,由于 KDKA 电台是第一家申请到商业执照的电台,加之每天定时播出,而且内容比较丰富。所以,它便被公认为美国,同时也是全球第一家广播电台,而其开播之时也就成为广播事业的诞生之日。

在西屋公司 KDKA 电台的刺激下,美国其他电气公司都纷纷开办电台。另外,除电气行业,一些报社、宗教团体,甚至百货公司也对广播发生兴趣,争先恐后地申请电台呼号。截至1924年年底,美国已有将近600座商业电台,收音机则从1921年的5万台增加到1922年的60万台。

探讨美国广播事业的起源不难发现,促成广播媒介兴起的最初动力,既不在于信息的传播,也不在于新闻的传播,而是来自商业利润的驱动。用埃默里父子的话说,"促进全国无线电广播发展的最重要因素却是通信和电气制造业中的大公司——美国电话电报公司、威斯汀豪斯公司和通用电气公司(GE)。电台的发展意味着它们的产品和服务有了更加广阔的出路"。① 这种情形恰似当代网络的崛起,最初实际上是源于诸如微软公司等电脑软件企业推销其产品的需要。

2. "联邦通讯委员会"(FCC)

广播事业的发展和电台数目的激增,难免造成各家电台的频率相互干扰。因为,无线电波看似穿行于广袤空间,但传输频率却是有限的,这就如同飞机看似翱翔天空,但其航道却是有限的。在有限的频率带上,如不进行合理规划,统一分配,势必造成电波之间的互相干扰。20世纪20年代初,美国广播事业蓬勃兴起之际,最先面临的一大问题就是电台之间的频率干扰。比如,收听A台的新闻时,同时也能听到B台的音乐。当时,有些电台为了避免干扰,不得不在频带上来回移动。比如,今天播音用的是700千赫,明天便改用850千赫,后天又变为1000千赫,等等。可想而知,这样变来变去,给听众收听广播带来多大麻烦,况且电台之间的互相干扰也严重影响到收听效果。这种局面若不扭转,将危

---

① [美]埃默里等:《美国新闻史》,展江等译,315页,北京,新华出版社,2001。

及广播事业的命运与前途。实际上,当时收音机销量已经开始下降。

针对这种情况,1927年美国国会通过了一项《无线电法》(Radio Act),政府据此组建了一个管理无线电通讯的机构——"联邦无线电委员会"(FRC),专门分配电台频率和审批营业执照。1934年,国会又通过《通讯法》(Communication Act),联邦无线电委员会由此改组为"联邦通讯委员会"——Federal Communication Commission(FCC)。以FCC著称的这个机构,声名显赫,作用突出,对美国的广播电视事业以及其他通讯业务发挥了巨大的影响力:"委员会不仅有管理无线电广播的权力,还执掌管辖一切电信联络的权力。……公然违反广播责任的,委员会有权拒绝更新其执照。"[①]具体说来,联邦通讯委员会对广播电视事业的管制方法主要有三种:审批办台申请、更新营业执照、对违禁者给予警告或处罚。

3. 三大广播体制

就在美国广播事业兴起的同时,世界许多国家也都开始兴办广播。从1920年到1924年,一些主要国家都相继建立广播电台,开始正式播音。

俄国在1917年十月革命爆发后的第二天,已用阿芙乐尔号巡洋舰上的无线电报,发布了列宁的一篇广播稿《告俄国公民书》,向国内外宣布资产阶级临时政府已被推翻,国家政权已经转入苏维埃手中。此后,苏联的广播事业,便在列宁的督促下,迅速发展起来。1918年,根据列宁的指示,苏联在下新城(后来的高尔基城)建起一个无线电实验所,这个实验所便成为苏联广播事业的摇篮。1920年2月5日,列宁在致该所技术负责人、无线电专家那契-布鲁耶维奇的信中,把广播比作"不要纸张、没有距离的报纸"。[②] 1922年,"共产国际广播电台"在莫斯科开播,成为世界上第一家无产阶级电台。当时,其发射功率也是世界上最强的,达到12千瓦。

英国的广播事业独具特色。1919年,英国开始进行试验性广播。1922年,英国广播公司(British Broadcasting Company)在伦敦成立。起初,它是一家由马可尼公司等六大电气公司合资组建的私人企业。1927年元旦,英国广播公司(BBC)改组为公共机构,名称也改为British Broadcasting Corporation(BBC)。新的英国广播公司既不同于美国的商业电台,比如它不播广告;又不同于苏联的国营电台,比如它不受政府的直接控制。BBC的经费主要来自每台收音机缴纳的执照费,后来又增加了电视执照费。由于这种经营方式,BBC在新闻报道上能够做到相对公正客观,不偏不倚,同时又能够为整个社会提供优秀的、健康的、不受市场化或商业化因素干扰的节目。这一所谓"公共广播"模式及其传

---

① [美]埃默里等:《美国新闻史》,展江等译,319页,北京,新华出版社,2001。
② 《列宁全集》,第2版,第35卷,435页,北京,人民出版社,1987。

统,是在 BBC 首任总经理约翰·里思时期形成的。里思(John Reith, 1889—1971),是英国现代公有独立企业的创建人,1922 年任英国广播公司的总经理,1927 至 1938 年又任董事长,1927 年被授予爵士。在主政 BBC 期间,他大力发展无线电广播,创办广播的短波业务和世界上第一个高清晰度的电视广播(1936):

> 有关英国广播及 BBC 的大多数研究(若非所有研究),都强调里思在其主政时期留下的丰厚遗产及其对现代公共广播事业的独特构想(比如,参阅 Burns,1977)。从本质上讲,里思有关广播之社会角色的思想强调的是自治、非商业化、全民性等观念,它具体体现为某种类似于教会的制度,这种制度通过提供信息、教育与娱乐等服务而致力于塑造公共趣味并尽可能保持最高水准。①

大略说来,世界各国的广播体制,基本分为以上三类:一是以苏联为代表的国家机构型,一是以美国为代表的私有商业型,一是以英国为代表的公共事业型:

> 就英国情况而言,公共广播系统(PSB)的"核心"构成一般包括如下原则。首先,作为一项公共事业,广播应一视同仁地面向所有公民,在全国性的文化及其产品中尽量提供多样而统一的节目。其次,这种公共事业应通过一个简化的公共捐助系统而获得资助,并担负责任,以使广播从业人员同政府、政党、商家或公司等权势集团的受托利益相隔绝。最后,公共广播系统所提供的服务应属优"质"(近来讨论的一个关键术语),应满足现代文化中所有群体的需要而不论其权力、地位或影响。②

BBC 不仅是英国国内最大的、曾是独一无二的广播公司,而且也是当今规模最大、声望最高的国际广播电台之一。澳洲广播电台曾经收到一封我国大陆听众的来信,也从一个侧面反映了各大国际广播电台的特征:

> 我们收听 BBC 是为了听新闻报道,收听美国之音为了学英语,收听 NHK(即日本广播协会,成立于 1925 年,是日本最大的广播电视机构,与 BBC 相似)是为了跨入现代生活的大门。③

二、美国三大广播公司

直到 1980 年代,美国的广播电视领域,基本上被三大广播公司瓜分和垄断。依照成立的时间,三大广播公司分别为全国广播公司(1926)、哥伦比亚广播公司(1927)和美国广播公司(1945)。美国人从收音机听到的、在电视上看到的,多少年来大都来自这三大广播

---

① [美]约翰·费斯克等:《关键概念:文化与传播研究辞典》,李彬译注,"里思模式"条,北京,新华出版社,2004。
② [美]约翰·费斯克等:《关键概念:文化与传播研究辞典》,李彬译注,"公共广播系统"条,北京,新华出版社,2004。
③ 《编译参考》1981(1)。

公司。美国广播事业的发展史,也就是三家纵横捭阖、明争暗斗的一部"三国演义"。在这三大广播公司中,全国广播公司资格老,哥伦比亚广播公司风头健,美国广播公司则一直屈居老三。其中,全国广播公司和哥伦比亚广播公司曾由美国两个最大最老的财团控制,即摩根财团和洛克菲勒财团。

1. 全国广播公司(NBC)

如前所述,美国电话电报公司、通用电气公司、西屋电气公司、美国无线电公司等大型电气企业,构成美国广播事业的主要推动力量。美国电话电报公司的创办人,是电话的发明者贝尔;通用电气公司的创办人,是发明家爱迪生;西屋电气公司的创办人,是交流电的倡导者威斯汀豪斯。至于美国无线电公司,最初是由这三家公司于1919年联合组成,后来独立发展成为一大电子企业。正如埃默里父子所言,这些从事通讯业务和制造电器产品的大公司之所以对发展广播感兴趣,是因为广播的兴旺意味着其产品和服务具有无限广阔的前景。比如,世界第一家电台 KDKA,就是由西屋电气公司为刺激公众购买其收音机而创办的。

1926年,美国无线电公司、通用电气公司与西屋电气公司三家合资,又组建了一个全国性的广播网——全国广播公司(National Broadcasting Company,简称 NBC)。后来,除美国无线电公司外,其他两家公司都退出广播领域,于是全国广播公司就成为美国无线电公司独家经营的广播电台,因此介绍全国广播公司自然离不开其母公司美国无线电公司。

萨尔诺夫

全国广播公司建立时,美国无线电公司老板是戴维·萨尔诺夫(David Sarnoff)。他是美国广播事业史上第一位闻人,全国广播公司的创立与发展主要归功于他。萨尔诺夫是个俄国犹太人,早年随父母移居美国。其一生同美国报业大王普利策相似,通过个人奋斗而出人头地,而且充满传奇色彩。15岁时,他就到美国马可尼公司工作,17岁时成为公司的无线电报务员。当报务员期间,一件意外事件使他一举成名,从此飞黄腾达。1912年,英国豪华客轮泰坦尼克号首航美国,途中撞上冰山,沉入海底,船员与乘客死亡惨重。这是20世纪最令人难忘的灾难事件之一。正是基于这次海难的教训,国际上才规定 SOS 为统一的呼救信号。当泰坦尼克号撞上冰山时,21岁的报务员萨尔诺夫正巧值班,他一收到泰坦尼克号电台发出的救援信号,就立即向其附近航行的船只发出紧急通告。随后三天三夜,他一动不动地坐在电报室里整整72小时,把泰坦尼克号生还者的人员名单接二连三地发出去。当时,似乎全世界都屏住呼吸,盯着这位年轻的报务员,急切地等待他发出的电报,仿佛生还者的性命都系于他的一身。就是这次意外事件使萨尔诺夫声名大振,事后他在人们心目中简直成了一位英雄人物。

随后,公司便提升他为高级职员。1920年代,无线电广播还处在试验阶段,就连广播的探索者也没有想过广播能有什么更大的用场,而这时候萨尔诺夫已经预见到广播的远大前景。1916年,25岁的萨尔诺夫向公司递交了一份备忘录,提出一项颇有预见性的建议,即研究开发他所说的"无线电音乐盒"(Radio Music Box)。他在这份备忘录里写道:

> 我想到了一个发展计划,它将使无线电成为像钢琴和留声机那样的家庭用品。这个主意是通过无线电把声音送到家庭……接收器形式上可以设计成一种简单的"无线电音乐盒"……配有一个放大管和一个扬声器,所有这些可以被密集地放在一个盒子中。……除了从这一点所能获取的利润外,为公司做广告的可能性也十分巨大,因为公司的名字能最终进入家庭,而无线电将受到全国和全世界的关注。①

他的这一构想,实际上已经勾勒了未来广播的雏形。然而,遗憾的是他的计划被打入冷宫。1919年,美国无线电公司成立,他成为公司的上层人物。1922年,他又给公司董事会写了一封信,建议创办一家由美国无线电公司控制的广播公司。这个建议到1926年终于成为现实,这就是全国广播公司。NBC的诞生在美国广播史上是个重要标志,显示着美国广播事业开始由实验和草创进入成熟与发展。

1927年元旦,NBC建立了两个各自独立的全国广播网——红网(the Red network)和蓝网(the Blue network)。所谓红与蓝,是由于NBC的工程技术人员,在地图上标示这两个广播网所辖的附属台及其区域时,一个用的是红铅笔,一个用的是蓝铅笔。至于所谓network即广播网,则指附属同一广播公司的若干电台或电视台,它们通称附属台(affiliate)。当时红网有26座附属台,蓝网只有6座。由此看来,蓝网一开始就是"弱势群体",而且像后娘养的孩子,尽播红网打下来的末流节目。后来,蓝网独立出来,另立门户,成为三大广播公司之一的美国广播公司。

1930年,萨尔诺夫升任美国无线电公司的总经理,1934年又担任NBC的董事长。他不仅为发展美国的广播事业作出不懈努力,而且也是推动美国电视事业的先驱之一。第二次世界大战爆发后,他作为预备役军官,在艾森豪威尔的参谋部任新闻顾问,负责盟军在欧洲的广播,并领准将军衔,所以后来人们习惯地称他为"萨尔诺夫将军"。关于萨尔诺夫,赵浩生在《漫话美国新闻事业》的演讲里曾给予这样的评价:

> ……萨尔诺夫,被称为美国的无线电和广播之父,是当之无愧的。
>
> 萨尔诺夫自己不是个科学家,但他从事新发明比真正做研究实验的科学家还有

---

① 蔡骐、蔡雯:《美国传媒与大众文化》,171页,北京,新华出版社,1998。

信心。很多新发明都是由于他的眼光、气魄和信心而试验成功。此外,他还大力地推动美国的歌剧、交响乐等艺术事业。R.C.A.(即美国无线电公司)的产品,并不限于无线电,它还生产各种家庭电器用品。萨尔诺夫不仅是广播通讯业之父,也是一位在二十世纪开始创业、促成美国空前繁荣的大企业家之一。

2. 哥伦比亚广播公司(CBS)

在美国的三大广播公司中,哥伦比亚广播公司(Columbia Broadcasting System)一直风头甚健,其规模及影响在美国广播电视领域始终名列前茅,首屈一指。CBS 成立于 1927 年,最初总部在费城,只有 12 家附属台。由于经费不足,公司三天两头告急,经常陷入困境。而财大气粗的 NBC,不但有许多深受听众喜爱的广播明星,而且还有大批广告客户。在这种不利处境下,CBS 能够生存发展,并且后来居上,这在很大程度上得力于美国广播史上的另一位传奇人物——威廉·佩利(William S. Paley)。

佩利比萨尔诺夫小 10 岁。同萨尔诺夫类似,他是来自乌克兰的犹太移民。其父在费城办有一家经营雪茄的公司,佩利大学毕业后,当上该公司的副经理。有一回父亲外出,让他掌管公司业务。当时,他心血来潮,花了 50 美元在当地电台做了一个广告。没料到,这个广告一播出,立即招来如潮的顾客,公司雪茄的销量翻了一番。50 块钱的电台广告,居然产生这么大的效果!从这个事实中,佩利看到了广播事业的巨大潜力。所以,1928 年当他得知 CBS 准备出售时,便说服父亲花了 25 万美元买下这家广播公司,时年 27 岁的佩利做了 CBS 的总经理。从此,佩利的名字便与 CBS 连在一起,正如萨尔诺夫同 NBC 连在一起一样。

佩利走马上任后,从费城来到纽约,在纽约重新组建 CBS。为了同 NBC 竞争,佩利先使出一个出奇制胜的绝招。当时,NBC 的附属台播出 NBC 的节目时必须付费,这对规模不大的地方台来说是个不小的财务负担,为此他们常常抱怨。佩利针对这一情况,决定 CBS 的附属台可以免费转播 CBS 的节目,作为交换条件,CBS 只要求在附属台的广告中获得一定比例的收入。其实,佩利这样做并不吃亏。因为,CBS 从广告中赚的钱,远远超过向附属台收取的节目费。佩利不愧是精于算计的犹太人。他的这一招确实见效,CBS 很快一扫委顿之气,迅速崛起,成为又一大全国广播网。1928 年佩利买下 CBS 时,CBS 总共只有 19 座附属台,到 1934 年则达到 94 座,足以同 NBC 两个广播网的 127 座附属台抗衡较量了。① 就连 NBC 的几个重要的附属台,后来也被 CBS 吸引,抛弃 NBC,投入 CBS 的怀抱。

在同 NBC 的竞争中,佩利的第二步战略决策是狠抓新闻节目,并将新闻提升到广播

---

① [美]埃默里等:《美国新闻史》,展江等译,318 页,北京,新华出版社,2001。

节目的核心位置。广播创办之初,主要是一种娱乐媒介,当时播送的节目绝大多数都属娱乐性质,新闻很少,不受重视。同样,广播记者在广播界只是默默无闻的配角。20世纪20年代,美国广播听众最爱听的节目,主要是音乐、体育比赛、广播剧等。其中,广播剧最受青睐,正如现在电视剧成为电视观众的一大嗜好。当时,许多广播剧明星都是红得发紫的名人,NBC制作的广播剧《阿莫斯和安迪》连续播送21年,成为美国收听率最高的十大广播节目之一。NBC由于明星多,娱乐节目受欢迎,因而更不把新闻放在眼里。直到1937年,新闻节目在NBC的全部播音时间中才只占2.8%。而佩利很早就认识到,广播是一种重要的新闻媒介,新闻的数量与质量将决定广播事业的长足发展。于是,他扬长避短,不同NBC在娱乐节目上争长较短,而是充分发挥广播的优势,将新闻节目办得有声有色,丰富多彩,从而确立了新闻在广播中的核心地位。直到今天,CBS依然常常执美国广播新闻之牛耳。2004年,轰动世界的美军在伊拉克的"虐囚丑闻",就是由CBS最先报道的。

除了上述两项战略性举措——免费供应广播节目和确立广播新闻的核心地位,佩利还十分珍惜人才,知人善任,受其重用的许多人,后来都成为美国广播史上的名人。正如大卫·哈伯斯塔姆在《掌权者》中写道的:"较之萨尔诺夫,他对才能的直觉强得多,他始终向往最优化。萨尔诺夫则不然,他就是最优人才,他并不希望周围有人威胁他。他曾告诉佩利的律师拉尔夫·科林:'比尔喜欢和天才交往,我却不希望周围的人比我更精明。'"这里有一则佩利登在《纽约时报》上的招聘广告:

CBS招聘
一个高级人才
从事广播节目制作、领导工作

CBS招聘的这个人才,应具备领导一个大部的才干,有能力创新广播节目。他的任务是为一些重要的广告商制作名牌广播节目。广播实践或广告经历均为考虑条件。此外,此人应具有创造力、想象力,能够欣赏音乐、戏剧;他必须善于组织、驾驭别人的思路、观点以打开自己的思路;必须善于采纳别人的有益的建议;从别人粗略或完整的意见中,归纳出最有用、最有分量的东西糅进一个优秀节目里;他必须同高级知识界有来往,熟悉戏剧明星,同电影界、剧场、夜总会有较为密切的关系。

这个人的机会将是整个广播界最好的机会之一。

从这则广告中,也可以看出佩利对人才的渴望与期许。顺便说一下,这则广告登出以后,CBS收到600份申请书,最后被录用的就是后来成为CBS副总经理的威廉·B.刘易斯。

佩利和萨尔诺夫一样,第二次世界大战期间投身军旅,领上校军衔,任欧洲战场美军心理作战部副部长。1975年,他出资创办世界第一家广播博物馆,收集优秀的广播、电视节目及相关资料。1973年,他来我国访问,在北京受到周恩来总理的接见。关于佩利,美国《幸福》杂志早在1935年,就曾对他做过如下溢美评价:

> 佩利先生非常严厉。他的部下对他十分敬畏。他们说,在他们一生中从未同像佩利这样如此精明的人打过交道。他不仅是一位杰出的广告商,公众心理的探索者,而且还是一个他们从未见到过的最伟大的组织者、最好的行政长官、最敏捷的思想者、最冷静的谈判家。

3. 美国广播公司(ABC)

在美国三大广播公司中,美国广播公司(American Broadcasting Company)是个小字辈,一直屈居老三。其原因一是先天不足,二是后天失调。

如前所述,ABC的前身是NBC的两个广播网中的蓝网。蓝网是NBC的"垃圾站",往往只播红网打下来的二三流节目。与红网相比,蓝网就像后娘养的孩子,尽捡人家吃剩的残羹剩饭。1942年,当美国最高法院根据反托拉斯法,责令NBC必须出售两个广播网中的一个时,不用说首选自然是蓝网。1943年,NBC将蓝网卖给百万富翁爱德华·J.诺布尔(Edward J. Noble)。1945年,它重新取名,成为美国广播公司。由于ABC原是NBC的一个打入"另册"的广播网,在规模和赢利方面同吃香喝辣的红网差距很大,至于同后来居上的CBS相比更是不可同日而语,所以只能无可奈何地坐第三把交椅了。

另外,ABC在同NBC和CBS的竞争之所以总是扮演配角、长期郁郁不得意,除先天不足的原因,也有ABC后天乏人的缘故。ABC既没有像NBC的萨尔诺夫和CBS的佩利那种有胆有识、敢作敢为的风云人物,也没有像CBS的刘易斯那种精明强干的管理人才,更没有像爱德华·默罗那样影响一代的广播记者,于是只得忍受"蜀中无大将,廖化充先锋"的局面了。

第三节 广播的黄金时代:20世纪30—40年代

一、综述

就全球新闻传播而论,20世纪的前50年基本属于广播的时代。其中,第一个10年和第二个10年,广播还处在实验和探索阶段,吸引了众多科学家、发明家和业余爱好者。到第三个10年,即20世纪20年代,广播事业开始形成,美国的NBC和CBS、英国的BBC、苏联的共产国际广播电台以及其他国家众多电台的纷纷诞生,都标志着广播已经成为一种新兴的大众传播媒介。在这半个世纪的最后20年,即20世纪30—40年代中,广播事业走向繁荣,迎来它的黄金时代。到 50 年代以后,随着电视的勃然兴起,广播虽说风韵犹存,但毕竟已是半老徐娘了。

就美国的情形而言,20 世纪 30 至 40 年代也是广播的黄金时代,具体体现在如下几方面。

1. 规模上

1925 年,美国拥有收音机的家庭占全国家庭总数的 10%。而到 1931 年,这个比例上升到 46%,到 1950 年,则达到近于饱和的 95%。另外,1930 年,美国全国约有 600 座电台。到 1948 年,电台数目达到 1 621 座。

广播的崛起,不免引起老牌传播媒介——报纸杂志的恐慌和嫉恨。别的不说,随着广播的兴旺,越来越多的广告开始流向广播,而报刊的收入则不免减少。1929 年,电台的广告收入只占同期报刊广告收入的 1/20,报刊发行人还可以高枕无忧。1933 年,报刊的广告收入比高峰年代的 1929 年下降 45%,而电台的广告收入却翻了一番。到 1939 年,广播的广告几乎已同报刊平分秋色了——在全部的广告收入中,报纸占 38%,杂志占 35%,而电台已占 27%。广播这种咄咄逼人的发展势头,终于惹火了一向以新闻正宗自居的报刊发行人,他们忍无可忍,准备给广播这个不知天高地厚的小字辈一点颜色瞧瞧了。

1932 年,为了反击广播的挑战,美国报刊发行人协会决定,今后不再向广播网提供新闻。当时美国的三大通讯社,即美联社、合众社和国际新闻社,只允许自己所属的电台播送新闻简报,并且还必须付费。至于全国性的广播网,即使掏钱买稿,通讯社也概不提供。这样一来,从 1933 年秋开始,NBC 和 CBS 便不得不自己采集新闻。在这一过程中,NBC 的谢克特(A. A. Schechter)表现了出色的才能。谢克特不仅筹建自己的通讯社,而且率先采用电话采访,往往在第一时间获得独家新闻。当时,记者一般都尽量不用电话。因为,电话被看作是打扰人的标志,表现了粗俗的做派。而谢克特发现,电话采访非常便利,采访对象也都乐意接受。于是,他灵机一动,在警察局长、法官律师、医院院长及州长办公室里都装上直拨电话。有一次,衣阿华州的农民闹罢工,许多记者都围在州长的办公室外面等待消息。这个时候,谢克特却将电话直接打进州长办公室,结果获得一条独家新闻。就这样,日复一日,谢克特及其通讯社为 NBC 提供了又多又快的广播新闻。从他开始,电话采访也就成为记者工作的家常便饭。

为了应对报刊的新闻封锁,CBS 也采取了一系列积极有效的措施。它在前合众社记者保罗·怀特(Paul White)指导下,建立了 CBS 新闻社,这是第一家广播新闻社。怀特在各大城市都设了记者站,还同国外新闻机构谈判,交换新闻。几周以后,便见成效,丰富多样的新闻源源不断地涌入 CBS,报界围堵广播的战略宣告失败。报界的反击非但没能削弱广播的势力,反倒更加确立了广播的地位。1942 年 1 月至 5 月,美国政府进行了一项调查,看看有多少人相信广播中的战事新闻,有多少人相信报刊上的战事新闻。结果表明,在被调查的对象中,相信广播的占 40%,而相信报刊的只占 18%。广播的时代不可抗拒地到来了!

上述这场报刊界与广播界的新闻竞争,在美国新闻史上被称为"报业-广播大战"(the press-radio war)。世界许多国家,也都程度不同地经历过这样一场新闻争夺战。

2. 经济上

约从 20 世纪 30 年代起,广播事业开始发展成为一个拥有高额利润的行业。全国性的大广告商第一次投资广播,就是从 30 年代开始的。比如,1931 年仅美国烟草公司在广播上,为其"幸运牌"香烟所花的广告费用就高达 1 900 万美元。那个年代的美国听众,天天听着播音员不厌其烦地唠叨:"'幸运'牌香烟呱呱叫。是的,'幸运'牌香烟呱呱叫!"(*Lucky Strike* means fine tobacco. Yes, *Lucky Strike* means fine tobacco.)这句广告词可谓家喻户晓,妇孺皆知,最后弄得听众简直忍无可忍。这种情况同美国烟草公司总经理乔治·华威顿·希尔的广告理念不无关系,他一直坚持必须在广告中加入一段令人讨厌的话,他认为唯其如此才能使人记得更牢。有一次,为了证明这样做的效果,他在公司董事会光可鉴人的会议桌上,吐了一口浓痰,然后一边用丝手绢把痰擦掉,一边说这样做叫人恶心,但正因为恶心,你才一辈子忘不了。所以,他的美国烟草公司,不仅利用广播大做广告,而且故意做得让人不堪忍受。于是,1946 年 9 月 13 日,当希尔去世的时候,一家地方电台的新闻评论员,便模仿"幸运牌"香烟的广告语气,播发了一条简讯:"女士们、先生们,乔治·华威顿·希尔今天死了。是的,乔治·华威顿·希尔今天死了。"(Ladies and gentlemen, George Washington Hill died today. Yes, George Washington Hill died today.)

幸运牌香烟

不过,正是由于得到这些巨型企业的广告,美国广播事业的发展才获得比较雄厚的经济基础。据统计,"美国的广告总支出 1918 年为 15 亿美元,1920 年升至 30 亿美元,1929 年为 34 亿美元。随着全国性广播网的出现,电台的广告收入从 1927 年的 300 万美元上升到 1929 年的 4 000 万美元"。①

3. 节目上

广播事业进入黄金时代的第三个表现,就是广播的节目形态日益丰富多彩,表现形式日益精美完善,特别是新闻节目越来越受到重视,广播报道越来越引起关注。正如联合国

---

① [美]埃默里等:《美国新闻史》,展江等译,344 页,北京,新华出版社,2001。

教科文组织的一份研究报告所指出的:"最初,收音机主要是一种娱乐交流工具;特别是,它造就了大批新的音乐和戏剧爱好者。不过,到了 30 年代,使用无线电进行新闻报道开始变得重要起来,于是新闻业中出现了一个新的部门。"①

不论广播的初创时期,还是广播的黄金时代,娱乐节目在听众中都是颇受欢迎的。20 世纪 30 年代发展起来的广播剧,一度使千百万美国人听得如醉如痴。当时的一些广播剧,如《阿莫斯和安迪》、《第一夜》等,20 多年一直雄踞收听率最高的十大广播节目之列。甚至,"为了适应《阿莫斯和安迪》的播出,全国改变了作息时间。工厂早早收工,在东部时间晚上 7 时到 7 时 15 分之间出租汽车司机拒载乘客"。② 为满足听众的这种喜好,20 世纪 30 年代美国出现了许多系列广播剧——也就是常说的所谓"肥皂剧"(soap opera)。因为这种系列广播剧常由肥皂厂家赞助,所以称为"肥皂剧"。肥皂剧一般每集 15 分钟,从星期一到星期五每天播出一集。它的听众主要是家庭主妇,内容比较浅俗。后来,人们也把电视上的类似节目,称为肥皂剧。

除了丰富多彩的娱乐节目,广播新闻也越来越多地登台亮相,而且越演越活,最终甚至取代其他节目,成为广播媒介的主角。广播新闻的兴旺,也得力于 20 世纪 30 至 40 年代美国的国内外局势。当时,在国内,罗斯福总统的"新政",把美国从崩溃的边缘挽救过来。所以,他的一举一动,他的一系列政策,自然引起人们的广泛关注。而罗斯福又是一位很重视新闻舆论,很会操纵新闻媒介的政治人物。他对新兴的广播尤为青睐,以至于被称为"广播总统"。在国外,二战期间扣人心弦的国际政局,更为广播新闻提供了一显身手的大好时机。诸如现场报道、全国联播、广播评论等节目类型,都是在世界大战爆发前后出现的。当时,许多从事广播报道的新闻记者,都已成

卡腾伯恩

为可与广播剧明星平分秋色的人物。比如,CBS 出色的广播记者爱德华·默罗,大战结束后被奉为仅次于盟军统帅艾森豪威尔的英雄。美国第一位广播评论员、CBS 的卡腾伯恩(Hans Von Kaltenborn),在慕尼黑危机期间呆在播音间里 18 天,不间断报道事态的最新进展,困了就在帆布床上打个盹儿。等到第 19 天,他终于走出广播大楼时,已是衣衫不整,面容憔悴,而广播评论员的权威形象,却由此树立起来,卡腾伯恩也一跃成为广播明星。

---

① [爱]肖恩·麦克布赖德等:《多种声音,一个世界》,15 页,北京,中国对外翻译出版公司,1981。
② [美]埃默里等:《美国新闻史》,展江等译,321 页,北京,新华出版社,2001。

随着广播新闻的作用日益突出,广播新闻的一系列自身特点也就逐步凸显,并且日益发展,日臻完善。起初,广播新闻只是模仿报纸新闻的写法,完全按照报纸新闻的写作模式进行报道,如导语可能使用不大容易立即听懂的倒装句。后来,广播渐渐摸索自身特点,开始摒弃那种宜看不宜听的报刊新闻写作模式,而采用适于广播新闻的手法来报道新闻。举例来说,下面是条报纸消息的导语:

>在英国的一个港口——驶来一艘大受欢迎的货船,船上载着四百万个鸡蛋,十二万磅乳酪,一千吨面粉,这是根据租借法横渡大西洋到达这里的第一艘货船。

广播电台在播出这条新闻时,为了让听众能够一下抓住关键内容,就把导语改为:

>从美国驶来的第一艘租借食物船已经到达一个英国港口。这艘船上运载了四百万个鸡蛋、十二万磅乳酪和一千吨面粉。

显而易见,经过改写的导语,更符合人们的收听习惯。

总之,不论是从广播的规模上,还是从广播的经济效益上,或者从广播节目的形态上看,20 世纪 30 至 40 年代无疑都是广播事业的黄金时代。F. L. 史密斯在其《美国广播概览》(An Introduction to Broadcasting In the United States)一书中,就把 1929 年至 1947 年称为美国广播史的"黄金时代"(Golden Age)。1929 年是经济大萧条爆发的时间,1947 年是第二次世界大战后电视开始复苏的时间。

20 世纪 30 年代美国的主要问题在国内,即经济大萧条以及随后的罗斯福新政,40 年代美国的主要问题转向国外,即第二次世界大战。下面,我们便以这些历史事件为线索,介绍 20 世纪 30—40 年代美国广播事业的繁荣状况。

二、"大萧条"和"新政"

所谓大萧条(Great Depression),是指 1929 年到 1939 年发生在北美、西欧和其他工业化地区的经济大衰退,它是资本主义世界爆发的一次空前的经济危机。20 世纪 20 年代的美国由于在第一次世界大战中发了横财,经济持续繁荣。以大萧条发生前的美国股票市场行情为例,"在 1929 年夏季的三个月中,威斯汀豪斯公司的股票从 151 美元上升到 286 美元,通用电气公司的股票从 268 美元上升到 391 美元"。[①] 然而,这种极度繁荣的局面,到 1929 年 10 月被华尔街股票市场的骤然崩溃彻底瓦解。这场突如其来的灾难,使千百万人转眼间倾家荡产。因为股市暴跌的那一天是个星期五,所以这一天被称为"黑色星期五"。随着 1929 年纽约股票市场的骤然崩溃,一度繁荣的美国经济便转入大萧条。与

---

① [美]斯塔夫里阿诺斯:《全球通史——1500 年以后的世界》,吴象婴等译,692 页,上海,上海社会科学院出版社,1992。

此同时,这场经济危机也迅速波及全球,西欧工业化国家有千百万工人失业。希特勒也是凭借大萧条登上政治舞台的,他之所以获得那么多民众的狂热崇拜,其中原因之一就在于他解决了几百万人的就业问题,这在当时被看作一大经济奇迹。这场世界范围的大萧条,一直延续到1939年第二次世界大战爆发。此后随着战争对人力和军火的需求及其对工业技术的刺激,全球经济才开始复苏。

　　大萧条最早爆发于美国,同时受打击最严重的也是美国。在大萧条达到顶点时,美国有5 000家银行倒闭,8.6万家商号关门,1/4的人失业,总数达1 500万,其中有不少都是农场主、银行家、总经理等"社会精英",经济损失等于第一次世界大战全部战争费用的3倍。当时美国到处都是无家可归,饥肠辘辘的流民。《光荣与梦想》里有段文字,活脱脱的勾勒了一幅20世纪30年代的美国"流民图",他们:

> 在经济总崩溃中,就像破船烂木,随处漂流。其中有的是诚实而正派的中年人,他们贫穷劳累,满脸皱纹;有的是青年男子(十几岁的不少),满头长发,从不梳洗。他们穿城过镇,到处流浪;或是搭乘铁路上的货车,或是挡油坐私人汽车。这些人都是无家可归,走投无路的美国男性公民,他们走遍了整个美国,冬天到了,才在各大城市集中起来:忍饥受饿,到处碰壁,肚子空空,前途茫茫,心烦意乱,辗转奔波,到处找工作,到处找仅能糊口的面包,可是就是没法找到。……这种情景是那么丑恶,那么令人作呕,使你感到十分难过,简直无法形容。①

1. "火星人入侵"

　　在百业凋敝的大萧条岁月中,唯有一门行业非但没有衰退,反倒兴旺异常,这就是广播。因为,在大萧条中,收听广播成为许多美国家庭唯一的娱乐与消遣。当时,夜总会无人光顾,影剧院门可罗雀,人们只有呆在家里收听广播,打发时光。于是,收音机成为那时美国家庭最显眼的物品。1938年,全国3 200万户人家共有2 700万部收音机,②几乎达到一家一部。经济最困难时,许多人家宁肯卖掉心爱的家具、衣物等,也舍不得卖掉收音机。在经济危机席卷天下,整个国家处于水深火热之际,广播恰似镇静剂,使惶惶不安的民众获得一种精神的抚慰与寄托。

　　这里我们重点介绍一个真人真事,从中可以看出当年美国人的精神状态和广播的巨大魔力。此人就是美国导演兼演员奥森·韦尔斯(Orson Welles),而此事就是他的广播剧《星际战争》所引发的一场载诸史册的社会骚乱。

---

① [美]威廉·曼彻斯特:《光荣与梦想》,第一册,广州外国语学院英美问题研究室翻译组合译,26页,北京,商务印书馆,1979。
② Shearon Lowery and Melvin L. DeFleur, *Milestones in Mass Communication Research*: *Media Effects* (New York: Longman Inc., 1983), p.59.

韦 尔 斯

公民凯恩

韦尔斯就是前面讲赫斯特时,提到的那部经典影片《公民凯恩》的导演。他是一位颇有天赋的表演艺术家,曾在百老汇创建"水星剧场"。CBS 为了同 NBC 竞争,邀请他及其水星剧团,从 1938 年 6 月开始,每星期天晚上美国东部时间 8 点到 9 点在 CBS 播出一小时的广播剧,名为"空中水星剧场"(Mercury Theatre on the Air)。由此,他对广播剧发生兴趣,并发明许多讲故事的生动办法。他的声调变化多样,解说富有感情,能把剧情和场面描绘得活灵活现,有声有色。

在美国,10 月 30 日是一个盛大的传统节日——万圣节前夕。1938 年的万圣节前夕来临之际,韦尔斯突然心血来潮,想把 H. G. 威尔斯的科幻小说《星际战争》(1898)改编成广播剧播出。H. G. 威尔斯(H. G. Wells)是英国作家、历史学家,同时又是同儒勒·凡尔纳齐名的科幻小说家。他俩正好代表科幻创作的两大流派。凡尔纳的作品以科学性见长,其创作都有严谨的科学依据,比如《海底两万里》中写到的潜艇后来就成为现实。而威尔斯的科幻作品则以离奇荒诞著称,如《时间机器》、《星际战争》等听起来都像"西游记"或"天方夜谭"。

1938 年 10 月 30 日晚 8 点正,CBS 开始播出韦尔斯改编的广播剧《星际战争》(War of the Worlds)。节目是以柴可夫斯基《降 b 小调第一钢琴协奏曲》拉开序幕的。为了取得逼真的演播效果,水星剧团在韦尔斯的指挥调度下,采用了许多假戏真做的办法。其中最迷惑人的就是在节目播出中间,突然插入一段新闻简报,煞有介事地报道所谓火星人入侵美国锐不可当的消息。接着,又不时地插播最新动态,而且处理得非常逼真。比如:

　　汽车喇叭声,轮船汽笛声,一位新闻记者有气无力地说,"我在纽约广播大厦阳台上向诸位报告。各位听到钟声吗,这是敦促居民赶紧疏散……没法防守了……我们的军队已经全部消灭……记者要在这里坚守岗位到底……下面的教堂里有许多人在祈祷。"

……

"看见敌人来了……五个大机器……第一个正在渡河……涉过赫德逊河,跟一个人涉过小溪的情形很像。已经上岸了。他就站在那里望……跟摩天大楼一样高……喷出烟来了……许多人死了,死得像苍蝇。黑烟现在飘到第六街了,第五街(咳声),离我们已有一百码了。寂静。(听众明白这位记者已被毒烟熏死了)①"

这种演播效果,自然使许多听众信以为真,感到大难临头,以为末日来临。当时,不少家庭抱成一团,哭天抹泪。还有不少人吓得失魂落魄,开上车四下飞奔。火车站里,人山人海,惊慌失措,买上票就走,也不管车开到哪里去。某大学的一群女大学生抱头痛哭,一个个打电话跟爹娘诀别。某地一位妇女冲入教堂,向正在祈祷的人们大喊大叫:"世界末日来了,纽约已经没有了!"情况真是混乱不堪——街头人仰马翻,教堂拥挤一团,到处大呼小叫,一片哭哭啼啼。一名女中学生后来写道:

当时,我正在做一道历史题。楼上的女孩子来找我,让我到她那儿去。大家都非常激动。我感到我要发疯了,不住地说:"我们怎么办呢?早晚还不是个死?"我们互相拥抱在死亡面前,一切似乎都无关紧要了。我怕死,一直听着广播。②

有位成年人事后记述说:

我害怕极了,一头钻进汽车,开着车去找牧师,以便在临死前和上帝讲和。接着我开始想,也许这是个故事。但是,我又否定了自己的想法,因为电台说,是一则特别新闻。③

第二天,报上登出许多刺目的大标题:

电台宣布:火星人进攻地球

全国大惊失色

全国大恐慌,如狂潮突起

电台进行荒诞广播,居民纷纷向警察局询问真相

整整两天,CBS的这个弄假成真的节目都是报纸的头版新闻,韦尔斯也自然成为全国名人。后来,罗斯福总统在一次白宫举行的宴会上,悄悄地对韦尔斯说:"你知道,奥森,美国最好的演员就是你我两人!"事后,社会学家坎特里尔(Hadley Cantril)针对此事进行

---

① 蓝鸿文主编:《外国新闻通讯选评》下册,134~135页,北京,长征出版社,1985。
② [美]梅尔文·L.德弗勒、埃弗雷特·E.丹尼斯:《大众传播通论》,颜建军等译,301页,北京,华夏出版社,1989。
③ [美]梅尔文·L.德弗勒、埃弗雷特·E.丹尼斯:《大众传播通论》,颜建军等译,301页,北京,华夏出版社,1989。

专项研究,由此产生美国传播学的经典范例之一——《来自火星的入侵》(*The Invasion From Mars*)。其中,对广播听众的惊恐状态作出如下总括性描述:

> 在节目结束以前,遍及整个美国,都有人在祈祷、哭泣和疯狂的逃窜以躲避火星人带来的死亡威胁。有些人开始去寻找相爱的人,另外的人则打电话请假或给朋友提醒,奔跑着去给邻居报信,去报社或广播电台的编辑部寻找信息,或者呼唤着救护车和警察的巡逻车。至少有600万人收听广播,其中至少有100万在为恐惧祈祷或忧虑不安。①

从这个节目所引发的大规模恐慌中,既可以看出大萧条年代美国人的心态,又可以见到广播在当时所具有的巨大而神奇的魔力。这次恐慌虽无一人死亡,但成千上万的美国人都觉得自己像傻瓜一样受到愚弄。为此,CBS受到指控,人们要求它赔偿75万美元。后来,美国为此颁布一项新的法规:禁止播放虚构的新闻。然而,四年之后,智利圣地亚哥的一家电台,又用西班牙语重播了这个节目,而智利听众的反应跟美国一样。不过,这一回,愤怒的人们焚烧了这座电台。

2. "炉边谈话"

20世纪30年代,美国另一件与大萧条同样引人注目令人难忘的事情,就是罗斯福实施的新政(New Deal)。富兰克林·罗斯福,是美国历史上唯一一位连续四次入主白宫的总统。据说,第四次当选后,有位记者采访他,请他谈谈四次连任的感想。罗斯福不正面回答记者问题,而是递给记者一块三明治。记者受宠若惊,三口两口吞将下去。罗斯福又递来一个,记者照样很爽快地吃完。接着,罗斯福又递过来第三块,记者虽然面有难色,但盛情难却,还是勉强咽下肚去。最后,当罗斯福递过第四个面包时,记者终于消受不起,不得不谢绝。这时,罗斯福才笑着说:第一次当总统,就跟你吃第一个面包一样,迫不及待,吃得很香;第二次当选后,感觉依然良好;等第三次当选,已是勉为其难;如今,第四次做总统,简直就像吃第四块面包,苦不堪言呵!

炉边谈话

简单说,罗斯福有两大政绩:一是在国内推行"新政",扭转了"大萧条"的局面;二是在国外领导美国同法西斯作战,赢得了第二次世界大战的胜利。不论是在国内推行新政,还是在国外领导战争,罗斯福都十分重视新闻舆论的作用,都非常善于利用新闻媒介。他被公认

---

① [法]阿芒·马特拉:《世界传播与文化霸权》,陈卫星译,73页,北京,中央编译出版社,2001。

为美国历史上,最精于操纵新闻媒介的政治家。赵浩生甚至认为,"世界上有两位政治家最了解新闻的价值,最会发挥新闻的功能,跟新闻记者的关系最好。一位是罗斯福总统,一位就是周恩来总理"(《漫话美国新闻事业》)。比如,1933年,罗斯福第一次就任总统之际,美国的经济已经全面崩溃,全国笼罩在一片绝望与恐慌之中,美国似乎到了山穷水尽疑无路的地步。面对这种险恶局面,新任总统的当务之急就是恢复人们的信心,振奋民族的精神。于是,罗斯福在就职演说中,第一句就说道:"我们唯一必须恐惧的,就是恐惧本身。"这句已成名言的话,既像镇静剂,又如强心剂,使绝望的美国人不仅平静下来,而且振奋起来。再如,罗斯福在四届总统任期内,一共举行了998次记者招待会,平均每年83次,[①]一举将美国的新闻中心从纽约移到华盛顿。每次记者招待会上,"罗斯福总统不仅会提供两三条头条新闻,而且还会讲一段故事,为记者提供一些笑料。事实上,罗斯福的记者招待会在华盛顿已经成为最重要的固定节目,对此罗斯福是知道的。有一次,他说:'坐在后排的人大多数是来这里猎奇的,是不是这样?'"[②]与此同时,罗斯福与记者的关系也很融洽。他能叫出白宫所有记者的姓名,他还为一些记者取绰号。大卫·哈伯斯塔姆说他是"生就阳春白雪的天性,却自带一种下里巴人的气质"。[③] 当然,记者对他的爱护也无以复加。他是个下肢瘫痪的人,但文字记者从未在稿件中提及此事,摄影记者也从未拍他在轮椅中或拄着拐杖的照片。

罗斯福在新闻媒介中尤其偏爱广播,以致后来报刊记者都有点意气难平。在罗斯福之前,政治家们对广播大都不屑一顾,认为广播与其身份不相称。罗斯福的前任胡佛总统,只发表过几次广播讲话,而且都是照本宣科,一副官腔。而罗斯福总统差不多发表了300多次广播演讲,病逝之前还在为CBS准备一篇广播稿。有一次,他打趣地说:"我知道我退休后会干什么。我将成为那些最有权威的广播评论员中的一员。"总之,正像人们常说的,罗斯福是位"广播总统"。离开广播,其辉煌政绩几乎不可想象,正如离开广播,希特勒不可能煽起全国的战争狂热,而丘吉尔、戴高乐、斯大林也难以鼓起全民的抗战热情。究竟是广播造就了罗斯福等叱咤风云的人物,还是他们有声有色、充满个性色彩的功业推动广播进入黄金时代,这个问题有点类似于先有鸡还是先有蛋。不过,有一点是明白无误的,罗斯福推行新政的成效得力于广播媒介的巨大影响力,这一点集中体现于他所独创的广播形式——"炉边谈话"(fire side chats)。

1933年3月12日,是罗斯福就任总统第一周的最后一天。这天傍晚,全国千万户人家从广播里第一次听到他的"炉边谈话"。这天,在白宫外宾接待室的壁炉前,NBC、CBS

---

① 作为对比,杜鲁门平均42次,艾森豪威尔24次,肯尼迪22次,约翰逊25次,尼克松7次,福特16次,卡特26次,里根6次,老布什和克林顿也很低。见埃默里等《美国新闻史》,展江等译,352页,北京,新华出版社,2001。
② [美]埃默里等:《美国新闻史》,展江等译,352页,北京,新华出版社,2001。
③ [美]哈伯斯塔姆:《掌权者》,尹向泽等译,40页,成都,四川文艺出版社,1988。

等广播公司安装上各自的扩音器材,准备让新总统向全国发表他的第一次广播演说。事前,罗斯福被人用轮椅推进这间临时准备的白宫广播室。罗斯福向负责这次广播的人说,他不想把这次广播讲话弄得太正经,太严肃,他希望讲得自然一些,亲切一些,就像在家里,大家围坐在一起,无拘无束地随便交谈一样。听到总统这么说,CBS驻华府办事处主任哈里·布彻便随口说道:"既然如此,那就叫'炉边谈话'好了。"从此,炉边谈话便成为罗斯福发表广播演说的正式名称,一直沿用下来。

他的每次"炉边谈话",都以"我的朋友们"这句话开始,听起来如同老朋友一起促膝交谈,娓娓动人。在第三次"炉边谈话"中,还发生了一件传为美谈的趣事。当时,罗斯福说着说着感到口渴,于是便停下来,要了一杯水,喝了一口,然后对听众说道:"我的朋友们,华盛顿今晚真是热极了!"事后他问工作人员,他的题外话是否得当,大家告诉他,那句插话简直妙不可言。

就这样,广播以其神奇的魅力把罗斯福那热情、洪亮、充满自信的声音传遍全国,带进千家万户,一下子将总统与民众的感情拉近了,从而在人们心理上造成一种休戚与共的神圣感。每当听到"炉边谈话",人们就仿佛见到自己的老朋友,就好像看见脸上挂着温暖笑容的罗斯福,有人说"华盛顿与他们的距离,不比起居室里的收音机远"。① 许多人甚至把他的照片从杂志上剪下来,贴在收音机上。罗斯福的前任胡佛当政时,白宫每天大约只收到40封来信,而"炉边谈话"发表后,每天来信一下达到4 000封左右。《纽约时报》报道说,从来没有哪位总统,能在这样短的时间里叫人觉得这样满怀信心。政论家李普曼也写道:我们全国人民原来对任何人、任何事物都不相信了,不过一周时间,我们现在对国家、对政府又恢复了信心。此前的分崩离析,变成了现在的众志成城,此前的灰心绝望,变成了现在的信心百倍。于是,新政顺利推行,国家终于摆脱大萧条的厄运,逐步走上复兴之路。当时一所小学举行民意测验,孩子们写道:罗斯福第一,上帝第二。总之,"炉边谈话"获得巨大反响,成为广播史上的一个传奇。

三、广播与第二次世界大战

1931年9月18日,日本关东军突袭沈阳北大营,最先挑起第二次世界大战的战火。1939年9月1日,德国入侵波兰,第二次世界大战全面爆发。1941年12月7日,日本偷袭珍珠港,美国废除中立,正式参战。1945年9月2日,日本签署投降书,第二次世界大战宣告结束。在这场空前惨烈的世界大战中,广播事业获得前所未有的迅猛发展,呈现出空前绝后的繁荣局面。其中,最为突出的当属国际广播的异军突起。

---

① [美]埃默里等:《美国新闻史》,展江等译,373页,北京,新华出版社,2001。

1. 国际广播

国际广播又称对外广播，是指"一个国家为供另一个（或另一些）国家收听而进行的广播"（赵水福）。① 国际广播的职责，既有新闻传播，又有文化交流，更有政治宣传。

最早开办国际广播的国家是荷兰（1927）。不久，德国（1929）、法国（1931）、英国（1932）、日本（1934）等国家，也相继兴办国际广播。不过，早期的国际广播发射电力弱，播出时间短。直到第二次世界大战全面爆发，由于适应战争与外交的迫切需要，国际广播才获得飞速发展。如果说，20世纪30年代是各国大力发展国内广播的时期，那么，20世纪40年代就是国际广播迅猛发展的年代。据统计，1939年大战全面爆发时，共有27个国家办有对外广播，到1945年战争结束时，这个数字就增加到55个国家，差不多整整翻了一番。②

随着国际广播的发展，国际广播心理战也就成为一种新事物。二战期间，各国在新闻传播领域也展开一场前所未有的世界大战，整个空间也变成一个"杀声震天"的战场。希特勒歇斯底里的咆哮、丘吉尔英勇不屈的演说、戴高乐大义凛然的号召、斯大林沉着坚定的讲话，无不通过无线电波而迅速传遍天涯海角。众所周知，第二次世界大战把世界分为两大阵营：由德意日法西斯组成的轴心国和由世界反法西斯力量组成的同盟国。当时，双方都很重视国际广播，都把国际广播作为"战争的武器"、"宣传的炮弹"，作为争取国际舆论的有效手段。1941年冬，德军兵临莫斯科城下，纳粹曾拟订一个黑名单，准备拿下莫斯科后立即逮捕黑名单上的13个人。不用说，第一个自然是斯大林，而名列第二的就是苏联著名播音员尤·列维坦。③ 后来，列维坦在谈到他在这一严峻时期的工作时说道：

> 准备工作困难重重。你的话不能流露出一丁点儿惊慌失措或丧失信心的迹象，也不能让自己的声音失控发抖。整个国家、前线将士和国外都在无线电旁听你的声音，抵抗运动的将士们和游击队员都在听。无线电给人民带来了希望，它帮助人们忘记创伤和疲劳，号召人们去战胜敌人。④

按照播报内容及其风格，国际广播可以分为两种类型，一种是"宣传式"，一种是"新闻式"。宣传式的代表是纳粹德国。曾参与希特勒"啤酒馆政变"的纳粹将军鲁登道夫，在其传世之作《总体战》（1935）中写道："必须致力于利用报纸、广播、电影及其他各种出版物，穷尽所有的手段来维持国民的团结，为了制定妥当的对策，政治家要了解人类精神的法

---

① 赵水福：《国际广播探析》，61页，北京，中国广播电视出版社，1987。
② 赵水福：《国际广播探析》，62页，北京，中国广播电视出版社，1987。
③ 赵水福：《国际广播探析》，213页，北京，中国广播电视出版社，1987。
④ 张穗华主编：《媒介的变迁》，159页，北京，中国对外翻译出版公司，2002。

则,做妥善的安排。"① 1936年,纳粹党在纽伦堡召开党代会时,大厅里就悬挂着一条醒目的横幅:"宣传帮助我们夺取政权,宣传帮助我们巩固政权,宣传还将帮助我们取得整个世界。"纳粹的宣传部长、谎言重复千遍就会成为真理这句"妙语"的作者戈培尔说得更为露骨:"新闻是战争的武器。新闻的目的是帮助战争而不是提供信息。"② 他还认为,"19世纪是报纸的世纪,20世纪是广播的世纪",由此提出"一个民族!一个国家!一个广播!"的宣传口号。③ 所以,大战期间,纳粹德国的对外广播充满浓烈的宣传意味,基本谈不上新闻的真实性与客观性。希特勒甚至说过:要撒谎,就撒弥天大谎。西方人之所以对宣传深恶痛绝,提起宣传就产生本能反感,不能不说同纳粹的拙劣宣传及其凶恶行径有关。

"新闻式"的对外广播,则以英国的BBC为代表。BBC的对外广播,始于1938年1月开播的阿拉伯语节目。同年晚些时候,当大战的乌云密布欧洲上空之际,BBC又开办了对欧洲大陆的广播。到大战后期的1944年,BBC的对外广播共使用39种语言,每周累计播音763小时,规模之大居各国之冠。④ BBC的广播,一向以冷静、克制、从容不迫、不带感情色彩著称,研究战时宣传问题的日本学者池田德真,还具体概括了BBC的九个特点:

一、播送新闻的态度非常冷静。

二、消除所谓敌我的感情,以中立的态度进行报道。

三、新闻和解说的内容丰富多彩。

四、用各种各样短新闻编辑成的"无线电新闻专辑"听起来很有味道。

五、经常采用敌、友、我报纸上的评论对时事进行解说或者驳斥对方。

六、一个事件发生后,立即就去采访原来驻在那个地区的大使等人,力求把发生事件的背景弄清楚。

七、什么事都迅速让专家出面讲话,使得报道变得有血有肉。

八、避免纯正英语的英国式发音,使用以外国人为对象的、谁都能容易听懂的英语讲话。

九、从整体上看,也可以把这叫做英国式派头,就是讲体面、有风度地进行客观的广播。⑤

有个例子,典型地反映了BBC的这种报道风格。1941年12月,日本偷袭珍珠港后,

---

① [日]佐藤卓己:《现代传媒史》,诸葛蔚东译,122页,北京,北京大学出版社,2004。
② [美]罗伯特·福特纳:《国际传播:全球都市的历史、冲突及控制》,刘利群译,131页,北京,华夏出版社,2000。
③ [日]佐藤卓己:《现代传媒史》,诸葛蔚东译,162页,北京,北京大学出版社,2004。
④ 赵水福:《国际广播探析》,62页,北京,中国广播电视出版社,1987。
⑤ [日]池田德真:《宣传战史》,朴世俣译,109～110页,北京,新华出版社,1984。

紧接着又对东南亚的英军发起进攻。其间,日军飞机在马来半岛海面击沉英国战列舰"威尔斯亲王号"和巡洋舰"却敌号",是不亚于珍珠港的一大战绩——"它们的损失给英国人的打击与珍珠港事件给美国人的打击一样大"。① 要知道,"威尔斯亲王号"可是英国皇家海军的一大王牌,1941年夏天,丘吉尔就是乘"威尔斯亲王号"前往美国,同罗斯福签署了著名的《大西洋宪章》。怨不得一向刚毅的丘吉尔,听到这个消息都不免张惶失色:"在战争的整个过程中,我从来没有受到过比这次更为直接的打击……我在床上翻来覆去,这一消息使我不寒而栗,毛骨悚然"②,"多少努力、希望和计划与这两艘军舰一起沉没了"。③ 而当时正在墨尔本公使馆任职的池田德真,则说他听到了一次一辈子也忘不了的BBC广播:

> 我很想知道英国是怎样报道这件事的,抱着极大的兴趣收听了当天晚上九点一刻播送的伦敦BBC的广播。在这次新闻节目中,大约播出了十五条新闻,其中的第三条是:
>
> "海军部遗憾地宣布,今天下午在马来半岛海面上,'威尔斯亲王号'和'却敌号'为日本轰炸机所击沉。"
>
> 对这样的大事,BBC像一个中立国似的,以很冷静的态度做了报道。④

显然,BBC的这种冷静克制风格与纳粹的狂热煽情风格大相径庭,形成鲜明对照。而事实表明:BBC的新闻式远比纳粹的宣传式,更能赢得听众信赖,更能产生持久影响。

2. 英国广播公司(BBC)

二战期间,BBC不仅是盟国对抗法西斯宣传的一大舆论壁垒,同时也是鼓舞英国人民抗战到底的一大精神支柱。BBC每次开播之前,人们首先听到的就是贝多芬"命运"交响乐开头四个熟悉的音符,它们是那么刚毅、威严、不屈不挠,总使人联想起贝多芬的名言:我要扼住命运的咽喉,它休想让我屈服! 这四个音符,在节奏上是三短一长,而三短一长在莫尔斯电码中代表字母V。众所周知,V是英文"胜利"(victory)的第一个字母,用V象征胜利就源于第二次世界大战。BBC的开始曲——四个三短一长代表V的音符,正是当时许多用V表达必胜信念的象征之一。美国名记者、史学家威廉·曼彻斯特,在其

---

① [美]斯塔夫里阿诺斯:《全球通史——1500年以后的世界》,吴象婴等译,765页,上海,上海社会科学院出版社,1992。
② [美]戴维·贝尔加米尼:《日本天皇的阴谋》,下册,华幼中等译,1091页,北京,商务印书馆,1986。
③ [美]斯塔夫里阿诺斯:《全球通史——1500年以后的世界》,吴象婴等译,765页,上海,上海社会科学院出版社,1992。
④ [日]池田德真:《宣传战史》,朴世俣译,110页,北京,新华出版社,1984。

名著《光荣与梦想》里,记述了当时有关 V 的一系列趣事:

> 有一个逃亡英国的比利时人,名叫维克托·德拉维利。他也跟戴高乐一样,天天从英国向本国同胞进行短波广播,叫他们咬紧牙关,坚持下去。1940 年末的一个晚上,他在广播里建议,用粉笔在各公共场所写上 V 字,表示坚信盟军最后会胜利,让那些纳粹匪徒心神不宁。自从用十字纪念耶稣以后,再也没有什么符号比 V 字更加家喻户晓的了。V 这个字母可以简代的词意之多,真是叫人意想不到。在塞尔维亚语里,V 字代表"英雄气概";在捷克语里,代表"胜利";在荷兰语里,代表"自由"。英国广播公司对欧洲广播,开头就用贝多芬第五交响乐起首那四个音符,嘀-嘀-嘀-哒,变为莫尔斯电码,是三短一长,恰好也是 V 的符号。于是一时间欧洲各沦陷国家里,无论敲门也好,拉汽笛也好,按汽车喇叭也好,叫服务员也好,都是"嘀-嘀-嘀-哒"。朋友见面,伸出两个手指作 V 字形互相招呼。餐馆刀叉也摆成 V 字。不走的时钟都拨到 11 点 5 分。有色粉笔写的 V 字到处都是,连德国军官的专用厕所里也有。①

二战期间,BBC 播出的一系列丘吉尔首相的广播演说,给人留下非常深刻的印象,成为广播史上的经典篇章。大战初期,德军一路凯旋,东占波兰,西降法国,几十万英法联军在德国的闪击战下溃不成军,从敦刻尔克侥幸逃脱。整个西欧几乎全部沦陷,只剩一个小小的弹丸岛国在同不可一世的纳粹隔海对峙,局势真是千钧一发,岌岌可危!这时,惶恐不安的英国民众,突然从 BBC 中听到一个坚强不屈的声音:"我们要坚持到底……我们要在海洋上作战,我们要在天空中作战,我们将不惜一切代价保卫我国本土,我们要在滩头作战,在敌军登陆地点作战。我们要在田野和街头作战,我们要在山上作战,我们绝不投降!"这就是受命于危难之际的新首相丘吉尔,在向全国发表演说。这次就职演说之所以产生巨大的冲击力,显然同广播的普及密不可分,正如哥伦比亚大学新闻研究生院的霍恩伯格教授所说:

> 即使记者们对丘吉尔那气势磅礴、振奋人心的呐喊态度冷淡,通过收音机收听的几千万听众也必定会深受感动。世界上的领袖必须借助报纸和记者与公众联系的时代一去不复返了。毫无疑问,那一天的广播扩大了丘吉尔的影响,并有助于他在英国孤军与纳粹侵略者奋战时提高英国在世界上的声望。②

英国人民在丘吉尔广播讲话的感召下,群情激昂,斗志倍增,决心同纳粹侵略者血战到底。对此情形,《光荣与梦想》有一段精彩概括:

---

① [美]威廉·曼彻斯特:《光荣与梦想》,第一册,广州外国语学院英美问题研究室翻译组合译,312~313 页,北京,商务印书馆,1979。
② [美]约翰·霍恩伯格:《西方新闻界的竞争》,魏国强等译,476 页,北京,新华出版社,1985。

1940年夏,英国只剩三件东西:皇家空军的勇气、丘吉尔的声音、莎士比亚的一句遗言:"我们英国从来不曾跪倒在征服者的脚下,将来也不会。"

如今,BBC已经成为英国国际广播的象征与重镇,与路透社、《泰晤士报》一起构成权威的英国媒体与舆论喉舌:"实际上,它有可能是世界上最大最成功的公共服务性广播的例子,它1999年的收入是28亿英镑,最新的员工数是超过23 100名全职职工。"①在其80余年的历史上,同样离不开一批批优秀的新闻人,他们在新闻传播领域做出的令人艳羡、数不胜数的业绩,永远值得后来者景仰与学习。这里不妨简单提一位BBC的名记者理查德·迪姆布雷拜。此君堪称即兴广播的天才,在英联邦成员国拥有几亿观众。他既是出类拔萃的主持人,又是学识渊博的作家。有天晚上,他在屋顶报道伦敦大雾,那次大雾笼罩整个城市,什么也看不见,而他却滔滔不绝地谈了几个小时。还有一次报道,更让人叫绝。据说那一次:

他在伦敦的皇家刺绣学校进行广播报道,皇太后即将光临。迪姆布雷拜先是描述了陈列的展品,介绍了学校的历史。然后该是皇太后抵校的时间了,但皇太后却姗姗来迟,这样,迪姆布雷拜就继续说下去,谈到中国、波斯和欧洲的刺绣,介绍不同的针法和技巧,就像他和刺绣打了一辈子交道似的。皇太后抵校的时间比原定时间整整晚了25分钟,她解释说,她在王宫里的电视上观看了所有这一切,被迪姆布雷拜所作的介绍深深吸引住了,以致忘了时间。

事实上,24小时前,迪姆布雷拜对刺绣还一窍不通,但他在头天晚上作了准备工作。②

3. 美国之音(VOA)

埃默里父子在其《美国新闻史》里写道:"大多数观察家认为,美国报纸和电台对第二次世界大战的报道达到了有史以来最出色最充分的程度。"③如果说第一次世界大战抑制了广播的成长,那么第二次世界大战则大大促进了广播的成长。这一方面固然是因为广播已成为最迅捷的传播媒介,成为人们不可或缺的娱乐工具;而另一方面也是因为大战造成纸张匮乏,使大公司在报刊上登上广告受到一定限制,从而不得不更多地依赖广播。作为新兴的大众媒介,广播把纳粹进军的脚步声,伦敦上空的枪炮声,清清楚楚地传入美国人的家庭,彻底打破了美国人凭借两洋高枕无忧的幻想,把一向奉行孤立主义的美国同世界

---

① [英]戴维·冈特利特主编:《网络研究:数字化时代媒介研究的重新定向》,彭兰等译,234页,北京,新华出版社,2004。
② [美]约翰·钱塞勒、沃尔特·米尔斯:《记者生涯》,史文新译,72页,北京,世界知识出版社,1985。
③ [美]埃默里等:《美国新闻史》,展江等译,401~402页,北京,新华出版社,2001。

紧紧联系在一起。

1941年12月7日下午3点,许多美国人在CBS原定播放动听音乐的时间,突然听到一条很不动听的新闻——日本偷袭珍珠港,太平洋舰队全军覆没!许多人听到这条突如其来的消息,都不由大惊失色,有些人甚至不敢相信,新泽西市一位上年纪的人,居然哈哈大笑地说道:"上次你们广播说什么火星人到了地球,把我们吓一大跳。我早就料到现在又要来这么一手的!"罗斯福总统得知此事后,一动不动地坐了整整18分钟。第二天,广播里便传来他那篇著名的演说:

> 1941年12月7日——这是个叫人永远不能忘怀的可耻的日子——美利坚合众国遭到日本帝国海军和空军突如其来但蓄谋已久的袭击。
> ……

太平洋战争爆发后,日美双方在用飞机战舰拼死搏杀之际,还展开一场同样激烈的"电波战"。1942年,《新闻周刊》就发表文章《美国接手短波广播》(U. S. Takes Over Short Waves):

> 珍珠港事件之后,日本媒体立刻对菲律宾展开一连串的宣传。麦克阿瑟将军于是紧急要求美国的广播节目与东京电台的节目对抗。节目是有的,但问题是如何使它们播出。位于旧金山的KGEI电台曾试着播出节目,但很快被日本电台干扰。显然,美国没有其他的设备可以胜任此项工作。最后,政府终于借了三个位于西海岸的曾用于电话通讯的发射机来对菲律宾广播。这些设备被投入使用,向菲律宾发射无线电波,美国的广播节目再一次在岛上播出。①

东京玫瑰

当时,日本还在东京组建了一座专门用于瓦解美军士气的电台,这座电台有位著名的女播音员,人称"东京玫瑰"(Tokyo Rose)。她的嗓音甜美迷人,充满柔情蜜意。她向美军官兵娓娓动听地讲述家乡美丽自然的风光和安宁和平的生活,以此激发美国大兵的思乡之情,从而无心恋战。当时,许多美军官兵深为她的播音所倾倒,以致进驻日本时都想捷足先登,尽快目睹"东京玫瑰"的芳容玉貌。这位以"东京玫瑰"著称的女播音员,名叫登仓育子。她是一个日裔美国人,大战期间来到东京,为日本法西斯效命。所以,大战结束后,她作为战犯受到远东军事法庭审判。直到1977年,她才获得美国政府的特赦。

---

① [美]罗伯特·福特纳:《国际传播:全球都市的历史、冲突及控制》,刘利群译,135页,北京,华夏出版社,2000。

为了对付法西斯的电波战、心理战,美国在太平洋战争爆发后,也开办国际广播,建起第一座对外广播电台,这就是有名的美国之音(Voice of America,简称 VOA)。前面介绍美国广播事业时,我们谈的都是国内电台和私营电台,而 VOA 则是美国的第一家国际电台和官方电台。VOA 的首次播音,是在珍珠港事件后第 79 天,也就是 1942 年 2 月 24 日。这天,播音员威廉·黑尔(William Hale),从当时的 VOA 总部纽约,用抑扬顿挫的德语说道:

> 美国之音开播了。直到今日,美国已参战七十九天。从今日起,每天在这个时间,我们将播报美国和战争的情况。新闻中可能有好消息,也可能有坏消息,本台将如实报道真相。

随后一周,VOA 又相继推出法语、意大利语和英语广播节目。到大战结束时,VOA 已使用 34 种语言播音,每周累计播出 833 小时。VOA 开播后不久,1942 年 6 月 13 日罗斯福又下令成立一个负责战时新闻宣传的机构——战时新闻局(Office of War Information),VOA 便划归战时新闻局领导,成为它的直属电台。战时新闻局的第一任局长,是 CBS 的新闻评论员埃尔默·戴维斯(Elmer Davis),他还曾在《纽约时报》做过 10 年记者。战时新闻局直接对总统负责,分为国内和国外两个部,国外部的主要机构就是 VOA。1943 年,战时新闻局的年度预算,有将近 80% 拨给国外部,其中绝大部分又都用于 VOA 的对外广播。不过,VOA 在二战中的表现并不怎么突出,远不如 BBC 影响广泛。英国学者阿沙布里吉斯在《英国广播史》中就认为:在整个战争期间,美国对欧洲的宣传显得太遥远,太支离破碎,不够巧妙,无法与那些久已在欧洲大陆进行活动的宣传力量竞争。VOA 真正成为国际广播中的一支劲旅和主力,是在二战结束后的冷战时期,它是在美国确立其超级大国与世界霸主地位的进程中壮大起来的。

1945 年日本投降后,杜鲁门总统下令取消战时新闻局的国内部,并将其国外部包括美国之音一起划归国务院。1953 年,艾森豪威尔总统又建立了一个新的政府部门——美国新闻署。从此以后,VOA 便归新闻署领导,但在外交政策上接受国务院的指导。艾森豪威尔曾说过:"一美元的外宣费用等于五美元的国防费用。"他命令"美国之音"要越过国境、越过海洋,穿过铁幕和石墙,同共产主义进行你死我活的斗争。[①] 卡特总统执政时,新闻署曾一度更名为"国际交流署"。里根总统上台后,又恢复美国新闻署的名称。美国新闻署的主要机构一是 VOA,一是各驻外使馆的新闻处,其中有位副署长专管 VOA。

曾任 VOA 台长的 NBC 记者钱塞勒说过,"美国之音的地位介于新闻和外交之间"。事实确实如此。美国之音虽然直属新闻署,但它与国务院即美国外交部的关系十分密切。国务院在 VOA 设有政策办公室,审核 VOA 的社论和有关国际问题的新闻分析,以确保

---

① 赵启正:《中国面临的国际舆论环境》,《世纪知识》2004(5)。

VOA 严格按照美国的外交政策进行广播。VOA 内部也分为两派：一派是外交官出身的官员，一派是从事新闻采编播的各类业务人员。两派人员经常发生冲突，对许多新闻报道的看法往往不同。大致说来，官员们总把外交政策摆在首位，而业务人员总先考虑新闻本身的价值。也就是说，前者重宣传，后者重新闻。一位外交官出身的 VOA 东欧语言部负责人曾经说过：我的工作就是推进美国的外交政策。里根任内曾一度出任 VOA 台长的康克林，指示起草的一份备忘录说得更露骨：

> 全世界都清楚美国之音是个宣传机构。因此，它唯一令人信服的存在目的就在于对抗苏联的广播攻势……我们必须把苏联描绘成地球上最大的掠夺成性的帝国……我们必须尽力刺激人民对统治者的不满以动摇苏联及其卫星国……我们应在苏联控制的傀儡国中煽起民族主义的火焰……我们应赞颂美国多元化的代议民主政体和自由企业制度的优越性。①

VOA 的大老板、前总统卡特也说过，VOA 是"美国对外政策的一个关键性因素"；尼克松总统则认为，VOA 是官方政策的发言人；而里根总统发誓让 VOA 成为对付共产主义的"破城槌"。他们所强调的都是 VOA 的宣传职能，出发点都是美国的外交政策与国家利益。

另一方面，VOA 的业务人员，包括编辑、记者、撰稿人、节目主持人等，注重的则是 VOA 的新闻职能，出发点首先是新闻的"可信性"(credibility)。他们觉得，新闻就是新闻 (news as news)。比如，VOA 的一位新闻时事部主任就曾说过："人们有权知道所发生的事情，有权从报纸、电台不受干扰地知道消息。这就是我们所要做的。"②在他们看来，广播首先得有听众，听众是广播的上帝，没有听众的广播就像没有读者的报纸，而争取听众的唯一有效手段，就是如实地报道新闻，树立电台的信誉。一位 VOA 的专业人员科林斯 (Fred Collins)说得很明确：广播最适宜的目的在于传播新闻，而非试图改变人心，对于那些只懂得要求 VOA 无论战时或平时都要遵循外交政策的人而言，他们常常忽略了一个简单的要害，那就是听众有权作最后决定，他们总是可以自行选择是否收听的。

几十年来，VOA 内部两派人马明争暗斗，时起时伏，有时外交帮占上风，有时新闻帮占上风。这场冲突步步升级，双方矛盾愈演愈烈，最后终于促成《美国之音宪章》(The Charter) 的出台。所谓《美国之音宪章》，是《94—350 号公共法》(Public Law 94—350) 的通称。这项法令经美国国会讨论通过后，于 1976 年 7 月由福特总统签署生效。其基本内容共有三条：

---

① Robin Grey, *Inside VOA*, *Columbia Journalism Review*, 1982/3.
② Robin Grey, *Inside VOA*, *Columbia Journalism Review*, 1982/3.

一、美国之音必须始终保持为一个可靠的和权威性的新闻来源。美国之音所广播的新闻一定要准确、客观、广泛。

二、美国之音应代表整个美国,而不是美国社会的任何一部分。因此,它对美国的主要思想和制度必须有一个平衡的和全面的报道。

三、美国之音应清楚地、有效地阐明美国政策,同时也报道对这些政策所发表的认真的讨论和意见。

显而易见,第一条是用来取悦倡导新闻优先的业务部门,第三条是用来安抚主张宣传第一的管理部门,至于中间一条则用来满足方方面面的批评者,包括有些国会议员,他们主张美国之音作为国家资助的国际电台,理当向国外听众颂扬美国。总之,《美国之音宪章》是个折中的法案,是各种力量博弈的结果。

VOA现由一个"新闻时事部"以及三四十个语种广播部组成。"新闻时事部"(News and Current Affairs),是VOA的中枢部门,相当于总编室。VOA驻各地记者发回的报道,都先汇总到新闻时事部,然后经过编选,再分送各个语种广播部。各个语种广播部等于相对独立的电台,它们与新闻时事部的关系类似于附属台与所属广播网的关系。在这些语种广播部中,都有各自一套编辑人马。如果说新闻时事部是VOA的第一个把关人(gatekeeper),那么,各种语种编辑部就是第二个把关人。不同语言的听众,在VOA不同语种广播中听到的节目,最终都取决于第二个把关人。比如,中国听众在VOA中文广播中听到的一切内容,都是由VOA的华语广播部最后拍板定夺的。

华语广播部又叫中文部,它的前身是旧金山的一家民营华语电台,珍珠港事件后转为官方经营。1942年6月战时新闻局成立后,这家华语电台并入VOA,成为VOA的中文部。美国之音这个中文译名,还是由著名的语言学家赵元任先生起的。当时赵先生在哈佛执教,当中文部就VOA的中文译名向他就教时,他提供了两个译名:一是"美国之声",一是"美国之音"。中文部刚成立时,在西海岸的旧金山,1946年东迁纽约,并入VOA总部,1954年又随总部从纽约迁到华盛顿。

众所周知,中文部曾经赤膊上阵,扮演过一段不光彩的反华反共角色,对中国进行"广播轰炸"。所以,过去在中国一提VOA,人们便自然想到造谣、诽谤、攻击等字眼。从1949年新中国成立到1972年尼克松访华,二十几年间中文部收到中国内地听众的来信总共不到20封。中文部一位记者后来访华时说道,他们那时播音就如同对着播音室的墙壁说话,心里空荡荡的。20世纪70年代以后,随着中美关系的解冻,VOA对中国的态度也发生相应转变。与此同时,VOA在反省自己的失误后,也开始借鉴BBC的一些做法,如客观地报道新闻、严格的区分新闻与评论、不急功近利而着眼于潜移默化等策略。

2011年2月16日,正值美国之音即将迎来开播七十周年之际,其上级机构美国广播理事会向国会提交了2012财年预算,决定自2011年10月1日起,美国之音的普通话和粤语广播及电视节目从此撤销,仅保留中文网站,中文部也将大幅裁员,从而"意味着美国政府对中国广播时代的终结"。《人民日报》发表胡美玲的文章指出:

> 为何"美国之音"要裁掉中文广播呢?显而易见的原因主要有:从技术变迁看,在互联网时代,广播确实显得落伍。"美国之音"中文部不得不承认,没有多少中国人听广播了;从预算角度看,奥巴马政府在面临财政赤字创历史新高的压力下,对业已"过时"的"美国之音"开刀合情合理。
>
> 但有分析人士指出不能忽视"美国之音"的一个细节,即保留中文网站。这意味着美国并非在宣传战场上让步,而是派新兵上阵。从去年到近日,美国国务卿希拉里屡次强调,网络是美国海外宣传的最重要阵地,美国将争夺网络空间主导权。加之最近中东反抗浪潮中凸显的网络力量,"美国之音"中文广播的冷遇则不足为奇。
>
> (《人民日报》外海版2011年2月22日第6版)

除了美国之音电台这个主要的国际广播喉舌,美国政府还在不同时期、针对不同对象国家,兴办了一些国际广播电台。它们的规模、对象、形式或有不同,但都体现着明确的宣传、渗透、瓦解及颠覆的意图。比如,冷战时期开播的"自由欧洲电台"(1949)和"自由电台"(1951),前者针对东欧,后者针对苏联。这两家设在德国慕尼黑的秘密电台,均由中央情报局(CIA)资助:"它们播出的新闻节目也有'心理战'的内容,本意是希望赶走欧洲的共产主义,动摇苏联的地位。"①1987年,苏共总书记戈尔巴乔夫在美国的压力下,取消了对"美国之音"、"自由欧洲电台"的干扰。当时,美国舆论对此大加赞扬,认为这个举动比他决定从东欧撤走50万苏军还重要。时任"美国之音"执行委员会主席的泰勒得意扬扬地说道:"东欧发生了惊人的变化,共产主义是我们眼中的怪物,正在土崩瓦解,'美国之音'和它的同行几十年如一日的辛勤劳动得到了回报。"②再如,1983年设立的马蒂电台(Radio Marti)和1990年增设的马蒂电视台(TV Marti),专门针对古巴展开宣传攻势。另外,诸如"自由伊拉克电台"、"自由阿富汗电台"等,也都如出一辙。当然,这些都是后话了。

第二次世界大战是人类历史上最大规模的一场全球性战争。在这场空前惨烈的世界大战中,广播以其无与伦比的传播优势成为首屈一指的新闻媒介,并把全球人类带入电子新闻的时代。

---

① [美]罗伯特·福特纳:《国际传播:全球都市的历史、冲突及控制》,刘利群译,162页,北京,华夏出版社,2000。
② 赵启正:《中国面临的国际舆论环境》,《世纪知识》,2004(5)。

第四节 爱德华·默罗：美国广播记者的一代宗师

经历过第二次世界大战的美国人,都不会忘记这样一幕动人的情景:每当德军轰炸机蝗虫般扑向伦敦的时候,每当报警声、喊叫声乱成一团之际,在硝烟弥漫、战火纷飞的伦敦城头,总有一个年轻的美国人孑然屹立,岿然不动。他手中拿着广播话筒,用平静而从容的声音,向大西洋彼岸的同胞口述亲眼所见的一切,把纳粹的暴行、英国人民顽强抵抗的精神和正义的呼声,送进千家万户。他每次播音的第一句话,已经成为新闻史上的名言:"这里是伦敦(This is London)。"

爱德华·默罗

这位在血与火中从容不迫地进行现场广播报道的年轻人,就是美国广播记者的一代宗师爱德华·默罗(Edward R. Murrow)。无论是美国广播史还是世界广播史,默罗都是一位关键人物。在他之前,广播记者默默无闻,被新闻界视为不屑一顾的小字辈;而从默罗开始,广播记者开始昂然登上新闻界的大雅之堂。正是从默罗身上,人们认识到广播新闻的价值,看到了广播记者的尊严。所以,默罗一直被美国广播新闻界奉为一代宗师。曾任 VOA 台长、后任 NBC 新闻评论员并获得普利策新闻奖的约翰·钱塞勒等,对默罗做过这样的评价:"默罗是个很有才干的人,他天生具有新闻报道的灵感和历史感,又是才华出众的作家。每一代人中都会有一些出色的人才,他们完美地集人格、才干和毅力于一身。"①

默罗早年就读于华盛顿大学。他选中这所大学就读的主要原因,是它在全美大学中最早开设了广播课程。默罗和二战中的巴顿将军一样,不仅相貌堂堂,一表人才,而且为人诚恳,热情豪爽,具有强烈的荣誉感,崇尚爱国主义。在大学期间,他就赢得广泛拥戴,被推举担任全国学联主席。默罗擅长演说,是个出色的演说家。他具有一副圆润洪亮、动听迷人的嗓音。他还热衷于戏剧艺术,能够恰如其分地把握角色的情绪、感情以及戏剧效果。此外,默罗还能写一手优雅而严谨的文章。所有这些都对他日后成为二战中最著名的战地广播记者,提供了充足的条件。

1935 年,默罗加入哥伦比亚广播公司,实现了自己的夙愿——做一名广播记者。从此默罗的名字,几乎一直都同 CBS 连在一起。前面说过,诞生于 20 世纪 20 年代的广播事业,从 30 年代进入其黄金时代,第二次世界大战又为广播的发展提供了一个千载难逢

---

① [美]约翰·钱塞勒、沃尔特·米尔斯:《记者生涯》,史文新译,172 页,北京,世界知识出版社,1985。

的绝好机会。二战既造就出一批著名的军事将领,同时也锻炼出许多杰出的广播记者。在二战中涌现的广播明星中,默罗差不多是最耀眼夺目的一颗,而报道二战也成为默罗毕生事业中最光彩照人的篇章。

1937年,希特勒日益加紧扩军备战,欧洲局势更趋紧张,欧洲战争已迫在眉睫,一触即发。CBS主管新闻部的副总经理,觉得有必要选派一名优秀的记者,去主持CBS的欧洲记者站。经过一番考虑,他觉得最合适的人选还是默罗,尽管起初他不肯从CBS的总部放走默罗。默罗受命后,就启程前往英国伦敦,担任CBS的欧洲记者站负责人,时年29岁。

目光敏锐、具有远见的默罗一到欧洲,就立即预感到战争即将全面爆发。为了能够顺利开展工作,他决定先物色一名得心应手的助理。默罗除了具备作家、记者和演员的才华,还颇有知人善任的本事。经过一段的观察、挑选,他终于选中一位精明干练、才华卓著的助手——威廉·L. 夏伊勒(William L. Shirer)。夏伊勒作为一名杰出记者,如今已不大为人所知,但其名著《第三帝国的兴亡——纳粹德国史》却为他赢得广泛声誉。这部名著中的许多内容,都来自他在德国当记者时写下的大量日记。夏伊勒原为隶属赫斯特报系的国际新闻社派驻柏林的记者。1937年8月27日,夏伊勒在柏林记下一篇日记:

我找到一个工作,我将为CBS工作。

那是一个不寻常的晚上:我在7点钟见到CBS欧洲新闻处负责人爱德华·默罗。当我走近他,看到他如此漂亮的面孔,大为惊叹。我暗自思忖:从事广播报道能得到些什么呢?

夏伊勒的疑虑很快便可以打消了。1938年3月,默罗从伦敦赶到华沙,筹办一个文化节目,夏伊勒也到维也纳为这个节目奔忙。正在这时,希特勒开始武装进占奥地利。机灵的夏伊勒得到消息后,马上从维也纳给华沙的默罗挂电话,用暗语表示德军正在越过德奥边境,向维也纳逼近。默罗大吃一惊,指示夏伊勒立即飞回伦敦,准备向国内报道这一重大新闻。然后默罗用1 000美元包下一架有27个座位的客机,独自直飞维也纳。1938年3月12日,默罗在德军进占维也纳的同时,向美国听众广播了他的第一篇战争报道:

我是爱德华·默罗,此刻正从维也纳报道。现在是凌晨2点30分,希特勒本人还没有到市内。看来,没有一个人知道希特勒会在什么时候到这儿。但是绝大多数人预料他可能在明天早晨10点之后的某一时刻到达……我是几小时前乘飞机从华沙取道柏林来这儿的。从飞机上鸟瞰维也纳,我发现她跟从前没有什么两样。但是维也纳确实有所变化……人们在这里把武器举得要比柏林人高一些,而且,人们说起"嗨,希特勒"这样的字眼声音也要高一些。……年轻的纳粹冲锋队员乘车在街道四周闲荡。他们乘着军用卡车,各种型号的装甲车,唱着歌,向人群投扔桔子皮。几乎所有重要的大楼都设有武装警卫,包括我现在临时广播的这座楼房。整个城市有一种断定要发生某种事情的迹象,每个人都在等待着,想知道希特勒在什么地方,什么时候会到达这里。

在报道维也纳事变的过程中,默罗始终保持这样一种冷静、克制的态度,形成别具一格的默罗风格。这次报道被视为广播史上的第一次"新闻联播",默罗初试锋芒,给人留下深刻印象。后来默罗与夏伊勒配合默契,又进行了一系列出色的广播报道,使信守孤立主义的美国公众对欧洲事态越来越关心,从而把美国同欧洲在心理上连为一体。特别是慕尼黑危机期间,当 H. V. 卡腾伯恩(Hans Von Kaltenborn)在纽约 CBS 总部,不断重复地说"爱德华·默罗,讲吧,爱德华·默罗"的时候,千百万美国人一刻不停地围坐在收音机旁,简直如痴如醉,广播记者的形象骤然大发异彩!

除了夏伊勒,默罗在二战爆发前后还物色了一大批敢作敢为、才华横溢的广播记者,组成一个至今仍令人称羡的报道班子。其中,包括《纽约时报》一战时的名记者埃尔默·戴维斯——他著有一部叙述《纽约时报》历史的著作《The New York Times》,以及日后活跃在美国广播新闻界的埃里克·塞瓦赖德(Eric Sevareid)、查尔斯·科林伍德(Charles Collingwood)、霍华德·史密斯(Howard K. Smith)等。如果把默罗比做盟军统帅艾森豪威尔,那么他手下的这批记者就是巴顿、布雷德利、蒙哥马利等。他们虽然不如默罗那样光彩照人,但同样功绩卓著,各领风骚。他们汇集在一起真如群星灿烂,光芒四射。《美国电视明星》一书,在提到默罗的这个报道班子时写道,这"是一个非凡的、有教养的、才华横溢的群体,可以毫不夸张地说,是他们肇始了无线电广播报道艺术"。①

默罗最叫响的节目,还是他在不列颠之战中从伦敦发出的一系列现场报道。所谓不列颠之战,是指法国沦陷后,德国集中几乎所有的飞机昼夜不停对伦敦进行轮番轰炸,而英国皇家空军奋力应战,双方在英伦上空进行的一场前所未有的大规模空战。不列颠之战是二战中最扣人心弦的战役之一,也是军事史上的一个以弱胜强、以少胜多的著名战役。在不列颠之战中,只有 500 多架飞机的英国皇家空军,以顽强不屈的斗志和灵活机动的战术,迎战德军的 3 000 多架飞机,并最终粉碎了纳粹想以狂轰滥炸迫使英国屈服的企图。所以,丘吉尔首相在不列颠之战结束后发表广播演说,其中讲了一句令人难忘的话:历史上从来没有这么少的人,为这么多的人,作出这么大的贡献!

当不列颠之战渐趋白热化,人们都在焦虑地注视着这场正义与邪恶的空中决战时,从伦敦的废墟中,从炮火的硝烟里传来默罗坚毅沉着的声音:"这里是伦敦……"。这是默罗每次报道开始的第一句话。而每次说出"这里(This)"之后,他都稍加停顿,结果产生一

---

① [美]芭芭拉·马图索:《美国电视明星》,杨照明等译,55页,北京,中国广播电视出版社,1987。

种独到的戏剧性效果，可谓"此时无声胜有声"。每次一听到这里，整个美国似乎都立即打起精神，准备收听默罗的现场报道。从此，"这里——是伦敦"便成为默罗的标志，正如微笑之于艾森豪威尔、玉米芯烟斗之于麦克阿瑟一样。

在不列颠之战中，默罗经常出没于炸弹降落之处，总是置身于危险频发之际。每当德军飞机隆隆飞临伦敦上空，他都会站到一些高层建筑物上，用平静而严峻的语调，向听众报道亲眼目睹的轰炸场景。有一次，他冒着生命危险跪在下水道，伸出话筒，使远在美国的听众清楚地听到轰轰隆隆的爆炸声，仿佛那些炸弹正向自己扑来。还有一回，他在一家被炸毁的商店里，将麦克风放在弹片刺穿的桃子罐头瓶旁边，利用果汁一滴一滴溅落在地板上的滴答声，表现空袭间隙的可怕沉寂。

默罗的第一篇"这里——是伦敦"的现场报道，是站在BBC的大楼上播出的。为此，还需得到丘吉尔的特许与批准。当时，默罗的声音激动得有些颤抖，因而别有一番震撼人心的感染力量。

> 这里——是伦敦……
>
> 我现在站在屋顶上，俯瞰着伦敦全城……我想大概不出一分钟，在我们周围附近，就会听见炮声了。探照灯现在就是向着这一边移动。你就会听到两颗炸弹的爆炸声，听，炸弹响了！……过了一会，这一带又会飞来一些弹片。弹片来了，愈来愈近了。
>
> 飞机还是飞得很高。刚才我们也能听到一些爆炸——又响了，那是在我们上空爆炸的。早些时候，我们似乎听到许多炸弹落下来，落在附近几条街上。现在在我们头顶，就是高射炮弹的爆炸声。可是附近的炮又似乎没有开火。探照灯现在几乎射向我们头顶上空了。你们马上又要听到两声爆炸，而且是在更近的地方。听，又响了！声音是那样的冷酷无情。

在不列颠之战最激烈的1940年9月5日晚，默罗报道说："如果炸弹是用来在英国人的心理造成恐惧的话，那么，这些炸弹是毫无作用的。"①

默罗的这一系列以"这里——是伦敦"开头的现场报道，不但生动描绘出炮声隆隆、烈火熊熊的战争场景，而且充满庄严与自信。他的报道在为美国听众提供一种身临其境的战火体验时，自然促使隔岸观火的美国逐渐领悟到这场战争的实质，进而扭转了许多美国人的看法。所以，这些报道的影响是无法估量的，它的历史功绩也是不会磨灭的。

二战胜利后，CBS的老板威廉·佩利提升默罗为CBS负责新闻事务的副总经理。

---

① ［美］威廉·曼彻斯特：《光荣与梦想》，第二册，广州外国语学院英美问题研究室翻译组合译，729页，北京，商务印书馆，1979。

不过，两年后默罗便主动辞去职务，因为他不懂预算那一套，而且总是不忍心解雇不称职的人员。1947年，默罗又重操旧业，干起广播记者的本行，每天晚上为CBS播报新闻。由于他在伦敦的报道给人印象深刻，于是他便沿用听众耳熟能详的"这里——是伦敦"句式，将它稍加改动，变成"这里——是新闻"（This is the news），作为每晚广播的开始语。

这时默罗已经是最红的广播记者和播音员，千千万万的听众从书本上、杂志上知道他长得很帅，但热心的听众往往还是只闻其声而不见其人。1951年，CBS开办了一个电视纪录片节目《现在请看》（See It Now），由默罗与其制片人弗雷德·W. 弗兰德利（Fred W. Friendly）主持。至此，默罗的崇拜者们才第一次在电视屏幕上见到自己心中的偶像，目睹到默罗的潇洒风采。顺便说一下，弗兰德利堪称美国电视新闻的先驱，后来执教于哥伦比亚大学新闻学院。关于他的一件趣闻，相信是许多新闻院系的师生都可能遇到的：

> 他上课的第一天，有一个女学生戴着一个写有"要做爱，不要作战"的纽扣式徽章。弗雷德对她说，"我不认为这个徽章适合戴来上课。""哦，弗兰德利先生，"她说，"你太老实了，还以为做爱是真干呀（you think making love is making out）"。
>
> 那天中午吃饭时，弗兰德利跟沃尔特·李普曼（Walter Lippmann）谈起了那位学生和她说的"you think making love is making out"。李普曼问道："到底什么是making out？"
>
> 第二天，弗雷德告诉学生他与李普曼共进了午餐，李普曼问他，"到底什么是making out？"弗雷德认为这已经很能说明什么是代沟了，不料一个学生站起来问道："到底谁是沃尔特·李普曼？"
>
> 我还一直认为这个故事已经达到了极致，直到有一天我告诉一群新闻系的学生这个故事，当我快讲到高潮——"到底谁是沃尔特·李普曼？"时，有一个学生站起来，问道："到底谁是弗雷德·弗兰德利？"①

从广播到电视，对默罗是个挑战。好在当时默罗正处在全盛时期，没人敢来干预他的节目。因此，《现在请看》为观众提供了许多精彩的报道，让观众领略到许多货真价实的新闻。特别是他那为人所熟悉的、深沉悦耳的声音，再加上庄重的表情、大方的举止，更加增强了这个节目的吸引力。1958年，《现在请看》停播后，《纽约先驱论坛报》的评论家约翰·克罗比撰文说：《现在请看》……无论用哪种标准来衡量，都是电视界最辉煌、最优秀、最富想象力、最勇敢、最重要的节目。真是极尽溢美之词。

---

① ［美］唐·休伊特：《60分钟：黄金档电视栏目的50年历程》，马诗远等译，90页，北京，清华大学出版社，2004。

默罗的崇高声望及其《现在请看》的精彩报道，开创了电视新闻的时代。因此，默罗不仅被奉为广播记者的一代宗师，同时也被誉为电视新闻的杰出先驱。《时代》周刊的一篇封面报道，甚至把他描绘成圣徒。

1953年，默罗又开始主持他的第二个电视节目《面对面》(Person to Person)。这是一个人物专访节目。每次默罗都邀请几位名人，一起坐在播音室里，不拘一格地谈论一些轻松愉快的话题。默罗总是烟卷在手，安详发问，用似乎漫不经心的话头，使被采访者感到轻松自在，同时启发观众一同思考。《面对面》从开办到1959年停播，默罗先后采访了93位名人，包括美国前总统杜鲁门、极富个性的五星上将麦克阿瑟、苏联领导人赫鲁晓夫，甚至还有性感明星玛丽莲·梦露等。因此，《面对面》成为当时收视率最高的十大电视节目之一。

默罗毕生热爱广播事业，他为广播新闻这座大厦奠下坚实的基础，为广播记者树立了崇高的声誉。他不但把自己锻炼成一名优秀的广播记者，而且还选拔培养了一批和他一样充满朝气与热情，富有理想与才干的广播明星，这里只需举出夏伊勒、克朗凯特、塞瓦赖德就足以证明他的眼光和见识。同他一起工作的人都有一种优越感，犹如一支精锐之师的将士，感到自己是最优秀的。《现在请看》的一位制片人说过："只要你同默罗和弗兰德利在一起，就我来说，你就登峰造极了。"

默罗曾告诉年轻记者："广播没有别的技巧，唯一的技巧就是当你广播的时候，你想着你是到了一个酒吧，喝了两杯酒以后，向你的朋友谈论今天发生了什么事情。用这样的语气来广播新闻，你的听众一定爱听。"这正是默罗成功的秘诀。他的广播报道之所以吸引那么多的听众，产生那么大的影响，除了内容的重大，题材的显赫，很大程度上也在于那种朴实无华、亲切自然的报道风格。

1961年，新总统肯尼迪出于对默罗正直人品和超群才华的赏识，请他出任美国新闻署署长。默罗一来感激肯尼迪的知遇之情，二来也对CBS追逐利润、轻视严肃节目的倾向深感失望，就答应了总统的请求，走马上任。然而，默罗天生不适合做官，他觉得很不自在，后来又加上疾病缠身，结果只当了两年的署长，就辞职退休了。1965年，在刚刚过完57岁生日后的两天，美国广播新闻界的一代宗师爱德华·默罗便与世长辞。无数热爱、景仰默罗的人，无不对他的过早逝世感到痛惜，CBS的名记者塞瓦赖德，满怀深情地评价自己的这位导师："他是一颗流星。我们将很久很久地仍叨他的光……我们再也见不到像他那样的人了。"

默罗虽然英年早逝，但其一生犹如舒伯特的《未完成交响曲》，不断激励着有志于广播事业的后来人。

建议参考资料

1. [英]多米尼克·斯特里纳蒂：《通俗文化理论导论》，北京，商务印书馆，2001。
2. [日]佐藤卓己：《现代传媒史》，诸葛蔚东译，北京，北京大学出版社，2004。
3. [美]罗伯特·福特纳：《国际传播：全球都市的历史、冲突及控制》，北京，华夏出版社，2000。
4. [美]威廉·曼彻斯特：《光荣与梦想》，北京，商务印书馆，1978。
5. [美]威廉·夏伊勒：《第三帝国的兴亡——纳粹德国史》，北京，世界知识出版社，1979。

本章思考题目

1. 什么是电子媒介？
2. 对无线电的研发来说，麦克斯韦的主要贡献是什么？
3. 无线电波的计量单位为什么用赫兹？
4. 苏联政府为什么将5月7日定为"无线电发明日"？马可尼为什么获得诺贝尔奖？
5. 世界上的第一次广播是在什么时间，什么情况下进行的？
6. "无线电的心脏"是怎么回事？
7. 第一家正式的广播电台是什么？
8. 美国的电气公司为什么热衷于广播事业？
9. 美国的FCC是个什么机构？
10. 第一家无产阶级电台是什么时候开播的？
11. 英国广播事业有什么特色？
12. 世界各国的广播事业体制主要有几种？
13. 美国的三大广播公司是怎么形成的？
14. "红网"与"蓝网"是怎么回事？
15. "广播网"与"附属台"是什么关系？
16. 为什么说1930年代和1940年代是广播的黄金时代？
17. 什么是国际广播？最早开办国际广播的是哪个国家？
18. BBC的报道风格有什么特色？
19. 何谓"东京玫瑰"？
20. 谈谈美国之音的发展及特性。
21. 什么是《美国之音宪章》？
22. 爱德华·默罗为什么被视为美国广播记者的一代宗师？

第八章 20世纪(中)：电子媒介之电视篇

第一节　技术视野的电视

一、试验阶段(19世纪末至20世纪30年代)
　　1. 电视先驱——尼普科夫(1860—1940)
　　2. 电视之父——约翰·贝尔德(1888—1946)
　　3. 电子扫描与兹沃尔金(1889—1982)

二、草创阶段(20世纪30—40年代)

第二节　社会视野的电视

一、重新起飞(1945—1962)
　　1. 娱乐节目一马当先
　　2. 电视新闻初试锋芒
　　3. "电视总统"——肯尼迪

二、走向繁荣(20世纪60—80年代)
　　1. 电视新闻大显身手
　　2. 节目主持人(anchorman)
　　3. 沃尔特·克朗凯特
　　4. 收视率与主持人

三、突飞猛进(20世纪80年代以来)
　　1. CNN的崛起
　　2. 媒体聚合
　　3. 富媒体与穷民主

第三节　批判视野的电视

一、乐天派与悲观派
二、大众文化
三、电视与一体化
四、电视与平庸化
五、电视与极权化

建议参考资料

本章思考题目

这一章还将以美国为重点,介绍20世纪兴起的第二种电子媒介——电视。我们准备分三节来讲:第一节,从技术层面谈谈电视的由来;第二节,从社会层面描述二战以来电视的发展轨迹;第三节,从理论层面对电视媒介进行简要的分析与批判。

第一节 技术视野的电视

电视的诞生经历了一个比较缓慢而复杂的过程。这一过程和广播的情形相似,也可大致分成前后两个阶段:前一个是试验阶段,后一个是草创阶段。在试验阶段,电视只是科学家、发明家及无线电爱好者摆弄的玩意儿。到草创阶段,电视才开始走向社会,成为一种新兴的大众传播媒介。

一、试验阶段(19世纪末至20世纪30年代)

电视和广播一样,都是以19世纪电磁学的进展与研发为基础的。在19世纪电磁学所获得的全面突破中,对电视而言,意义最直接、最重大的当属光电现象的发现与研究,正如无线电波的发现与研究之于广播一样。所谓光电现象,是指某些化学元素,比如硒,一旦受到光线照射,便会产生电流的现象。另外,电流的强弱还与照射光线的强弱成正比:光线越强,电流就越强;反之,光线越弱,电流也就越弱。光电现象的意义在于,它将光与电这两种物理反应打通了,而电视的诞生正有赖于光与电的"联姻"。光与电一日不能结合,电视便一日不能诞生;正如声与电一日不能结合,广播便一日不能问世。

电视的试验阶段大致经历了半个世纪,其间从事光电转换试验的第一位先驱,就是被视为电视先驱的尼普科夫。

1. 电视先驱——尼普科夫(1860—1940)

尼普科夫(Paul Gottlieb Nipkow),是位俄裔德国工程师。他对电视的突出贡献是发明了所谓扫描技术。我们知道,从技术角度讲,广播是把各种声音变为电讯号,然后通过无线电波传送出去。与此相似,电视则是把各种图像变为电讯号,然后再用无线电波传送出去。那么,怎样才能把图像转换成电讯号呢?这就需要借助扫描技术了。所谓扫描,就是先把图像分解为一个个不同亮度的光点,当这些光点投射到随光线强弱而同步放电的物质上时,图像就分解为强弱不等的电流了。电视技术虽然复杂,但其基本原理就在于此。而最早发明扫描技术的,正是尼普科夫。

扫描分为机械扫描和电子扫描两种方式,尼普科夫是第一位机械扫描的探索者。1884年,他发明了"尼普科夫扫描盘",这种技术直到1934年才被电子扫描取代。简单说,这个盘子上有许多小孔,通过一个机械装置使其快速转动。盘子的两边,一边是灯光照射下的物体即影像,另外一边是可以产生光电现象的化学物质。当扫描盘转动时,盘子上的小孔就把物体即影像,分解为一亮一灭的光点与暗点。这些光点与暗点,投射到光电物质上,就产生强弱不等的电流。也就是说,"尼普科夫扫描盘"把物体的影像转换为相应的电讯号。既然成为电讯号,那么就可以通过无线电设备,进行远距离的便捷传播了。而对方收到这些电讯号以后,再经过"由电到光"的还原,就可以呈现原来的影像了。

尼普科夫的扫描盘,由于用机械传动,转速毕竟有限,因此扫描精度不高,不足以呈现清晰的影像,所以后来便被更为先进的电子扫描技术所取代。虽然如此,他发明的这套机械扫描系统,仍然是电视时代的第一缕曙光,后来的一切电视探索,都源于这个"尼普科夫扫描盘"。所以,尼普科夫被公认为电视先驱。

2. 电视之父——约翰·贝尔德(1888—1946)

尼普科夫扫描盘问世近半个世纪后,用这种机械扫描装置转播图像,才在英国获得成功。使这个梦想得到实现的,就是苏格兰工程师约翰·贝尔德(John Logie Baird)。"1924年,他用电视播送了物体的轮廓。1925年播送了可辨认的脸部图像。1926年在伦敦皇家学会演示了电视播送运动物体。"①特别是1926年的这次演示,更是造成一定的社会轰动。1926年1月26日上午9点,来看稀罕的客人到得差不多时,一位身材瘦小的中年男子开始演示自己的发明。当他把仪器接通电源后,小小的屏幕上立即显出一位店员的活动图像。尽管图像有些模糊,但人们毕竟第一次在电视屏幕上见到自己的身影。这位中年男子,就是电视发明家约翰·贝尔德。

约翰·贝尔德

贝尔德生于苏格兰,从小体弱多病,几次都险些被病魔夺去生命。长大后,他依然常常疾病缠身,终生屡遭病痛折磨,最后因患感冒而病故。不过,上天的眷顾总是公平的:它把病魔加在贝尔德的身上,同时将电视发明的桂冠戴在他的头顶。

1926年,贝尔德展示其发明后,便全力以赴地投入电视的研制与改进。1929年,BBC与贝尔德签订协议,采用他的发明进行电视节目的试验性播出,从而成为最早的电视广播。1936年,BBC又创建全球第一座电视台,定时播送电视节目,电视广播正式诞生。

就在贝尔德根据机械扫描原理从事电视研制的同时,美国科学家则在进行电子扫描

---

① 《不列颠百科全书国际中文版》,第2卷,148页,北京,中国大百科全书出版社,1999。

的探索。

3. 电子扫描与兹沃尔金(1889—1982)

贝尔德发明的机械扫描电视,技术上比较简陋,每个画面的扫描线只有240条,图像比较模糊。后来通用的电视,一般扫描线都在500~600条之间,比贝尔德的机械电视翻了一番多,而且每秒钟的扫描画面多达25~30个。这样高的扫描速度,是机械扫描电视所望尘莫及的,只有靠电子扫描技术才能达到。机械扫描的源头在欧洲,电子扫描的摇篮在美国。

最早探索机械扫描的是俄裔德国工程师尼普科夫,而率先研究电子扫描的是俄裔美国工程师兹沃尔金(Vladimir Kosma Zowrykin)。兹沃尔金生于俄国,30岁时移居美国,翌年进入匹兹堡的西屋电气公司。当年,西屋公司创办的KDKA电台开始播音,成为全球第一家正式的广播电台。1923年,他发明了光电摄像管,1924年又发明了光电显像管。光电摄像管(iconoscope)和显像管(kinescope)这两个词语,就是由他首创的。icon的本义是宗教画像、偶像,演义为一般的图像,而scope作为后缀有"显示器"的意思,由此构成的就是显示图像的光电摄像管。同样,kine的本义是运动,与scope一起就构成显示活动图像的光电显像管。

"这两项发明首次形成了全电子电视系统"[1],成为电子扫描的雏形。不过,他的发明起初也不完善,甚至比当时较为先进的机械扫描还显落后。所以,西屋公司对他的发明不感兴趣。这时,美国无线电公司及其负责人萨尔诺夫,却已预见到电子扫描的远大前景,因而对兹沃尔金的研究大为热心。1928年,美国无线电公司在纽约创建一座实验电视台,第二年即请兹沃尔金出任美国无线电公司电子研究室主任。于是,兹沃尔金便由西屋公司,转入美国无线电公司,继续从事电视技术的开发研究。1939年,美国无线电公司的子公司,即全国广播公司使用他的电子扫描装置第一次播出电视节目,从此现代电视正式问世,并在此基础上发展壮大起来。所以,《不列颠百科全书》把兹沃尔金誉为"现代电视之父"。[2] 20世纪末,麻省理工学院媒体实验室创办人尼葛洛庞帝,在其风行一时的《数字化生存》还提到一个他的故事:

前麻省理工学院院长杰罗姆·魏思纳(Jerome Wiesner)曾经讲过一个故事。魏思纳是肯尼迪总统的密友,曾经担任过总统科学顾问。某一个星期六,兹沃尔金到白宫拜访他,他问兹沃尔金有没有见过总统,兹沃尔金答没有。于是魏思纳便带他穿过大厅去见总统。魏思纳向总统介绍来客时说,这位就是"使你得以当选总统的

---

[1] 《不列颠百科全书国际中文版》,第18卷,541页,北京,中国大百科全书出版社,1999。
[2] 《不列颠百科全书国际中文版》,第18卷,541页,北京,中国大百科全书出版社,1999。

那个人"。肯尼迪十分惊讶,问:"怎么说呢?"魏思纳解释说:"这位就是发明电视的人。"(一般都认为,电视对肯尼迪的当选作用甚大,详见后面的"'电视总统'肯尼迪"——引者注)①

20世纪的二三十年代,除兹沃尔金之外,美国还有一些科学家、发明家在致力于电子电视的探索和实验,其中值得一提的有法恩斯沃思(Philo Taylor Farnsworth)和杜蒙(Allen B. Dumont)。法恩斯沃思(1906—1971)早在高中时就已设想出电子扫描的基本原理,使他的老师都感到惊异。1927年,21岁的法恩斯沃思获得第一项电视专利,后来又陆续发明和改进许多电视器材,对现代电视技术的发展与完善作出不少贡献。

时至20世纪30年代,美国在电子电视的研制方面已走在世界前列。与此同时,同广播的早期情形相似,许多业余爱好者开始自己组装电视机,收看试验性的电视节目。电视广播的时代,正在一步步走来。

二、草创阶段(20世纪30—40年代)

随着电视技术的不断发展和日臻完善,电视广播也开始问世,并日趋成熟。

1929年,英国广播公司(BBC)进行了世界上的第一次电视广播。1936年,BBC又开始正式播出电视节目。1937年,大约5万名电视观众,收看了BBC转播的英王乔治六世的加冕典礼。到1939年由于第二次世界大战全面爆发而暂停电视广播时,英国已有大约2万个家庭拥有电视机。

美国第一次正式开播电视节目,是在1939年。1920年,美国第一次正式开播的广播节目,由于同当时的总统大选相联系,于是成为轰动一时的历史事件。同样,1939年美国第一次正式开播的电视节目,也同当时一件举国瞩目的大事连在一起,故而给人留下深刻印象。

1939年4月30日,纽约市成千上万的市民兴高采烈,喜气洋洋,沉浸在一片节日的气氛中。因为,这一天是纽约世博会的开幕日。在这届世博会众多新奇的展品里,有一件让人感到好奇的玩意儿——电视摄像机。全国广播公司(NBC),在其母公司美国无线电公司的资助下,将用这台机器实况转播世博会的开幕式。

中午12点30分,电视转播开始进行。屏幕上首先出现的是世博会的会标,接着是攒动的人群、飘扬的彩旗、喧腾的场景等,然后镜头对准渐渐走近的游行队伍。这支浩浩荡荡的队伍,由纽约市市长打头。他直冲摄像机走来,朝着镜头微笑,倒把NBC的工作人员吓了一跳。过了一会儿,罗斯福总统的轿车开过来,停在检阅台旁边。于是,人们第一次从电视上看到总统的形象。下午3点,开幕式宣布结束,电视转播也随即停止。对于这件事情,美国读者文摘出版社1976年出版的一部科普读物这样写道:

---

① [美]尼葛洛庞帝:《数字化生存》,胡泳等译,100～101页,海口,海南出版社,1997。

数百名观众从美国无线电公司展出的 9×12 英寸的屏幕上观看电视节目,这个经历真是新奇。此外,这套节目还通过电缆从博览会现场传送到帝国大厦楼顶上全国广播公司的电视发射台,向无线电城音乐厅里的观众作了转播。一连数日,成千上万的人在曼哈顿百货商店排队观看这新鲜玩意儿。晚上,更多的人拥向博览会,观看全国广播公司播出的长达几小时的各种节目。①

从此,NBC 就开始定期播放电视节目,而 1939 年 4 月 30 日这一天,也就成为美国电视广播的诞辰,载诸史册。

上一章讲广播的时候,我们曾提到美国广播史上的一位名人,美国无线电公司及其子公司 NBC 的元老萨尔诺夫。1916 年,当广播还处在实验阶段时,他就预言有一天收音机会成为一件家常用品。1923 年,当兹沃尔金发明光电摄像管时,他又敏锐地预感到电视会像广播一样,"成为人们生活中的一部分"。由于他的远见及推动,美国的电视事业逐步发展起来。1929 年,美国无线电公司聘请兹沃尔金为该公司从事电视研究。1930 年,萨尔诺夫担任美国无线电公司总经理后,更加积极地推动电视事业的发展。1935 年,他宣布拨出 100 万美元用于电视的实验广播。当时,他就热切希望能在 1939 年的纽约世界博览会上,展出自己公司的电视产品,并正式播放电视节目。在他的不懈努力下,NBC 终于如期在 1939 年正式开办电视广播。NBC 早期播放的电视节目,主要是体育比赛。它的摄制组由两辆大汽车组成,每到一地总有许多好奇的人围观。两辆汽车一辆装着现场拍摄所需的各种设备,另一辆装着一台发射机。拍好的电视节目,先通过这台电射机送到帝国大厦的电视塔,然后再由主发射机重新播出。到 1940 年 5 月,美国已有 23 座电视台定期进行电视广播。

20 世纪 30 年代,除美国、英国之外,开始从事电视广播的,还有法国、苏联、意大利、德国、日本等国。1939 年,第二次世界大战全面爆发后,各国的电视广播都陷于停顿。其中的原因一是生产电子产品的工厂,都转向军用品生产。比如,美国无线电公司的电视机装配线,就用来为海空军生产雷达。二是戎马倥偬之际,人们也没有闲情逸致观看电视。

第二节 社会视野的电视

一战后,广播事业获得突飞猛进的发展。与此相同,二战后,电视事业也好似巨浪涌起,排山倒海。以往所有的传播媒介,无论是报纸杂志,还是电影广播,在电视的凌厉势头面前,一开始都不免有点稀里哗啦,溃不成军。于是,电视便以新一代霸主的强悍与骄横,"因利乘便,宰割天下,分裂山河"——人类从此进入电视时代。

---

① 华林等编译:《二十世纪科学技术的进展》,68 页,北京,科学普及出版社,1981。

无论就美国的情形而言,还是就全球的状况而论,二战结束之后到20世纪80年代各种媒体突飞猛进、信息社会风起云涌之前,电视的发展都可分为前后两个阶段:前一个是电视重新起飞的阶段,后一个是电视走向繁荣的阶段。这两个阶段并没有严格的时间界限。不过,为简便起见,我们不妨把1962年作为两个阶段的界碑。因为这一年,第一颗通信卫星"电星一号"(Telestar—Ⅰ)发射升空,从此电视节目可以直接进行洲际传播,全球一村的局面开始形成。1980年,联合国教科文组织在有关全球传播的著名研究报告《多种声音,一个世界》里,对这期间的电视发展状况作了一个总体描述:

> 1950年,已有5个国家有了定时的电视节目。到1955年,这个数字达到17个,到1960年则增加了四倍。十年后,播送电视节目的国家已超过100个,而现今全世界总共有138个国家有电视节目。全世界电视机总数已达4亿台……①

一、重新起飞(1945—1962)

1. 娱乐节目一马当先

1945年第二次世界大战一结束,美国的NBC、CBS与ABC三大广播公司,立即在电视领域展开新一轮竞争。他们都感到一场新的传播革命即将来临,都竭力将电视推到广播事业发展的前沿。其中,最早致力电视广播的NBC及其母公司美国无线电公司,更以加倍的热情兴办电视广播。NBC的元老萨尔诺夫早在1923年,就曾幻想把电视引进美国家庭。1939年,NBC又在纽约世界博览会上正式开播电视节目。二战后,萨尔诺夫迫不及待的为NBC的附属台申请电视执照,同时拨出巨款开发电视节目。因为,他深知电视节目才是决定电视发展的关键因素,没有丰富多彩、奇妙迷人的节目,人们是不会被吸引到电视机前的。爱德华·默罗在20世纪50年代也指出,电视只可能是两种截然相反的东西,要么是拥有教育、启蒙及鼓舞人心等功能的媒介,要么不过是塞满光学仪器和电子零件的盒子。② 由于NBC一直对电视广播比较重视,所以在电视重新起飞的初期,NBC自然占据一定优势。与此同时,CBS也不甘落后,积极开展彩色电视的研究与开发。1947年,美国全国只有电视机1.5万台。时隔仅仅5年,到1952年,这个数字便增加1 000倍,达到1 500万台。1960年,又猛增到4 000万台,也就是说,当时全国已有88%的家庭拥有电视机。

同早期广播的发展情形一样,电视最初也是以娱乐为主,早期的电视节目绝大多数都属娱乐性质。联合国教科文组织的研究报告《多种声音,一个世界》里也写道:"电视——

---

① [爱]肖恩·麦克布赖德等:《多种声音,一个世界》,84页,北京,中国对外翻译出版公司,1981。
② [美]伯纳德·戈德堡:《偏见:CBS知情人揭露媒体如何歪曲新闻》,李昕等译,174页,北京,新华出版社,2002。

虽然第二次世界大战推迟了它的发展——在 40 年代末期或 50 年代初期,已成为发达国家生活中的一种特色。它同收音机一样,主要是以一种廉价而方便的方式向人们提供娱乐而拥有并吸引了大批观众。"① 所以,电视一上来便首先冲击娱乐行业,其中首当其冲、受害最烈的是广播业和电影业。20 世纪 50 年代,全美有 5 000 家电影院灯火不明,约有 5 000 万人不再看电影。电影院的老板,不得不跑到小卖部去卖爆米花。据威廉·曼彻斯特在《光荣与梦想》一书中的描写,当时电影院门可罗雀,出口一撬即开,成为流浪汉投宿和情人们约会的场所,美国电影业的首府好莱坞,"几乎沦为人弃鬼聚的城市"。② 许多电影演员纷纷改换门庭,投奔电视。好莱坞的作家、导演、摄影师、服装设计师等,大部分也都从西海岸的电影城,流入东海岸的广播城(Radio City)——位于纽约市洛克菲勒中心(Rockefeller Center)。除了电影业之外,在电视冲击下,广播的听众也明显减少。许多电台为对付电视的挑战,便利用广播的优势,转而播放古典音乐、乡村歌曲等适宜听而不适宜看的节目。于是,音乐便成为广播的一块固守阵地。

电视的兴起,犹如一场山呼海啸的大地震,处在震中的电影业和广播业,固然损失惨重,而处在地震带的报纸、杂志、书籍等传播媒介和剧院、夜总会、酒吧间等娱乐行当,也都程度不同地感到山摇地动,电视正在迅速改变社会的面貌和人们的生活。比如,在美国一度行销千家万户的杂志《生活》(*Life*)、《展望》(*Look*)、《星期六晚邮报》(*Saturday Evening Post*)等,都在电视的冲击下大受影响。拿《星期六晚邮报》来说,"在希布斯于 1961 年把主编一职传给罗伯特·富斯(Robert Fuoss)之前,该刊发行量达到 650 万份。电视的竞争使《晚邮报》损失惨重,突然之间它由赢利转为严重亏损……《晚邮报》在由赛勒斯·H. K. 柯蒂斯买下 72 年之后,步其竞争对手《柯里尔》的后尘,于 1969 年停刊。此前,《柯里尔》在出版 68 年之后于 1956 年停刊。《晚邮报》是这类刊物中的最后一家"。③

再如,以往美国人喜欢走出家门,参加各种活动,而如今则经常呆在家中,厮守着电视机。那时,一般美国家庭,一天要看四五个小时的电视。路易斯·克罗南伯格评论说,汽车曾诱惑人们离开家庭,而电视却使他们重又回到家庭,不过在这个过程中却毁了家庭:

> 过去母亲和父亲、珍妮和约翰一起坐汽车出外旅行,说说笑笑,交换意见;现在他们并排地、而且常常并肩地坐在一起,看上几个小时电视,连目光都很少交换。如果他们交谈,也是气鼓鼓的,为这个或那个节目的好坏而争吵。④

---

① [爱]肖恩·麦克布赖德等:《多种声音,一个世界》,15 页,北京,中国对外翻译出版公司,1981。
② [美]威廉·曼彻斯特:《光荣与梦想》,第三册,广州外国语学院英美问题研究室翻译组合译,836 页,北京,商务印书馆,1979。
③ [美]埃默里等:《美国新闻史》,展江等译,445 页,北京,新华出版社,2001。
④ [美]威廉·曼彻斯特:《光荣与梦想》,第三册,广州外国语学院英美问题研究室翻译组合译,829 页,北京,商务印书馆,1979。

为使人们不必勉强离开电视去囫囵吞下晚饭,1954年美国还出现一种可让观众边看边吃的电视晚餐。同一年,托莱多市管理自来水的专员,偶然发现一件奇怪的事情:在某一时段,耗水量会突然增加。对此,他感到大惑不解,于是便不动声色地做了一次小型调查,结果发现耗水量突然增加,是因为电视观众在电视播放广告的时刻,同时跑去浴室小解,一起抽水冲厕。

不过,早期电视的娱乐节目,还比较粗糙,比较低劣,威廉·曼彻斯特指出,"整个来说,这些节目平淡无奇,华而不实,压倒一切的主题是插科打诨"。[①] 无怪乎50年代,没有几个自重的知识分子愿意承认家里有电视,即使有也不愿摆在显眼之处,而且对看电视的人感到莫名其妙。《星期六文学评论》的一位主编甚至说:典型的电视晚间文娱节目,就是一场歌舞杂剧与一场摔跤表演。

随着电视广播的日益发展,电视新闻开始脱颖而出,越来越得到重视,最终成为电视广播的主宰。电视新闻这种由小到大,由弱到强,终于在电视领域占据主导地位的过程,同当年广播新闻的发展历程颇为相似。

2. 电视新闻初试锋芒

最初,电视是以娱乐风靡天下的。在早期的电视节目中,电视新闻微不足道。特别是二战刚刚结束,广播挂满勋章、昂首凯旋、红得发紫之际,那些在大战中获得赫赫声望的广播记者,更是不把电视新闻放在眼里。芭芭拉·马图索在《美国电视明星》一书里写道,当时"无线电广播是国王",而电视新闻则如笨手笨脚的过继儿子。大战结束时的1945年,盖洛普的一次民意测验表明,有61%的美国人从广播上获知新闻。直到60年代初,美国三大广播公司唯一的电视新闻节目,就是15分钟的晚间新闻,播出时间在东部6点45分,为西部观众收看,三个小时后即9点45分重播。由于当时没有录像带,所谓重播也就是播音员再播一遍。即便是15分钟的晚间新闻,在广播公司看来也是可有可无的点缀。对广播记者来说,电视新闻毫无吸引力,论作用、论荣誉、论酬金,一切仍是无线电广播数第一。1949年3月4日的《新闻周刊》就写道:电视作为新闻报道的手段是没有争议的,但与报刊和无线电广播相比,电视则像乡巴佬一样落后。[②] 1953年,英国广播公司(BBC)的董事会主席也认为:"电视新闻影片当然会继续发展,并将引起最广泛的兴趣和关注,

---

[①] [美]威廉·曼彻斯特:《光荣与梦想》,第三册,广州外国语学院英美问题研究室翻译组合译,832页,北京,商务印书馆,1979。

[②] 20世纪80年代初期,中国电视刚刚兴起时,也曾一度出现类似的局面。比如,现在已是中央电视台名记者的敬一丹,当时在黑龙江人民广播电台工作。据她讲,当时,他们就对同一座楼里上班的电视台记者不屑一顾。偶尔抽到电视台帮忙,也总想着尽快回到电台。见《名记者清华演讲录》,人民日报出版社,2003。

但它绝不可能取代广播新闻。"①在电视走向繁荣之前，人们一般都是将报纸、通讯社、新闻杂志、无线电广播等视为可靠的新闻报道源，而将电视新闻只看作派生的、依附性的东西。有个关于当时电视记者的故事，颇能说明人们的这种态度与看法：

  一次，当汤姆·佩蒂特在亚拉巴马州的塔斯卡卢撒报道乔治·华莱士企图阻止亚拉巴马大学取消种族隔离的情况时，纽约的一名 NBC 广播公司的编辑打电话给佩蒂特，要他报道一下这个学校的校长是如何英勇地采取行动的。佩蒂特说："好的，我会弄清楚这一情况的。"这位编辑却说："噢，你不必太费心。你所需要知道的一切都在'美联社电讯'上。"佩蒂特告诉他："你不知道，我坐在塔斯卡卢撒一个劣等旅馆的房间里，我没有'美联社电讯'。"编辑回答说："噢，你可以采用合众社的说法，虽然不太好。"佩蒂特告诉他，也没有"合众社电讯"。于是，这位编辑说："我的天哪！好吧，出去搞一份《纽约时报》吧。这项报道在第 23 页。"但是佩蒂特告诉他，塔斯卡卢撒禁止发行《纽约时报》。稍微停顿一下，这位编辑怀疑地说："你没有'美联社电讯'？你没有'合众社电讯'？你没有《纽约时报》？那么，你他妈的怎么会知道那里在发生什么事？"②

  早期电视新闻之所以不受重视，被视为灰头土脸的"乡巴佬"，除了枝繁叶茂的广播这棵大树的遮蔽，更主要的还在于电视新闻的制作费时费力，难以达到迅速及时的新闻报道要求。当时的电视新闻，从拍摄过程到表现手法，都照搬新闻纪录影片的模式，即先用电影胶片拍摄，然后冲洗出来，接着还得试映、剪接等，最后才拿到电视台播出。如果是在国外拍摄，胶片可能迟至一周才能送回国内。结果，所谓新闻往往都成为旧闻。由于技术手段的限制，对突发性的新闻，电视只能望洋兴叹，束手无策。结果，早期的电视新闻，往往都是预先知道的、提前准备的。比如，哪里有什么重要活动时，电视台事前得到通知，然后带上一套笨重的家什早早去做准备。诸如记者招待会、奠基典礼、竞选演说、盛大宴会等，都是电视记者经常光顾的场所。

  后来，由于便携式电子摄像机的发明，大大简化了电视新闻的制作过程，才使电视新闻的时效性得以提高。1962 年，哥伦比亚广播公司最早使用便携式电子摄像机。同年，美国的第一颗通信卫星"电星一号"发射成功，进入运行轨道，从而使世界上任何地区发生的新闻，都能通过卫星进行电视直播。这一事件自然远比第一次在大西洋海底铺设电缆，或第一次越过大西洋传送无线电信号重要得多。美国著名的电视新闻主持人戴维·布林克利曾说过，再没有比"电星一号"更重要的新闻了。从此，"再不需要戴黄头盔骑摩托车的人，急匆匆地将未经冲洗的电视片交给态度友好的飞行员了"（白修德《美国的自我探

---

① ［英］约翰·埃尔德里奇主编：《获取信息：新闻、真相和权力》，张威等译，263 页，北京，新华出版社，2004。
② ［美］芭芭拉·马图索：《美国电视明星》，杨照明等译，103～104 页，北京，中国广播电视出版社，1987。

索》,美国大使馆文化处)。1990年,美国学者安德鲁·古德温(Andrew Goodwin),在总结电视新闻的发展历史时写道:

> 综观电视新闻发展的40年历程,明显地存在3种趋势。第一,电视新闻广播从数量上有了很大的飞跃。诸多英国电视的新进展都是围绕或建立在新闻节目基础之上的,像独立电视新闻4频道第四套节目中的重头戏——晨间电视,像美国有线新闻网(CNN)中各种纯新闻有线服务节目。第二,新闻描述的方式日趋普及。与孤芳自赏的"贵族"报纸相比,今天大多数电视新闻的风格与"大众"报纸更加贴近。第三,新闻正像它报道的事件一样变得越来越有争议。①

大约从20世纪50年代中期开始,电视新闻在美国开始受人青睐,尤其在政治领域(比如竞选总统),电视新闻的作用日趋显著。1963年,在美国依靠电视了解新闻的人,第一次超过依靠报纸了解新闻的人。这是一个历史性转变,它标志着电视新闻时代的来临。也就在1963年,美国三大广播公司都把晚间新闻的播出时间,从过去的15分钟延长到30分钟。1963年,肯尼迪总统遇刺身亡时,美国全国每10个人中,就有9个人是从电视上获悉这一举世震惊的新闻。

在上一章讲广播的时候,我们曾经介绍过"广播总统"罗斯福,这里再介绍一位"电视总统"肯尼迪。

3. "电视总统"——肯尼迪

约翰·肯尼迪是美国建国200年来,第一位年轻英俊、文采风流的少壮总统。他出身名门,才华横溢,他亲笔起草的就职演说,堪与林肯、丘吉尔等人的著名演说相提并论,其文辞之精美、语句之洗练、思路之通透,无不令人叹赏。其中有些句子,已成为传诵广远的名言,比如:

> 同胞们,不要问你们的国家能为你们做些什么,而要问我们能为我们的国家做些什么;世界各国的人民,不要问美国愿为你们做些什么,而要问我们在一起能为人类的自由做些什么。

肯尼迪总统是第一位充分认识到电视的传播潜力,并充分发挥电视功能的政治家,正如罗斯福总统是第一位深谙广播魔力的领导人一样。罗斯福总统的赫赫政绩,始终与广播紧密相连。同样,肯尼迪总统的熠熠形象,也与电视密不可分。特别是他在竞选总统时,与竞选对手尼克松进行的几场电视辩论,最为人们津津乐道,成为美国史和新闻史上的名段。那是1960年,民主党提名肯尼迪为总统候选人,共和党提名副总统尼克松为候

---

① [英]安德鲁·古德温等:《电视的真相》,魏礼庆等译,2页,北京,中央编译出版社,2001。

选人。竞选活动开始后,肯尼迪向尼克松挑战,要求同他在电视上进行公开辩论。当时,艾森豪威尔建议尼克松拒绝肯尼迪的请求。因为肯尼迪只是个名气不大的参议员,而尼克松在艾森豪威尔任内当过八年的副总统,参与过一系列重大的内政外交活动,已是闻名全国的资深政治家。所以,电视辩论只会抬高肯尼迪的身价,提高其知名度,而对尼克松则意义不大。可是,尼克松觉得,如果不接受肯尼迪的挑战,势必在公众心中留下怯阵畏场的印象。于是,美国历史上的第一次总统竞选电视辩论会,便定在 CBS 的芝加哥附属台举行。

　　当时,肯尼迪正当年富力强,朝气蓬勃,辩论会举行之前,才从阳光充足的加州竞选归来,晒得红光满面,显得精神饱满。而尼克松刚得过一场病,面容憔悴,脸色苍白,来参加辩论会时,又不巧在车门上碰伤了腿,真是哭丧着脸走进辩论会场。当主持人问肯尼迪要不要化妆,肯尼迪当即回答:"不!"尼克松不甘示弱,也坚决地说:"不!"这场电视辩论的结果,不用再说也就可想而知:肯尼迪大获全胜,尼克松一败涂地。其实,就他们辩论的具体内容而言,尼克松的表现并不在肯尼迪之下。问题在于,面对电视屏幕,并没有多少人真正留意辩论的内容,大家的注意力大都集中于两位候选人的形象。在屏幕上,肯尼迪神采奕奕,英姿勃勃,一派年轻有为、聪明机智的架势;而尼克松愁眉苦脸,精神不振,加上没有化妆,脸上的络腮胡子黑乎乎一片,十分难看。于是,选民的好感与信任,都被肯尼迪所吸引。一仗下来,胜负已定,不用投票,即可断定谁将入主白宫了。事后民意调查也表明,肯尼迪赢得了许多尚未作出决断的选民。赵浩生甚至认为,若不是电视,肯尼迪"根本不会当选"(《漫话美国新闻事业》)。美国传播学者保罗·莱文森(Paul Levinson),在 1999 年面世的《数字麦克卢汉》一书里说得好:"1960 年,肯尼迪之所以令人钦佩,不仅是因为他说得漂亮,而且是因为他长得漂亮。"[①]莱文森的博士导师、媒介生态学的奠基人尼尔·波兹曼(Neil Postman),在反思电视文化的《娱乐至死》(Amusing Ourselves To Death)一书里,举了一个可资对比的反例:"塔夫脱,我们的第 27 任总统,体重 300 磅,满脸赘肉。我们难以想象,任何一个有着这种外形的人在今天会被推上总统候选人的位置。"[②]

　　肯尼迪当上总统后,电视自然更成为其宠儿。他经常举行电视记者招待会,同时鼓励内阁成员尽可能利用电视。有一次,他对采访的电视记者说,他不打算按罗斯福总统的"炉边谈话"方式发表广播演说。他指出,现在应该使用电视。这番谈话,使电视记者欣喜不已。后来,他又任命美国广播界的一代宗师、著名的广播记者爱德华·默罗,担任美国新闻署署长,进一步赢得广播电视媒介的好感。于是,肯尼迪遇刺身亡时,美国三大广播

---

① [美]保罗·莱文森:《数字麦克卢汉——信息化新纪元指南》,何道宽译,98 页,北京,社会科学文献出版社,2001。
② [美]尼尔·波兹曼:《娱乐至死》,章艳译,8 页,桂林,广西师范大学出版社,2004。

公司不惜血本,连续四天报道这一事件,中间没有插播一分钟广告,仅此一项三大广播公司就损失4 000万美元。美国传播学者丹尼尔·戴扬和伊莱休·卡茨,曾将电视上播报的"历史的现场直播",即所谓"媒介事件"分为三种——"竞赛"(contest)、"征服"(conquest)和"加冕"(coronation)。"竞赛"的典型有体育比赛、政治竞选、"水门事件"听证会等,"征服"里包括登月、航天飞行等活动,"加冕"则指各种仪式化的典礼,如葬礼、婚礼(查尔斯迎娶戴安娜)、奥斯卡金像奖颁奖等。① 由此而论,肯尼迪的遇刺及葬礼报道,可谓有史以来第一次盛大的电视"加冕"。而在报道这一惨痛事件中,电视新闻的出色表现,也给世人留下难忘印象。在此之前,电视只报道预先安排的新闻,对总统遇刺这种突如其来的重大事件进行报道还是第一次,至于报道之迅速、准确、详尽更是空前未有。对于坐在电视机前的千百万电视观众来说,那四天也是从未有过的经历。在家中哀悼的人,通过电视看到成千上万的人也在同时落泪,仿佛感到大家在一起分担共同的灾难。著名的电视节目主持人戴维·布林克利后来写道,"这是我们第一次真正的国葬"。事后国会议员开会,盛赞电视网的工作,甚至连广播电视的对手报刊,也大发溢美之辞。从此,"电视新闻达到法定年龄,成熟了"(芭芭拉·马图索)。

二、走向繁荣(20世纪60—80年代)

1. 电视新闻大显身手

20世纪60年代以后,由于电视传播技术的日臻完善,特别是通信卫星的发射成功并投入使用,电视开始由娱乐至上的媒介变为新闻为王的媒介,电视由此走向全面繁荣。据联合国教科文组织的统计,1965年世界上共有1.92亿台电视机,1986年达到7.1亿。② 这20余年间,电视不仅完成由黑白到彩色的过渡,而且开始由平面向立体、由无线到有线、由单功能向多功能发展,其中尤以有线电视的发展迅猛异常。按照R.内格林(R. Negrine)等学者1990年的划分,有线电视经过四个发展阶段。第一阶段,有线电视仅用于将节目传送到某些家庭,他们由于某种原因而不能直接接收电视信号。第二阶段,有线电视用来转播附近地区的补充信号。第三阶段,有线电视网开始播送无线电视没有的内容,它们通常先由卫星传送到有线电视网,然后再通过电缆进行转播。第四个阶段,有线电视系统开始从广告商,或愿意额外付钱以获得新电影、体育节目等优质服务的用户那里收取费用,进而为他们提供专门服务,使"广播"(broadcasting)成为所谓"窄播"(narrowcasting)。③

---

① [美]丹尼尔·戴扬、伊莱休·卡茨:《媒介事件:历史的现场直播》,麻争旗译,30~32页,北京,北京广播学院,2000。
② [英]尼古拉斯·阿伯克龙比:《电视与社会》,张永喜等译,91页,南京,南京大学出版社,2001。
③ [英]尼古拉斯·阿伯克龙比:《电视与社会》,张永喜等译,96页,南京,南京大学出版社,2001。

比如,以美国的有线电视为例,未来学学家约翰·奈斯比特在1980年代出版的《大趋势》一书中就写道:

> 全国除了美国广播公司、哥伦比亚广播公司和全国广播公司以外,还有将近五千个有线电视系统作为补充。
>
> 有线电视系统就像超级市场。它从四面八方购买节目和服务,然后储存在电视系统频道中。个人订户按月交费,就可以点他们喜欢的节目和服务。……早期的有线电视超级市场只有十二频道展示它们的商品,但是新的系统有一百多个频道。到八十年代末期,有线电视将有二百个频道播放娱乐和服务节目。
>
> ……
>
> 有线电视所起的作用,远非只是补充三大电视广播公司的不足。1981年夏的一个月,家庭票房(全国一个大收费电视电影网)在黄金时间上演的电影,所吸引的观众第一次超过了美国广播公司、哥伦比亚广播公司或全国广播公司。三大电视广播公司的全国观众比率在1977年就开始下降。现在已不到百分之九十,还将继续下降,到八十年代末,它们的观众比率可能只占百分之五十,因为我们越来越由"广播"走向"专播"(即"窄播"——引者注)。①

这20来年的电视发展,有一条世界性的主线,即电视新闻的兴盛。如果说前一段电视新闻还只是初试锋芒,宛若小荷才露尖尖角,那么这一阶段电视新闻则开始大显身手,恰似接天莲叶无穷碧。这条发展主线,在美国体现于两点:一是电视新闻的势力迅速扩充,一是节目主持人的地位蒸蒸日上。我们先谈谈第一点,即电视新闻的情况。

从20世纪60年代起,美国便告别"美梦"——美国之梦,进入历史上的多事之秋。如果说50年代对美国人来说,是鸟语花香、莺歌燕舞的时代,那么60年代以后,则成为动乱频发、冲突横生的时代。一位评论家说过,20世纪60年代是美国历史上"乱糟糟的十年"(《一九○○年以来的美国史》)。当时美国在国外陷入越南战争的泥潭,难以自拔;在国内又遭到风起云涌的黑人民权运动的冲击。肯尼迪总统、民权运动领袖与诺贝尔和平奖获得者马丁·路德·金牧师、肯尼迪总统的胞弟与总统候选人罗伯特·肯尼迪等人的遇刺身亡,愈发加剧了这个时期的动荡。1968年,时任美国总统的约翰逊,甚至动用行政命令组建了一个"暴力的成因与防范全国委员会"。该委员会发布的15卷报告中,还包括一卷由传播学者罗伯特·K.贝克与桑德拉·J.鲍尔撰写的《暴力与媒介》(*Violence and*

---

① [美]约翰·奈斯比特:《大趋势——改变我们生活的十个新趋向》,孙道章等译,325~327页,北京,新华出版社,1984。

the Media），从而成为美国传播研究的一个里程碑。① 进入20世纪70年代，美国更加命运多舛，一波未平，一波又起，成天鸡飞狗跳，四处起火冒烟。直到2003年入侵伊拉克，陷入战争的泥淖，被弄得灰头土脸，焦头烂额。

处在多事之秋的电视新闻，犹如二战期间的广播报道，得到了一个大显身手的天赐良机，这也可谓国家不幸电视幸。在这些"乱糟糟"的年代，电视把越南战争的血淋淋镜头和社会骚乱的活生生场景，一一逼真地展现在亿万观众面前。哥伦比亚广播公司新闻部主任爱德华·杰伊·爱泼斯坦，甚至在《凭空而来的新闻》(1973)一书里不无得意地宣称：

> 越南战争是电视报道的"第一场战争"。电视以新颖的方式向广大观众展现了战争的可怕真相。可以这么说(当然应该检查其是否正确)：电视报道是使美国人对这场战争感到幻灭、使许多青年对美国持玩世不恭的态度，并是林登·约翰逊不能连任总统的首要原因。②

人们在目睹国内外一幕幕重大事件的同时，也看到电视新闻的巨大能量，开始认真看待电视新闻的功能与价值。从这一阶段起，三大广播公司都把重心转向电视新闻，把精力投入电视新闻。20世纪60年代初，电视新闻还只能在黄金时间前播出。从60年代中期开始，电视中的娱乐节目虽然仍占据黄金时间(美国东部时间大约晚8点到11点)的相当比重，但新闻节目无疑就已成为各大广播公司的顶梁柱和命根子，就像ABC的一位负责人所言："新闻节目是整个电视网凝聚在一起的粘合剂。除非新闻节目独占鳌头，否则整个电视网是绝不会首屈一指的。"

60年代中期履任的约翰逊总统，在白宫的办公室中就摆放着三台电视机，用来同时收看三大广播公司的电视新闻。一向被视为通天晓的美联社，也建议其记者和编辑在发生重大事件期间监看电视，以免漏掉重要事实。到80年代，美国三大广播公司电视新闻部的工作人员，差不多都达到1 600人左右，年度预算为2亿到3亿美元。每天晚上都有五六千万的观众，在收看三大广播公司的某家电视新闻，了解世界各地发生的事情。这时，电视终于成为名副其实的大众传播媒介。

下面再看看第二方面，即电视新闻节目主持人的情况。

2. 节目主持人(anchorman)

电视新闻设节目主持人，在开办电视广播的世界各国并不罕见。但是，节目主持人具

---

① Shearon Lowery and Melvin L. DeFleur, Milestones in Mass Communication Research：Media Effects（New York：Longman Inc. ，1983），p. 300.

② ［美］托马斯·戴伊：《谁掌管美国——里根时代》，张维等译，160页，北京，世界知识出版社，1985。

有那么大的声望与威力,甚至达到一言兴邦的显赫程度,则是美国电视新闻的一大特色。

在美国电视新闻界,节目主持人既是播报新闻的播音员,又是能采会写的大记者,既具有广博的学识,又具有表演的才华。也就是说,一位称职的节目主持人,应该同时具有播音员、记者、学者、演员等多方面的禀赋。对此,CBS的新闻部主任威廉·伦纳德,曾提出新闻节目主持人的四个必备条件:

"物色新闻节目主持人有四个条件,"他说,"三个是新闻业务方面的,一个不是。首先,你必须能在电视上交流,你必须能广播,能撰稿,并且,看上去顺眼。"

"第二个条件是,你在荧屏后面作为新闻记者的能力。你对新闻的判断力如何?你是一位好到什么程度的记者?假若交给你一个工作班子,你玩得转吗?你对新闻敏感吗?你能嗅出即将成为新闻的事物吗?"

"第三个条件是涉及危机时刻的,比如,当你正在现场广播时,当你面临真刀真枪——比如选举,年会,太空发射以及像总统遇刺之类不知从什么地方冒出来的事情而你根本无从准备起时,你能机智地即兴解说得头头是道吗?"

"我认为,这第四个条件是所有四个条件中较不重要的,但仍然不可缺少:一个人在公众面前以及在私生活方面的品格。毕竟,新闻节目主持人是CBS广播公司电视新闻节目和CBS广播公司本身向公众主张什么的最明显的象征。他怎么样?不是说在广播时,而是说作为一个普通人,他表现如何?"①

第四个条件,并非可有可无。因为,节目主持人虽然需要一定的表演才能,但他们与演员有一个本质的区别,即演员本人和他塑造的形象之间可以互不关联,比如在银幕上是位英雄,而在生活里可能是个懦夫。但是,节目主持人则要求表里如一,他的屏幕形象应该符合其生活原貌,不能矫饰,不能做作,更不能伪装。道理很简单,一个表里不一的人,一个说一套做一套的人,是难以让公众认真倾听,更不用说心悦诚服了。

在美国,电视新闻与新闻节目主持人是同时诞生的,犹如一对双胞胎。同电视新闻的成长经历相似,节目主持人的地位也经过默默无闻到赫赫有名的扶摇直上过程,而且这个过程同电视新闻的发展基本同步,正像一对双胞胎的年岁始终一致一样。

美国第一位电视新闻主持人,是CBS的道格拉斯·爱德华兹(Douglas Edwards)。他从1948年起,主持CBS的晚间新闻节目,直到1962年,前后长达14年。这个节目只有15分钟,名为《CBS道格拉斯·爱德华兹新闻》(*CBS News with Douglas Edwards*)。其内容一方面来自CBS自己制作的节目,包括爱德华兹独自撰写的广播稿,另一方面则是根据一项合约,由赫斯特-米高梅公司的子公司Telenews提供的新闻影片。爱德华兹的

---

① [美]芭芭拉·马图索:《美国电视明星》,杨照明等译,18页,北京,中国电视出版社,1987。

制作班底有 16 个全职人员和 14 个兼职人员,所以《编者与出版者》(Editor and Publisher)杂志某期使用大字标题——"148 个工时生产 15 分钟的电视新闻"。① 下面是 1949 年 4 月 7 日这天播出的新闻条目:

A 国内政治
1 新农场资助计划
2 庆祝建军节
3 杜鲁门仍要增加税收
4 杜鲁门举行每周记者招待会
5 任命新国防部副部长

B 美国的国际关系
6 共和党人阻挠欧洲-恢复法案
7 盟国承认新西德政府
8 增加额外预算以重整欧洲军备
9 在巴拿马签订飞机场援助合同
10 巴西作战部长在西点军校

C 冷战
11 瑞典承认共产主义者在北方成功
12 冰岛共产主义者发动反对北大西洋公约组织的暴动
13 中国国民党寻求与共产党和平相处
14 联合国即将讨论苏联的神父事件
15 苏联称是俄国人发明了电视

D 国外新闻(冷战以外)
16 地震——福冈(日本)的复兴

E 国内及地方新闻
17 矿工的退休年龄降低到 60 岁
18 纽约举行特别委员会选举
19 纽约市出租汽车罢工仍在继续
20 联邦调查局突袭腐败银行家住宅

《CBS 道格拉斯·爱德华兹新闻》

---

① [英]约翰·埃尔德里奇主编:《获取信息:新闻、真相和权力》,张威等译,238 页,北京,新华出版社,2004。

F 人情味新闻
21 银行为推着婴儿车的妈妈们开放特殊窗口
22 查尔斯王子19周①

节目一开始,爱德华兹首先播报了内容摘要,然后说:"好,稍后是其他新闻报道。现在是来自我们的赞助者——Oldsmobile 汽车经销商的一个广告。"②在播报苏联的那条新闻时,他带着明显的冷战口吻:

> 好,接下来的事件令人十分震惊,这是我们今晚从莫斯科电台得知的。你们知道,苏联人最近一直胡乱宣称,他们发明了这个、那个,从电话到雪茄。今天莫斯科电台的一条消息声称……准备开始……莫斯科电台的一条消息声称,电视是一个俄国人发明的,他的名字在这里不便提及。好,刚才是来自莫斯科电台的新闻,现在,道格拉斯·爱德华兹代表 Oldsmobile 公司祝大家晚安。③

爱德华兹不愿提及其姓名的这个人,叫 Boris·L'vovich Rozing。1911 年,他在电视研究上的一项实验,成为当时众多探索中的一大突破。十月革命前,他在圣彼得堡工学院教数学,他的学生兹沃尔金后来在美国发明了光电摄像管和光电显像管,从而开创了电视的电子扫描时代。英国学者布莱恩·温斯顿(Brian Winston)认为,称他为电视发明者"比任何人都当之无愧"。④

CBS 的晚间新闻开播后约半年,即 1949 年 2 月,NBC 也开播晚间新闻节目——《骆驼新闻大篷车》(*The Camel News Caravan*)。之所以取这个名字,是因为这个节目是由生产"骆驼"牌香烟的公司赞助的。《骆驼新闻大篷车》的节目主持人,是约翰·C. 斯韦兹(John C. Swayze)。他原是一位热衷广播新闻的播音员,同当时大多数广播记者一样,开始根本不把电视新闻放在眼里,而只认广播新闻为正宗。所以,当他得知自己将担任 NBC 晚间新闻的主持人时,懊丧地说道:"哎呀,真倒运啊,现在没有人会听到我的声音了!"事实上,在当时的美国广播界,讥笑电视晚间新闻以及 CBS 的爱德华兹和 NBC 的斯韦兹等,往往成为茶余饭后的一种消遣。在早期的节目主持人中,斯韦兹虽然最为出色,但其年薪也仅有 25 000 美元。相比之下,1976 年,ABC 的芭芭拉·沃尔特斯(Barbara Walters)成为第一个年薪百万美元的主持人。到 80 年代,最吃香的主持人仅年薪就达

---

① [英]约翰·埃尔德里奇主编:《获取信息:新闻、真相和权力》,张威等译,240~241 页,北京,新华出版社,2004。
② [英]约翰·埃尔德里奇主编:《获取信息:新闻、真相和权力》,张威等译,244 页,北京,新华出版社,2004。
③ [英]约翰·埃尔德里奇主编:《获取信息:新闻、真相和权力》,张威等译,246 页,北京,新华出版社,2004。
④ [英]约翰·埃尔德里奇主编:《获取信息:新闻、真相和权力》,张威等译,246 页,北京,新华出版社,2004。

250万美元,如CBS的丹·拉瑟(Dan Rather)。2001年底,NBC的卡蒂·库里克(Katie Couric)同公司续签四年半合同时,年薪已达1500万到1600万美元。库里克主持的早间新闻节目,长期以来一直保持收视率第一的地位,每年为NBC带来2.5亿美元的收入,另外还为NBC的附属台挣下至少5000万美元。

作为早期美国电视新闻界的名记者,斯韦兹自有其过人之处。有一次,当他准备上前采访一位要人时,突然怎么也想不起人家的名字了。于是,他灵机一动,先同对方握手,然后把他引到摄像机前,对他说:"你愿意向我们的观众做一下自我介绍吗?"这位要人取下帽子说:"我是波士顿的市长詹姆斯·柯利。"斯韦兹马上接着说:"谢谢您,柯利市长!我深信在你开口说话前,我们的观众已经认出了您。"

每天晚上,斯韦兹主持的晚间新闻最后都有一个长长的、慢悠悠的镜头,上面是一支燃烧着的骆驼牌香烟,一缕轻烟从烟灰缸里袅袅升起……斯韦兹平时也随身带一包骆驼牌香烟,而他并不抽烟。《骆驼新闻大篷车》有句口号,叫"今日新闻今日见"。在办播之初的四五年中,斯韦兹主持的这个晚间新闻节目拥有较高的收视率,大大领先于主要竞争对手,即CBS的爱德华兹主持的晚间电视新闻。所以,斯韦兹一度被誉为"播音之王",受到从司机到参议员各阶层人士的拥戴,连美国总统艾森豪威尔都非常信赖他。后来,由于他的节目收视率明显下降,1956年NBC不得不另请高明,将他撤下。一时间,他的许多崇拜者,包括艾森豪威尔总统都大为恼怒。艾森豪威尔的新闻秘书就曾让NBC驻白宫记者,转达总统对这一人事变动大为不快的信息。

1952年,是美国总统大选年。这一年美国诞生了两位明星:新当选的总统艾森豪威尔和CBS的电视记者克朗凯特。克朗凯特对当年大选活动的报道引起各界瞩目,为他日后成为美国最负盛名的新闻节目主持人打下了良好基础。也就在1952年,产生一个新的术语:"新闻节目主持人"(anchorman)。当时,CBS的电视新闻负责人与爱德华兹的制片人休伊特(此人后来主持尼克松与肯尼迪的第一次电视辩论),在准备大选的电视报道时商议:CBS的电视演播间需要配备一位得力记者,以便汇总、播报、点评各地传来的消息。休伊特把这种安排比做田径中的接力赛,最强的队员跑最后一棒,这就是所谓"anchorman"——这个词的本义就是田径接力赛的最后一棒。后来,这个词便一直沿用下来,而克朗凯特就成为第一个所谓的"anchorman"——新闻节目主持人。

不过,从歌舞升平的20世纪50年代到动荡不安的60年代,美国最有名望的电视新闻主持人,是NBC的一对搭档——切特·亨特利(Chet Huntley)和戴维·布林克利(David Brinkley)。他俩于1956年接替斯韦兹成为NBC的晚间电视新闻主持人,直到1970年亨特利退休。他们共同主持的新闻节目,不仅在收视率上一直领先,为NBC赢得数以百万计的电视观众,同时也提升了节目主持人的地位和身价。1974年,当亨特利死于癌症时,布林克利曾对观众谈到,青年人常常对他们说:"我是在你们面前长大的。"

亨特利和布林克利

1956年,亨特利和布林克利的电视双簧,在报道共和党与民主党大会时正式亮相。当时,NBC的制片人为《亨特利-布林克利报道》(*Huntley Brinkley Report*)设想了一个结束语:"晚安,戴维;晚安,切特。"这句结束语遭到他俩一致抵制。因为他们觉得,这句话听起来有点故作多情,像是两个同性恋者。但制片人坚持己见,他俩只好同意先试一两周再说。不料,节目一播出,竟大受欢迎,许多电视观众都跟着模仿,结果这句结束语居然成为广为流行的时髦语。他们的这出对手戏演到1958年,便超过CBS的爱德华兹,在收视率上开始领先。1959年,这个节目得到德士古石油公司的资助,改名为《德士古亨特利-布林克利报道》。到1960年,NBC的这对搭档已是名闻遐迩,吸引了51%电视观众,超过CBS的36%比例,更把ABC的13%比例远远甩在后面。1964年,布林克利自负地说:"我说是新闻就是新闻。按照我的标准值得了解的事就是新闻。"①

从他俩开始,电视新闻便进入"一个新的时代,一个首先强调声望的时代"(芭芭拉·马图索)。以他俩为开端,节目主持人也开始明星化,其一举一动都可能成为谈资。一次,有人在NBC的男厕所里挂了一个牌子,写道:"请勿将烟头扔进小便池。"一向滑稽、调皮、喜欢恶作剧的布林克利,便在上面加了一句:"这样会使烟头湿透,不易点燃。"据说,曾有一位女子带着两个衣箱和一部收音机,露宿在布林克利的家门外,拒绝离去,直到警察把她拖走。1968年,威廉·惠特沃思在《纽约客》杂志上撰文说:

> 亨特利和布林克利……早已不再仅仅是新闻记者,他们成了名人,他们在美国大众文化中的地位,堪与诸如布兰查德和戴维斯、艾博特和科斯特洛、罗伊·罗格斯和特里格,以及麦吉和莫利等几对不朽的人物媲美。②

美国三大广播公司的电视新闻,以CBS的爱德华兹为先导,随后NBC的斯韦兹紧追不舍,到亨特利与布林克利时终于遥遥领先。眼见NBC一路领先,向来以广播新闻称雄天下的CBS,自然不甘落后,于是奋起直追。到60年代中期,CBS终于爆出一位声威赫赫、大名鼎鼎的新闻节目主持人——沃尔特·克朗凯特。

---

① [美]托马斯·戴伊:《谁掌管美国——里根时代》,张维等译,161页,北京,世界知识出版社,1985。
② [美]芭芭拉·马图索:《美国电视明星》,杨照明等译,84页,北京,中国电视出版社,1987。

3. 沃尔特·克朗凯特

沃尔特·克朗凯特（Walter Cronkite），是美国最负盛名的电视新闻节目主持人，他的名字几乎成为电视新闻的代名词，就像默罗成为广播新闻的同义语。他不仅使节目主持人享有同各路明星相比，有过之而无不及的声望，而且还使新闻节目主持人拥有指点江山、扭转乾坤的权威。林登·约翰逊总统曾对其新闻秘书说，如果他失去沃尔特·克朗凯特，他便失去了美国。美国前国务卿、哈佛大学教授亨利·基辛格也说："当想表达一个观点时，我打电话通知的第一批人中就有克朗凯特。"①

沃尔特·克朗凯特

克朗凯特生于1916年，上大学时就痴迷新闻。大学没有毕业，他就到奥斯汀的一家报馆当记者。在此期间，他干了一件弄巧成拙，让人啼笑皆非的事情。这件事情在他的自传《记者生涯》（Reporter' Life）里也有记述：

> 一位有地位的已婚男子同一个年轻女士一起在车祸中丧生，而她不是这位男士的妻子。我来到这位女士位于市区非高等住宅区的简陋家中，家里一个人也没有。当时的治安状况是可以夜不闭户的，所以前门没有上锁。透过纱门我可以看到在壁炉台上放着一个年轻女士的照片。要是我不拿的话，《纪事报》的人也肯定会把它偷走的。于是我采取了新闻防卫措施，把它偷了出来，本地新闻编辑得意地把它刊登在了头版的显著地位上。
>
> 只有一个小差错。我找错了门。那是她的邻居的照片。不过奇怪的是，我既没为这事被逮捕，也没被开除。按说这两种惩罚我都罪有应得。②

默罗进入 CBS 的 1937 年，克朗凯特成为一名合众社记者。1942 年，他被合众社派往伦敦任随军记者，他的上司就是后来《纽约时报》的名记者、《长征：闻所未闻的故事》一书作者哈里森·索尔兹伯里（Harrison Salisbury）。二战中，克朗凯特与默罗一样，常常冒着枪林弹雨，深入前线，采访战地新闻，表现堪称英勇。比如，他曾乘坐盟军轰炸机，飞临柏林，进行报道。有一次，65 架飞机中，有 13 架被击落，他的同伴、《纽约时报》的记者鲍

---

① ［美］芭芭拉·马图索：《美国电视明星》，杨照明等译，126 页，北京，中国电视出版社，1987。
② ［美］沃尔特·克朗凯特：《记者生涯——目击世界 60 年》，胡凝等译，55 页，南京，江苏人民出版社，1999。

勃·波斯特不幸殒命,他则侥幸脱险。在著名的突出部战役(the Battle of Bulge)期间,他又随巴顿将军的装甲部队驰援巴斯托尼,在市郊发出一篇现场报道。当时,他钻出吉普车,缓慢地、艰难地向一个马棚爬去,好不容易叫住一位大兵,匍匐着过去,终于可以和人家交谈了。他的访谈方式,是典型的"大兵记者"厄尼·派尔式风格:

突出部战役

喂——士兵——姓名——家乡?

士兵回答:"喔,克朗凯特先生,这些你当然应当知道了。"

"为什么呢?"克朗凯特问道。

"咳,先生",这小家伙说,"我是你的司机呀!"

克朗凯特的勇敢与才干,引起默罗的注意和赏识。默罗三番五次想把他拉进CBS,还诱以每周125美元的高薪,另加外快。当时克朗凯特在合众社的周薪是67美元,于是就同意了默罗的邀请。合众社听说后,马上将其周薪提到93美元,这在合众社的记者中,已是相当高的工资。克朗凯特一时受宠若惊,加上他本来并不愿意离开通讯社,于是只好谢绝默罗。战后,克朗凯特留在欧洲,先任纽伦堡审判的首席记者,后任合众社驻莫斯科分社的社长。1948年,他的周薪达到125美元,在全社记者中名列第一。但他还是经不住一家电台提出的250美元周薪的诱惑,离开合众社,投入广播界。1950年,朝鲜战争爆发后,默罗打来电话,问他是否愿意为CBS报道这场战争,他自是欣然同意。这样,默罗终于把他拉进CBS,为CBS群星灿烂的广播明星队伍,又增添了一颗将随电视新闻一道迸射耀眼光彩的大牌明星。

1952年,克朗凯特在报道总统大选中崭露头角,引起瞩目。《时代》周刊在一篇文章里称赞他:"语言流畅的沃尔特·克朗凯特娓娓道来,他播送的评论和消息明晰易懂。"[①] 1962年,他又接替干了14年的爱德华兹,成为CBS晚间电视新闻的主持人。不久,一桩突如其来的重大新闻,使他一举成名。

1963年11月22日,肯尼迪总统在达拉斯市突然遇刺。最先在电视上报道这一重大新闻的就是克朗凯特:

克朗凯特这次青史留名几乎纯属偶然。当时,几乎所有CBS广播公司新闻部的工作人员都已外出吃午饭。通常播送公告的哈里·里森勒那天去林迪饭店了。另一个可能承担这一任务的人是记者查尔斯·科林伍德。此时,他正在意大利饭馆与CBS广播公司新闻部的总经理兼副主任布莱尔·克拉克共进午餐。但是,克朗凯特

---

① [美]沃尔特·克朗凯特:《记者生涯——目击世界60年》,胡凝等译,198页,南京,江苏人民出版社,1999。

通常在自己的办公桌旁吃午饭,那天的午餐很简单:松软的白干酪和罐头菠萝。当快吃完的时候,一位编辑突然闯了进来,手里挥舞着一份电讯稿,喊道:总统遇刺了。克朗凯特一把抓过新闻简报说:"见鬼,还编写什么,我这就播送。"在这种时候,即便是饱经风霜的行家也很难掩盖自己的激动之情。"我不能慌乱,"克朗凯特回忆他当时想的是,"我必须控制住自己。"尽管有几次险些失控,但他凭着自己的职业功底,在大量简报内容互相矛盾的情况下,尽可能连贯地报道了达拉斯的情况。①

正巧那天,CBS 有一支庞大的电视采访队伍也在达拉斯市,所以 CBS 始终可以播出事态的最新发展。当时 CBS 的一位电视记者丹·拉瑟,通过达拉斯市抢救总统的医生,最先获得肯尼迪不治身亡的消息,而这位丹·拉瑟后来成为克朗凯特的接班人,同样红极一时,炙手可热。2004 年总统竞选期间,他还曾播出了小布什越战期间逃避兵役的文件,一时引起轩然大波。

克朗凯特在报道肯尼迪遇刺事件上声名鹊起。此后,他又为总统选举、越南战争、种族冲突、空间飞行、水门事件等许多重大问题,主持过几十次出色的专题报道,逐步确立了他在美国电视新闻界首屈一指的权威地位。在他耀眼夺目的电视记者生涯中,最辉煌的高潮当数 1969 年主持的"阿波罗"号航天飞机载人登月的报道。当时,全世界有 8 亿多电视观众通过卫星转播,收看到他主持的这次登月节目,在国际间产生广泛反响。"阿波罗"号机长阿姆斯特朗登上月球,迈出第一步后,说了句有名的话:"对一个人来说,这只是一小步;但对人类来说,这却是一大飞跃。"阿姆斯特朗的名言给人留下深刻印象,而主持这次登月报道的克朗凯特也同样为人称道。在这次登月壮举的实施期间,CBS 连续报道 30 个小时,其间克朗凯特除 3 个小时不在,其余时间始终坚守岗位,气不喘喘,面不改色,用简洁流畅的语言,夹带着纯朴动人的乡音侃侃而谈。后来,他又主持过一系列宇航报道,被公认为空间报道的权威。他为航天报道所做的大量笔记,后来被 CBS 翻印出来,下发有关记者作为报道参考。

1968 年,CBS 的著名制片人唐·休伊特(Don Hewitt),创办了里程碑式的电视杂志节目《60 分钟》(60 Minutes),并由克朗凯特担任节目主持人。30 多年来,《60 分钟》一直名列美国最受欢迎的十大电视节目,迄今赢利大约 20 亿美元。用休伊特在其自传《给我讲一个故事》的说法:"《60 分钟》成功的公式是简单的,它可以就简化为几个字,这几个字是世界上所有的儿童都知道的,那就是:给我讲一个故事。"②既然是"讲述"(tell),那么对电视"观众"来说,重要的就不是"看",而是"听"——这正是《60 分钟》的一大特色与追求。

---

① [美]芭芭拉·马图索:《美国电视明星》,杨照明等译,127 页,北京,中国电视出版社,1987。
② [美]唐·休伊特:《60 分钟:黄金档电视栏目的 50 年历程》,马诗远等译,"序言",Ⅲ页,北京,清华大学出版社,2004。

我们知道，一般来说，电视似乎以画面取胜，所以，"看"电视便成为天经地义的事情，为了吸引"观众"，电视节目也总是在画面上做文章。然而，休伊特在创办《60分钟》时，却独具只眼，另辟蹊径，发现电视新闻的要义不在画面，而在叙事，不在看而在听：

> 最好的留住观众的方法是——与其抓住观众的眼球，不如抓住观众的耳朵。这就是《60分钟》与后来的追随者不同的原因，是《60分钟》近1/4世纪以来一直名列10大电视节目之一的原因。我们坚信，在每个星期天，观众收看我们的节目是因为我们的故事而不是因为我们的画面。①

克朗凯特长得方面大耳，仪表堂堂，"给人印象最深的，是他一脸和蔼可亲，稳重可靠的忠厚之相，使人不但感到他说的什么话都可信，甚至感到即使是假话你也愿意相信他"（赵浩生）。为此，人们常常亲切地称他为"沃尔特大叔"。他来自美国的中西部，发音带有中西部的乡音，听起来有一丝温柔敦厚的味道，特别亲切感人。他的惊人之处还在于，"他看起来如此平凡，属于那种只令人羡慕而不令人嫉妒的人"（芭芭拉·马图索）。他那朴实平凡的言谈、忠厚可靠的外貌、从容不迫的风度——所有这些因素综合起来，便使他在美国的多事之秋，具有一种安抚人心的心理魔力，仿佛成为人们心目中的守护神，正如芭芭拉·马图索所说：与NBC的亨特利与布林克利这对"双胞胎"相比，克朗凯特为整个国家提供了"保证而不是轻率，关心而不是厌世和超然"。克朗凯特在每晚广播结束说，总要友好轻松地说一句："就是如此（And that's the way it is）。我是沃尔特·克朗凯特，晚安！"大家听到这里就像听了催眠曲，开始安心入睡，似乎今晚整个世界不会再有什么事端了。在他的主持下，CBS的电视新闻声名远播，被誉为"大事记广播"，就像《纽约时报》被当作"大事记报纸"。从20世纪60年代中后期到1981年克朗凯特退休，CBS的收视率在美国三大广播公司中一直保持第一。与此同时，节目主持人也一跃成为美国广播新闻界的超级明星。

1972年，克朗凯特与CBS的大老板威廉·佩利一道随尼克松总统访华，成为第一批踏上新中国土地的美国记者。1981年，年满65岁，两鬓斑白的克朗凯特宣布退休，至此他主持CBS的晚间新闻将近20年，成为美国资历最长的一位电视新闻主持人。从1981年至1991年，10年间CBS付给克朗凯特2 500万美元的巨款。克朗凯特的退休宣告了一个时代的结束，恰似默罗的去职标志着一个时代的终结。天时、地利及人和成就了他俩的不世之功，使他俩分别在电视新闻与广播新闻领域创下非凡业绩。

4. 收视率与主持人

美国的电视新闻节目主持人，为什么具有如此巨大的威力与影响？广播公司为什么

---

① [美]唐·休伊特：《60分钟：黄金档电视栏目的50年历程》，马诗远等译，87页，北京，清华大学出版社，2004。

如此看重主持人？其中究竟有什么因素在起作用？这些问题纵横交错，一言难尽。我们既可以从主持人自身的相貌、气质、风度、学识等方面探根究源，也可以从美国人追捧明星、崇拜英雄的社会心理上寻找答案，还可以从美国盛行的"捧红"传统中说明问题。不过，主持人之所以成为美国电视的一大特色，关键还在于美国广播事业的商业性质，以及营利第一、赚钱至上的模式与方略。

前面曾经说过，美国的广播电视体制属于私有商营，这种体制从根本上决定了广播公司的宗旨并不在于新闻，而在于金钱。其中，主要的生财之道来自商业广告，广告的价钱又以收视（听）率的高低来计算：收视（听）率越高，广告费就越高。所以，广播公司都把收视（听）率看成命根子，拼命追求收视（听）率，想方设法让更多的人收看（听）自己的节目。

对电视网来说，决定收视率高低的关键因素在于电视新闻。一般的研究和常识的感觉都表明，假如观众认可电视新闻，那么也会对其他节目发生兴趣，反之亦然。举例来说，香港的凤凰卫视中文台，最初以娱乐节目为主打内容，结果一直不温不火。后来，当它开始主攻新闻节目，并且接二连三地在重大新闻报道上取得佳绩后，凤凰卫视才逐渐成为全球华文媒体的新锐劲旅。另外，特别重要的还在于，强有力的晚间新闻节目，将决定观众在黄金时间首先打开哪个频道。这样一来，获取利润的商业动机，便由收视率落在电视新闻上。

电视新闻节目固然也能赚钱，比如克朗凯特的晚间新闻插播的广告，曾达到每30秒4万美元的标准。然而，新闻节目的主要目的，并不在于营利，而在于闯牌子、抓眼球、赢观众、博声誉，从而支撑其他节目的收视率。于是，商业化的电视网，便形成表里不一的双重标准。表面上，它光明正大，堂堂正正，主持社会正义与公道；而背地里，却又处心积虑地算计着，如何从大家的腰包中赚取更多的金钱。对于这个问题，CBS的一位经理，曾向新闻部负责人作过生动概括：

> 他们对我说："用你肮脏的小手，抓收看率，尽可能地捞钱。"他们对你说："用你洁白的手，尽你的力量，干冠冕堂皇的事情，为我们赢得声誉。"①

在这个过程中，广播公司都把赌注押在节目主持人身上。芭芭拉·马图索指出，电视网老板们像中了邪一样，相信万事的兴衰取决于节目主持人的成败："节目主持人逐渐成为决定一家电视网成败的唯一关键性人物。新闻记者的和制片人的事业，系于节目主持人的一言九鼎。节目主持人一不高兴，甚至大老板们也发不成财。"②如此说来，广播公司追逐利润的动机，先从收视率落实到电视新闻，再由电视新闻聚集到节目主持人。于是，节目主持人仿佛成为收视率的核心与关键，主持人的优劣成败便决定着收视率的起伏升

---

① [美]芭芭拉·马图索：《美国电视明星》，杨照明等译，101页，北京，中国电视出版社，1987。
② [美]芭芭拉·马图索：《美国电视明星》，杨照明等译，318页，北京，中国电视出版社，1987。

降,因而也就制约着利润指标的变化曲线。所以,20世纪60年代以来,新闻节目主持人逐渐成为美国各大广播公司的焦点人物。

为了罗致优秀的主持人,三大广播公司都不惜重金与血本,甚至互挖墙脚。比如,ABC曾用300万美元的年薪和高位,拉拢克朗凯特的接班人、CBS的丹·拉瑟。为提高主持人的名气,广播公司也是挖空心思,大捧特捧主持人,就像好莱坞抬举电影明星一样。比如,第一位享誉美国的女主持人芭芭拉·沃尔特斯,首次在ABC登台露面时,ABC竟动用喷气式飞机,在波士顿上空划出"芭芭拉,ABC"的巨大字样。

尽管节目主持人炙手可热,一言九鼎,连总统有时都敬畏三分,但其价值其实全都系于收视率。克朗凯特从亲身经历中懂得,自己无非是收视率的化身,收视率一旦下降,老板绝不会怜悯,马上就会让你靠边。所以,节目主持人最关心的,都是节目的收视率。办好节目,抢到新闻,赢得好感,为的都是一个目的——收视率。托马斯·戴伊在《谁掌管美国——里根时代》一书中,毫不客气地指出:

> 美国人究竟能看到和听到关于世界的什么消息,这取决于各大广播系统的高级官员——总裁、董事长、制片人和主编。为人赏识的广播员——丹·拉瑟、罗杰·马德、约翰·钱塞勒、戴维·布林克利、托姆·布罗考、巴巴拉·沃尔特斯——只是照念摆在他们面前的稿件。①

当然,也应该看到,随着节目主持人的声望日益提高,地位日益显赫,再加商业社会竞争激烈等因素,广播公司已经感到自己亲手塑造的节目主持人,越来越难以驾驭,越来越不服管束,"节目主持人一不高兴,甚至大老板们也发不成财"(芭芭拉·马图索)。这使人不由想起雪莱的妻子、玛丽·雪莱的科幻名作《弗兰肯斯坦》(*Frankenstein*)。弗兰肯斯坦是小说主人公自己制造的一个怪物,而这个怪物后来竟把自己的主人干掉了。芭芭拉·马图索在《美国电视明星》一书的前言中,对美国电视新闻主持人作了入木三分的剖析:

> 今天,《晚间新闻》节目主持人非常强大而有威力,能够导致记者们走红或失宠,能够颠覆他们名义上的上司一生的事业。……
>
> 在过去几年中,电视节目主持人的财富和影响飞速增长——这是电视网新闻节目承受日益增长的商业压力所导致的局面。现在,赌注如此之高,明星级的新闻记者如此奇缺,拼命挣扎的电视网只好在酬金和编辑特权方面作出10年前难以想象的让步。然而,当前出现的这种局面的种子却播自美国广播事业诞生之日。新闻节目主持人的胜利,事实上是一个除了需要最大利润以外几乎完全不受任何其他约束的社会中合乎逻辑的产物。②

---

① [美]托马斯·戴伊:《谁掌管美国——里根年代》,张维等译,164页,北京,世界知识出版社,1985。
② [美]芭芭拉·马图索:《美国电视明星》,杨照明等译,"前言",3~4页,北京,中国电视出版社,1987。

三、突飞猛进(20世纪80年代以来)

20世纪80年代以来,世界政治跌宕起伏,全球格局风云变幻,经济态势大开大合,高新技术一日千里。与此同时,电视媒体也是突飞猛进,席卷天下,五花八门的技术形态与节目形态,一波一波,层出不穷,令人眼花缭乱,目不暇接。如果说此前还有一条电视新闻异军突起的主线,那么近20年来,电视领域则如群雄并起,列国纷争,一时难以分清"谁主沉浮"了。2000年,联合国教科文组织统计研究所在一篇报告里写道:

> 在过去的一个世纪,电视产生的社会影响可能最大。由于有线和卫星传送以及地方频道的发展,再加上从模拟发射向数字发射的转变,电视的主导地位很可能还会持续很长时间。在过去30年中,电视机的总量在发展中国家增加了55倍,密度(与总人口的比例)约增加了16倍。南北在电视方面的差距小于在其他媒体方面。[①]

仅就技术方面的发展而言,近20年来,电视领域已是花样翻新,朝云暮雨,诸如有线电视、卫星电视、付费电视、模拟电视、数字电视、互动电视、高清晰电视等名堂,简直让局外人头晕目眩。以眼下谈论较多的互动电视为例,若无相当的专业背景,实在难以解读下面这段文字的确切内涵:

> 1990年2月,加拿大有线电视集团Videotron在蒙特利尔建立了一个叫Videoway的网络系统,可以提供诸如有线电视、付费电视、文字电视广告、电子游戏、电子邮件等业务。据说,这就是今天被称为互动电视(iTV)的雏形。
>
> 1993年1月,美国时代华纳公司向公众透露,它在佛罗里达的奥兰多建立了一个完整的服务网。该网将把光纤干线、数字式传输和文件服务器组合在一起,提供影视点播、可视电视、交互式电子游戏、电视购物、远程医疗、网上新闻以及公司当时尚未想到的其他业务。这个实验虽然因为成本太高用户太少而未能立即进入商业市场,但却孵育了许多新想法、新技术和新业务。随着数字技术的完善、有线电视网络的升级和功能强大但价格不断下降的新一代数字机顶盒的推出,互动电视技术愈来愈成熟了。全功能的互动电视时代正以超乎想象的速度向我们走来。[②]

至于美国的情形,80年代以来,引人注目的发展主要有两项,一是CNN等全天候新闻媒体的崛起,二是包括影视媒体的大规模并购行动。前者关乎电视新闻,后者涉及电视产业,而两者实际上也都集中体现了当代电视的总体格局与演变态势。

---

① 张穗华主编:《媒介的变迁》,70页,北京,中国对外翻译出版公司,2002。
② 陆地:《世界电视产业市场概论》,55~56页,北京,中国人民大学出版社,2003。

1. CNN 的崛起

1981年,时任美国总统的罗纳德·里根,在一次公开场合突遭枪击。消息传来,举世哗然。当时,电视上最先报道这个突发事件的,是一家名为 CNN 的媒体。何为 CNN? 人们不禁发问。而如今恐怕没人再问这样的问题了,因为 CNN 早已成为"新生代"电视新闻的标志。

特德·特纳

CNN 是美国有线电视新闻网(Cable News Network)的简称,是全球第一家全天候播报新闻的电视台,1980年开办于亚特兰大。亚特兰大是美国南部佐治亚州的首府,南北战争期间是南方邦联的重要基地,可口可乐公司就设在这里。作为独树一帜的电视新闻网,CNN 源于美国电视界传奇人物特德·特纳(Ted Turner)的构想。这位"南方的喉舌"与"暴躁的上尉",是个精明的、富有冒险精神的商人,他的现任妻子是好莱坞影星简·方达,即老牌影星亨利·方达的女儿。从他下面这段话里,人们不难听出一种近乎自大的期许:

> 关于人在一生中所能实现的成就,我努力去创造一项空前的纪录,那样将会使你与许多伟人并列:亚历山大、拿破仑、甘地、耶稣、穆罕默德、释迦牟尼、华盛顿、罗斯福和丘吉尔。[①]

前面说过,在电视发展的早期阶段,电视新闻只是一个可有可无的点缀,美国三大广播公司的晚间电视新闻只有15分钟,1960年代以后才增加为30分钟。后来,电视新闻越来越受到青睐,成为广播公司成败得失的关键。但是,若让一家广播公司全天候播送新闻,而且只播送新闻,对20多年前的观众来说,还是不免感到匪夷所思。而特德·特纳则敏锐地意识到,面临或身处信息时代,人们对信息的需求势必越来越迫切,越来越密集,加之多年来影视与图像的熏染,人们越来越痴迷于、依赖于影像世界。所以,开办一家新闻台,将世界各地发生的种种新闻,及时地、源源不断地呈现在观众面前,就成为顺理成章的事情。于是,CNN 抢占这个历史先机,在全球率先推出一周7天、一天24小时的滚动新闻。

事实表明,CNN 并未如人预计的那样无疾而终——确实,谁会一天到晚尽看新闻呢。相反,在80年代以来的一系列重大事件中,CNN 不断以及时、充分而直观的新闻报道,逐步确立了其权威品牌,成为世界各地不少人所依赖的一大媒体。其间,CNN 所作的一次

[①] 〔英〕露西·金-尚克尔曼:《透视 BBC 与 CNN:媒介组织管理》,彭泰权译,91页,北京,清华大学出版社,2004。

次出色报道,都给人留下深刻的印象。比如:

1985年,贝鲁特。美国环球航空公司一架客机遭劫持。但是,另一件事却造成了更大的轰动效应,这便是美国电视网"有线新闻网"(CNN)在贝鲁特机场组织了出色的新闻报道。CNN连续17天在现场组织了日夜不停的新闻报道。由于有五颗卫星的转播,全球任何一个角落都能收看到图像,也都感受到它的影响。成功的新闻报道本身也便成了一大新闻。

1991年,巴格达。战争爆发了。伊拉克与外界仅剩的一丝联系,是CNN记者彼得·阿内特[①](Peter Arnett)的声音,他在战场上的报道牵动着数百万家庭的心。

1991年,莫斯科。CNN抢先报道戈尔巴乔夫辞去共产党总书记的职务。但是,在此之前这家电视台报道了推倒柏林墙的情景,已经确立了在国际新闻报道中的领先地位。[②]

CNN的崛起不啻一场革命,在电视领域引发了世界性震动,对电视媒介、电视新闻、电视理论等均产生相当影响。有人就认为,CNN重新界定了新闻的概念。新闻在过去是指已经发生的事情,而CNN则把新闻变成正在发生的事情。概括起来,CNN的核心理念有三点:

第一,它会24小时不间断地播报新闻;第二,它的目标是全球性的——CNN会从世界任何一个角落向全球播报新闻;第三,它的新闻报道将是现场的——CNN会在新闻事件发生时,而不是发生后播报新闻。[③]

阿尔及利亚社会学家兼记者蒙尼·贝拉赫(Mouny Berrah),在为联合国教科文组织《信使》杂志撰写《不停播放的新闻》一文中也认为,CNN"帝国"有两块基石,"一块是重要新闻,一块是国际报道",而其竞争对手对这两者都估计不足。[④] 为了培养CNN的所谓全球视野,特纳对报道中的遣词用语,都提出相应的要求。比如,他曾在1993年专门说道:

我不允许这里的员工和在亚特兰大的员工使用"FOREIGN(外国)"这个词,……因为"FOREIGN"的意思就是外星人,像ET……为了禁止在谈到这个星球上的其他国家和其他人民时使用这个词,在CNN内部我们实行了"罚款"……我认

---

① 1998年,阿内特(Peter Arnett)参与报道了美军在越战时使用神经毒气一事,结果激怒五角大楼,随后被CNN解雇。2003年美军入侵伊拉克时,他作为NBC的记者,接受了伊拉克电视台的采访。其间,说到由于伊拉克的抵抗,美国的第一个战争计划已经失败,这个计划显然误判了伊拉克军队的决心。这番评论在美国引起轩然大波,NBC迫于压力不得不解雇他,他本人也不得不向美国公众道歉。
② 张穗华主编:《媒介的变迁》,91页,北京,中国对外翻译出版公司,2002。
③ [英]露西·金-尚克尔曼:《透视BBC与CNN:媒介组织管理》,彭泰权译,87页,北京,清华大学出版社,2004。
④ 张穗华主编:《媒介的变迁》,91页,北京,中国对外翻译出版公司,2002。

因为我们都是邻居,不应该是"外国事务",而应该是"国际事务"。①

为了迅速而及时地追踪事件的发生发展,CNN 只报道新闻而不加分析,用 CNN 一位员工的话来说:"当重大新闻发生时,我们对它进行现场报道;我们不会作出任何评论,应该由观众自己作出判断。"②由此形成了 CNN 的独特风格,即迅捷、短促、富有动感、讲究画面等。有个比喻,对此作了形象概括:

> 在全球范围内辨别和收集能吸引他人兴趣的主要新闻的信息和图像,就像一个从事批发贸易的蔬菜水果商,他的技巧就在于收购合适的蔬菜,并使它们保持新鲜,然后在它们仍然新鲜的时候,把它们卖出去。③

简言之,CNN 把自己看作"新闻特使",滚动的、现场的、全球的新闻就是其灵魂:

> CNN 的使命就是报道新闻……国内和国际都一样。
>
> CNN 的全部使命就是制作最快最好的现场新闻报道……并把它们向全世界广播。④

CNN 的这些宣示、追求及特征,一开始确实令人耳目一新,也使电视新闻发生革命性变革。不过,当 CNN 的冲击波过后,人们也开始反思这种现买现卖、前不着村后不着店的新闻及其意义。还以蒙尼·贝拉赫的论述为例:

> 电视疯狂追求速度的那股劲也传染了报界。为了迎接挑战,报纸因为缺乏证据而扣发消息的情况日益减少,编辑们宁可先登出来,然后加上"据未经证实的报道……"这类流行的套话。电视还形成了一种特别的报道风格,偏重感情色彩浓烈的现场报道,忽视分析和反思。这也给报纸带来了压力,使其不得不改变报道新闻的方式。现在有许多文章读起来像电视剧本一样,里头塞满了耸人听闻的词句、悬念、细枝末节、倒毙之类的东西。结果,曾被视为权威公正的报章,除少数不改初衷外,均和电视画面一样,成了过眼烟云。记者也不再是冷静的观察者,倒和电视摄像机一样,成了事件的见证人。⑤

---

① [英]露西·金-尚克尔曼:《透视 BBC 与 CNN:媒介组织管理》,彭泰权译,169 页,北京,清华大学出版社,2004。
② [英]露西·金-尚克尔曼:《透视 BBC 与 CNN:媒介组织管理》,彭泰权译,141 页,北京,清华大学出版社,2004。
③ [英]露西·金-尚克尔曼:《透视 BBC 与 CNN:媒介组织管理》,彭泰权译,209 页,北京,清华大学出版社,2004。
④ [英]露西·金-尚克尔曼:《透视 BBC 与 CNN:媒介组织管理》,彭泰权译,167 页,北京,清华大学出版社,2004。
⑤ 张穗华主编:《媒介的变迁》,92 页,北京,中国对外翻译出版公司,2002。

我们觉得,CNN之类的电视新闻,在追求及时、逼真与现场感之际,不免常常混淆新闻与娱乐的界限与区别,往往忽略事实与事实的联系与意义,使整个世界看上去成为一场没完没了的情景喜剧。有学者就批评 CNN 的报道肤浅、琐碎,只有"一英里宽,一英尺深",犹如"栩栩如生的墙纸"。①

2. 媒体聚合

若干媒体按照某种方式组合起来,形成一个庞大的"集团军"(group),就是所谓媒体聚合。这种聚合之势,早在一百多年前就随"垄断资本主义"的诞生,而兴起于新闻传播领域。实际上,媒体聚合同样属于资本环境中的竞争与兼并,大鱼吃小鱼。由于当时的媒体主要是报纸与杂志,所以聚合而成的集团就称为"报团"(newspaper groups),即今天说的报业集团。20世纪初,欧美一些报业巨头组建了最早的一批报团,如美国的斯克里普斯-霍华德报团(Scripps Howard Newspapers)等。不过,同现在那些世界级的媒体大鳄相比,这些报团实在是小巫见大巫。30年代,广播媒体兴起以后,又进一步加剧了媒体聚合的态势。比如,到1931年,当时美国的两大广播网——全国广播公司和哥伦比亚广播公司,已占有美国电台总功率的70%,同时全国97%的晚间节目也都由其提供。② 第二次世界大战之后,由于美国综合国力的空前提升,媒体聚合的规模与势头就更为突出。以报业为例:

"二战"结束后,报业连锁经营的趋势加速发展。目前,美国前五名大报系包括《纽约时报》公司,甘耐特公司,奈特·里德公司,纽豪斯报业公司和论坛报公司。

甘耐特报业公司就其报纸的发行量而言是第一大报系,拥有《今日美国》等4份全国性报纸和100余份地方报纸,在英国拥有16家报纸。甘耐特报业在美国的发行量总计720万份,在英国60万份。该公司还拥有近15家电视台及10余家其他公司,服务内容包括信息业、广告业和印刷业。它的电视台在美国的市场占有率大概为18%。③

1983年,美国学者本·巴格迪金(Ben Bagdikin),出版了一部反响热烈的著作《媒体垄断》(The Media Monopoly),揭示了50家大公司如何主导美国媒体的内幕,范围涉及报纸、书籍、杂志、电影、广播、电视、有线电视及音乐等。当时,最大的媒介并购案,来自美国的甘尼特报业集团(Gannett of Combined Communication Corporation),价值3.4亿

---

① [英]露西·金-尚克尔曼:《透视 BBC 与 CNN:媒介组织管理》,彭泰权译,140页,北京,清华大学出版社,2004。
② [美]罗伯特·W.麦克切斯尼:《富媒体 穷民主》,谢岳译,268页,北京,新华出版社,2004。
③ 张巨岩:《权力的声音:美国的媒体和战争》,242~243页,北京,三联书店,2004。

美元。

这种兼并、聚合与垄断的势头,到 20 世纪末又掀起一次新的高潮,形成一股全球范围的媒体聚合浪潮。"自 20 世纪七八十年代以来,媒体发展的主导性趋势——90 年代这个趋势进一步地加快了——是媒体所有权的集中。"① 以英国为例,积极推行"新自由主义"的撒切尔政府,大刀阔斧地将市场竞争机制引入媒体,取消媒体垄断方面的诸多限制:"主要的政策性变化是:取缔对所有权的限制;放宽对电视台行为的一些限制;促使英国广播公司向商业化迈进。"② 1996 年,美国国会通过一部新的《电信法》(Telecommunication Act),更成为世纪末这股滔天巨浪的一大诱因或"工作母机":

> 与 1934 年《通讯法》相比,1996 年新电信法的主要特点是:首先,放宽了对广播电台、电视台所有制的限制,例如,废除了以往一个广播公司最多只能拥有 12 家电视台的数目限制,允许业主在一个市场内同时拥有广播电台、电视台;同时拥有无线电视网和有线电视系统,将广播电视执照的拥有期限从以往的 7 年、5 年一律延长到 8 年。其次,打破了媒介种类的限制和隔绝,允许电话公司参与有线电视市场的节目竞争,促进电话行业和有线电视之间的相互渗透与合作。③

总之,这部法案的核心就是"解除管制"(deregulation),它打破了以往媒体之间的经营壁垒,使跨媒体的并购合法化,从而引发一浪高过一浪的大兼并、大聚合。一位观察家就说道,它打开了媒体聚合的"潘多拉盒子"。事实上,这部关系重大的法案本身,就是保守的美国共和党议员根据传媒大亨的旨意拟订的。④ 于是,2000 年,《媒体垄断》的最新版本问世时,原来所说的 50 家大公司已降到 6 家,而且均被 1999 年《财富》(Fortune)杂志列入世界五百强企业,即通用电气(General Electric)、维亚康姆(Viacom)、迪斯尼(Disney)、贝塔斯曼(Bertelsmann)、时代华纳(Time Warner)和新闻集团(News Corp):"这个国家最有影响的新闻、评论和提供日常娱乐的机构被 6 家大型跨国公司控制,其中 2 家是外国公司。即使考虑到互联网戏剧般地进入,和由此带来的数不清的新公司,这屈指可数的几家美国和外国公司在他们的规模和传播能力上已经超过了这个世界上曾有的和现存的任何组织和机构。他们在全球建立起来的错综复杂的关系网已经使他们成为国际性的卡特尔。"⑤ 比如,1998 年,当有人说一家德国公司不应该分别掌握美国图书出版和音乐市场 15% 的份额时,贝塔斯曼的首席执行官托马斯·米德尔霍夫(Thomas

---

① [美]罗伯特·W. 麦克切斯尼:《富媒体 穷民主》,谢岳译,24 页,北京,新华出版社,2004。
② [英]尼古拉斯·阿伯克龙比:《电视与社会》,张永喜等译,110 页,南京,南京大学出版社,2001。
③ 郭镇之:《北美传播研究》,170 页,北京,北京广播学院出版社,1997。
④ 根据《华尔街日报》1995 年 1 月 17 日的报道,1994 年,新当选的共和党议员们曾经邀请大传媒公司的总裁们举行不公开的会议,询问他们希望将什么样的条款写入新的《电信法》。
⑤ [美]本·H. 贝戈蒂克安:《媒体垄断》,吴靖译,4 页,石家庄,河北人民出版社,2004。

Middelhoff)大发雷霆。他说:"我们不是外国公司,我们是国际公司。我是一名拥有德国护照的美国人。"2000年,米德尔霍夫干脆宣布,贝塔斯曼将不再是一家德国的公司:"我们是最全球化的传媒公司。"同样,美国在线-时代华纳的杰拉尔德·莱文(Gerald Levin)也宣称,"我们不希望被看作是一家美国公司。我们具有全球视野"。在新一轮超大规模的媒体聚合过程中,除了传统意义上的大鱼吃小鱼,还出现所谓快鱼吃慢鱼。特别是世纪之交的一系列轰动世界的"并购案",更使媒体领域成为硝烟密布、战火纷飞的鏖战场所。如果我们将早期的媒体聚合,比做众多小国聚讼纷纭的春秋时代,那么,如今的情形则恰似几个大国折冲樽俎的战国时代。其间,如下并购(consolidation)尤其引起广泛关注:

1985年,美国广播公司(ABC),被大都会传播公司(Capital Cities Communication Incorporation)兼并。1995年,大都会/美国广播公司,又被迪士尼公司吞并,交易金额190亿美元。

1986年,全国广播公司(NBC),连同其母公司美国无线电公司(RCA),被通用电气公司(GE)以62亿美元兼并。

1995年,哥伦比亚广播公司(CBS),被西屋电气公司收购,1999年,又为媒介巨头雷石东(Summer Redstone)的维亚康姆公司(Viacom)所拥有。交易金额380亿美元。

澳裔美国人默多克(Rupert Murdoch)的新闻集团(News Corporation),通过不断购并,目前已经拥有澳大利亚60%的报纸,英国40%的报纸。另外,它还拥有英国的天空电视台、美国一大无线电视网——福克斯电视网(Fox TV Network)、香港的亚洲卫视等200多家电视台。

特别是1995年,时代华纳与CNN所属的特纳广播公司合并,更使时代华纳公司成为全球最大的媒体集团。2001年,美国最大的网络公司美国在线(AOL),又斥资1 830亿美元收购时代华纳公司,组成"巨无霸"式的美国在线-时代华纳——拥有3 500亿美元资产,此举号称历史上最大的媒体并购案。①

截至2002年年底,经过一系列惊心动魄的购并,全球已经形成10个最大的跨国媒体垄断集团:

美国在线-时代华纳(AOL-Time Warner)

迪斯尼/美国广播公司(Disney/ABC)

通用电气公司/全国广播公司(GE/NBC)

维亚康姆/哥伦比亚广播公司(Viacom/CBS)

默多克的新闻集团(News Corporation)

---

① [美]叶海亚·R·伽摩利珀:《全球传播》,尹宏毅主译,41~43页,北京,清华大学出版社,2003。

维旺迪(Vivendi)

索尼(Sony)

贝塔斯曼(Bertesmann)

美国电话电报公司(AT&T)

自由媒体公司(Liberty Media)

这些前所未有的庞大集团,均属全球性的媒介"超级舰队","它们的业务范围包括了电视节目的制作、电影、音乐、印刷物、主题公园、电视网络、电视台、有线网络、光缆和卫星系统、家庭影院和零售商店等"。①以时代华纳为例,在与美国在线合并前,其麾下的机构就已形成如下壮观阵容：

- 拥有华纳兄弟电视网的主要股份;
- 拥有美国最大的有线电视广播系统,控制了该行业最大的100个市场中的22个市场;
- 控制有线电视频道CNN、标题新闻、CNNfn、CNN国际新闻、TNT、特纳广播公司、特纳经典电影、CNNSI、动画电影网、Court TV、HBO、HBO国际新闻、Cinemax;
- 拥有有线电视频道《喜剧中心》(Comedy Central)的部分股权;
- 拥有美国卫星电视机构"超级星球"的一小部分股权;
- 华纳兄弟电影公司,全球六大电影公司之一;
- 华纳兄弟电视制作公司,全世界最大的电视节目制作公司之一;
- 新航线电影公司(New Line);
- 美国最大的杂志出版集团,包括《时代周刊》、《人民》、《体育画报》和《财富》杂志
- 华纳唱片公司,控制全球唱片业的五大公司之一;
- 全球主要图书出版公司,在美国本土之外的销售额占全球图书销售总量的42%;
- 150家华纳兄弟零售商店;
- 亚特兰大老鹰队和亚特兰大勇士队;
- 汉纳-巴伯拉动画电影公司;
- 拥有法国一家数字电视机构"运河卫星"(Canalsatellite)10%的股份;
- 分别控制法国两家有线电视公司西特斯修(Citereseau)和罗恩有线(Rhone Cable Vision)100%和49%的所有权;
- 控制时代华纳电信公司90%的股份;
- 控制一家有线互联网光缆机构罗德·朗纳公司(Road Runner)37%的股份;

---

① [英]露西·金-尚克尔曼：《透视BBC与CNN：媒介组织管理》,彭泰权译,45页,北京,清华大学出版社,2004。

- 全球最大的电影院连锁公司,总量超过1 000家,而且全部分布在美国境外;
- 拥有南亚第一家私人电视网"迷你电视台"(Midi Television)20%的所有权;
- 与日本东芝公司和日本Nippon电视公司合作组建Towani电视台,为日本市场生产电影和电视节目,同时出口海外,其中时代华纳占有40%的股份;
- 拥有Atari公司23%的所有权;
- 拥有Hasbro公司14%的所有权;
- 德国N-TV、欧洲音乐频道《VIVA》以及亚洲音乐频道《经典V》拥有少量股权;
- 拥有美国卫星电视公司《超级星球》(Primestar)31%的股份;
- 拥有日本有线公司Titus23%的股份;
- 控制日本有线公司Chofu19%的所有权;
- 控制哥伦比亚图书出版公司唱片俱乐部50%的股份。①

这样强大的媒体组合,归根结底还是为了追求利润的最大化,因为它可以使任何一个媒介产品,通过多渠道、多网络、多媒体而将其中包涵的文化价值和商业价值发挥到极致。比如,迪斯尼创作了一部影片,它既可以在电影院上映,又可以在电视台播出,还可以制作和销售光盘,同时开发相关的儿童玩具、主题公园、音乐、书籍以及迪斯尼专卖店的商品等。另外,迪斯尼可以调动其全部媒体,推销这部影片及其相关产品。1994年,迪斯尼制作的电影《狮子王》,在美国的票房收入达到3亿美元,由此获得的利润则超过10亿美元。对于这种"无所不用其极"的媒体经营模式,特德·特纳打了一个比喻:

> 我们很像现代养鸡场的饲养主。他们碾碎鸡脚作肥料,碾碎鸡肠作狗食,把鸡毛做枕囊,就连鸡粪也被做成肥料。鸡的各个部分各得其用。这也就是我们对电视产品所努力采取的做法:充分利用一切。②

20世纪末的这场媒体聚合或混战,对整个世界的传播格局及走势都带来巨大冲击。比如,以BBC为代表的英国公共广播系统,就面临巨大的市场竞争压力,"大众服务广播目标的道德、政治、经济和社会基础在20世纪80年代出现了严重的塌陷"。③再如,欧盟反对继续补贴公共广播系统,理由是这样做属于"非竞争"。而公共广播系统曾是欧洲社会民主主义在传媒领域的重要构成,现在却只能在全球传媒系统中寻求某种商业化的定位。不仅发达国家被这股巨浪所席卷,而且广大的发展中国家同样不得不调整自己的政策,不得不将传媒产业纳入国家大政方针的考量范围,不得不在媒体上"重新洗牌",以应对国际传媒巨头的风扫残云。

---

① [美]罗伯特·W.麦克切斯尼:《富媒体 穷民主》,谢岳译,127~128页,北京,新华出版社,2004。
② [英]尼古拉斯·阿伯克龙比:《电视与社会》,张永喜等译,110页,南京,南京大学出版社,2001。
③ [英]尼古拉斯·阿伯克龙比:《电视与社会》,张永喜等译,92页,南京,南京大学出版社,2001。

面对这场媒体的大分化、大改组、大聚合,有识之士一直啧有烦言,颇有微词。1998年,理查德·里夫斯(Rechard Reeves)就指出,经过十年的媒体聚合与商业化过程,美国可能已经进入一个新闻终结的时代。① 因为,在他看来,由于受到商业利润的驱使,新闻报道越来越集中于那些成本低廉、难度较小的事件,如名人生活、法庭审理、犯罪事件、枪击案件等,鸡零狗碎,东鳞西爪,而真正的、有意义的、有价值的新闻,则往往被忽略。以电视新闻网为例,"国际新闻报道的总数从20世纪70年代早期的45%下降到1995年的13.5%"。② 1998年,一位作家为《纽约时报杂志》撰文写道:"多数新闻界和学术界人士认为,如果地方电视节目中有什么新闻的话,除了骇人听闻的事件报道之外,再也没有别的内容可以算得上新闻的了。"③与此同时,新闻的娱乐化倾向也越来越明显,正如美国《国家》杂志2001年一篇文章所言:"在美国在线—时代华纳、通用、维亚康姆等大公司之下,新闻只是这些卡特尔不停地兜售的另一个版本的娱乐而已,鲜有例外。"④这种情况如此普遍,这种趋势又如此明显,以至当代英文语汇里甚至出现一个新词"infortainment"——它是将"信息"(information)与"娱乐"(entertainment)合并而成,可以译为新闻娱乐化吧。

在这些批评中,美国批判学者罗伯特·W.麦克切斯尼(Robert W. McChesney),对此所作的分析与论述,揭示了其中一系列深层次的政治经济学背景与内涵,成为当今新闻传播学普遍关注与广泛征引的理论学说。⑤ 他在1999年出版的新著《富媒体 穷民主》(*Rich Media, Poor Democracy*),更成为美国批判理论先驱赫伯特·席勒(Herbert Schiller)之后的又一力作,被译成十多种文字在全球发行,其中包括中文版(新华出版社,2004)。

3. 富媒体与穷民主

在麦克切斯尼看来,当下历史的特征可用三个概念描述:全球化(globalization)、技术革命(technological revolution)和民主化(democratization)。在这三个方面,媒体都举足轻重。如果没有一个商业化的全球传媒系统(global commercial media system),没有它所推进的全球市场与消费价值,经济和文化的全球化就不可能发生。对资本主义的吹鼓手来说,比如《纽约时报》的评论员托马斯·弗里德曼(Thomas Friedman),这一切意味着人类迈进一个新的"黄金时代",市场和技术正在创造魔术般的奇迹。而对于社会主

---

① [美]罗伯特·W.麦克切斯尼:《富媒体 穷民主》,谢岳译,60页,北京,新华出版社,2004。
② [美]罗伯特·W.麦克切斯尼:《富媒体 穷民主》,谢岳译,62页,北京,新华出版社,2004。
③ [美]罗伯特·W.麦克切斯尼:《富媒体 穷民主》,谢乐译,63页,北京,新华出版社,2004。
④ 张巨岩:《权力的声音:美国的媒体和战争》,257页,北京,三联书店,2004。
⑤ 以下论述即出自他的一篇论文《全球传媒、新自由主义和帝国主义》,载《全球化与大众传媒:冲突·融合·互动》,曹书乐译,北京,清华大学出版社,2002。

者和其他社会变革者来说,这种看法则受到质疑:

> 一个幽灵正在世界上徘徊,一个由一小撮主要以美国为总部的超级跨国传媒公司所把持的全球商业传媒体系。该体系致力于推进全球市场的事业和促进商业价值,同时贬低不利于公司眼前经营结果或者长远利益的新闻报道和文化。①

他认为,全球化这个概念,即当作资本主义终极目标的全球化,具有误导性,充满意识形态的意味。全球化的真正含义,其实是新自由主义(neoliberalism)。所谓新自由主义,是指 20 世纪 80 年代后,英美等国奉行的一系列国内国际政策。如小政府、大市场,即政府应该尽可能服务于跨国公司的利益,尽可能减少对商业活动的限制。新自由主义总是对市场坚信不疑,相信使用新技术解决社会问题远胜于任何其他方案。在新闻传播领域,新自由主义政策的核心,就是解除对传媒市场的管制。

如果我们将当前时代的本质特征,理解为新自由主义而不是所谓全球化,那么其中所隐含的反民主(anti-democratic)意味便得到显现。《纽约时报》2001 年的一篇文章就以戏谑的笔调写道:"美国四分之一的文化将由(新闻集团的)默多克的煽情来过滤;四分之一由美国在线—时代华纳来过滤;四分之一由米老鼠过滤;还有四分之一由维亚康姆来过滤。……我们以前在媒体中至少还有杂七杂八的垃圾,但现在我们正走向一种集体意识,把可能听到的声音加以重重限制,同时使反对的声音收声……"②比如,商业传媒系统固然没有明显新闻审查迹象,但正如乔治·奥威尔(George Orwell)在其《动物庄园》(*Animal Farm*)一书的序言中所说,自由国度的审查制度比专制政体还复杂,还彻底。因为,"不受欢迎的观点可以使之沉默,不合时宜的事实可以使之缄默,而这些并不需要任何官方的禁令"。再如,全球传媒系统和帝国主义之间关系微妙,错综复杂。20 世纪 70 年代,第三世界国家通过联合国教科文组织,曾向文化帝国主义挑战,提出了世界信息和传播新秩序(New World Information and Communication Order)的构想,以表达他们对西方控制新闻和文化问题的关注:"在一国内和各国之间进行交往并交流知识与思想的需要变得比以前任何时候都更加迫切;但危险在于那些掌握着大量技术资源的人拥有把自己的观点想法强加于人的权力。"③欧洲对美国媒介的影响与控制,也表示类似的担忧。但是,这个运动最终毁于美国和英国所挥舞的新自由主义利剑。麦克切斯尼相信,一旦深入考察全球传媒和传媒产业的政治经济学,我们就能戳穿这个时代的很多神话,为更准确地理解实际所发生的一切提供依据。他在与爱德华·赫尔曼合著的《全球媒体》(*Global Media*)一书里写道:"商业模式自有其内部逻辑。由于属于私有性质,并且要依赖广告的

---

① [美]叶海亚·R.伽摩利珀:《全球传播》,尹宏毅主译,52 页,北京,清华大学出版社,2003。
② 张巨岩:《权力的声音:美国的媒体和战争》,256 页,北京,三联书店,2004。
③ [爱]肖恩·麦克布赖德等:《多种声音,一个世界》,18 页,北京,中国对外翻译出版公司,1981。

支持,商业模式倾向于侵蚀公共领域,并创建一种与民主秩序不相容的'娱乐文化'。"①

短短几年,全球传媒市场的控制权,便迅速掌握在几家跨国公司手中:迪斯尼、美国在线—时代华纳、新闻集团、维亚康姆、索尼、维旺迪和贝塔斯曼等。新闻集团总裁彼得·彻宁(Peter Chernin)坦言:"人们争论得很厉害,究竟是内容为王,还是销售为王。其实最后是规模为王。如果你能在一个大规模的基础上分摊成本,那么在购买节目和其他资产时,你就能出比竞争对手更低的价。"彻宁的公司,也就是鲁珀特·默多克的新闻集团,也许可以称作最有冲劲的全球化先驱。默多克拥有的卫星电视广播,覆盖亚洲、欧洲、拉丁美洲。新闻集团还向中国提供电视节目,它拥有45%股份的凤凰卫视,到2002年已经达到4 500万用户,前一年的广告收入则增加80%。

这一切是怎么发生的?通常的解释是技术。也就是说,传播技术的迅速发展,使全球传媒帝国成为可能,并以过去不可想象的方式赢利。麦克切斯尼认为,这种解释和对全球化明显夸大的技术性解释相似。技术最多只能解释部分原因,真正的驱动力是对利润的无止境追求。这种追求自然形成一种压力,要求推行新自由主义所倡导的解除管制。对传媒而言,这意味着减少或消除传媒进行商业扩张的障碍,减少或消除集中传媒所有权的障碍。按照新自由主义的看法,电视这种在很多国家还属于非商业领域的传媒,将不得不适应跨国公司的需求,它已处在正在兴起的全球传媒系统的中心。"全球商业发展最抢眼的新战场是电视……电视是这个时代的代表,它为一体化全球商业媒体的出现提供了基础。"②

一旦美英等国解除传媒管制,随之而来的就是全球化的制度安排,诸如北美自由贸易协议(NAFTA)、世界贸易组织(WTO)等。所有这些制度安排,其实都是为跨国公司在地区和全球市场进行投资和销售清除路障。当然,全球传媒系统的形成与扩张,并非一帆风顺,无人抵制。事实上,从挪威、丹麦、西班牙到墨西哥、南非和韩国,许多国家都在政府的扶持下维持自己规模不大的影视产业。1998年夏天,来自巴西、墨西哥、瑞典、意大利和象牙海岸等20个国家的文化部长在渥太华会面,讨论如何才能"建立一些基本规则",以保护自己的文化免受好莱坞的影响。他们的主要主张,就是文化应该脱离世贸协定的控制。1998年,另外一次由联合国资助的类似会晤在斯德哥尔摩举行,代表也提议让文化问题从全球贸易协定中剔除。尽管如此,潮流还是明显朝着开放市场的方向发展。各国的新自由主义提倡者都认为,文化贸易上的壁垒和管制对消费者有害,而国家的资助会削弱一国发展自己有竞争力的传媒产业。这些国家常有神通广大的传媒院外活动集团,他

---

① [美]爱德华·赫尔曼、罗伯特·麦克切斯尼:《全球媒体:全球资本主义的新传教士》,甄春亮等译,"前言",11页,天津,天津人民出版社,2001。
② [美]爱德华·赫尔曼、罗伯特·麦克切斯尼:《全球媒体:全球资本主义的新传教士》,甄春亮等译,"前言",2页,天津,天津人民出版社,2001。

们力主开放边界比维持壁垒更有利。比如,1998年,为保护英国的商业电影,英国政府提议从电影院(主要针对好莱坞电影)的收入中自动征税。这时,英国的广播公司就四处游说反对这个议案,直到取消为止,因为他们不希望对抗自己的节目供应商。

除了几大媒体"巨无霸",全球传媒系统还有约六七十家二类集团(second tier),它们通常是国家级或地区级媒体。其中三分之一至二分之一都在北美,其余大部分来自西欧和日本,如北美的论坛公司(Tribune Company)、道琼斯公司(Dow Jones)、甘尼特公司(Gannett)、奈特-里德公司(Knight-Ridder)、赫斯特公司(Hearst)、前进出版公司(Advance Publications),以及欧洲的 Kirch、Mediaset、Prisa、Pearson、Reuter、Reed Elsevier 等。和一二十年前相比,现在国家级和地区级的传媒公司大大减少,而规模大大增加。比如在德国,媒体聚合的浪潮使这个全球第二大电视市场,成为贝塔斯曼和 Kirch 的领地。事实上,几次合并之后,全欧洲的电视台基本处于5家公司的控制之下,其中3家是全球性的一类集团。

二类集团像一类集团一样需要跨越国界。"国界消失了。我们必须拓展",CanWest 国际传播公司主席表示。"我们不想成为信息高速公路边横七竖八的死尸之一……我们必须在某一天发展成为哥伦比亚或是华纳兄弟",瑞典最大的传媒集团 Bonnier 的首席执行官说,"我们想要成为北欧领先的传媒公司。"澳大利亚的传媒紧步默多克的后尘,相信"不扩张,即死亡"。也许,最令人惊讶的二类集团全球化的案例,是美国的 Hicks、Muse、Tate 和 Furst,这些电台/出版/电视/广告牌/电影院的强大公司,差不多一夜之间就组建起来。1998年到2000年,它们花了20多亿美元购买了分布在墨西哥、阿根廷、巴西和委内瑞拉的传媒资产。

二类集团传媒公司几乎从来"不反对"全球系统。这在发展中国家也同样如此。墨西哥的 Televisa、巴西的 Globo、阿根廷的 Clarin 和委内瑞拉的 Cisneros 集团,都名列世界最大传媒公司中的前六七十位。这些公司控制着本国和地区的传媒市场,同时也经历了快速的兼并过程。它们的收入大多来自跨国公司的广告。另外,它们和最大的跨国传媒集团以及华尔街投资银行,都保持着广泛联系,并建立合资企业。在拉丁美洲,这些二类集团和美国的传媒巨头紧密合作,共同分切这块商业蛋糕。结果,这些发展中国家的二类集团都拥护商业化,支持全球传媒市场的扩张。

这七八十家一类集团和二类集团,控制了全球传媒市场的大部分命脉:图书、杂志和报纸;音乐唱片;电视制作;有线频道;卫星电视;电影与影院等。这个系统还在不断进行演化。二类集团的演化结果,可能出现一两家新的传媒巨头。一类传媒巨头中,也可能发生进一步的剧变。公司在走向全球化的进程中,并没有必定成功的保障。问题的关键在于,它们别无选择。

全球传媒系统,从任何经济学层面讲都意味着不完全竞争。许多巨型传媒公司,其实都是合作性的竞争者(corespective competitor)。它们互相控股,共设董事,即一个人同时身兼两大公司的董事。1997 年,*Variety* 杂志在编撰全球传媒 50 强的名单时发现,交互所有权(cross-ownership)已经形成一张复杂的关系网,令人晕头转向。通过这种方式,公司减少了竞争风险,增加了赢利机会。西班牙最大的传媒公司、欧洲排名前 12 的 Sogecable 首席执行官就对 *Variety* 表示,他们所采取的策略是"不和国际大公司竞争,而是加入它们"。从某种角度看,全球传媒系统更像卡特尔(cartel),而非经济学教科书所说的竞争性体系。那些处于领先地位的首席执行官们,关系往往好得可以称兄道弟。即使那些关系不太好的,如默多克和特德·特纳,都明白他们必须为了"更好的明天"而共同努力。

通过对媒体聚合的解剖与分析,麦克切斯尼最后一针见血地揭示了全球传媒系统的文化和政治含意。他说,随着商业兼并而来的,是超级重商主义(hypercommercialism)。消费文化、阶级差距和所谓"个人主义"倾向,都被当作自然而然的现象。最好的新闻事业,似乎就应将注意力放在商人阶层,并适应其需求。比如,印度受到全球传媒的影响后,"新闻媒体……更多地谈论时尚设计和美女天后,而不去报道一个贫穷而充满暴力的国家中的黑暗现实"。表面上,大型传媒集团并没有什么固有的阴谋企图,而只是在自己的利益底线上进行运作,但渐渐地它们就以轻松愉悦的东西,置换了公共领域的严肃话题。比如,墨西哥 Televisa 的创办人、亿万富翁 Emilio Azcarraga 就说道:"墨西哥是一个卑微的、饱受欺骗的国家,而且永远不会免除这种命运。电视有责任给人们带来娱乐,将他们的注意力从悲伤的现实和艰难的未来转移开来。"新自由主义和跨国传媒的结合,正有助于这样的非政治化趋势。

总之,在媒体聚合问题上,一直存在两种截然对立的立场与观点,而这些立场与观点又源于一系列政治经济学背景和一整套现实利益关系:

> 解除管制的倡导者大都认为,最有效果与效率的公共服务是那些由商业化市场所提供的。针对这种观点,批评者指出"解除"(de)管制实际上是"重新"(re)管制,它使资产与控制从公共领域转入私人手中,同时伴随民主责任与社会责任的消失。这方面,有关解除管制的争论,常常提供的是两种涉及未来消费者与消费的对立观点。对政治右翼来说,解除管制是扩大服务的选择性与质量的关键所在。而对政治左翼来说,解除管制则使那些能够和那些不能够参与、拥有或控制的消费者之间的分野又原原本本地恢复原状。[①]

---

① [英]约翰·费斯克等:《关键概念:文化与传播研究辞典》,李彬译注,"解除管制"条,北京,新华出版社,2004。

第三节 批判视野的电视

以上我们从历史进步论的视角,简略描述或论述了电视的发展历程。这一节,我们再对电视媒介的深层蕴涵及负面问题,进行一些批判性的分析和讨论。

一、乐天派与悲观派

今日美国以及许多发达地区,广播电视事业已是极度繁荣。除家家户户几乎都有电视之外,车站、码头、机场、咖啡馆等公共场所也都装有电视。饭馆、酒吧、理发店、旅馆房间等,只要有人停留的地方,差不多都有电视。乘坐飞机、火车、轮船、长途汽车等交通工具,同样可以随时随地看到电视。1996年,英国社会学家N.阿伯克龙比(Nicholas Abercrombie),在《电视与社会》一书里说道,英国人"看电视耗费的时间比其他闲暇时间活动耗费时间的总和还多,被列为与工作与睡眠一样耗时的活动"。[①] 电视和汽车,也是当代美国最普及也最具影响力的两样东西。用拉什沃思·M.基德尔的俏皮话说,"电视机在美国家庭里,比抽水马桶还要多"。一般美国家庭平均每天要开七八个小时的电视,成人的空闲时间有一半都花在电视上,儿童消磨于电视的时间,甚至超过在校学习的时间。有份统计资料显示,美国儿童从6岁到18岁,平均每人有1.5万到1.6万小时花在电视上,而上学时间则不到1.3万小时。事实上,美国人只有工作和睡觉的时间比看电视多。1992年,一位学者曾写道:

> 今天,在全球有35亿小时被用于收看电视。不过,任何地方都不及美国。在这里,电视已成为日常生活的组成部分,有9 200万个家庭至少拥有一台电视机(占人口的98%)。其中,近70%的家庭拥有一台以上的电视台,更多的美国家庭中电视机比电话机还多。平均每个家庭每天开机时间在7小时以上。在晚上7点到11点这个时段,无论属于哪个人口区域、哪个社会和经济群体的美国人都把大部分时间花在看电视上。[②]

美籍华人赵浩生说得更形象,"整天的生活除了睡觉和必要的工作外,总是听、听、听,看、看、看"。

面对这种局面,有人忧心忡忡,有人喜气洋洋。各路学者七嘴八舌,争执不休,各类研究翻云覆雨,莫衷一是。不过,大致说来,对电视的看法,一向分为两大派:一派可称"乐

---

① [英]尼古拉斯·阿伯克龙比:《电视与社会》,张永喜等译,3页,南京,南京大学出版社,2001。
② [英]尼古拉斯·阿伯克龙比:《电视与社会》,张永喜等译,4页,南京,南京大学出版社,2001。

天派",一派可称"悲观派"。两派的观点针锋相对,截然相反,同时,又都有根有据,言之凿凿。

乐天派说,电视能将世界各地的信息迅速传播开来,而且活生生地展现给成千上万的观众,让人看到了许多以前根本看不到的人物、情景、天光水色、风土人情等,听到了许多以前根本听不到的声音。另外,由于电视画面具有客观性、真确性和直观性,观众又可以不受年龄和文化的限制,从而提高了信息传播的覆盖面与公信力。而悲观派则说,电视大量传播的都是表面、孤立、简化的现象,五花八门,千奇百怪,使人一惊一乍,应接不暇,既无心思索,又无从思索:"思考无法在电视上得到很好的表现,这一点电视导演们很久以前就发现了。在思考过程中,观众没有东西可看。思考不是表演艺术,而电视需要的是表演艺术。"①结果,人们越是依赖电视,对事情的来龙去脉和相互关系,就越是迷惑不解。换言之,越是通过电视获取信息,对世界的真实情形就知道得越少,越离谱。比如:

  帕特森和麦克卢尔(Patterson and McClure 1976)认为,电视新闻促使人们对竞选宣传与竞选产生一种浅薄的看法,因而培养了对民主程序的蔑视。他们还抱怨,电视网丑化竞选,把他们表现得比大型体育比赛好不到哪里去。电视网不是去报道政策、竞选条件等严肃的话题,而是"把大量的竞选报道集中在了政治宣传的细枝末节上,只是因为它们可以让画面显得更好看。质问者、人群、汽车行列、气球、集会和小道消息——这些都是电视网竞选报道经常涉及的主题"(Patterson and McClure,22)。结果颇让人失望,"电视观众看到的竞选情况都是些没意义的东西。观众所看到的一切——电视网主要报道的是选举中鸡毛蒜皮的琐事——就是他们对没有亲身经历的选举的印象和看法"(Patterson and McClure,76)。②

联合国教科文组织的"机关报"——《信使》(*The Courier*)杂志,1993年刊发的一篇文章也论述了电视这种"假做真时真亦假"的问题:

  由于电视画面感染力最强,因此在新闻传播媒介中,电视可信程度最高,但同时也有充分的证据可以表明电视画面最容易被篡改。电视的诞生,使人们对新闻的态度有了改变,对速度的要求高于对精确度的要求,表象变得比实情更为重要。……观众在通过小屏幕上的镜头观察世界的同时,会忘记他们所看到的现实,只是照相机镜框那么大的一块,即使那一幕那一景尚未成为事实也会报道,因为需要追求速度,因为可以声称是独家新闻。③

---

① [美]尼尔·波兹曼:《娱乐至死》,章艳译,118~119页,桂林,广西师范大学出版社,2004。
② [美]仙托·艾英戈等:《至关重要的新闻:电视与美国民意》,刘海龙译,182~183页,北京,新华出版社,2004。
③ 张穗华主编:《媒介的变迁》,92页,北京,中国对外翻译出版公司,2002。

乐天派认为,电视屏幕扩展了人们的视野,加强了个人与外部世界的联系,增加了大家参与公共事务的兴趣与热情。加拿大传播学者马歇尔·麦克卢汉,曾兴高采烈地写道:"我们的世界是一个崭新的、一切皆同时的世界,时间已经停止了,空间已经消失了。我们生活在一个世界性的村落里……"而悲观派则认为,电视非但没有加强人们的参与意识,恰恰相反,电视屏幕已成为隔绝真实世界的屏障,助长虚拟的生活感受,牺牲交往的实际体验。美国传播学者拉扎斯菲尔德(Paul F. Lazarsfeld)等,早在1948年就指出:"大众媒介诚然增进了广大民众对新情况的了解。然而,撇开意图不谈,与日俱增的大众传播品可能无意中使人们的精力从积极地参与事件变为消极地认识事件。"他还调侃道,当人们吃过晚饭,听完最喜爱的广播节目,并看罢当天的报纸后(说这段话的时候电视尚未兴起),上床睡觉的时间也该到了。所以,我们既是信息的"巨人",又是行动的"侏儒"。

乐天派振振有词道,电视普及了科学文化知识,提升了整个社会的文化水准。悲观派则反唇相讥道,由于电视的影响,学生的成绩普遍下降,人们的阅读与写作能力也都全面萎缩。据一项调查估计,美国约有3 000万人成为"半文盲",有一半的美国人,居然连地球绕太阳一周需要一年等常识都浑然不晓。乐天派又继续说道,以往文学艺术是上流社会、贵族沙龙里供少数精英享用的奢侈品,自从电视问世后,文学艺术得到普及,大众的趣味与鉴赏力也随之普遍提高。而悲观派则痛心疾首地说,事实正好相反:电视一方面剥夺了人们阅读荷马、聆听贝多芬的时间,一方面又以大量浅薄、庸俗、无聊的货色,充塞人们的精神世界。有人干脆把电视节目称为"美味垃圾",将电视机讥为"笨蛋机"(boob tube)、"白痴箱"(idiot box)。两次获得"普利策奖"的美国著名学者、美国文学艺术院第一位女院长芭芭拉·塔奇曼(Barbara Tuchman),1988年在接受美国公共广播公司(PBS)的采访时说道:"电视机的存在是为了满足商家追逐利润的欲望,它不是为了吸引高层次的观众,而是为了吸引最大数量的观众——我猜就是过去被称为雅俗共赏的东西。这不是促进公众对真理或严肃事物的思索的方法,也不能帮助人们认识到生活中真正对我们有启发价值的东西。"①肯尼迪总统任命的联邦通讯委员会主席牛顿·米诺(Newton Minnow),1961年曾经针对电视发表过一次著名演讲,其中有段话广为人知:

> 我请你们坐在电视机前,用你们的眼睛一直盯住电视,直到播送结束,我敢向你们保证,你们将看到一片荒原。
>
> 你们会看到一系列的游戏节目、暴力节目,完全不能令人相信的家庭公式化喜剧、流血、害人、残暴的色情狂、凶杀、西部好人和坏人、私人侦探、匪徒、暴力等。还有没完没了的广告节目——许多都是尖声大叫,哄骗,犯罪等。更有甚者,令人厌烦。真的,你们只想看到你们所欣赏的东西,而这些东西却少之又少。如果你们认

---

① [美]比尔·莫耶斯:《美国心灵:关于这个国家的对话》,王宝泉等译,7页,北京,三联书店,2004。

为我言过其实,你们不妨自己试一下。

……

乐天派虽然心虚但仍不肯罢休地又提出儿童教育问题,他们说电视拓宽了孩子们的知识面,提高了他们了解世界、探究奥秘的兴趣,培养了他们的想象力、创造力和高瞻远瞩的胸怀。这一下更把悲观派惹得火冒三丈,因为悲观派最感愤愤不平的,正是电视对儿童身心的危害。他们指出,由于儿童看电视时间最长,而他们的可塑性又最强,所以儿童最易受到电视的荼毒。在当代儿童的现实生活中,电视已经成为至高无上的上帝,父母、老师、小朋友都得屈居其后,至于天空、大地、鲜花、小鸟等一切鲜活自然的东西,都被纳入冷冰冰的电视屏幕,构成虚拟而虚假的世界图景。美国一位教授,花了两年时间,调查电视对美国社会的影响。他问四到六岁的孩子:"你喜欢电视,还是喜欢你爸爸?"大约有一半的孩子(44%)回答说:喜欢电视。电视夺去儿童天真烂漫、充满幻想的童年,把当今世界变成纽约大学尼尔·波兹曼(Neil Postman)教授所说的"无孩提时代"(《童年的消逝》),使一个个儿童都如同"小大人"。更值得担忧的是,由于电视成为儿童的"第一课堂",孩子们往往就把电视中的世界等同于现实生活。特别是电视中的凶杀色情、诲淫诲盗内容,不能不使家长和教育家焦虑不安。对此,1988年英国威尔士亲王的一次讲话颇有代表性:

"难道我们能够容忍电影和电视上,尤其是电视和录像片上永无休止的无端暴力吗?"

"那些制作电影和录像片的人,那些以坚持有绝对必要描写真实生活为由来定义他们所谓艺术的人,他们表现出的克制力少得惊人,这使我们这些有孩子的家长十分担忧。"

"他们说如果你不爱看这类节目,关掉电视不就行了。如果作为家长的你抱怨说,充斥电视的残暴行为会影响一些人的行为并会殃及他人,他们会告诉你说,绝对没有证据证明电视暴力对人的行为有不良影响。"

"然而,我们大家都知道,这话显然是一派胡言。"①

为此,纽约有对夫妇还专门发明了一种仪器,用以帮助家长使孩子免受不良节目的影响。借助这种仪器,家长可以根据需要,预先调好一周的电视节目,到时遇到儿童不宜的内容,电视就自动关闭。

不管乐天派与悲观派的意见怎么水火不容,有两点看来是一致公认的。第一,电视是人们设计出来的第一种真正具有大众性的传播工具。第二,电视的问世导致有史以来最大的一次传播革命:"电子媒介一旦被广泛应用,它可能会创造出新的社会环境,而社会

---

① [英]尼古拉斯·阿伯克龙比:《电视与社会》,张永喜等译,6~7页,南京,南京大学出版社,2001。

环境重新塑造行为的方式可能会超越所传送的具体内容。"(约书亚·梅罗维茨)[①]至于电视到底是可怕的劫数,还是可爱的福音,则不妨听听一句模棱两可而耐人寻味的格言:美酒是上帝的赏赐,而酒徒是魔鬼的所为。

二、大众文化

上述乐天派与悲观派的一系列对立观点,放在更广阔的社会历史背景上看,也是一种精英文化与大众文化之争。所谓大众文化(mass culture),又称通俗文化、流行文化(popular culture),乃是现代文明的衍生物,是伴随整个社会日趋一体化之势而兴起的。诚如法兰克福学派致力大众文化研究的洛文塔尔所言:"在现代文明的机械化工作进程中,个体的衰微带来了大众文化的兴起。"阿多诺(Theodor Adorno)也在《电视与大众文化模式》一文中指出,现代大众文化的原型,是"在中产阶级社会发展得相当早的阶段,约17世纪末和18世纪初的英国建立的",其代表人物就是英国报业先驱笛福和理查森。作为小说家,其作品已"标志着向那种自觉地创造、提供并最终控制一个'市场'的文学产品接近的开端"。[②]

大众文化不论形式多么繁杂,归根结底都属于发达工业社会物化体系的组成部分,其中往往映射着商品价值的绝对权威。关于物化,自有西方马克思主义的鼻祖卢卡奇(György Lukács),在《历史与阶级意识》一书中所作的经典论述。这里只需说明,在商品价值君临万物的社会中,大众文化产品首先也是作为商品供应市场,为人消费的——"它们完全堕入了商品世界里,为市场而生产,以市场为目标"(阿多诺)。因此,正如马克思所指出的,作为商品流通基础的交换价值便取代具体的使用价值,成为唯一使人感兴趣的东西。既然交换价值是抽象的,抹煞个性的,那么大众文化本质上就永远是霍克海默(Max Horkheimer)和阿多诺在《启蒙的辩证法》中所称的"文化工业"(Cultural Industry)——这一术语不仅揭示了大众文化的本质属性,而且也否认了其所谓"大众化"特征。

由此也就不难理解,大众文化何以带有"批量生产"的痕迹,同类产品何以缺乏明显的差异,就像流水线上出来的东西,总是同一的、无个性的、千篇一律的。究其实质,这种同一化的社会效应难免形成对物化意识的多重强化,从而使人在清一色的认同中永远丧失自我。对此,法兰克福学派早就指出,貌似轻松愉悦的大众文化其实乃是异化劳动的延伸,因为它同样以机械性的节奏(如流行音乐)和标准化的模式(如畅销书、系列剧)榨取人的生命,耗费人的时光,窒息人的个性。借用霍克海默的话来说:"在闲暇时间里统治人

---

① [美]约书亚·梅罗维茨:《消失的地域:电子媒介对社会行为的影响》,肖志军译,12页,北京,清华大学出版社,2002。

② 《外国美学》第九辑,380页,北京,商务印书馆,1992。

的这种机械性,和在工作时统治人的机械装置绝对是一样的。"

应该指出,大众文化不仅迥异于禀有贵族气质的精英文化,而且也有别于根植传统的民间文化。大众文化总是由外部加诸于人,带有鲜明的物化色彩。所以,它既不是大众自身创造的文化,也不是大众真正需要的文化,在其轻松消遣的形式中,其实深藏着同生命的本真意义相背离的内核。洛文塔尔就写道:"不管通过什么媒介,通俗文化处处证明了它真正的特性:标准化、陈腐化、保守主义、平庸化、操纵化的消费者商品。"总之,依托于商品生产体系的大众文化,并不体现为富有创造的生命之对象化,洋溢灵性的精神之客体化,而往往显露着个体的泯灭和诗意的沦丧。与之相反,民间文化则是内在精神的自发生成与天然流溢,在看似朴拙的形式里,凝聚着对生命、爱情及永恒的真切体验,包蕴着人与自然的神圣冥契,因而,无处不跳荡着发自肺腑的律动,无时不倾吐着沁人心脾的心声。如果说大众文化具有流行的价值,那么民间文化则具有永恒的魅力。这里,只需以流行音乐与民间音乐为例,就足以说明问题了。

以兼容马克思主义与现代哲学思潮而著称的法兰克福学派,曾对美国在"民主制"下发展起来的大众文化作过透辟的剖析,从而提出不少值得深思的命题。根据他们的研究,所谓大众自由选择的文化,在现代社会条件下,往往都是经过人为的操纵。因为,在发达的工业社会中,作为个人,大众的独立选择余地其实十分有限。其间,除去追随时尚、丧失自主意识、缺乏个性审美能力等因素不谈,大众往往只能在一种既定的范围进行选择。既然总是除此之外别无选择,那么大众的接受趣味便处在被动的而非自主的状态。于是,在特定意识形态的把持下,大众文化自然成为一种体系化的控制手段,无形中将人们的思想言行禁锢在一体化的社会系统之中。因此,在法兰克福学派看来,所谓大众文化不仅使发达工业社会的异化状况永恒化、合理化,而且本身也是压抑人、操纵人、欺骗人的社会镣铐,这种文化越是让人"自由"拥有,人就越是丧失自由。

如今随着现代文明高奏凯歌,一路奋进,大众文化已若沧海横流,汹涌蔓延,虽说其中不乏各类风头正健的弄潮儿,但是真正推波助澜、领导潮流者,如今无疑当属现代社会的宠儿——电视。电视因大众文化而发达,而大众文化也因电视而风行,二者关系异常密切。新闻传播研究囿于专业定势,不免将电视当作一种新兴的媒介,总是把焦点对准其传播功能。其实,从问世之日,电视就先天地归属于娱乐的范畴。娱乐是现代文明的"特产",因为只有当劳动不再是个人的、富有创造意味、体现自身存在意义的活动,而仅仅是一种单调的、规范的、异己的"工作"时,才会有专门化的、用来调剂身心的所谓娱乐。电视的娱乐意味固然同情节诱人的连续剧、紧张激烈的竞技赛、难得亲临的演出会、五花八门的卡通片等有关,但更重要的还在于那种凭借画面刺激感官的心理机制——这种机制已足以构成使人入迷难以振拔的氛围,正如尼尔·波兹曼在《娱乐至死》里所言:

> 电视确实是美丽的奇观,是难得的视觉愉悦,每天你都能看见成千上万的图像。

电视上每个镜头的平均时间是3.5秒,所以我们的眼睛根本没有时间休息,屏幕一直有新的东西可看。而且,电视展示给观众的主题虽多,却不需要我们动一点脑筋,看电视的目的只是情感上得到满足。就连很多人都讨厌的电视广告也是精心制作的,悦目的图像常常伴随着令人兴奋的音乐。我们可以毫无疑问地说,世界上最美的照片是出现在电视广告里。换句话说,美国电视全心全意致力于为观众提供娱乐。①

许多不到"再见"不关机的电视迷,也许并不是被什么有趣的节目所吸引,而不过是沉溺于这种迷离虚幻的氛围之中而已。由此切入,我们来分析一下电视的三大隐患,姑且名之为一体化、平庸化与极权化,而所有这些又都源于现代文明的根本弊端——人的异化。

三、电视与一体化

对发达工业社会来讲,整齐划一乃是一切社会生活的准则及归宿,精密、准确、规范等往往被奉为普遍价值。从生产过程的流水作业到日常生活的衣食住行,无不显示这种整齐划一的格局,甚至连人们的思维方式以及谈话内容都仿佛出自同一模式。以旅游为例,这在过去是富有精神修炼意味的个体行为,体现着鲜明的个性色彩,所以李白的仗剑远行自不同于陆游的细雨骑驴。而如今,旅游已成为一种具有同一范本的正规"行业",线路相同,景点固定,导游则像一部装入统一磁带的录放机,现代旅游业与大工业生产的内在一致性是一目了然的。而将千差万别的事物纳入整齐划一的形态,归根结底为的是赚钱赢利。因为只有在处处一律的情况下,牛仔服、汉堡包、可口可乐之属才会源源不断,风行天下,所谓"车到山前必有路,有路必有丰田车",也才会有现实的可能。

不言而喻,所有这些都必须以同时作为生产者与消费者的主体之一体化为前提条件。为此,现代社会便需要把"千奇百怪"的活人,变成没有个性差异的劳动力,使之成为规格一致、标准相同的"齿轮",可以在现代社会这台大机器上,毫无困难地随意调换而无碍其正常运转。弗洛姆(Erich Fromm)在其名著《爱的艺术》一书中说得好:"现代社会鼓吹实现非个性化的平等理想,因为这个社会需要人——原子,这些原子相互之间没有区别,汇集起来也能毫无摩擦地顺利地发挥作用,他们都服从同一个命令,尽管如此,每个人却都相信他们是在按自己的意愿办事。就像现代化的大规模生产要求产品规格化,社会的发展也要求人的规格化,并把这称为'平等'。"②

现代社会的一体化状态,虽然早在电视勃兴之前即上世纪中叶,已达到相当普遍而深入的程度,这从19世纪开始兴起的廉价报业及20世纪开始盛行的电影、广播、爵士乐、体

---

① [美]尼尔·波兹曼:《娱乐至死》,章艳译,113~114页,桂林,广西师范大学出版社,2004。
② [德]弗洛姆:《爱的艺术》,李健鸣译,13页,北京,商务印书馆,1987。

育竞赛中即可略见端倪。不过,面对二战后涌起的新一轮现代化浪潮——尽管它被冠以"信息时代"、"后工业时代"等名目,但说到底无非是肇始于近代初期的文明形态之升级而已,一种以"席卷天下,包举宇内"为鹄的一体化趋势便迫在眉睫。而早在20世纪30年代即已问世的电视媒介,正可以用来满足这一"时代"需要,于是电视首先在美国这个既有深厚的大众文化传统,又率先进入信息时代的地方"繁荣昌盛",便显得顺理成章,不足为奇了。事实表明,正是由于电视的作用,现代文明所需的一体化,才终于形成不可逆转之势。50年代电视复兴之际,阿多诺在《电视与大众文化模式》一文中,针对电视的这种效应论述道:"现代大众传播媒介的观众看上去越是表达不清,越是扩散,大众传播媒介就越是倾向于达到它们的'一体化'。"①稍后的马歇尔·麦克卢汉,之所以将繁衍生息着几十亿生灵的地球看作一个同声相应、同气相求的小村庄,也正是因为电视媒介提供了保障。

总之,对现代社会来说,电视就像新的宗教,把不同地区、不同文化、不同阶层、不同性格的人,聚集在同一教会中,俯首垂听取同一教义。在电视巨网无所不在的笼罩下,一个人从小到大不断受其熏染润浸,最终便无可避免地成为标准的"现代人",成为赫胥黎在《美丽的新世界》(*Brave New World*)中描绘的人:"营养充分,穿戴讲究,性欲得到满足,但却没有自我。"

四、电视与平庸化

在盲目乐观的进步论者眼里,现代社会是个科技发达、文明昌盛的乐园,而且未来充满无限的希望。而对一切深切关注生存之意义的人来说,它却颇像现代诗人艾略特所展示的"荒原":孤寂、枯燥、令人绝望,到处一片不毛之地。且不论这两种判断孰是孰非,只从现代人所虔诚祭拜的偶像上,便不难看到现代社会的一大明显趋势——平庸化。如果说上古崇敬的是究天人之际通古今之变的先知与祭司,中古仰慕的是能征善战的勇士和门第崇高的贵族,那么当今推崇的则是前仆后继的各路名星,在今天的"追星族"心中,"五陵年少争缠头,一曲红绡不知数"才是英雄壮举。早在100余年前,尼采就因不堪这一平庸化之势,忿然发出"超人"的呐喊。

平庸化与一体化互为表里,乃是同一事物的两个侧面。当杰出为平庸所取代,崇高为卑俗所消解时,便自然形成海面一般单调平展的一体化。换言之,一体化以平庸化为前提,而平庸化中又包含着一体化的基因。从思想渊源上看,它们都导源于启蒙时代的理性精神,其中凸现的正是被资产阶级奉若神明的所谓"等同原则",其本质说到底无非是以量的齐整取消质的差异,最终使人沦为在冷冰冰的机械宇宙中,同其他支离破碎的物质发生关系的纯物理现象。这里,已经谈不上什么崇高与神圣、轻灵与飘逸、高蹈与超迈,有的只

---

① 《外国美学》第九辑,384页,北京,商务印书馆,1992。

是极端的功利、实惠、世俗,所以商品拜物教之形成与拜金主义之流行就势在必然。通观现代文明的发展,随着整体的势力变得越来越强大,个体的力量便越来越消失在不可把定的一体化系统之中。于是,在一个不需要英雄的时代,在一个把人的梦想全都凝聚到物质追求,使人"除了赚钱、花钱、赚钱、花钱之外没有更好的事可做"的时代,平庸化便在情理之中了。

平庸化之势在大众文化中表露无遗,而大众文化又是引领平庸化浪潮的元勋。其中,大众传播媒介更是功不可没。从早期廉价报业的煽情文字到好莱坞无烟工厂的娱乐片,从广播中味同嚼蜡的流行音乐到电视上俗不可耐的各种广告,看似发达的现代社会被越来越深地笼罩于平庸化的浓云密雾里,以至最后平庸竟被奉为新潮,高洁反倒显得落伍。尤其当电视媒介登上传播活动的舞台,扮演其中的主角之后,为米兰·昆德拉所深恶痛绝的"媚俗",简直成为现代人必不可少的生存方式。因为媚俗就得做戏,可曾见过有比电视摄像机无所不在的时代更爱做戏、更会做戏、要不期然而然地做戏的吗?离开电视还有什么"秀"(show)可言吗?丹尼尔·戴扬等在《媒介事件:历史的现场直播》一书里,曾驰笔归结道:"20世纪的真正纪念碑的缔造者也许就是电视导演。"①1985年,昆德拉获得耶路撒冷文学奖时,发表了有名的演说《人们一思索,上帝就发笑》,其中专门针对"媚俗"问题说道:

> 媚俗(Kitsch)这个字源于上世纪中之德国。它描述不择手段去讨好大多数的心态和做法。既然想要讨好,当然得确认大家喜欢听什么。然后再把自己放到这个既定的模式思潮之中。Kitsch 就是把这种有既定模式的愚昧,用美丽的语言和感情把它乔装打扮,甚至连自己都会为这种平庸的思想和情感洒泪。
>
> ……在大众传媒无所不在的影响下,我们的美感和道德观慢慢地也 Kitsch 起来了。现代主义在近代的含义是不墨守成规,反对既定思维模式,绝不媚俗取宠。今日之现代主义(通俗的用法称为"新潮")已经融会于大众传媒的洪流之中。所谓"新潮"就得竭力地赶时髦,比任何人更卖力地迎合既定的思维模式。②

有鉴于此,昆德拉不无忧虑地说道,"这些洪水般的思潮输入电脑,借助于大众传播媒介,恐怕会凝聚成一股粉碎独立思想和个人创见的势力,这股势力足以窒息欧洲文明。"③

昆德拉并非杞人忧天,更非危言耸听。其实用不着多么仔细的观察、详尽的论证和严密的分析,只需大眼扫扫电视屏幕,再看看众多兀自守在电视机前呆呆收看的观众,看看他们如何沉溺在一部部浅俗、乏味、无聊的节目之中,一脸麻木、苍白、失神的表情,对此也

---

① [美]丹尼尔·戴扬等:《媒介事件:历史的现场直播》,麻争旗译,127页,北京,北京广播学院出版社,2000。
② [捷]米兰·昆德拉:《生命中不能承受之轻》,韩少功等译,343页,北京,作家出版社,1991。
③ [捷]米兰·昆德拉:《生命中不能承受之轻》,韩少功等译,343~344页,北京,作家出版社,1991。

就了然于胸,并悚然而惊了。对此,有学者曾愤世嫉俗地说道:"电视机不知培养了多少白痴!"

不可否认,健全的精神可以抵御平庸的侵蚀,正如健康的脾脏可以消化不良的食物。然而,且不论电视抚养起来的人是否具有健全的精神,即便假定他们修养很好,趣味很高,问题依旧存在。因为电视之平庸还不在其节目内容,而在于它的强大诱惑力形成常人难以突破的屏障,从而隔绝了人对崇高与神圣的追求,对自然和人生的体悟。叔本华曾痛斥许多可恶而狡猾的文人:"他们不愿他人企求高尚的趣味和真正的修养,而集中笔触很巧妙地引诱人来读时髦的书,以期在交际场中有谈话的资料"。① 实际上,电视同叔本华说的情况何其相似。《读书》杂志20世纪90年代的一则简讯,也许更有说服力:

> 进入信息时代后世界图书行业面临前所未有的挑战。在美国,平均每人每年只阅读三本出版物,而美国人花在看电视的时间却长达两千多小时。……在法国,三分之一的人每人每月读书少于一本,更令人惊讶的是每年有七万中学毕业生居然没有阅读能力,更不用指望他们读书了;意大利百分之六十以上的人每年读不满一本书……
>
> 究其原因,现代化的娱乐方式以其新鲜刺激的优势,拉走了大批读者。固然是重要的时代原因,但现代教育的失误也是不能忽视的。为讲究直观,激发学生的兴趣,教学时常运用电化教育等先进设备,使学生对书籍的兴趣相对减弱。而学生们业余用于阅读的时间又日渐减少,久而久之,就丧失了阅读习惯。②

《光明日报》曾发表彭程的文章,呼吁"关上电视打开书",其中写道:"电视吸引人犹如一块磁石,而沉溺于电视又像欲罢不能的瘾君子。算一算,我们的生命有多少是在屏幕前流逝掉了?"③

五、电视与极权化

对电视与一体化、平庸化等问题,即使醉心电视者也不能不承认其事实依据。但若将电视同极权化相提并论,则肯定被视为风马牛不相及。不过,在我们看来,电视的这一负面效应不仅存在,而且由于不被关注而愈显严峻。

按照通行的观点,电视始终同现代的民主化潮流息息相关,带有鲜明的公开化色彩,透出明显的开明化气息。19世纪的英国思想家卡莱尔在《英雄与英雄崇拜》中说过,发明了印刷,民主就是不可避免的。照此推论,发明了电视,民主就更是不可避免了。一方面,

---

① [德]叔本华:《生存空虚说》,陈晓南译,58页,北京,作家出版社,1987。
② 《读书》,156页,1993(2)。
③ 《光明日报》1993年4月9日,第3版。

电视兴起以来,民主政治确实与之结下难解难分之缘,不论总统还是议员,离开电视就根本别指望当选,于是电视俨然成为现代民主制度的保障体系。然而,另一方面,电视又不妨说是迄今为止所能设想的、最为有效的社会控制与舆论操纵手段,其有效性远胜于秦始皇的"车同轨"、"书同文"(仅就其政治意义而言)。对此,美国批判学者赫伯特·阿特休尔,在动摇美国主流新闻学的力著《权力的媒介》中尖锐指出:"无线电波、图像屏幕授予资本主义理论家、思想家一种威力无比的工具,他们可以用来宣扬对现行信仰体系的支持。"①

当然,说到电视的极权化效应,并不意味着具体的电视节目都在赤裸裸的宣扬极权主义信条。恰恰相反,不管是新闻还是专题,也不管是娱乐节目还是电视广告,电视都自觉不自觉地置身于"民主"的背景,都有意无意的将"极权"作为对立面。那么,所谓极权化从何谈起呢?其实,这里说的极权化,主要体现为电视中时时流露的卑俗、浅薄、盲目乐观、沾沾自喜的情绪,以及义无反顾地追逐时尚、毫不迟疑地随俗从众等"时代精神"。因为正是这些东西,构成了极权主义所需的大众心理基础。正如阿多诺所言:"今天大多数的电视节目都着眼于制造至少是复制那种沾沾自喜、思想被动性和轻信,以适合极权主义的信条,即使节目显而易见的表面含义可能是反极权主义的。"②

问题的严峻性还在于,对于宗教式微、信仰沦丧的现代社会来说,电视无形中已成为一种新的宗教,浮现在屏幕上的一个个明星俨然以新时代的传教士自居,喋喋不休的向其信徒传播福音,而观众则虔诚地匍匐在他们面前,奉命唯谨。彭程的文章也写道:"电视若成了一种宗教,电视评论员和节目主持人的见解势将左右着膜拜者的判断,而一首正在流行着的歌曲可以使整座城市癫狂疯魔,明星们的夸夸其谈甚至为无数的人所标榜仿。"③倘若把这里所谈的问题同大众文化连带起来,问题就会更清楚了。电视以及整个大众文化,对接受者来说都起着某种模式化的作用,它们在无意识中成为权威,成为操纵意识和行为的潜在力量,而接受者则成为卸除个性、投入模式化或一体化洪流的牺牲者。这种"操纵—牺牲"的关系,非常典型地体现于明星(当今任何明星都由电视造就)和"把隆重的祭礼去向一个卑微的神祇献祭"(莎士比亚)的追星族之间。请看,一端是在商品拜物教下作为偶像出现的大众明星,而另一端则是信徒般狂热地拜服其下,从而祭献自身的芸芸众生。这一情景,已充分暴露出电视以及整个大众文化所隐含的极权化内核。

法兰克福学派借用精神分析的术语,将这种"操纵—牺牲"的关系概括为所谓"施虐—受虐"。这一术语形象而深刻地揭示了大众通过自身对权威的无条件信赖、遵从与屈服而

---

① [美]J.赫伯特·阿特休尔:《权力的媒介》,黄煜等译,158页,北京,华夏出版社,1989。
② 《外国美学》第九辑,386页,北京,商务印书馆,1992。
③ 《光明日报》1993年4月9日,第3版。

获得满足的心理状态,而这种心态乃同法西斯主义的大众心理一脉相承。从电视以及整个大众文化所体现的一体化、"白痴化"、个性泯灭等现象上,人们不难联想到希特勒所煽起的那种狂热的、无理性的个体牺牲和群体盲从。事实上,在盲目与狂热上,如今的追星族与纳粹的冲锋队实在没有什么本质区别。正是有鉴于此,法兰克福学派将大众文化的性质视为极权主义的,它以强制性(如流行音乐的机械节奏)、规范性和统一性要求大众,使人在一种绝对被动的接受过程中痴呆化。

应当指出,与法西斯的有意识灌输不同,电视乃至整个大众文化都是在无意识领域运作的。弗洛姆区分过两类权威:一是以纳粹为代表的"公开的权威"(over authority);一是以美国为典型的"匿名的权威"(anonymous authority),即人们自然地服从于金钱、市场以及大众媒介的支配。弗洛姆认为,后者比前者更可怕。因为前者毕竟还有反抗的对象,而后者却往往是"看不见"的:"匿名权威的法则就像市场法则一样,是看不见的,因此也是无从攻击的。谁能攻击不可见的东西?谁能攻击不可见的敌人?"①

以上我们用批判的眼光,对电视的负面问题进行了一些深度透视,概括起来就是所谓一体化、平庸化和极权化,而这些问题又是通过大众文化的三棱镜折射出来的。当然,这些观点与看法仅属学术探讨,并不代表终极真理。最后,为了进一步理解上述思想,我们不妨听听诗人里尔克的心声:

我如此地害怕人言

[奥地利]里尔克

杨武能 译

我如此地害怕人言,
他们把一切全和盘托出:
这个叫做狗,那个叫房屋,
这儿是开端,那儿是结束。

我怕人的聪明,人的讥诮,
过去和未来他们一概知道;
没有哪座山再令他们感觉神奇,
他们的花园和田庄紧挨着上帝。

我不断警告、抗拒:请离远些!

---

① [德]弗洛姆:《健全的社会》,138页,纽约,1966。

我爱听万物的歌唱,可一经
你们触及,它们便了无声息。
你们毁了我一切的一切。①

建议参考资料

1. [法]皮埃尔·布尔迪厄:《关于电视》,沈阳,辽宁教育出版社,2000。
2. [美]尼尔·波兹曼:《娱乐至死》,桂林,广西师范大学出版社,2004。
3. [美]丹尼尔·戴杨等:《媒介事件:历史的现场直播》,北京,北京广播学院出版社,2000。
4. [美]本·H 贝戈蒂克安:《媒体垄断》,石家庄,河北人民出版社,2004。
5. [美]罗伯特·W. 麦克切斯尼:《富媒体 穷民主》,北京,新华出版社,2004。

本章思考题目

1. 尼普科夫对电视的贡献是什么?
2. 约翰·贝尔德是何许人?
3. 兹沃尔金为什么被誉为"现代电视之父"?
4. 世界上最早的电视广播是在哪一年?
5. "电星一号"对电视广播有什么意义?
6. anchorman 是什么意思?
7. 沃尔特·克朗凯特何以知名?
8. 在美国,电视新闻节目主持人为什么那么"火"?
9. CNN 的有哪些独特的地方?
10. 何谓"报团"?
11. 美国 1996 年的《电信法》有什么新的内容?
12. 当今最大的全球传媒集团有哪些?
13. 罗伯特·W. 麦克切斯尼说的"富媒体,穷民主"是什么意思?
14. 你认为电视媒介有什么利弊得失?

---

① 选自臧棣编《里尔克诗选》,北京,中国文学出版社,1996。

第九章 20世纪(下)：电子媒介之网络篇

第一节 星火燎原话网络

一、科学实验阶段(20世纪90年代以前)
1. 第一代计算机与"ENIAC"
2. "中央控制式网络"
3. "分布式网络"
4. 阿帕网之父——拉里·罗伯茨
5. 互联网之父——文顿·瑟夫

二、普及应用阶段(20世纪90年代以来)
1. "军转民"
2. "伊妹儿"效应
3. 网上实时交流
4. WWW的美丽新世界
5. "搜索引擎"

第二节 第四媒体与网络新闻

一、传统媒体抢滩互联网
1. 纸质媒体
2. 电子媒体

二、"网络原生媒体"
1. 概览
2. 博客

3.《德拉吉报道》

三、网络时代的新闻传播
1. 新闻采编
2. 网络管理
3. 新闻教育

四、"跨媒体"

第三节 电子媒介：社会·历史·文化

一、麦克卢汉及其媒介观
1. "电子时代的先知"
2. "媒介即讯息"
3. 社会历史观

二、尼尔·波兹曼及其媒介观
1. 名师高徒
2. 躲躲猫(Peek-a-Boo)

三、鲍德里亚及其媒介观
1. "法国的麦克卢汉"
2. 媒介：信使·指南·娱乐

建议参考资料

本章思考题目

步 20 世纪初的广播与 20 世纪中的电视之后尘,20 世纪末崛起的电脑网络①,是第三种影响广泛的电子媒介。1998 年,联合国新闻委员会已将网络定义为报刊、广播与电视之后的"第四媒体"。大略说来,计算机的发明及其应用,导致网络的诞生与发展,而网络的兴起及普及,又开辟当今网络传播的新纪元。同当年广播与电视的崛起情形一样,计算机与互联网的兴盛也以美国为典型。吴伯凡先生在其《孤独的狂欢——数字时代的交往》里,写下一段有趣的文字:

> 美国人在很多方面都像是一群长不大的孩子,美国文化有一种明显的"淘气色彩"(boyishness)或者说"少年精神"(boyish spirit)。大多数美国人(无论他们的实际年龄多大)总爱干一些"稀奇古怪的冒险事情"……这个爱干一些"稀奇古怪的冒险事情"的民族发明了许多"稀奇古怪"的东西——从电报、电话到电影、电视,从汽车到飞机,一直到电脑。②

所以,这一章仍以美国为重点,介绍正在蓬勃发展的第三代电子媒介——网络。本章分三节:第一节追溯互联网的诞生过程,主要介绍技术方面的发展;第二节论述互联网的社会功能,着重讨论网络新闻的传播问题;第三节从社会、历史及文化的宏观视角,对整个电子媒介及其深层意味进行解析。

第一节 星火燎原话网络

网络专家熊澄宇教授编选的《新媒介与创新思维》一书,针对互联网的历史写道:

> 互联网给计算机和通讯领域带来了一场前所未有的革命。这种空前的融合能力建立在电报、电话、无线电以及计算机的发明基础上。
> ……
> (互联网的)历史包括 4 个鲜明的部分,其中有从对包交换(本书统称"包切

---

① 吴伯凡在其《孤独的狂欢——数字时代的交往》一书中曾指出:
汉语的"网络"是一个意义相当含混的词。人们常常可以用它来指 Network、WEB、Internet(人们常常将它简称为 Net),而这几个词在英文中有明显的词义上的差异。
Network 是一个含义最为宽泛的词,它可以指许多多网络,如通信网,电视网,互联网。
Internet 专指"互联网"。
WEB 的本义是"蜘蛛网",它不是指在 Internet 之外独立存在的一种网络,而是一种在 Internet 之中扩增 Internet 力量的网络技术,所以 WEB 的出现比 Internet 晚得多——Internet 诞生于 1969 年,整整 20 年(1989 年)之后,WEB 作为 Internet 的一种强有力的功能才出现。简言之,Internet 是各种网络(network)中的一种,WEB 是 Internet 中的一种扩增功能。(同注释 2,217~218 页)
② 吴伯凡:《孤独的狂欢——数字时代的交往》,5 页,北京,中国人民大学出版社,1998。

换"——引者注)和 ARPANET(本书统称"阿帕网"——引者注)(以及相关的技术)的研究开始的技术进步——最近的研究仍然致力于从各个方面提高这一基础结构的水平,比如范围、性能以及更高级的功能等方面;有关于全球的复杂的工作基础结构的运作与管理的介绍;有关于社会的问题——它已经引起一个广泛的互联社区的出现,极大地影响着技术的发明和进步;还有商业化的问题——这对于把研究成果迅速转化为广泛应用的信息基础结构极为有效。①

这段文字简要概括了网络的发展及其方向。本节即从这些方面,简略讨论计算机、电脑及网络的演进过程。我们大致以 20 世纪 90 年代为界,将这个过程分为前后两个阶段:20 世纪 90 年代以前,网络还局限于技术专家的科学实验,甚至自娱自乐;20 世纪 90 年代以后,网络才开始获得迅猛发展,并且越来越成为普通百姓的传播工具。

一、科学实验阶段(20 世纪 90 年代以前)

1. 第一代计算机与"ENIAC"

众所周知,网络世界的核心技术是计算机,俗称电脑(computer)。计算机又分为主机电脑(mainframe computer)和个人电脑——PC 机(personal computer)。如果不嫌简陋的话,我们不妨把主机电脑比做公共汽车,而将 PC 机视为私人轿车。公共汽车只能按照规定的路线和时间行走,有诸多的限制和不便,而私人轿车则可以独往独来,随心所欲。虽然又笨、又大、又复杂的主机电脑早已退出"历史舞台",不可能在多彩多姿的网络世界扮演主角,但却是如今风光无限的 PC 机的先驱与前辈。

说到早期的计算机,还得追溯到第二次世界大战。因为,当时电子技术的进展与世界大战的需要,直接推动了计算机的发明与应用。可想而知,早期的计算机主要用于军工产品的研制以及各种密码的破译。1941 年,德国研制了世界上第一台编程计算机——Z-3,每秒钟可以进行三四次加法运算,五秒钟可以完成一次乘法运算。这台计算机,成功解决了当时飞机双翼抖动的稳定性问题。大约与此同时,英国从 1943 年开始,将全电子数字计算机(Colossus),秘密用来破解纳粹的密码。1946 年,世界上第一台通用计算机,诞生在美国费城的宾夕法尼亚大学,全称是"电子数字积分器与计算机"——ENIAC(Electronic Numerical Integrator and Computer):

第一代计算机

---

① 熊澄宇编选:《新媒介与创新思维》,348 页,北京,清华大学出版社,2001。

历史学家会记得这一部电子电脑重达30吨,是由9英尺高的金属模组构而成,有7万个电阻和1.8万个真空管,并且有体育场那么大。打开电源时,由于消耗电量太大,整个费城的电灯都会闪烁。①

以上这些计算机通常称为第一代计算机。其主要部件是电子真空管,所有的程序都用机器码编写,并使用穿孔卡片。由于真空管体积大、功耗高、寿命短,这一代计算机自然个头庞大,而且运行不稳。

此后,计算机技术经历了从电子真空管(电子管)到半导体晶体管,再从晶体管到集成电路(Integrated circuits)即芯片(IC)的发展过程。从20世纪50年代中期到60年代后期,晶体管技术突飞猛进,使计算机的运算速度由每秒几千次提高到几十万次,并且广泛运用于军事、气象、工程设计、数据处理等领域。70年代以来,大规模、超大规模的集成电路技术又逐渐占据主导地位,并且日臻完善。1981年,国际商用机器公司(IBM)推出自己的微电脑,即现在常说的所谓PC机——个人电脑(Personal Computer):

在20世纪的最后20年,威力日渐强大的晶片大幅度提高了微电脑运算的功能。到了20世纪90年代早期,单一晶片的微电脑便已具有5年前IBM公司电脑的处理能力。此外,从20世纪80年代中期开始,微电脑便无法孤立来看了:它们在网络里执行功能,以手提电脑为基础,拥有更强的移动能力。拥有如此非凡的多样性,以及借由电子网络来增加记忆体和处理资料的电脑功能,于20世纪90年代将电脑纪元由中央式的资料储存和处理,彻底转变为网络化、互动化的电脑共享。不仅整个技术系统改变了,社会与组织的互动也改变了。②

随着电脑的技术功能越来越完善,以及在各行各业得到越来越广泛的应用,人们不禁想到电脑联网的可能。为了解释网络的魔力,电脑专家迈克尔·布奇(Michael Bookey)曾在网络初兴之际的20世纪80年代打过一个比喻,他让人们想象一辆困在丛林里的小汽车:

当你仔细查看这辆车时,你会发现它的确是一辆非常有用的汽车。在这辆多功能的汽车里,有先进的照明设备,有床,有无线电通信设施,有磁带播放机,有暖气、空调,有防弹玻璃,有让动物闻风丧胆的汽笛。当你被这辆汽车的豪华特征深深吸引时,你可能根本不去想,一辆小汽车的真正魔力只能来自"与柏油路的关联"而不是"与豪华的辅助设备的关联"。③

也正是这种"与柏油路的关联",最终拉开了20世纪末网络传播时代的大幕。

---

① 曼纽尔·卡斯特:《网络社会的崛起》,夏铸九等译,49页,北京,社会科学文献出版社,2001。
② 曼纽尔·卡斯特:《网络社会的崛起》,夏铸九等译,51页,北京,社会科学文献出版社,2001。
③ 吴伯凡:《孤独的狂欢——数字时代的交往》,206页,北京,中国人民大学出版社,1998。

2. "中央控制式网络"

20世纪的五六十年代,冷战的阴云笼罩世界。其时,东西方阵营都对彼此的科技发展高度敏感,心存戒心,美国甚至担心苏联的飞机会绕道北极,空袭美国本土。为此,1951年,麻省理工学院成立有名的"林肯实验室"(Lincoln Laboratory),专门研究防范苏联空袭的措施。其中一个主要研究项目是开发远距离预警系统,即所谓"智者"(SAGE)——全称为"半自动地面环境"(Semi-Automatic Ground Environment)。它承担三项任务:首先,采集各个雷达站的信号;然后,通过一套复杂的运算,判断敌机是否来犯;最后,启动防空武器对准目标。

"智者"是第一套实现人机交互作用的电脑网络系统,也成为进行远距离访问的电脑网络的鼻祖。到60年代,类似"智者"的电脑网络不断出现,并应用于军队、民航和银行等系统。这类网络可以统称为"中央控制式网络"(Centralized Networks)。它们都有一台中央主机,用以存储和处理数据,而其他电脑均作为终端,然后通过电缆或电话线与主机连通(如图所示)。这样的网络,只允许系统授权的用户访问。它们的信号都是从一端直接发送到另外一端,中间不可能经过其他线路。所以,这种通讯方式虽然最直接,也最容易管理——只需在中央一级进行监控。但是,一旦切断任何一处线路,则通讯就将完全中断;如果进而摧毁核心的中央主机,则整个系统都将陷入瘫痪。

中央控制式网络

这个致命的弱点,让美国国防部高级研究计划署的官员们忧心忡忡。因为,60年代以后,美国军方的指挥系统越来越依赖中央控制式网络。如果爆发战争,通讯线路的任何一点受到损害,都可能导致指挥失灵,调度瘫痪,后果不堪设想。看似最便于控制的中央控制式网络,实际上脆弱得不堪一击。

不过,这个噩梦没有持续太久,因为电脑专家不久就发明了一套崭新的网络系统。

3."分布式网络"

与"中央控制式网络"相对应的,是一套全新的网络系统——"分布式网络"(Distributed Networks)。其基本构成是,每台电脑都是一个"节点"(node),每个节点都彼此连接,形成纵横交错、盘根错节、四通八达、无往不通的结构。在这种结构中,不存在什么中央的概念,而且单个节点的重要性被大大降低。如果把"中央控制式网络"比做太阳系,太阳系的其他行星都围绕着中央的太阳运行,那么"分布式网络"则好似蜘蛛网,蜘蛛可以选择任何一条便捷的途径,从任何一个节点到达其他节点。总之,"分布式网络"只关心结果——把信号送到目的地,而不关心过程——究竟通过哪条线路传送信号。

这套全新的网络系统,最早是由麻省理工学院的 L. 克莱因罗克(L. Klenrock)博士提出的。1961 年,他发表了论文《大型通讯网络的信息流》,第一次详细论述了分布式网络理论。他曾经在麻省理工学院(MIT)的林肯实验室工作,是后来阿帕网之父拉里·罗伯茨的挚友和网络启蒙老师。不过,真正使分布式网络理论得到应用,并最终改变网络设计的是位美籍波兰人保罗·巴兰(Paul Baran)。60 年代,他曾撰写多份报告,不仅系统地阐述分布式网络理论,而且提出后来网络传播的核心概念——"包切换"(Packet Switching)。世界知名的网络专家尼葛洛庞帝(Nicholas Negropoute),对包切换以及网络传播原理做过这样的通俗解释:

> 一个个信息包各自独立,其中包含了大量的讯息,每个信息包都可以经由不同的传输路径,从甲地传送到乙地。现在,假定我要从波士顿把这段文字传到旧金山(San Francisco)给你。每个信息包……基本上都可以采取不同的路径,有的经由丹佛(Denver),有的经由芝加哥(Chicago),有的经过达拉斯(Dallas),等等。假设当信息包在旧金山依次排列时,却发现 6 号信息包不见了。6 号包究竟出了什么事?
>
> 军方拨款资助 ARPA 网络的时候,正值冷战的高峰。核战争的威胁令大家忧心忡忡。因此,假设 6 号信息包经过明尼阿波利斯(Minneapolis)的时候,敌人的飞弹恰好落在这个城市。6 号信息包因此不见了。其他的信息包一确定它不见了,就会要求波士顿重新传送一次(这次不再经过明尼阿波利斯了)。
>
> 也就是说,因为我总是有办法找到可用的传输路径,假如要阻止我把讯息传送给你,敌人必须扫荡大半个美国。没错,在寻找可用的传输路径时(假如越来越多城市被敌人摧毁),系统的速度就会减慢,但是系统不会灭亡。了解这个道理非常重要,因为正是这种分散式体系结构令互联网络能像今天这样三头六臂。无论是通过法律还是炸弹,政客都没有办法控制这个网络。讯息还是传送出去了,不是经由这条路,就是走另外一条路出去。①

---

① [美]尼葛洛庞帝:《数字化生存》,胡泳等译,274 页,海口,海南出版社,1997。

1965年，在兰德公司(Rand)的全力支持下，巴兰正式向美国空军提出建立分布式网络的计划。由于巴兰的想法适合军方的需要，因而受到美国国防部的高度重视。按照分布式网络的原理，由于单个节点的重要性大大降低，所以网络的任何节点遭到破坏，都不至于影响整个网络，而且节点越多，网络的安全性能就越高。

与此同时，英国物理学家D.W.戴维斯也提出"分布式网络"理论，其原理与巴兰的构想如出一辙，唯一的区别在于命名。巴兰将拆分的、便于传送的数据称为"块"。而戴维斯经过深思熟虑，并请教语言学家之后，选择了"包"(packet)这个术语，拆分传送数据的方式也就被称为"包切换"——这一称谓沿用至今。另外，戴维斯构想包切换的初衷，也与巴兰为军方服务的目的有所不同，他是想建立一个更加有效的网络系统，从而使更多的人可以利用网络进行交流。

"分布式网络"理论一旦用于美国军方系统，建立在"分布式网络"基础上的互联网前身——阿帕网也就应运而生了。

4. 阿帕网之父——拉里·罗伯茨

现在的互联网前身，是1969年问世的"阿帕网"(ARPANet)。所谓"阿帕"(ARPA)，是美国"高级研究计划署"(Advanced Research Project Agency)的简称。它的核心机构之一信息处理技术处(IPTO)，一直在关注电脑图形、网络通讯、超级计算等研究课题。

20世纪60年代，担任该处处长的鲍勃·泰勒(Bob Taylor)，在任职期间萌发了新型计算机网络的设想，并筹集资金启动试验。另外，也正是鲍勃·泰勒的"三顾茅庐"，最后终于请出日后成为"阿帕网之父"的拉里·罗伯茨，并使他继任信息处理技术处的处长。

鲍勃·泰勒

拉里·罗伯茨

拉里·罗伯茨是耶鲁大学一位化学家的儿子，时任麻省理工学院林肯实验室的高级研究员，年仅28岁。他不仅自学计算机技术，而且成为这个领域的行家，曾与最早提出"分布式网络"理论的L.克莱因罗克一起共事。1966年，罗伯茨和同事一起提交了题为《通向分时的电脑网络》的研究报告，介绍了他们在马萨诸塞州和加利福尼亚州之间实验不同电脑联网的过程及其结果。他们的研究对"分布式网络"的设计产生决定性作用，同时也使罗伯茨得到华盛顿方面的注意。而此时的罗伯茨考虑的是如何改进他的联网性能,压根没想到"阿帕"正在打自己的主意。当泰勒首次登门,邀请他来主持"阿帕"的研究项目时,他婉言谢绝。泰勒仍不死心,不久再次前往林肯实验室。罗伯茨只好明确告诉泰勒,他不愿去华盛顿当技术官僚,林肯实验室就是他的最佳选择。据罗伯茨后来回忆,最后他被迫前往"阿帕"任职,是由于泰勒的"要挟"。那天下午,实验室主任突然把他叫到办公室,吞吞吐吐地动员他去"阿帕"。看着主任为难的样子,罗伯茨心里明白了,他别无选择,于是只得离开钟爱的林肯实验室,去华盛顿走马上任。

后来,泰勒笑着告诉他实情:为了请到罗伯茨这位高人,他使出一个"撒手锏",找"阿帕"的署长求助。泰勒对署长说:"你不是掌握着林肯实验室的经费吗?难道你就没有办法让拉里来为我们工作?"署长听后立即拿起电话,不一会儿,转头对泰勒说:"让我们等着瞧吧。"听完泰勒的故事,罗伯茨只好苦笑着摇摇头,从此便把全部精力投入阿帕网的设计。而这段网络史上"三顾茅庐"的趣话,也就成全了罗伯茨这位"阿帕网之父"。①

1967年,罗伯茨来到高级研究计划署——"阿帕",着手筹建"分布式网络"。他上任伊始,果然不负众望。他雷厉风行地调度人马,设计项目方案,不到一年,就提出阿帕网的构想。随着计划的不断改进和完善,罗伯茨在描图纸上陆续绘制了数以百计的网络连接设计图,阿帕网的框架结构逐渐成熟。1968年6月,罗伯茨正式向"阿帕"提交了一份研究报告《资源共享的电脑网络》,其中着力阐发的就是让"阿帕"的电脑全部达到相互连接,从而使大家可以分享彼此的研究成果。根据这份报告组建的国防部"高级研究计划网",就是著名的"阿帕网",而拉里·罗伯茨也就成为"阿帕网之父"。

最初的"阿帕网",由西海岸的4个节点所构成。第一个节点选在加州大学洛杉矶分校(UCLA),因为罗伯茨过去的麻省理工学院同事L.克莱因罗克教授,正在该校主持网络研究。第二个节点选在斯坦福研究院(SRI),那里有道格拉斯·恩格巴特(D. Engelbart)等一批网络的先驱人物。此外,加州大学圣巴巴拉分校(UCSB)和犹他大学(UTAH),分别被确定为第三个和第四个节点,这两所大学都有电脑绘图研究方面的专家,而泰勒之前的信息处理技术处处长伊凡·泽兰教授,此时也正任教于犹他大学。1969年年底,阿帕网正式投入运行,其连接方式如右图所示。

阿帕网连接方式

以现在的水平论,这个最早网络自然显得非常原始,传输速度也慢得让人无法忍受。但是,阿帕网的4个节点及其链接,却已具备网络的基本形态与功能。所以,阿

---

① 《〈网络传奇〉连载(4)——"阿帕网之父"出山》,载《中国青年报》2000年2月10日。

帕网的诞生便成为网络传播的"创世纪"。

不过,阿帕网问世之际,大部分电脑还互不兼容。于是,如何使硬件和软件都不同的电脑实现真正的互联,就是人们力图解决的难题。在这个过程中,文顿·瑟夫为此作出首屈一指的贡献,从而被誉为"互联网之父"。

5. 互联网之父——文顿·瑟夫

最初想到让不同电脑能够实现"手拉手"的,是领导美国加州大学洛杉矶分校网络工作小组的 S. 克罗克。

1970 年,克罗克及其小组着手制订最初的主机对主机的通信协议,它被称作"网络控制协议"(NCP——Network Control Protocol)。这个协议被用于阿帕网,并且在局部网络的条件下运行稳定。但是,随着阿帕网的用户越来越多,NCP 又暴露两大缺陷。首先,NCP 只是一台主机对另外一台主机的通信协议,并未给网络的每台电脑设定唯一的地址,而这一缺陷就造成电脑在越来越庞大的网络中,难以"找"出需要传送数据的对象电脑。其次,NCP 缺乏纠错功能。这样一来,数据在传输过程中一旦出现错误,网络就可能停止运行。随着阿帕网上的电脑急剧增多,出错的频率自然也越来越高,从而使网络的运行效率大打折扣。

NCP 诞生两年后的 1972 年,文顿·瑟夫(Vinton G. Cerf)获得了斯坦福大学电脑科学与电子工程的助教职位,他组织学生展开一系列有关新网络协议的专题讨论。通过这些不断碰撞的"头脑风暴",文顿·瑟夫终于完成了所谓"传输控制协议"(TCP——Transport Control Protocol)的初始设计工作。

1974 年 12 月,文顿·瑟夫和同事正式发表了第一份 TCP 协议的详细说明。在这份"互联网实验报告"中,他们还没有将"传输控制协议"(TCP)和"网络间协议"(IP——Internet Protocol)区分开来。通过大量实验之后,他们逐渐认识到,应该建立两个不同的协议,也就是今天我们仍在使用的 TCP/IP 网络协议。

虽然这两个协议一直被人们相提并论,其实它们的功能不尽相同。"传输控制协议"即 TCP,主要为数据传输过程设定一种共同的标准,以检测网络传输的差错,弥补 NCP 没有纠错功能的缺陷。如果传输过程发现问题,该标准就会发出信号要求重新传输,直到所有数据都安全到达对方的电脑。而"网络间协议"即 IP,则是为互联网的每台电脑设定唯一的地址,通过这个"IP 地址",其他电脑就能在庞大的网络中将该电脑准确地"找"出来。打个比方,这就好像电脑之间互相通信,信封上必须写明对方的地址,而 IP 就是互联网上每台电脑的收信地址。当初定义 IP 地址的美国人,将 IP 地址设计为 32 位,其中前 8 位用来定义电脑所在的网络,后 24 位定义该电脑在当地网络中的位置。1977 年,"阿帕"组织了一次大型网络互联实验,经过 9.4 万英里的传输,竟然没有丢失一个数据,TCP/IP

协议的优越性顿时体现出来。

到1980年,世界上既有使用TCP/IP协议的美国军方"阿帕网",也有很多使用其他通信协议的各种网络。为了将这些网络连接起来,文顿·瑟夫提出一个想法:在每个网络内部各自使用自己的通信协议,而同其他网络通信时则使用TCP/IP协议。也正是这个设想,最终导致了因特网(Internet)即互联网的诞生,并且最终确立了TCP/IP协议在网络互联方面不可动摇的地位。不过,一开始由于习惯,大家宁愿继续使用出错率越来越高的NCP,也不愿改用TCP/IP。此时,美国军方再次介入互联网的发展。1982年,美国军方规定:整个网络系统都必须从NCP转换为TCP/IP。之后,美国军方开通了NCP和TCP/IP两条通道,还时常以关闭NCP通道作为警告。

1983年的1月1日,被称为互联网发展史上的一个"纪念日"(flag-day)。因为,从这一天起,NCP被永久停止使用。从此,互联网上的所有计算机必须遵守同一规则,这就是TCP/IP。时隔14年的1997年,美国政府授予当年发明和定义TCP/IP协议的文顿·瑟夫和罗伯特·卡恩(Robert E. Kahn)"国家技术金奖",无疑是对他们在互联网的发展方面,特别是作为互联网基础的TCP/IP协议方面所作贡献的最高褒奖。

到20世纪80年代末,互联网作为一项高新技术已经成熟,互联网的发展已经进入"不怕做不到,只怕想不到"的阶段。由此开始,互联网迅速走进人们的日常生活,并且日渐改变着当今的世界面貌。

二、普及应用阶段(20世纪90年代以来)

1."军转民"

从以上的介绍中,我们不难发现互联网的每一步蹒跚而行,都与战争、军队、国防部等字眼紧密相关。互联网的诞生是基于冷战的背景,而互联网的改善也是出于军事需求,事实上,互联网的应用最初也仅限于军队和为军方服务的高校科研机构,甚至互联网的网络协议最终也得由军方予以推广。不过,尽管阿帕网是美国军方和大学科研机构的"宁馨儿",但随着网络自身的急速扩展,它就越来越超逾军方的管辖和国防的领域。

首先,接替国防计划署管理互联网的,是美国国家科学基金会(NSF)。1986年,美国国家科学基金会又建立了国家科学基金网(NSFNET)。至此,互联网基本摆脱军方控制,并且逐渐成为一种便捷的"民用"媒介。其次,从20世纪90年代开始,商业机构开始大举介入互联网,从而进一步推动这一民用化趋势:

> 因特网的第一次飞跃源于美国国家科学基金会(National Science Foundation 简称NSF)对网络的介入。它利用ARPANET发展出来TCP/IP通讯协议,出资建立名为NSFnet的广域网。因特网历史上的第二次飞跃归功于因特网的商业化。在90

年代以前,因特网的使用一直仅限于研究和学术领域。90年代初,General Atomics、Performance Systems International、UUnet Technologies等私营企业开始投资因特网。专门为NSFnet建立高速通信线路的Advanced Network and Service Inc. ANSI公司也推出了自己的商业因特网骨干网。商业机构的介入充分地挖掘了因特网通讯、资料检索、客户服务等方面的巨大潜力,从而因特网发展产生了一次新的飞跃。NSFnet意识到自己的使命已经完成,于1995年4月30日,正式宣布停止运作,代替它的是美国政府指定的三家私营企业:Pacific Bell(太平洋贝尔公司)、Ameritech Advanced Data Services and Bellcore(美国科技公司)和Sprint(斯普林特)。至此,因特网彻底完成商业化。①

从1969年诞生到1990年退役,在20余年的时间里,阿帕网从4个节点的互联发展到31万台主机和900个网络的链接,速度异常迅猛。下表即大致显示了阿帕网的发展轨迹:②

时间	主机数	时间	主机数
1969年10月	4	1983年8月	562
1971年1月	13	1984年10月	1 024
1972年4月	23	1985年10月	1 961
1973年1月	35	1986年10月	5 000
1974年10月	49	1987年10月	25 000
1976年1月	63	1988年10月	56 000
1981年8月	213	1989年10月	159 000
1982年5月	235	1990年10月	313 000

在互联网的民用化过程中,最令人青睐的当属电子邮件——"伊妹儿"(E-mail)。

2."伊妹儿"效应

1972年3月,BBN公司的雷·汤林森发明了电子邮件的发送和阅读程序。于是,历史上第一封电子邮件,就在他的两台联网电脑之间进行了传递。汤林森的第二封电子邮件,是发给网络的其他用户,通报大家可以用他编写的程序互相联络。在这封电子邮件中,他告诉人们,除了写明收信人的网络用户名之外,还需加上收信人所用电脑的名称,中间用一个"@"符号隔开,这种命名方式沿用至今。30多年过去了,如今互联网中使用率最高的仍然是E-mail,几乎每个用户都有自己的电子信箱。曼纽尔·卡斯特在"信息时代

---

① [美]史蒂文·拉克斯编:《尴尬的接近权:网络社会的敏感话题》,禹建强等译,注释①,177页,北京,新华出版社,2004。
② 郭良:《网络创世纪——从阿帕网到互联网》,25~26页,北京,中国人民大学出版社,1998。

三部曲"的第一卷《网络社会的崛起》里也写道:"真正点燃火种的是网络使用者之间的电子邮件功能,这个功能是BBN公司的雷·汤林森(Ray Tomlinson)发明的,它也是目前全世界电脑沟通功能中最受欢迎的用途。"①

E-mail近乎火爆的流行速度,自然有其必然性,因为它具备以往的沟通方式所没有的四个便利条件。第一,传送迅捷。不管相隔多远,一封E-mail转瞬即可送达,而且不像电话那样需要对方在线,而只需静候主人随时查阅。第二,费用低廉。不管路途多么遥远,也不管内容多么庞大,E-mail的"邮资"都几乎为零。第三,使用方便。比如,查阅信件可以选择时间排序、姓名排序、主题排序等;若把信件给其他人看,只需转发一下;若给许多人看,则用"群发功能",等等。第四,轻松随意。以往写信都得正襟危坐,而且还有一定的格式,而E-mail出现后,通信内容往往比较简明扼要,很多都仅仅是只言片语,于是写信就不那么郑重其事了。

电子邮件的广泛应用,展示了网络时代人际交流的前景,并激发了人际交流的欲望。不过,用E-mail进行交流仍旧存在一定的时间差,人们希望最大限度地缩短这个时间差,将自己的手、脚、眼、口等器官通过网络进行最大限度的延伸,实时地去感知、去了解、去把握远方的人与事。顺应这样的需求,互联网又开发了一系列实时传播的功能。

3. 网上实时交流

网上实时交流包括网上聊天、即时传呼等。网上聊天主要通过万维网(WWW)上的各种聊天室进行,用户可在各种聊天室里,同其他任何用户进行对话:

> 在一个多人参加的聊天室中,加入聊天的人数是可以动态变化的,人们之间的相互关系也可能随时发生变化。总的来说,这是一个全通道型的交流网络,每个人都可以与参加聊天的其他人进行对话。这种结构是一种平等的交流结构,但它的效率也是比较低的。在聊天室中,人们谈话的主题时常会发生变化,人们的喜好时常发生变化,人们之间的结盟关系也往往是摇摆不定的,所以,常常是几个小时过去,人们也没有达成什么共识。此外,由于人们一般对交流对象缺乏必要的了解,通常也无法选择合适的交流内容以及说服对方的手段。从传统意义上看,这种交流的效果是不能令人满意的。但也许这正是人们进入聊天室的乐趣之一,人们在聊天室中更看重的是过程而不是结果。这个过程对抱着不同目的上网的人们有着不同的意义:有人从中发现与自己兴趣相投的人,有人享受舌战群儒的乐趣,有的人可能只是为了解闷和发泄。而对于旁观者来说,他从别人的聊天中看到的,更像是类似于"头

---

① 曼纽尔·卡斯特:《网络社会的崛起》,夏铸九等译,58页,北京,社会科学文献出版社,2001。

脑风暴"的过程,他从中得到的不一定是定论,而只是一些片断的启发。①

与此同时,网络专家们还开发了各种即时传呼软件,用以满足人们的需求。所谓即时传呼(Instant Messaging),是互联网上颇受欢迎的一个信息发送业务,它可以让用户跟踪同时在网上逗留的亲朋好友。无论对方在网上的哪个角落,只要输入对方的代码,就可以找到他们,与他们共同浏览网页,与他们即时对话。现在比较流行的即时传呼软件有ICQ、QQ等,另外一些大型的网络公司也有自己的即时传呼软件,如微软的MSN。

据调查,网上聊天是网民上网的主要动机之一。当然,名为聊天,实际上却同真正的聊天大相径庭。网上聊天的主要方式是文字,如今小型摄像头虽然使声音、图像等辅助性信息得以同时传输,但聊天者依旧很难感受对方的直观反应,而文字往往又不能充分表达真切的情绪。尽管如此,网络聊天仍以低廉的成本和即时的效果,吸引越来越多的网民或网迷,使他们废寝忘食,乐此不疲,甚至走火入魔,越陷越深。

总之,自1969年创建阿帕网以来,互联网的民用功能迅速扩展。其中,主要包括"电子邮件"(E-mail)、传输各种文件的"文件传输协议"(FTP)、进行远距离访问的"远程登录"(Telnet)以及满足人们实时交流欲望的各种即时聊天功能等。至此,互联网的基本平台已经搭建完成,接下来互联网又将孕育一次更大的飞跃。

4. WWW 的美丽新世界

郭良先生在《网络创世纪——从阿帕网到互联网》一书里指出,互联网的发展历程上有两次革命性的飞跃:

> 如果说互联网的出现是人类交流方式的一场革命的话,那么这场革命迄今为止最激动人心的高潮有两次:一次是由阿帕网带来的通信方式的革命,这是以电子邮件的普遍使用为标志的;另一次革命则是由伯纳斯-李和安德里森带来的网络使用方式的革命,这次革命的明显标志则是环球网(即 World Wide Web——WWW,亦称 Web,通译万维网——引者注)和网络"浏览器"的普遍使用。②

下面我们就分别介绍伯纳斯-李和安德里森,以及他们对互联网发展所作的新贡献。

20世纪80年代,蒂姆·伯纳斯-李(Tim Berners-Lee)是"欧洲核物理实验室"(CERN——European Laboratory Particle Physics)的软件工程师。这个实验室中,有来自几十个国家的数千名科学家、工程师和电脑专家,每天都会有很多研究成果出现。但是,每日产生的海量信息却缺乏有效的管理,整个实验室的信息工作显得相当混乱。比如,一项庞大的研究计划,往往有许多不同的研究小组,而各小组的工作关系又比较复杂,

---

① 彭兰:《网络传播概论》,268页,北京,中国人民大学出版社,2001。
② 郭良:《网络创世纪——从阿帕网到互联网》,125页,北京,中国人民大学出版社,1998。

某人或某小组如果改变研究计划,则既并不清楚这一改动会对整个项目产生什么影响,也不明确应该把计划变动的情况告诉哪些相关小组。在这样的状况下工作一段时间后,作为软件工程师的伯纳斯-李不由想到,应该想个什么办法改变这种无序状况,以使整个实验室的信息管理有条有理。

为此,1989年,伯纳斯-李提出有关万维网的构想,即通过一种超文本的方式提供信息查询服务,同时将互联网上各种主机的信息有机联系起来。与传统的信息形式相比,超文本的含义有两层,一是信息形式不再限于简单的字符或数值型数据,而是包含多媒体信息;二是实现网络信息的相互链接。这也就是万维网上使用最为普遍的"超文本"(Hypertext)方式:

> 按照伯纳斯-李的说法,早期的超文本文件格式是通过一个中心控制的数据库来管理的,因此只限于链接本地文件系统上的文件,这种方式的好处是不可能链接到其他莫名其妙的地方,而缺点则是无法让外人为这个系统提供信息。环球网的主要特征则是通过超文本链接的方式把互联网上如此众多的信息联在一起。
>
> 环球网的新颖之处在于用字符串这样的"代码"来代替需要的信息,于是就有可能对其进行检索。当初这些字符串被称为"通用文件确认点",现在则一般叫做"通用资源定位点"(URLS)。用这种方式写的文件就是"超文本文件",而写这种文件所用的特有语言则叫做"超文本标识语言"。当用户指向一个链接的时候,由"超文本传输协议"(HTTP)来控制网络的传输。这样,全世界所有互联网上的电脑都可以用同样的方式来给文件命名和定义地址,每一个环球网的网站也都可以有一个唯一的网络"地址",使超文本文件的优势得到充分的发挥。①

这里需要指出,万维网不是"网",而"是互联网中最受欢迎的一种多媒体信息服务系统"②,它的最大贡献在于使互联网真正具有交互功能。不过,超文本较高的技术含量,使其还只能为技术专家和"网络发烧友"服务,无法飞入寻常百姓家。而多媒体网络浏览器的出现,则可以帮助普通用户实现这一跨越。在这个过程中,发明互联网浏览器的马克·安德里森(Marc Andreessen)自然值得称道。

马克·安德里森早在21岁时,就曾为美国国家超级运算应用中心(NCSA)设计了第一个万维网浏览器"马赛克"(Mosaic)。1992年,马赛克在互联网上刚一出现,就立刻流行开来,使当年互联网的数据传送量增长3 400倍。1994年,25岁的安德森里离开NCSA,同几个志同道合的人一起创建网景公司(NETSCAPE),推出以万维网多媒体浏览器——"导航者"为主的服务器软件。仅用一年时间,网景公司的软件就占领了40%的市

---

① 郭良:《网络创世纪——从阿帕网到互联网》,122页,北京,中国人民大学出版社,1998。
② 彭兰:《网络传播概论》,15页,北京,中国人民大学出版社,2001。

场份额,在使用万维网的用户中,80%的客户端软件是网景公司的"导航者"。

网络浏览器的出现,不仅使万维网最终进入不懂专门技术的寻常人家,而且也使超文本文件格式的优点得到充分发挥。同传统的信息传播方式相比,万维网具备三方面的优点:一是提供多媒体信息,即在字符信息之外,还包括文本、图像、声音、动画、视频等;二是超链接功能可将不同地点的信息联系起来,并可从一个文件迅速转到另一个文件,而无需用户了解具体的过程;三是人性化界面加速了互联网的普及,使普通用户无须输入专业的复杂命令,就可在图形化的界面上浏览各种信息。以上三个优点将万维网用户的技术要求降到最低点,所以用户数在1994年前后出现爆炸性增长,万维网的信息也进入"信息爆炸"时期:

> 到了90年代初,万维网(World Wide Web)技术的发明给Internet注入了极大的活力,作为一种信息处理工具的电脑才是真正意义上的传播媒介。①

面对这一五光十色的美丽新世界,人们的兴头刚刚提起,又为身陷无穷无尽的信息海洋而烦恼。如何从无边无际的信息大海中,准确而快捷地打捞所需的宝藏呢?

5."搜索引擎"

面对浩瀚的信息海洋,普通用户都只能望洋兴叹,抱怨检索信息犹如大海捞针,而美国斯坦福大学的两位博士生则证明自己不是普通用户。他们一个叫杨致远(Jerry Yang),一个叫戴维·菲罗(David Filo)。开始使用互联网时,他们也同样遇到不知如何寻找所需信息的烦恼。穷则变,变则通,经过一番探索,他们最后终于找到一劳永逸的解决办法,这就是他们发明的一大搜索引擎"雅虎"(Yahoo)。

1994年,杨致远和戴维·菲罗初次接触互联网。同许许多多普通用户一样,他们也为网上五光十色的信息所着迷。与此同时,他们也被同样的问题所困扰:如何快速而便利地找到自己需要的信息? 两位斯坦福大学的高材生很快有了主意,他们决定建立一个数据库,存放和检索各种网站或网页地址。他们首先把自己访问过的网站或网页地址存放在这个数据库中,然后再编一个软件进行搜索。有了这个所谓搜索引擎(Search Engine),上网浏览信息就等于有了地图与向导。

独乐乐,何如众乐乐。1994年6月,两人又把这个软件放到互联网上,供大家免费使用,同时还给网站起了一个名字——"雅虎"(Yahoo),也就是"Yet Another Hierarchically Officious Oracle"的首字母拼写。仅仅几个月,Yahoo就由于访问量激增而难以为继,不管软件还是硬件都需要升级。于是,他们决定放弃在读的博士学位,把"雅虎"作为一个公

---

① 吴伯凡著:《孤独的狂欢——数字时代的交往》,15页,北京,中国人民大学出版社,1998。

司来经营。1995年4月,他们找来100万元风险投资,"雅虎"公司开始正式运营,并且迅速成为网络世界的一大新贵。

随着Yahoo的问世和风行,各种各样的搜索引擎也不断出现,遍地开花。如今,在即生即灭的众多搜索引擎中,Google(http://www.google.com)最为著名,也最为通用。它是1998年由两位斯坦福大学的博士生Larry Page和Sergey Brin创办的。Google一词化用自英文的"googol",它是美国数学家Edward Kasner的侄子Milton Sirotta创造的一个新词,表示1后边带有100个零的数字。Larry Page和Sergey Brin使用Google,意在表示一种征服网上无穷信息的雄心。迄今为止,通过对30多亿个网页的整理,Google已成为世界最大的搜索引擎。据统计,Google每天向世界各地的互联网用户,提供超过2亿次的查询服务。①

从阿帕网到搜索引擎Google,经过不断发展、演化、完善,网络终于成为一个前所未有的"虚拟世界",并且开始对现实世界发生越来越显著的作用。网络正在深刻地改变着社会生态与传播生态,其中自然也对兼及社会与传播的新闻媒介产生巨大的影响。

第二节 第四媒体与网络新闻

随着人类进入所谓"数字化生存"(Being Digital)时代,政府、商家、教育行业、社会组织等都开始挖掘互联网的潜力,竞相在网络平台上推出电子政务、电子商务、远程教育等项目。对新闻传播而言,网络成为一种新兴的媒体也已是既定事实。1998年5月,联合国新闻委员会正式宣布网络为"第四媒体",与报刊、广播和电视等媒体相提并论。

作为"第四媒体",互联网的新闻信息以其快捷、开放、丰富等优势,在短短数年内便异军突起,迅猛扩展,同时对传统媒体形成强有力的冲击和挑战。21世纪初,美国的《编者与出版者》杂志发现,大约1/3浏览网上信息的读者已对传统媒体失去兴趣,电视的收视人数下降了35%,广播的收听人数下降了25%,报纸的购买人数下降了18%。虽然具体的统计数据或有出入,不尽相同,但是"狼来了"却是无可置疑的。面对来势汹汹的"第四媒体",传统媒体不得不起身应对,从而使新闻传播领域呈现一片新的面貌、新的格局、新的气象。

一、传统媒体抢滩互联网

1. 纸质媒体

一般认为,世界上最早上网的报纸,是美国加利福尼亚州的《圣何塞信使报》(*San Jose Mercury News*)。1987年,这家位于世界高科技中心——硅谷腹地的报纸,将其内

---

① http://www.google.com 的公司简介。

容搬上互联网,成为网络报纸的先声。此后,陆陆续续不断有报纸登陆网络,但由于当时网上信息的发送和浏览技术还不够完善,所以,截至1994年年底,美国上网的报纸不过几十家,全世界也不超过一百家。① 前面曾经提到,由于互联网浏览器的诞生,网络用户从1994年开始激增。同样,也就是从这个时候开始,美国的网上报纸每年便以60%左右的速度递增。

报纸纷纷上网,主要有两方面的原因。一方面,显而易见,上网可以扩大传播范围。以马萨诸塞州的《波士顿环球报》为例,其纸质报纸的发行量在5万份以内,并且仅限于本州范围,而上网后,该报网络版的读者平均每天就达到73 000人,而且其中27%的读者都来自马萨诸塞州以外。再一个方面,经济效益是报纸上网的主要考虑因素。首先,报纸上网可吸引网络广告的投放。20世纪末,尽管互联网的广告业务刚刚起步,1998年美国全年的网络广告收入仅为3亿美元,不及当年全美报纸广告收入380亿美元的1%,但其发展速度和潜力还是吸引着越来越多的报纸。其次,报纸上网还可以节约成本,包括纸张、印刷、投递等费用。如此看来,报纸上网既能"开源"——争取广告,又能"节流"——节省经费,一举两得,何乐不为。所以,越来越多的报纸,纷纷在互联网上抢滩设点。"Penny Pagano在美国《新闻学评论》1999年6月号上撰文说,1998年年底,全球已有近5 000家报纸以及大约相同数量的杂志涉足网络;美国已经有60%的报刊上网。"② 如今,世界范围内,有条件上网的报纸几乎都已登陆互联网,我们只要看看网上比比皆是的报纸网址大全就可窥其一斑了。

按照中国人民大学新闻学院网络专家彭兰教授的分析,美国报纸的上网过程,大致经历了翻版、变化与综合三个发展阶段和五种基本模式。

首先是最早的翻版阶段。这个阶段主要有一种模式,这就是将"纸质母版"直接搬上网络,变为母报的"网络版"。这一模式的代表是《纽约时报》。

其次是接下来的变化阶段。它包括两种模式,均以独立的报纸网站为基础:一种模式是网上报纸的内容与母报基本相同;另一种模式是网上报纸的内容远远超出母报,形成一个独立的信息平台。前者以《华尔街日报》为代表,后者以《波士顿环球报》为代表。《华尔街日报》的网络版除了纸质母报的报道,还发布一些不适或不便在母报刊发的稿件,如政府的经济报告、某些行业的经营预测等。另外,由于纸质报纸受到出版周期的影响,一些重要消息为了抢时间也在网络版发布。《波士顿环球报》网络版不仅提供母报的信息,而且包括市内三十几个其他信息源提供的内容,如电视台、电台、博物馆、芭蕾舞团、气象台、交通服务处等。同时,他们还将本地区所有相关资料整合成一个在线数据库,访问

---

① 匡文波著:《网络媒体概论》,15页,北京,清华大学出版社,2001。
② 匡文波著:《网络媒体概论》,15页,北京,清华大学出版社,2001。

者可以从中查阅各种资料,如人均收入、失业率、司法案例、法律条例、社区计划、公共福利、饮食娱乐等等。总之,《波士顿环球报》网络版已成为波士顿市的一大网络信息平台,成为当地人的生活指南以及外地人认识波士顿的窗口。

最后是综合阶段。它也包括两种模式:一种模式是众多报纸联合经营一家新闻网站,但各报内容相对独立;另一种模式是报纸同其他网络服务商联合经营专业性信息网站。前一种模式以1999年6月1日开通的新世纪网络为代表,它是美国九大媒介集团在互联网上合作经营的大型信息平台。这些集团下属的报纸总数超过200家,遍布全美各地。组建这一信息平台的初衷,是因为每家报纸网络版的访问人数有限,信息量也不足,而如果把众多报纸集中在同一信息平台上,形成一个报纸集散地,那么就能吸引大批量的读者。后一种模式,则以各报或独立或联合而组建的分类广告与专项服务网站为代表,其目的在于同网络服务商争夺分类广告。比如,时代-镜报报业集团的"分类广告源",《纽约时报》、《华盛顿邮报》等联合创办的"职业之路"等。①

2. 电子媒体

纸质媒体在互联网上纷纷抢滩设点之际,广播电视等电子媒体也同样不敢懈怠,它们闻风而动。目前,网上电台的节目播出大致有两种形式:一种是直播,即网上播出的节目与电台同步,当重大事件或重要活动发生时,一般电台多采用这种所谓"在线广播"的形式;另一种是点播,这类节目都是曾经在电台播出的,受众可以根据兴趣随时上网点击收听。1999年,英国广播公司(BBC)的对外广播,就将46种语言的广播节目送上互联网,其中有9种语言实现在线广播。② 广播媒体上网后有两个显著优势:一是网上广播的覆盖面更广,特别是面向海外听众的国际广播,它们以往面临的最大问题,就是如何实现境外的"落地"问题,而上网以后这个老大难便迎刃而解;二是听众的主动性更大,他们可以根据自己的时间,选择自己爱听的节目,而不必遵循传统广播的线性播出顺序,这也正应了"数字化生存"概念的提出者尼葛洛庞帝的预言——"黄金时间等于任何时间"(Prime time is any time)。③

20世纪90年代,高清晰电视(high-definition TV)、数字电视(digital television)等盛极一时,为电视媒体的网络化奠定了必要的技术基础。数字电视是网络化和电视数字化后的产物,相对于传统的模拟电视,具有许多优势。第一,提高频率资源的利用率。利用数字压缩技术,可在一条标准的有线电视频道中,传输多达10套的电视节目。第二,提高电视信号的传输和接收质量。第三,可以同时提供数据广播。第四,逐步改变传统的收视

---

① 匡文波著:《网络媒体概论》,17~18页,北京,清华大学出版社,2001。
② 马为公:《广播节目在互联网上的运作形态》,载《中国记者》1999(3)。
③ [美]尼葛洛庞帝:《数字化生存》,胡泳等译,201页,海口,海南出版社,1997。

习惯,人们由被动收看到准视频点播(NVOD),下一步实现真正的视频点播(VOD)。所以,当互联网解决带宽以及图像等问题后,电视媒体便开始向网络世界大举挺进。目前,国际知名的电视媒体大都已在互联网上设立站点。CNN建立的互动有线电视网络(CNN Interactive),1996年曾被列为50个最佳新闻网址之首。美国三大广播公司之一的全国广播公司(NBC),1996年同微软公司合作创办MSNBC,不到一年就在美国Media Metrix公司的调查统计数据中名列知名媒体第一位,超过CNN、《华尔街日报》、《纽约时报》、《今日美国报》等。① 2000年1月19日,全球首位虚拟的新闻主播亮相英国网站,开始播报新闻。她名叫"阿娜诺娃",用三维动画制成,集中了多位歌星的容貌特征,总是以"愉悦、沉稳、理性"的态度播报新闻,而不会显得"虚夸、无情、自大"。

传统媒体抢滩互联网,其实都是力图将自身的长项——公信力、采编能力等,同网络的优势——快捷性、交互性、全球性、丰富性等结合起来。在此过程中,网络作为开放平台的作用,大于作为"第四媒体"的角色。换言之,在这种新闻传播的模式里,网络还只是一个配角,而主角还有待真正的"第四媒体"——"网络原生媒体"。

二、"网络原生媒体"

所谓"网络原生媒体",是指完全脱离"母体媒体"而生于网络、长于网络的媒体,这种媒体越来越成为网络新闻传播的主力军和生力军。

1. 概览

1999年2月15日,被称为"第一份网络原生报"的《明日报》(*Tomorrow Times*)问世,由中国台湾PC home集团与《新新闻周报》共同创办。它的新闻不仅更快、更多,而且还以电子邮件的形式向订户发送。《明日报》与传统报纸网络版的最大区别在于,它拥有专职的采编队伍,可以按照网络的特性,提供更具专业水准的新闻。② 在国外收视率相当高的"真人秀"节目,如今也被直接搬到网上。在这种"网络原生电视"中,主角们只要在居室中安装几个摄像头,然后连上互联网,真人秀便可开播了。另外,在全世界青少年中流行的"网络广播",也是网络原生媒体的一种形式。人们可以自己充当电台的播音员或主持人,播出喜欢的音乐,加入自己的评点,世界各地的人们只要连上相应的地址就可以尽情收听。

除此之外,前面介绍的"搜索引擎"网站,在吸引大批用户之后,也开始提供各种内容服务,而新闻报道就是主要项目之一。如今,单纯的搜索引擎网站,正在向"网络原生新闻

---

① 俞中迈:《从MSN站点看信息化如何向我们走来》,载《电视研究》,1998(10)。
② 赵士林、彭红:《网络传播论》,204页,上海,上海交通大学出版社,2002。

网站"转型。比如,Google news、Yahoo news、AOL news、MSN news 等,都已在世界范围内具有广泛的影响力。这些网络原生新闻网站,几乎都拥有自己的编辑人员,他们将传统媒体刊登或播出的新闻,按照网络媒体的特点重新加工处理。另外,有的网站还有自己的专职记者,采集独家新闻。

2. 博客

如果说上述这些网络原生媒体还依稀带有传统媒体的身影,那么以麦特·德拉吉(Matt Drudge)为代表的博客(Blogger),以及以《德拉吉报道》为代表的博客网站——"博客日志",则已完全摆脱传统媒体,成为一种全新的网络新闻传播模式。所谓"博客",乃是英文 blog 的音译,而 blog 则是 Weblog 的简称。它指的是互联网上流行的"网络日志",是网民们发表各种思想的虚拟场所。通常的博客网站,由简短的、经常更新的帖子构成,内容涉及新闻内幕、个人思想、诗歌、散文、科幻小说等。早期的博客爱好者只是热衷于网上冲浪的网迷与业余写手,而如今随着博客越来越成为网络文化的主流趋势,越来越多的人开始从博客中获取新闻、信息和观点,博客的作者队伍也越来越壮大,其中包括记者、士兵、遭受自然灾害或战争的居民以及希望表达自己观点的普通民众等。下面就是近年来发生在美国的一些比较著名的博客新闻报道:

2003 年 5 月,博客吉姆·罗曼斯科在其网站发布《纽约时报》内部人士的会议纪要和电子邮件,揭开《纽约时报》记者杰森·布莱尔捏造新闻的内幕。随后,《纽约时报》另一位记者里克·布拉格也东窗事发,为此报纸的执行主编和总编辑最后被迫辞职。

2004 年 9 月 8 日,哥伦比亚广播公司(CBS)的晚间新闻播出一份"独家文件",指控小布什当年逃避兵役。9 月 9 日中午,知名新闻博客 CNS 即贴出文章,引用三名专家的意见指出,这份文件的字体应为电脑生成,而非出自 20 世纪 70 年代通用的打字机。网上的讨论迅速蔓延,随后两周愈炒愈热,最后 CBS 不得不认错。

2004 年是美国总统大选年,博客首度参与大选报道,成为继 1921 年广播首度报道大选和 1952 年电视首度报道大选之后的又一里程碑。其间,不仅双方的竞选阵营均设官方博客网站,而且双方的拥护者还分别组建许多私人博客网站,议题也遍及各个领域,形成一场空前规模的"博客大战"。7 月 26 日至 29 日,在波士顿举行的民主党全国代表大会期间,大会组织者还第一次为博客发放采访证,博客与记者开始平起平坐。

仅从这些美国的个案看,博客等"网络原生媒体"的势力与影响已经越来越显著,越来越不可小觑。它可以捅出世界著名大报的假新闻,可以将位高权重的人物拉下马,甚至开始介入美国总统大选。至此,第四媒体已经不是一个概念,而是活生生的现实了。

说到博客,不能不提眼下最有名的博客,即美国的麦特·德拉吉(Matt Drudge),其《德拉吉报道》已成为最受青睐的博客日志之一。

3.《德拉吉报道》

《德拉吉报道》

当年,由于一位美国总统的丑闻——水门事件,《华盛顿邮报》两位名不见经传的记者一举成名。同样,麦特·德拉吉的崭露头角,也得力于一位美国总统的丑闻——"拉链门事件"。1998年1月17日深夜,麦特·德拉吉向世界各地近5万名新闻邮件订户,发送了一条耸动视听的新闻,题头上赫然写着"世界独家新闻",其中的关键内容是说:"星期六(1月17日)晚上6点,《新闻周刊》杂志枪毙了一条重大新闻。这条新闻将注定动摇华盛顿的地基:一个白宫实习生与美国总统有染。"德拉吉后来解释说:"《新闻周刊》记者迈克尔·艾西科夫,抓住了他平生最大一条新闻,但就在刊发前几小时,这条新闻被《新闻周刊》的高层扼杀了。"德拉吉的故事一上网,便以惊人的速度迅速传播。星期一,《德拉吉报道》又更新了这条新闻,第一次指出莫尼卡·莱温斯基就是那位白宫实习生,并提供了莱温斯基的简历。随后,他不断提供新的信息,引起公众越来越广泛的关注。这一所谓"拉链门事件",在德拉吉及其博客网站的煽惑下,最终演化为一场搅动世界的绯闻。1998年8月,克林顿被迫承认自己的过失,向全国道歉。

在这一终将皇帝拉下马的报道中,德拉吉似乎是个命运眷顾幸运儿。其实在此之前,他已在网上奋斗了将近十年,他的《德拉吉报道》也已小有名气。十年前,也就是20世纪80年代末,麦特·德拉吉刚刚二十出头,从马里兰州的一个小城来到陌生的南加州上大学。他不是一个好学生,平均成绩为D。他喜欢写作,但从未受过新闻学专业的训练。后来他成为一家礼品店的经理,一边工作,一边从人们认为无价值的资源中,寻找有意思的资料,然后发到网上的新闻讨论组。当时,他并不知道自己的这些工作有什么意义,而只是兴趣使然。直到有一个读者向他提出,想订阅他发布的各种信息。于是,在此基础上,1995年《德拉吉报道》正式创刊。

在许多人看来,《德拉吉报道》不过是网上众多的猎奇小报而已。没想到,这个凭借网络而走运的传播骄子,以惊人的速度不断更新其网页,不断通过电子邮件列表向人们发送种种报道。终于有一天,美国最大的因特网接入服务商——美国在线(AOL),也开始注意他的工作,提出将《德拉吉报道》放到美国在线上面,为此美国在线每年向他支付3.6万美元的费用。从此,借助拥有1 400万用户的美国在线,德拉吉获得更多的读者,他的网上知名度也越来越高,而这些反过来又有助于提升其报道的影响力。在接下来的几年中,他曾独家报道过一系列轰动性的新闻,如哥伦比亚广播公司(CBS)解雇著名华裔主持人宗毓华(Connie Chung),如借助法新社的"内线",德拉吉在美国率先发布黛安娜王妃遭遇车祸不治身亡的消息,比美国各大电视网早七分钟等。凭借这些专业经验,最后他终于逮住一条"大鱼"——"拉链门事件"。

在这个事件闹得沸沸扬扬的1998年,大众传播学者琼·杰尔曼写道:也许100年后,大学新闻学院及令人肃然起敬的新闻奖,将以现在看来"声名狼藉"的网络记者麦特·德拉吉的名字命名,而那时,CNN的拉里·金及彼得·阿内特等大牌记者可能早被人们忘却。杰尔曼的预言,也许不出100天就已被人忘却。因为,德拉吉的历史地位,并不在于他个人的才识,而仅仅在于他较早认识并全力发掘因特网在新闻传播上的巨大潜力。通过革命性的、空前迅捷的网络媒介,德拉吉展示了一种新的新闻传播样式。在这种样式里,一个小小的礼品店经理,借助一台个人电脑,在好莱坞一间狭小房间,通过互联网单枪匹马地聚集起比《时代》杂志更多的读者,并不断播发耸动天下的独家新闻——这一奇迹使新闻传播史进入所谓网络时代。

三、网络时代的新闻传播

网络的兴起对社会生活发生全面影响,同时也对新闻传播带来巨大冲击。正如有的学者概括的:"网络的发展究竟会对传统大众媒体产生多大的影响,现在下结论还为时过早,但是就目前的发展情况而言,互联网对传统大众媒体的冲击是显而易见的。这种冲击是全方位的,从节目的采编到后期的制作,从受众的分流到观念的更新,从媒介管理到报道方式,从新闻教育到新闻法规,几乎无所不包。"[①]下面我们主要从新闻采编、网络管理、新闻教育等方面,具体探讨一下网络时代的新闻传播。

---

① 赵士林、彭红:《网络传播论》,185页,上海,上海交通大学出版社,2002。

1. 新闻采编

20 世纪 80 年代末,美国以及一些发达国家就开始出现所谓计算机辅助报道(Computer Aided Reporting,简称 CAR)。这种新的报道方式,主要指通过在线服务进行新闻采集,借助公共或私有的数据库进行数据的收集与分析。90 年代以后,互联网的飞速发展以及其中蕴藏的海量信息,使网络成为记者寻找新闻线索、搜索背景资料、进行在线采访、网上联系受众的便利工具。"英国广播公司(BBC)曾对 6 000 名报纸、杂志和广播电视新闻工作者进行调查,发现 93%的调查对象在实际工作中使用互联网作为调研和报道工具。"[1]例如,2000 年 8 月下旬,俄罗斯首都莫斯科的奥斯塔基诺电视塔发生重大火灾,造成 3 人死亡。8 月 29 日,路透社援引"Kavkaz.com"网站上一份巴萨耶夫司令部的声明报道说,是车臣游击队以 2.5 万美元收买电视台的一名雇员,策划了这次恐怖行动。

我们知道,记者采访前需做一些准备工作,比如,了解采访对象的背景与经历,参阅采访话题的相关知识等。以往,这些工作都只能依靠媒体的资料室或公共图书馆,查阅起来费时费力。而现在,互联网提供了一种新的、非常便捷的工具。诸如新闻组、电子小组、电脑资料库、搜索引擎等,都成为记者快速整理所需资料的捷径。新闻组(newsgroup),既可以帮助记者获得所需的知识和资料,还可以提供更多的采访线索。电子小组(Listservs),是由专业人士组成的网络,他们以电子邮件的方式,就某一话题展开讨论。与新闻组相比,电子小组的讨论更加专业,更加深入,目的性更强。记者通过电子小组,可从世界各地的专业人士那里获得专门的帮助。电脑资料库,包括政府资料库、社会组织资料库、出版物的电子数据库等,也日益成为记者的得力助手。比如,20 世纪 90 年代,美国的 Lexis/Nexis 网站开始提供司法部门、政府机构、商业组织、科技和学术等方面的资料,许多大报均成为订户。另外,报纸、杂志等过期出版物的数据库,也是记者们收集相关信息的来源。

除了采访前的资料收集和准备工作,有时记者还可以利用互联网直接完成采访任务。比如,记者可以给相关专家发出电子邮件,询问对某一事件的观点,或者在新闻组、在线聊天室、网上论坛中征询受众的看法和意见。1995 年美国俄克拉荷马市发生大爆炸后,《爱达荷政治家报》(*Idaho Statesman*)记者吉姆·霍普金斯(Jim Hopkins),在一个在线聊天室获得人们的有关讨论,随后,他就凭借这些信息对报道做了完善和补充。[2]

互联网的信息海洋固然为新闻采编带来海阔天空的诸多便利,不过与此同时,西方记者的实践也证明记者还得警惕其中的暗礁、险滩及风浪。美国《圣彼得堡时报》(*St.

---

[1] 张海鹰、滕谦:《网络传播概论》,136 页,上海,复旦大学出版社,2001。

[2] Guy Berger:*The Internet*:*A Goldmine for Editors and Journalists*,http://journ.ru.ac.za/goldmine/GOLD.HTM

Petersburg Times）记者 Elijah Gosier,就曾警告说："记者应当在处理资料和与人打交道上花同样多的精力。然而,随着技术的发展,从电脑屏幕上堆砌信息变得越来越容易了,这就使得一些记者不大愿意深入采访,与人面对面地对话了。"①确实,有些记者过分依赖互联网,而忽略实地的感受与见闻,结果一些网络报道越来越显得贫血、苍白、了无生气。

1996 年,美国报业协会举行一次研讨会,表彰首届"年度数字边缘成就奖"（Digital Edge Award）,评奖对象为美国各报的网络版。评奖标准主要看是否具有以下特点：充分运用网络特性,其中最明显的是互动性；大量相关新闻的搜集和提供；与用户建立密切关系等。②这些都是网络新闻编辑需要留心的事项,概括起来就是时效性、大容量、交互性、多媒体。

2. 网络管理

网络既给新闻采编提出许多新的课题,又使网络管理面临许多新的压力。正如网络专家闵大洪先生所言："互联网不能简单等同于媒体,现在所说的'第四媒体'、'新媒体'、'网络媒体'等,都仅是从网络具有强大的信息传播功能这一点的简洁表述,尤其是与传统大众传媒相提并论（或对比）时而言。因此,在管理上,各国通常不会将它与传统大众传媒同等对待。但随着网络传播的负面作用对社会造成危害,几乎所有的国家都认同互联网的推广与管理须求取平衡。"③不言而喻,网络管理是个庞大的系统工程,涉及政治、经济、社会生活、思想文化等领域,包括电子商务、信息安全、知识产权、公民隐私权、未成年人保护等内容。

比如,2000 年 3 月 30 日,美国警方在休斯敦逮捕了一名从事股市短线操作的男子。根据美国证券交易管理委员会的指控,43 岁的摩多夫斯基于 3 月 22 日股市收盘后,在雅虎理财网站聊天室上贴出假消息,称"基于初步计算,朗讯预估 2000 年会计年度第二季的盈余将低于分析师的预期"。22 日晚和 23 日早上,他又以各种化名,在网络上散布 20 次同样内容的假消息。结果朗讯科技为此损失了 71 亿美元的市值。证管会及警方经由雅虎、美国在线及摩多夫斯基使用的 ISP,很快便查出散布假消息的来源,将他逮捕归案。

再如,2000 年,英国曾出现一起网上新闻组的诽谤案例。有人在英国一家内容服务商 Demon 公司的网站新闻组上,张贴诽谤物理学家戈弗雷（Laurence Godfrey）的文章,于是戈弗雷将该公司告上了法庭。2000 年 3 月,双方达成和解,Demon 及其母公司 Thus 电信集团,为此付出 31.8 万美元的赔偿金。这起诉讼案为英国网络业立下一个新规则,即内容服务商同样得为自己的网络内容承担责任。不过,Thus 电信集团说,他们将设法游说政

---

① Guy Berger：*The Internet：A Goldmine for Editors and Journalists*，http://journ.ru.ac.za/goldmine/GOLD.HTM
② 彭兰：《网络传播概论》,159 页,北京,中国人民大学出版社,2001。
③ 闵大洪：《数字传媒概要》,126 页,上海,复旦大学出版社,2003。

府修订相关法令,促使政府承认内容服务商不可能为网站每天张贴的数百万篇文章负责。

面对这些新的问题和新的情况,各国都在积极寻求对策,以规范网络的管理。比如,德国的《多媒体法》,是世界上第一部规范因特网的法律,由德国联邦议院于1997年6月13日通过,1997年8月1日开始实施。这部法律全称为《规定信息和通信服务的一般条件的联邦法令——信息和通信服务法》(德文简称IUKDG),涉及互联网的方方面面,如ISP的责任、个人隐私、数字签名、网络犯罪、未成年人保护等,是一部全面的综合性法律。1996年,美国出台《通信规范法》(Communications Decency Act)——亦译《传播净化法》,旨在保护未成年人。这一法案最主要的一项内容是,通过互联网向未成年人传播不道德或有伤风化的文字及图像,一旦查出将处以25万罚金和最高可达2年的徒刑。一年后,美国最高法院以违反宪法第一修正案,废除这条法案。

在突如其来的网络大潮冲击下,处于下游的发展中国家更加关注网络的管理。1998年马来西亚由于安瓦尔事件而导致社会动乱,其中网上信息发挥了很大作用,引起政府的高度重视。[1]

总之,对于管理网络问题,各国政府都可谓煞费苦心,具体措施与效果还需经过实践的不断检验。

3. 新闻教育

对新闻传播而言,互联网的强大势头不仅限于业界,同时也波及学界。既然互联网已成为新一代记者必不可少的工具,那么新闻教育自然应该而且必须增加网络方面的内容,其中主要包括两个方面:一方面涉及计算机与互联网的具体技能,一方面关乎新闻观与传播观的内在调整。

关于计算机与互联网的具体技能,新闻教育主要考虑超文本手段、网页设计与制作以及多媒体的综合运用等。其中,通过网络获得信息的能力自然最为重要。网络是个庞杂的信息源,专业新闻工作者既要善于寻找和发现信息,又要具有筛选、甄别及加工信息的能力。

新闻观与传播观的内在调整,同样包括一系列新的内容。比如:

> 伴随网络、多媒体等全新信息传播环境的生成,大众传媒和新闻工作者在社会中的角色地位将发生根本性变化:一是网络的交互性使网民掌握了传递信息的主动权,网民可以和新闻工作者共享新闻事件第一手资料和背景资料。二是大众传媒对舆论的控制权和主导权大大削弱,任何一个网民与大众传媒一样拥有随时发布新闻的能力,而且突发性新闻事件的报道权再也不是大众传媒的专利。三是网络使跨文化传播突破了空间阻隔,世界各地的人们共享信息成为可能,大众传媒作为"把关

---

[1] 闵大洪:《数字传媒概要》,128～130页,上海,复旦大学出版社,2003。

人"的社会职能也将弱化甚至消失。①

其中,对受众特性的认识显得尤其突出。因为,网络媒体的受众与传统媒体的受众存在较大差异,网络受众具有彭兰教授所概括的四个特性——个体性、虚拟性、自主性、参与性等。②充分认识这些特性,对网络新闻传播来说至关重要。

总之,新闻传播进入网络时代后,出现大量新情况、新问题,也给新闻工作者、媒介管理者以及教育工作者,带来许多新的机遇和挑战。不管是热风吹雨的鼓吹,还是冷眼向洋的反思,网络新闻传播都在以不可逆转之势,轰轰烈烈向前推进。

四、"跨媒体"

目前,传统媒体与网络媒体,总体保持一种默契的互补关系。按照彭兰教授的概括,这种互补关系包括三方面:服务对象上"远"与"近"的互补;服务手段上"推"与"拉"互补;传播形式上大众传播与人际传播的互补。

"远"与"近"互补是指,传统媒体受到地域因素的影响,受众对象相对稳定,而且多存在于较"近"的区域;而理论上可以遍及地球每个角落的网络,则照顾到"远"距离的受众。比如,根据新加坡《联合早报》提供的数据,它的受众 90% 以上是海外受众。

"推"与"拉"互补是指,传统媒体多把经过自己选择、加工、处理的信息推到受众面前,受众只能在收到的信息中进行有限的选择;而在网络媒体中,受众是根据自己的意愿去搜寻信息,将其"拉"到自己面前。前者是被动的,后者是主动的。

大众传播与人际传播的互补是指,"点对面"的传播与"点对点"的传播互相补充。现在,报纸、电台、电视台虽然都设有热线电话,鼓励受众积极参与,但人际传播的范围与程度毕竟有限,广大受众真正接触媒体的机会几乎可以略而不计。而网络兼有大众传播与人际传播的特性,从而既扩大了 Mass Communication,又密切了 Interpersonal Communication。

除了互补关系,传统媒体与网络媒体还向一种"跨媒体"(mega-media)的融合方向发展。跨媒体又译"大媒体",是由美国人凯文·曼尼(Kevin Maney)提出的概念,用以描述传媒领域全面竞争的态势,即传媒业、电信业、信息(网络)业被统合为一种全新产业——大媒体。对新闻传播来说,跨媒体意味着报纸、广播、电视和网站的采编业务全面整合,资源共享,集中处理,然后通过不同的渠道与平台,传给受众——读者、听众、观众、网民和各类数字终端的用户。这种新的模式是在近年来国际传媒大整合的背景下发展起来的,并已成为国际传媒业的新潮流。跨媒体或大媒体的运作,一般在两个层面上展开。一是不同媒体之间通过收购、合并等手段,进行产权、营运、产品的整合,形成规模异常庞大的多

---

① 赵晨好:《大众传媒面临挑战》,55 页,载《新闻战线》,2000(5)。
② 彭兰:《网络传播概论》,300~301 页,北京,中国人民大学出版社,2001。

媒体集团,开展具有规模效益的多种业务。二是同一媒体集团内部的不同媒体,发挥协同效应,使信息资源的用途多样化。①

比如,我们在电视一章曾经提到,2000年美国在线(AOL)以上千亿美元的巨资,并购时代华纳(Time Warner),组成美国在线-时代华纳公司(AOL-Time Warner),这一鲸鱼吞大象的购并案一时轰动世界。虽然本世纪初的美国网络泡沫,影响到这一特大媒体的发展,但不论怎样,随着数字时代的来临,并伴随全球化进程,若干"特大媒体"(Megalomedia)已经形成。它们无一不是各类传媒的集大成者,无一不具有跨媒体的特性。② 以世界排名第一的美国在线-时代华纳为例,它在电影领域拥有华纳兄弟等12家影视制作公司和HBO电影频道(其中包括3 670万美国收视户和50个国家及地区的1 200万国际收视户);在电视领域,拥有特纳广播公司,包括CNN(拥有7 800万美国收视户和212个国家及地区的1.51亿国际收视户)、TBS、TNT、华娱卫视等;在出版领域,拥有24个品牌出版公司,如时代杂志出版公司和图书出版公司等,出版《时代》、《财富》等35种杂志,读者达1.2亿人;特纳娱乐公司拥有52种唱片品牌,是世界最大的CD和DVD制造商;在互联网领域,拥有美国在线国内公司(拥有3 000万美国用户)及美国在线国际公司(拥有16个国家的600万用户),同时拥有其他8家网络公司,包括计算机服务公司(Compuserv)、网景(Netscape)及世界最大的在线即时通讯ICQ等公司。另外,在相关的产业领域,它还拥有主题公园,在30个国家拥有华纳兄弟影视公司商店等。2000年,它的年收入为318亿美元。③

总而言之,在一个"网络化生存"的时代,传统媒体与网络媒体的大融合,将成为未来新闻传播领域的一大趋势。这个经过融合的产业不仅蕴含着巨大的市场商机,而且也对新闻传播以及整个人类社会带来前所未有的影响。

第三节　电子媒介:社会·历史·文化

很多关于新技术的胡言乱语就是如此的没有意义和幼稚可笑。
　　　　　　　　　　　　——布赖恩·温斯顿(Brian Winston)④

迄今为止,以广播、电视和网络为主导的电子媒介,已经走过百年的风雨路程。一个

---

① 闵大洪:《数字传媒概要》,183~184页,上海,复旦大学出版社,2003。
② 闵大洪:《数字传媒概要》,185页,上海,复旦大学出版社,2003。
③ 闵大洪:《数字传媒概要》,186页,上海,复旦大学出版社,2003。
④ [英]史蒂文·拉克斯编:《尴尬的接近权:网络社会的敏感话题》,禹建强等译,175页,北京,新华出版社,2004。

世纪以来,人类社会发生沧海桑田的巨变,新闻传播也经历天翻地覆的鼎革。其间,电子媒介的影响无疑最引人注目,正如尼尔·波兹曼在论述电视的名著《童年的消逝》里所言,继 1844 年电报发明,"1850 年和 1950 年之间,美国的传播结构由于一个紧接着一个的发明而被瓦解了,随后又重新改组。这些发明包括轮转印刷机、照相机、电话、留声机、电影、收音机、电视(他在写这段话时,网络还未兴起——引者注)。……与电子媒介的发展相对应,丹尼尔·布尔斯廷所说的'图像革命'也在展开,一个以图画、漫画、招贴和广告构成的符号世界正在兴起。电子革命与图像革命二者结合起来,代表了一个互不协调、却对语言和识字有着很强的攻击力,把原来的理念世界改造成为光速一样快的图像和影像的世界"。①

电子媒介究竟具有什么社会、历史与文化意味?它与旋风般变化的世界,到底存在什么关系?是扰扰嚷嚷的当代社会塑造着它,还是为它所塑造?这一系列相关的问题,不断困扰着人们,驱使人们去思考,去探索,去深究,尽管答案千差万别,也许真理永难穷尽。这里,我们不妨先讲两个故事,一个涉及媒介技术,一个关乎现代文明。在一次达沃斯世界经济论坛的年会上,有人讲到这样一个故事:一个人骑着一匹快马在街上飞驰。马蹄声声,一路狂奔,骑手不得不紧紧勒住缰绳。街边的路人问道:"你去哪儿?"骑手回答说:"我不知道,问我的马吧。"而这匹马就是科技,包括媒介技术。② 时下,当我们面对疯魔癫狂的网络技术,不能不想起这匹谁也驾驭不住的奔马。那个有关现代文明的故事,据说是由美国人伯特尔·奥尔曼讲的:在一架飞越太平洋的飞机上,飞行员向乘客报告了两个消息:"一个是好消息,另一个是坏消息。好消息是我们正以每小时 700 英里的速度飞行,飞机上的一切装置运行自如。坏消息是我们迷路了。"③

这一节中,我们通过三位媒介思想家的奇异视角,以期从媒介与社会的宏观层面,对电子媒介进行透视与解析,希望能够为大家理解电子媒介提供一点理论参照。三位思想家分别是加拿大的马歇尔·麦克卢汉、美国的尼尔·波兹曼和法国的让-鲍德里亚。

一、麦克卢汉及其媒介观

1."电子时代的先知"

马歇尔·麦克卢汉(Marshall McLuhan),是第一位对电子媒介进行深层思考的人。早在 20 世纪 60 年代,他就被许多报刊誉为"电子时代的先知"、"预言家"等,《纽约先驱论

---

① [美]尼尔·波兹曼:《童年的消逝》,吴燕莛译,104~105 页,桂林,广西师范大学出版社,2004。
② 曼纽尔·卡斯特:《千年终结》,黄铸九等译,435 页,北京,社会科学文献出版社,2003。
③ 《读书》杂志,2004(10)。

坛报》称他为"继牛顿、达尔文、弗洛伊德、爱因斯坦、巴甫洛夫之后的最重要的思想家"。① 他对广播、电视以及报刊图书等传播媒介的"奇谈怪论",曾经轰动一时,令人耳目一新。90年代以来,随着互联网的扩张和新媒介的兴起,一度沉寂的麦克卢汉及其学说东山再起,大行其道,"90年代初,大名鼎鼎的《在线》杂志(Wired)从创刊号起,就在报头上把麦克卢汉奉为'先师圣人'(Patron Saint)"。② 我们只需看看其代表作《理解媒介:论人的延伸》里的一段话,也就不难理解麦克卢汉热的缘由了:

> 这是一个黄金时代的形象,一个将自然完全变型或转换成人为技术的世界。它已经近在咫尺,我们的电子时代已经伸手可及这样的世界。诗人马拉梅认为,"世界的存在终止于书中"。我们现在已经能够超越这一局限,可以将整个世界的场景迁移到电脑的储存器之中。③

麦克卢汉(1911—1980),早年曾经两次负笈英国剑桥大学,获得文学博士学位。他的两位剑桥导师里查兹(I. A. Richards)和利维斯(F. R. Leavis),均为20世纪西方文论的大家。利维斯是里查兹的门生,他的同学燕卜孙(William Empson)解放前曾任北京大学和西南联大教授。麦克卢汉一生差不多一直在多伦多大学执教。正是在这里,他结识了加拿大政治经济学家、传播研究先驱哈罗德·英尼斯(Harold Innis),并深受其影响。英尼斯的两部名著《帝国与传播》(1950)与《传播的偏向》(1951),也都有赖于麦克卢汉的鼎力传扬。20世纪60年代,正当电视全面兴起之时,麦克卢汉接连出版几部霹雳炸响的著作,提出一套新奇怪异的媒介观,不但在学界引发激烈论争,而且在民间也仿佛家喻户晓。正因其人其说,"媒介"这个生僻词才成为日常用语,他所说的"地球村"(Global Village)、"信息时代"(Age of Information)等概念也广为人知,乃至"麦克卢汉主义"(McLuhanism)、"麦克卢汉信徒"(McLuhanite)、"麦克卢汉化"(McLuhanize)等新词语也被收入字典。自传播学诞生以来,还从未有哪位传播学者像他那样引人注目,也从未有哪家传播学说像他的思想那样受人青睐,他的代表作《理解媒介:论人的延伸》(Understanding Media: the Extension of Man),甚至被抬到《圣经》般崇高的地位。④

那么,麦克卢汉为什么具有如此呼风唤雨的魔力呢?简言之,在专家云集理论潮涌的传播研究领域,他是一位特立独行的思想家。不仅如此,他的思想还向称奇异、诡谲、骇世惊俗、莫测高深,要么使人感到醍醐灌顶,茅塞顿开,要么让人觉得一头雾水,找不着北。

---

① [加]马歇尔·麦克卢汉:《理解媒介:论人的延伸》,何道宽译,"麻省理工学院版序",2页,北京,商务印书馆,2000。
② [美]保罗·莱文森:《数字麦克卢汉》,何道宽译,"译者序",2页,北京,社会科学文献出版社,2001。
③ [加]马歇尔·麦克卢汉:《理解媒介:论人的延伸》,何道宽译,95页,北京,商务印书馆,2000。
④ [加]马歇尔·麦克卢汉:《理解媒介:论人的延伸》,何道宽译,"麻省理工学院版序",1页,北京,商务印书馆,2000。

所以,关于其人其说向有毁誉参半之评。好之者,恨不得奉他为昭示神谕的先知。比如,全国广播公司的副总裁保罗·克莱因(Paul Klien),就非常崇拜麦克卢汉,曾买下20本《理解媒介:论人的延伸》推荐给公司的高层管理人员。而鄙之者,则差不多视之为走火入魔的巫师。比如,20世纪60年代,《存在主义杂志》的一篇文章就写道:"一位加拿大小地方名不见经传的英语教授,居然玩弄了这样一场大骗局。一切迹象表明,这将成为一场国际性的思想丑闻。"①其实,麦克卢汉既非天使,也非魔鬼。一方面,他提出不少原创性的思想,对媒介与社会问题,特别是对电子媒介的深层意味做出发人深省的阐发与论述,从而为后人开辟了广阔的思想空间。另一方面,他也确实有一些故弄玄虚、莫名其妙、东拉西扯、荒诞不经的东西,从而留下把柄,遭人诟病。比如,众所周知,他有一个振聋发聩的著名命题——"媒介即讯息"(The medium is the message)。这一命题本已超乎常理,而他似乎还嫌不够奇崛,后来又比照同一句式,提出一个更玄之又玄的命题——"媒介即按摩"(The medium is the massage),进而又玩出"大众时代"(mass age)、"混乱时代"(mess age)等文字游戏。怨不得有人质疑,这究竟是理论学说,还是修辞艺术?《时代》杂志发表书评,就指责《理解媒介:论人的延伸》"思想含糊、缺乏视点、界定不清、数据不足、同一反复、蔑视逻辑"。② 下面这个故事,也许足以说明这一点:

> 在1960年U-2飞机事件中,美国的间谍飞机被苏联击落时,他就接受了《多伦多每日星报》的采访。他断言,俄国人感到不安,与其说是因为美国的侦察飞行,不如说是因为美国人使用了视觉的摄影手段来揭开秘密。麦克卢汉解释说,俄国人是"倚重耳朵的民族"(ear people),美国人是"倚重眼睛的民族"(eye people)。俄国人喜欢合唱和冰球,这就是他们倚重耳朵的证明。③

恐怕没有哪个正常人,会把这类奇谈怪论当真。60年代,美国《财富》杂志撰稿人西尔伯曼(Charles Silberman),甚至告诉自己的老板,麦克卢汉可能"一半是天才,一半是疯人"。④ 归结起来,一般对他的批评,主要集中于三点:

> 第一是说他的文风令人悲叹。第二是说他既无知又全靠幻想,证据是他漫不经心地对待事实(麦克卢汉辩解说:"这里那里有几个细节不对,那也没有什么关系。"这帮不了他的忙)。第三是说他对自己描写的现象心满意足,对社会不公的事情却漠然置之。⑤

---

① [加]菲利普·马尔尚:《麦克卢汉:媒介及信使》,何道宽译,200页,北京,中国人民大学出版社,2003。
② [加]菲利普·马尔尚:《麦克卢汉:媒介及信使》,何道宽译,183页,北京,中国人民大学出版社,2003。
③ [加]菲利普·马尔尚:《麦克卢汉:媒介及信使》,何道宽译,165页,北京,中国人民大学出版社,2003。
④ [加]菲利普·马尔尚:《麦克卢汉:媒介及信使》,何道宽译,171页,北京,中国人民大学出版社,2003。
⑤ [加]菲利普·马尔尚:《麦克卢汉:媒介及信使》,何道宽译,201页,北京,中国人民大学出版社,2003。

2. "媒介即讯息"

麦氏学说可以概括为一种以媒介为核心的历史哲学,他的玄思、哲言及奇论无不围绕媒介而展开。所以,我们毋宁将他视为一位操持媒介话语的历史哲学家。在他看来,决定人类历史与社会形态的关键因素,不是别的,而是媒介,所以他的理论常被称为媒介决定论。按照他的媒介观,一切媒介都是人的延伸,或者说人体及其功能的延伸。比如,车轮是腿脚的延伸,衣服是皮肤的延伸,书籍是眼睛的延伸,广播是耳朵的延伸,电子媒介是中枢神经系统的延伸,等等。每一时代的主导媒介,都使人具有特定的"感官比例",即各种感官的使用比例或平衡关系,进而决定人们把握世界的总体方式。准此,他提出一个"部落化—非部落化—重新部落化"的历史图式,而决定这一图式演化的动因,就在于三种主导媒介的递进,即部落化的口头媒介、非部落化的印刷媒介和重新部落化的电子媒介。以其高徒尼尔·波兹曼1997年为一部麦克卢汉传记做序时的解说:

> 这是一个使人怅然若失的故事,然而它又是一个得救的故事。据我的理解,故事是这样的:昔日的人类传播是整合一体的,人利用自己丰富的感知系统,心脑之间不分裂。这个故事即使不是纯粹的口头传播,至少多半是口头的传播;在这个故事里,神话与事实舒舒服服混杂,过去的时光和眼前的时光混杂在一起;言语总是充满意义;虔诚、诗歌和历史相互交结;教谕的故事不光是言语的装饰,而且是传达真理和智慧的载体。
>
> 突然之间,那个时代猝然终结。取而代之的是人实现伟大延伸的时代:象形文字、字母表、机械钟表、印刷术等。但是,每一方向上的每一个感官延伸,总是要产生另一个方向上的某种感官的某一种截除(ampulation)。……我们的感知系统被分割肢解。我们的暴力偏向和媒介引起的感知失衡可能是连在一起的。
>
> 这就是我们遭受损失的那部分故事。接下来我们说得救(redemption)的部分,可是它来得并不是很快。得救的形式是电子革命——我们整个神经系统的延伸。在电子传播结构中,在其速度、容量、多向度和多形式中,存在着这样的可能性:它可以使我们恢复昔日的完整,使我们重新得到利用丰富的多维视角的口头传统,可以重新唤醒右脑的创造性。视觉、听觉、触觉和味觉可以再一次混合,可以优雅、健康地混合成一个整体。
>
> 当然,这是地地道道的天堂故事、放逐与回归的故事。麦克卢汉被誉为电子时代的使徒,并非是空穴来风。①

虽说关于媒介的功能在他之前和在他之后不断有人深究细考,但从未有人像他这样

---

① [加]菲利普·马尔尚:《麦克卢汉:媒介及信使》,何道宽译,"序",3~4页,北京,中国人民大学出版社,2003。

如此突出媒介的地位,当然也从未有人像他这样如此深入地阐发媒介的意义。为了凸显媒介对人类社会的真正意义,他干脆完全排除媒介所传播的内容及其社会功能,从而提出那个振聋发聩的著名命题——"媒介即讯息"。说起麦克卢汉及其思想,人们总会提到这句名言,正如迈尔斯·奥维尔所言:"自从爱因斯坦发表他的著名公式(即 $E=mc^2$ ——引者注)以来,还没有哪一个知识分子如此紧密地与单独一句话联系在一起。"① 这句话是麦克卢汉媒介理论中最引人注目,也最引起争议的焦点,《理解媒介:论人的延伸》第一章标题就是"媒介即讯息"。其中,麦克卢汉开宗明义地写道:

> 所谓媒介即是讯息只不过说:任何媒介(即人的任何延伸)对个人和社会的任何影响,都是由于新的尺度产生的;我们的任何一种延伸(或曰任何一种新的技术),都要在我们的事务中引进一种新的尺度。比如说,由于自动化这一媒介的诞生,人的组合的新型模式往往要淘汰一些就业机会,这是事实,是其消极后果。从其积极因素来说,自动化为人们创造了新的角色;换言之,它使人深深卷入自己的工作和人际组合之中——以前的机械技术却把这样的角色摧毁殆尽。②

简言之,社会的形成与发展更大程度上取决于人们相互交流所用的媒介及其性质,而不是媒介所传播的内容。比如,是报纸本身而不是报上的内容,才是影响社会历史的决定性因素,才是真正的信息。这种思想确实有悖常识,令人费解。谁不知道,报上刊登的各种内容才是信息,而报纸本身只是一种传播信息的媒介,媒介本身怎么会是信息呢?其实,他是想告诉人们,每一种新媒介,都会创造一种全新的环境,这种环境对人的各种感知系统将发生全面的、深刻的、潜移默化的影响。比如,汽车出现后,就带来公路、桥梁、加油站、修理厂等一系列相关设施,从而形成完全不同于既往马拉步行的交通格局。媒介也是如此,一种新的媒介出现后,总会逐步促成一种新的媒介生态,从而对人们的社会生活产生决定性作用,至于媒介所传播的大量信息,从广泛的、长远的历史角度看反倒无足称道。为此,他常喜欢引用诗人艾略特的一个比喻——"诗歌很像是一片滋味鲜美的肉,撬门贼用它来涣散看门狗的注意力。"③ 也就是说,媒介的内容不过是窃贼(媒介)手里拿的肉,目的在于转移受众(看门狗)的视线,最终达到打家劫舍的目的,即影响整个社会历史及其进程。比如,"纸莎草纸与古埃及帝国,印刷术和新教改革运动,报纸和欧洲民族主义,电报和美国市场一体化,这些关系是传播技术和社会结构属性之间的关系。"④

为了说明"媒介即讯息"的观点,他举希特勒作为例证。他断言,希特勒进入政坛完全

---

① 见美国驻华大使馆文化处编《交流》杂志,1982(4)。
② [加]马歇尔·麦克卢汉:《理解媒介:论人的延伸》,何道宽译,33 页,北京,商务印书馆,2000。
③ [加]菲利普·马尔尚:《麦克卢汉:媒介及信使》,何道宽译,41 页,北京,中国人民大学出版社,2003。
④ [美]丹尼尔·戴扬、伊莱休·卡茨:《媒介事件:历史的现场直播》,麻争旗译,17 页,北京,北京广播学院,2000。

应该归因于无线电广播。这句话的意思并不是说,广播有效地把希特勒的思想灌输给德国大众,麦克卢汉认为"他的思想极少起作用",这里真正起作用的不是希特勒通过广播(媒介)传达的思想(信息),而仅仅是广播这一媒介本身。为了强调这一点,麦克卢汉又把广播媒介和电视媒介进行对比。他说如果在希特勒统治时期,电视已经普及,那么他很快就会原形毕露,销声匿迹。

总之,麦克卢汉这个公式虽与爱因斯坦的著名公式齐名,却远远不是科学的表述,他也从未讲清楚媒介为什么就是信息。他只是反复提醒读者,"他的命题最好是当作文学比喻来理解,而不是当作科学理论来理解"。① 有些学者甚至指出,这个公式仅仅是个押头韵的修辞手法,经不起逻辑推敲。所以,我们也没必要在字面上穷根究底,而只需理解其意无非在于强调,媒介本身远比媒介所传播的信息更重要。

3. 社会历史观

麦克卢汉的思想虽然围绕媒介而展开,但他决不仅仅是一位"传播学家"。同其思想导师英尼斯一样,他实际上是从媒介、信息与传播的角度,以思想家的敏锐与睿智,整体地观照人类文明的历史进程。正如《新闻周刊》1967年3月6日一篇文章所说的:多伦多的预言家思想开阔——他的传播理论不啻对于过去、现在和将来的一切人类文化提出一种解释。

依据麦克卢汉思想,由于媒介的演化,人类文明分为前后相继的四个时代——原始时代、中世纪、现代和电子时代。在原始时代,口语是主要的传播媒介,人类生活在一个听觉的世界。文字的发明,使人类进入中世纪,文字作为主要的媒介,迫使"耳朵的世纪"让位于"眼睛的世界"。15世纪50年代,古登堡发明印刷媒介后,人类文明进入现代。其间,印刷文字成为主要媒介或主导媒介,从而构成一种直线的、逻辑的、单一的认知系统。用尼尔·波兹曼的话说:

> 书籍的印刷形式创造了一种全新的组织内容的方式,从而推动了一种新的组织思想的方式。印刷书籍所具有的一成不变的线性特点——一句一句排列的序列性,它的分段,按字母顺序的索引,标准化的拼写和语法——导致一种詹姆斯·乔伊斯戏称为"ABC式"思维习惯,即一种跟排版结构非常相似的意识结构。对于印刷术的这个结果,哈罗德·英尼斯和马歇尔·麦克卢汉都用了很大的篇幅进行论述。②

随着1844年电报的发明,人类又跨入电子时代。电子媒介不仅延伸了人类的中枢神

---

① [加]马歇尔·麦克卢汉:《理解媒介:论人的延伸》,何道宽译,"麻省理工学院版序",7页,北京,商务印书馆,2000。
② [美]尼尔·波兹曼:《童年的消逝》,吴燕莛译,44~45页,桂林,广西师范大学出版社,2004。

经系统,改变了以视觉为中心的文字化社会(包括中世纪和现代),而且使人类重又回到原始时代那种情感交融、相互关心、共同参与社会事务的状态,也就是他所说的"全球一村"的状态。这是麦克卢汉从媒介发展角度,描绘的一幅人类文明的大图式。

本书开始曾讲道,我们把人类的新闻传播历史分成四个时期:口头新闻时期、手写新闻时期、印刷新闻时期和电子新闻时期。这种划分,实际上也是脱胎于麦克卢汉的思想。我们只对口头和手写新闻时期做过一番简单考察,而把重心放在印刷与电子新闻时期,这两个时期也正是麦克卢汉关注的焦点。在他看来,印刷媒介及其主导的社会是一种文明的异化过程,而电子时代则属于克服异化的复归。具体说,他先把原始时代那种由于语言传播而形成的人人相亲、互相参与的社会奉为理想的楷模。而印刷媒介的出现,使这个理想社会发生异化。因为在印刷社会,人们感知社会的方式是按照印刷媒介的特性进行的,即一行一行、一页一页地严格遵循逻辑程序。这样一来,印刷媒介便成为集权和同化的根基,成为民族主义的源泉。另外,由于印刷媒介仅仅延伸人的视觉,便形成人们感知世界的"偏向",于是促使人们各执己见,彼此独立,造成极端个人主义的泛滥。而进入电子时代后,人们重又以全部的感官参与信息的传播,重又以全部的感官体验世界,于是人类便克服异化,复归理想社会。所以,麦克卢汉是位对电子媒介充满希望的乐天派。他相信,电子时代可以带来圣灵降临般普天同乐的大同盛世。1969 年,他在接受《花花公子》(*Playboy*)杂志采访时,就以惯有的奇崛而不无怪诞、睿智而不无疯癫的话语风格说道:

> 电脑预示了这样一个前景:技术产生普世理解和同一产生对宇宙理性的浓厚兴趣。这种状况可以把人类大家庭结为一体,开创永恒的和谐和和平,融入宇宙逻格斯。这是电脑真正合适的运用。不是把它用来加速市场的营销或解决技术问题,而是把它用来加速发现的过程,用来协调地球——最终还要加上星系——环境和能量。电子媒介的发展终将使心理上的公共整合成为可能,这种整合开创了但丁预见的意识普世性(the universality of consciousness)。①

麦克卢汉对电子时代的美妙构想,在虚拟的赛博空间(cyberspace)似已成为某种真实的存在。可惜,在现实世界里,他的全球一村、天下大同的幻想,还只是海市蜃楼,可望而不可即。早在 20 年前,奥维尔就曾说过,麦克卢汉预言全球将变成一个村庄的说法,"看来仍然是个非常渺茫的目标。麦克卢汉有那种把他所希望看到的东西说成是事实的习惯"②。

不管怎么说,在传播研究领域,他的影响可谓前无古人后无来者。当年,钱钟书先生在破天荒地接受电视剧《围城》剧组采访时,就曾一再引用麦氏的名言"媒介即讯息"。菲

---

① [加]马歇尔·麦克卢汉:《理解媒介:论人的延伸》,何道宽译,216 页,北京,商务印书馆,2000。
② 见美国驻华大使馆文化处编《交流》杂志,1982(4)。

利普·马尔尚在《麦克卢汉：媒介及信使》里，写下一段盖棺论定的文字，可谓恰如其分：

> 他的预言，无论其正确与否，绝对不是真正意义上的麦克卢汉宝藏，他的宝藏是他有能力给人以刺激。用马修·阿诺德的话说："新鲜和自由的思想像一股清泉，在我们陈腐的观念上流过。"这样的能力始终是他的非凡之处，而且至今仍然是无与伦比的能力，它将会使麦克卢汉的著作在未来很长的时期里充满活力。这样的能力，并非他的冤家长期所说的那样，是狂想不羁的结果。这个能力表现在他的洞见之中。他的洞见使我们能够真正理解社会，在这个社会里，人的延伸已经成为几乎比人更加真实、更加奇怪的存在。①

二、尼尔·波兹曼及其媒介观

麦克卢汉的"徒子徒孙"很多，而卓有建树并且享有国际声誉的，迄今为止主要有两位刚刚去世的人物，一位是纽约大学媒介生态学的创始人尼尔·波兹曼，另一位是法国后现代思想家让-鲍德里亚。

1. 名师高徒

尼尔·波兹曼（Neil Postman，1931—2003），可谓麦克卢汉及其思想的嫡传弟子。1955年，默默无闻的麦克卢汉，应邀来纽约的哥伦比亚大学做报告。当时，还是研究生的波兹曼也到场聆听，他后来记述说：

> 他的表现奇怪而奇妙。……我从来没有听说过，哪一位教授是这样回答问题的。但是，我邻座的朋友C. 韦因加特纳（C. Weingartner）和我并没有生气。我们很高兴。我们仿佛等待了一辈子，终于等到了这样的事情和这样的人。我们明白，他的所作所为是要给我们指明思考媒介的一种方法，包括双关语和俏皮话。重要的不是要他证明他所说的话。我们学到的一课，与其说是"媒介即是讯息"，不如说是"方法即是讯息"。②

在波兹曼看来，这种方法与马克思、弗洛伊德、尼采无不相似，实际上都是一种宏大的历史哲学："用这样宏大的假设武装起来之后，我就踏上了自己的路子，我走了40年，努力作出自己的解答。一句话，这就是麦克卢汉对我的启迪——把我送上一辈子从事的事业，去寻求我自己的答案，无论这些答案是好是坏。"③1971年，波兹曼还在麦克卢汉的建议和鼓励下，创办纽约大学媒介生态系与硕士点，并且开辟了媒介生态学（Media

---

① ［加］菲利普·马尔尚：《麦克卢汉：媒介及信使》，何道宽译，295页，北京，中国人民大学出版社，2003。
② ［加］菲利普·马尔尚：《麦克卢汉：媒介及信使》，何道宽译，"序"，2页，北京，中国人民大学出版社，2003。
③ ［加］菲利普·马尔尚：《麦克卢汉：媒介及信使》，何道宽译，"序"，2页，北京，中国人民大学出版社，2003。

Ecology)的研究领域。1997年,波兹曼自豪而动情地说道:"到1996年,我们有一百多位学生拿到了博士学位,四百多人拿到了硕士学位。我担保,他们都知道,自己是麦克卢汉的孩子。当然我也认为自己是他的后代,不是很听话的一个孩子,可是这个孩子明白自己从何而来,也明白他的父亲要他做什么。"①

波兹曼有20余部著作,最负盛誉的还属1982年的《童年的消逝》(*The Disappearance of Childhood*)和1984年的《娱乐至死》(*Amusing Ourselves to Death*)。这些著述大抵延续麦克卢汉的思路,从系统的、生态学的视角探讨媒介的社会历史功用,尤其是电子媒介对当代社会及其变迁的意义,不仅思想渊深、知识广博,而且行文生动、通俗易懂,用《基督教科学箴言报》对《娱乐至死》的评价来说:"波兹曼在麦克卢汉结束的地方开始,他用学者的渊博和说书人的机智构筑他的见解。"不过,他的思想灵感虽然源于麦克卢汉,但最后的走向却与麦克卢汉分道扬镳。如果说麦克卢汉属于媒介技术的乐天派,那么波兹曼就是悲观派;如果说麦克卢汉为电子媒介与未来社会"歌功颂德",那么波兹曼则对这一切深怀隐忧。所以,麦克卢汉属于时代潮流的弄潮儿,而波兹曼则将自己划入未来列车的落伍者。1997年,他在为《麦克卢汉:媒介及信使》一书做序时写道:

> 我们许多人学着去理解媒介,为什么要转向麦克卢汉而不是转向其他人呢?也许有许多原因吧。但是这里有一个我认为最能够说明问题的原因:伊尼斯(即哈罗德·英尼斯——引者注)、芒福德和艾吕尔全都是他们这个世纪的敌人。麦克卢汉却是其朋友。……把麦克卢汉从头读到尾,你也找不到多少暗示,说本世纪是一个大屠杀的世纪,其规模是大洪水以来所仅见的。
>
> ……
>
> 说起来,我那时年轻,痴迷于麦克卢汉的故事,他给我新的思想,给我激励。我现在老了,不过我从来没有真正相信过他那个故事。我无意在此把自己放进与上述巨人——伊尼斯、芒福德和艾吕尔——比肩而立的行列,但是我必须说,在一个方面,我的确像他们。我也是本世纪的敌人,如果我有幸活到下一个世纪,我想也会成为下个世纪的敌人。②

这也就是他所谓的自己"不是很听话的一个孩子"的意思。那么,波兹曼到底怎么"不听话"呢?他又是如何同麦克卢汉分道扬镳呢?下面我们就来看看他对电子媒介的阐释。

2. 躲躲猫(Peek-a-Boo)

波兹曼的《童年的消逝》和《娱乐至死》虽然论题有所不同,但主旨都在于探讨以电视

---

① [加]菲利普·马尔尚:《麦克卢汉:媒介及信使》,何道宽译,"序",7页,北京,中国人民大学出版社,2003。
② [加]菲利普·马尔尚:《麦克卢汉:媒介及信使》,何道宽译,"序",6页,北京,中国人民大学出版社,2003。

为主的当代电子媒介及其深层意义,进而揭示电子媒介对社会、历史与文化的深长影响。

《童年的消逝》的主题是,随着电视媒介取代印刷媒介,成为主导当代媒介生态环境的要素,天真烂漫的童年就永远消逝了,童年与成年的界限不复存在了:"在电视时代,人生有三个阶段:一端是婴儿期,另一端是老年期,中间我们可以称之为'成人化的儿童'。"① 因为,电视媒介的特性就是看(look),而且仅仅是看,不是读(read),不是深入的思考与透彻的理解。显然,对于儿童和成人来说,看在认识论上并无本质的差异。而印刷媒介则完全不同:"由于印刷和社会识字文化的出现,一种新的传播环境在16世纪成形了。印刷创造了一个新的成年定义,即成年人是指有阅读能力的人;相对地便有了一个新的童年定义,即儿童是指没有阅读能力的人。"② 以电报为先导的电子媒介出现之后,特别是1950年"电视在美国家庭中牢牢地扎下了根"③,"这个信息等级制度的基础就崩溃了"。④ 他举了一个习以为常的广告为例:

> 有个象牙牌的香皂做过一个颇有影响的电视广告。在广告上,我们看到分别为母亲和女儿的两个女人。观众受到要猜测哪个是母亲、哪个是女儿的挑战。她俩看上去都不到30岁,年龄上没有多少差别。我把这则广告当作一异常明确的证据,来证实成人和儿童之间的区别在消逝的观点。虽然许多其他广告的含义也很明显,但这个例证直截了当,切中要害。在美国文化中,母亲看上去跟女儿一样年轻,或者女儿看上去跟母亲一样成熟,现在已经成为人人期待的事了。⑤

所以,他说印刷媒介创造了童年,而电子媒介则使之"消逝"。

《娱乐至死》的主题是,印刷媒介的话语清晰易懂,逻辑严密,富有理性,而电子媒介的话语支离破碎,语无伦次,琐碎无聊,犹如儿童玩的"躲躲猫"(Peek-a-Boo):"在这个世界里,一会儿这个、一会儿那个突然进入你的视线,然后又很快消失。这是一个没有连续性、没有意义的世界,一个不要求我们、也不允许我们做任何事的世界,一个像孩子们玩的躲躲猫游戏那样完全独立闭塞的世界。但和躲躲猫一样,也是其乐无穷的。"⑥ 当现代文化由文字本位向图像本位转换后,当印刷媒介被电子媒介遮蔽时,社会的隐忧并非来自乔治·奥威尔在《一九八四》(1948)里所做的可怕预言——"老大哥"(Big Brother)全面控制人们的思想言行,而是来自赫胥黎在《美丽新世界》(1932)里所作的深刻预见:

---

① [美]尼尔·波兹曼:《童年的消逝》,吴燕莛译,141页,桂林,广西师范大学出版社,2004。
② [美]尼尔·波兹曼:《童年的消逝》,吴燕莛译,26页,桂林,广西师范大学出版社,2004。
③ [美]尼尔·波兹曼:《童年的消逝》,吴燕莛译,108页,桂林,广西师范大学出版社,2004。
④ [美]尼尔·波兹曼:《童年的消逝》,吴燕莛译,111页,桂林,广西师范大学出版社,2004。
⑤ [美]尼尔·波兹曼:《童年的消逝》,吴燕莛译,141页,桂林,广西师范大学出版社,2004。
⑥ [美]尼尔·波兹曼:《娱乐至死》,章艳译,102~103页,桂林,广西师范大学出版社,2004。

奥威尔害怕的是那些强行禁书的人，赫胥黎担心的是失去任何禁书的理由，因为再也没有人愿意读书；奥威尔害怕的是那些剥夺我们信息的人，赫胥黎担心的是人们在汪洋如海的信息中日益变得被动和自私；奥威尔害怕的是真理被隐瞒，赫胥黎担心的是真理被淹没在无聊烦琐的世事中；奥威尔害怕的是我们的文化成为受制文化，赫胥黎担心的是我们的文化成为充满感官刺激、欲望和无规则游戏的庸俗文化。①

同麦克卢汉的观点相反，波兹曼认为，在阅读的过程中，读者看到的都是一些冷静的抽象符号，没有美感或归属感，所以阅读本质上是严肃而理性的活动："书本一行一行、一页一页地把这个世界展示出来。在书本里，这个世界是严肃的，人们依据理性生活，通过富有逻辑的批评和其他方式不断地完善自己。"②另外，阅读文字意味着读者得紧随一条逻辑化的思路，所以需要具有分类、推理和判断的能力："先后出现在欧洲和美国的理性时代和印刷文化并存，并不是什么巧合。"③至于电视媒介的本性则在于观看或观赏，而不在于理性的思考："思考无法在电视上得到很好的表现，这一点电视导演们很久以前就发现了。在思考过程中，观众没有东西可看。思考不是表演艺术，而电视需要的是表演艺术。"④这就是电视之所以叫"电视"的原因。"正是电视本身的这种性质决定了它必须舍弃思想，来迎合人们对视觉快感的需求，来适应娱乐业的发展。"⑤于是，在电视媒介主宰一切之际，一切也就越来越趋向于娱乐化，以便在电视屏幕上显得"好看"——专业术语叫做"上镜"。所以，"电视只有一种不变的声音——娱乐的声音"。⑥ 以电视新闻为例：

即使是报道悲剧和残暴行径的新闻节目，在节目结束之前，播音员也会对观众说"明天同一时间再见"。为什么要再见？照理说，几分钟的屠杀和灾难应该会让我们整整一个月难以入眠，但现在我们却接受了播音员的邀请，因为我们知道"新闻"是不必当真的，是说着玩的。新闻节目的所有一切都在向我们证明一点——播音员的姣好容貌和亲切态度，他们令人愉快的玩笑，节目开始和结束时播放的美妙音乐，生动活泼的镜头和绚丽夺目的各类广告——这一切都告诉我们，没有理由为电视上的不幸哭泣。简单地说，新闻节目是一种娱乐形式，而不是为了教育、反思或净化灵魂，而且我们还不能过于指责那些把新闻节目作此定位的人。他们播报的新闻不是为了让人读，也不是为了让人听，他们的新闻是让人看的，这是电视自身所指引的方

---

① ［美］尼尔·波兹曼：《娱乐至死》，章艳译，2 页，桂林，广西师范大学出版社，2004。
② ［美］尼尔·波兹曼：《娱乐至死》，章艳译，81 页，桂林，广西师范大学出版社，2004。
③ ［美］尼尔·波兹曼：《娱乐至死》，章艳译，68 页，桂林，广西师范大学出版社，2004。
④ ［美］尼尔·波兹曼：《娱乐至死》，章艳译，118～119 页，桂林，广西师范大学出版社，2004。
⑤ ［美］尼尔·波兹曼：《娱乐至死》，章艳译，120 页，桂林，广西师范大学出版社，2004。
⑥ ［美］尼尔·波兹曼：《娱乐至死》，章艳译，106 页，桂林，广西师范大学出版社，2004。

向,他们必须遵循。①

由此可见,《童年的消逝》和《娱乐至死》虽从不同侧面透视以电视为主的电子媒介,但基本思想却是一以贯之的。这些思想虽然都遵循麦克卢汉"媒介即讯息"的思考路数,但同麦克卢汉的媒介观与社会观显然迥异其趣。如前所述,麦克卢汉的思想不仅具有鲜明的"媒介决定论"色彩,而且充满乐观的情绪。他对电子媒介尤其情有独钟,有时简直将电子媒介视为人类一切福祉之所系。这种意绪集中体现于《花花公子》杂志对他的采访:

> 我展望未来时心潮激荡,充满信心。我觉得,我们站在一个使人解放和振奋的世界的门槛上。在这个世界里,人类部落实实在在会成为一个大家庭,人的意识会从机械世界的枷锁中解放出来,到宇宙中去遨游……生活在这个时代真是上帝的恩赐。仅仅是因为人类命运这本书的许多篇幅读不到,我也会为自己终将来临的死亡扼腕叹息。②

而波兹曼的感觉正好相反,他对电子媒介以及技术宰制下的美国社会忧心忡忡。在他看来,电子媒介带来的不是人类解放的福音,而可能是精神奴役的凶信。同质疑现代文明、操心人类生存的伟大灵魂一样,波兹曼透过电子媒介实际上也在追问同一个问题:"一个文化如果允许现代科技全面主宰它的命运,那么它能保留原有的人道价值,同时创造新的价值吗?"③对此,麦克卢汉以及鼓吹"第三次浪潮"的阿尔温·托夫勒(Alvin Toffler)等人,自然是回答"能"。而乔治·奥威尔(George Orwell)、赫胥黎(Aldous Huxley)以及波兹曼等人则回答"不能":

> 赫胥黎告诉我们的是,在一个科技发达的时代里,造成精神毁灭的敌人更可能是一个满面笑容的人,而不是那种一眼看上去就让人心生怀疑和仇恨的人。在赫胥黎的预言中,"老大哥"并没有成心监视我们,而是我们自己心甘情愿地一直注视着他,根本就不需要什么看守人、大门或"真理部"。如果一个民族分心于繁杂琐事,如果文化生活被重新定义为娱乐的周而复始,如果严肃的公众对话变成了幼稚的婴儿语言,总而言之,如果人们蜕化为被动的受众,而一切公共事务形同杂耍,那么这个民族就会发现自己危在旦夕,文化灭亡的命运就在劫难逃。④

总之,波兹曼的媒介观在思路上同麦克卢汉一脉相承,然而在思想上却南辕北辙。

---

① [美]尼尔·波兹曼:《娱乐至死》,章艳译,114~115页,桂林,广西师范大学出版社,2004。
② [加]埃里克·麦克卢汉等编:《麦克卢汉精粹》,何道宽译,403页,南京,南京大学出版社,2000。
③ [美]尼尔·波兹曼:《童年的消逝》,吴燕莛译,204页,桂林,广西师范大学出版社,2004。
④ [美]尼尔·波兹曼:《娱乐至死》,章艳译,202页,桂林,广西师范大学出版社,2004。

三、鲍德里亚及其媒介观

1."法国的麦克卢汉"

让-鲍德里亚(Jean Baudrillard),是当代颇负盛誉的后现代主义思想家,1929年生于法国。早年,鲍德里亚以教授德语为业,默默无闻,20世纪80年代以后随着后现代思潮的涌起,他的一系列奇崛、怪异、斑驳陆离的思想才引起国际学术界的瞩目。这里,我们不准备对他的思想体系展开论述,而只讨论其中有关电子媒介的内容。同波兹曼一样,他的媒介思想也得益于麦克卢汉,尤其是麦克卢汉"媒介即讯息"等命题。所以,鲍德里亚被称为"法国的麦克卢汉"。① 美国当今著名的批判学者道格拉斯·凯尔纳(Douglas Kellner),在一篇题为《鲍德里亚:一个新麦克卢汉?》的文章里就写道:"在20世纪80年代这个被叫做后现代的年代,让-鲍德里亚在某些特定的圈子里,作为最先进的媒介和社会理论家,一直被推崇为新的麦克卢汉。"②

大略说来,鲍德里亚的思想可以分为前期与后期两个发展阶段。前期的主要贡献,是根据当代资本主义的新动向对马克思主义进行了新的发展,提出与"生产方式"(the mode of production)相对的"表意方式"(the mode of signification)。"在此之后,鲍德里亚的思想就发生了明显的变化。从形式上讲,他的著作不再像早期那样是规范的学术著作,而是几乎所有的著作都带有虚构的、创造性的色彩,那些新近的著作更是都采取了格言、警句的形式;从内容上说,这些著作也不再讨论传统的社会批判理论所关注的那些问题,而是开始大量讨论诱惑、仿真等问题,并因而被人们看作是后现代主义的经典著作。"③ 也就是在这个时期,他对大众传播问题越来越关注,对电视、广告、新闻以及其他符号体系及其意味越来越重视,并在主要著作里开始讨论有关电子媒介的思想话题,其中包括有名的《模拟与仿真》(1981)、《传播的迷狂》(1983)等。

在《模拟与仿真》(Simulacra and Simulations)以及后期的其他著作中,鲍德里亚把如今的现实归结为一种由符码所构造的"超现实"或"超真实"(hyperreality)。所谓仿真并不是对真实的仿照,模拟也不是对真实的模仿。恰恰相反,真实倒是由仿真与模拟所构造,在模拟的背后并不存在什么"现实"或"真实"。换言之,模拟就是现实,仿真就是真实,除了模拟与仿真,不再有超越它的另外一个真实世界:"镜子迷宫将其他镜子投射的形象反射到无所不在的电视屏幕和意识的屏幕上,而意识的屏幕又反过来将这些形象交还给

---

① [英]尼克·史蒂文森:《认识媒介文化》,王文斌译,247页,北京,商务印书馆,2001。
② http://www.cc.org.cn/old/wencui/030804200/0308042009.htm。
③ 俞吾金等:《现代性现象学》,240页,上海,上海人民出版社,2002年。

同样是由仿真式镜子产生的原先的形象仓库中。"① 举例来说,"我们的城市建设要依靠一系列的规划、模型;我们的家庭布置要根据一定的样板;甚至于我们的人际关系也要根据大众传媒所提供给我们的一些模型……除了这个已经被构造出来的仿真的世界之外,我们不再拥有别的世界"②。在模拟与仿真的世界中,主体与客体、表征与实在、图像与真界等界限日趋模糊,最后完全消除,以至于一切都成为模拟,一切都成为仿真,我们仿佛就生活在一个模拟的时代、一个仿真的时代,用美国传播学者斯蒂芬·李特约翰的概括来说:

> 当今,我们生活在一个"仿真"(simulation)的时代。在此,符号不再指代——而是创造——了我们的现实状况。仿真决定了人类的身份(我们是谁)和行动(我们做什么)。我们的体验不再借助于外部工具来得以再现,符号建立起我们的体验。迪斯尼乐园便是我们这个"仿真"时代的缩影。所谓"主题公园"不过是由符号构建出来的幻象。真实的人或事物——海盗、边疆和各种动物等——可以在任何时间、任何地点进行复制。新媒介(例如网络)用仿真对我们进行"狂轰滥炸"。事实上,它主宰了我们的社会,创造了我们所处的世界。人们不再依赖于真实的人际传播和交流,而是被新媒介所主宰。媒介信息构成了我们所相信的所谓"真实"的体验,但实际上,它与万事万物的自然秩序相去甚远。这就导致了一种鲍德里亚所谓的"夸张到令人憎恶的程度的生命形式"(obscenely exaggerated forms of life)的出现。我们把它视为真实的体验,但实际上它不过是在媒介制造出的仿真的范围内的体验。③

这种超现实的图景与思想,既与柏拉图的"洞穴比喻"暗暗相合,也与麦克卢汉的媒介观遥遥相应。按照柏拉图的有名比喻,人们是看不到真实的世界的,因为真实的世界都在他们的身后,他们看到的只是真实世界的影子,而这些影子是由一种"中介"或"媒介"(比喻里所说的火光)投射到他们面前的,他们已经习焉不察地将这些影子当作实在本身。与此相似,在超现实中,现实已经被另外一种看似真实的"现实"所取代,这就是"模拟"或"仿真"。进而言之,超现实甚至是一种比现实更现实的现实,即比真更真、比善更善、比美更美的东西。比如,美国就是一个超现实的典型,正如他在《美国》一书里所描述的:"美国的吸引力就在于,即使在电影院之外,整个国家也如同电影中反映的一样。你经过的荒原如同你在西部电影中看到的一样,城市也是一幅布满招聘和电影俗套的巨大银幕。"④

超现实的出现,是图像的一系列发展过程的结局。按照鲍德里亚的分析,图像经历了如下四个发展阶段:

---

① [美]道格拉斯·凯尔纳:《波德里亚:批判性的读本》,陈维振等译,13页,南京,江苏人民出版社,2005。
② 俞吾金等:《现代性现象学与西方马克思主义者的对话》,273页,上海,上海人民出版社,2002年。
③ [美]斯蒂芬·李特约翰:《人类传播理论》,史安斌译,357页,北京,清华大学出版社,2004。
④ [美]约翰·R.霍尔、玛丽·乔·尼兹:《文化:社会学的视野》,周晓虹、徐彬译,385页,北京,商务印书馆,2002。

1. 它是对某种基本真实的反映。
2. 它掩盖和篡改某种基本真实。
3. 它掩盖某种基本真实的缺场。
4. 它与任何真实都没有联系,它纯粹是自身的拟像。①

不言而喻,在图像的发展过程中,媒介始终扮演着一个至关重要的角色,其中影视媒介又堪称主角。正是由于媒介特别是影视媒介日复一日、无休无止的"传播",信息的洪水才滚滚滔滔、漫天横流,图像的繁殖才铺天盖地、飞速疯长。一句话,仿真与超现实才成为可能。按照鲍德里亚的说法,仿真时代得力于电子图像的"内爆"(implosion)。20世纪60年代以来,消费社会的兴起、信息革命的发生、后现代的凸显等动向,无一不同这个时期开始的电视、通信卫星、计算机终端、国际互联网等传播技术的革命性变革密切相关,正是这一系列涉及图像及其传播的科技爆炸,造成了信息大幅度的超量增殖,导致了影像大规模的极度蔓延,从而使超现实取代现实而成为现代人的真实处境:

> 在博得里亚(即鲍德里亚——引者注)看来,"电视即是世界"——一个模拟将社会行为分解为不断闪现的形象的"超真实"世界。现实和意义融为一体。三里岛的核灾难除了其电视画面之外,没有什么"核心"现实。该电视报道具有"凌驾于那次核泄漏事件之上的地位,而那次核泄漏事件本身在某种意义上却停留在想象之中"……至于纳粹德国对犹太人的种族灭绝,"严格说来,正是《大屠杀》这部电视片构成了确定的大屠杀事件"……而且,博得里亚在一个著名的、惊人的预言中提出,不可能有什么"真正的"海湾战争,因为它已经提前以模拟方式被展现出来。②

尼葛洛庞帝在推广网络的畅销书《数字化生存》里,就起劲鼓吹所谓虚拟现实(Virtual Reality),声称:"虚拟实在能使人造事物像真事物一样逼真,甚至比真实事物还要逼真。"③与鲍德里亚类似的法国批判学者、西方马克思主义代表布尔迪厄(Pierre Bourdieu),在《关于电视》(1996)的演讲里也指出:

> 电视穿针引线,自称只是一个录制工具,但却成为了一个制造现实的工具。如今,人们越来越走向一个个由电视来描绘并规定社会生活的天地。电视成了进入社会或政治生活的主宰。假设我今天想获得在50岁退休的权利。若在几年前,我也许会组织一次游行示威,人们会举着标语牌,去游行,去国家教育部;可在今日,必须找——我并没有怎么夸大事实——一个能干的通讯(应指传播——引者注)顾问。根据媒介的需要,得采取一些令你吃惊的手段,如化妆、戴面具等,通过电视,可以获

---

① 汪民安等主编:《后现代性的哲学话语——从福柯到赛义德》,333页,杭州,浙江人民出版社,2000。
② [英]约翰·塔洛克:《电视受众研究——文化理论与方法》,严忠志译,33页,北京,商务印书馆,2004。
③ [美]尼葛洛庞帝:《数字化生存》,胡泳等译,140页,海口,海南出版社,1996。

得某种效果,也许不亚于一次有5万人参加的大游行所起的效果。①

有一幅生动有趣的漫画,形象地表现了电子图像对现代人生存状态的意义。画面是一家人围坐在电视机前,呆呆地看着屏幕,上面显示着一棵树,树梢上挂着一轮弯月,而透过他们身旁的窗外望出去,恰恰是同一棵树、同一轮弯月。这幅漫画,传神地勾勒了仿真与超现实的理论内涵。哲学家贝克莱曾经提出一个著名的命题——存在就是被感知,如今这个命题已经改为——存在就是被拍摄。对此,美国作家阿瑟·A.伯格在阐释后现代理论的小说《一个后现代主义者的谋杀》里做了通俗解说:

> 我们已经发展成为一个神秘中心的或者视觉中心的社会,被人看见比存在更重要、比参与社会更重要、比和别人一起做事更重要。我们知道人们往往愿意在电视上看到那些如果他们往窗外望去可以亲眼看见的东西。一支游行队伍沿着你住的街道走过,你是看窗外真正的游行还是看电视上的游行?这种仿真,这种构成图像的跳动的小点对我们大多数人来说比真的东西有更大的真实性。如果你看真的游行,你就听不到专家告诉你如何认识这一游行的评论。这些评论向你提供了背景信息,还有各种各样的特写镜头和令人激动的摄像,使游行具有一种足可以乱真的生动活力。真实和影像合而为一,它强迫我们去思考这再现的东西和真实或原有的东西。②

当然,不可否认的是,鲍德里亚的后现代理论在阐释资本主义矛盾的同时,由于过于专注媒介的本体意义,将各种符码孤立化、实体化、具体化,从而不自觉地隐含着否定客观实在的倾向,结果在"漏洞百出"(从经验实证的角度看)的论述中留下一个最大的漏洞,即后现代理论家齐格蒙特·鲍曼(Zygmunt Bauman)所做的富有代表性的批评:

> 对于大多数人来说,他们的大部分生活绝不是摹拟。对于他们来说,现实仍如其过去所是的那样一如既往:坚韧、稳固、抗拒、严酷。在他们沉迷于(电视机前)品味各种映像之前,他们还是需要让自己的牙齿沉浸在一些真正的面包之中。③

2. 媒介:信使·指南·娱乐

以上我们通过三位媒介思想家的视点,对电子媒介的社会、历史及文化意味,进行了一番深入的理论阐述。显然,他们的思想独到、深刻、新奇,同时也不无玄奥,一下可能不容易把握。恰好笔者教过的学生戴钦,曾在学院组织的学生演讲比赛上,针对电子媒介发表过一篇既具有洞察与感悟,又不乏通俗与生动的演说词,其中融会的也多是上述媒介思想。最后,我们就用这篇演说词来收束本节的内容:

---

① [法]皮埃尔·布尔迪厄:《关于电视》,许钧译,33页,沈阳,辽宁教育出版社,2000。
② [美]阿瑟·A.伯格:《一个后现代主义者的谋杀》,洪洁译,170页,桂林,广西师范大学出版社,2001。
③ [美]乔治·瑞泽尔:《后现代社会理论》,谢立中等译,346页,北京,华夏出版社,2003。

媒体的三种功能：信使·指南·娱乐

父亲给我说过他小时候看电影的故事。夏天的夜晚，晒谷坪上架起一个电影银幕，整个村子的男女老少都出动了，密密地坐在下面，银幕中英雄鬼子斗智斗勇，大家在下面哈哈大笑，一个晚上一眨眼就过去了。

我们来类似地想象一下，你，我，他，全世界所有的人密密麻麻站在一个巨大的广场之上，每个人只能看见身边有限的人群，这里面有他的亲戚朋友，有他熟悉了解的人，但几十米开外，几百米，甚至更远处的人群对他就等同空白，只是一个模糊抽象的背景。幸好，人群上空有一面巨大的屏幕，屏幕里出现了那些远处的陌生人。这个屏幕让人群彼此了解，让他们感到宽慰。它就是媒体。媒体出现在我们的世界上，如同头顶的屏幕一样吸引着所有人的注意力，把他们变成一个想象中的共同体。

这时人们把这个屏幕奉为公器，希望这个屏幕真实、客观、准确；希望这个屏幕能反映出世界的格局、时代的潮流；希望这个屏幕让人们看见光明，也看见黑暗，看见智慧，也看见愚昧。希望它成为一个忠实的信使，把远方的消息带给我们，把整个世界带给我们。这就是作为信使的媒体。这就是媒体的理想。

随着屏幕控制了人群的目光，随着它意识到自己的力量，随着它指引起生活的方向，信使成为指南，屏幕上出现形形色色的箭头，广场上的人群紧跟不舍，一股股潮流拥挤在各个方向：《瑞丽》和《时尚》向新潮女性们传授多色复合眼影的知识，附带建议了今春将流行皮革；财经杂志告诉我们，现代成功人士应当以车代步，如果这已成共识，您还应当考虑保护自然，某品牌新推出了后现代设计的环保款是最时尚的选择；文化杂志批评A又鼓吹B，不厌其烦地列举某某族必看的电影、书和他们爱去的经典酒吧；电视的CD广告展示出女士应该向什么样的男人暗送秋波，以什么样的话题靠近他，并散发香水的魅力……这些够么？屏幕中过着标准幸福生活的人士应该穿什么，看什么，谈什么，在哪里约会什么人，用什么样的香水，开什么样的汽车……媒体正在提供空前详细的生活细节，幸福美满，诱惑无限。这些足够了。足够让屏幕成功蛊惑它的观众。足够让屏幕上被建构的虚拟世界反过来建构我们的真实生活。这是作为指南的媒体。它是多么成功的指南啊。让人们追随，让人们颠倒，可它还是那个把真实世界带到我们眼前的忠实信使么？！

我们已经不能凭借屏幕得到整个世界的清晰图像。世界在屏幕里被重新建构了，有时候，我们尚且清醒地意识到屏幕的世界与真实的世界不同，可有时候，我们会难以分辨直至懒于分辨。媒体和人群就此顺利完成了共谋，人群需要出离生活的异常，需要无关自身的嘲弄，需要点缀日常的戏剧。于是，头顶的屏幕，最终成为人的娱乐工具。这是作为娱乐的媒体。我们看见马加爵的杀人案被某卫视变成电视短剧放入娱乐节目中；我们观看伊拉克战争的全程记录如观看好莱坞大片；我们被教导处理新闻一定要找出事件矛盾挑出新闻卖点……我们在消费媒体，媒体也制造东西被我们消费。我们在生活中找出戏剧因素,媒体让我们自身成为角色。人们欣赏着这些不自然的报道,欣赏着屏幕上的娱乐节目。与真实的无限接近是媒介作为公器的目标,作为信使的责任。而现实的操作中,娱乐人群已经无可争辩地成为媒体的主要内容。大屏幕上天天滚动上演着一部部来自生活新鲜热辣的悲喜片肥皂剧。而人群依然在仰望。

媒体的三种功能已经总结完毕。我们希望着信使,追求着指南,制造着娱乐。媒体随着现代社会一起飞速向前,这三个功能的方向却彼此南辕北辙,冲突不休。最后的媒体又会变成什么样子?这是我提出来愿与各位共同思考的问题。唯一不变的是,我们正一同站在广场上,我们仍然渴望对远方的了解,那个屏幕,始终在我们的头顶上方。

建议参考资料

1. [法]阿芒·马特拉:《世界传播与文化霸权:思想与战略的历史》,北京,中央编译出版社,2001。
2. [英]史蒂文·拉克斯编:《尴尬的接近权:网络社会的敏感话题》,北京,新华出版社,2004。
3. [加]马歇尔·麦克卢汉:《理解媒介——论人的延伸》,北京,商务印书馆,2000。
4. [美]保罗·利文森:《软边缘:信息革命的历史与未来》,北京,清华大学出版社,2002。
5. [美]约书亚·梅罗维茨:《消失的地域:电子媒介对社会行为的影响》,北京,清华大学出版社,2002。

本章思考题目

1. 何谓"第四媒体"? 这个概念是谁提出的?
2. 主机电脑与个人电脑的区别何在?
3. ENIAC是什么东西?
4. 第一台PC机是什么时候问世的?
5. "林肯实验室"成立于何时? 最初的主要的工作是什么?
6. 何谓"智者"(SAGE)?
7. "中央控制式网络"有什么致命缺陷?
8. "分布式网络"的基本构成是什么?
9. 阿帕网是什么时候出现的? 阿帕是什么意思?
10. 什么是"网络原生媒体"?
11. 《德拉吉报道》对新闻传播有什么意义?
12. 马歇尔·麦克卢汉的媒介观是什么?

后记

正如第一版后记所言，本书的基本思路、总体脉络和核心内容均形成于 1980 年代。众所周知，那是一段西风日炽的岁月，"河殇"式的思想几乎成为时贤的共识。所以，虽然第一版成书时尽可能予以修正与调整，但是偏颇之处依然在所难免。比如，对中国印刷术和德人古登堡的评价，就带有明显"西方中心论"的烙印，认为中国的印刷术虽然在发明时间上位列第一，但对现代文明的影响不大，而真正推动人类传播第三次飞跃的是以古登堡为标志的革命性发展云云。事实上，笔者不仅读过 T. F. 卡特的名著《中国印刷术的发明及其西传》(*The Invention of Printing in China and Its Spread Westward*)，而且深为其渊博有力的论述所折服。可惜，第一版落笔时还是不自觉地贬抑国人的发明而抬举西人的贡献。于是，如今重温诸如法国汉学家艾田蒲的《中国之欧洲》等著述，特别是如下文字时不禁感到汗颜：

许多年前，当我在美因茨参观古登堡博物馆时获知，古登堡是所谓的印刷术的发明者，不禁为之感到震惊。说实在的，这种说法真是冒天下之大不韪，除非是不学无术者，谁不知是中国人发明了各种形式的印刷术：从雕版到根据文稿需要精心制作的可灵活使用的彼此独立的活字？

……

我觉得，若以"发明"这一词的确切意义来确证是古登堡"发明"了印刷术，那是万万不可接受的。他只不过将一种早已在由忽必烈可汗帝国统一的欧亚大陆上流行的技术运用于我们的拼音字母，包括拼音字母形式。

再如，笔者在讨论19世纪商业化报刊及其兴起的时代背景时，过多关注新闻传播本身的演化逻辑，诸如从"观点纸"到"新闻纸"的进程，而较少分析其间深刻而复杂的政治经济动因。对此，加拿大批判学者哈克特和赵月枝在《维系民主？西方政治与新闻客观性》一书里透辟指出，在19世纪的英国，废除印花税并非所谓"新闻自由"的胜利，由此开启的大众化或商业化的市场媒体亦非进步的、自然而然的产物，而是保守的资本势力有意操纵的结果，意在对付当时日渐兴盛的激进媒体，包括深受工人阶级和人民大众欢迎的报刊。这些分析与洞见，也为拙著所不及。

另外，需要特别说明的是，第一版"导论"部分阐发的"新史学"，如果不是全面地、系统地、深入地理解和把握，就可能产生误解和误读，甚至如方家批评的导向历史唯心论和虚无论。事实上，近年来确有一些重新解读历史的作品，特别是涉及中国近现代历史的文字，往往以一切历史都是当代史的名义剪裁历史，为其所用。当然，诸如此类的问题不能归咎于新史学本身，实际上新史学是以默认历史和史学的基本共识为前提的，包括历史本事的唯一性、真实性、客观性和史学著述的全面性、总体性、有机性等，进而在此基础上突出史学的主体意味，突破"旧史学"的僵化刻板，希望打通历史演化与现实人生的真切关联，即拙著所谓当代意味、思想蕴涵、叙事本性等。显而易见，这些特征也是古往今来一切伟大史家和史学的共性——从司马迁的《史记》到司马光的《资治通鉴》，从希罗多德的《历史》到吉本的《罗马帝国衰亡史》。

至于"凡例"中提到的，本书还主要着眼于西方一隅，期待"有机会能将视野真正拓展到全球范围"，也由于精力、水平及学术兴趣的转移，现在看来越来越难以实现了。总之，上述缺憾都已成为无法抹去的历史，只能留待后人弥补或超越吧。这么说并非抱残守缺，不思改进，而是因为作品一旦形成也就成为一个独立生命，犹如婴儿呱呱坠地，除了局部的修补和完善，整体格局已经难以变更，除非另起炉灶。

所以，这部第二版看来只是第一版的"精简版"，未做多少实质性的修补。其中，除对个别文字以及新近发现的一些技术性差错进行订正外，主要是压缩"导论"和"结语"两个理论化章节，同时删除原来第二章到第十章的"本章内容摘要"，以及三个附录——《世界传播大事年表》《百年风云录华章——20世纪美国百佳新闻作品一瞥》和《新闻传播学基础阅读书目(100种)》。基本思路一方面是尽可能减少篇幅，从而减轻学子的负担，一方面又不影响第一版的核心内容或整体格局。至于其他遗留问题,还望各路方家继续赐教。

拙著第一版2005年问世以来已经印刷四次,并有幸获得国家高等教育精品教材和北京高等教育精品教材的荣誉。其间,承蒙各方人士不断给予批评雅正,包括清华大学新闻与传播学院博士生杨雅琼和研究生陈轩棋、彭茜等。这些宝贵意见都在第二版里得到体现,在此谨致谢忱!同时感谢业师方汉奇先生为第一版赐序,先生的道德文章永远是后辈的楷模!

李 彬

2009年2月于清华园

附录 新闻传播学基础阅读推荐书目[①]（100种）

学生自修参考，旨在丰富文化知识与专业知识
遴选侧重于基础性、权威性、广泛性、趣味性
一般不收各科各门的教材和高精尖的学术专著

---

①、载《新闻界》2012年第11期(上、下)。此次付印又略作修订。

专业类(50种)

1. 《新闻文存》 徐宝璜等,中国新闻出版社,1987。

中国新闻学经典多收录其中,包括1919年问世的新闻学开山之作——徐宝璜的《新闻学》。当代新闻学著述以《甘惜分自选集》为典范。

2. 《范长江新闻文集》 中国新闻出版社,1989。

以范长江命名的新闻奖,是中国记者的最高荣誉。读读他的新闻作品,特别是《中国的西北角》就明白了。参阅邹韬奋《经历》、陶菊隐《记者生活30年》、萧乾《人生采访》、徐铸成《报海旧闻》等。

3. 《西行漫记》 [美]斯诺,三联书店,1979。

不朽的中国新闻经典。参阅史沫特莱《伟大的道路》、韩丁《翻身——中国一个村庄的革命纪实》、杰克·贝尔登的《中国震撼世界》等。

4. 《长征——前所未闻的故事》 [美]索尔兹伯里,解放军出版社,1986。

作为《纽约时报》资深记者,作者以七旬高龄重走长征路,写下这部百读不厌的故事,同时实现了自己当年追慕斯诺的青春理想。参阅王树增《长征》、张正隆《枪杆子:1949》,以及《天下风云一报人:索尔兹伯里采访回忆录》等。

5. 《走进中国——美国记者的冒险与磨难》 [美]彼得·兰德,文化艺术出版社,2001。

岁月峥嵘的中国革命史,也成就许多富有冒险意识和专业精神的美国记者及其光荣与梦想。除了著名的三S,即斯诺、史沫特莱和斯特朗,还有一些曾被历史埋没、被人们忽略的人物,他们的记者生涯同样有声有色,人生故事同样有滋有味。本书即讲述了这样一些故事和人生,同时展现了一个令人眼花缭乱的世界和时代。参阅张功臣的博士论文《外国记者与中国革命》、《鲍威尔对华回忆录》、法兰奇的《镜里看中国:从鸦片战争到毛泽东时代的驻华外国记者》、张威的《光荣与梦想:一代新闻人的历史终结》等。

6. 《穆青传》 张严平,新华出版社,2005。

文笔流丽,叙事生动,感情丰富,激情饱满,折射着一代中国新闻人的心灵史。参阅吴冷西《忆毛主席》、袁晞《社论穿起来的历史》与马国川《共和国部长访谈录》。

7. 《燕山夜话》 邓拓,北京十月文艺出版社,2010。

作为人民日报社最为著名、最有才干的总编辑,邓拓的学问与文采浓缩于这部传世之作。参阅《范敬宜文集·敬宜笔记》、《梁衡文集·人杰鬼雄》,及郭梅尼《挥笔写人生——郭梅尼人物通讯选》、徐泓《大人物 小人物》、赵晴主编《小人物史记》、刘鉴强的《天珠——藏人传奇》等。

8. 《拉丁美洲被切开的血管》 [乌拉圭]加莱亚诺,人民文学出版社,2001。

一篇拉美记者写的深度报道,一部读来令人窒息的名作。2009 年,委内瑞拉总统查韦斯向美国总统奥巴马赠送此书,一时引起热议。参阅商务印书馆汉译世界学术名著丛书的两部杰作:西班牙神父卡萨斯的《西印度毁灭述略》和西班牙士兵卡斯蒂略的《征服新西班牙信使》。

9.《**人类的群星闪耀时**》 [奥]茨威格,三联书店,1986。

类似新闻特写的名著,勾勒了历史上几个至关重要的瞬间。文笔高妙,情节诱人。参阅美国名记者约翰·里德《震撼世界的十天》。

10.《**在乌苏里的莽林中**》 [俄]阿尔谢尼耶夫,人民文学出版社,2005。

随着 19 世纪的殖民扩张,形形色色的探险活动盛极一时。这个过程中,也涌现了不少颇有科学价值和阅读兴味的作品,《在乌苏里的莽林中》就是流传甚广的一部。它与瑞典探险家斯文·赫定的《亚洲腹地旅行记》等作品并为经典,日本电影导演黑泽明曾以此拍摄了轰动一时的影片《德尔苏·乌扎拉》。

11.《**混沌:开创新科学**》 [美]格雷克,高等教育出版社,2004。

作为《纽约时报》原科学版的记者,本书作者 James Gleick 由于此书而一举成名。后来又写了《费曼传》和《牛顿传》,同样获得好评。本书不仅使读者兴味盎然地漫游于科学前沿,获得许多有趣有益的知识,而且可以学习一流记者如何将如此深奥、偏僻的话题,写得如此通俗易懂、深入浅出。

12.《**巴黎烧了吗?**》 [美]科林斯、[法]拉皮埃尔,董乐山译,译林出版社,2002。

新闻报道写得犹如惊险小说,引人入胜,扣人心弦,而且,事事有根据,人人有下落,句句有出处,令人叹服。参阅美国作家诺曼·梅勒的《夜幕下的大军》,同样生动而立体地展现了一个时代的美国社会政治图景。同类佳作还有杜鲁门·卡波特的《冷血》、约翰·皮尔格选编的《别对我撒谎:23 篇震撼世界的新闻调查报道》等。

13.《**诤语良言——与青年记者谈新闻写作**》 刘其中,新华出版社,2003。

一位老记者专为青年同行写的关于如何写好新闻的著作,其中引述了数百条新闻和特稿,分析其成败优劣,并探讨改进方法。对提高新闻写作水平,本书提供了许多诤语良言。参阅威廉·布隆代尔的《〈华尔街日报〉如何讲故事》(华夏出版社)、丁法章《新闻评论教程》等。

14.《**对外传播学初探**》 段连城,五洲传播出版社,2004。

外宣方面的佳作,材料生动,写法活泼。作者段连城 1940 年代毕业于斯诺母校密苏里大学新闻学院,曾任国家外文局局长。参阅韬奋新闻奖得主马胜荣的《描述世界:国际新闻采访与写作》、黎信的《英语对外新闻报道》等。

15.《**叫魂 1768 年中国妖术大恐慌**》 [美]孔飞力,上海三联书店,1999。

孔飞力是费正清之后美国首屈一指的汉学家,《叫魂》不仅引人入胜地描绘了当时的社会状态和心态,而且也在一定程度上揭示了传统中国的传播网络。另外,史景迁《王氏之死》、林耀华《金翼》、黄树民《林村的故事》等,在叙事及其方法论意味上也都有异曲同工之妙,可以作为深度报道、调查性报道的参考。

16.《**百年中国新闻人**》 李彬、涂鸣华主编,福建人民出版社,2007。

借鉴《光荣与梦想》的一部新闻史话,既有《史记》人物列传式的浓墨重彩,又有《世说新语》人物素描式的传神勾勒。参阅胡正荣与李煜主编《社会透镜:新中国媒介变迁六十年(1949—2009)》、王维佳《作为劳动的传播——中国新闻记者劳动状况研究》。

17.《**中国电视史**》 郭镇之,中国人民大学出版社,1991。

严谨而洒脱,厚实而轻灵,虽属学术著作(系博士论文),读来却津津有味。作者是新中国培养的第一位新闻学女博士。

18.《**十年:从改变电视的语态开始**》 孙玉胜,三联书店,2003。

一个从未学过新闻干过电视的人,一个刚到中央电视台还把蒙太奇当作某个外国人名的人,却创下一系列出色的电视新闻业绩。作为东方时空、焦点访谈、实话实说等名牌栏目的总指挥,本书作者对其中的一系列专业问题做了系统论述。参阅李大同《冰点故事》以及长篇小说《新闻界》和《深喉》等。

19.《**中国应用电视学**》 集体编著,北京师范大学出版社,1993。

会集中国电视领域的专家,代表中国电视研究和实践的最高水平。参阅张颂主编的《中国播音学》、吴郁的《主持人的语言艺术》。

20.《**全球新闻传播史**》 李彬,清华大学出版社,2008。

了解世界新闻传播的入门之作,既注重体系的完整统一,又追求叙述的流畅有趣。

21.《**美国新闻史**》 [美]埃默里等,新华出版社。

一部论述美国新闻事业及其与社会政治、经济、文化之互动的力著,1980年代初译介中国,一直影响不衰,主要译者为中国社会科学院新闻研究所资深研究员,审校者为著名翻译家董乐山先生。

22. *News Reporting and Writing*,Melvin Mencher,清华大学出版社,2003。

美国新闻学经典教材,读通本书,也就弄懂美国及西方新闻学的所有堂奥。参阅法拉奇《风云人物采访记》及其"续集"、艾丰《新闻采访方法论》、高钢《新闻报道教程——新闻采访写作的方法与技术》。

23.《**新闻学核心**》 李希光,南方日报出版社,2002。

熔新闻理论与新闻采写于一炉,合高头讲章与通俗读物于一体,无论对理解新闻还是对采写报道,均有启发和裨益。参阅密苏里新闻学院的经典教材《新闻报道与写作》,范红主译,新华出版社,2007。

24.《**新闻人生——名记者清华演讲选**》 李彬、常江编,清华大学出版社,2008。

参阅史安斌等主编《清华新闻传播学前沿讲座录》(续编)。

25.《**报纸编辑学教程**》 郑兴东等,中国人民大学出版社,2002。

新闻编辑的所有专业知识尽在其中。参阅蔡雯的《现代新闻编辑学》。

26.《**新闻传播的策划与组织**》 蔡雯,新华出版社,2001。

新闻传播学科第一部入选全国百篇博士论文的著述。

27.《**中国新闻社会史文选**》 李彬主编,清华大学出版社,2008。

中国新闻的名篇佳作汇于一书,风光无限,气象万千。参阅李彬、李漫编《马克思主义新闻观拓展读本》。

28.《**论出版自由**》 [英]弥尔顿,商务印书馆,1958。

西方的一切新闻思想和新闻理论,均由此发端。

29.《**比较新闻学:方法与考证**》 张威,南方日报出版社,2003。

眼界开阔,内容翔实,立论公允,观点平实。参阅孙旭陪主编《华夏传播论》。

30.《**报刊的四种理论**》 [美]施拉姆等,新华出版社,1980。

问世于冷战时期的美国新闻学经典,虽然隐含政治偏见,却也不无参考价值。参阅哈钦斯报告《一个自由而负责的新闻界》。

31.《**多种声音,一个世界**》 联合国教科文组织,中国对外翻译出版公司,1981。

发展中国家为建立公平合理的世界新闻新秩序,进行了不懈努力和奋斗。这份驰名世界的研究报告,就是这些努力与奋斗的一座里程碑。

32.《**新闻:政治的幻象**》 [美]班尼特,当代中国出版社,2005。

名为新闻,实则政治。作为政治传播学经典之作,本书对美国新闻事业与社会政治的复杂关系做了深入透辟的论述。参阅桑德斯的《文化冷战与中央情报局》、王小东《信息时代的世界地图》。

33.《**作为话语的新闻**》 梵·迪克,华夏出版社,2003。

从话语分析的角度研究新闻,颇有启发。参阅陈原《语言与社会生活》。

34.《**关于电视**》 [法]布尔迪厄,辽宁教育出版社,2000。

当代思想大家谈论电视的演讲,庖丁解牛,游刃有余。参阅徐葆耕《电影讲稿》、吴迪《中西风马牛》、书云《西藏一年》等。

35.《**媒介批评——起源·标准·方法**》 王君超,北京广播学院出版社,2000。

36.《**理解大众文化**》 [美]约翰·费斯克,中央编译出版社,2001。

37.《**东方学**》 [美]萨义德,三联书店,1999。

当代传播研究与媒介研究的必读书。参阅作者的《报道伊斯兰》。

38.《**麦克卢汉:媒介与信使**》 [加]马尔尚,中国人民大学出版社,2003。

麦克卢汉及其理论向以玄奥诡异著称,这部通俗传记或有助于理解其人其说。参阅麦克卢汉《理解媒介：论人的延伸》、保罗·莱文森《数字麦克卢汉——信息化新纪元指南》。

39.《组织传播》 〔美〕米勒，华夏出版社，2000。

40.《后工业社会的来临》 〔美〕丹尼尔·贝尔，商务印书馆，1984。

所谓后工业社会亦即信息社会，美国社会学家、哈佛大学教授丹尼尔·贝尔的这部名作第一次对此进行论述，影响广泛。

41.《人类传播理论（第9版）》 〔美〕李特约翰，清华大学出版社，2009。

著译俱佳的传播学基础理论著作。参阅祝建华翻译的麦奎尔等名著《大众传播模式论》（上海译文出版社）与郭镇之等译《传播理论》（华夏出版社）。

42.《世界传播与文化霸权：思想与战略的历史》 〔法〕马特拉，中央编译出版社，2001。

作者为国际知名的批判传播学者，本书是其代表作之一，内容广博，思想宏富。

43.《大众传播媒介与国家发展》 〔美〕施拉姆，华夏出版社，1991。

作为美国传播研究的奠基人，作者为联合国教科文组织撰写的这份研究报告，一向被视为发展传播学的里程碑。

44.《传播学史：一种传记式的方法》 〔美〕罗杰斯，上海译文出版社，2002。

作者为美国传播学名家，以创新扩散理论著称。作为普及性读物，本书以史话体笔调描绘了美国传播学发生发展的历程。读来既轻松有趣，又能把握传播学的来龙去脉及其经典理论的生成背景。参阅 S. Lowery 等《大众传播研究的里程碑》、丹·席勒《传播思想史：回归劳动》等。

45.《传播政治经济学》 〔加〕莫斯可，华夏出版社，2000。

传播学批判学派属于国际传播学界的前沿领域，其中传播政治经济学又是批判学派的一大分支，而本书即对这一分支做了详尽论述。参阅美国批判学派先驱赫伯特·席勒的名著《大众传播与美利坚帝国》。

46.《大众文化与传媒》 陆扬、王毅，上海三联书店，2000。

对批判学派的另一分支即文化研究，做了取精用弘的描述和提纲挈领的阐释，深入浅出，条分缕析。参阅丹尼尔·贝尔《资本主义文化矛盾》、赵一凡《西方文论讲稿》与《西方文论讲稿续编》、程巍《中产阶级的孩子们：60年代与文化领导权》等。

47.《新媒介与创新思维》 熊澄宇编选，清华大学出版社，2001。

十余位西方思想家、科学家对新媒介及其社会历史蕴涵的深入分析与精彩解读。

48.《中国网络媒体的第一个十年》 彭兰，清华大学出版社，2005。

对中国网络媒体发生、发展的第一个十年做了系统梳理，观点平实，材料生动，论述深入。参阅何威《网众传播》。

49.《娱乐至死》 〔美〕波兹曼，广西师范大学出版社，2004。

作为麦克卢汉亲炙弟子，开创媒介生态学的尼尔·波兹曼却与乃师背道而驰。这对师徒的传播观,对深刻认识电子媒介及其历史意味提供了独特的思路与理论。参阅其《童年的消逝》。

50.《**富媒体 穷民主**》 [美]麦克切斯尼,新华出版社,2004。

新一代批判学者的力著,对了解全球化时代的大众传播颇有启发。参阅贝戈蒂克安的经典著作《媒体垄断》、哈克特和赵月枝《维系民主:西方政治与新闻客观性》等。

博通类(50种)

1.《**共产党宣言**》。

眼界阔大、思想深邃、感情诚挚、文辞壮美,一曲大气磅礴的政治抒情诗和哲理诗,精髓可用马克思《致燕妮》一诗的名句概括:"让整个诗的世界在人类历史上出现!"

2.《**毛泽东著作选读**》。

毛泽东思想的要义在于实事求是、群众路线("为人民服务")和独立自主。另外,他的一些新闻作品,特别是解放战争时期为新华社起草的各种文稿,也堪称新闻作品的典范,如消息《我三十万大军胜利南渡长江》、广播稿《敦促杜聿明投降书》、评论《别了,司徒雷登》等。参阅特里尔《毛泽东传》、竹内实《毛泽东的诗词、人生和思想》等。

3.《**中国哲学简史**》 冯友兰。

参阅学术自传《三松堂自序》与何柄棣《读史阅世六十年》。

4.《**古诗源**》 沈德潜。

华夏文明精华多在其中,参阅当代诗人周涛才思纵横的《读〈古诗源〉记》。近体诗词鉴赏评品以王国维《人间词话》、钱锺书《宋诗选注》和沈祖棻《宋词赏析》等向称佳作。

5.《**中国史纲**》 张荫麟。

著者张荫麟(1905—1942),清华才子,由于英年早逝,遂使本书成为"史家之绝唱"或"未完成交响曲"。"全书没有累赘冗繁的引文考证,不故作深奥高古,史事都以'说故事'的方式从容道来,如行云流水,可令读者享受到一口气读完不觉其累的那种爽悦。"(王家范)。参阅范文澜《中国通史简编》,也是举重若轻,娓娓道来。

6.《**中国历代政治得失**》 钱穆。

国学大师的专题演讲,不仅明白如话地揭示了古代政治制度的前因后果与来龙去脉,而且提示了一种认识历史与社会的思路——"同情之理解"。参阅赵汀阳《坏世界研究:作为第一哲学的政治哲学》、玛雅《战略高度:中国思想界访谈录》等。

7.《**美的历程**》 李泽厚。

中华精神世界的一次美的巡礼,美的历程。参阅徐调孚的《中国文学名著讲话》。

8. **《万历十五年》** 黄仁宇。

独特而有趣的史学名著,参阅其自传、同样独特而有趣的《黄河青山》。

9. **《蒋梦麟自传:西潮与新潮》** 蒋梦麟。

一代文化人的传世之作,以平易隽永的笔触勾画鸦片战争以来的社会历史画卷,波澜壮阔,气象万千,启人心智,意味深长。参阅蒋廷黻、郭廷以、徐中约的"中国近代史"及茅海建《天朝的崩溃》。

10. **《伟大的中国革命》** 费正清。

作者是美国首屈一指的汉学家,主编剑桥中国史丛书影响广泛,厥功甚伟。译者刘尊棋是名记者,曾任 CHINA DAILY 首任总编辑。参阅陈旭麓《近代中国社会的新陈代谢》、金冲及《二十世纪中国史纲》、金一南《苦难辉煌》、陈延武《万水朝东:中国政党制度全景》。

11. **《中国的现代化》** 罗兹曼主编。

鸦片战争以来,现代化一直是国人的梦想。如何实现这一梦想、如何看待这一梦想,自然成为学界普遍关心的课题。本书是美国学者研究中国现代化问题的综合性著作,对洞察这一"历史宿命"不无启发。参阅阎云翔《私人生活的变革:一个中国村庄里的爱情家庭与亲密关系——1949—1999》、杨继绳《邓小平时代》、傅高义《邓小平时代》等。

12. **《义和团战争的起源》** 相蓝欣。

看似老生常谈的话题,但由于作者非同寻常的功夫和功力(如熟练运用多国语言的能力),不仅给人展现了真切而多维的历史视野,而且以小见大,使人对一系列看似老生常谈的话题产生深切洞明的体认。参阅美国汉学家柯文的名作《历史三调:作为事件、经历和神话的义和团》。

13. **《维新旧梦录》** 朱维铮、龙应台编。

适合大学生阅读的一部近代史"原典",既有代表性文本,又有权威性点评。参阅钟书河的《走向世界》、陈平原等《图像晚清》、茅海建《苦命天子》等。

14. **《现代稀见史料书系》** 东方出版社。

包括一系列"另类"文字,如《中共 50 年》(王明)、《我的回忆》(张国焘)、《苦笑录》(陈公博)等。

15. **《李宗仁回忆录》** 唐德刚撰述。

海外学人唐德刚的著述别具一格,《晚清七十年》、《胡适口述自传》、《袁氏当国》等均为典范。参阅溥仪《我的前半生》。

16. **《乡土中国》** 费孝通。

社会学的名家名作,以少少许胜多多许,意味隽永,不愧经典。

17. **《黄河边的中国》** 曹锦清。

了解国情与民情的一部佳作,参阅温铁军《三农问题与世纪反思》、潘绥铭《生存与体验》、吴毅《小镇喧嚣：一个乡镇组织运作的演绎与阐释》、应星《大河移民上访的故事》等。

18.《**我的情报与外交生涯**》 熊向晖。

国际政治波诡云谲，大国外交纵横捭阖。作为清华校友和新中国的外交家，作者酣畅淋漓地书写这个领域的神奇与魅力。参阅钱其琛《外交十记》、尼克松《领导人》、基辛格《大外交》等。

19.《**中国政治**》 汤森等。

名为中国政治，实为当代中国政治，涉及有关制度、运作及利弊。两位美国学者对此展开全面描述与讨论，简明扼要，通俗易懂，论证翔实，观点平和。参阅潘维主编《人民共和国六十年与中国模式》、强世功《中国香港：文化与政治的视野》、王绍光《民主四讲》。

20.《**呼兰河传**》 萧红。

清水出芙蓉，天然去雕饰。一部现代作家的优秀作品，充满对家园、对生活、对父老乡亲的无限眷恋与深情礼赞。参阅沈从文《边城》、苏联作家艾特玛托夫《白轮船》等。

21.《**白鹿原**》 陈忠实。

"新时期"最流行的一部长篇小说，有声有色地复活了从晚清到新中国的历史沧桑与心路历程。张承志《心灵史》、路遥《平凡的世界》、韩少功《马桥词典》、格非《人面桃花》、张炜《古船》、董立勃《白豆》、范稳《水乳大地》、铁凝《笨花》等，也为同时期的上乘之作。

22.《**北大文学讲堂**》 温儒敏等编。

"15次讲课实录，15个经典话题"——名家荟萃，名师云集。一方面，可以赏心悦目地领略五四以来名家名篇的恒久魅力；一方面，可以举一反三地获得诸多的思想启迪与知识启蒙。参阅美国汉学家史景迁的名作《天安门》。

23.《**西方哲学史**》 罗素。

作为哲学家，作者曾经获得诺贝尔文学奖。

24.《**理想的冲突**》 宾克莱。

可与《西方哲学史》媲美的一部续集，罗素写到20世纪初，宾克莱接着写到20世纪末。参阅BBC播出的哲学家系列访谈《思想家》（麦基编）、朱立元主编《当代西方文艺理论》。

25.《**万物简史**》 比尔·布莱森。

内容广博，趣味盎然，参阅伽莫夫《从一到无穷大》、霍金《时间简史》、吴国盛《科学的历程》等、侯歌"酷科学丛书"。

26.《**西方政治思想史**》 麦克里兰。

全书以西方2500年来最重要的政治思想家及其思想为主题，包罗广泛，蔚为大观，思想锐利，笔法轻盈，"一部见解与写法都与众不同的政治思想史"。参阅亨廷顿《变化社会中的政治秩序》和《文明的冲突》。

27.《**全球通史——1500年以前的世界**》与《**全球通史——1500年以后的世界**》 斯塔夫里阿诺斯。

史家的功底、哲人的眼光与文人的才气,构成这部全球通史的基调。参阅威尔斯《世界史纲》(费孝通等译),一部以文采见长的世界历史。另外,杰里·本特利等《新全球史》自2000年在美国问世以来,以其恢弘的体系和生动的叙事也成为畅销的世界史读物。

28.《**第三帝国的兴亡**》 夏伊勒。

有关二战的出色研究,恰如芭芭拉·塔奇曼《八月炮火》是有关一战的优秀著作。作者夏伊勒为美国名记者,二战期间曾驻柏林,其《柏林日记》亦为传世之作。

29.《**光荣与梦想**》 曼彻斯特。

纯以故事的形式展现二十世纪美国的社会面貌及其精神变迁,虽然中文版看上去皇皇四大本,但读起来却只嫌其短而不嫌其长。作者也是一位美国名记者,2004年去世。

30.《**堂吉诃德**》 塞万提斯,杨绛译。

西班牙人说,第一次读了会笑,第二次读了会哭,第三次读了会思。事实上,在一切杰出记者的身上无不具有唐吉诃德的精神——虽九死其犹未悔的理想主义与英雄主义。

31.《**悲惨世界**》 雨果。

一流记者都如人道主义作家雨果,无不对世事、人生及百姓身家性命保持敏感与同情。参阅加缪《鼠疫》。

32.《**幻灭**》 巴尔扎克,傅雷译。

西方新闻界一出活灵活现的闹剧,参阅马克·吐温《竞选州长》——幽默诙谐有如《汤姆·索亚历险记》、《哈克贝里·费恩历险记》等名著。

33.《**德里纳河上的桥**》 安德里奇。

波澜壮阔、跌宕起伏的民族史诗,作者曾获诺贝尔文学奖。参阅赫尔岑《往事与随想》、列夫·托尔斯泰《战争与和平》。

34.《**百年孤独**》 马尔克斯。

拉美爆炸文学的代表作家及其代表作品,曾获诺贝尔文学奖,参阅其古典风格的名著《霍乱时期的爱情》(又译《爱在瘟疫流行时》)。

35.《**好兵帅克历险记**》 哈谢克。

一部图(插图)文并茂的世界名著,妙趣横生,令人捧腹。

36.《**经济学原理**》 曼昆。

哈佛大学名教授专为大学生写的经济学入门教材,深入浅出,通俗易懂。

37.《**以自由看待发展**》 阿马蒂亚·森。

作为诺贝尔经济学奖的获得者,森享有"经济学良心"的美誉,用前联合国秘书长安南的话说:"全世界贫穷的、被剥夺的人们在经济学中找不到任何人比阿马蒂亚·森更加言理明晰地、富有远见地捍卫他们的利益。"参阅波兰尼《大转型：我们时代的政治与经济起源》、王绍光《波兰尼〈大转型〉与中国的大转型》、哈耶克《通往奴役之路》等。

38.《**朱光潜美学文集**》 第一、二卷。
清流般明澈的思想，神话般迷人的意境，春风般轻盈的文笔。参阅宗白华《美学散步》、汉斯立克《论音乐的美》。

39.《**文明与野蛮**》 路威。
人类学的入门经典，破解"人类中心主义"以及"西方中心主义"的佳作。译者吕叔湘为语言学家，《现代汉语词典》首任主编。参阅江晓原《云雨》。

40.《**西方文学：心灵的历史**》 徐葆耕。
一部深得读者喜爱的西方文学读物。

41.《**社会性动物**》 阿伦森。
既通俗又权威的社会心理学著作。参阅《性心理学》（潘光旦译）、《动机与人格》（马斯洛）等。

42.《**熵：一种新的世界观**》 里夫金等。
哲人的厚重与记者的轻灵有机融合，使这部著作不仅深刻，而且生动。参阅卡森的名著《寂静的春天》。

43.《**现代社会学理论**》 沃特斯。
社会学入门著作，内容丰富，条理清晰。参阅亚历山大《社会学二十讲》、阿隆《社会学主要思潮》、瑞泽尔《后现代社会理论》和《社会的麦当劳化》。

44.《**菊与刀——日本文化的类型**》 本尼迪克特。
既是了解日本的一部入门书，也是一部社会学名著。

45.《**白银资本**》 弗兰克。
高屋建瓴、酣畅淋漓、纵横捭阖、新意迭出的名家名作。

46.《**一个后现代主义者的谋杀**》 伯格。
如果只想大略了解而不打算深究所谓后现代问题，那么可以读读这部趣书。如果想深入一步，那么再读读杰姆逊的北京大学讲演录《后现代主义与文化理论》、盛宁《人文困惑与反思——西方后现代主义思潮批判》等。

47.《**傅雷家书**》 傅雷。
打动无数读者的人生教科书。另外，《傅译传记五种》以古人的酒杯浇自己的块垒，同样体现着生为人杰死为鬼雄的精神气质。参阅傅译《人生五大问题》、巴金试译《六人》等，也属此类书中上品。

48.《**争论中的国际关系理论**》 多尔蒂，阎学通译。
国际关系与国际政治的经典著作。

49.《从黎明到衰落——西方文化生活五百年》 巴尔赞。

借用一位美国大学校长的评价:"这是一部绝妙的好书。雅克·巴尔赞的渊博无可匹敌。无人能像他一样对五百年的历史辑古钩沉,洞察入微,而行文又如此清楚、优雅、流畅。"

50.《来自上层的革命——苏联体制的终结》 科兹等。

导致苏联解体的关键不在于外部力量或底层民众,而在于上层把握既得利益的"精英"——这是专门研究苏联的一位经济学家和一位新闻记者的结论,即所谓"来自上层的革命"。参阅黄苇町《苏共亡党十年祭》。

教学支持说明

清华大学出版社秉承学术理念,出版了一批高品质的新闻传播类图书,并得到社会认可,特此感谢!为了老师更好地使用本教材,我们将向采纳本书作为教材的老师免费提供网上教学支持课件。任何一位注册的老师都可直接下载所有在线的教学辅助资料。

为确保此资源仅为老师教学所使用,烦请填写如下情况调查表:

------------------------------------✂------------------------------------

证　　明

兹证明＿＿＿＿＿＿＿＿＿＿大学＿＿＿＿＿＿＿＿系/院＿＿＿＿＿＿＿＿学年(学期)开设的课程,采用清华大学出版社出版的＿＿＿＿＿＿＿＿＿＿＿＿(作者/书名)作为主要教材。任课教师为＿＿＿＿＿＿＿＿,学生＿＿＿＿＿个班共＿＿＿＿＿＿＿人。

电话:＿＿＿＿＿＿＿＿＿＿＿＿＿＿＿＿＿＿＿＿＿
传真:＿＿＿＿＿＿＿＿＿＿＿＿＿＿＿＿＿＿＿＿＿
E-mail:＿＿＿＿＿＿＿＿＿＿＿＿＿＿＿＿＿＿＿＿
联系地址:＿＿＿＿＿＿＿＿＿＿＿＿＿＿＿＿＿＿
邮编:＿＿＿＿＿＿＿＿＿＿＿＿＿＿＿＿＿＿＿＿

系/院主任:＿＿＿＿＿＿＿＿＿＿(签字)

(系/院办公室章)

＿＿＿＿年＿＿＿＿月＿＿＿＿日

清华大学出版社
北京市海淀区清华园学研大厦B座508室A,纪海虹
邮编:100084
Tel:8610-62770175-4506,4315
Fax:8610-62775511
E-mail:xuyy@tup.tsinghua.edu.cn
　　　　jhh@tsinghua.edu.cn